OS REIS DO DINHEIRO

Daniel Schulman

OS REIS DO DINHEIRO

A épica história dos imigrantes judeus
que transformaram Wall Street

TRADUÇÃO
Cássio de Arantes Leite

PORTFOLIO
PENGUIN

Copyright © 2025 by Daniel Schulman

A Portfolio-Penguin é uma divisão da Editora Schwarcz S.A.

PORTFOLIO and the pictorial representation of the javelin thrower are trademarks of Penguin Group (USA) Inc. and are used under license. PENGUIN is a trademark of Penguin Books Limited and is used under license.

Grafia atualizada segundo o Acordo Ortográfico da Língua Portuguesa de 1990, que entrou em vigor no Brasil em 2009.

TÍTULO ORIGINAL The Money Kings: The Epic Story of the Jewish Immigrants Who Transformed Wall Street And Shaped Modern America
CAPA Alceu Chiesorin Nunes
PREPARAÇÃO Diogo Henriques
ÍNDICE REMISSIVO Gabriella Russano
REVISÃO Ana Alvares e Clara Diament

Dados Internacionais de Catalogação na Publicação (CIP)
(Câmara Brasileira do Livro, SP, Brasil)

Schulman, Daniel
   Os reis do dinheiro : A épica história dos imigrantes judeus que transformaram Wall Street / Daniel Schulman ; tradução Cássio de Arantes Leite. — 1ª ed. — São Paulo : Portfolio-Penguin, 2025.

Título original : The Money Kings : The Epic Story of the Jewish Immigrants Who Transformed Wall Street And Shaped Modern America.
ISBN 978-65-5424-040-6

1. Empresários — Estados Unidos 2. Finanças — Estados Unidos 3. Imigrantes — Aspectos econômicos 4. Investimentos 5. Wall Street (Nova York, NY) I. Título.

24-233204   CDD-332.0973

Índice para catálogo sistemático:
1. Imigrantes judeus : Empresários : Estados Unidos : Economia 332.0973

Cibele Maria Dias — Bibliotecária — CRB-8/9427

Todos os direitos desta edição reservados à
EDITORA SCHWARCZ S.A.
Rua Bandeira Paulista, 702, cj. 32
04532-002 — São Paulo — SP
Telefone (11) 3707-3500
www.portfolio-penguin.com.br
atendimentoaoleitor@portfoliopenguin.com.br

*Para Stacey, Wesley e Reid, e em memória
de Bernard Schulman (1930-2022)*

SUMÁRIO

Prefácio: Uma dívida 9
Introdução: Salem Fields 15

Parte I: Origens 23

1. Irmãos & Cia. 25
2. A marcha dos mascates 34
3. Destino manifesto 45
4. Vicissitudes da guerra 57

Parte II: Ascensão 81

5. Cidade de impérios 83
6. Pânico! 100
7. O pequeno gigante 119
8. O gueto dourado 130
9. Montefiore americano 153
10. Êxodo 173
11. Fim de uma era 194

Parte III: Idade de ouro 219

12. Fusões e aquisições   221
13. Sócios e rivais   243
14. A sombra de Júpiter   257
15. Uma paz perfeita   274
16. Os músculos da guerra   306
17. A Liga do Extermínio de Harriman   338
18. Goldman Sachs: Ouro até no nome   361
19. E eles continuam vindo   378
20. A questão do passaporte   401
21. A expedição de caça   418

Parte IV: *Götterdämmerung* 447

22. Muros entre nós   449
23. Aliados   475
24. Terra de heróis   489
25. A primeira parte de uma tragédia   522
26. Henry Ford   540
27. O mundo do porvir   559

Epílogo: Salem Fields revisitado   591

Agradecimentos   597
Notas   603
Lista de abreviaturas   641
Bibliografia   645
Créditos das imagens   657
Índice remissivo   659

PREFÁCIO
Uma dívida

EM MEU ANIVERSÁRIO DE TRINTA ANOS, meu pai e eu percorremos de carro o trajeto de dez quilômetros do apartamento dele no Upper East Side, em Nova York, a Williamsburg, onde ele viveu até os catorze anos, antes de se mudar com a família para Bensonhurst, no extremo oposto. Seu antigo bairro ficava a apenas vinte minutos de onde morava agora, mas ele media a distância em décadas. "Passei metade da vida tentando sair do Brooklyn", brincou. "Por que voltar agora?"

Almoçamos no Peter Luger, a icônica churrascaria situada à sombra da ponte de Williamsburg. Fundado em 1887, o restaurante já foi um dia a meca das eminências pardas locais. Era a primeira vez que meu pai comia ali. Quando criança, os pais dele observavam uma dieta kosher, e, além disso, o dinheiro era curto. Quando terminamos, sugeri que procurássemos o lugar onde ele vivera na infância, um apartamento de dois dormitórios no segundo andar de um prédio de tijolinhos aparentes com cinco pavimentos na McKibbin Street. Ele e os dois irmãos ocupavam o quarto menor, e meus avós o quarto de casal. Meu pai, o caçula, lembrava-se de dormir com frequência no sofá da sala a fim de escapar da claustrofóbica cama de solteiro que dividia com o irmão do meio, Marvin. Muitas de suas lembranças mais vívidas estavam ligadas à McKibbin Street: o aroma transcendente dos *gribenes* preparados pela mãe, uma iguaria judaica feita com cebola frita e pele de frango; os passos do entregador de gelo ecoando na escada; a brisa balsâmica do terraço nas escaldantes noites de verão; o som seco e delicioso de um cabo de vassoura acertando a bola de borracha em um jogo de beisebol na rua.

O apartamento também evocava recordações amargas — do pai colérico e abusivo que os disciplinava com o cinto e os punhos, e que um dia abandonou a família para fugir com a amante, e também do medo, da raiva e da incerteza que se seguiram.

Olhando pela janela enquanto passávamos pelas butiques e bares da Bedford Avenue, era como se meu pai observasse uma paisagem marciana, muito diferente da realidade das ruas de sua juventude durante a Depressão. Finalmente chegamos ao quarteirão onde ele morava, em uma travessa dilapidada e coberta de grafites da Bushwick Avenue. Descobrimos que o prédio fora demolido. A área parecia ao mesmo tempo muito diferente e surpreendentemente reconhecível. Continuava sendo um bairro de imigrantes, mas onde não se falava mais o iídiche, e sim o espanhol.

Paramos e saímos para caminhar, meu pai apontando as referências de que se lembrava: a Escola Pública 147, onde cursara o primário; o prédio baixo de tijolos da biblioteca, no fim da rua. "Viver aqui era quase como estar na Europa", ele comentou, explicando que naquela época cada rua parecia um país diferente. "Os italianos viviam na próxima quadra", disse, apontando naquela direção. Os ciganos "moravam na frente das lojas". As residências dos judeus — seu povo — ficavam na McKibbin Street.

Os judeus alemães ricos e assimilados que moravam no norte de Manhattan, o *uptown*, referiam-se a si mesmos como *Ostjuden*, "judeus orientais". Eles eram imigrantes perseguidos e empobrecidos originários das atuais Hungria, Polônia, Rússia e Ucrânia, que no fim do século XIX e começo do século XX desembarcaram às centenas no porto de Nova York e se espalharam pelo Lower East Side, por Williamsburg e por outros enclaves judaicos, vivendo em cortiços como o da McKibbin.

Minha avó, Lena, imigrou para Nova York no início do século XX vinda de Peremyshlyany, cidade no oeste da atual Ucrânia que à época

PREFÁCIO

fazia parte do Império Austro-Húngaro. Tinha oito anos de idade e viajou sozinha, levando um cartaz pendurado no pescoço para que o tio que nunca havia visto a reconhecesse ao desembarcar (ou pelo menos é essa a história que contam na minha família). Meu avô, Elias — todos o chamavam de Al —, também veio para Nova York quando criança, deixando a cidade portuária de Libau, na atual Letônia, junto com os pais e irmãos, no outono de 1905, durante uma onda de violência antissemita na zona de assentamento judaico, o território na fronteira ocidental do Império russo onde o tsar permitia que os judeus vivessem.

Lena trabalhava para um confeiteiro de Manhattan; Al, um dos caras durões da vizinhança, atuava como chofer, vendedor e carregador. Por meio de seus contatos na máquina do Partido Democrata, acabou conseguindo um emprego por apadrinhamento no IRS, o equivalente americano da Receita Federal.

Viviam a um mundo de distância dos protagonistas deste livro, que frequentavam círculos exclusivos e moravam em suntuosas mansões em Manhattan repletas de obras-primas que valiam mais do que Al e Lena poderiam esperar ganhar ao longo de várias vidas.

Esses dois mundos, porém, estavam inextricável e por vezes desconfortavelmente atrelados, unidos por uma religião comum e pela história orgulhosa porém sofrida de lutas e êxodos compartilhados pelo povo judeu.

Meus avós deviam estar familiarizados com Jacob Schiff, o magnata dos bancos de investimento que representava a ponte entre um mundo e outro. Talvez tivessem ouvido seu nome sendo reverentemente pronunciado por algum outro imigrante, alguém que tinha carvão em casa ou um emprego, ou que aprendera inglês graças a um dos inúmeros programas de assistência social patrocinados pelo "Unser Yankele" (nosso pequeno Jacob). Ou quem sabe tivessem escutado algum sionista inflamado atacar o financista por afirmar que o estabelecimento de uma pátria judaica ameaçava transgredir o patriotismo americano deles. Mas, durante os anos de formação de Al e Lena, Schiff era onipresente. Ele foi o autoproclamado líder da comunidade judaica americana, dirigindo de forma benevolente — ainda que paternalista — as massas de imigrantes. Em Wall Street, o único à sua altura era o temido John Pierpont Morgan.

Com o intuito de assegurar um futuro para os judeus, numa época em que sua existência a longo prazo parecia levantar sérias dúvidas, Schiff empregou sua fortuna sem hesitar. Nos anos que antecederam a Primeira Guerra Mundial, à medida que a situação no Leste Europeu e na Rússia deteriorava e cabogramas relatando massacres e pogroms não paravam de chegar, ele fez de tudo para garantir que os Estados Unidos continuassem sendo um refúgio para imigrantes. Não era uma tarefa fácil. Os belicosos debates sobre imigração daquela época eram surpreendentemente parecidos com os de hoje. Políticos defendiam restrições severas e atiçavam o temor de que criminosos estrangeiros portando doenças invadissem os Estados Unidos, degenerassem o caráter do país e se tornassem um fardo público. As portas da nação pareciam a todo instante prestes a se fechar para os imigrantes. E, no fim — e com trágicas consequências —, fecharam mesmo.

Ao longo da vida, Schiff e outros membros de famílias abastadas de banqueiros judeus alemães mobilizaram-se com sucesso contra as iniciativas para conter a imigração judaica. Entre 1890 e 1920, período em que Schiff foi mais ativo, a população judaica dos Estados Unidos aumentou de 400 mil para 3,4 milhões. Filantropos judeus, encabeçados por Schiff, fundaram e mantiveram uma vasta rede de organizações e programas sociais, de hospitais e escolas a orfanatos e centros de treinamento profissional, com o objetivo de assistir os recém-chegados e acelerar sua aculturação. Juntando forças (nem sempre de forma harmoniosa), Schiff e os demais líderes comunitários formaram o primeiro lobby judaico americano, defendendo energicamente os direitos dos judeus no exterior e pressionando por políticas de imigração liberais em seu país.

Al, Lena e seus filhos — meu pai e seus irmãos — deviam mais a Schiff e seus aliados do que provavelmente percebiam. Não fossem o apoio e a filantropia dele e de seus amigos, o sonho americano dos Schulman talvez não tivesse sido possível. Milhões de judeus americanos, descendentes dos imigrantes russos e do Leste Europeu que buscaram e encontraram uma oportunidade nos Estados Unidos na virada do século XX, possuem uma dívida similar.

Este livro fala sobre a evolução das finanças modernas, sobre os pioneiros de Wall Street que fundaram instituições gigantescas — como

PREFÁCIO

Goldman Sachs, Kuhn Loeb e Lehman Brothers — e moldaram, num grau extraordinário, o mundo em que vivemos hoje. Esta também é uma história de como imigrantes como Al e Lena chegaram aos Estados Unidos e prosperaram.

Esses fios narrativos, aparentemente díspares, se entrelaçam para compor uma mesma e singular trama.

INTRODUÇÃO
Salem Fields

TERÇA-FEIRA, 28 DE SETEMBRO DE 1920, deveria ser uma ocasião alegre. A data caiu durante o Sukkot, festival da colheita judaico celebrado após o Yom Kippur, o sombrio Dia da Expiação. O Sukkot geralmente é uma ocasião para festejar e se rejubilar, cantar e comer com fartura. Mas, nesse dia, Nova York mergulhara na tristeza e na melancolia.

O tempo encontrava-se "instável", segundo a previsão, o ar pegajoso de umidade, prestes a chover. Os juízes suspenderam suas audiências durante a manhã, e, no distrito financeiro, as bandeiras foram hasteadas a meio mastro. Nas ruas do Lower East Side, onde uma multidão costumava se acotovelar em meio ao labirinto de carrinhos de vendedores, pairava uma tranquilidade inquietante. Os ambulantes cobriram suas mercadorias. O comércio baixou as portas. Afixados nas vitrines das lojas fechadas e pendurados na entrada dos cortiços, casas de assentamento e orfanatos, cartazes em inglês e hebraico diziam: "O East Side lamenta a perda de Jacob H. Schiff".[1]

O banqueiro e filantropo, diretor da Kuhn Loeb, a formidável firma de Wall Street, falecera dias antes. Embora fosse um homem baixo — em seu passaporte afirmava ter um 1,68 metro, mas isso talvez fosse um generoso arredondamento —, fora um colosso das finanças e da vida judaica, descrito por um jornal nova-iorquino como "o representante com maior destaque mundial".[2] Ao longo de sua vida, duelara com J. P. Morgan pelo predomínio na indústria ferroviária, confrontara presidentes americanos em disputas de imigração e política externa e lutara contra todo um império em nome de seus oprimidos correligionários. Ao morrer, deixou um mundo completamente diferente daquele em que havia nascido, 73 anos antes, em Frankfurt am Main.

Os enlutados possivelmente percebiam isso. Mais do que de um homem, despediam-se de uma era.

Construída para acomodar uma congregação de 2 mil pessoas, a majestosa sinagoga de Emanu-El, erguida em estilo revivalista mourisco no cruzamento da rua 43 com a Quinta Avenida, estava lotada, seus bancos de nogueira polida tomados por cidadãos eminentes. Os presidentes das ferrovias Union Pacific e Pennsylvania, um magnata da mineração e outro do ramo de pedras preciosas, um antigo embaixador e um futuro embaixador, o general da Guerra Civil que capturou Jefferson Davis, o fundador da Sears, o editor do *New York Times* — tais figurões eram apenas parte do grupo de 23 homens incumbidos da honra de carregar o caixão, grupo que também incluía um dos nova-iorquinos mais famosos da época, Otto Kahn, sócio de Schiff na Kuhn Loeb, um encantador homem de finanças e estadista que teria servido como uma das inspirações para o capitalista bigodudo do jogo Monopoly.

Mas a cena mais impressionante não ocorreu no interior do cavernoso santuário de Emanu-El, e sim quando o cortejo fúnebre de Schiff percorreu a Quinta Avenida, partindo da mansão do banqueiro na esquina da rua 78. Quadra após quadra se avistavam milhares de pessoas, muitas delas imigrantes judeus pobres do East Side, ali reunidos para prestar suas homenagens, de cabeça baixa ao ver o caixão passar.

Após o serviço funerário, membros da multidão se juntaram à procissão — parte dos nova-iorquinos mais humildes misturando-se aos mais eminentes. O cortejo atravessou a ponte do Queensboro, de onde o caixão de Schiff seguiu até Salem Fields, o espaçoso cemitério que a congregação da Emanu-El havia estabelecido num vasto e suave terreno que se esparramava do Brooklyn ao Queens, suas encostas pontilhadas por mausoléus imponentes com vitrais de Louis Comfort Tiffany retra-

INTRODUÇÃO

tando cenas bíblicas. Enterrados ali estavam alguns dos maiores nomes das finanças americanas, homens que Schiff conhecera intimamente: Jesse e Joseph Seligman, cuja prolífica venda de títulos de dívida durante e após a Guerra Civil ajudou a sustentar e fortalecer a frágil nação; Marcus Goldman, um pioneiro do mercado de dívidas comerciais; e Emanuel e Mayer Lehman, prodígios do mercado de commodities que ajudaram a fundar a Bolsa do Algodão de Nova York.

O magnífico túmulo de Schiff, construído com lajes de granito de vinte toneladas e evocando um templo romano, dominava os demais. Ele figurava entre os últimos — e, em muitos aspectos, os mais importantes — de uma linhagem de dinastias judaico-alemãs que desempenharam um papel crucial na marcha norte-americana rumo à condição de superpotência financeira e, portanto, mundial. Suas firmas — J. & W. Seligman & Co., Goldman Sachs, Kuhn Loeb, Lehman Brothers — subsidiaram ferrovias e sistemas de transporte público, redes de água e energia e gigantes da indústria, cidades e nações. Ajudaram a dar origem a algumas das empresas mais icônicas do país: B. F. Goodrich, General Motors, Kodak, Macy's, Paramount, Polaroid, Sears, Studebaker, U. S. Rubber, Western Union, Westinghouse, Woolworth e muitas outras. E essa era apenas uma faceta da influência sísmica que exerceram no século XX.

"Ele integrou o pequeno mas poderoso grupo que fez da vida comercial da cidade de Nova York aquilo que ela é hoje", comentou um amigo íntimo de Schiff no dia de seu enterro. "No futuro, os historiadores dos grandes negócios e empresas dos Estados Unidos falarão sobre como as carreiras e vidas deles dominaram uma época que, com todos os seus defeitos, não foi menos do que majestosa em seu poderio, distinção e progresso ao longo de eras."[3]

A experiência de percorrer as alamedas estreitas e ordenadas de Salem Fields, onde os sócios fundadores da Goldman Sachs repousam a uma curta caminhada dos irmãos Lehman, e onde os clãs Schiff e Seligman estão sepultados a poucas centenas de metros um do outro, proporciona uma sensação de humildade e, por vezes, assoberbamento.

Ali convergem diretamente as linhas do passado, seus túmulos bem cuidados servindo como placas de sinalização para a era moderna. A proximidade na morte desses titãs e suas famílias remete à intimidade desfrutada em vida. Eles foram aliados (e ocasionais adversários) nos negócios, parceiros de filantropia, amigos e, em alguns casos, parentes pelo casamento. Frequentavam a mesma sinagoga e celebravam as conquistas mútuas. Cada dinastia estabeleceu um legado excepcional por si só, mas desconcertante em termos de escala quando o foco se amplia para dar conta de seu impacto coletivo.

Dizem que famílias como os Goldman, Lehman, Sachs, Schiff, Seligman e Warburg pertenciam à "nossa turma", os membros de uma unida aristocracia judaico-alemã de Nova York dominante na Era Dourada. Após a publicação de *Our Crowd* [Nossa turma], de Stephen Birmingham, o saboroso best-seller de 1967 que descreve em ricos detalhes o mundo entrelaçado, quase incestuoso e afrontosamente opulento da aristocracia judaico-alemã de Manhattan, essa passou a ser a descrição universal do meio social que eles frequentavam. Na narrativa de Birmingham, o grupo rivalizava com a elite cristã, que não se misturava: a saber, os "Quatrocentos", uma lista da alta sociedade nova-iorquina composta por Caroline Astor. "Eles se autointitulavam 'Os Cem'", escreveu Birmingham. "Foram chamados de os 'grão-duques judeus'. Mas, na maioria das vezes, simplesmente referiam-se a si mesmos como 'nossa turma'."[4]

Não está claro, porém, que eles de fato se referissem a si mesmos dessa forma, motivo pelo qual tento evitar a expressão. A correspondência do próprio Birmingham e outras cartas relativas à publicação do livro questionam a origem do termo. "Nunca ouvi essas famílias referindo-se a si mesmas como 'Os Cem', nem como 'nossa turma'", protestou Geoffrey Hellman, redator da *New Yorker* e bisneto de Joseph Seligman, ao editor de Birmingham.[5] Hellman fora uma das principais fontes de Birmingham, assim como Frances Lehman, neta de Mayer Lehman, que ligou para o autor após a publicação de *Our Crowd* a fim de manifestar perplexidade semelhante.[6] Em uma carta a Hellman, Birmingham defendeu o título como "satírico" (pois havia uma rivalidade considerável dentro desse grupo em teoria coeso — essencialmente, turmas dentro da "nossa turma") e afirmou ter tirado o nome

INTRODUÇÃO

de *Red Damask*, romance de 1927 sobre uma família judaico-alemã em Nova York escrito por Emanie Sachs, primeira esposa de Walter Sachs, herdeiro do Goldman Sachs. A expressão "nossa turma", observou ele, aparecia no texto aqui e ali.[7] Era um artifício literário útil, mas existe pouca base histórica para sugerir que fosse algo além disso.

Ao contrário de Birmingham, determinei-me a contar uma história diferente — menos social que financeira, política e filantrópica —, focada em um punhado de dinastias cujos membros eram particularmente próximos, cujos legados foram extraordinariamente profundos e cujas vidas constituem uma parte fundamental da narrativa sobre como os Estados Unidos modernos, e na verdade o mundo moderno, vieram a se formar. Os registros de suas empresas revelam como se deu a evolução financeira nacional, da turbulenta ascensão de Wall Street ao surgimento de algumas das companhias e indústrias quintessenciais do século XX. Sua filantropia e suas instituições são o alicerce sobre o qual a vida judaica americana foi construída. Seu apoio às artes, à literatura, ao cinema e à música, bem como às bibliotecas, aos museus e às universidades, está gravado no DNA cultural da nação.

O título deste livro vem da expressão que os jornais costumavam empregar para descrever Jacob Schiff e outros pesos-pesados das finanças — como por exemplo em "Rei do dinheiro no banco das testemunhas", quando Schiff foi chamado a depor perante a Câmara Legislativa de Nova York em uma investigação da indústria de seguros, ou em "Jacob Schiff, o novo rei do dinheiro", como dizia a manchete de um efusivo artigo de jornal em 1903. O rótulo era aplicado não apenas a financistas judeus, mas também a magnatas cristãos como J. P. Morgan, John D. Rockefeller e Edward H. Harriman, e captava a titânica influência exercida por um grupo relativamente pequeno de banqueiros de investimento, capitães da indústria e barões das ferrovias, cujo poder, por algum tempo, rivalizou, e em alguns casos excedeu, o do próprio governo norte-americano, especialmente na então ainda pouco regulamentada área das finanças. O apelido "rei do dinheiro" era em certos casos usado para expressar reverência, cristalizando a nova obsessão americana por corporações gigantes, mas, em outros contextos, como um termo desdenhoso — uma acusação de influência desmedida e imerecida.

A riqueza e o poder, e as inúmeras formas pelas quais essas dinastias judaico-alemãs deixaram sua marca no mundo moderno valendo-se de ambos, são temas que perpassam todo o livro — o qual inicialmente hesitei em escrever. Como tantos judeus, sou suscetível às difamações antissemitas que atormentam nosso povo há séculos, como a sugestão de que a ganância e a avareza são nossas características subjacentes, de que controlamos a mídia e o sistema bancário e de que fazemos parte de uma conspiração mundial para dominar o planeta.

O crescimento súbito e visível do antissemitismo na era Trump, quando iniciei este projeto, deixou-me alarmado. E se meu estudo do legado que moldou a época de Schiff e dos demais "reis do dinheiro" inadvertidamente municiasse os racistas com novo material para incrementar suas teorias conspiratórias sobre banqueiros judeus? Eram justamente esses atores malignos, notei, que, pelos motivos errados, pareciam mais empenhados em manter viva a memória de Schiff em desconexos discursos na internet eivados de distorções e mentiras. Mas Schiff e seus contemporâneos judeus alemães — homens que receberam muito menos do que historicamente lhes seria devido, considerando seu impacto — merecem ser conhecidos, compreendidos e, em alguns casos, celebrados. Suas histórias iluminam muita coisa sobre o passado e o presente, e isso inclui as origens do antissemitismo moderno (e as forças por trás dele) e a fraudulenta mitologia — na qual esses banqueiros judeus alemães figuram com proeminência — utilizada para justificar o assassinato em massa. Talvez, concluí, não houvesse melhor forma de combater as mentiras senão contando suas histórias na íntegra.

Considerando as lúgubres origens dos patriarcas das famílias de banqueiros judeus alemães mais proeminentes de Nova York, era difícil imaginar que eles algum dia conquistariam notoriedade suficiente para figurar em teorias da conspiração. A maioria imigrou para os Estados Unidos na adolescência ou no início da vida adulta, como parte de uma onda crescente de judeus alemães buscando refúgio das condições opressivas e leis discriminatórias em sua terra natal. Eles desembarcavam dos navios após viajar por semanas nas acomodações mais sórdidas possíveis, com

INTRODUÇÃO

pouca coisa além da própria ambição. Como muitos imigrantes judeus em busca de um recomeço nos Estados Unidos, encontravam trabalho como mascates e comerciantes, vocações comuns em seu país de origem, a Alemanha, onde eram proibidos de exercer a maior parte das demais profissões. Deixando Nova York, eles penetraram no coração dos Estados Unidos, praticamente ainda rapazes. Seus caminhos não demorariam a levá-los de volta a Manhattan, dessa vez não como trabalhadores humildes, mas como os novos mestres das finanças.

Na verdade, algumas das maiores instituições financeiras do mundo, empresas que dominariam Wall Street e impulsionariam a transformação industrial americana, nasceram de precárias carroças de madeira e mochilas de lona abarrotadas.

Parte 1
Origens

1
Irmãos & Cia.

SE JOSEPH SELIGMAN PARECIA um personagem saído das páginas de um romance de Horatio Alger,* havia uma boa explicação para isso. Por cerca de oito anos, entre o final da década de 1860 e o fim da década seguinte, o aclamado autor viveu com a família Seligman em sua residência em Murray Hill, onde foi professor particular dos cinco filhos do banqueiro e passou diversas noites na espaçosa biblioteca de Joseph conversando com ele sobre literatura, filosofia, religião e as descobertas científicas mais recentes. Ao longo dos anos, Alger foi absorvido pela incrível história de Seligman.

"Horatio Alger encontrara em Joseph Seligman seu protótipo do menino pobre que, mediante a coragem e o trabalho duro, alcança riqueza e fama", recordou um dos netos de Joseph. "O 'Tattered Tom' [Tom Maltrapilho] e todos aqueles outros heróis miraculosos que seguem a fórmula de seus livros [...] nada mais são que versões alternativas do empregador de Alger."[1]

A viagem de Joseph aos Estados Unidos começou como a de tantos outros imigrantes de sua geração. Em julho de 1837, duas carroças par-

---

* Horatio Alger foi um dos escritores mais populares dos Estados Unidos nos últimos trinta anos do século XIX. É o autor de *Ragged Dick*. (N. E.)

tiram da cidadezinha rural bávara de Baiersdorf, iniciando a jornada que levaria Joseph e outras dezoito pessoas ao porto de Bremerhaven, no mar do Norte. Joseph tinha dezessete anos e viajava sozinho. Costurado ao forro de sua calça, levava o equivalente a cem dólares, que a mãe amealhara com muito esforço a fim de proporcionar ao filho um recomeço bem-sucedido nos Estados Unidos.

Nascido em 1819, Joseph era o menino de ouro de Fanny Seligman, o mais velho de uma prole que chegaria a onze filhos, oito deles homens. Precoce e intelectual, aos doze Joseph já exibia um instinto empreendedor, oferecendo serviços de câmbio — os estados alemães tinham várias moedas diferentes — aos viajantes que transitavam por sua cidade, de 2 mil habitantes.[2]

Os Seligman possuíam uma pequena loja no bairro judeu de Baiersdorf — a família morava no andar de cima —, onde Fanny vendia rendas, peças de linho e fitas, bem como os artigos de lã produzidos por David, seu marido, o tecelão da cidade. David era um homem reservado e cansado da vida, ansioso por empregar o filho mais velho no negócio familiar, mas Fanny insistiu que Joseph continuasse sua educação após terminar a escola primária. Aos catorze anos, ele se matriculou numa universidade local na vizinha Erlangen, estudando teologia e medicina e mostrando talento para línguas — além de inglês, francês e hebraico, falava grego clássico com fluência.

Quanto mais aprendia, mais impaciente Joseph ficava com o que via à sua volta, e mais desdenhoso da ordem social que agrilhoava os judeus com leis excludentes que os confinavam à pobreza e a um status de cidadãos de segunda classe. Os judeus sofreram uma perseguição implacável na Europa durante séculos — foram expulsos por monarcas e pontífices e tiveram suas propriedades confiscadas e seus livros sagrados incinerados. Eles foram massacrados e queimados na fogueira; batizados à força; cerceados com decretos draconianos e impostos extorsivos; banidos para guetos sórdidos. Com o passar do tempo, as atitudes ficaram mais esclarecidas, mas apenas até certo ponto. Na Baviera nativa de Joseph, os judeus apenas pouco tempo antes haviam conquistado o direito de frequentar o ensino superior e de ter propriedades.

Aos dezesseis anos, Joseph escreveu um ensaio sobre a questão da emancipação judaica. Mesmo enfurecendo os docentes da universidade com sua crítica da sociedade alemã, ele fez a seguir um discurso eloquente sobre o assunto, perguntando-se por que "meu povo" era "tratado com consideração pouco maior do que a demonstrada a um escravo negro".[3]

Como milhares de outros jovens ambiciosos de sua geração, fascinado pelas histórias que ouvia sobre os industriosos imigrantes judeus em *das Land der unbegrenzten Möglichkeiten*, a terra das possibilidades infinitas, Joseph ficou determinado a viajar para os Estados Unidos. Um primo, Lewis Seligman, havia se estabelecido numa cidade chamada Mauch Chunk (posteriormente rebatizada em homenagem ao campeão olímpico Jim Thorpe), numa região carvoeira da Pensilvânia.[4] Joseph, que ainda não completara os estudos universitários, suplicou aos pais que o deixassem ir. O pai a princípio protestou, cedendo apenas depois que o filho recebeu um convite formal do primo.

O trajeto até Bremerhaven levou dezessete dias. À noite, Joseph e os demais viajantes acampavam à beira da estrada. A acidentada viagem em carroças apertadas foi um luxo comparada ao que os aguardava a bordo do *Telegraph*, onde sua passagem de quarenta dólares na terceira classe dava direito a uma refeição por dia e a uma cabine imunda que dividia com outras cinco pessoas.[5] O mar estava agitado, as condições de vida eram péssimas e a viagem parecia interminável — o *Telegraph* navegou por 42 dias.[6] Quando finalmente chegou a Nova York, em 25 de setembro, Joseph descobriu que a situação em terra firme não era menos turbulenta do que no mar. Ele desembarcou em pleno pânico financeiro de 1837, uma das piores crises econômicas enfrentadas pelo país desde sua fundação.

No dia em que Joseph chegou, o *New York Evening Post* publicou uma descrição das origens da crise bancária que soava estranhamente parecida com os modernos colapsos financeiros:

> A confiança era extravagante, ilimitada; todo mundo dava crédito a todo mundo [...] até que, por fim, a comunidade começou a ver a tolice de confiar sem fundamento e parou. A confiança foi destruída por seu próprio ex-

cesso. Se a confiança das pessoas pudesse ter se mantido eternamente, se os portadores de títulos pudessem ter sido impedidos de exigir o pagamento de suas notas, os bancos jamais teriam parado, os papéis bancários teriam se tornado cada vez mais abundantes; os preços teriam subido de maneira indefinida; a especulação teria continuado incessantemente.[7]

Bancos desmoronaram por todo o país, levando a ruína econômica de Vermont ao Arkansas. A recessão decorrente avançou por boa parte da década de 1840. Durante esse período traumático, oito estados e o território da Flórida decretaram falência.

A despeito do clima financeiro tumultuado, Joseph conseguiu emprego em Mauch Chunk trabalhando para Asa Packer, um self-made man a caminho de construir uma grande fortuna. Packer (que mais tarde serviria por dois mandatos no Congresso e fundaria a Universidade Lehigh) estabelecera um punhado de lojas e um estaleiro na margem do canal Lehigh, onde operava um negócio de transporte de carvão por balsa das minas próximas. Ele contratou Joseph como caixa e balconista, mas, impressionado com o intelecto do jovem, em pouco tempo o promoveu à posição de seu secretário particular, por um salário de quatrocentos dólares anuais.

Talvez inspirado pela história de Packer, que vencera por seus próprios esforços, Joseph não ficou muito tempo no emprego. Um ano depois, começou a trabalhar por conta própria. Seguindo uma estratégia popular entre jovens imigrantes judeus, investiu suas economias (cerca de duzentos dólares) em mercadorias atraentes para os fazendeiros e mineiros — e, mais importante, para suas esposas — que viviam em áreas isoladas fora da cidade, enfiou tudo em uma mochila e se aventurou pelo interior.[8]

A vida de mercador ambulante era árdua e solitária. Uma espécie de prova de fogo para futuros empreendedores, exigia uma salutar reserva de determinação, carisma e coragem. Homens como Joseph podiam andar com cargas de quase cinquenta quilos nas costas. Sua ocupação exigia doses de charme, além da capacidade de estabelecer relacionamentos, e não apenas vender, uma vez que eles dependiam da hospitalidade de seus fregueses para obter comida e abrigo. Além disso, era uma atividade perigosa. Com inglês imperfeito e aparência surrada, esses mascates por vezes eram recebidos com menosprezo, insultos e pedras atiradas pelos moradores locais. Por serem estrangeiros e não terem residência, constituíam fáceis bodes expiatórios para crimes diversos. Viajando sozinhos e carregando não só mercadorias como dinheiro, eles eram, além disso, um alvo convidativo para criminosos, sendo ocasionalmente vítimas de roubos, espancamentos, facadas e até assassinato.[9]

Apesar dos perigos e das adversidades da vida na estrada, Joseph prosperou. Assim como seu primo Lewis havia feito em suas cartas relatos entusiasmados sobre a vida americana, as descrições de Joseph pintavam um retrato atraente, e ele tinha como provar. Após reembolsar os cem dólares que a mãe lhe dera quando partiu, ele mandou o dinheiro das passagens para que seus irmãos Wolf e Jacob, o segundo e o terceiro mais velhos, se juntassem a ele na Pensilvânia. Na primavera de 1839, outras duas carroças partiram de Baiersdorf levando mais dois Seligman, William e James. Era assim que as redes de imigração geralmente funcionavam: um primo, um irmão, um tio servia de ímã para os demais membros da família. No caso dos Seligman, praticamente todo o clã em breve se reuniria a Joseph nos Estados Unidos.[10]

Para James, a travessia transatlântica foi inesquecível — no pior sentido imaginável. "Na terceira classe havia grandes catres lado a lado, e sete pessoas dormiam em cada um", ele relembrou mais tarde, já com mais de oitenta anos. "Ficamos ali espremidos naquele mar agitado e na completa escuridão por dois ou três dias. Sinto náuseas só de pensar, e quanto menos falo sobre isso, melhor." Durante a miserável viagem, um passageiro contraiu varíola, que se espalhou rapidamente entre dezenas de outras pessoas, incluindo James, então com quinze anos, que, ao chegar a Nova York, foi posto em quarentena. Durante a convalescença, recordou ele, um médico lhe ministrou "uma dose de óleo de rícino, tão amargo que o gosto nunca mais saiu da minha boca".[11]

O mais bem-apessoado dos irmãos, James era um vendedor nato, e Joseph financiou sua primeira incursão pela vida de ambulante, assim como havia feito com William. Para começar, Joseph lhe comprou trezentos dólares em joias de ouro e prata — "anéis, broches, correntes etc.", recordou James. Ele percorreu a Pensilvânia e depois se aventurou pelo Sul, à procura de um novo território fértil. Por fim, chegou ao Alabama. Ali, descobriu oportunidades de negócio tão abundantes que regressou ao Norte para tentar convencer os irmãos a também mudar de ares. Para isso, só precisou mostrar a eles seus ganhos. Em suas andanças pelo Sul, embolsara cerca de mil dólares.[12]

No verão de 1841, outro Seligman, Jesse (nascido Isaias), com cerca de catorze anos, reuniu-se aos irmãos em Lancaster, Pensilvânia, onde haviam estabelecido uma pequena loja que servia como depósito de suprimentos para suas excursões de comércio ambulante. "Fiquei algumas semanas em Lancaster", lembrou Jesse, "período em que aprendi um pouco da língua inglesa e dominei a ciência de fumar charutos de um centavo."[13] No outono, os quatro irmãos embarcaram em um navio para Mobile com 5 mil dólares em mercadorias.[14] Consideraram abrir uma loja por lá, mas a cidade era cara e havia muita concorrência. "Assim, julgamos mais aconselhável mudar para uma cidade do interior", relembrou Jesse.[15]

Os Seligman prosseguiram até Selma, recomendada por James em sua viagem anterior. A comunidade de cerca de 1200 habitantes era um popular centro comercial, e os irmãos improvisaram um estabelecimento por lá, expondo seus produtos sob uma tenda, antes de finalmente alugarem um espaço. Joseph ficou em Selma cuidando da loja enquanto seus irmãos, durante um mês, procederam ao que Jesse descreveria como uma "excursão para inspecionar os arredores".[16]

Enquanto os irmãos estavam na estrada, Joseph se desentendeu com um morador local — provocado, talvez, pelo fato de ser estrangeiro, ou judeu, ou por uma discussão sobre mercadorias. O que quer que tenha sido, a contenda passou às vias de fato, e Joseph foi preso como agressor. Quando um juiz local estava pronto para decretar a sentença de prisão, uma testemunha — filho de um cidadão proeminente — apontou o outro sujeito como o verdadeiro incitador.

Conta-se na família Seligman que, décadas mais tarde, quando o Alabama penava sob o ônus da esmagadora dívida que havia contraído durante a Guerra Civil, Joseph encontrou uma forma de retribuir o favor. A testemunha que o havia exonerado era agora um juiz estadual que viajara a Nova York em busca de ajuda financeira para seu estado. Foi recusado por todos os banqueiros que visitou. Quando enfim se encontrou com Joseph, não percebeu que o banqueiro de cabelos prateados era o jovem comerciante surrado que defendera anos antes. Mas Joseph o reconheceu na mesma hora. Sem se comprometer com um empréstimo, convidou o juiz para uma festa em sua casa naquela noite, quando celebraria o noivado de uma das filhas. No meio do jantar, Joseph pediu silêncio e contou a história de como um mascate judeu injustamente acusado escapara de ser preso graças ao testemunho espontâneo de um rapaz. Para encerrar, anunciou dramaticamente: "O jovem em questão é ninguém menos que o ilustre jurista do Alabama que honra nossa mesa esta noite, e o judeu hostilizado, ninguém menos que este humilde anfitrião". Virando-se para o surpreso juiz, Joseph o informou de que os irmãos Seligman ficariam encantados em conceder ao Alabama um empréstimo de 1 milhão de dólares.[17]

Não muito após os irmãos Seligman terem se transferido para o Sul, chegou a notícia da Baviera de que Fanny Seligman falecera. Ela estava com 42 anos. Ao longo dos dois anos seguintes, os Seligman remanescentes — as irmãs Babette, Rosalie e Sarah, os irmãos Henry (nascido Hermann), Leopold (Lippmann), Abraham e Isaac — imigraram para os Estados Unidos. Em 1842, James regressou brevemente a Nova York para receber a primeira leva de irmãos, com idades variando entre três anos (Sarah) e 21 (Babette), e instalá-los em uma casa na esquina das ruas Pitt e Grand. David Seligman, cujo negócio faliu após a morte de Fanny, relutantemente deixou Baiersdorf em 1843. Ele faleceu apenas dois anos após chegar a Nova York.

Nesse meio-tempo, os irmãos continuavam a construir seus negócios no Sul, abrindo lojas em Eutaw, Clinton e Greensboro. Seus estabelecimentos ofereciam uma enorme variedade de produtos: joias, tecidos, roupas, artigos de cozinha, selas, ferragens, armas, partituras e até pianos.

"Convidamos respeitosamente as mulheres a examinar nossos belos estilos de *bareges*, *balzarines*, musselinas de poá, passamanarias rendadas, meias-calças, chapéus e fitas, bem como uma variedade de artigos elegantes, selecionados com bom gosto para serem comercializados a preços compatíveis com os tempos", anunciava a loja dos irmãos em Greensboro.[18] Eles batizaram essa loja de Seligman's New York Cash Store — costumavam enfatizar que suas mercadorias vinham de Nova York — e alardeavam "qualidade e preços baixos" que "não podem ser superados por nenhum outro estabelecimento no Sul".[19]

Os negócios iam bem, mas, no fim da década de 1840, Joseph e os irmãos estavam de olho em novas oportunidades. Viver no Sul nunca agradou a eles de fato. Incomodados com a cultura escravagista, os Seligman foram atraídos pela política abolicionista do que viria a ser o futuro Partido Republicano. Jesse tornou-se um admirador de Henry Clay, o estadista do Kentucky que denunciou a expansão da escravidão para outros territórios americanos quando visitou Eutaw na condição de candidato presidencial pelo Partido Whig, na campanha de 1844.[20]

Em 1848, os Seligman decidiram fechar suas lojas no Alabama e voltar para o Norte. Embora a escravidão fosse parte do motivo que os levava a partir, não foi a causa principal, segundo um neto de Joseph, o escritor e negociante de livros raros George S. Hellman (pai do jornalista Geoffrey T. Hellman, da revista *The New Yorker*). "Seria [...] um exagero sugerir que a antipatia deles pela servidão humana devido a raça, credo ou cor fosse sua principal motivação em se decidir pelo Norte como futuro lar", escreveu Hellman em uma biografia não publicada de Joseph e seus irmãos, *The Story of the Seligmans*.[21] A decisão de se transferir para Nova York foi acima de tudo financeira. "Achamos que talvez encontrássemos melhores condições indo para o Norte", confirmou Jesse.[22]

Quando encerraram suas operações no Alabama, os Seligman publicaram um anúncio em um jornal de Greensboro: "ÚLTIMA CHAMADA!", dizia. "Todos aqueles em dívida com a antiga firma de J. Seligman & Bro's são encarecidamente convidados a saldá-la, uma vez que a concessão de prazo não mais será possível."[23]

A partida do Sul marcou uma nova fase na vida de Joseph. No final de 1848, prestes a completar trinta anos, ele voltou à Baviera pela primeira vez desde que partira. Para os moradores de Baiersdorf, era a personificação da promessa americana. O adolescente que partira em uma carroça abarrotada voltara como um próspero homem de negócios para procurar e pagar com juros os credores do falecido pai. Mas esse não era o único propósito da visita. Ele tinha ido à Alemanha junto com o irmão James a fim de se reunir com exportadores locais — e voltar aos Estados Unidos com uma esposa. Em Munique, casou-se com a prima de dezenove anos, Babette Steinhardt.

A bordo do navio para Nova York com a jovem noiva, seus dias de mascate devem ter parecido enganosamente distantes. Sete anos antes, os irmãos não tinham dinheiro para abrir um negócio em Mobile, mas agora haviam juntado capital suficiente para se estabelecer no que seria em breve o indiscutível centro financeiro da nação. No número 5 da rua William, no centro de Manhattan, James e Joseph fundaram a J. Seligman & Brothers, Merchants, pouco depois rebatizada como J. Seligman & Brothers, Importers, um nome mais adequado às crescentes ambições comerciais dos irmãos. Sessenta anos mais tarde, nesse mesmo terreno de esquina, os Seligman erigiriam uma elegante torre de onze andares de pedra calcária condizente com um dos principais bancos de investimento americanos. Duas décadas depois, quando a firma dos Seligman se mudou para um novo edifício, uma ascendente firma de Wall Street, fundada por outro grupo de irmãos bávaros com raízes no Alabama, adquiriria o arranha-céu em estilo renascentista como sede.

2
A marcha dos mascates

QUANDO OS SELIGMAN DEIXARAM O ALABAMA, os Lehman acabavam de se estabelecer.

"Nada respeitável" — foi assim que um representante da agência de classificação de risco de crédito R. G. Dun & Co., encarregado de avaliar o negócio dos irmãos Emanuel e Henry Lehman, descreveu suas operações comerciais em dezembro de 1849. Os Lehman, observou ele, haviam investido tudo que possuíam em sua loja de artigos têxteis de Montgomery, localizada em um sobrado de madeira no número 17 da Court Square, ao alcance dos pregões dos leiloeiros no mercado de escravizados da cidade. O relatório de crédito não fornecia nenhuma outra informação para sustentar seu veredicto. Mas comentários subsequentes indicavam quais seriam suas objeções aos Lehman. "Por aqui depositamos pouquíssima confiança em quaisquer descendentes da tribo [de Israel]", afirmou outro correspondente alguns anos depois. A essa altura, um terceiro irmão, Mayer, entrara para o negócio. "Gozam de razoável crédito por aqui, mas judeus dificilmente ficam e dão bons cidadãos." Outro comentário era ainda mais direto: "Acreditamos que pertencem àquela classe que, quando compra algum bem, deve ter seus movimentos rigorosamente vigiados".[1]

Esses relatos iniciais diziam menos sobre o caráter dos Lehman do que sobre os preconceitos arraigados da época. Mas, em outro aspecto, eram de fato muito representativos dos irmãos — mostrando os obstáculos que superaram à medida que se estabeleciam como alguns dos principais homens de negócios do Sul, no intervalo de apenas uma década.

Henry Lehman, nascido em 1822, pavimentou o caminho para a ascensão dos irmãos em Montgomery e, posteriormente, Nova York. Os Lehman vinham da pequena aldeia bávara de Rimpar, dez quilômetros ao norte de Würzburg, onde a família fazia parte de uma comunidade judaica bastante unida de 108 pessoas. Seu nome original não era Lehman, mas Löw (leão). Após um decreto de 1813 exigindo que os judeus adotassem novos sobrenomes e prestassem juramento de lealdade ao Estado, Abraham Löw, o patriarca da família, escolhera Lehmann. (Quando emigraram, os irmãos tiraram um *n* do sobrenome.)

Comparados a outras famílias judias, os Lehmann eram relativamente prósperos. Abraham, um comerciante de gado com um negócio paralelo de vinhos, possuía uma casa confortável perto das muralhas fortificadas de um castelo do século XIV, onde Eva Lehmann deu à luz dez filhos. Somente sete chegaram à idade adulta, quatro meninos e três meninas.

Henry era o segundo filho de Abraham e Eva, Emanuel o terceiro, e Mayer o mais novo, o que significava que eles tinham pouca chance de construir uma vida para si em Rimpar ou nas aldeias vizinhas. Abraham e outros chefes de família judeus eram obrigados a pagar o *Landesschutzgeld*, uma taxa de proteção, para viver em Rimpar e em outras cidades. Judeus em dia com a taxa eram registrados em uma lista conhecida como *Matrikelliste* — essencialmente, um sistema de cotas destinado a limitar a população judaica. Em geral, o primogênito da família recebia um lugar no registro (seus irmãos não contavam com tal sorte), privilégio que coube a Seligmann Lehmann, que se juntou ao pai no negócio de gado. Pouco mais se sabe sobre o mais velho dos irmãos Lehman, embora o filho mais novo de Mayer, Herbert, governador do estado de Nova York e senador dos Estados Unidos, tenha sugerido certa vez o motivo para isso. "Tendo a pensar que fosse o esqueleto no armário dos Lehman", afirmou, "pois, segundo sempre entendi, ele era muito bom de copo e bebia como um trabalhador braçal."[2]

Ao completar 21 anos, Henry enfrentava um futuro incerto na Baviera. Assim, tal como Joseph Seligman e milhares de outros rapazes de sua geração, embarcou para os Estados Unidos. Chegando a Nova York em 11 de setembro de 1844, ele logo subiu a bordo de outro navio com destino a Mobile. O itinerário de Henry sugeria que já tivesse amigos ou parentes no Sul. Talvez tenha optado por Mobile devido a laços familiares com os Goldschmidt, de Herbsdorf. Dois membros da família Goldschmidt viajaram para os Estados Unidos a bordo do mesmo navio que Henry. E um imigrante vindo de Herbsdorf chamado Lewis Goldschmidt (Goldsmith, após chegar aos Estados Unidos) tinha uma loja de roupas em Mobile.[3] Se os Lehman não estavam familiarizados com os Goldsmith antes, agora passavam a conhecê-los bem. Mais tarde, Mayer Lehman se casaria na residência de New Orleans de um dos filhos de Lewis Goldsmith.[4]

A loja de Goldsmith era um tradicional ponto de parada para jovens imigrantes judeus alemães como Henry, que compravam toda mercadoria que pudessem carregar e saíam a apregoá-la pelas fazendas, campos de mineração e aldeias remotas. O comércio ambulante dos judeus cobria todos os Estados Unidos, mas eles normalmente eram atraídos para regiões em desenvolvimento, onde enfrentavam pouca concorrência e podiam obter lucros maiores. Era por isso que empresários iniciantes como os Seligman migravam para o Sul, onde as comunidades prósperas da região observavam um crescimento populacional.

Os mascates eram como lojas de departamento itinerantes e costumavam se especializar em artigos de luxo, extravagâncias e produtos "elegantes" (bugigangas e acessórios decorativos). Em geral, parecia não haver fim para o que um mascate podia tirar de sua mochila ou desencavar de seu carrinho abarrotado: almanaques, espelhos, molduras de retrato, porcelanas, talheres, toalhas de mesa, roupas de cama, xales, casacos, sapatos, rendas, seda, desenhos para bordado, relógios, joias, máquinas de costura.

O comércio ambulante foi a ocupação inicial mais popular entre os imigrantes judeus alemães chegados aos Estados Unidos nas décadas de 1830 e 1840, por ser algo com o qual já estavam familiarizados e uma das poucas ocupações disponíveis para seus pais e avós no Velho

Continente. No Sul e no Norte em rápida expansão, essa atividade proporcionava aos recém-chegados uma base para galgar a escada econômica. "Chamo o comércio ambulante de Escola de Negócios de Harvard para meninos judeus", afirmou John Langeloth Loeb Jr., bisneto de Mayer Lehman e por um tempo embaixador americano na Dinamarca.[5]

Após obter alguma experiência, o degrau seguinte para os mascates era abrir sua própria loja. Um ano após chegar ao Alabama, Henry Lehman economizara o suficiente para dar esse passo, tendo escolhido Montgomery para dar início ao próprio negócio.

Fundada cerca de 25 anos antes, a cidade era um posto avançado em crescimento com aproximadamente 6 mil habitantes, um terço de sua população consistindo em escravizados cujo trabalho fazia girar as engrenagens do comércio sulista. Henry tinha um bom motivo para enxergar potencial na cidade, que um ano após sua chegada se tornou capital estadual. Uma ferrovia em construção ligaria, nos anos seguintes, Montgomery a destinos na Costa Leste. E a cidade se localizava no ponto navegável mais ao norte para os vapores que trafegavam pelo rio Alabama, fazendo dela um importante centro comercial e de transporte. Henry estava longe de ser o único comerciante a vislumbrar o futuro de Montgomery — no início da década de 1850, o lugar contava com mais de trinta lojas de artigos têxteis.[6]

Henry abriu sua primeira loja na Commerce Street — a mudança para a localização mais promissora na Court Square viria alguns anos depois —, em uma casa dilapidada onde atendia os clientes durante o dia e se retirava para dormir à noite no austero quartinho dos fundos.[7] Muita coisa em Montgomery deve ter parecido estranha para Henry, a começar pelo clima úmido, ideal para o plantio de algodão e outros cultivos — mas também para a disseminação de doenças transmitidas por mosquitos, como a febre amarela. "Dá para ganhar dinheiro por aqui", o jovem imigrante escreveu à família, "se a febre não me pegar primeiro."[8]

A ausência de uma comunidade religiosa estabelecida teria sido outro motivo de choque cultural. Henry esteve entre os primeiros judeus a se estabelecer em Montgomery: na época em que chegou, cerca de uma dezena de outros judeus viviam ali, o suficiente ao menos para um *minyan*, o quórum de dez homens adultos exigido para a liturgia, segundo a fé judaica. Não havia sinagoga na cidade, de modo que os serviços religiosos eram conduzidos na casa de um merceeiro local.[9] Em 1846, Henry se juntou a outros membros da comunidade judaica de Montgomery para instituir uma sociedade beneficente, a Chevra Mevacher Cholim (Sociedade para Alívio dos Enfermos), destinada a cuidar de seus doentes e enterrar seus mortos de acordo com a lei religiosa. Uma das primeiras prioridades foi estabelecer um cemitério judaico.[10]

Em 1849, Henry e outros membros da Chevra Mevacher Cholim organizaram a primeira congregação judaica da cidade, a Kahl Montgomery, e o comerciante de 27 anos foi eleito vice-presidente da recém-criada organização, que contava com cerca de trinta membros. Seu irmão de 22 anos, Emanuel, que Henry atraíra para Montgomery em 1847, foi nomeado secretário.[11]

A Kahl Montgomery era constituída nos moldes da Emanu-El, de Nova York, fundada alguns anos antes. A congregação de Emanu-El praticava uma nova forma de judaísmo liberal que fora importada da Alemanha e adotava uma visão mais flexível das tradições judaicas, incluindo as leis dietéticas; para os judeus reformistas, sua religião era progressista e deveria evoluir com o tempo. Esse movimento era impulsionado pela migração em massa dos guetos da Europa para os Estados Unidos, onde os judeus se estabeleciam entre cristãos e tentavam se integrar a uma sociedade na qual antigos preconceitos, embora presentes, não costumavam restringir seus direitos como cidadãos.

Um ano após a chegada de Emanuel, Henry transferiu sua loja para a Court Square, no coração do agitado bairro comercial de Montgomery. E pendurou uma nova placa acima da porta, revelando a admissão do irmão como sócio: "H. LEHMAN & BRO.".[12] Agora perto dos trinta anos, Henry se dedicara obstinadamente a prosperar. E, vendo seu negócio crescer de maneira consistente, sentiu confiança suficiente em seu futuro financeiro para começar a própria família. Em 7 de novembro de 1849, casou-se com Rosa Wolf, de 24 anos, também oriunda da Baviera (e possivelmente uma paixão de infância).[13] No verão seguinte, mais dois Lehman chegaram — o primogênito de Henry e Rosa, também chamado David, e Mayer, que viera da Alemanha.

* * *

Não fora apenas a promessa de oportunidades econômicas que levara Mayer ao Sul americano, mas também a ameaça de turbulência política. A partir de 1848, quando Karl Marx e Friedrich Engels publicaram o *Manifesto comunista*, a Europa mergulhou numa série de revoltas sangrentas. Como um pavio aceso, os protestos se alastraram da Itália à França, dos Estados independentes da Alemanha ao Império Habsburgo, até grande parte da Europa Ocidental se inflamar com o fervor revolucionário. As causas da conflagração, alimentada em parte pelas dificuldades econômicas generalizadas, diferiam de um lugar para outro, mas um tema comum perpassava os movimentos de protesto: a demanda por reformas democráticas e direitos civis fundamentais.

Segundo alguns relatos, Mayer participou das agitações na Baviera e tinha ligações com um grupo de revolucionários liberais que incluía Carl Schurz, que, após fugir da Europa, alcançou proeminência política nos Estados Unidos como senador e secretário do Interior no governo de Rutherford B. Hayes.[14] Muitos judeus participaram das manifestações que sitiaram as monarquias da Alemanha pré-unificação, vendo nelas uma chance de se libertarem dos séculos de domínio opressivo que os forçava a viver como estrangeiros permanentes.

Em 1849, os judeus da Baviera pareciam prestes a conquistar algum progresso. Em dezembro desse ano, a câmara baixa do Landtag bávaro aprovou uma lei que lhes concedia os mesmos direitos dos cristãos. Os judeus exultaram, mas outros cidadãos se opuseram furiosamente à medida. Um legislador inflamado afirmou que os judeus continuariam a ser estrangeiros mesmo que suas raízes bávaras se estendessem por um milênio. Quando a igualdade parecia à vista, foi-lhes arrancada: em fevereiro de 1850, a câmara alta do Parlamento rejeitou a emancipação judaica.[15]

Em maio, Mayer partiu para os Estados Unidos, juntando-se aos milhares de imigrantes que deixaram a Europa na esteira das revoluções de 1848 e 1849, muitos deles fugindo de represálias e perseguições por suas atividades revolucionárias. Mayer viajou até a cidade portuária francesa de Le Havre — de onde Henry cruzara o Atlântico seis anos antes — e embarcou em um navio de três mastros chamado *Admiral*, espremendo-se com centenas de outros passageiros na terceira classe. Ele chegou a Nova York em 17 de julho.[16] Se a viagem tivesse demorado apenas mais um dia, o nome Lehman talvez nunca ficasse gravado na história financeira americana. Quando o *Admiral* atracou, um furacão vindo do Caribe se formava na Costa Leste. A tempestade chegou a Nova York um dia após o desembarque de Mayer, causando uma violenta ventania que arrancou os telhados de estanho das construções.[17]

Depois que Mayer se juntou aos negócios dos irmãos, um *s* foi acrescentado ao nome da firma. Agora rebatizada como H. Lehman & Bros., a empresa passou a se anunciar como "atacadistas e varejistas de artigos têxteis e roupas" e armazém de "mantimentos, ferragens, botas, sapatos, chapéus masculinos e femininos, boinas, talheres, flores, pentes etc. etc. etc.".[18] Durante esse período, houve muitos "etc." nos negócios dos irmãos, que também atuavam no ramo imobiliário, comprando e vendendo terras e outras propriedades, e se aventuraram no comércio algodoeiro, a principal indústria da região.

O algodão era a verdadeira moeda do Sul. Havia papel-moeda de sobra circulando — o problema não era esse. A decisão do presidente Andrew Jackson, em 1832, de fechar o Second Bank of United States, uma reconhecida instituição federal que controlava a emissão de moeda pelos bancos estaduais oficiais, levara à proliferação de instituições pouco regulamentadas, cada uma delas emitindo suas próprias cédulas. Os falsificadores exploraram à vontade esse sistema caótico, inundando o mercado com notas falsas. (A epidemia de falsificação acabou por levar à criação do Serviço Secreto norte-americano, em 1865, quando se calculou que um terço de todo o dinheiro em circulação era falso.)

Tendo em vista que o papel-moeda nem sempre era confiável, commodities tangíveis compunham a espinha dorsal do comércio americano, e, no Sul, o algodão imperava como o principal cultivo. Em sua loja, os Lehman aceitavam o pagamento das mercadorias em algodão. "Era em grande medida um negócio de permuta", comentou Herbert Lehman sobre a origem dos negócios da família. "Os fazendeiros chegavam com seu algodão e o trocavam por camisas, sapatos, fertilizantes [...] sementes e tudo mais de que precisassem. Foi assim que [meus antepassados] entraram no negócio do algodão."[19] Os Lehman também concediam crédito aos agricultores e fazendeiros, adiantando-lhes mercadorias e garantindo esses empréstimos com penhoras sobre a colheita do algodão.

Ao contrário dos Seligman, que se opuseram à escravidão e apoiaram o Partido Republicano, os Lehman, eternos democratas, habituaram-se à prática à medida que se aclimatavam à vida sulista. Em 1850, eles começaram a comprar seus próprios escravizados, que usavam para ajudar na casa e nos negócios. A família chegou a possuir pelo menos sete, um dos quais era Martha, uma jovem de aproximadamente catorze anos na época de sua aquisição, descrita como "saudável de corpo e mente e escrava vitalícia", segundo o registro de venda. Seu preço: novecentos dólares.[20]

Como os Lehman foram capazes de racionalizar a propriedade de escravizados, tendo em vista que uma das histórias de origem de sua fé fala justamente sobre a fuga do povo judeu da servidão e sobre o severo castigo divino impingido aos egípcios que os haviam escravizado? Além disso, muitos imigrantes chegados na onda de 1848 naturalmente traduziam os valores pelos quais haviam combatido na Alemanha para a luta pela abolição nos Estados Unidos.

Uma história da Lehman Brothers encomendada pela família e nunca publicada, intitulada "The Seed and the Tree" [A semente e a árvore], de autoria de um antigo sócio da empresa, Frank Manheim, observa sucintamente que os irmãos "vieram a partilhar das opiniões e preconceitos de sua comunidade de adoção".[21] Eles não estavam sozinhos. Muitos judeus sulistas acabaram aceitando, quando não adotando, a prática da escravidão — embora a dissonância espiritual de sua posição, mesmo na época, não passasse despercebida a ninguém. Na década de 1850, em um acalorado debate sobre a escravidão no Congresso, um senador abolicionista investiu contra os "israelitas com princípios egípcios" — farpa dirigida a seu colega pró-escravidão Judah Benjamin, um democrata judeu da Louisiana que posteriormente serviria no gabinete do presidente confederado Jefferson Davis durante a Guerra Civil.[22] Para os prósperos judeus sulistas, a propriedade de pessoas escravizadas era um rito de assimilação que os punha em pé de igualdade com a elite branca. De fato, para os Lehman, possuir escravizados devia fazer com que se sentissem mais "brancos" e sulistas.

Em seu livro-razão cobrindo as transações comerciais do condado de Montgomery, a R. G. Dun & Co. registrou ano a ano o progresso dos Lehman. "Eles mantêm um grande estoque e estão fazendo bons negócios. [...] Gozam de boa posição. Honram seus contratos", observou a agência de classificação de crédito em dezembro de 1852. Dois anos depois, a agência descreveu os Lehman como "empresários equilibrados, diligentes e observadores" que estavam "realizando negócios muito bons". Em 1855, a R. G. Dun estimou o valor do negócio dos Lehman em cerca de 50 mil dólares, 60% dos quais "em imóveis e negros". E comentou que, embora fossem judeus, "são considerados quase tão bons quanto os 'brancos'. São bem-vistos e tidos como tão honestos e confiáveis quanto um judeu pode ser".[23]

Os Lehman, a essa altura, estavam dando o passo evolucionário seguinte em sua jornada de comerciantes a banqueiros. Embora ainda não se anunciassem nesses termos, eles estavam se tornando vendedores por comissões — homens que negociavam mercadorias como tabaco, açúcar ou, no caso deles, algodão. Os agricultores locais consignavam a colheita aos Lehman, que providenciavam a venda e a logística de transporte — inclusive o seguro da carga contra incêndios ou acidentes marítimos. Esses comerciantes, por vezes também conhecidos como "corretores de algodão", cobravam uma taxa de cerca de 2,5% sobre cada transação, mais despesas.[24]

À medida que o negócio crescia, aumentava também o território coberto pelos Lehman. Emanuel viajava regularmente a Nova York a fim de encontrar compradores e exportadores do Norte, adquirir mercadorias para sua loja e administrar suas contas nos bancos locais. Henry, por sua vez, ia com frequência a New Orleans para visitar contatos comerciais na agitada cidade portuária, onde navios transportando algodão para Nova York e a Europa chegavam e partiam constantemente. Durante as ausências dos irmãos, Mayer cuidava da loja em Montgomery e aprendia sobre o negócio do algodão. Extrovertido e sociável, ele fez amizade com os produtores locais, que o inteiravam de seu negócio, desde as condições climáticas que afetavam a colheita até os ciclos de crescimento e os elementos que determinavam a qualidade comercial de uma safra.

No verão de 1855, o Sul foi assolado por surtos de febre amarela. O vírus se manifestava como uma gripe comum, causando febre, cansaço, dores musculares e calafrios. Mas depois começavam o sangramento nos olhos, na boca e no intestino e o vômito negro — um sintoma inconfundível. A morte muitas vezes sobrevinha. Dois anos antes, o vírus dizimara cerca de 10% da população de New Orleans. No fim de setembro de 1855, vários casos de febre amarela foram relatados em Montgomery. "Muitas pessoas já estão procurando a segurança do campo", noticiou um jornal local.[25]

Em algum momento no outono desse ano, Henry partiu de Montgomery para uma de suas viagens de negócios periódicas a New Orleans. Vários biógrafos dos Lehman afirmam que o pânico com o surto em Montgomery levou os irmãos a insistirem que ele deixasse a cidade. Mas, se esse foi o caso, New Orleans dificilmente teria constituído um bom refúgio. A cidade enfrentava sua própria pandemia descontrolada de febre amarela, com centenas de mortes toda semana. Nesse período, a doença custou a vida de quase 3 mil pessoas ali — inclusive Henry. Ele faleceu no dia 17 de novembro e foi enterrado no único cemitério judaico da cidade, deixando um patrimônio de 42 mil dólares.[26]

O futuro do negócio fundado por Henry agora cabia a Emanuel e Mayer. Na aparência, era fácil confundir os irmãos. Ambos mediam cerca de 1,70 metro. Ambos tinham olhos e feições escuros. E ambos usavam bigode e cavanhaque, com costeletas roçando a gola da camisa.

Mas, na questão do temperamento, ocupavam lados opostos. Mayer era um sujeito animado e amigável, o sorridente rosto do empreendimento, construindo relacionamentos com membros da elite sulista e participando, com surpreendente elegância, de círculos proeminentes. Contava entre seus amigos íntimos Thomas Hill Watts, um advogado e fazendeiro de Montgomery que viria a se tornar governador do Alabama, e Hilary Herbert, futuro secretário da Marinha. "É espantosa a rapidez com que meu pai aparentemente se integrou à vida econômica e social de sua comunidade", observou certa vez Herbert Lehman.[27]

Uma qualidade que servia bem a Mayer era sua extraordinária aptidão para se relacionar com as pessoas. "Ele tinha facilidade e jeito para perceber as emoções dos outros e lhes dar a devida consideração", relembrou um amigo, mencionando a "peculiar constituição mental" de Mayer.[28] Ele apreciava a adrenalina do risco, e, à medida que os Lehman mergulhavam cada vez mais no comércio algodoeiro, conduziu sua expansão.

Emanuel, por outro lado, era reservado e mais propenso a preocupações, evitando riscos desnecessários. Ficava mais à vontade ao lidar com os detalhes financeiros dos negócios. Um funcionário de longa data o descreveu como um homem "maduro desde jovem" e "cortês", extremamente inteligente e avesso a artimanhas — "nada de falcatruas, nada de glamour, nada de exibicionismo".[29]

"Meu pai sempre foi muito progressista", recordou Herbert Lehman, referindo-se a Mayer. "Meu tio Emanuel era conservador. [...] As pessoas costumavam gracejar sobre a cautela da empresa, comentando que, ao pedir a opinião do meu pai sobre o mercado do algodão, ele dizia: 'Eu compraria'. Então, elas perguntavam ao meu tio, que dizia: 'Eu venderia.'" Os irmãos constituíam um contrapeso natural um ao outro, Mayer forçando os limites do negócio e Emanuel funcionando como a voz da moderação. A piada na família era que Mayer ganhava dinheiro e Emanuel impedia que o perdessem — pelo menos, na maior parte do tempo.[30]

Sempre próximos, os irmãos combinavam seus recursos e por décadas mantiveram uma conta conjunta, que usavam para pagar as despesas domésticas sem se preocupar com qual irmão estava fazendo mais saques.[31] Tinham essa prática em comum com os Seligman, que não possuíam "nenhuma conta privada de rendimentos ou despesas" e "confiavam que o outro gastaria apenas o necessário para manter a família em circunstâncias confortáveis", segundo Isaac, o mais novo dos irmãos.[32]

Com a morte de Henry, Emanuel e Mayer mudaram o nome da firma pela última vez. A partir desse momento, atenderiam pelo nome de Lehman Brothers.

3
Destino manifesto

EM MEADOS DO SÉCULO XIX, os Estados Unidos estavam expandindo suas fronteiras em várias direções. Assim como os Seligman. Pouco depois de voltar do Norte, os irmãos se separaram em busca de novas oportunidades financeiras, uma estratégia de dividir para conquistar que empregariam ao longo de toda a carreira. James e Joseph ficaram cuidando do negócio de importação em Manhattan, enquanto William viajou para St. Louis, a oeste, onde abriu uma loja de roupas com o novo marido de sua irmã Babette, Max Stettheimer. Nesse meio-tempo, Jesse e o irmão mais novo, Henry, rumaram centenas de quilômetros ao norte, para Watertown, Nova York, perto da fronteira da América do Norte Britânica (que viria a ser o Canadá), onde estabeleceram a New York City Dry Goods Store em uma praça comercial conhecida como Public Square.

Entre seus clientes havia um jovem oficial do Exército recém-destacado para Sackets Harbor, um importante posto avançado nos arredores onde soldados americanos haviam repelido uma incursão britânica na Guerra de 1812. O primeiro-tenente Ulysses S. Grant acabara de servir na Guerra Mexicano-Americana, em que vira o combate de perto pela primeira vez. O conflito, que se prolongou por dois anos e estava enraizado na doutrina do "destino manifesto", que concedia o imprimátur divino à gananciosa e sangrenta marcha dos Estados Unidos para o Oeste, resultara numa enorme expansão das fronteiras nacionais, engolindo 55% do território mexicano, incluindo a totalidade ou parte dos atuais territórios de Arizona, Califórnia, Colorado, Nevada, Novo México, Texas e Utah. Grant não se iludia com o que ele e os demais soldados haviam presenciado, considerando o conflito "a guerra mais injusta jamais travada por uma nação poderosa contra outra mais fraca".[1]

Em Watertown, Grant fez amizade com os Seligman. Entre partidas de pôquer e jogos de dama, sacramentaram laços que durariam a vida inteira. "Ficamos amigos imediatamente, assim que nos conhecemos", recordou Jesse, "e, desse momento até sua morte, não conheci ninguém que merecesse mais amor e respeito não só dos amigos, como também do povo de todo o país."[2]

Numa manhã de domingo em maio de 1849, menos de um ano depois de os irmãos terem inaugurado seu negócio, um incêndio teve início no principal bairro comercial de Watertown. As chamas se alastraram rapidamente pelas estruturas de madeira dos edifícios. Bancos, hotéis, a agência do correio, uma igreja episcopal — tudo sucumbiu ao fogo. Uma centena de construções foi incinerada, inclusive a loja de Jesse e Henry.[3]

Os dois prontamente puseram mãos à obra a fim de reconstruir o estabelecimento, mas, nem bem voltaram a abri-lo, Jesse começou a ficar cada vez mais inquieto. O Norte, por mais pitoresco e lucrativo que fosse, parecia particularmente remoto. A julgar pelos jornais, o centro do universo era a Califórnia, onde, poucos dias antes de o México assinar a concessão do território, um operador de serraria havia descoberto pó de ouro em um leito de rio em Coloma. Seguiu-se uma invasão de caçadores de fortuna vindos de todas as partes do país. A febre do ouro parecia acometer um certo tipo de jovens aventureiros — Jesse, na época com 23 anos, não escapou ao contágio. Mas, em vez de seguir a manada até os sopés da cordilheira de Sierra Nevada, decidiu investir sua energia em outro tipo de oportunidade.

Milhares de pessoas afluíam a San Francisco — e todos esses recém-chegados eram potenciais clientes. Pensando nos desafios logísticos de transportar mercadorias para o Oeste e na explosão da nova riqueza, Jesse apostou que, na Califórnia, conseguiria vender produtos vindos de Nova York e da Europa por muitas vezes o seu valor.

Sejam quais forem os argumentos que apresentou a Joseph, o sensato chefe da família, eles se mostraram convincentes. Jesse não só obteve a permissão do irmão para fundar um novo estabelecimento dos Seligman em San Francisco, como também partiu para a Califórnia com uma fortuna de 20 mil dólares em mercadorias, um grande investimento para os irmãos. Enquanto Henry permanecia em Watertown, Leopold acompanhou Jesse para o Oeste. Aos dezenove anos, Leopold ainda estava por dar sua contribuição aos empreendimentos familiares — na Califórnia, Joseph esperava que o irmão mais novo, com suas inclinações artísticas, adquirisse algum tino comercial.

Não havia uma rota fácil para a Califórnia, apenas algumas alternativas ligeiramente menos temerárias. Muitos seguiam por terra em comboios de carroções, mas a viagem podia levar seis meses ou mais, caso sobrevivessem à infinidade de perigos. Era possível chegar lá de navio, mas isso exigia descer todo o litoral da América do Sul e contornar seu extremo meridional, o cabo Horn, uma ameaçadora região do oceano conhecida por seus padrões climáticos imprevisíveis e ondas gigantescas. De Nova York, o percurso totalizava cerca de 26 mil quilômetros. O trajeto mais curto, escolhido por Jesse e Leopold, envolvia navegar até o istmo panamenho, uma estreita faixa de terra que ligava as Américas do Norte e do Sul, onde cerca de oitenta quilômetros de terreno acidentado separavam os oceanos Atlântico e Pacífico. Em Chagres, no lado atlântico do istmo, mercadorias e equipamentos eram descarregados e amarrados a mulas; os passageiros seguiam em caravana através da selva e das montanhas até a Cidade do Panamá, onde embarcavam em outro navio com destino à Califórnia.

A rota do Panamá, que reduzia pela metade a jornada para o Oeste, tinha seus próprios riscos. Um dos maiores era contrair malária, febre amarela ou qualquer uma da variedade de enfermidades tropicais endêmicas da região. Quando os Seligman subiram a bordo de um vapor com rodas de pás chamado *Northerner*, para iniciar a segunda etapa da viagem à Califórnia, Leopold e muitos outros já tremiam de febre, acometidos pela malária. Dias angustiantes se passaram, e oito passageiros morreram, seus corpos atirados ao mar. Mas, para tremendo alívio de Jesse, Leopold gradativamente recuperou as forças.[4]

Em algum momento no outono de 1850, o *Northerner* singrou as águas da baía de San Francisco e deixou os irmãos e suas caixas abarrotadas de mercadorias em um posto avançado sem lei surgido quase literalmente da noite para o dia. Era uma cidade de vícios e excessos povoada por jogadores, trapaceiros e vigaristas de todo tipo. Saloons e cassinos dominavam as ruas lamacentas e cheias de lixo. Brigas de rua e duelos armados eram uma visão comum.

Examinando o panorama de barracas de lona e estruturas precárias, Jesse percebeu que San Francisco corria o risco de sofrer um incêndio catastrófico como o que devastara Watertown, e conseguiu alugar um espaço no único prédio de tijolos da cidade, contíguo a um hotel chamado Tehama House. Seu instinto se provou acertado. Por volta das onze da noite, em 3 de maio de 1851, um incêndio teve início em uma loja de tintas e se alastrou com velocidade alarmante, atingindo proporções tão cataclísmicas que era possível observar seus lúgubres fogos a cerca de 150 quilômetros dali.

Jesse foi correndo para a loja. O proprietário do hotel vizinho, o capitão Joseph Folsom, ordenara a seus funcionários que pusessem cobertores molhados sobre o telhado. "Expliquei na mesma hora ao capitão", recordou Jesse,

> que se meu estabelecimento pegasse fogo nada poderia salvar seu hotel da destruição, visto que se tratava de uma construção de madeira, e sugeri que transferisse uma quantidade de seus homens para meu telhado, de forma que, se eu conseguisse combater o incêndio, seu hotel também ficasse seguro. Ele concordou com minha sugestão; e foi mesmo bom que tenha concordado.[5]

Jesse apresentou um argumento parecido aos bombeiros da Howard Engine Company n. 3, o esquadrão de voluntários que combatiam o fogo em sua área, convencendo-os a concentrar seus esforços em salvar o prédio.[6]

O incêndio destruiu três quartos de San Francisco. Mas, quando a fumaça se dissipou, a loja de Jesse e o Tehama House permaneciam intactos. O desastre se revelou lucrativo para os Seligman, uma vez que, temporariamente, varreu a concorrência. "De todos os comerciantes", ele disse mais tarde, "fui o único a ter a loja poupada, e, uma vez que dispunha de muitos artigos necessários na época, em pouco tempo liquidei grande parte do meu estoque, embora não tenha feito nenhuma tentativa de aumentar ou reduzir meus preços."[7]

Dificilmente haveria necessidade de Jesse remarcar suas mercadorias. Seus preços já eram exorbitantes, assim como os dos demais comerciantes de San Francisco, devido à extrema dificuldade em transportar certos produtos até o local. Sua loja vendia cobertores de cinco dólares a quarenta. Uma garrafa de um litro de uísque custava trinta dólares.[8]

A loja de San Francisco acabou por superar os demais empreendimentos dos Seligman como a maior fonte de receita da família. Os navios chegavam à baía de San Francisco trazendo utensílios de cozinha, roupas, material de escritório, bebidas, charutos e outros artigos para a loja de Jesse, e voltavam à Cidade do Panamá com os cofres carregados de pó e pepitas de ouro, a moeda comum em muitos estabelecimentos de San Francisco. Os jornais locais ofereciam atualizações regulares sobre o "transporte de tesouros", e a J. Seligman & Co. — não confundir com a importadora de Joseph de mesmo nome, em Nova York — figurava frequentemente nessa lista dos maiores exportadores de ouro, ao lado da operação bancária fundada por Henry Wells, William G. Fargo e outros comerciantes, como o imigrante bávaro Levi Strauss, que, antes de inventar o famoso jeans com rebites, tocava uma loja de artigos têxteis em San Francisco cujos fornecedores eram seus irmãos radicados em Nova York.

Em 1852, Jesse e Leopold enviaram pelo menos 72 mil dólares em ouro para Nova York. Em 1854, 159 mil. No ano seguinte, 261 mil. No fim da década, mais de 700 mil dólares fluíam todos os anos para a operação nova-iorquina. (Parte desse ouro talvez pertencesse a clientes.)

No início da década de 1850, Henry fechou a loja em Watertown e se juntou a Jesse e Leopold em San Francisco. Abraham, o penúltimo irmão Seligman, não tardaria a fazer o mesmo. Curioso em relação ao Oeste e talvez admirado com o sucesso de Jesse, Joseph empreendeu a árdua viagem até San Francisco a fim de inspecionar o negócio, algo que o manteria longe de sua jovem família em Nova York por mais de um ano.[9]

À medida que ganhavam proeminência na comunidade de negócios local, os Seligman também se tornaram ativos nos assuntos municipais e comunitários, inclusive os que diziam respeito à população judaica. Aos 25 anos, Henry servia como presidente da congregação reformista Emanu-El, supervisionando a construção de sua primeira sinagoga. (Emanu-El, que significa "Deus está conosco", era um nome popular entre as congregações.) Descrito como "entusiástico, mas reservado, de uma eficiência a toda prova, embora sempre insistindo com delicadeza", Henry administrava os assuntos da congregação com rigor empresarial, equilibrando suas finanças e impondo multas aos membros que faltavam às reuniões.[10] Abraham, igualmente na administração da sinagoga, atuou como o tesoureiro do conselho que criou o Golden Gate Park.[11]

Após o incêndio de 1851, que destruiu grande parte de San Francisco, Jesse se juntou à Engine Company n. 3. Ele também ajudou a fundar o Comitê de Vigilância, um grupo de cidadãos que, não confiando no governo local, fazia justiça com as próprias mãos.

O influxo de ouro e a natureza caótica do crescimento urbano fizeram de San Francisco um vespeiro de criminalidade. A fim de se proteger, Jesse portava um revólver Colt com cano de seis polegadas. Quase precisou usá-lo um dia, quando caminhava na rua e uma bala passou zunindo por sua orelha. Ele se virou para confrontar o atirador, que, dando uma boa olhada no jovem comerciante, desculpou-se por ter puxado o gatilho: "Pensei que fosse outra pessoa".[12]

O Comitê de Vigilância declarava em seu estatuto que "nenhum ladrão, assaltante, incendiário ou assassino escapará da punição, sejam quais forem os motivos: as prevaricações da lei, a insegurança das prisões, a negligência ou a corrupção da polícia, a frouxidão dos que deveriam aplicar a justiça".[13] Jesse e os demais vigilantes mantinham uma cadeia improvisada na rua Sacramento, onde encarceravam os acusados em celas com pouco mais de dois metros quadrados para que esperassem o julgamento por seus supostos crimes.[14] Seu primeiro prisioneiro foi John Jenkins, um ex-condenado australiano e membro de uma gangue chamada Sydney Ducks, que foi preso enquanto roubava o cofre de um escritório em Long Wharf. Os vigilantes logo o levaram a julgamento. Quando os membros do comitê hesitaram sobre a punição a ser aplicada, um deles falou: "Senhores, pelo que entendi, viemos aqui para enforcar alguém!".[15]

Declarado culpado à meia-noite, Jenkins foi conduzido a ferros até a Portsmouth Square,[16] onde foi pendurado pela turba em uma viga que se projetava de um edifício de adobe. Mas a essa altura o réu já parecia sem vida, após ter sido arrastado pelo pescoço através da praça por seus executores. Jesse e dezenas de outros moradores assinaram uma resolução assumindo a responsabilidade pelo linchamento.[17] Segundo suas próprias memórias, ele permaneceu como membro do comitê "até que a perfeita ordem fosse restabelecida" na cidade, mediante uma controversa campanha de justiça popular que incluiu inúmeros enforcamentos, chibatadas e o banimento de dezenas de supostos criminosos dos limites da cidade.[18]

Jesse ajudou a canalizar os desejos de lei e ordem dos vigilantes em uma organização política capaz de aplicá-las. Assim, juntou-se a outros comerciantes da cidade — e aos membros do Comitê de Vigilância — para instituir o Comitê dos Vinte e Um, visando erradicar a corrupção local. O comitê substituiu a máquina política existente por sua própria máquina, reunindo-se em segredo para determinar a chapa de candidatos que representariam o Partido Popular, como seu movimento ficou conhecido, nas eleições seguintes. O partido dominaria a política local por uma década.[19]

A despeito das dificuldades de viajar, Jesse e seus irmãos cobriam vastas distâncias com surpreendente regularidade. Durante as prolongadas ausências, seu número constituía uma vantagem, já que um irmão podia substituir o outro. Eles se deslocavam entre as costas Leste e Oeste e voltavam com frequência cada vez maior à Europa a fim de comprar mercadorias, cambiar ouro e, à medida que os irmãos chegavam à idade adulta, empreender a *Brautschau*, a busca por uma noiva. O aumento da imigração judaica dos Estados alemães durante a década de 1840 mais do que triplicou a população judaica americana no início da década seguinte, mas, por volta de 1850, ainda havia apenas cerca de 50 mil judeus espalhados pelo país. A fim de encontrar uma parceira adequada — alguém que compartilhasse sua língua, cultura e religião, e que se comprometesse em preservar sua herança —, os homens muitas vezes precisavam regressar ao Velho Continente, como Jesse fez no início dos anos 1850. Durante essa viagem, ele ficou noivo de Henriette Hellmann, que um parente descreveu como "não particularmente bela, mas uma moça culta, de porte aristocrático e soberba coragem ao longo da vida".[20]

O destemor de Henriette lhe seria de grande utilidade numa ainda incivil San Francisco, para onde seguiu em companhia do marido após o casamento em 1854. O casal permaneceu no Oeste por vários anos, até Jesse ser convocado por Joseph a Nova York a fim de se juntar à filial leste do negócio, enquanto Abraham, Henry e Leopold tocavam as operações em San Francisco. Jesse e a família — ele agora tinha dois filhos — chegaram no final de 1857, quando outra catástrofe financeira paralisava a economia da nação. Ao longo de dois meses, a partir de outubro desse ano, os bancos nova-iorquinos deixaram de aceitar a troca de papel-moeda por ouro a fim de se proteger de uma corrida a seus cofres. À medida que a crise se espalhou pelo país, milhares de empresas quebraram. Em Nova York, cerca de novecentos empreendimentos mercantis foram à falência, deixando uma dívida conjunta de 120 milhões de dólares.

Ao que tudo indica, os Seligman perceberam a chegada da crise antes de muitos comerciantes. Os sinais talvez tenham vindo da queda abrupta nas remessas de ouro provenientes de San Francisco no ano anterior. Joseph sempre aconselhava cautela, e ficou suficientemente preocupado com a saúde da economia a ponto de liquidar os investimentos especulativos da família e converter seus depósitos bancários em ouro e prata enquanto ainda podia.

Uma convergência de fatores resultou no pânico de 1857. O declínio no suprimento de ouro assustou os bancos, fazendo com que elevassem as taxas de juros e reduzissem o crédito, e depois tomassem medidas mais drásticas. Nesse meio-tempo, os investidores que haviam entrado na farra especulativa de ferrovias e terras começaram a despertar para a realidade.

A decisão do Supremo Tribunal no caso Dred Scott, em março de 1857, também contribuiu para a crise. O abrangente veredicto invalidou o Compromisso do Missouri, que banira a escravidão na maioria dos territórios a oeste adquiridos pela Compra da Louisiana. A determinação, celebrada no Sul e muito criticada no Norte, injetou na fragilizada economia americana uma dose de incerteza política sobre o futuro não só da escravidão, mas da migração para o Oeste impulsionada pelo destino manifesto, que provocara o boom especulativo de terras e ações ferroviárias. Mais tarde, no fim de agosto de 1857, a Ohio Life Insurance and Trust Company, com seus livros repletos de investimentos ruins, entrou em processo de falência, provocando uma corrida aos bancos. O papel da companhia de Cincinnati no desencadeamento dessa crise econômica costuma ser comparado aos efeitos da quebra, em 2008, de um dos mais conhecidos bancos de investimento americanos: o Lehman Brothers.

Enquanto a cinco quarteirões dali Joseph Seligman abastecia cofres-fortes em seu escritório com ouro e prata a fim de enfrentar o colapso financeiro que julgava iminente, Emanuel Lehman tentava lançar um novo empreendimento no Norte de modo a complementar as atividades sulistas da Lehman Brothers.

Depois que Henry morreu de febre amarela, sua viúva se mudou com os quatro filhos para Nova York, onde, em 1857, Emanuel se juntou a eles, em sua casa no número 120 da Second Street.

A Lehman Brothers necessitava cada vez mais de uma presença no Norte para sustentar suas crescentes ambições comerciais. Em Nova York, Emanuel podia não só comprar mercadorias para a loja de artigos têxteis da família e organizar seu envio para Montgomery, como também administrar o crescente negócio do algodão. Embora o produto em si fosse cultivado no Sul, Nova York era agora o centro da indústria, a principal ligação marítima dos Estados Unidos com portos europeus como o de Liverpool, por onde passava grande parte das importações de algodão americano para a Grã-Bretanha. Como capital financeira da nação, Nova York abrigava também os bancos e seguradoras que lidavam com o financiamento e mitigavam os riscos envolvidos no comércio algodoeiro.

Se a Lehman Brothers ocuparia um dia um reluzente arranha-céu de 32 andares na Quinta Avenida (a sede ocupada pela empresa a partir de 1980), os visitantes do primeiro estabelecimento de Emanuel Lehman em Nova York, no número 119 da Liberty Street, teriam encontrado uma prosaica fachada anunciando bebidas e charutos.

No verão de 1857, Emanuel havia se tornado sócio de um imigrante bávaro de 28 anos chamado Moses Ferst, que até então trabalhava na fábrica de charutos do pai, na Grand Street. A Lehman & Ferst se anunciava como importadora e fabricante de charutos de qualidade, bem como distribuidora de vinhos e bebidas. Além de abastecer a loja dos Lehman em Montgomery, a empresa tinha clientes por todo o Sul.

Emanuel não poderia ter escolhido um momento pior. Os sócios haviam acabado de inaugurar seu negócio quando a próspera economia nacional entrou em colapso.

De início, Emanuel investiu 10 mil dólares na Lehman & Ferst, que acabou perdendo dinheiro devido a uma série de "transações infelizes", como observou a R. G. Dun & Co. Os prejuízos e a turbulenta situação econômica do país devem ter aterrorizado o mais velho dos irmãos Lehman, que sempre previa a ruína financeira. Entretanto, ele aguentou firme, e os sócios conseguiram se recuperar das perdas iniciais, duplicando o valor do negócio para 25 mil dólares. "A empresa vai bem", relatou a R. G. Dun & Co. em 1859, informando que Emanuel planejava viajar para o Sul "a fim de conhecer novas pessoas e ampliar seu negócio".[21]

Na mesma rua do escritório de Emanuel, no número 89 da Liberty Street, havia uma loja de judeus alemães que vendia "artigos elegantes". Mas o que chamou a atenção de Emanuel não foram as mercadorias luxuosas, e sim a filha adolescente de um dos sócios, Louis Sondheim. Emanuel se casou com Pauline Sondheim, na época com dezesseis anos, em maio de 1859, poucos meses após completar 32 anos. Mayer, nesse meio-tempo, também tinha se estabelecido, casando-se com Babette Newgass, filha de amigos da família originários de uma cidade próxima a Würzburg.[22] Babette era a mais velha de sete filhos, e duas de suas irmãs também se casariam com empresários ricos. Uma delas se tornaria esposa de Abraham Stern, um comerciante de algodão de Liverpool que mantinha negócios com os Lehman. A outra se casaria com Isaias Hellman, um proeminente banqueiro da Califórnia, outrora considerado um dos homens mais ricos do Oeste americano.

Babette tinha parentes em New Orleans, e seu casamento com Mayer aconteceu na magnífica casa na avenida St. Charles de seu primo Ferdinand Goldsmith, filho do comerciante que administrava uma loja em Mobile quando Henry Lehman chegou à cidade. Com a união, Mayer ganhou não só uma esposa, mas também, embora não oficialmente, uma parceira de negócios. "Acho que meu pai nunca tomou uma decisão de negócios importante sem consultar minha mãe", recordou Herbert Lehman. Com inteligência incisiva e uma presença marcante, Babette inspirava devoção e talvez um pouco de medo. Era a matriarca por excelência, administrando a casa com pulso firme; seus filhos, sete no total (o oitavo, um menino chamado Benjamin, morreu na infância), não ousavam contrariá-la. "Não sei de nenhum caso em que uma mulher, ou qualquer pessoa, tenha sido uma chefe de família tão completa quanto minha mãe", disse Herbert.[23]

Mayer e sua família em expansão moravam em uma espaçosa casa no número 402 da South Court Street,[24] a uma curta caminhada da loja dos Lehman em Montgomery. Os funcionários de Mayer costumavam fazer suas refeições por lá.[25] A construção ocupava a maior parte de um quarteirão, e, exceto pela varanda em toda a volta e pelas enormes venezianas articuladas, parecia ter características mais europeias que sulistas.

Em 1860, os negócios dos Lehman tanto no Norte como no Sul prosperavam. Em Nova York, a sociedade de Emanuel com Moses Ferst operava um movimentado comércio de bebidas e tabaco.[26] Em Montgomery, Mayer consolidara sua condição de membro da elite de empresários locais ao ingressar na loja maçônica. Ele era agora o sétimo homem mais rico do condado, superado apenas por dois banqueiros e um punhado de grandes fazendeiros.[27] O censo daquele ano revela que ele possuía imóveis no valor de 28 mil dólares e bens pessoais avaliados em 75 mil dólares. A R. G. Dun & Co. agora considerava a Lehman Brothers "uma casa tradicional e bem estabelecida" que valia no mínimo 100 mil dólares.[28]

De sua posição privilegiada em Nova York e Montgomery, porém, os irmãos podiam ver claramente as nuvens da tempestade política se formando. A decisão do caso Dred Scott inflamara ainda mais o debate nacional sobre a escravidão, tema que dominou a eleição presidencial de 1860. Na primavera, a delegação do Alabama para a Convenção Nacional do Partido Democrata em Charleston, na Carolina do Sul, retirou-se em protesto após os democratas do Norte proibirem diretrizes escravagistas na plataforma do partido. As delegações de Flórida, Geórgia, Louisiana, Mississippi, Carolina do Sul e Texas se juntaram à manifestação. A ruptura foi irreconciliável. Os blocos partidários do Norte e do Sul acabaram indicando seus próprios candidatos para concorrer contra Abraham Lincoln, ainda que seus votos divididos fossem uma garantia da derrota democrata.

Em dezembro de 1860, enquanto Lincoln se preparava para assumir a presidência e os apelos à secessão ficavam cada vez mais estridentes no Alabama e em outros estados sulistas, a R. G. Dun & Co. acrescentou a seu livro-razão aquela que acabou sendo sua última atualização sobre a Lehman Brothers até o encerramento da Guerra Civil. A entrada dizia: "Judeus, mas tão bons quanto qualquer um".[29]

4
Vicissitudes da guerra

"ALLES IST BEENDET!" — ESTÁ TUDO ACABADO! — escreveu Emanuel, desolado, aos parentes da esposa logo após o início da guerra.[1] As prateleiras de sua loja na Liberty Street estavam vazias. Assim que as hostilidades começaram, ele enviara às pressas suas mercadorias para Montgomery, sem saber quando teria uma nova oportunidade.[2] Desde então, as transações comerciais entre o Norte e o Sul haviam cessado completamente, e as operações dos Lehman em Nova York e em Montgomery perderam o canal de contato. Emanuel se perguntava como o negócio sobreviveria. Nos momentos sombrios, receava que isso não fosse possível.

Para Mayer, a atmosfera carregada deve ter soado familiar. Ele vivera uma agitação parecida na Baviera, quando a Europa era assolada pelas revoluções de 1848. Agora, mais de uma década depois, uma rebelião sangrenta chegara à sua terra de adoção. Muitos imigrantes europeus da época, fiéis aos princípios democráticos pelos quais haviam lutado no Velho Continente, opuseram-se com veemência à escravidão e apoiaram a União. Veteranos dessas revoluções se alistaram em massa para servir nos exércitos do Norte, e os alemães-americanos formavam o maior grupo étnico em defesa da União. Carl Schurz, o revolucionário prussiano com quem Mayer estaria associado, comandou uma divisão na Batalha de Gettysburg.

Embora a Confederação procurasse manter e expandir um sistema de sujeição com o qual os Lehman, na condição de membros de um povo oprimido, sem dúvida estavam familiarizados, os irmãos se identificaram inteiramente com a causa sulista. (Mayer seria descrito mais tarde como um "rebelde inconformado".)[3] Assim como muitos empreendimentos no Sul, os negócios dos Lehman dependiam da economia escravagista. O que estava em jogo na guerra era seu modo de vida, ou pelo menos assim deve ter parecido na época.

Em algum momento no verão de 1861, enquanto os exércitos do Norte e do Sul combatiam na Virgínia, Emanuel deixou Nova York e voltou brevemente para o Alabama.[4] Um lugar cheio de vida antes da guerra, Montgomery, primeira capital da Confederação, tornara-se um centro de atividade militar e política. Jornalistas, soldados, políticos e homens de negócios acorriam à cidade, lotando seus saloons, teatros e hotéis. Jefferson Davis, o recém-empossado presidente confederado, morava e mantinha um escritório numa suíte do Exchange Hotel, do outro lado da Court Square, onde ficava a loja dos Lehman. Em fevereiro daquele ano, após ser eleito, Davis foi até o balcão do hotel e declarou roucamente para centenas de apoiadores que, "se for preciso mais uma vez batizar com sangue os princípios pelos quais nossos pais sangraram na Revolução, mostraremos que não somos filhos degenerados".[5]

Nenhum membro dos Lehman participou da guerra. Entretanto, eles integraram uma unidade de milícia local conhecida como os Guardas Bombeiros, encarregados da defesa de Montgomery. Um registro de alistamento inclui "E." e "M." Lehman como soldados rasos nesse destacamento.

O destino da União estava em jogo. Mas, como aos poucos ficaria claro para Emanuel, nem tudo estava perdido para os Lehman.

Em abril de 1861, dias depois de as tropas confederadas atacarem Fort Sumter, o presidente Lincoln ordenou um bloqueio dos portos sulistas, apertando o cerco em torno da economia confederada. O Sul respondeu com um embargo às exportações de algodão para a Europa, uma malograda estratégia diplomática destinada a pressionar a Grã-Bretanha e a França, grandes importadoras do algodão sulista, a se aliarem à Confederação. No começo, o fluxo de algodão diminuiu drasticamente. Com os mercados mundiais sedentos pela mercadoria, os preços dispararam; a certa altura, durante a guerra, o algodão chegou a ser negociado a 1,89 dólar por libra, enquanto custava cerca de dez centavos em 1860.

No segundo ano da guerra, porém, um ativo comércio no mercado clandestino havia surgido. Utilizando embarcações leves e rápidas feitas para superar os navios da União, contrabandistas furavam o bloqueio, tendo seus porões abarrotados de fardos de algodão e suprimentos militares. Os riscos para a tripulação e a carga eram grandes, assim como o potencial de lucro. Em muitos casos, após chegar a um porto europeu, o carregamento de algodão era transferido para outro navio, que voltava a cruzar o Atlântico rumo a Nova York, um desvio de milhares de quilômetros destinado a esconder a origem ilícita da carga.

Uma história institucional publicada pela Lehman Brothers em 1950 a fim de comemorar o centenário da empresa nada diz sobre a eventual participação de Emanuel e Mayer no mercado clandestino de algodão, mas a versão consideravelmente mais longa e detalhada, "The Seed and the Tree", deixa pouca dúvida de que eles de fato furaram o bloqueio. "A generosa recompensa estimulava a ousadia e a engenhosidade", escreveu Frank Manheim, veterano da Lehman, lembrando os leitores de que não havia "nenhum opróbrio moral [...] em furar o bloqueio".[6] Para os irmãos e outros simpatizantes da Confederação, frustrar as sanções econômicas impostas pela União teria sido não só lucrativo como também patriótico.

Ulysses Grant, é claro, via as coisas de forma diferente. Em meados de dezembro de 1862, recém-promovido a general de divisão, ele emitiu uma ordem controversa expulsando "os judeus, como uma classe que viola todos os regulamentos comerciais estabelecidos pelo Departamento do Tesouro", de sua jurisdição militar, que se estendia do norte de Illinois ao sul do Mississippi. Conhecida como Ordem Geral n. 11, essa chocante manifestação oficial de antissemitismo — talvez a mais infame da história americana — derivava da crença de Grant de que o comércio clandestino de algodão, que ajudava a financiar o esforço de guerra confederado, era realizado "principalmente pelos judeus e outros comerciantes inescrupulosos", como escreveu o general numa missiva.[7]

Na condição de estrangeiros, distinguindo-se pelo sotaque e por suas roupas, os mascates, mercadores e ambulantes judeus — que acompanhavam o exército vendendo suprimentos diversos para os soldados — talvez fossem a "classe" comercial mais visível na zona de guerra, e não há dúvida de que alguns participavam do contrabando. Mas muitos homens de negócios cristãos faziam o mesmo. Apenas uma pequena porcentagem dos comerciantes ilícitos eram de fato judeus, mas isso não parecia importar. Como acontecera repetidas vezes na Europa ao longo das eras — quando os judeus foram confinados a ofícios considerados vis demais para os outros cidadãos, trabalhando como mascates, coletores de impostos e prestamistas, para depois serem ainda mais desprezados por aceitar tais profissões —, os judeus arcaram com uma culpa desproporcional pelas atividades do mercado clandestino de algodão e pela busca de lucro. De fato, como observou o historiador Jonathan Sarna em seu livro *When General Grant Expelled the Jews* [Quando o general Grant expulsou os judeus], "práticas comuns em tempos de guerra", como o contrabando e a especulação, passaram a ser "perniciosamente identificadas apenas com os judeus".[8] Durante esse período, o próprio termo "judeu" virou sinônimo de alguém envolvido em atividades mercantis agressivas ou potencialmente escusas. "Aos olhos de muitos americanos (entre os quais alguns militares)", escreve Sarna, "*todos* os comerciantes, contrabandistas, ambulantes e mercadores que tiravam proveito da guerra eram judeus 'narigudos', fossem ou não de fato judeus."[9]

Por trás da ordem de Grant havia uma história envolvendo seu inescrupuloso pai, Jesse, que jamais se acanhara em usar a ascendência do filho para obter lucros pessoais. O velho Grant fizera um acordo com um trio de irmãos judeus de Cincinnati, os Mack, para exercer sua influência junto ao filho de modo a obter uma licença para transportar algodão do Sul pelas linhas de batalha em troca de uma parte dos lucros. Jesse e os Mack viajaram até o quartel-general de Ulysses Grant no Mississippi, onde Jesse apresentou sua proposta. O esquema, e especialmente a participação de seu pai nele, enfureceu o general. Pouco tempo depois, ele emitiu sua infame diretiva.

Após tomar conhecimento da ordem de Grant, Lincoln, na época se preparando para promulgar sua Proclamação de Emancipação, ordenou rapidamente que o general a revogasse. O impacto da ordem, que vigorou apenas por algumas semanas, foi na maior parte psicológico. Mas, para os imigrantes judeus, serviu de confirmação de que nem nos Estados Unidos eles poderiam escapar da perseguição religiosa de que haviam fugido na Europa. O episódio, pelo qual Grant mais tarde se retratou, assombrou sua carreira (embora, aparentemente, não tenha afetado sua duradoura e cordial ligação com os irmãos Seligman). A controvérsia voltou à tona durante sua candidatura à presidência e influenciou profundamente seu governo, durante o qual, numa atitude tida amplamente como um ato de contrição, ele nomeou judeus para cargos de primeiro escalão e condenou de maneira veemente a violência antissemita na Rússia e na Romênia.

Mesmo com um mercado clandestino ativo, o algodão ficou acumulado no Sul, uma vez que apenas uma fração da colheita conseguia furar o bloqueio cada vez mais rígido imposto pelo Norte. Mais ou menos na mesma época em que Grant emitiu e revogou a Ordem Geral n. 11, Mayer forjava com um colega comerciante de Montgomery uma nova aliança que não apenas expandiria a presença dos Lehman no ramo algodoeiro como também exploraria o lucrativo mercado de estocagem de algodão. Cinco anos mais novo que Mayer, John Wesley Durr era um nativo da Geórgia de 27 anos que ascendera de balconista de mercearia a sócio da M. E. Vaughn & Co., proprietária do maior depósito de algodão de Montgomery, conhecido como Alabama Warehouse. Mayer e Durr criaram uma empresa chamada Lehman, Durr & Co. e, em março de 1863, após alguns meses de negociações, compraram o Alabama Warehouse por 100 mil dólares.

Até fevereiro daquele ano, Durr servira como intendente de um regimento de infantaria do Alabama — na prática, um oficial de contratos que adquiria todos os suprimentos necessários para a unidade — e presenciara os combates da Batalha de Tazewell, no Tennessee. Mas, semanas antes da fundação da Lehman, Durr & Co., renunciara abruptamente a seu posto, desobrigando-se do serviço militar com a oferta de um substituto (que desertou dois dias depois).

A Lehman Durr manteve laços estreitos com oficiais confederados e realizou negócios consideráveis com o governo rebelde, um dos maiores compradores de algodão. A Confederação adquiria e estocava vastas quantidades do produto, que utilizava como garantia para os títulos de dívida que emitia na Europa a fim de financiar o esforço de guerra. (Os investidores na verdade podiam trocar os títulos por fardos de algodão; para os portadores de títulos no estrangeiro, havia a surpresa desagradável de que cabia a eles retirar seu algodão no Sul americano.) O governo confederado estocou milhares de fardos no Alabama Warehouse, certo ano pagando à Lehman Durr quase 26 mil dólares em taxas de armazenamento.

O algodão era apenas um aspecto dos amplos negócios de Mayer com o governo sulista, que também mantinha contratos com a Lehman Brothers. Os irmãos Lehman forneciam aos estados confederados centenas de quilos de arroz e café, milhares de gorros de lã para o inverno e dezenas de milhares de metros de tecido — desde a flanela ao *osnaburg*, um material grosseiro utilizado no forro das jaquetas — para a confecção de uniformes. No cômputo geral, os contratos dos irmãos com os confederados e os intendentes dos estados sulistas totalizavam mais de 200 mil dólares.[10]

Embora os Lehman sempre tenham mantido uma participação no negócio mercantil geral fundado por Henry, a formação da Lehman Durr acelerou sua mudança para o mercado algodoeiro. Na época em que Mayer e John Durr uniam forças, Emanuel encerrou sua sociedade com Moses Ferst.[11] Agora pai de dois filhos pequenos — Milton, nascido em 1860, e Philip, que chegou no ano seguinte —, Emanuel e sua jovem família passaram a maior parte dos anos de guerra no exterior. Ele viajou de volta à Baviera e visitou a Inglaterra. Com a comunicação e o comércio entre Nova York e Montgomery praticamente interrompidos, Londres e Liverpool, onde os irmãos tinham conexões familiares, tornaram-se cada vez mais vitais para a sobrevivência da Lehman Brothers.

VICISSITUDES DA GUERRA

Ao mesmo tempo que cuidava dos negócios da família na Europa, Emanuel também tentava vender títulos confederados. Enquanto fazia suas viagens regulares a Londres, visitando bancos para comercializar as notas sulistas, outro comerciante de Nova York, que ele viria a conhecer bem, oferecia títulos da União a investidores britânicos. Para Joseph Seligman, assim como para seu colega confederado, os anos de guerra se revelavam surpreendentemente lucrativos.

Em 20 de abril de 1861, a Union Square, em Nova York, era um mar vermelho, branco e azul. A bandeira dos Estados Unidos tremulava nos terraços abarrotados e pendia do batente das janelas cheias de espectadores. Os homens usavam as cores nacionais afixadas a seus chapéus e lapelas, enquanto os chapéus femininos exibiam fitas amarradas. Nessa tarde, mais de 100 mil pessoas inundaram a praça e as ruas adjacentes.

Quase uma semana se passara desde a captura de Fort Sumter por tropas confederadas, e um grupo de nova-iorquinos proeminentes, incluindo Joseph Seligman, organizara o enorme comício em apoio à União. O major Robert Anderson, que defendera o forte da União mesmo em grande desvantagem numérica e era agora uma celebridade nacional, compareceu ao evento. Ele trouxe consigo a bandeira crivada de balas que permanecera hasteada no forte durante os combates; ela agora tremulava em uma estátua de bronze de George Washington, no centro do parque. John Dix, o ex-senador americano que assumira pouco tempo antes o comando da milícia do estado de Nova York, presidiu o evento. Ele denunciou "esses ultrajes contra tudo que consideramos mais caro" e chamou a atenção dos presentes para a bandeira, declarando que "seu estado esfarrapado mostra a desesperada defesa" empreendida por Anderson e pelos soldados sob seu comando.

"Chegou a hora de agir", disse ele.[12]

Cinco dias depois, Joseph permanecia tão fervorosamente pró-União que batizou o filho recém-nascido de Edwin Robert Anderson, em homenagem ao herói militar. (Joseph tinha o hábito de dar nomes de homens famosos aos filhos, prática seguida em menor medida pelos irmãos. Além de Edwin, a prole de nove filhos de Joseph incluía um George Washington, um Isaac Newton e um Alfred Lincoln.)

A guerra representou uma nova série de desafios e oportunidades para os Seligman. Ao mesmo tempo que interrompeu os negócios e tumultuou os mercados de câmbio e ouro, a rápida mobilização militar também rendeu um ótimo novo cliente aos irmãos: o governo federal. Quando o conflito teve início, o Exército americano era composto de aproximadamente 16 mil soldados de carreira (alguns dos quais se alistaram no exército confederado). Atendendo ao apelo de Lincoln por voluntários, centenas de milhares de homens engrossaram suas fileiras nos meses seguintes. O fornecimento para o inchado exército desencadeou sua própria espécie de corrida do ouro, à medida que o governo nortista firmava às pressas, e por vezes de maneira caótica, contratos para a compra de uniformes, comida, armas e outros suprimentos.

Por meio de círculos comerciais e do Partido Republicano, Joseph era razoavelmente bem relacionado. Mas foi Isaac, até ali o mais novo dos irmãos, quem proporcionou aos Seligman uma entrada vital no início da guerra. De mentalidade independente e às vezes dono de uma língua afiada, a princípio ele resistira a se juntar aos assuntos familiares. Assim, aos dezenove anos, abriu sua própria loja de bordados na Cedar Street, no bairro financeiro de Nova York. Pouco a pouco, porém, foi requisitado pelos irmãos para fazer viagens de compras à Europa e negociar remessas de ouro em Londres; em 1860, entrara oficialmente para os negócios da família. Embora fosse o mais novo de todos os sócios, seu tino para negócios rivalizava com o do irmão mais velho.[13] Refletindo seu papel de confiança dentro da família, Isaac ficou encarregado dos livros contábeis do clã.[14]

No início da guerra, Isaac tinha um amigo bem situado em Washington. Henry Gitterman não era político nem funcionário de alto escalão, mas um ambulante a serviço do Exército, incumbido de equipar os soldados a caminho do combate. A ocupação nada glamourosa de Gitterman subitamente o pôs no centro de uma mina de ouro. Conforme o Departamento de Guerra assinava milhões em contratos, Joseph, sobrecarregado, providenciou para que Isaac trabalhasse como seu assistente — um arranjo mutuamente benéfico, sem dúvida. Durante o primeiro ano da guerra, os Seligman fecharam contratos no valor de 1,44 milhão de dólares para fornecer uniformes e acessórios militares.[15] Isaac, que atribuía o sucesso na obtenção de negócios à "grande popularidade [de Joseph] em Washington", aproveitou ao máximo seu período na capital, chegando a ser apresentado a Abraham Lincoln na Casa Branca durante uma recepção numa noite de sexta-feira. Mas o que mais o impressionou no evento não foi apertar a mão do presidente, e sim o traje casual dos demais convidados. "Homens comparecendo em mangas de camisa!", admirou-se. "O que alguém pensaria disso numa recepção da realeza em Londres?"[16]

Os irmãos rapidamente descobriram que contratos em tempos de guerra, embora lucrativos, traziam consigo uma boa dose de dores de cabeça. Além de produzir parte dos uniformes por conta própria, numa fábrica de roupas adquirida por William, eles subcontratavam outras empresas para atender os pedidos. Em alguns casos, o intendente do Exército rejeitava os uniformes recebidos por causa de má qualidade ou defeitos, e os Seligman, ao contrário de outros fornecedores menos escrupulosos, substituíam as peças danificadas com dinheiro do próprio bolso.[17]

Além disso, fazer negócios com o governo federal implicava um risco substancial, exigindo alguma confiança de que o Norte prevaleceria na guerra. Com suas reservas de ouro esgotadas, o Tesouro americano financiou o esforço de guerra assumindo uma enorme quantidade de dívidas (mais de 2,5 bilhões de dólares em 1865), emitindo títulos a juros elevados que revelavam aos investidores europeus — que a princípio favoreceram a Confederação (e seus títulos) — todo o desespero do governo, tão quebrado que, em alguns casos, Joseph aceitou receber em títulos públicos, os quais oferecia, por sua vez, como garantia aos bancos de Nova York, para cobrir os pagamentos a serviços terceirizados e outros débitos na contabilidade.

Arrancar pagamentos do governo, mesmo na forma de títulos, podia ser uma experiência exasperante, como fica claro numa carta aflita enviada por Joseph a um alto funcionário do Tesouro no fim de janeiro de 1862. "Sua comunicação recente", escreveu, "informando que a verba para uniformes do Exército está esgotada, é um anúncio surpreendente e alarmante para mim, pois os Estados Unidos devem 1 milhão de dólares à minha firma." Se o governo não honrasse o compromisso, advertiu o comerciante indignado, haveria graves consequências não só para os Seligman, como também para a rede de serviços terceirizados empregada por eles.

> Não vejo alternativa que não seja o encerramento da nossa empresa, que arrastará consigo vinte outras empresas, deixando quatrocentos funcionários desempregados. Pelo amor de Deus, caro senhor, tente chegar a algum acordo com o secretário para que essa terrível catástrofe seja evitada. É uma questão de vida ou morte para mim.[18]

No início do mês seguinte, Joseph viajou a Washington com uma carta de apresentação para o secretário do Tesouro, Salmon P. Chase. Um homem distante e sisudo, Chase desafiara Lincoln pela indicação presidencial em 1860 e mal disfarçava sua convicção de que o homem errado chegara à Casa Branca. Sua presunção era tamanha que, na época da visita de Joseph, decidira decorar a cédula de um dólar (a primeira moeda corrente federal) com sua própria e austera efígie. A carta trazida por Joseph, do presidente do National Shoe & Leather Bank, de cuja diretoria ele participava, endossava-o como "um de nossos cidadãos mais inteligentes, patrióticos e responsáveis", e alguém que "sempre ofereceu seu cordial apoio ao governo para suprimir essa ímpia rebelião".[19]

Durante sua visita a Washington, Joseph talvez tenha voltado a pleitear um pronto pagamento, mas também apresentou outra proposta, sugerindo usar os contatos de sua família na Europa para vender títulos do Norte no Velho Continente. A conversa com Chase quase azedou quando o secretário pediu que os Seligman subscrevessem a cota de títulos que pretendiam vender. Em outras palavras, eles teriam na prática de concordar em comprar os títulos, assumindo o risco caso não conseguissem passá-los adiante. Joseph, escaldado após seus negócios anteriores com o governo, estremeceu diante da ideia de ficar com um monte de títulos inegociáveis nas mãos. Mas, no fim, deu um jeito de se tornar representante de Jay Cooke, o financista da Filadélfia que supervisionava uma vasta rede de venda de títulos em nome do governo federal. Nesse arranjo, os Seligman não assumiam nenhuma responsabilidade pela subscrição dos títulos e simplesmente recebiam uma pequena comissão por papel vendido. Era um trabalho apenas moderadamente rentável, mas, além de gratificação patriótica, oferecia uma participação nas finanças do governo, algo que em décadas futuras se revelaria imensamente lucrativo.[20]

Em algum momento na primavera ou no verão de 1862, Joseph embarcou para a Europa com Babette e os filhos. A família se estabeleceu em Mainz, não longe de Frankfurt, e fixou residência no Hôtel d'Angleterre, com vista para o Reno. A cidade medieval abrigara outrora a maior população de judeus da Europa e fora alvo de alguns dos mais brutais atos de antissemitismo durante a Idade Média. Em 1096, os cruzados massacraram centenas de judeus na cidade (algumas estimativas calculam esse número em mais de mil) que se recusavam à conversão. Em 1349, em meio à onda de ataques em toda a Europa perpetrados por turbas que acusavam os judeus de serem os causadores da peste bubônica, 6 mil judeus de Mainz foram queimados vivos num único dia. A proximidade da cidade com Frankfurt e sua bolsa de valores, uma das mais ativas da Europa, talvez fosse parte do motivo que levou Joseph a se estabelecer ali. Mainz, além disso, era uma cidade portuária localizada em um ponto central, de onde ele poderia visitar outros importantes centros financeiros europeus.

Certa mitologia, encorajada em anos posteriores por membros da família Seligman e sua firma, se formou em torno das operações de venda de títulos realizadas por Joseph na Europa e de suas demais contribuições para o esforço de guerra. A lenda cresceu a tal ponto que se creditava a ele um papel singular no que dizia respeito ao próprio resultado do conflito. Uma história institucional publicada em 1964 conta como, mediante a venda de mais de 200 milhões de dólares em títulos de guerra, alguns "praticamente impingidos aos parceiros de negócios" no "difícil mercado europeu", Joseph levantou o capital tão desesperadamente necessitado pelo Norte. Contava-se também que Joseph e Jesse haviam aconselhado ninguém menos que Abraham Lincoln a elevar Ulysses Grant, um velho amigo da família, a comandante do Exército da União, decisão que mudou o curso da guerra.[21]

Mas a realidade é mais complicada. George Hellman, neto de Joseph, escreveu em 1951 sobre não ter encontrado "nenhuma prova de qualquer contribuição financeira extraordinária para a causa nacional".[22] As cartas que Joseph enviou aos irmãos durante a Guerra Civil de fato revelam o maior envolvimento dos Seligman nas finanças e na negociação de títulos públicos americanos, mas não refletem uma operação generalizada de venda de títulos em nome do governo Lincoln.

Na Europa, Joseph acompanhava os desdobramentos da guerra com ansiedade — e muitas vezes pessimismo. "O estado de coisas nos Estados Unidos começa a assumir um aspecto muito sombrio", escreveu no início de fevereiro de 1863, um mês após Lincoln emitir sua Proclamação de Emancipação. Ele temia pela

> derrocada não só do governo, como também da lei, da ordem e da sociedade. É uma questão muito séria, e homens dotados de reflexão farão bem em se livrar dessa sensação costumeira de tranquilidade e segurança e se preparar para os atrozes tempos que estão por vir. Nosso desejo de sucesso em Richmond e Vicksburg com gastos diários de 2 milhões certamente contribuiu para alegrar nossos inimigos tanto do Norte como do Sul, enquanto a Proclamação de Emancipação desencorajou muitos daqueles que alimentavam esperanças de ver o Sul em breve regressando à União. Como já afirmei tantas vezes, a riqueza do país está sendo dizimada, e as pessoas são ricas apenas na imaginação.[23]

Nesse mesmo mês, quando o Congresso aprovou a Lei de Conscrição, instituindo o primeiro alistamento nacional em tempos de guerra, Joseph escreveu para casa e "aconselhou Isaac a viajar para a Europa pouco antes de ser recrutado". Isaac chegou a Londres no final de abril de 1863, encontrando outra carta de Joseph ao desembarcar. A carta advertia o irmão cabeça quente a não "discutir política" nem a guerra com os banqueiros da cidade, uma vez que eles "não morrem de amores pelo Norte".[24]

Como muitos homens ricos da época, James, Jesse e William evitaram o serviço militar recorrendo a uma cláusula na Lei de Conscrição que permitia a um convocado pagar trezentos dólares a um substituto para servir em seu lugar.[25] Essa medida contribuiu para uma violenta revolta em Nova York quando a loteria do recrutamento foi realizada, em julho. Uma multidão enfurecida, composta na maior parte de imigrantes irlandeses e alemães pobres, arrancou as pedras de pavimentação das ruas para atirar nas janelas e incendiou dezenas de casas. "Essa lei dos trezentos dólares fez de nós os zés-ninguém, vagabundos e párias da sociedade", escreveu um manifestante na época. "Somos o populacho pobre, e o populacho rico é nosso inimigo, segundo essa lei. Portanto, combateremos nosso inimigo aqui mesmo, sem pedidos de trégua."[26]

Contudo, foram os negros, e não os ricos, que se tornaram o alvo principal das turbas enfurecidas, que os culparam pela guerra e se entregaram a uma sanha de ataques e linchamentos que mataram mais de uma centena e feriram milhares. (Os tumultos levaram a um êxodo de moradores negros de Manhattan.)

Joseph, após saber da revolta, escreveu para casa falando dos "desesperadores" eventos:

Quase fico tentado a revender as ações americanas que adquiri e lavar as mãos em relação à presente e degenerada raça americana. [...] A maioria dos americanos e especialmente os estrangeiros por lá são tão incapazes quanto indignos de usufruir da liberdade. [...] Espero receber a notícia de que a rebelião foi debelada e os líderes, enforcados.[27]

Assim como muitos irmãos — sobretudo quando dividem uma mesma conta bancária —, os Seligman com frequência discutiam. Joseph brigava mais frequentemente com William e James, o mais próximo dele em idade. As desavenças costumavam girar em torno de quanto risco os irmãos deveriam assumir à medida que participavam cada vez mais do mundo das finanças. Joseph, sempre a voz da moderação, de bom grado deixaria o ouro da firma guardado nos bancos europeus até que as voláteis condições econômicas nos Estados Unidos cessassem, alertando que a situação financeira no país era "extremamente perigosa".[28]

Quando William observou que seus amigos em Nova York estavam faturando alto enquanto os Seligman agiam com cautela, Joseph explodiu:

O irmão William espera que eu deposite uma confiança implícita em sua afirmação de que dezenove dentre vinte de nossos conhecidos duplicaram ou quadruplicaram seu capital nos últimos quinze ou dezoito meses. Bem, 'nossos conhecidos' fizeram isso contrabandeando mercadorias para os rebeldes ou se dedicando ao contrabando de modo geral.[29]

James propôs que investissem em títulos ferroviários, mas Joseph rejeitou a ideia.

Em relação a uma alta das ações ferroviárias, creio que esta seja uma especulação inteiramente fora de nossa linha, e, uma vez que certamente nenhum de nós sabe o suficiente sobre Erie, Central etc. para investir nelas, não devemos adquiri-las de forma alguma. Aguardemos o fim da guerra para ganhar dinheiro de maneira legítima, sem apostas ou riscos.[30]

O mais velho dos Seligman, tido pelos irmãos mais como uma figura paterna do que como um igual, advertia constantemente contra investimentos incertos. James, que se casara com a bela mas tempestuosa Rosa Content, era um alvo frequente dessas admoestações. Sua aristocrática esposa, cujas raízes familiares sefarditas nos Estados Unidos estendiam-se a um período anterior à Guerra Revolucionária, gostava de esfregar seu pedigree na cara do marido, referindo-se depreciativamente aos Seligman como "os mascates".[31] Seu temperamento imprevisível só rivalizava com seus hábitos de consumo, e James fazia malabarismos para acompanhar as despesas.

"Sou perfeitamente capaz de imaginar a impaciência do irmão James por não ter permissão para ganhar dinheiro operando com ações, câmbio ou ouro, como praticamente todos os seus colegas, mas tenho esperança e confiança de que conseguirá se conter por mais algum tempo", escreveu Joseph no início de 1863. Ele observou que os irmãos haviam até o momento "escapado" da "terrível" guerra sem sofrer perdas. Além do mais, eram confortavelmente ricos.

Alcançamos exatamente o que tivemos em vista por toda nossa vida, a saber: meios suficientes para sustentar nossas grandes famílias, a despeito das altas e baixas da moeda e dos valores americanos, o que é mais do que a maioria de nossos colegas conseguiu — além disso, se qualquer um de nós tiver ambições não só de ficar rico, como de enriquecer os filhos, estou convencido de que, assim que as coisas se acalmarem e não parecerem tão perigosas quanto me parecem no momento, poderemos satisfazer todas as nossas ambições acumulando mais riqueza.[32]

A despeito de sua vigilância paternal, Joseph por vezes se envolvia em transações irresponsáveis, em certa ocasião arriscando 50 mil dólares do capital da família em um empréstimo sem caução; Isaac afirmou, exasperado, que o irmão devia estar "bêbado ou louco" no momento em que emprestou o dinheiro sem nenhuma garantia.[33] Joseph ficou tão constrangido com a negociação desleixada que, quando as cartas semanais de seus irmãos deixaram de chegar como o esperado, interpretou essa interrupção como um "ato de vingança" (o que talvez fosse verdade).[34]

As desavenças familiares diminuíam e aumentavam conforme as pressões do negócio, com Joseph alternando entre um dia perguntar afetuosamente sobre a saúde dos irmãos radicados em Nova York e, no outro, repreendê-los por sua morosidade e inépcia.[35]

As discordâncias entre os irmãos se intensificaram quando o negócio da família chegou a uma encruzilhada: deveriam continuar atuando como comerciantes? Ou seria melhor passarem ao setor bancário? William, a princípio, ameaçou deixar os negócios de lado caso a família abandonasse as importações para se dedicar inteiramente aos bancos de investimento.[36] James, por sua vez, argumentou que o retorno financeiro dos bancos não podia ser ignorado. Joseph ficou dividido. "Creio que, ao longo da vida, nunca me mostrei um covarde", escreveu para casa em abril de 1863, "mas as perspectivas que tenho sobre o futuro do nosso país, nas desesperadoras circunstâncias que vivemos, são suficientes para transformar um herói em covarde."[37]

Joseph, no entanto, com cautela mas sem timidez, acabou adotando um curso de ação audacioso, tranquilizado por eventos favoráveis na guerra. No início de julho de 1863, a União triunfou em Gettysburg, e as forças de Ulysses Grant capturaram Vicksburg, no Mississippi. Em março do ano seguinte, Lincoln promoveu o general ao comando do

Exército da União, e em maio Grant iniciara a incansável campanha militar que ao longo do ano seguinte levaria a guerra a seu desfecho. Joseph voltou a Nova York nessa primavera para começar um novo negócio — e um novo capítulo — na família. Em 1º de maio de 1864, ele fundou a J. & W. Seligman & Co., Bankers, no número 59 da Exchange Place, a mesma rua da Bolsa de Valores de Nova York. (Esse W. se referia a William, que mudara de ideia sobre os negócios bancários, talvez porque Joseph tivesse concordado em não encerrar o negócio de importações, ao menos naquele momento.)

Para construir o negócio, Joseph se inspirou numa das famílias de banqueiros mais famosas do mundo, os Rothschild. No fim do século XVIII, Mayer Amschel Rothschild, fundador da dinastia, atuara como corretor da corte (ou "judeu da corte", como o cargo era muitas vezes chamado) para o príncipe herdeiro de Hesse. Devido às proibições cristãs no que dizia respeito ao prestamismo e à usura, a realeza europeia costumava recorrer a banqueiros judeus, que, em troca de seus serviços financeiros, desfrutavam de status privilegiado e não eram sujeitos às mesmas restrições que os demais membros de sua fé. Mas, a despeito de todas as vantagens, a posição de banqueiro real também era precária e até perigosa. Uma queda em desgraça ou a perda de um protetor podia significar exílio, execução ou confisco de propriedades. Mayer Rothschild construiu não só uma fortuna, mas também um legado, ao estabelecer uma rede de casas financeiras fora do alcance invejoso de qualquer monarca ou membro da nobreza. Seus filhos se espalharam pela Europa, abrindo filiais em Londres, Nápoles, Paris e Viena, estando a firma original localizada em Frankfurt.

Joseph almejava o prestígio dos Rothschild, e teve um prazer especial ao firmar contratos de seguro com a mesma companhia que cobria as remessas de ouro da família — esperando com isso que o nome Seligman ressoasse nos círculos bancários com peso semelhante.[38] Assim, copiou o modelo dos Rothschild. Joseph regressou à Europa, onde, no fim do outono de 1864, abriu a primeira filial estrangeira da família em Londres, o centro nervoso das finanças mundiais.[39] Localizados no número 3 da Angel Court, os escritórios da Seligman Brothers, como a nova firma passou a ser conhecida, ficavam a uma curta caminhada da estreita rua de paralelepípedos onde a N. M. Rothschild & Sons estabelecera sua sede, em uma propriedade conhecida como New Court. Joseph deixou Isaac, com pouco mais de trinta anos e apavorado com suas novas responsabilidades, encarregado da operação.

"O principal negócio da arbitragem era realizado entre Nova York e Londres, e, por estar sozinho, havia um grande fardo sobre meus jovens ombros", recordou Isaac.

> Lembro-me de ficar tão empolgado com essas transações diárias, que envolviam um enorme estresse mental de enviar e receber telegramas de tantos em tantos minutos, que adoeci dos nervos; a tal ponto que precisei desistir de caminhar para casa à noite pelo aterro do Tâmisa, por medo de mergulhar subitamente no rio e desse modo encerrar minha carreira.[40]

De Londres, Joseph visitou Frankfurt, onde encarregara Henry de abrir uma filial alemã para as atividades bancárias da firma. Ele comandaria esse empreendimento junto com Max Stettheimer, marido de sua irmã Babette. Sisudo e rígido, Stettheimer preferia a importação e teve de ser arrastado para o negócio dos bancos. Não fosse seu senso de dever familiar — *Familiengefühl* —, Joseph não teria hesitado em cortar os laços com o cunhado.

No fim de 1864, à medida que Joseph posicionava a família no novo setor, as notícias que chegavam dos Estados Unidos eram cada vez mais encorajadoras. Em novembro, Lincoln foi reeleito com uma vitória esmagadora, e o general William T. Sherman e suas tropas empreenderam sua famosa Marcha ao Mar, que assolou a Geórgia. Na Europa, Joseph percebeu que a Guerra Civil chegava ao fim. A Montgomery de Mayer Lehman, embora de maneira um pouco mais pessimista, também começou a se dar conta desse fato.

O porto de Mobile — uma rota vital para os suprimentos militares e o comércio exterior — caiu nas mãos da União em agosto. A essa altura, anos de guerra e sufocamento econômico imposto pelo governo de Lincoln haviam dizimado os cofres do Alabama, cujos soldados desertavam em massa. A infeliz tarefa de liderar o estado em um de seus momentos mais sombrios recaíra sobre um amigo íntimo de Mayer, Thomas Hill Watts, que, antes da guerra, fora fazendeiro e um proeminente advogado em Montgomery. (Os Lehman eram seus clientes.) Watts, que usava pequenos óculos ovais e uma característica barba até o pescoço, servira durante mais de um ano como advogado-geral confederado antes de ser eleito governador do Alabama no fim de 1863.

À medida que as perspectivas do Sul ficavam cada vez mais lúgubres, crescia a preocupação com o destino dos soldados do Alabama capturados. Em dezembro de 1864, a legislatura estadual autorizou Watts a gastar 500 mil dólares para fornecer comida, roupas, remédios e outros itens aos prisioneiros de guerra do estado. O governador tinha duas opções: firmar contratos diretamente para obter os suprimentos ou enviar mercadorias do Sul para o Norte a fim de adquiri-los. Ele escolheu a segunda opção, muito mais arriscada, decidindo enviar pelo menos 1500 fardos de algodão através das linhas inimigas. "Se adotarmos esse método, o custo para o estado será insignificante", raciocinou.[41] Na verdade, o Alabama podia até obter algum lucro no negócio, devido ao alto preço do algodão em Nova York e Liverpool.

Watts recorreu a Mayer Lehman para organizar o transporte e a venda do algodão, deixando ao empresário a tarefa de cuidar da logística de enviar centenas de toneladas de algodão confederado (cada fardo pesava quase duzentos quilos) pelas linhas de batalha.

Algumas semanas antes de completar 35 anos, Mayer partiu para Richmond acompanhado de Isaac Tichenor, pastor da Primeira Igreja Batista de Montgomery, indicado por Watts para ajudá-lo. Tichenor servira como capelão de um regimento de infantaria confederado e gostava de contar a história da Batalha de Shiloh — de como arrancara o quepe e o agitara diante dos soldados feridos e hesitantes conforme percorria as linhas de frente pregando e exortando seus companheiros a manterem posição. Segundo seu relato, tomado pelo zelo patriótico, ele pegou um rifle e matou seis soldados da União.[42] Talvez tenha sido por sua habilidade como atirador, mais do que por seu dom para a oratória, que o "capelão combatente" tenha sido escolhido para fazer companhia a Mayer em sua viagem potencialmente perigosa à capital confederada.

Lehman e Tichenor chegaram a Richmond pouco depois do Ano-Novo de 1865, deparando-se com as ruas escorregadias de lama e as áreas baixas da cidade inundadas pelo rio St. James.[43] Durante semanas, a região fora castigada pela chuva e pela neve, afligindo os soldados confederados acampados em uma rede de sessenta quilômetros de trincheiras úmidas que protegia Richmond e a vizinha Petersburg das forças unionistas.[44] O tempo contribuiu para a atmosfera de desolação, pois deixou claro para todos, exceto os mais iludidos, que o Sul estava à beira da derrota.

Em Richmond, Mayer e Tichenor conseguiram uma audiência com Jefferson Davis, apresentando uma carta de Watts para o presidente confederado. Ela descrevia Mayer como "um empresário de caráter comprovado e um dos maiores patriotas sulistas. É estrangeiro, mas está aqui há quinze anos e se identifica totalmente conosco. [...] Será necessário que atravesse as linhas", observou Watts. "Peço que o municie dos passaportes adequados e lhe dê seu endosso como agente do estado do Alabama."[45]

A chegada de Mayer a Richmond chamou suficiente atenção para figurar como uma breve nota no diário de John Beauchamp Jones, um romancista de algum renome antes da guerra que agora atuava como funcionário sênior no Departamento de Guerra confederado:

O sr. Lehman, um judeu corpulento de cerca de 35 anos, recebeu um passaporte hoje com a recomendação do secretário do Tesouro de providenciar (como agente, sem dúvida) o envio de milhares de fardos de algodão, pelos quais deverá ser remunerado em libras esterlinas. Sem dúvida é importante manter o algodão do governo longe das mãos do inimigo; e essa operação parece indicar que existe certo temor de sua perda.[46]

Durante sua estada em Richmond, Mayer discutiu seus planos com Robert Ould, o oficial confederado encarregado de negociar prisioneiros de guerra com o Norte. Talvez receando que Lehman interferisse nas conversas em curso sobre trocas de prisioneiros, Ould lhe disse que era praticamente impossível assegurar uma rota para os Estados Unidos. Mas isso não impediu Mayer de tentar, evidentemente com a cooperação de Davis, que mais tarde relatou a Watts as "tentativas de fazer o sr. L. atravessar as linhas".[47]

Em 14 de janeiro, Mayer escreveu diretamente para Ulysses Grant, propondo o envio de algodão da baía de Mobile para Nova York a bordo de uma "embarcação dos Estados Unidos". Ele enfatizou a natureza humanitária de sua missão, apelando, um tanto obsequiosamente, ao senso de cavalheirismo de Grant. Ele escreveu:

> Sabemos perfeitamente que um soldado valoroso deve se compadecer desses bravos homens que pelas vicissitudes da guerra são mantidos prisioneiros, expostos aos rigores de um clima com o qual não estão acostumados, cuja severidade é acentuada pelas privações que necessariamente acompanham sua condição.

E continuou: "Pedimos esse favor com confiança, certos de que sua solidariedade pelos bravos desafortunados o levará a empreender todos os esforços a fim de promover o desígnio benevolente a nós confiado pelo estado do Alabama".[48]

Duas semanas se passaram e nada aconteceu. Mayer voltou a escrever a Grant, desta vez solicitando uma reunião presencial.[49] Mais uma vez, não obteve resposta. Nesse mesmo inverno, quando voltaram a Montgomery, Tichenor regalou a congregação com a notícia de sua agitada mas infrutífera missão. Ele contou de seu encontro com Davis — cujo intelecto e patriotismo o haviam impressionado — e de suas frustradas tentativas de fazer contato com Grant. E exortou a congregação a seguir o exemplo dos moradores sitiados de Richmond, que, segundo ele, se recusavam a abrir mão da esperança de vitória. "Em termos eloquentes", noticiou o *Montgomery Advertiser*,

> ele retratou a perda da liberdade e da propriedade, e do autorrespeito, a abjeta servidão e ignomínia envolvidas na submissão a Abraham Lincoln e suas negras hostes; e declarou que, em vez de se sujeitar — e passar pela consequente autodegradação e testemunhar a degradação da esposa e dos filhos —, acompanharia esses objetos mais caros de sua afeição até o túmulo, e cederia a própria vida. Ele aconselhou resistência contínua e unida.[50]

Mayer continuou tentando organizar um grande carregamento de algodão, mas não está claro se agia em nome de sua firma ou como representante do Alabama. Em 6 de fevereiro, cinco dias após enviar sua segunda mensagem a Grant, a Lehman Brothers escreveu ao secretário do Tesouro confederado, George Trenholm, propondo a compra de 5 mil fardos de algodão a vinte centavos por libra.[51] Essa transação teria custado aos Lehman cerca de 500 mil dólares — o montante que os legisladores do Alabama haviam alocado para ajudar seus soldados presos —, mas o valor do algodão, em Nova York ou na Europa, talvez chegasse a mais de 1,4 milhão de dólares. Não sabemos se esse negócio foi de fato concretizado, mas Trenholm escreveu a outro oficial confederado dizendo que "a transação seria desejável para esse departamento".[52]

A Lehman Brothers solicitou a entrega do algodão em três remessas, sendo que a última deveria ocorrer em noventa dias, mais ou menos no começo de maio. A essa altura, não havia mais governo confederado.

Colunas de fumaça escura subiram ao céu, formando um dossel nebuloso que obscureceu o sol de fim de tarde sobre Montgomery. Em 11 de abril de 1865, às cinco da tarde, soldados confederados portando tochas, sob o comando do general de brigada Daniel Adams, incendiaram o depósito da Lehman Durr e os dos demais comerciantes de algodão.[53] Dias antes, Adams havia jurado organizar uma "defesa total da cidade", mas, com o avanço das tropas federais, optou por recuar, ordenando que os depósitos de algodão de Montgomery fossem incendiados e seus estoques de bebidas alcoólicas confiscados, para assegurar que nada caísse em mãos inimigas.[54]

Com as labaredas consumindo o Alabama Warehouse, a cidade foi tomada pelo pandemônio. Os cidadãos corriam pelas ruas, tentando salvar seus móveis. Alguns se aproveitaram do caos para saquear as lojas da cidade. Um soldado bêbado foi visto curvado, lambendo uísque que fora despejado na sarjeta.[55]

Na manhã seguinte, quando as tropas da União marcharam sobre Montgomery e hastearam a bandeira americana sobre o capitólio do Alabama, o depósito da Lehman Durr era um esqueleto fumegante. No total, os soldados confederados em retirada haviam incendiado cerca de 88 mil fardos de algodão. Os Lehman mais tarde estimaram seu prejuízo em 400 mil dólares,[56] mas haviam fortalecido de tal modo sua situação financeira durante a guerra que a destruição do Alabama Warehouse, que estava segurado, assim como suas mercadorias, mostrou-se um revés superável. Na verdade, os irmãos possuíam capital de reserva suficiente ao final da guerra para emprestar 100 mil dólares ao governo do Alabama, que acumulara uma dívida de milhões durante o conflito.

"É evidente que as atividades dos perspicazes irmãos no pós-guerra salvaguardaram ativos de capital consideráveis, presumivelmente em bancos ingleses e nova-iorquinos", escreveu Frank Manheim em "The Seed and the Tree".[57] Os irmãos também puseram seus ativos em lugares menos convencionais, segundo a neta de John Wesley Durr. Receando que as forças de ocupação pilhassem a cidade, a esposa de Durr, Rebecca, a princípio escondeu ouro pertencente aos sócios da Lehman Durr sob as pregas do vestido.[58] Tal preocupação era desnecessária. Como noticiou o *Montgomery Daily*, "com poucas exceções, os soldados se comportaram de maneira exemplar, e sua marcha evidenciou o mais alto nível de disciplina".[59]

Após a guerra, Mayer e Emanuel entraram com um pedido de perdão e anistia junto a Andrew Johnson, que assumira a presidência após o assassinato de Abraham Lincoln. Tanto um como o outro afirmaram não ter servido no exército — embora Emanuel admitisse ter contratado um substituto para combater em seu lugar —, nem exercido qualquer papel formal no governo confederado. Em seu pedido, Mayer afirmou ter sido contrário à guerra, dizendo ter se oposto, "na época em que foi aprovada, à chamada ordenança de secessão". Ele declarou ainda que "levava uma vida tranquila de comerciante" e que jamais se envolvera "na busca por cargos públicos ou atividades políticas". Durante os combates, ele contribuíra "para o apoio de soldados e suas famílias, e outras famílias caídas na indigência com as calamidades da guerra". Mayer afirmou que "tinha mais propriedades" no início do conflito do que ao seu término, embora reconhecesse que seus ativos "talvez fossem além de 20 mil dólares". Era uma admissão significativa, uma vez que a anistia proposta inicialmente por Johnson excluía indivíduos cujos recursos excedessem esse valor, a não ser em circunstâncias especiais. Emanuel, que deixara a Europa para voltar a Nova York, minimizou a extensão de suas posses, escrevendo que, "na data da proclamação de Vossa Excelência, somavam 20 mil dólares". Na verdade, esse número talvez fosse dez vezes maior. Tanto Emanuel quanto Mayer assinaram um juramento de fidelidade aos Estados Unidos e, com o apoio do governador do Alabama, tiveram seus pedidos de perdão concedidos.[60]

Ao final da guerra, a Lehman Durr rapidamente reconstruiu seus negócios em Montgomery e logo adquiriu uma fábrica têxtil na vizinha Prattville. No outono de 1865, os Lehman haviam estabelecido uma nova parceria em New Orleans com o dissoluto cunhado de Mayer, Benjamin Newgass.[61] A sede da Lehman & Newgass ficava no limite sul do French Quarter.[62] O estabelecimento de uma base em New Orleans, que só perdia para Nova York como centro distribuidor de algodão, parecia ser uma expansão natural de seus negócios em crescimento. No final de 1865, as três sociedades dos Lehman — em New Orleans, Montgomery e Nova York — foram avaliadas em cerca de 500 mil dólares, grande parte desse capital pertencente a Emanuel e Mayer.[63]

Na época em que a Lehman & Newgass foi formada, a três quarteirões dali, no número 33 da Carondelet Street, a firma de Seligman & Hellman iniciava suas atividades. A retomada das exportações de algodão revigorou um mercado lucrativo para letras de câmbio — instrumentos financeiros similares a notas promissórias por meio dos quais um comprador de algodão ou outra mercadoria qualquer concordava em pagar uma quantia fixa ao vendedor. Esses papéis, assim como os títulos de dívida pública, eram negociados no mercado secundário. O cunhado de Jesse Seligman, Max Hellman, um sujeito de queixo protuberante, assumiu o novo negócio, que, segundo Joseph, logo ganhou a reputação de "possuir as melhores letras de câmbio do Sul".[64]

No início da Reconstrução, os Seligman administravam um império bancário internacional pequeno mas crescente, emergindo da Guerra Civil com um capital de mais de 2 milhões de dólares.[65] Nada mal para "os mascates".

A Guerra Civil semeou vastas fortunas, que se tornariam ainda maiores durante a Era Dourada, acelerando a transição nacional de uma economia agrária para uma economia industrial. "Uma extraordinária aristocracia surgiu: reis do petróleo, barões das ferrovias, príncipes mercantis, lordes das finanças", escreveu Manheim em "The Seed and the Tree". Na argila ainda úmida do porvir financeiro da nação, eles moldaram feudos multigeracionais. Foi em Nova York, a "sede do império", nas palavras de George Washington, que os magnatas do futuro convergiram para forjar seus próprios impérios.

Parte II
Ascensão

5
Cidade de impérios

JACOB HEINRICH SCHIFF CHEGOU a Nova York, aos dezoito anos, em 6 de agosto de 1865 — mas não na terceira classe, como a geração anterior de imigrantes judeus alemães que o precedeu e progrediu por iniciativa própria.

Ele vinha de uma família de judeus proeminentes, cujas raízes em Frankfurt se estendiam por séculos.[1] A árvore genealógica de Schiff era dominada por líderes religiosos, eruditos e prósperos mercadores. Um de seus ancestrais foi o rabino-chefe da Grã-Bretanha. Outro, um prodígio rabínico cujos escritos talmúdicos permanecem influentes até hoje. Durante o século XVIII, membros da família Schiff ocuparam uma das melhores casas do bairro judeu de Frankfurt, ao menos para os decrépitos padrões da Judengasse (a travessa dos judeus). Os moradores dessa rua populosa, separada do resto da cidade por portões, só podiam sair durante o dia, e, aos domingos e feriados cristãos, ficavam confinados.

A casa estreita de quatro andares tinha janelas muito próximas, longas escadarias e um pátio com seu próprio poço e bomba de água, sinal da riqueza e do status da família. O número 148 da Judengasse servia de lar a duas famílias. Entalhado no arco de arenito acima de uma das entradas havia um barco (*Schiff*, em alemão). O outro arco exibia um escudo vermelho (*roten Schild*) e levava à casa de Mayer Rothschild, o patriarca da dinastia financeira, que comprou metade da casa geminada na década de 1780 e mais tarde adquiriu a outra metade de um ancestral de Jacob.[2] (Se os Schiff e os Rothschild viveram sob o mesmo teto, não foi por muito tempo.)[3]

Ambos os lados da família de Jacob estavam envolvidos com as finanças. Seu avô paterno fora um *Handelsmann*, ou comerciante; seu avô materno, um *Wechselmakler*, ou corretor de câmbio.[4] Essa era também a profissão do pai de Jacob, Moses, que, como sugerem algumas fontes, trabalhava para os Rothschild (embora outras fontes não mencionem tal ligação).[5] Pouco se sabe sobre Moses além do fato de que era relativamente próspero, um tanto rígido e extremamente devoto. "Conta-se que ele dava grande valor à condição privilegiada da família, que remonta sua descendência ao sumo sacerdote Aarão, e que exercia orgulhosamente esse privilégio assistindo, sempre que possível, nas cerimônias de redenção do primogênito", escreveu o historiador judeu Gotthard Deutsch.[6] Nesse ritual ortodoxo, um pai "redime" o filho oferecendo cinco moedas de prata a um membro da classe sacerdotal, descendente de Aarão (irmão mais velho do profeta Maomé), a que os Schiff afirmavam pertencer.

Jacob, o terceiro dos cinco filhos de Moses e Clara Schiff, nasceu às cinco da manhã de 10 de janeiro de 1847, chegando ao mundo num momento em que cresciam as tensões sociopolíticas em sua Frankfurt natal e por toda a Europa.[7] Ele era jovem demais para se lembrar dos tumultos de 1848, mas seu irmão seis anos mais velho, Philipp, recordava vivamente a atmosfera revolucionária. Philipp se lembrava de seus colegas na Philanthropin, a escola primária para alunos judeus fundada em Frankfurt por Mayer Rothschild, usando as cores da revolução (preto, vermelho e ouro) em seus chapéus, e de como alguns deles "apanhavam dos pais" por essa ostentação subversiva. Além disso, recordava o assassinato, em 18 de setembro de 1848, de dois parlamentares conservadores por uma turba de revolucionários, e a execução de Robert Blum, um político liberal e figura revolucionária reverenciada por Philipp e seus colegas.[8]

O choque entre facções políticas liberais e conservadoras teve lugar não só nas ruas da Europa, como também nas suas sinagogas. Frankfurt, com sua comunidade judaica antiga e vibrante, ocupou o centro da disputa entre os tradicionalistas, que se recusavam a abrir mão dos rituais e práticas que haviam guiado sua fé durante séculos, e os reformistas, que acreditavam que sua prática religiosa deveria evoluir e mudar com o tempo. Quando o movimento da Reforma prevaleceu, Moses Schiff e um grupo de separatistas ortodoxos fundaram, em 1853, uma nova congregação, a Israelitische Religions-gesellschaft, ou Associação Religiosa Israelita. O grupo construiu sua própria sinagoga e escola, a qual Jacob frequentou até os catorze anos, quando saiu para se tornar aprendiz em uma firma mercantil, entrando mais tarde no negócio bancário de seu cunhado Alfred Geiger.[9]

Depois de adulto, a sufocante devoção religiosa de Jacob era recebida com muita desaprovação no círculo familiar, mas, na infância, ele se irritava com as obrigações religiosas impostas pelo pai, que incluíam três visitas diárias à sinagoga.[10] Uma vez, desesperado por evitar uma aula de hebraico, ele escapou por uma janela de casa e desceu pela calha até chegar à rua.[11]

As relações entre Moses e o segundo filho eram tensas. O que o preocupava em Jacob não era a falta de motivação, mas o excesso. Mesmo antes do fim da Guerra Civil americana, Jacob vinha insistindo em viajar para os Estados Unidos, uma possibilidade alarmante para Moses, que receava que o filho, longe da comunidade religiosa de Frankfurt, abandonasse as tradições de sua fé ortodoxa (medo que se revelou até certo ponto justificado). "Meu segundo filho, Jacob, agora com dezessete anos, é um problema para mim, porque sente que Frankfurt é pequena demais para suas ambições", ele escreveu a R. L. Strauss, um parente em St. Louis, sondando a possibilidade de enviar o filho para viver lá. "Eu gostaria de saber se, caso lhe desse minha permissão, seu cunhado poderia levá-lo consigo, de modo que ele pudesse continuar a viver como um judeu ortodoxo, algo de extrema importância para mim."[12]

Jacob Schiff obteve um passaporte que lhe permitia deixar o Estado Livre de Frankfurt em 3 de março de 1865.[13] E, no dia 12 de junho, enviou sua própria carta a Strauss: "Como meu pai lhe contou há algum tempo, tenho um forte desejo de viajar para os Estados Unidos, mas, antes de dar esse passo, gostaria de encontrar uma posição permanente numa das grandes cidades. [...] Sei que minha maior dificuldade será em relação ao Shabat, mas talvez o senhor consiga obter uma posição que me deixe livre nesse dia, pois sou inclinado por princípio à observância religiosa devota".[14]

Se houve uma resposta, Jacob não esperou por ela. Semanas depois, já estava a caminho de Nova York, portando quinhentos dólares dados por Philipp e um pacote de carnes kosher para se alimentar durante a viagem.[15] Cyrus Adler, amigo íntimo e biógrafo de Schiff, oferece dois relatos distintos sobre a viagem de Jacob, mas o que se sabe é o seguinte: o austero pai de Jacob não consentiu prontamente com a viagem do filho. Em sua biografia em dois volumes, publicada em 1928, Adler conta que, mesmo "quando a carruagem já estava na porta", Moses continuava reticente quanto a enviar o filho para os Estados Unidos, dando-lhe finalmente sua bênção devido "aos apelos combinados de toda a família". Em um relato anterior, porém, Adler deu a entender que Jacob não esperou pela aprovação paterna. Ele escreveu que Schiff partiu de Frankfurt "aparentemente para a Inglaterra", mas na verdade com a intenção de viajar para os Estados Unidos. Durante uma breve estada na Inglaterra, ele escreveu uma série de cartas para casa e as entregou "a um amigo para que fossem enviadas a intervalos regulares, de modo que sua mãe fosse poupada da ansiedade de sua viagem".[16]

Quando o navio de Jacob atracou, ele foi saudado por outro emigrante de Frankfurt, William Bonn.[17] O adolescente que desembarcou no úmido verão nova-iorquino era baixo e magro, com etéreos olhos azuis e cabelos negros ondulados. Tinha uma postura ereta e aristocrática e uma intensidade de propósito que ficava evidente tão logo alguém o conhecia. Como recordou um velho amigo de Schiff, "ele traçou um mapa para seguir na vida e jamais se desviou um milímetro do caminho planejado".[18]

Um amigo em comum alertara Bonn sobre a chegada de Schiff; embora não se conhecessem, Bonn, que também atuava no ramo bancário, prontificou-se a ajudar o jovem imigrante, lembrando-se de seu próprio desembarque solitário em Nova York. Ele levou Schiff até um pequeno hotel, pensando em deixá-lo na recepção. Mas Schiff insistiu que ele subisse ao seu quarto, de modo que pudessem conversar sobre "a nova terra e o velho lugar". A cada vez que Bonn se levantava para sair, Schiff pedia que ficasse mais um pouco. Quando se deram conta, o sol já havia nascido.[19]

Schiff conseguiu emprego como caixeiro na recém-formada sociedade bancária de Frank & Gans, que negociava ouro, ações e títulos do governo. Observando a energia, a motivação e o tino de Schiff para os negócios, Adolf Gans, um dos sócios, comentou que o jovem bancário tinha as qualidades de "um milionário nato".[20]

Assim como acontecera em Frankfurt, o lugar logo se revelou pequeno demais para as aspirações de Schiff. Em 1866, ele planejava abrir sua própria corretora com dois outros nativos de Frankfurt, Leo Lehmann (sem parentesco com os Lehmann de Rimpar) e Henry Budge, ambos amigos de William Bonn, que ajudou a reunir os sócios. Em 1º de janeiro de 1867, eles formaram a Budge, Schiff & Co. em um porão no número 55 da Exchange Place, diante da Bolsa de Valores de Nova York. Schiff ainda não tinha vinte anos.

Jacob Schiff chegou aos Estados Unidos em um momento de profunda transformação social, política e tecnológica. A Guerra Civil mudara radicalmente o país, e com ele o incipiente sistema financeiro nacional. Exigindo que os dois lados fizessem uma tentativa de comercializar ações em larga escala para o público, o conflito acelerou a financeirização da vida americana, para o bem e para o mal.

O curso incerto da guerra causara intensas oscilações nos preços dos títulos e das commodities, o que por sua vez desencadeou uma onda especulativa. Pela primeira vez o americano médio passou a arriscar seu capital nos mercados. Em 1835, dezoito anos após a criação da Bolsa de Valores de Nova York, 140 mil ações haviam mudado de mãos, totalizando cerca de 7 milhões de dólares em negociações. Em 1867, o volume anual ultrapassou 21 milhões de ações, avaliadas em 3 bilhões de dólares.[21]

O ritmo frenético do mercado continuaria a acelerar, graças a uma série de avanços tecnológicos. Em 1866, a bem-sucedida instalação de um cabo telegráfico transatlântico pelo financista Cyrus Field e sua Atlantic Telegraph Company permitiu um aumento gigantesco na velocidade das transações comerciais entre Nova York e Londres. O advento da comunicação telegráfica quase instantânea entre os Estados Unidos e a Europa tornou mais fácil para investidores de ambos os lados do Atlântico empreenderem transações de arbitragem que exploravam diferenças de preço em títulos, commodities e câmbio exterior para obter lucros, comprando em um mercado e vendendo em outro.

Em 27 de julho de 1866, dia em que o cabo entrou em operação, Joseph Seligman foi um dos primeiros a utilizá-lo, mas logo começou a desconfiar do sistema, uma vez que suas ordens para o irmão Isaac em Londres pareciam chegar com horas de atraso. Ele escreveu a Field exigindo "jogo limpo", suspeitando que as comunicações estivessem sendo intencionalmente retidas — uma suposição razoável, uma vez que os banqueiros costumavam subornar operadores de telégrafo para obter vantagem sobre a concorrência. (Procurando por sua vez ficar à frente da informação, Joseph instruiu Max Hellman a cultivar o "pessoal telegráfico" em New Orleans.)[22]

Um ano depois do início das operações do cabo transatlântico, outra revolução tecnológica varreu Wall Street na forma do teletipo de Edward Calahan. Antes, jovens funcionários das corretoras conhecidos como mensageiros faziam o vaivém entre a bolsa e os escritórios onde trabalhavam a fim de comunicar as últimas cotações de preços. Agora, no entanto, os corretores podiam monitorar a ação de sua própria sala.

Os mercados financeiros eram amplamente desregulados, proporcionando uma enorme zona cinzenta para investidores astuciosos. As transações baseadas em informações privilegiadas eram rotineiras, e os financistas empregavam uma série de métodos inescrupulosos para manipular os preços das ações e dos títulos, em alguns casos mexendo nos próprios alicerces da economia em busca do enriquecimento individual. "Os nababos de Wall Street estão continuamente criando novos empreendimentos", relatou um guia de informações sobre Wall Street na década de 1870. "Eles restringem o dinheiro, seguram o ouro e elevam ou baixam os preços das ações a seu bel-prazer; sua influência é efetivamente sentida por toda a comunidade financeira."[23]

Foi durante essa era implacável e agitada que Schiff e muitos ícones de Wall Street que moldariam os bancos de investimento por mais de um século se estabeleceram em Nova York, agora a incontestável capital financeira da nação.

Um mês após a Budge, Schiff & Co. abrir seus escritórios, Solomon Loeb e seu parceiro Abraham Kuhn criaram o "negócio geral de bancos e comissões" da Kuhn, Loeb & Co. em um endereço próximo.

Kuhn e Loeb, parentes distantes, cresceram em cidades vizinhas no estado alemão da Renânia-Palatinado, e eram duplamente cunhados: Kuhn se casara com a irmã de Loeb, Regina, e Loeb posteriormente se casou com a irmã de Kuhn, Fanny.

Um homem com papadas e sobrancelhas grossas e agourentas, Kuhn emigrara em 1839, de Herxheim am Berg, e seguira a trajetória típica dos imigrantes judeus alemães: começou como mascate e depois abriu uma loja de artigos têxteis com os irmãos Marx e Samuel em Lafayette, Indiana. Em 1849, após o casamento de Kuhn com Regina Loeb, Solomon, de vinte anos, entrou para os negócios do novo cunhado.

Loeb embarcou para os Estados Unidos quando a revolução, que chegara enfraquecida à Renânia no verão de 1849, dava seus últimos suspiros. A fim de preservar a sola de suas botas durante a longa viagem, Solomon as carregava amarradas às costas. Mesmo depois de enriquecer, ele tratava as roupas com reverência. "Precisamos honrar nossas vestes para que também elas nos honrem", repreendeu certa vez um dos netos, após vê-lo tirar o sobretudo de forma descuidada.[24]

Em 1850, os Kuhn e os Loeb se mudaram para Cincinnati, cidade apelidada de "Porcópolis" por ser considerada a capital nacional da carne de porco. Cincinnati também era o lar de uma grande comunidade de judeus alemães e de uma próspera indústria têxtil. O casamento de Solomon com Fanny Kuhn em 1852 fortaleceu sua posição na empresa da família, e ele não tardou a entrar em sociedade com a Kuhn, Netter & Co., que operava um grande negócio de roupas no principal bairro comercial de Cincinnati. (Netter era Jacob Netter, cunhado de Samuel Kuhn.) Mas logo ocorreu uma tragédia. Fanny morreu pouco tempo depois de dar à luz a primeira filha, Therese. Solomon demorou quase oito anos para voltar a se casar. Em 1862, quando a Guerra Civil se intensificava, ele voltou à Alemanha, onde desposou Betty Gallenberg, a corpulenta e animada filha de 28 anos de um violinista de Manheim.

Após a lua de mel em Baden-Baden, Solomon levou Betty para Cincinnati, onde ela experimentou um profundo choque cultural, devido à profusão de porcos e às novas relações provincianas. Para Betty, a vida em Cincinnati era sem graça e tediosa. "Como ela veio a descobrir, ninguém conversava sobre nada além de negócios e como enriquecer rapidamente", disse uma neta.[25]

A personalidade e os interesses de Betty — uma jovem progressista que lia sem constrangimento e abertamente a controversa obra do escritor francês Émile Zola — contrastavam de maneira acentuada com os do marido pragmático e determinado a ganhar dinheiro, que só ia ao teatro se fosse arrastado. "Na aparência, nos costumes e nos hábitos, minha avó era uma pessoa pouco prática, romântica e sentimental", relembrou sua neta. "Nunca sentiu nenhuma necessidade de dinheiro, nem permitiu que ele desempenhasse um papel importante em sua vida." Era conhecida pelo grande apetite e pela observância não ortodoxa dos feriados judaicos, como o Yom Kippur, quando os judeus jejuam por 24 horas. "Nesse dia, ela não se aproximava da mesa de jantar, mas mandava lhe trazerem comida [...] uma xícara de chá às onze, um sanduíche à uma da manhã e assim por diante, comendo mais, acredito, do que em qualquer outro dia. Mas, como não estava sentada à mesa, a seu ver era como se estivesse jejuando."[26]

Assim como os Lehman e os Seligman, os sócios da Kuhn Netter ampliaram sua fortuna durante a Guerra Civil graças aos contratos com o governo para o fornecimento de uniformes e cobertores ao Exército. Nas palavras do correspondente de uma agência de classificação de crédito, a firma era considerada um dos "estabelecimentos mais sólidos" de Cincinnati.[27] Ao final da guerra, Solomon caminhava a passos largos para se tornar milionário, com um patrimônio líquido de cerca de 600 mil dólares[28] Então Loeb e Abraham Kuhn decidiram que era hora de se mudar outra vez, agora para o ambiente mais cosmopolita de Nova York.

A aversão de Betty por Cincinnati influenciou a decisão de Solomon, bem como a saúde debilitada de seu primogênito, Morris, que em Nova York ganhou mais três irmãos: Guta, James e Nina. Loeb também resolveu abandonar o ramo têxtil, ainda que o negócio tivesse possibilitado a confortável nova vida de sua família em uma casa com fachada de arenito modestamente mobiliada no número 37 da rua 38 Leste.[29] Ele se tornaria um banqueiro, profissão com a qual se familiarizara em Cincinnati. "A tarefa especial do meu pai durante a Guerra Civil, e mesmo antes de se mudar para Nova York, consistia em satisfazer as necessidades financeiras de sua empresa junto aos bancos nova-iorquinos", relembrou James Loeb sobre a guinada paterna para o setor bancário.

> Logo ficou claro para ele que os enormes lucros obtidos pelo comércio têxtil nos contratos com o governo atrairiam muitos novos interessados a um ramo de negócios que até então se encontrava restrito a poucas pessoas. Ao constatar que a "nata do negócio estava desaparecendo", ele decidiu abandoná-lo e estabelecer um empreendimento bancário. Seus sócios demoraram a partilhar de sua opinião e foram ainda mais lentos em se juntar à nova empresa.[30]

Mas eles acabaram por se juntar, ao menos no começo. Em sociedade com Samuel Kuhn e Jacob Netter, que permaneceram em Cincinnati, Abraham Kuhn e Solomon Loeb montaram escritórios no número 31 da Nassau Street e a jovem empresa rapidamente estabeleceu relações com firmas nova-iorquinas mais tradicionais, como a dos Lehman e a dos Seligman.[31] O ramo bancário era mais adequado a Loeb do que o têxtil. Afinal, o comerciante de olhos azuis, bigode grosso e suíças emoldurando a cabeça calva era daltônico.

Depois que a Kuhn, Loeb & Co. iniciou suas atividades, um banqueiro nova-iorquino com quem Loeb realizara negócios passou em seu escritório para lhe dar os parabéns e afirmou que a empresa certamente seria um sucesso.

"O que o faz pensar que seremos bem-sucedidos?", perguntou Loeb, desconfiado.

"Nunca conheci alguém tão jovem quanto o senhor que fosse capaz de dizer 'não' com tanta rapidez", respondeu o banqueiro.

Esse comentário jamais saiu da cabeça de Loeb. Décadas depois, quando o filho James entrou para a sociedade, Solomon o aconselhou: "Aprenda a dizer 'não'. Você pode mudar de ideia e dizer 'sim' sem faltar com a palavra. Mas, uma vez tendo dito 'sim', está comprometido".[32]

A cautela foi uma característica definidora de outro recém-chegado a Nova York no final da Guerra Civil, que em 1869 estabeleceu seus escritórios, por mais humildes que fossem, na esquina de onde ficava a Kuhn Loeb. No porão abarrotado de carvão no número 42 da Pine Street, Marcus Goldman, de 48 anos, acabava de lançar a pedra fundamental de um banco de investimento tão enorme e onipresente que, hoje, não há nenhuma necessidade de dizer nada além do sobrenome de seu fundador. O gigante financeiro Goldman Sachs, porém, por muito pouco não ficou conhecido pelo nome menos imponente de Putzel & Goldman.

Marcus, como Solomon Loeb e Mayer Lehman, chegou junto com a onda de imigrantes alemães que fugiram de seu país natal durante as revoluções de 1848 e 1849. E, como os Lehman, era filho de um negociante de gado que havia emigrado de uma pequena cidade bávara, Trappstadt, onde atuava como professor. Chegando em 1848, aos 27 anos, Marcus investiu suas economias em um cavalo e uma carroça e aventurou-se pela vida de ambulante, sobretudo em Nova Jersey. Às vezes, ia até à Filadélfia, onde conheceu uma imigrante judia alemã de dezoito anos que também ostentava o sobrenome Goldman. Naqueles tempos em que os casamentos entre primos e parentes remotos eram normais entre judeus alemães, soava quase estranho que Marcus e Bertha Goldman não conseguissem identificar um ancestral comum. Incapaz de arcar com um buquê quando começou a cortejá-la, ele deu a ela um maço de rabanetes.[33]

Bertha, cuja família vinha de Darmstadt, era filha de um serralheiro e joalheiro; antes de se casar com Marcus, em 1851, ganhava a vida como chapeleira e com trabalhos de costura e bordado. Era do tipo independente e matriarcal. "Ela era consultada discretamente sobre muitos problemas familiares", relembrou seu neto Walter Sachs num livro de memórias não publicado, "e suas opiniões eram sempre consideradas com cuidado e atenção. Era intensamente ambiciosa em relação aos filhos e frisou durante toda a vida a importância de um bom lar e de uma educação completa. Era ela que, com frequência, resolvia as desavenças familiares." Já sobre o avô, Sachs recordou: "Sempre foi um homem digno, de modos aristocráticos, ainda que robusto e atarracado, a exemplo de todo o clã dos Goldman".[34]

O casal se estabeleceu na Filadélfia e Marcus abriu uma pequena alfaiataria. Posteriormente, expandiu seu negócio para uma empresa de roupas por atacado na Market Street, entrando em sociedade com outros comerciantes locais para criar a Goldman, McComas & Co. (Um fato digno de nota nessa firma era que pelo menos alguns dos sócios de Marcus — possivelmente todos — não eram judeus.) Assim como ocorrera com as famílias Kuhn, Loeb, Lehman e Seligman, os anos da Guerra Civil foram lucrativos para Marcus. Observando que o avô fora "isentado do serviço militar", Walter Sachs escreveu em suas memórias que Marcus "prosperou [...] vendendo roupas para o exército nortista".[35]

No final da década de 1860, Marcus estava bem de vida. Ao final da guerra, viajara duas vezes com a família à Europa para visitar parentes, e, na segunda viagem, encontraram amigos que possuíam uma casa vaga com fachada de arenito na rua 33, perto da Quinta Avenida, em Nova York. Marcus, incentivado pela esposa a expandir os horizontes sociais e comerciais da família mudando-se para Manhattan, concordou na mesma hora em alugar o imóvel. Segundo Sachs, após se estabelecer em Nova York, seus avós rapidamente ficaram amigos dos Loeb, assim como de outras famílias prósperas de judeus alemães. "Nossa amizade com o pessoal da Kuhn Loeb existe desde sempre", recordou ele. "A amizade familiar é muito antiga."[36]

Quando os Goldman partiram da Filadélfia, Marcus deixou um capital de 40 mil dólares empatado na loja de roupas, onde permaneceu como sócio especial. Além disso, investiu 50 mil dólares em uma nova sociedade com Mayer Putzel, um antigo corretor de notas promissórias que percorria as ruas de paralelepípedos do bairro financeiro fazendo empréstimos de curto prazo para pequenas empresas.[37] A Putzel & Goldman lidava com o que seria conhecido mais tarde como papéis comerciais. Digamos que um comerciante de artigos têxteis tivesse vendido mil dólares em mercadorias, mas ainda não tivesse recebido o correspondente pagamento. Ele poderia fazer um empréstimo afiançado nessa venda para dispor de fundos e se recapitalizar imediatamente. O comerciante assinaria então uma nota promissória de mil dólares para o corretor, que, supondo que a taxa de juros anual fosse de 10% e a dívida vencesse em noventa dias, entregaria a ele 975 dólares. Esses credores eram malvistos, porque abocanhavam uma porcentagem do valor nominal das notas promissórias.

Trajado com o uniforme de banqueiro — sobretudo preto e cartola de seda —, Goldman passava as manhãs visitando as joalherias da Maiden Lane e os curtumes da Beekman Street, fazendo pequenos empréstimos e coletando notas promissórias, que guardava na faixa interna da cartola. Após a ronda pelos comerciantes, Goldman visitava vários bancos — o Chemical, na Chambers Street, o Importers and Traders, na Warren, talvez o National Park Bank, na John — a fim de vender as notas que havia juntado.[38] Aí se repetia uma versão do processo anterior. Nesse caso, Goldman cedia as promissórias ao banco, que as comprava com desconto em relação ao valor nominal. Isso rendia a Marcus um pequeno lucro (a diferença entre o que ele pagava pelas notas e o que o banco oferecia) e reabastecia seu capital para as transações do dia seguinte. Era um negócio baseado no volume: em seu primeiro ano em Wall Street, Goldman teria comprado e vendido 5 milhões de dólares em notas promissórias, com uma margem de lucro possivelmente inferior a 1%.

É provável que Goldman tenha se associado ao experiente Putzel para aprender os macetes do novo negócio, mas a sociedade não durou muito. Eles se separaram no fim de 1870, menos de um ano depois, e Marcus abriu um novo escritório algumas portas adiante, no número 30 da Pine Street. Para os demais banqueiros de Wall Street, nada sugeria que aquele corretor de mentalidade conservadora estivesse ganhando muito dinheiro. E o fato de que viria a se tornar o criador da instituição financeira mais poderosa da história moderna desafiava a imaginação. Ele era tido como extremamente circunspecto nas negociações, evitando a mania especulativa que grassava a seu redor. "Pouco inclinado a assumir grandes riscos", ponderou a R. G. Dun &

Co. numa entrada do livro-razão, acrescentando em outra: "Tímido demais para os negócios".[39]

A algumas quadras dali, perto da Hanover Square, o epicentro comercial de commodities da cidade, Emanuel e Mayer Lehman, reunidos após anos separados, haviam aberto novos escritórios e trabalhavam mais uma vez lado a lado.

Em 1868, Mayer vendera sua mansão em Montgomery, deixara a Lehman Durr aos cuidados dos sócios e se mudara para o norte com a família.[40] Segundo Herbert Lehman, alguns antigos escravos da família os acompanharam. "Sei que eles trouxeram pelo menos dois negros que haviam sido escravos quando se mudaram para Nova York [...] e eles permaneceram conosco por muito tempo", recordou. "Acho que um deles criou vários de meus irmãos e irmãs."[41]

Mayer ergueu uma grande casa com fachada de arenito para a família no número 5 da rua 62 Leste, uma área tão pouco desenvolvida na época que os degraus da entrada propiciavam uma vista praticamente desobstruída da Catedral de São Patrício, então em construção, a pouco menos de um quilômetro de distância.[42] Com cinco andares e trinta metros de fundo, a casa possuía uma ampla sala de visitas no térreo — proibida para as crianças — decorada com móveis do fim da era vitoriana em cetim dourado. Os filhos dos Lehman se reuniam na biblioteca do segundo andar, onde havia uma janela de sacada curva e pesados móveis de nogueira estofada em brocado verde e preto.[43]

Embora Nova York fosse o centro financeiro das operações dos Lehman — o local onde as letras de câmbio do algodão e os contratos futuros eram negociados —, suas transações comerciais continuavam baseadas sobretudo no Sul. Juntos, eles mantinham o controle de cerca de 60% das ações da Lehman Durr e da firma de New Orleans, que fora renomeada Lehman, Stern & Co. Além disso, atuavam como agentes financeiros do Alabama, incumbidos da difícil tarefa de transferir para o Norte os títulos do endividado estado.

Os irmãos começaram a diversificar cada vez mais os artigos que negociavam, entre os quais petróleo, café e açúcar. Era frequente também que fizessem transações em ouro, tendo estabelecido uma duradoura sociedade (e realizado negócios no valor de 200 mil dólares) com a Kuhn Loeb no primeiro ano de sua fundação.[44] Mas o algodão seguia sendo o centro de suas operações.

A derrocada da Confederação virou o comércio de algodão de cabeça para baixo. As vastas fazendas sulistas não eram mais movidas pela mão de obra escrava, mas o sistema de trabalho que a substituiu também era altamente explorador. O sistema de fazendas coloniais deu lugar ao arrendamento e aos contratos de parceria, pelos quais o proprietário cedia lotes de terra a negros emancipados e brancos pobres, provendo-lhes todas as necessidades, inclusive comida, alojamento, sementes e equipamentos, em troca de uma parte da safra do agricultor para cobrir tais despesas (em geral inflacionadas). Ao fim da colheita, o arrendatário recebia pouco ou nada por seu trabalho; na verdade, em muitos casos, acabava endividado com o senhorio, quando a venda do algodão, do tabaco ou do trigo era insuficiente para cobrir as despesas anuais. Tratava-se de escravidão, apenas com outro nome.

"Com o colapso geral das grandes fazendas após a desastrosa derrota, a produção e o sistema de comercialização de antes da guerra ruíram", escreveu Frank Manheim em "The Seed and the Tree". Mas esse novo modelo de negócios, longe de reduzir as perspectivas dos irmãos, "abriu vastas oportunidades".[45] Os irmãos continuaram a negociar algodão, mas, nos anos que se seguiram à Guerra Civil, também desempenharam um papel mais direto no negócio, administrando, por meio da Lehman Durr, dezesseis fazendas sulistas.

"Arrendamos uma parte e administramos a outra", testemunhou Frederick Wolffe, um antigo funcionário da Lehman Durr, perante um comitê do Congresso que investigava um pequeno escândalo político. Em geral, explicou ele, "o proprietário, ou o homem que cultiva a terra, está remunerando o negro com provisões e, ao final do ano, em quase todos os casos, eles terminam devendo. É muito raro receberem algum dinheiro".[46]

A Guerra Civil também mudou a dinâmica financeira do negócio algodoeiro. O mercado de futuros decolou durante o conflito, quando os fabricantes de artigos têxteis procuraram minimizar o risco do incerto suprimento de algodão introduzindo contratos sobre a futura entrega das matérias-primas necessárias para produzir uniformes e roupas. Em 1868, os Lehman e outros comerciantes de algodão tentaram regularizar o mercado informal em Nova York. Sua primeira tentativa, uma organização conhecida como New York Board of Cotton Brokers, não seguiu adiante. Mas, dois anos depois, em uma segunda-feira no início de setembro de 1870, as negociações tiveram início com a pancada de um martelinho em uma sala comprida, estreita e mal iluminada no número 142 da Pearl Street, sede da recém-criada Bolsa do Algodão de Nova York, de frente para os escritórios da Lehman Brothers.

Mayer Lehman, agora com quarenta anos, foi eleito para a primeira diretoria da bolsa, e fazia uma figura imponente no pregão. Em alguns casos, sua mera presença — e os vastos recursos que controlava — parecia acalmar o mercado. Como noticiou o *New York Herald* após um caótico dia de negociações, "o mercado agia mais como se quisesse cair, mas Mayer Lehman estava lá. Ele o segurou".[47]

Mayer ficou famoso entre os colegas por comprar e vender contratos sem fazer uma única anotação; quando chegava o momento de fechar os contratos ao final do dia, lembrava de cor todas as transações. Ele também era conhecido pela generosidade, sobretudo em relação a colegas que assumiam obrigações além de seus recursos. "Quando ocorriam falências na bolsa, ele estava sempre a postos com sua solidariedade para os desafortunados, caso fossem honestos, e era um credor indulgente", relembrou um deles.[48] "Quem quer que sofresse uma infelicidade e ficasse endividado só precisava procurá-los [Mayer e o irmão] e expor seu caso com toda a franqueza para receber um tratamento não apenas justo e honesto, como também de grande liberalidade", recordou um outro. "Creio que esse tratamento justo e a recusa em tirar vantagem de quem quer que fosse sempre foram um traço característico dos irmãos."[49]

Os Lehman, tão parecidos que de longe era difícil diferenciá-los, costumavam ser vistos juntos com tanta frequência que os amigos os chamavam de "gêmeos siameses". Herman Baar, superintendente do Asilo de Órfãos Hebreus, que os irmãos ajudavam a manter, apelidou Emanuel e Mayer de "Irmãos Cheeryble", numa referência a Charles e Ned Cheeryble, os gêmeos de bom coração que empregam o desafortunado personagem-título do romance de Charles Dickens, *Nicholas Nickleby*.[50]

Assim como as bolsas de ouro e de valores nas proximidades, a bolsa do algodão era palco tanto de transações legítimas como de apostas desenfreadas. E os contratos futuros de algodão eram tão vulneráveis a manipulação quanto qualquer título suspeito. Para os representantes da R. G. Dun & Co. que classificavam seu crédito, os Lehman insistiam que não assumiam "risco algum", negociavam puramente em nome de seus clientes e jamais especulavam por conta própria. Mas observadores atentos de sua operação tinham dúvidas quanto a isso, sobretudo depois que a Lehman Brothers representou um grupo de investidores que elevou artificialmente o preço do algodão, restringindo a oferta.

Os Lehman "atuavam como agentes do cartel e ofereciam adiantamentos para uma enorme quantidade de algodão, que devia ser mantido fora do mercado", relatou a R. G. Dun. "Supõe-se de forma geral que estivessem interessados." Um relatório de crédito posterior afirmou: "Alguns os consideram [...] demasiado especulativos".

As apostas financeiras dos Lehman, não obstante, pareceram compensar. Seus amigos na Kuhn Loeb declararam à agência de crédito que os Lehman valiam facilmente mais de 1 milhão de dólares e que seu crédito estava "além da dúvida".[51] Se essa afirmação for verdadeira, isso significa que desde o fim da guerra eles mais do que dobraram seu valor líquido.

A incipiente sociedade da Budge, Schiff & Co. também andava chamando a atenção em Wall Street, embora nem sempre de forma favorável.

Em nítido contraste com a futura imagem de Schiff como um banqueiro conservador dotado de grande discernimento, sua primeira sociedade de investimentos mergulhou fundo na farra especulativa que havia tomado conta de Wall Street, apostando pesadamente na alta e na baixa do ouro e negociando arriscados títulos ferroviários.

Apesar da pouca idade de seus sócios, a firma de Schiff rapidamente se tornara um ator importante em Wall Street, graças a suas sólidas conexões bancárias com a Europa. A exemplo de Moses Schiff, o pai de Henry Budge, Moritz, era corretor em Frankfurt, e a Budge, Schiff & Co. obteve uma vantagem no negócio atuando como agente financeira americana da firma dele, ajudando a disponibilizar títulos ferroviários e títulos públicos americanos a investidores europeus, particularmente na Alemanha.[52] Segundo Henry Budge, a nova empresa também realizou negócios consideráveis com a Dabney, Morgan & Co., onde John Pierpont Morgan, aos trinta anos, começava a ser conhecido como um financista talentoso, ainda que volúvel.[53]

A Budge, Schiff & Co. prosperou, declarando valer até 400 mil dólares, mas seus anos iniciais também foram marcados por reveses que pareceram trair a inexperiência dos sócios. Em um episódio constrangedor, a firma de Schiff inadvertidamente vendeu a um cliente títulos públicos falsificados — sendo posteriormente obrigada a entrar em um prolongado litígio com a fonte dos papéis fraudulentos, que vinha a ser o antigo empregador de Schiff, a Frank & Gans. E, em maio de 1869, Schiff e seus sócios sofreram pesados prejuízos ao especular com o ouro, quando um banco mercantil de 34 anos de existência, o Schepeler & Co. — que acumulara uma enorme posição vendida que não conseguia cobrir —, foi subitamente à bancarrota.

Mas esses foram lapsos relativamente menores quando comparados a seu papel numa controvérsia financeira que lançaria uma mancha sobre Schiff e seus sócios nos Estados Unidos e no exterior.

6
Pânico!

O ESCÂNDALO ENVOLVEU UMA FERROVIA. Como sempre parecia ser o caso, na época.

A revolução industrial desencadeou um boom ferroviário nos Estados Unidos, assim como havia feito na Europa, e a expansão do país para o Oeste impulsionou o crescimento explosivo da indústria. Em 1869, quando Leland Stanford, da Central Pacific, cravou a "cavilha de ouro" cerimonial no último dormente da linha, terminando de ligar a ferrovia transcontinental, dezenas de milhares de quilômetros de trilhos se esparramavam por todo o país, sendo que as maiores concentrações ficavam no Norte e na porção setentrional do Meio-Oeste. Concebido em pleno caos do capitalismo, o sistema ferroviário era um Frankenstein surgido da visão de dezenas de industriais competindo entre si por território e tráfego. Na disputa pelo controle de terras valiosas, magnatas rivais construíam linhas paralelas, por vezes a poucos metros umas das outras, e as desavenças entre eles ocasionalmente extravasavam das salas dos tribunais para confrontos armados.

Impulsionadas por um suprimento constante de capital originário de Wall Street e da Europa, as ferrovias do século XIX foram os equivalentes da época às empresas pontocom no fim da década de 1990 e início da seguinte, com os investidores injetando dinheiro em novos empreendimentos a despeito de seu mérito ou viabilidade. Algumas linhas, jamais construídas, existiam apenas em certificados de ações vendidos a ávidos investidores. A fim de levantar dinheiro para a construção, ou simplesmente forrar o bolso dos inescrupulosos diretores ferroviários, tais operações despejavam no mercado uma variedade de títulos de dívida. Era comum que essas empresas iniciantes empilhassem dívida em cima de dívida até desmoronarem sob o peso das obrigações. A ferrovia ia à falência e era vendida a novos proprietários, que então emitiam uma nova dívida para cobrir a antiga. A bolha especulativa se inflacionava mais uma vez para estourar alguns anos depois. As ferrovias viviam sendo resgatadas da falência e reestruturadas. Com frequência esse mesmo ciclo se repetia inúmeras vezes em um mesmo trecho esquecido de linha férrea. Os banqueiros, corretores e executivos das companhias pareciam ser os únicos a lucrar com tais reviravoltas.

Em 18 de março de 1869, Moritz Budge, pai do sócio de Schiff, assinou um contrato com Henry Boody, tesoureiro da recém-formada Rockford, Rock Island & St. Louis Railroad, para vender 7,5 milhões de dólares em títulos ferroviários nos Estados Unidos e na Europa. Schiff e os sócios ficaram encarregados dos negócios americanos, e tanto Henry Budge como Leo Lehmann assumiram um lugar em sua diretoria e seu comitê financeiro. De modo a atiçar o apetite do público pelos títulos da companhia, Boody empregou uma tática comum no inconfiável mundo da promoção ferroviária: subornou três repórteres para que incensassem os títulos da Rockford em seus respectivos jornais e atestassem o caráter seguro de seus papéis.[1]

Juntos, Moritz Budge e a Budge, Schiff & Co. embolsaram mais de 1 milhão de dólares líquidos em comissões e taxas da Rockford, uma compensação generosa que veio a público alguns anos depois, quando a companhia deu um calote nos pagamentos de juros e seus títulos supostamente a toda prova despencaram. Com a ferrovia caminhando para a insolvência, Boody foi preso por desviar centenas de milhares de dólares. Mais tarde, ele apontou o dedo para a Budge, Schiff & Co.

Acusando a firma de fraude, Boody alegou que Schiff e seus sócios haviam tapeado a Rockford em um contrato para fornecer 18 mil toneladas de trilhos e cobrado a ferrovia por uma transação em ouro que nunca se consumou. "Nunca acreditei que houvesse algum ouro sendo comprado ou vendido", declarou Boody.[2]

Ao comentar sobre a espiral descendente da Rockford, a R. G. Dun & Co. observou com indulgência que a Budge, Schiff & Co. fora "enganada quanto ao caráter do empreendimento e das partes nele envolvidas".[3] Mas essa explicação estava longe de satisfatória para os investidores que haviam adquirido as inúteis ações da Rockford — enquanto Schiff e seus sócios colheram lucros generosos.

Em 1873, conforme as provas dos crimes financeiros de Henry Boody vinham à tona e a Rockford ia de mal a pior, a Budge, Schiff & Co. foi desfeita. Henry Budge atribuiu a derrocada da firma à enfermidade e subsequente morte do pai, em maio de 1872, que levou Henry de volta a Frankfurt. Budge citou também a natureza obstinada e ditatorial de Schiff. Mesmo com apenas vinte e poucos anos, o autoconfiante banqueiro insistia em manter o controle e não tolerava dissidências.[4]

Mas o fiasco da Rockford causou significativos danos à reputação da jovem empresa, bem como à imagem pessoal de Schiff no mundo dos negócios. A esse respeito, a R. G. Dun & Co. comentou:

> Ele é de modo geral bem conceituado, mas existe um sentimento entre alguns banqueiros estrangeiros de que sua antiga firma não foi muito cuidadosa na seleção de títulos ferroviários que disponibilizou em Frankfurt e outros mercados, de modo que eles não se pronunciam de maneira muito favorável no que diz respeito ao caráter comercial de Schiff, ao passo que outros falam bastante favoravelmente dele e culpam Budge pelo infortúnio dos investidores que perderam seu dinheiro com a classe inferior de títulos ferroviários que a B. S. & Co. os induziu a adquirir.[5]

A controvérsia pareceu ensinar uma importante lição a Schiff. Ele nunca mais trataria levianamente sua reputação, pela qual zelava com tanto afinco. Schiff evitava a publicidade, tentando manter seu nome longe dos jornais mesmo quando os artigos tratavam das grandes doações filantrópicas que fazia; e, quando a publicidade funcionava a seu favor, estabelecia canais paralelos com os jornalistas a fim de moldar a cobertura a seu respeito. Ele tentava se manter afastado de escândalos, mas, nos ambientes de grandes fortunas e imenso poder pelos quais circulou em anos posteriores, foi perseguido por eles mesmo assim.

Schiff planejara se estabelecer nos Estados Unidos. Não muito tempo depois de chegar, entrara com um pedido junto ao governo de Frankfurt para ser dispensado da cidadania prussiana.[6] E, em 1870, tornou-se oficialmente cidadão americano. Mas, após a dissolução da Budge, Schiff & Co., retirou-se para a Alemanha.

O episódio da Rockford foi emblemático de uma era de capitalismo desenfreado e implacável. Alimentado por um frenesi especulativo, o panorama financeiro pós-Guerra Civil estava repleto de empreendimentos ferroviários duvidosos e atores escusos como Henry Boody, e outros que tramavam golpes ainda maiores. Um dos mais espetaculares envolveu uma tentativa de encurralar o mercado de ouro tapeando ninguém menos que o presidente dos Estados Unidos.

Boody foi comparado por um jornal a um "Jim Fisk do Oeste", mas isso não era inteiramente justo com Fisk, cujas maquinações, em parceria com o notório Jay Gould, o situavam em uma classe diferente de trapaceiros de Wall Street. Fisk e um vaqueiro convertido em golpista financeiro chamado Daniel Drew controlavam a Erie Railroad, audaciosamente manipulando os preços das ações e usando a linha férrea como sua máquina particular de fabricar dinheiro.

Os Seligman mantinham laços estreitos com Drew, Fisk e Gould, atuando como seus corretores em Nova York e Londres. Joseph certa vez alertara o irmão James contra se envolver no negócio ferroviário durante a Guerra Civil — era uma indústria que não compreendiam de verdade, afirmou —, mas desde então pegara gosto pela coisa. Ele ainda não entendia muito bem os pormenores do negócio, mas sabia que era lucrativo, ao menos para alguns. Trabalhando com Drew e outros, Joseph parecia disposto a ignorar sua insistência habitual para que os irmãos evitassem emprestar seu bom nome a qualquer empreendimento capaz de manchá-lo, pois sabia muito bem com quem estavam lidando. A certa altura, os irmãos chegaram a dar garantias de uma fiança de 20 mil dólares para Gould quando seus esquemas financeiros resultaram em prisão. E, numa ocasião, Gould e Fisk, como uma dupla de vilões de desenho animado, escaparam de ser presos por depenar o magnata das ferrovias Cornelius Vanderbilt fugindo de Nova York num bote salva-vidas.

"Ao contrário da maioria das pessoas que tiveram experiências com Drew, Gould e Fisk, os Seligman ganharam dinheiro", relatou o jornalista Linton Wells, antigo funcionário da J. & W. Seligman & Co., em "The House of Seligman" [A firma dos Seligman], uma história de setecentas páginas encomendada pela firma e jamais publicada. "Os Seligman não tinham ilusões em relação a eles, e, quando seus serviços de corretagem eram requisitados, em operações de compra ou venda de títulos da Erie ou outros, cumpriam a tarefa com diligência, pelas taxas de comissão usuais. Mas, além disso, se envolveram astutamente em algumas transações por conta própria."[7] Para ser mais direto: eles lucravam com os esquemas financeiros de seus clientes.

Em 1869, enquanto Henry Boody subornava jornalistas e desviava 250 mil dólares da Rockford, Fisk e Gould elaboravam o plano mais audacioso de suas carreiras. Eles comprariam em segredo o suprimento disponível de ouro, elevariam seu preço e então forçariam os vendedores a descoberto[*] a acatarem seus termos quando os investidores não fossem capazes de cobrir suas posições; em outras palavras, "encurralariam" o mercado.

A bolsa de ouro, situada em um saguão cavernoso com um grande chafariz no centro, foi palco de uma especulação tão desenfreada que fez as atividades da vizinha Bolsa de Valores de Nova York parecerem relativamente recatadas. Em 1866, Horace White, editor-chefe do *Chicago Tribune*, escreveu de maneira espirituosa:

---

[*] Um vendedor a descoberto é um investidor que aposta na queda do preço de um ativo, como uma ação, uma commodity ou uma moeda. Toma o ativo emprestado e o vende no mercado, esperando que seu preço caia. Se o valor realmente diminuir, o vendedor a descoberto pode recomprar o ativo por um preço mais baixo, devolvê-lo ao credor e lucrar com a diferença entre o preço de venda inicial e o preço de recompra. Mas se o preço do ativo subir em vez de cair, o vendedor a descoberto enfrentará perdas, já que terá que recomprar o ativo a um preço mais alto para devolvê-lo, o que pode tornar a estratégia arriscada. (N. E.)

PÂNICO!

Imagine o frenesi de uma arena de ratos com vinte ou trinta homens observando a tragédia dos roedores perseguidos pelos cães, todos gritando e uivando ao mesmo tempo, e você terá a melhor comparação possível, no mundo real, do aspecto do salão do ouro tal como se apresenta a quem o visita pela primeira vez.[8]

O volátil mercado de ouro — cujos preços podiam variar mais de 20% em um único dia — era um resquício da guerra. Em 1862, pela primeira vez na história americana, o governo federal começou a imprimir seu próprio papel-moeda, popularmente conhecido como *greenbacks* ("verdinhas"), de modo a enfrentar suas dívidas crescentes. O Congresso estabelecera o dólar como a unidade monetária nacional no fim do século XVIII, vinculando seu valor a uma quantidade específica de ouro ou prata. Antes disso, a emissão de cédulas cabia aos bancos, e as notas eram resgatáveis em moedas de ouro e prata. Mas, com os gastos estratosféricos da guerra e as reservas de ouro minguando, o Tesouro americano imprimiu dinheiro lastreado não em metais preciosos, mas no crédito do governo federal — a crença de que o governo podia arcar com suas obrigações.

Com o dólar desvinculado do ouro, seus respectivos valores divergiram drasticamente, subindo e descendo ao sabor das notícias mais recentes vindas do campo de batalha. Uma derrota da União podia fazer o preço do ouro disparar em relação ao dólar, devido às preocupações com o futuro do próprio governo americano. Em certos momentos durante o conflito, o ouro foi negociado a preços superiores a duzentos — ou seja, cem dólares em ouro equivaliam a duzentos *greenbacks*. Era contra esse tipo de especulação — vista como imoral e antipatriótica, pois significava apostar contra a União — que Joseph Seligman alertara os irmãos nas cartas enviadas da Europa durante a guerra. Os especuladores do ouro enfureceram Abraham Lincoln, que disse: "De minha parte, faço votos de que levem todos uma bala na cabeça".[9]

Encurralar o mercado de ouro era algo ousado, mas tecnicamente possível. O suprimento de lingotes era limitado, com algo entre 15 e 20 milhões de dólares no mercado de Nova York a qualquer momento dado. Mas um obstáculo impedia que Fisk e Gould controlassem o ouro suficientemente e executassem seu plano: o Departamento do Tesouro, em particular sua política de regularmente vender o metal para abater a dívida do país. Assim, que tal se eles conseguissem convencer o presidente recém-empossado, Ulysses Grant, de que seria de interesse nacional o governo suspender temporariamente as vendas de ouro?

Gould subornou o cunhado de Grant, Abel Corbin, que providenciou várias audiências entre Gould e o presidente, nas quais o financista apregoou sua proposta embalada numa retórica populista. Ele argumentou que a interrupção da venda de ouro pelo governo, fazendo seu preço subir com a restrição do suprimento, beneficiaria os fazendeiros e exportadores americanos. Por quê? Como os países europeus seguiam o padrão-ouro, os comerciantes americanos levariam a melhor sobre a concorrência cobrando menos por seus produtos no estrangeiro e ao mesmo tempo colhendo generosos dividendos ao resgatar o ouro por *greenbacks* nos Estados Unidos. (Pense da seguinte forma: se o ágio do ouro fosse de 130, um carregamento de tabaco que valesse 10 mil dólares em ouro em Liverpool valeria 13 mil dólares em greenbacks. Esse mesmo carregamento valeria 15 mil dólares se o preço do ouro subisse para 150.) Gould também molhou a mão do general Daniel Butterfield, o recém-empossado secretário-adjunto do Tesouro na New York Sub Treasury, para receber informações sobre os planos da agência.

No verão de 1869, quando começou a manipular o mercado de ouro, Gould recorreu, entre outros corretores, a Joseph Seligman,[10] de quem Butterfield também era cliente. Além de ser o corretor pessoal de Butterfield, Joseph era um dos banqueiros dos quais o secretário-adjunto do Tesouro dependia para vender ouro em nome do governo federal.

Joseph era uma presença regular na New York Sub Treasury.[11] Em suas visitas, Butterfield mantinha o banqueiro a par do que pensava o Departamento do Tesouro — uma informação valiosa —, embora Seligman já compreendesse melhor do que ninguém as políticas financeiras do governo Grant: a pedido do presidente, ele trabalhara com George Boutwell, secretário do Tesouro, para elaborá-las. Segundo Seligman, Grant chegara inclusive a lhe oferecer o cargo de Boutwell, mas ele recusara, citando suas obrigações com a firma. "O banco precisava dele, e os irmãos insistiram que deixasse a política e a vida pública de lado", recordou seu filho Isaac Newton.[12]

No início de setembro de 1869, Grant contou a Corbin que escrevera a Boutwell sugerindo que vender ouro naquele mês (o que resultaria na diminuição do preço) poderia prejudicar os fazendeiros no auge da temporada de colheita. O secretário do Tesouro, em função disso, adiou uma venda de ouro já planejada.[13] Corbin correu para transmitir a informação a Gould. Aquele era o momento deles; Gould e seu cartel compraram ouro freneticamente.

Mesmo para o caótico mercado de ouro, a compra de Gould e seus conspiradores provocou uma atípica alta de preços. Grant, mais uma vez explorado por um parente próximo, acabou se dando conta do esquema. Mas já pusera o governo numa situação comprometedora. Ele se permitira ser visto com Fisk e Gould, dando a eles um verniz de legitimidade, e aceitara regalias da dupla, incluindo transporte gratuito para sua família a bordo de vagões particulares da Erie.

Segundo Linton Wells, Grant se encontrou com Joseph Seligman em meados de setembro, ciente da estreita ligação entre o banqueiro e Gould. Seligman e os irmãos eram grandes apoiadores da campanha presidencial de Grant, e Joseph fora recompensado com um lugar de honra na posse do novo presidente, ficando atrás dele durante o juramento do cargo e participando mais tarde do baile inaugural.[14]

O presidente questionou Seligman sem rodeios sobre seu papel na compra de ouro em nome de Gould; o banqueiro admitiu que sua firma comprara uma grande quantidade de ouro não só para Gould, mas também para si mesma. Talvez devido a sua longa amizade com os Seligman, o presidente deixou a discrição de lado e disse a Joseph "apenas o suficiente para adverti-lo de que seria prudente cortar relações com Gould, ao menos por um tempo, e vender ouro, em vez de comprar", contou Wells.[15] Mais tarde, Grant autorizou Boutwell a vender 4 milhões em ouro do Tesouro quando o preço ultrapassou 160.

Na manhã de sexta-feira, 24 de setembro de 1869, dia em que o governo Grant impediu Gould de continuar a encurralar o mercado, o preço do ouro beirou momentaneamente 164. Os setoristas de Wall Street, acostumados a um certo nível de loucura diária, ficaram perplexos com a cena caótica. "Os gritos e clamores das centenas de operadores em atividade lembravam os de um bando de loucos", relatou o *New York Times*, "e por um breve período uma palidez pareceu se espalhar pelos rostos, e um tremor pareceu dominar a massa de pessoas, que ficaram exaltadas a um ponto além da capacidade humana."[16]

Em pouco tempo a notícia da iminente medida do Departamento do Tesouro se espalhou pela bolsa.[17] Próximo ao salão do ouro, em seu escritório do outro lado da rua equipado com seu próprio indicador de ouro, Joseph observava a queda vertiginosa do preço. "Ele foi de 160 para 135 em questão de dez, quinze ou vinte minutos", recordou posteriormente.[18] Às cinco da tarde, o preço havia despencado para 133. Mas o estrago estava feito. As oscilações absurdas do mercado arruinaram várias corretoras, e o pânico contaminou a bolsa de valores, onde as ações caíram 20%. O colapso da "Black Friday" atormentou a economia por meses. Entre os mais prejudicados estavam os agricultores, que viram despencar o preço das commodities.

Quando, meses depois, o Congresso iniciou uma investigação sobre as causas do pânico do ouro, Seligman foi convocado a depor. No dia anterior ao pânico, ele negociara 700 mil dólares em ouro em nome do general Butterfield, que se demitiu discretamente dias após a "Black Friday". Seligman também vendera centenas de milhares de dólares em ouro mantidos nas contas de sua própria empresa.

No fim de janeiro de 1870, o banqueiro de 49 anos, cabelos prateados penteados para trás e barba cuidadosamente aparada acomodou-se em uma cadeira perante o Comitê Bancário e Monetário da Câmara, presidido pelo republicano de Ohio (e futuro presidente) James Garfield. Após as perguntas preliminares, Garfield foi direto ao ponto. "Para quem o senhor realizou negócios durante aquela semana?"

"Vendemos principalmente para nós mesmos", respondeu Seligman. "Mas também vendi um pouco de ouro durante a semana para outro cavalheiro." Não fazia sentido ser evasivo. Afinal, no dia seguinte, Butterfield seria inquirido. "Creio que posso afirmar a quem o senhor se refere", continuou ele. "Vendi ouro naquela semana para o general Butterfield."[19]

Em seu depoimento, Seligman disse ter visitado Butterfield na New York Sub Treasury três ou quatro vezes durante a semana anterior à

"Black Friday", mas negou que soubesse de antemão sobre os planos do Tesouro para vender ouro.[20]

Indagado sobre as causas da crise, Joseph atribuiu-as a uma "aliança de especuladores". Surpreendentemente, não foi questionado — tampouco mencionou — a respeito de suas ligações com os líderes do cartel.[21]

Mesmo quando o pânico do ouro se transformou em um grande escândalo político para o governo Grant, Seligman conseguiu evitar um escrutínio mais intenso por seu papel obscuro na "Black Friday" e saiu com a reputação intacta. Além de expor os patifes no círculo de Grant, a crise acentuou a fragilidade do sistema financeiro da nação e o efeito cascata da especulação na economia como um todo. Foi um alerta para os acertos de contas mais severos que estavam por vir.

A lembrança daquela sexta-feira ainda estava fresca quando Wall Street voltou a ser dominada pelo pânico.

Numa quinta-feira, 18 de setembro de 1873, pouco após o meio-dia, o presidente da Bolsa de Valores de Nova York bateu o martelo e fez um anúncio chocante: "A firma de Jay Cooke & Co. está suspensa!". Uma multidão de corretores deixou o prédio da bolsa atabalhoadamente para transmitir a impensável notícia a seus escritórios.[22] "A 'Black Friday' não foi nada comparada a isso", exclamou um trader em estado de choque nesse dia.[23]

A Jay Cooke & Co., em atividade havia doze anos, consolidara sua reputação como um dos bancos de investimento mais respeitáveis do país durante a Guerra Civil, quando seu fundador supervisionou a venda de centenas de milhões de dólares em títulos do governo em nome do governo Lincoln, um reforço financeiro crucial para o esforço de guerra. Após o conflito, a empresa mergulhara de cabeça nas finanças ferroviárias e passara a ser o agente financeiro exclusivo da Northern Pacific Railway.

Criada em 1864, a Northern Pacific era um empreendimento ambicioso. O Congresso concedera à companhia quase 16 milhões de hectares de terras federais para construir uma linha de Minnesota ao Oregon, mas o projeto só saiu do papel quando Jay Cooke, que sonhava em transformar Duluth numa nova Chicago, assumiu o controle do financiamento. Como no caso de outras ferrovias, o sucesso da Northern Pacific dependia do valor das terras circundantes, usadas como garantia dos títulos que subsidiavam a construção. As terras eram vendidas para especuladores e colonos, que em geral pagavam preços inflacionados por uma visão inflada do idílio americano. Muitas companhias ferroviárias, na prática, eram também companhias imobiliárias — até mesmo concedendo hipotecas.[24] Povoar a rota de uma linha ferroviária era fundamental não só para financiá-la como também para sua futura viabilidade, assegurando um certo nível de tráfego.

Os preços dos imóveis dispararam ao longo das linhas existentes e planejadas, e os promotores das ferrovias muitas vezes faziam afirmações enganosas e exageradas a fim de estimular a procura. Importantes ferrovias abriram escritórios na Europa para atrair potenciais imigrantes a suas terras, vendendo a eles visões fantasiosas de grandes descampados e de cidades de fronteira destinadas a serem as próximas grandes metrópoles americanas.

Com o mesmo zelo com que estimulara a venda dos títulos de guerra, Cooke e sua empresa divulgaram agressivamente a Northern Pacific e anunciaram as terras que ela atravessava como ideais para o plantio, visto que possuíam "um clima temperado, revigorante e ameno, similar ao da Virgínia". As vendas iniciais de títulos da ferrovia foram boas, mas a procura diminuiu, sobretudo no exterior, onde a filial londrina de Jay Cooke, a Jay Cooke, McCulloch & Co., teve pouco sucesso em promovê-los.

Nesse momento entrou em cena a jovem firma de Jacob Schiff, prestes a ser extinta. Em 1870, Moritz Budge e a Budge, Schiff & Co. assinaram um contrato com a Jay Cooke & Co. para disponibilizar os títulos da Northern Pacific na Europa, mas nesse mesmo ano eclodiu uma guerra entre a França e a Alemanha. A Guerra de 1870 perturbou os mercados financeiros europeus, e os Budge ficaram cada vez mais nervosos. "Desde a declaração de guerra, Henry Budge tem se portado mais como uma criança do que como um homem, e, a despeito de sua afirmação em contrário, receio que eles possam estar em dificuldades financeiras", informou a Jay Cooke um de seus sócios. Outro colega, culpando os Budge pelo fracasso da operação de venda de títulos da Northern Pacific na

PÂNICO!

Europa, admirou-se por ser motivo de "espanto para os banqueiros que a Jay Cooke & Co. confiasse o empréstimo a tais pessoas — segundo eles, uma casa honesta apenas o suficiente para não cair nas garras da polícia". Após mais de um ano, Jay Cooke rompeu sua tensa aliança com os Budge, perdendo um tempo precioso no processo.[25]

Os investidores estrangeiros, escaldados pelas inúmeras ocasiões em que as ferrovias americanas haviam sido superestimadas, estavam cada vez mais céticos, e o mercado para novas ofertas de títulos começava a secar. A confiança pública nas ferrovias ficou ainda mais abalada com o escândalo da Crédit Mobilier, que o *New York Sun* noticiou pouco antes da eleição presidencial de 1872. Os diretores da Union Pacific — que recebera imensas concessões de terras e outros incentivos financeiros para construir uma linha do rio Missouri a San Francisco — haviam orquestrado uma fraude elaborada. Eles rebatizaram uma empresa já existente com o nome de uma respeitada firma bancária francesa (a Crédit Mobilier) e, a seguir, selecionaram essa empresa supostamente independente como a empreiteira contratada pela Union Pacific, a Crédit Mobilier of America, como ela era conhecida, e superfaturaram as obras para a ferrovia, enriquecendo seus acionistas.

A fim de garantir um tratamento favorável em Washington, os diretores da companhia distribuíram milhões em propinas para os políticos na forma de dinheiro vivo e ações com desconto da Crédit Mobilier. Entre os implicados estavam Schuyler Colfax, vice de Ulysses Grant, e o congressista James Garfield, que alguns anos antes chefiara a investigação da "Black Friday".

O Congresso lançou uma investigação especial, e as audiências viraram um pano de fundo escandaloso à medida que Cooke tentava apregoar um empreendimento transcontinental semelhante ao que fora apelidado de "Rei das Fraudes". Enquanto isso, os mercados financeiros europeus estavam cada vez mais instáveis. Assim como os Estados Unidos, a Europa havia testemunhado um enorme crescimento no setor de ferrovias e imóveis. Os bancos concediam crédito prodigamente. A especulação disparou. E então, em maio de 1873, veio o estouro da bolha. O exorbitante mercado de ações de Viena quebrou, abalando os principais centros financeiros da Europa. Houve escassez de crédito.

Os empréstimos foram cobrados. De início, a crise europeia não afetou a economia americana. Mas, nos bastidores da Jay Cooke & Co., a situação tornava-se desesperadora. Os custos de construção eram cada vez maiores, e as datas para saldar os juros dos títulos em circulação da Northern Pacific se aproximavam. Cooke acabou ficando sem saída e sua firma foi obrigada a revelar sua situação profundamente complicada. Policiais montavam guarda diante de seus escritórios na Filadélfia e um aviso foi afixado em suas portas fechadas: "Lamentamos anunciar que, devido a demandas inesperadas sobre nossa empresa, fomos obrigados a suspender os pagamentos".[26] Em um dia, mais de outras vinte firmas de investimento caíram no esquecimento à medida que as concessões de crédito cessavam e os bancos acumulavam dinheiro a fim de se proteger.[27] Procurando evitar o colapso, a Bolsa de Valores de Nova York fechou por dez dias.

Após a quebra de 18 de setembro, o presidente Grant e seu novo secretário do Tesouro, William Richardson, viajaram às pressas para Nova York, chegando no fim de semana seguinte e hospedando-se no Fifth Avenue Hotel, um ponto de encontro habitual dos figurões de Wall Street. Na segunda-feira, 21 de setembro, corretores e banqueiros angustiados lotaram cada canto do hotel, discutindo nervosamente quanto de verdade havia nos rumores de que o governo Grant tomaria medidas para estabilizar o mercado e pressionando os recepcionistas por uma audiência com o presidente. A certa altura, Jay Gould apareceu, mas, depois da "Black Friday", não havia a menor chance de o presidente concordar em vê-lo.

Durante o dia todo e pela noite adentro, Grant e Richardson se reuniram com os principais financistas da cidade, incluindo Cornelius Vanderbilt; Henry Clews, cuja bem-estabelecida firma bancária estava à beira da ruína; e Joseph e Jesse Seligman.

Os Seligman haviam permanecido leais ao velho amigo ao longo de todo o seu turbulento primeiro mandato, e apoiaram Grant mesmo quando um grupo de republicanos dissidentes, furiosos com a corrupção que tomara conta do governo, rompeu com o partido e indicou o editor Horace Greeley, do *New-York Tribune*, para desafiá-lo. Pouco antes da eleição de 1872, Joseph mobilizou o voto alemão de Nova York em prol de Grant em um discurso eloquente na Cooper Union. Ele deplorou os "ataques pessoais e os vitupérios despejados" sobre o presidente, mas também admitiu as falhas do governo. "Que Grant tenha cometido equívocos, não negamos. [...] Mas que Grant tenta cumprir seu dever para com o país de forma honesta e conscienciosa, todos que o conhecem bem terão de concordar, e eu o conheço bem há vários anos."[28]

Os Seligman também ajudaram Grant de outras maneiras. Em 1871, quando sua firma financiou um ramal da Missouri Pacific Railroad indo da cidade de Kirkwood, nos arredores de St. Louis, a Carondelet, no rio Mississippi, Joseph estipulou que o trajeto passasse por uma fazenda no Missouri de propriedade do presidente, valorizando assim suas terras.[29]

Agora, em um salão no primeiro andar do Fifth Avenue Hotel, os Seligman e seus prósperos colegas suplicavam a Grant que tomasse medidas arrojadas para interromper a sangria, pedindo que o Departamento do Tesouro depositasse fundos federais em um banco de Nova York a fim de descongelar o crédito. Mas Grant receava envolver o governo na sujeira de Wall Street — e sem dúvida não queria ser visto como alguém a serviço de Wall Street. "Queríamos mais, porém o presidente não concordou em depositar sua moeda no Natl Bank, uma vez que isso era claramente ilegal", Joseph escreveu ao irmão Isaac em Londres depois de passar "quase o dia inteiro na segunda-feira com o presidente".[30]

Com as outrora prestigiadas instituições bancárias desmoronando a seu redor, os Seligman enfrentaram outra crise: William ameaçava deixar a firma e levar sua parte dos ativos, que agora somavam cerca de 6,6 milhões de dólares.[31] As tensões vinham subindo fazia algum tempo. Em 1868, os irmãos haviam aberto uma filial em Paris, a Seligman Frères & Cie., e William foi despachado para ser seu gerente — ou melhor, cogerente. Joseph, que considerava o irmão um pouco preguiçoso e esbanjador, também enviou a Paris outro parente, Theodore Hellman. Cunhado de Jesse, Hellman, até então, administrara habilmente os negócios da família em New Orleans. William detestou o arranjo, mas apreciava a vida parisiense, entregando-se a seus gostos epicuristas e se tornando presença constante na cena social; sua esposa dava festas que pareciam excessivas até para os padrões extravagantes da Era Dourada.

William cada vez mais entrava em conflito com Joseph sobre decisões de investimento. Ele estava, talvez ajuizadamente, preocupado com as grandes holdings ferroviárias da sociedade, nas quais Joseph empatara cerca de um terço do capital familiar.[32] O testemunho em primeira mão da instável situação financeira na Europa durante o verão de 1873 também pode tê-lo convencido a pegar sua parte da fortuna dos Seligman — enquanto ela ainda existia.

Mas seu pedido veio no preciso momento em que a empresa da família via-se obrigada a reunir seus recursos de modo a enfrentar o pânico. Joseph espumou:

> É um verdadeiro crime que William venha nos incomodar agora quando todo nosso intelecto e energia são exigidos em uma crise de dimensões sem precedentes, ameaçando-nos quando deveria estar satisfeito por estarmos plenamente curados dos novos investimentos e fazendo das tripas coração para sair dos antigos, algo que, com a ajuda de Deus, conseguiremos fazer.[33]

Em Londres, Isaac, a quem até as pressões normais do negócio traziam pensamentos suicidas, recebeu tanto o pânico como a possível saída do irmão da sociedade com uma excitabilidade acima do normal. Quando ficou sabendo que James, com sua dificuldade de dizer não às pessoas, emprestara quase 200 mil dólares a um promotor de ferrovias em plena crise, Isaac perdeu as estribeiras. "Não consigo conceber que tipo de insanidade dominou sua mente", escreveu ao irmão. Agora ele podia compreender por que William desejava sair da sociedade. "Ele tem um bom motivo, em vista de seu extraordinário e indesculpável estouvamento."

"Dói no coração ver uma fortuna tão esplêndida sendo dissipada", continuou, prevendo que o empréstimo acabaria por se tornar "nossa ruína". O humor de Isaac oscilava a cada cabograma e carta de Nova York. Dois dias depois, após receber algumas notícias positivas, ele afirmou despreocupadamente que os Seligman eram "tão solventes quanto os Rothschild", e que nunca ficara "nervoso" acerca da condição financeira familiar.[34]

Os exaltados irmãos Seligman enfrentaram o pânico às turras. Por cabo e correio, mensagens inflamadas foram e voltaram através do

Atlântico. "Embora eu deva convidar o egoísta irmão William a consumar sua ameaça e deixar a empresa no dia 1º de janeiro, meu respeito próprio me impele a lhe estender o mesmo convite, irmão Isaac, caso continue a nos irritar e incomodar por um erro de julgamento", escreveu Joseph no fim de outubro, e prosseguiu:

> Do irmão William não espero consideração alguma, mas de você, irmão Ike, esperava um comportamento menos egoísta e mesquinho. No momento não tenho tempo para escrever ao irmão William. Informe-o, por favor, de que ele está equivocado se pensa que compraremos sua parte. Não faremos tal coisa, mas pedimos que ele venha aqui em janeiro e pegue sua participação de um oitavo dos ativos — títulos e ações de ferrovias, ações de mineração, propriedades, dívidas ruins e boas —, que compareça pessoalmente para receber tudo isso, e juro que se encontrará em melhor saúde do que fazendo refeições pesadas, tomando vinhos pesados, escrevendo cartas pesadas para nós e nada além disso.[35]

Contudo, apesar das disputas internas, a operação dos Seligman continuava surpreendentemente sólida. Ao contrário das demais firmas nova-iorquinas, eles não haviam assumido mais obrigações do que podiam pagar. E, embora tivessem um substancial capital investido em ferrovias, mantinham uma salutar reserva de dinheiro. "Até o momento, creio que somos a única firma em Nova York com algum estofo", comentou Joseph uma semana após o início do pânico.[36] No mês seguinte, ele escreveu a Isaac:

> Acho que não perdemos um dólar. [...] Não tomamos um dólar emprestado de bancos na cidade de Nova York. [...] Nosso saldo permaneceu volumoso em todos os bancos durante o pânico, de modo que continuamos fortes, e [...] não atentamos contra ninguém cancelando créditos ativos. Com a ajuda de Deus, [...] sairemos dessa melhores e mais fortes.[37]

Enquanto outras firmas lutavam pela sobrevivência, a situação financeira equilibrada dos Seligman lhes trouxe oportunidades. Joseph cobiçava os negócios com o governo administrados por Henry Clews e

Jay Cooke, cujas filiais londrinas funcionavam como agentes financeiros oficiais do Departamento de Estado e da Marinha americanos, respectivamente. O negócio era atrativo porque as duas agências mantinham saldos elevados e pagavam comissões sobre os milhões de dólares em verbas distribuídos anualmente. E era útil por mais um motivo: comunicava aos demais clientes que a firma contava com a confiança do governo americano.

Dias após a suspensão da Jay Cooke & Co., seguida na semana seguinte da falência da firma de Henry Clews, Joseph avançou de maneira agressiva sobre os negócios deles, levando a questão ao presidente Grant. "Gostaríamos respeitosamente de oferecer nossos serviços ao governo adquirindo quaisquer ordens de pagamento de nossos vários departamentos em Londres, que, em virtude das recentes suspensões, podem eventualmente não encontrar pronta aceitação", ele escreveu diretamente a Grant em 25 de setembro. Em uma carta separada ao presidente, ele pôs sua filial londrina à disposição para "intervir em nome da honra de nosso governo" e lidar com as transações do Departamento de Estado ou da Marinha.[38]

Os rivais de Joseph, nesse meio-tempo, trabalhavam de maneira igualmente árdua contra ele, fazendo circular rumores difamatórios de que os Seligman haviam apressado a queda de Jay Cooke, cobrando de uma hora para outra um pagamento em aberto de uma empresa que ia mal das pernas.[39] De todo modo, em 1874, os negócios da Marinha haviam passado às mãos de Joseph.

Nesse ano, os Seligman galgaram alturas ainda mais elevadas na hierarquia financeira quando se tornaram sócios da N. M. Rothschild & Sons, a filial londrina do colosso bancário internacional da família Rothschild, em uma emissão de títulos do governo dos Estados Unidos. Mas o acordo não saiu exatamente como Joseph planejara.

Os Seligman haviam originalmente organizado seu próprio consórcio de banqueiros americanos e europeus para concorrer aos títulos, mas o Departamento do Tesouro comunicou seu desejo de que colaborassem com os Rothschild. A despeito dos sucessos recentes e da considerável influência política de Joseph, os Seligman ainda não estavam no mesmo patamar dos Rothschild, que deixaram isso claro ao ditar os termos: os Seligman receberiam uma participação de meros 28% nas emissões, sem nenhum poder de decisão sobre como seriam geridas, e o nome de sua firma não apareceria nos anúncios promovendo a venda dos títulos. O prestígio de trabalhar com os Rothschild compensava tolerar um certo grau de indignidades. Mas de que serviria tudo isso se os Seligman fossem impedidos de receber qualquer crédito pelo negócio, e assim promover sua firma? Joseph insistiu nesse ponto até os Rothschild finalmente concordarem em incluir os Seligman nos anúncios — abaixo de seu nome, claro, e numa fonte bem menor.

"Agora que o gelo foi quebrado, quero que você cultive essa conexão", Joseph instruiu Isaac, que se tornou um visitante frequente da New Court, a sede londrina da N. M. Rothschild.[40] Isaac recordou uma visita feita à casa do barão Lionel Nathan de Rothschild, filho do fundador da firma, num sábado, quando este observava o Shabat. Sentado diante de uma mesa coberta de documentos, o velho banqueiro aproveitou a ocasião para lembrar Isaac de sua superioridade em assuntos tanto financeiros como espirituais: "Sou um judeu melhor do que você. Você realiza negócios aos sábados. Eu, não. Meu escritório permanece fechado".

Isaac, sempre com uma resposta na ponta da língua, retrucou: "Acho que o senhor realiza mais negócios nesta salinha aos sábados do que eu durante uma semana inteira em meu escritório!".[41] (No fim das contas, Isaac não foi suficientemente diplomático para cultivar uma relação com os Rothschild. No final da década de 1870, quando os Seligman trabalhavam junto com a N. M. Rothschild em outra emissão de títulos americanos, Isaac teve um tenso diálogo com o sucessor do barão Rothschild, seu filho mais velho, Nathan. Isaac deixou a reunião furioso, e desse dia em diante "não teve mais nenhum contato pessoal com a N. M. Rothschild & Sons", segundo afirmou mais tarde seu filho, Sir Charles Seligman.)[42]

Embora as coisas parecessem mais auspiciosas para os Seligman nos meses que se seguiram ao pânico, a crise causou uma devastação econômica que perdurou por anos. A economia dos Estados Unidos — e a de algumas nações europeias — entrou numa prolongada depressão. O desemprego cresceu, fábricas fecharam e milhares de negócios foram à falência. Com a recessão, os magnatas das finanças passaram a adquirir ações ferroviárias e empresas em dificuldades por uma bagatela, consolidando alguns dos vastos monopólios que viriam a ser a marca registrada da Era Dourada.

O pânico de 1873 foi considerado uma das primeiras crises financeiras internacionais e, em certos aspectos — dos precários títulos lastreados em hipotecas que sustentaram a expansão ferroviária à restrição do crédito que exacerbou a situação —, guarda alguma semelhança com a crise financeira de 2007-8 que levou a Lehman Brothers à extinção e pôs em perigo a Goldman Sachs e outras firmas tradicionais. Em 1873, a crise separou o joio do trigo em Wall Street, e os Lehman e Marcus Goldman estiveram entre os financistas que saíram ilesos e prosperaram em anos posteriores. Goldman continuou cautelosamente a fazer empréstimos a comerciantes da parte sul de Manhattan, o *downtown*, subestimado pelos rivais conforme construía silenciosamente seu império financeiro. Já os Lehman, em outubro de 1873, um mês após o pânico, vangloriavam-se, segundo a R. G. Dun & Co., de nunca terem estado "mais tranquilos na questão financeira do que no presente momento, de tal forma que não temos nenhuma dívida". A afirmação sem dúvida poderia ser apenas a bravata de uma empresa debilitada ansiosa por proteger sua classificação de crédito. Assim, a agência verificou a alegação junto à concorrência. E, de fato, "confirmamos a veracidade da declaração".[43]

Na Kuhn Loeb, o instinto de Solomon Loeb para dizer não também estava surtindo efeito. Assim como os Lehman, os sócios da firma alegaram estar bem de vida. No início de 1874, eles argumentavam que a avaliação da companhia feita pela R. G. Dun — de menos de 1 milhão de dólares — era baixa demais. Só Loeb, insistiram, possuía mais de 1 milhão em espécie.[44] A firma estava na verdade procurando se expandir e angariar novos sócios. Um candidato, um jovem e precoce banqueiro de Frankfurt, parecia particularmente promissor.

7
O pequeno gigante

APÓS A DISSOLUÇÃO DA BUDGE, Schiff & Co., a vida cuidadosamente planejada de Jacob Schiff tomara um inesperado desvio de volta à Alemanha, que em sua ausência passara por profundas mudanças. Em 1862, o primeiro-ministro prussiano Otto von Bismarck prometera resolver "as grandes questões de nosso tempo" à força de "ferro e sangue". Mediante uma sucessão de guerras com países vizinhos, culminando com a derrota da França para a Prússia na guerra de 1870, Bismarck atiçou o nacionalismo alemão e, no início de 1871, engendrou a unificação dos reinos autônomos, ducados e principados da Alemanha em um Estado nacional único sob o governo do kaiser Guilherme I, antigo rei da Prússia.

Schiff se mudou inicialmente para Hamburgo, a movimentada cidade portuária no norte da Alemanha, onde Moritz Warburg, da tradicional instituição bancária M. M. Warburg, havia lhe oferecido uma posição. (Warburg mais tarde entraria para a família de Schiff.) Mas Schiff não permaneceu no cargo por muito tempo. No fim de agosto de 1873, seu pai faleceu e ele regressou rapidamente a Frankfurt para cuidar da mãe.

Abraham Kuhn se estabelecera em Frankfurt alguns anos antes, deixando Nova York para voltar à Alemanha após a morte da esposa.

Ele continuou sendo sócio da Kuhn Loeb, mas se retirou do dia a dia dos negócios. Suas atividades bancárias eram agora supervisionadas sobretudo por Solomon Loeb. Kuhn provavelmente já conhecia Schiff graças aos círculos de investidores em Wall Street, e, em Frankfurt, ofereceu a Jacob um cargo no escritório nova-iorquino da Kuhn Loeb.[1] Dessa vez o inquieto jovem financista mostrou-se mais hesitante em partir, mas a mãe enviuvada acabou por insistir que ele fosse. "Você foi feito para os Estados Unidos", disse.[2]

Kuhn aventara a ideia de que a Kuhn Loeb deveria fundar uma filial europeia e Schiff um dia poderia administrá-la, mas, depois que Schiff voltou a Nova York, essa possibilidade logo evaporou. "As oportunidades aqui são gigantescas", ele escreveu à mãe. "Mas a iminente expansão dos Estados Unidos, nas ferrovias e em tudo mais, é tão imensa que de minha parte não acredito que haverá uma filial estrangeira ainda por um bom tempo, pois há mais do que o suficiente para nos manter ocupados aqui."[3]

Em um acordo datado de 29 de novembro de 1874, Schiff passou a ser sócio da Kuhn Loeb, a contar do primeiro dia do ano novo. (Nesse período também ingressaram na firma um parente de Kuhn chamado Michael Gernsheim e o primo de Loeb, Abraham Wolff.) Schiff contribuiu com 50 mil dólares de capital para a empresa e recebeu uma participação de 20% nos lucros, atrás apenas de Loeb, que tinha um pouco mais de 33%. Abraham Kuhn ficou com uma fatia de 18%.[4]

Schiff se fez indispensável, e não apenas na administração dos negócios. Aos domingos, os Loeb costumavam receber convidados em sua casa na rua 37, e Schiff era um habitué desses jantares em que a mesa quase vergava sob o peso de tanta comida. James Loeb, o mais novo dos dois filhos de Solomon, recordou que a família vivia em uma "típica e despretensiosa casa com fachada de arenito com cerca de oito metros de largura na frente e a elevada escadaria de entrada que tornou as ruas de Nova York tão pavorosas a partir de 1860". O interior, na sua opinião, não ficava atrás. "Nossa mobília era simples e, na maior parte, horrível. [...] Mas o espírito que habitava nossa casa era do maior refinamento", repleto "da tradição de uma cultura antiga, e a música, a poesia e a aspiração eram nosso sustento quase diário".[5]

Enquanto Solomon permanecia absorvido pelo trabalho — a ponto de, certa vez, distraidamente, assinar uma carta a um dos filhos como "Sua estimada Kuhn Loeb & Co." —, Betty, que estudara piano em um conservatório em Paris, cultivava os instintos artísticos e intelectuais dos filhos, montando com eles um quarteto — Morris na viola, Guta ao piano, James no violoncelo e Nina ao violino — que com frequência realizava concertos para Solomon e outros convidados.[6]

Não era apenas a atmosfera efervescente que atraía Schiff à casa dos Loeb domingo após domingo, mas também a filha de vinte anos de Loeb, Therese, que Schiff descreveu em uma carta à mãe como "simplesmente a personificação da doçura". Miúda, com olhos azul-claros como os do pai e uma "inocência virginal", nas palavras da filha, ela era a mais velha dos cinco filhos de Loeb e a única que ele havia tido com a falecida esposa, Fanny.[7] Betty criara Therese como se fosse sua. Embora nascida nos Estados Unidos, Therese fora educada em casa no estilo alemão, e suas qualidades do Velho Mundo cativaram Schiff. "Sei que a senhora não deve saber muito bem como é uma jovem americana", ele tranquilizou a mãe em uma carta anunciando o noivado. "Talvez pense que ela seja inculta, ignorante ou mesmo feminista — mas não imagine nada disso da jovem que escolhi. Ela parece ter sido criada nas melhores famílias alemãs."[8]

O casamento ocorreu em 6 de maio de 1875, tendo a filha mais nova de Marcus Goldman, Louisa, como dama de honra.[9] Após a cerimônia, os Loeb deram uma generosa recepção. Com serviço de bufê do Delmonico's, o jantar de sete pratos inspirado na culinária francesa — para não mencionar o sorbet, destinado a limpar o paladar — incluía ostras e sopa de tartaruga, pombo e capão, cordeiro e foie gras. Após os convidados se fartarem, os garçons trouxeram dez variedades de sobremesa, incluindo gelatina de abacaxi, bolo de rum, bombons e bolo napolitano.

Telegramas de congratulações choveram de Cincinnati e Frankfurt. Clara Schiff — que talvez não tivesse aprovado o jantar, uma vez que o cardápio não era kosher — enviou seus "mais sinceros parabéns". O irmão mais novo de Schiff, Hermann, mandou um telegrama: "Um longo hurra para o novo casal". Henry Budge e Leo Lehmann, seus antigos sócios, também enviaram uma mensagem: "Hip hip hip hurra". E Loeb, morando em Cincinnati, escreveu: "Que vocês sejam felizes e que seus títulos rendam ainda mais".[10]

Solomon Loeb presenteou os recém-casados com uma casa no número 57 da rua 53 Leste, onde nasceu o primeiro rebento do casal, uma menina chamada Frieda, a 3 de fevereiro de 1876, após um árduo trabalho de parto de três dias. "Não posso lhe prometer nem a mãe, nem a criança", disse a Schiff a certa altura o encovado médico, durante o tenso parto.[11] O nascimento de Frieda — menos de nove meses após o casamento — suscitou alguns rumores sobre quando ela teria sido concebida. Schiff não gostou nada disso. "Pouco após minha chegada", contou Frieda posteriormente, "meu pai passou na casa de meus avós [...] e um amigo dos Loeb, numa tentativa de fazer graça, disse: 'Quero parabenizá-lo pelo nome apropriado que deu a seu bebê, *Früh-Da*'" — "chegada prematura", em alemão. "Meu pai nunca mais falou com esse homem."[12]

Schiff podia ser bondoso, compreensivo e generoso — de fato, sua compassiva filantropia constituiu a base de seu legado —, mas também tinha pavio curto e era inflexível. Seu desejo de controle era patológico, e ele não tinha pudores em lhe dar vazão. "Todo mundo o temia", afirmou David Schiff, bisneto de Jacob. "Ele era austero e exigente."[13]

Tanto Schiff como Loeb eram altamente motivados, mas ninguém questionava qual dos dois tinha a personalidade mais dominante. Loeb impunha respeito. Schiff inspirava reverência. Seu centro de gravidade era mais forte do que o dos demais à sua volta — as pessoas orbitavam em torno dele, gostassem ou não. Por sua imensa presença e reduzida estatura, a nora o apelidaria mais tarde de "o Pequeno Gigante".[14]

O recém-casado de 28 anos passou a dominar a vida familiar dos Loeb, sobre os quais impôs suas crenças religiosas conservadoras. Solomon era agnóstico e Betty praticava uma forma muito liberal de judaísmo. Mas, para agradar o genro — e, por extensão, a filha —, os Loeb observavam os rituais mecanicamente. Frequentavam o templo e acendiam as velas do Shabat nas noites de sexta-feira. Mesmo se curvando a suas exigências, os membros da família se ressentiam do que o sobrinho James P. Warburg descreveu como o "proselitismo religioso" de Schiff.[15]

Schiff admoestava a família sobre seus deveres religiosos, mas também "parecia ter suas próprias regras básicas", segundo seu neto Edward Warburg. Ele rezava todas as manhãs, parte em alemão, parte em hebraico, e encerrava sua devoção diária beijando reverentemente um par de fotografias desbotadas dos pais (Clara Schiff morreu em 1877) que guardava em um pequeno envelope surrado na carteira. Ao contrário de seus parentes por afinidade e de muitos amigos na comunidade judaico-alemã de Nova York, Schiff cumpria estritamente o Shabat.[16] "Ele evitava todos os negócios seculares nesse período", recordou seu amigo Louis Marshall, um distinto advogado. "Nesse dia sagrado para ele, nem sequer levava uma caneta ao papel, exceto numa ocasião em que precisou escrever um cabograma destinado a consolar as vítimas de um pogrom russo."[17]

Embora criado na tradição ortodoxa de um lar kosher, Schiff fingia seguir as leis dietéticas, que em geral "respeitava [...] com algumas gritantes exceções — lagosta e bacon de alguma forma sempre apareciam de última hora", relembrou Edward Warburg. Ou seja, Schiff não observava uma alimentação kosher.[18]

Nas noites de sexta, a família se reunia de mãos dadas à mesa do Shabat, sobre a qual punham fotos de parentes recém-falecidos, e Schiff rezava uma oração de sua própria lavra: *Nosso Deus e Pai, que alimentais todos os seres vivos. Não apenas nos destes a vida, como também nos dais o pão de cada dia para sustentá-la. Continuai a nos abençoar com a Vossa misericórdia, para que possamos compartilhar nossa abundância com os menos afortunados do que nós. Bendito seja o Vosso nome para todo o sempre. Amém.*[19]

"Ao que me lembro", comentou Warburg, "essas observâncias ditadas pelo meu avô não se pareciam em nada com as práticas religiosas judaicas normais. [...] Não éramos instruídos a seguir um ritual judaico, e sim uma forma inimitável de *Familiengefühl* (senso familiar) e reverência aos ancestrais dos Schiff-Warburg."[20]

Schiff asseverava seu controle não apenas nas questões religiosas e familiares como também nos assuntos da Kuhn Loeb. Devido a sua influência, afirmou James Loeb, a empresa "adotou uma política nova e mais agressiva".[21] Retomando de onde havia parado alguns anos antes, Schiff conduziu a Kuhn Loeb ao terreno arriscado, mas lucrativo, das finanças ferroviárias — para o palpável desconforto do sogro, e de Abraham Kuhn. O novo diretor da firma "deixava os Kuhn apavorados", segundo o neto de Samuel Kuhn.[22] Samuel Kuhn e Jacob Netter (que morreu em 1875) acabaram saindo da empresa, e em meados da década de 1880 Abraham Kuhn levantou seu capital e retirou-se formalmente da sociedade.

Os instintos conservadores de Loeb entraram em choque com a visão arrojada de Schiff. E Loeb começou a se sentir cada vez mais deslocado em sua própria firma, um sentimento que Schiff parecia feliz em estimular. Todos os dias, ele bombardeava o sogro com ideias de novos empreendimentos e memorandos repletos de detalhes técnicos praticamente inescrutáveis para o sócio mais velho, que não tinha a mesma formação que ele.

Schiff superava Loeb tanto no conhecimento de finanças como na rede de contatos, que se estendia aos principais centros financeiros do mundo: Amsterdam, Frankfurt, Londres, Paris e outros. Mesmo nos anos iniciais de sua sociedade com a Kuhn Loeb, a reputação de Schiff, sobretudo como financista das ferrovias, espalhara-se dos dois lados do Atlântico. E, se ainda havia ressentimentos entre os investidores devido às desventuras da primeira sociedade de Jacob, isso não pareceu impedir sua ascensão na Kuhn Loeb. Financistas europeus como o escocês Robert Fleming, da Robert Fleming & Co., e Édouard Noetzlin, do Banque de Paris et des Pays Bas, procuravam seus conselhos sobre o mercado americano e acabaram desenvolvendo uma estreita ligação comercial e pessoal com Schiff e a Kuhn Loeb.

Em 1879, Schiff forjou uma de suas relações mais importantes — e uma de suas amizades mais próximas — quando foi apresentado a Ernest Cassel. O financista radicado em Londres desempenhava na Grã-Bretanha um papel parecido com aquele que Schiff exercia nos Estados Unidos — um jovem magnata em ascensão destinado a se tornar uma força preponderante entre os bancos de investimento. Nascido em uma família judia em Colônia, Cassel se mudara para Liverpool na adolescência, e depois para Londres, onde galgou os degraus da Bischoffsheim & Goldschmidt antes de seguir por conta própria. A amizade que se desenvolveu entre os dois era um pouco improvável, pois, do ponto de vista filosófico, Schiff e Cassel tinham muitas discordâncias. Schiff, por exemplo, não apreciava manifestações abertas de ostentação, enquanto a mansão de Cassel no centro de Londres tinha seis cozinhas e uma sala de jantar capaz de acomodar confortavelmente cem pessoas. A fé de Schiff era aquilo que o motivava; já Cassel, cumprindo a promessa feita à esposa Annette, britânica de nascimento, converteu-se ao catolicismo, segredo revelado apenas muitos anos depois, quando foi admitido no Privy Council, um grupo de conselheiros do rei, e solicitou uma Bíblia para a cerimônia de juramento. Quando se tratava dos negócios, porém, Schiff e Cassel tinham um pensamento em geral parecido, e o relacionamento entre os dois foi fundamental para a Kuhn Loeb aprofundar seus laços britânicos.

"Se pudéssemos estabelecer relações mais íntimas com Londres por seu intermédio, ficaríamos imensamente gratos", Schiff escreveu a Cassel em 1882. No ano seguinte, ele procurou a ajuda de Cassel para desenvolver um relacionamento com uma nova corretora que representasse a Kuhn Loeb na Bolsa de Valores de Londres.

> O que precisa ser especialmente enfatizado é que nossos corretores devem se manter em estado permanente de alerta; compreender bem o mercado americano (algo que afinal de contas pode ser facilmente aprendido com um pouco de prática); e chamar nossa atenção para possíveis transações em Londres. Sua responsabilidade e crédito devem ser a toda prova, de forma que possamos lhes confiar vultosas somas em dinheiro.

E ele acrescentou: "Preferiríamos estabelecer ligação com alguma firma inglesa que não seja muito rígida, que ainda não tenha relações com Nova York e que disponha de ótimos contatos na Inglaterra".[23]

Em troca, Schiff oferecia os serviços de sua "leal" Kuhn Loeb, dizendo que "apresentaremos uma proposta aos senhores a qualquer momento, mesmo numa situação de dinheiro escasso; será um prazer deixarmos nossos recursos à sua disposição". E ele costumava aconselhar Cassel sobre investimentos nos Estados Unidos. "Durante os últimos dias, tive a oportunidade de investigar mais detidamente a situação da Erie e fiquei surpreso em descobrir como a empresa era sólida", Schiff escreveu a Cassel sobre a eternamente problemática ferrovia outrora controlada por Jay Gould e seus comparsas, de cuja diretoria era membro. Entretanto, advertiu ele, "as ações ordinárias não passam de lixo".[24] Ao longo dos anos, a ligação entre os dois se estreitou, constituindo um importante canal pelo qual muitos milhões de dólares em capital de investimento europeu fluíram para a América do Norte.

Não muito tempo depois de Schiff se juntar à Kuhn Loeb, o nome da firma começou a aparecer nos jornais ao lado das instituições bancárias mais renomadas de Nova York — incluindo a dos Seligman e a de J. P. Morgan —, e associado a negócios cada vez maiores.

Em 1878, num sinal do prestígio da Kuhn Loeb — e de Schiff —, o banqueiro recebeu um convite para aconselhar John Sherman, secretário do Tesouro, sobre uma emissão de títulos no valor de 100 milhões de dólares. No encontro entre Sherman e Schiff estavam os maiores pesos-pesados das finanças de Nova York, incluindo Joseph Seligman e August Belmont, o representante americano dos Rothschild, que, como Schiff, crescera em Frankfurt.[25] (Um dos banqueiros mais poderosos de sua época, além de um figurão da política que conduziu o Comitê Nacional do Partido Democrata por mais de uma década, Belmont fizera de tudo para ocultar suas raízes judaicas, convertendo-se ao cristianismo e inclusive mudando seu sobrenome original, Schönberg.) Seligman acabou concordando em comprar 20 milhões de dólares em títulos, enquanto Schiff e Belmont compraram 10 milhões cada um.[26]

Em 1880, ao tomar conhecimento das malogradas negociações entre a Pennsylvania Railroad e seus banqueiros — J. P. Morgan e seu sócio, Anthony Drexel — acerca da concessão de um novo empréstimo, Schiff procurou os executivos da companhia. A Kuhn Loeb, afirmou, ficaria "encantada" em cuidar da transação.[27] Schiff providenciou o empréstimo, e a Pennsylvania Railroad gradativamente transferiu seus negócios bancários para a Kuhn Loeb. Com cerca de 30 mil funcionários e 400 milhões de dólares em capital, a Pennsy, como era conhecida, era a maior corporação do mundo. Conquistar seus negócios teve um efeito transformador. Ao longo das quatro décadas seguintes, a Kuhn Loeb lidaria com mais de 1 bilhão de dólares em ofertas de ações e títulos para a ferrovia.[28] Indicando a importância da relação, nos escritórios da Kuhn Loeb havia dois cheques à Pennsylvania Railroad emoldurados, um de 49098000 dólares e o outro de 62075000.[29]

Em 1885, Schiff se mudou com a família para uma casa geminada de quatro andares em estilo Beaux-Arts em um bairro do Upper East Side habitado por outros magnatas.[30] O número 932 da Quinta Avenida ficava a poucas quadras da Beth-El — a outra congregação à qual Schiff pertencia, além da sinagoga Emanu-El —, à qual ele podia chegar após uma curta caminhada durante o Shabat (quando os judeus não andam em veículos nem realizam qualquer tarefa que possa ser considerada trabalho). A residência, com janelas de sacada curva no primeiro andar, era comprida e estreita. O mordomo dos Schiff, um irlandês idoso chamado Thomas, achava a caminhada de 150 passos dos fundos da casa até a porta da frente tão excruciante que acabou entregando suas chaves e pedindo demissão.[31]

Praticamente no mesmo horário todas as manhãs, durante a semana, Schiff saía de casa com uma flor recém-cortada, quase sempre uma rosa, enfeitando a lapela do paletó. Ele tinha um chofer chamado Neville, embora preferisse caminhar a maior parte do percurso até o *downtown*, muitas vezes chegando à rua 14 antes que o motorista viesse buscá-lo, ou pegando um bonde pelo resto do caminho.[32] Ele gostava do exercício, mas também usava essas caminhadas para discutir negócios, política e obras de caridade com um grupo rotativo de amigos e sócios, incluindo Louis Marshall, um de seus aliados e confidentes mais próximos. Schiff muitas vezes preferia conversar em alemão, e seu inglês era carregado de sotaque. Ele sofria de problemas de audição que foram piorando com a idade, embora parecesse compensar bem a deficiência. Um homem exigente, detestava desperdícios. Em vez de um bloquinho de anotações, usava pedaços de papel.[33] E tinha o hábito de guardar jornais e revistas, que amarrava com barbantes também reaproveitados, para doar a hospitais. Schiff era igualmente parcimonioso com seu tempo e tentava extrair o máximo proveito das caminhadas diárias.

No ano em que Jacob e a família se mudaram para a nova residência, Solomon Loeb virou sócio emérito na Kuhn Loeb e cedeu as rédeas em definitivo para o genro, que, de todo modo, a não ser oficialmente, já as assumira. O estilo audacioso de Schiff deixara Loeb preocupado. Ele conduzira a empresa por terrenos ainda não mapeados, em alguns casos sem sequer consultá-lo. Segundo James Loeb, as coisas chegaram ao limite para o velho banqueiro quando,

> em meados da década de 1880, enquanto meu pai estava no exterior com a família, pesados compromissos em um imprudente empreendimento ferroviário deixaram a firma numa situação bastante precária. Meu pai já começara a perceber que suas opiniões não estavam em grande sintonia com as de seus sócios mais jovens e decidiu se retirar da participação ativa.[34]

Após a aposentadoria, Loeb continuou a frequentar o escritório diariamente, mas, segundo o filho, "para seu desgosto, descobriu que seus conselhos e experiência não eram aproveitados com a frequência e a liberalidade que ele achava que mereciam".[35]

Loeb esperava que um de seus filhos participasse da firma, ainda que nenhum deles demonstrasse grande interesse pelas finanças. O filho mais velho de Loeb, Morris, era um sujeito tímido, nervoso, de hábitos austeros e um tanto peculiares, que incluíam uma compulsão pela higiene da comida. Sua paixão era a química. Depois que Morris se formou em Harvard e obteve um doutorado pela Universidade de Berlim, Solomon decidiu iniciar o filho nos negócios, investindo em uma fábrica de corantes sintéticos a ser administrada por ele. O contrato já estava redigido quando Morris disse ao pai que não poderia "assumir o cargo oferecido". Solomon quis saber o motivo. "Minha natureza não me permitirá pedir mais do que estou disposto a aceitar, tampouco oferecer menos do que estou disposto a dar."[36] Assim, ele entrou para o corpo docente da Universidade de Nova York e desenvolveu uma bem-sucedida carreira como químico, prematuramente abreviada por uma febre tifoide contraída após a ingestão de uma ostra contaminada.

Assim como os do irmão mais velho, os interesses de James Loeb residiam na vida acadêmica. Encantador e bem-apessoado — "um deus grego", nas palavras de sua sobrinha, Frieda Schiff —, James estudou egiptologia em Harvard, onde um professor percebeu seu valor e lhe ofereceu um programa de estudos continuados em Londres, Paris e Egito que poderia conduzi-lo a uma cátedra em Harvard e ao cargo de curador do Museu de Belas-Artes de Boston.[37] Ao contrário de Morris, James se dobrou às obrigações familiares, entrando para a Kuhn Loeb em 1888 e passando treze agonizantes anos na empresa, tendo seu período ali marcado por repetidos colapsos nervosos. Schiff, enquanto isso, preparava o próprio filho, Mortimer, nascido em junho de 1877, para um dia assumir a liderança da Kuhn Loeb.

Embora afastado da própria empresa, Solomon Loeb permaneceu ativo nos negócios, investindo em imóveis em Manhattan e cuidando meticulosamente de suas propriedades, administrando quase tudo sozinho, a não ser a coleta de aluguel.[38] Como hobby, começou a desenhar, fazendo intrincadas cópias a lápis de imagens que apreciava e, mais tarde, à medida que se tornava mais hábil, esboçando cenas da natureza.[39]

Loeb era um sujeito sério — às vezes o tomavam por um oficial militar reformado, devido à sua postura extremamente ereta —, e os filhos o consideravam quase inacessível.[40] Poucas coisas o faziam rir, mas havia algo que infalivelmente levava um sorriso a seus lábios: a imitação perfeita que sua filha mais nova, Nina, fazia do cunhado arrogante, Jacob Schiff.[41]

8
O gueto dourado

JACOB SCHIFF ESTAVA EM VIAS de se tornar um dos maiores financistas de sua geração, mas havia outro magnata que ainda lhe fazia sombra. Joseph Seligman consumara sua visão de ser algo como um Rothschild americano, um banqueiro cuja firma participava de todas as transações governamentais e industriais importantes e que se movia com facilidade por círculos financeiros e políticos de elite onde poucos judeus transitavam. Em Nova York, ele e o irmão Jesse figuravam entre os únicos membros judeus do Union League Club, um grupo exclusivo de empresários, políticos e intelectuais formado durante a Guerra Civil para promover a causa nortista, e Joseph atuou em vários conselhos municipais e comitês honorários, inclusive a comissão escolar da cidade, onde ocupou o chamado "assento judeu". Mas, ao contrário do barão Lionel de Rothschild, diretor da N. M. Rothschild & Sons de Londres, que se tornou o primeiro judeu a servir no Parlamento, Joseph se recusou a perseguir um cargo eletivo, a despeito da insistência dos republicanos de Nova York, que por duas vezes tentaram convencê-lo a concorrer à prefeitura.[1] (Jesse também foi cogitado como candidato.)[2]

Talvez porque seu país de nascimento desse a entender de inúmeras formas que ele era inferior e indesejado — não um cidadão, mas um intruso —, Joseph empenhou-se deliberadamente em se integrar à sociedade do país que o acolhera e criou os filhos para serem inteiramente americanos. William, com seu talento habitual para fazer propostas irritantes, abordou Joseph certa vez com a ideia de mudar seu sobrenome judeu, a exemplo de Belmont, a fim de distanciar a família dos estigmas religiosos que os impediam de ser aceitos sem reservas no mundo gentio. "Excelente ideia", respondeu Joseph, impassivelmente, "mas podemos muito bem manter nossa inicial, e para você sugiro o nome 'Shlemiel' [cabeça oca]."[3] Embora calando William com essa réplica sarcástica, Joseph parecia ter profunda consciência das desvantagens sociais de sua religião. Quando quis homenagear Abraham Lincoln dando o nome do presidente a seu quinto filho, optou por um nome semelhante, Alfred Lincoln, que soava menos hebraico.

Havia um limite para até que ponto Joseph estava disposto a ceder à assimilação: ele se recusava a renegar ou ocultar sua condição de judeu, e abraçou seu papel como um dos judeus mais proeminentes da nação (alguns o chamavam de o "Rei dos Judeus"), embora estivesse longe de ser um devoto.[4] Seu interesse pela religião era na maior parte intelectual. Um homem culto, que folheava as páginas dos clássicos gregos na hora de dormir — Horatio Alger, o professor particular da família, disse que Seligman encerrava o dia "absorvido pelas preocupações comerciais na deleitável companhia dos espíritos mestres nos domínios da literatura e da ciência" —, Joseph apreciava o debate religioso e filosófico.[5] Aos domingos, quando ele e Babette davam recepções em sua casa na rua 34 Oeste, Joseph gostava de estimular convidados com diferentes pontos de vista a animar a conversa à mesa do jantar. Entre seus amigos estavam Henry Ward Beecher (irmão de Harriet Beecher Stowe), um proeminente pastor congregacionalista, e o coronel Robert Ingersoll, advogado e orador popular conhecido por suas opiniões agnósticas. Em mais de uma ocasião, ele recebeu os dois, sugerindo estrategicamente um tema provocativo e recostando à cabeceira da mesa para observar o animado duelo retórico entre seus convidados.[6]

As crenças de Joseph eram mais próximas das de Ingersoll que das de Beecher, seu judaísmo sendo mais cultural do que espiritual, mas ele permanecia extremamente leal a seu povo, valendo-se de sua influência política e social para angariar apoio às causas e obras de caridade judaicas. Por anos, ele foi membro do conselho de administração do Hospital Mount Sinai, originalmente chamado de Hospital dos Judeus, fundado em 1852 para tratar da população judaica de Nova York, que por vezes sofria discriminação nas instituições cristãs da cidade. Além disso, dirigia a Sociedade Beneficente Hebraica Alemã, um clube social e instituição de caridade que organizava banquetes e bailes de gala a fim de arrecadar fundos para uma série de organizações judaicas. Entre suas atividades filantrópicas, o grupo fornecia carvão para famílias de imigrantes pobres e ocasionalmente disponibilizava meios para que eles continuassem sua migração para o pouco populoso Oeste, deixando a superpovoada Nova York, onde os judeus mais estabelecidos e assimilados temiam que os recém-chegados — sem formação ou dinheiro e amontoados em dilapidados cortiços no Lower East Side — pudessem despertar reações antissemitas.[7]

O grupo de Seligman surgira a partir de uma divisão em uma entidade mais antiga, a Sociedade Beneficente Hebraica. Essa separação refletia divisões mais amplas entre os alemães e o restante da comunidade judaica de Nova York, especialmente os sefarditas (judeus vindos da península Ibérica), que dominavam as diretorias das instituições de caridade. A ruptura baseava-se em parte na religião, em parte na classe social. Os alemães haviam trazido consigo para os Estados Unidos o judaísmo reformado, um movimento religioso controverso originado nos templos de Berlim e Frankfurt. Os judeus europeus cada vez mais viviam fora dos guetos aos quais haviam sido relegados por gerações, residindo entre cristãos e em alguns casos perdendo contato com sua fé ou se convertendo ao cristianismo. O movimento reformista apregoava que, se o judaísmo esperava sobreviver, as observâncias tradicionais precisavam se adaptar aos tempos modernos. "Seja lá o que for que nos faz ridículos perante o mundo de hoje, trata-se de algo que pode e deve ser abolido em segurança", comentou um proeminente rabino reformista.[8] Os judeus reformistas não cobriam a cabeça com o kipá. Não seguiam as leis dietéticas. Conduziam o serviço religioso em alemão, não em hebraico. E, em alguns casos, não circuncidavam os filhos. Essas práticas eram tidas como blasfemas pelos judeus ortodoxos — homens como o pai de Jacob Schiff —, que acreditavam que os reformistas estavam diluindo sua religião a ponto de torná-la irreconhecível. Os judeus sefarditas de Nova York, cujas raízes na cidade remontavam à época em que a ilha de Manhattan ainda era uma colônia holandesa, não apreciavam as práticas religiosas liberais dos alemães, e ficavam igualmente irritados com a ostentação dos novos-ricos alemães. Para eles, Joseph Seligman sempre seria um reles mascate.[9]

Quando se separaram para formar sua própria sociedade beneficente, anunciando que a entidade atenderia apenas judeus alemães, e não a comunidade como um todo, os alemães praticamente confirmaram a baixa conta em que eram tidos pelos sefarditas. A rivalidade chegou a proporções absurdas: na década de 1850, em um jantar de aniversário conjunto com a presença de membros dos dois grupos, os judeus ortodoxos exigiram que os alemães usassem o kipá durante a bênção final. Como estes se recusaram, os sefarditas atiraram lenços e guardanapos em sua direção, tentando obrigar os blasfemos a cobrir a cabeça. A noite terminou em ignomínia. Durante um discurso de Samuel Adler, o rabino da congregação reformista da sinagoga Emanu-El que pedira a palavra para falar sobre a controvérsia religiosa, um judeu ortodoxo se levantou e assobiou em protesto. Um bando de alemães partiu para cima do sujeito e o agrediu violentamente.[10]

Acontecimentos externos pouco a pouco reaproximaram essas facções em disputa. Um dos fatores foi a crise financeira de 1857 e a depressão que se seguiu: à medida que as doações minguavam, fazia cada vez menos sentido ter duas organizações com objetivos similares competindo por recursos. Outro fator era uma controvérsia internacional que uniu judeus de todo o mundo, mesmo sociedades beneficentes rivais, numa mesma indignação. Em 1858, autoridades papais apreenderam um menino judeu de seis anos chamado Edgardo Mortara em sua casa em Bolonha. Quando bebê, Mortara ficara gravemente doente, e uma criada o batizara em segredo, pensando que a criança estivesse às portas da morte. Anos mais tarde, após um testemunho da criada, o inquisidor de Bolonha ordenou que Mortara fosse removido de sua casa e passasse à proteção da Igreja, que o criou como católico. A despeito de todos os protestos e condenações internacionais — para não mencionar os apelos da família Mortara para que seu filho fosse devolvido —, o papa não cedeu.[11]

Para os judeus, a conversão era um assunto delicado, que evocava tanto um passado doloroso como um futuro incerto. Os judeus não eram mais convertidos à ponta da espada, tampouco por decretos reais, como séculos antes, mas, ao longo do século XIX, o proselitismo organizado dirigido aos membros de sua fé era amplo e agressivo, tanto nos Estados Unidos como na Europa. Para os líderes judeus, não era difícil imaginar o momento em que suas antigas tradições seriam lentamente extintas pelo desgaste.

As sociedades beneficentes se uniram em torno da criação de um orfanato para as crianças judaicas, que, caso colocadas em instituições cristãs, seriam com quase toda certeza criadas sem contato com sua fé. Os judeus de Nova York haviam sido incrivelmente prolíficos em criar uma rede filantrópica para ajudar os mais necessitados em seu meio — entre 1848 e 1860, foram fundadas noventa organizações assistenciais judaicas —, mas a comunidade ainda não dispunha de um lar para órfãos.[12]

Em 1860, os grupos se fundiram, formando a Sociedade Beneficente Hebraica e Asilo de Órfãos Hebreus, que inaugurou seu primeiro orfanato no número 1 da Lamartine Place (atual rua 29 Oeste). Joseph atuou como o primeiro presidente da organização, mas seria seu irmão Jesse quem mais tarde passaria quase vinte anos à frente do grupo. Jesse "sentiu-se mais realizado e feliz nesse lar de órfãos do que em seu banco", comentou certa vez o amigo Carl Schurz, o revolucionário alemão convertido em estadista americano.[13] E foi Jesse quem sugeriu uma das ações de sensibilização e arrecadação de fundos mais bem-sucedidas do grupo, a criação de uma revista infantil chamada *Young Israel*. Impressa no porão do orfanato com equipamento doado por Jesse, a publicação mensal foi um sucesso instantâneo ao ser lançada, em 1871; o fato de Jesse ter recrutado Horatio Alger como colaborador regular também ajudou.[14]

Atuando na liderança do orfanato havia ainda vários membros do círculo social dos Seligman. O filho mais velho de Marcus Goldman, Julius, um advogado formado em Columbia, participava de seu conselho de administração. Emanuel Lehman atuou por sete anos como seu presidente, e criou um fundo fiduciário que concedia bolsas de estudo para órfãos que se destacassem. Solomon Loeb contribuiu com um generoso apoio financeiro. Na década de 1870, quando a instituição foi acusada de oferecer um ensino religioso tão precário a seus 173 residentes a ponto de "nenhum deles conseguir recitar corretamente os dez mandamentos em inglês, quanto mais em hebraico", Loeb participou do comitê de investigação. (No que talvez tenha sido uma tentativa de acobertamento, o empresário e seus colegas concluíram que as acusações eram infundadas.)[15]

As necessidades da crescente população judaica eram grandes e aumentavam a cada dia, e os jornais traziam lembretes frequentes dos ataques que motivavam os imigrantes a buscar refúgio nos Estados Unidos. No final da década de 1860 e no início da seguinte, muitas dessas histórias perturbadoras — de sinagogas profanadas, aldeias saqueadas, turbas sedentas de sangue — vinham dos principados da Romênia, palco de intensos debates políticos sobre a concessão da cidadania a judeus. Uma chamada no *New York Herald* era representativa: "Perseguição dos judeus romenos: centenas de feridos. Velhos e crianças indefesas agredidos. Lojas e casas arrombadas e saqueadas. Destruição desenfreada de propriedades. A polícia encorajou a multidão".[16] Outro artigo falava de um parlamentar romeno que defendia que os judeus fossem proibidos de ter propriedades, enquanto um colega sugeria que fossem simplesmente afogados no Danúbio.[17]

Em 1870, depois que as notícias dos horríveis massacres chegaram aos Estados Unidos, os Seligman e outros judeus proeminentes pressionaram Ulysses Grant a enviar Benjamin Franklin Peixotto — um advogado judeu que vivia em San Francisco — a Bucareste para servir como cônsul americano. O cargo não era remunerado; a fim de angariar fundos para financiar a missão de Peixotto, Joseph e Jesse formaram a Sociedade Romena Americana, presidida por Joseph. O dinheiro arrecadado permitiria que o recém-nomeado diplomata "pusesse à prova por alguns anos aqueles pagãos incultos e semicivilizados, nossos correligionários na Romênia", explicou Jesse.[18] A nomeação de Peixotto mandava um forte recado, e, caso o simbolismo de despachar um judeu à Romênia para servir como representante oficial do governo americano não estivesse suficientemente claro, Grant entregou ao novo cônsul uma carta explicitando a posição de seu governo sobre a chamada "questão judaica". Ela dizia: "Os Estados Unidos, que não fazem distinção entre seus próprios cidadãos por conta de religião ou local de nascimento, naturalmente acreditam em uma civilização mundial que garanta os mesmos direitos universais".[19]

Embora não fosse religioso, Joseph assumiu um papel ativo na liderança da sinagoga Emanu-El, centro espiritual da elite judaico-alemã de Nova York, assim como os irmãos James e Jesse, que cumpriram ambos um mandato como presidentes do conselho de administração do templo. Fundada em 1845 por 33 imigrantes alemães, a Emanu-El foi a primeira congregação reformista de Nova York. Tendo iniciado suas atividades em uma sala de reuniões alugada na esquina das ruas Clinton e Grand, ela ocupava agora um prédio alto no cruzamento da rua 43 com a Quinta Avenida. Mesclando estilos que iam do gótico ao normando e ao arabesco, a sinagoga de trinta metros de altura e largura quase igual foi construída em arenito vermelho e amarelo, exibindo exóticos minaretes e agulhas, todos encimados por uma estrela de davi. Quando inaugurada, em 1868, foi uma das construções religiosas mais caras da cidade, a um custo de mais de 650 mil dólares. "Dos muitos edifícios imponentes dedicados à veneração sagrada que há em ambos os lados da Quinta Avenida e estendem suas delicadas agulhas às nuvens de algodão, nenhum é tão único, tão atraente e tão cativante para o olhar quanto essa sinagoga de esquisita construção", admirou-se o *New York Herald*. Além do fascínio arquitetônico, ela representava um inconfundível monumento à ascendência econômica dos judeus alemães.[20] (Em 1927, a congregação da Emanu-El, em busca de uma localização mais residencial, mudou-se para um novo prédio em outra esquina da Quinta Avenida, desta vez com a rua 65. Então a maior sinagoga do mundo, seu característico vitral circular foi presente de Herbert Lehman e seus irmãos para a congregação e uma homenagem aos pais, Mayer e Babette. O antigo ponto da Emanu-El foi comprado e demolido para a construção de torres de escritórios pelo magnata Joseph Durst, do ramo imobiliário — e avô do assassino condenado Robert Durst.)

As políticas e práticas reformistas da congregação refletiam os objetivos assimilacionistas de seus membros. Tradicionalmente, na religião judaica, homens e mulheres ficavam separados, mas a Emanu-El introduziu bancos para famílias onde ambos os sexos podiam sentar-se juntos. Os serviços, realizados na maior parte em inglês, incluíam música de coral e órgão, a exemplo do culto cristão, e a tradicional cerimônia do bar mitsvá foi adaptada como uma confirmação. A certa altura, os fiéis da Emanu-El debateram a possibilidade de começar a realizar serviços aos domingos, de modo a atender homens que trabalhavam no Shabat.[21] Joseph e Emanuel Lehman participaram de um comitê de três pessoas que considerou — e posteriormente rejeitou — a ideia.[22]

Muitas das reformas mais significativas ocorreram durante o período do rabino Samuel Adler, uma figura proeminente do judaísmo reformista europeu que imigrara da Alemanha em 1857. Mas alguns membros da congregação, inclusive Joseph, mostraram-se mais cativados pela filosofia religiosa do filho de Adler, Felix.

Felix estudara para ser rabino, e muitos imaginavam que um dia sucederia o pai. Porém seu primeiro sermão na Emanu-El foi também o último. Em 1873, o rapaz de 23 anos, que concluíra recentemente o doutorado na Alemanha, subiu ao púlpito, fitou o rosto cheio de expectativa de alguns dos judeus mais eminentes de Nova York e leu um tratado radical intitulado "O judaísmo do futuro". Rapidamente ficou claro que o jovem rabino, muito influenciado pelos ensinamentos do filósofo alemão Immanuel Kant, defendia não um judaísmo moderno, mas todo um novo modo de pensar a própria religião.

Ele criticou o conceito dos judeus como "povo escolhido", exortando a congregação a "descartar o espírito estreito da exclusão e proclamar em alto e bom som que o judaísmo não era uma dádiva apenas dos judeus, mas que seu destino era acolher em um grande Estado moral toda a família dos homens". O propósito da religião organizada, acreditava Felix, era difundir o comportamento moral e compassivo; nesse sentido, o judaísmo era um digno receptáculo para esses ensinamentos. Mas por que impedir os outros de partilharem deles? A religião, ele afirmou aos fiéis da Emanu-El, deveria pôr sua "maior ênfase não na crença, mas na ação". Ele pregava uma religião — se é que poderia ser chamada assim — em que a crença em Deus fosse opcional.[23]

O herético sermão de Adler assegurou que ele jamais chegasse a rabino na Emanu-El, mas lançou os alicerces para algo maior: um movimento social que se espalhou pelo mundo. Embora muitos na congregação tenham ficado escandalizados, Adler conseguiu conquistar Joseph Seligman e Marcus Goldman, cujo filho Julius era casado com a irmã de Felix, Sarah. Pondo a "ação antes da doutrinação" e enfatizando a crença de que a moralidade existia independentemente da religião, a Sociedade para a Cultura Ética de Adler foi fundada em fevereiro de 1877, tendo Seligman como presidente e Goldman como membro do conselho de administração.

Seligman permaneceu ligado à congregação da Emanu-El, provavelmente por um senso de obrigação social e para agradar os irmãos mais tradicionais, mesmo à medida que se afastava cada vez mais do judaísmo de sua infância. Mas, como logo descobriria, pouco importava no que acreditasse ou o que houvesse realizado. Para alguns, ele nunca seria nada além de um judeu.

Durante os sufocantes meses de verão, as residências de Murray Hill e do Upper East Side ficavam vazias quando os nova-iorquinos mais ricos buscavam refúgio do calor. Alguns afluíam a Staten Island ou às comunidades balneárias de Sea Bright e Long Branch, em Nova Jersey, enquanto outros viajavam para os lagos ao norte do estado de Nova York, idílicos como Wild Air.

Em junho de 1877, Joseph partiu com sua numerosa família para a peregrinação anual a Saratoga Springs, uma cidade de veraneio na extremidade sul das montanhas Adirondack, onde os Seligman passavam as férias desde a década anterior.[24] Saratoga, com seu hipódromo e seus cassinos, hotéis elegantes e águas medicinais, estava no auge do esplendor na Era Dourada, um parque de diversões para os barões ladrões, que chegavam em comboios particulares trazendo exércitos de criados e montanhas de bagagem. A Broadway, um elegante bulevar no centro da cidade, exibia uma série de hotéis de luxo, mas a joia da coroa era o Grand Union. Construído no estilo rebuscado do Segundo Império francês, essa estância palaciana com telhados de mansarda formava um U que cercava um pátio ensombrecido no qual a orquestra sinfônica de Boston se apresentava regularmente para os hóspedes. Era o maior hotel do mundo, com um salão de jantar capaz de acomodar pelo menos 1200 pessoas, e com 824 quartos, acessados por corredores labirínticos que se estendiam por três quilômetros. Os pisos polidos e tampos de mesa eram como uma planície de mármore.[25]

O hotel tivera vários proprietários ao longo dos anos. Alexander Turney Stewart — ou melhor, seu espólio — era o dono mais recente. Stewart, um imigrante irlandês que construíra um império varejista com sua cadeia de lojas de departamento, a A. T. Stewart, falecera no ano anterior, deixando para a esposa, Cornelia, uma fortuna estimada em 50 milhões de dólares. O juiz Henry Hilton, antigo conselheiro de Stewart e seu parente por afinidade, foi o executor do espólio. Um frequentador de Tammany Hall que outrora atuara como comissário de parques da cidade de Nova York, Hilton assumiu um surpreendente controle sobre os bens de Stewart, chocando os amigos e conhecidos do falecido empresário e no fim sendo acionado judicialmente por seus herdeiros. Em troca de 1 milhão de dólares, que Stewart deixara para Hilton em seu testamento, Cornelia transferiu ao juiz o valioso negócio do falecido marido. E quem administrava o Grand Union na prática era Hilton.

Os Seligman chegaram ao hotel na quinta-feira, 14 de junho de 1877, atravessando a espaçosa varanda onde os hóspedes relaxavam em cadeiras de balanço de vime. A esposa e os filhos de Joseph aguardaram no saguão sob a fileira de enormes e cintilantes lustres de cristal enquanto ele providenciava os quartos. Reconhecendo o renomado financista, o gerente, um homem chamado Wilkinson, conduziu-o a um escritório particular. Tinha uma expressão aflita no rosto.

"Sr. Seligman, sou obrigado a informá-lo de que o sr. Hilton deu instruções para que nenhum israelita tenha permissão de se hospedar neste hotel futuramente."[26]

Teria escutado o homem direito? Nada de judeus? Não só a sua, mas também outras famílias judias costumavam se hospedar ali havia anos. Além do mais, ele não era um judeu qualquer. Era um dos homens mais ricos e poderosos do país, conselheiro de presidentes e secretários do Tesouro, um pilar de Wall Street. O ambiente foi tomado por um silêncio constrangedor enquanto Seligman, estupefato, procurava palavras para responder.

"Está querendo me dizer que não aceitam judeus?", indagou Joseph.

"Estas são as nossas ordens, senhor."

"Acaso são sujos, não se comportam ou costumam se recusar a pagar a conta?", continuou Seligman, cada vez mais irritado.

"Oh, não", respondeu o gerente. "Não se pode acusá-los de nada nesse sentido. O motivo é simplesmente o seguinte: os negócios no hotel não foram bons na última temporada e tínhamos uma grande quantidade de judeus por aqui. O sr. Hilton chegou à conclusão de que os cristãos não apreciam a companhia deles e por essa razão evitam o hotel. Assim, decidiu conduzir o Union segundo um princípio diferente nesta temporada e nos instruiu a não admitir judeus."[27]

Constrangido e indignado, Joseph canalizou seu ultraje em uma missiva ao juiz Hilton, que enviou do Clarendon Hotel, na mesma rua do Grand Union. Escrita com um aparente decoro característico da época, Seligman ofereceu ao "caro juiz" Hilton alguns "conselhos amigáveis e desinteressados". A carta, claro, nada tinha de amigável nem de desinteressada.

> Agora, permita-me, caro juiz, em seu próprio interesse, e no interesse do valioso patrimônio do sr. Stewart, cuja parte do leão o senhor parece ter adquirido, dizer-lhe que está contribuindo para os inúmeros erros graves que já cometeu desde que herdou esse patrimônio ao recusar a admissão no Union Hotel de toda uma numerosa classe de pessoas, a despeito de sua respeitabilidade, riqueza e conduta apropriada, apenas para entregar-se a um preconceito vulgar, sob a noção equivocada de que assim lotará o estabelecimento com pessoas de outras nacionalidades. Como poderá constatar, isto é um erro. O senhor não é nenhum juiz do caráter americano. O mundo civilizado começa a ficar mais tolerante nas questões de fé, credo ou nascimento do que o senhor acredita ou gostaria que fosse. As pessoas desprezam a intolerância, a falta de inteligência e a vulgaridade, e não serão clientes de um homem que procura enriquecer entregando-se aos preconceitos do vulgo.
>
> Lamento que sua administração do Union lhe traga prejuízo. Lamento que não obtenha nenhum progresso em suas lojas de departamento por atacado em Nova York e Chicago e que até a loja varejista da rua 9, tão popular e próspera na administração do falecido sr. Stewart, tenha perdido

seus melhores clientes. Um pouco de reflexão deverá lhe mostrar que o grave declínio em seus negócios não se deve à nacionalidade de uma eventual clientela, e sim à escassez de qualquer clientela, e que o senhor, caro juiz, não tem grandeza suficiente para administrar um hotel, tampouco largueza de visão comercial suficiente para gerir uma loja de artigos têxteis.[28]

Um grupo de amigos de Joseph em Nova York, liderado por Edward Lauterbach, levou a questão a um repórter do *New York Times*, lendo a carta de Seligman a Hilton em voz alta.[29] Na semana seguinte, o repúdio de Seligman ao Grand Union se transformara em um escândalo nacional. "Comoção em Saratoga", anunciou o *Times* em uma matéria de primeira página, que incluía uma entrevista com Hilton.

O juiz alegou que Seligman chegara "de forma ostentosa", exigindo as melhores acomodações do hotel. E insistiu que o Grand Union não discriminava todos os membros da fé judaica — apenas uma determinada classe deles. Hilton fazia uma distinção entre "hebreus" e "judeus". A primeira categoria, que incluía clãs sefarditas ricos e tradicionais como os Hendricks e os Nathan (cujos descendentes incluíam um fundador da Bolsa de Valores de Nova York), era tida por ele como correta e respeitável. Era o segundo grupo, de novos-ricos, que julgava vaidosos e exibidos em sua ostentação de riqueza, que objetava. O *Times* relatou:

> O sr. Seligman, afirmou o juiz Hilton, pertence a uma classe não de hebreus, mas de judeus, com quem essa classe de hóspedes, especialmente sua porção feminina, não se associa e a qual não deseja ser forçada a conhecer, nem mesmo sob a etiqueta da sala de jantar e do saguão de um hotel público. [...] A culpa por tal discriminação, continuou o juiz Hilton, é dessa própria classe de "judeus". [...] Eles atraíram o desfavor da opinião pública mediante um exibicionismo vulgar, uma vaidade orgulhosa, uma presunçosa demonstração de status, uma ausência das atenciosas civilidades tão apreciadas pela boa sociedade americana e uma ostentação geral que é com frequência repugnante, e sempre repulsiva, a pessoas de berço.[30]

Em uma entrevista separada ao *Times*, publicada no jornal do dia seguinte, Hilton soltou o verbo. Afirmou que Seligman "deve algumas de suas mais alardeadas posições" — sua admissão em clubes exclusivos, diretorias de banco e prestigiosos conselhos municipais — "à prática da mais extrema avareza shylockiana". Além disso, alegou que os Seligman haviam assegurado a participação em um consórcio de títulos do governo americano que incluía os Rothschild e a Drexel Morgan (firma predecessora da J. P. Morgan & Co.) exercendo uma "influência política obtida de maneira desonesta", e afirmou que "a posição dos Seligman no consórcio é tão ofensiva aos demais membros dessa associação quanto a sua presença no Grand Union Hotel". Os propalados Rothschild, acrescentou, só consentiam em ter contato com os irmãos "indiretamente ou por meio de um funcionário".

Hilton prosseguia, enveredando de maneira exaltada por uma espetacular diatribe antissemita:

> O "judeu" Seligman deveria ser excluído de certos hotéis de primeira classe? Respondo com um enfático sim. De modo algum por ser hebreu, e sim por ser indesejado. [...] Ele é por demais obtuso ou mesquinho para enxergar sua vulgaridade ou para ir a algum lugar onde não possa se exibir publicamente. É um tipo ordinário, falso, sovina, efeminado; mas financeiramente bem-sucedido, e essa é a única credencial que possui para se impor à classe educada. É tão audacioso quanto vulgar; tão melindroso quanto imprestável; tão vaidoso quanto desprovido de mérito; e tão cheio de empáfia quanto carente de qualquer valor. [...]
>
> Não admira que os americanos tenham o "judeu" Seligman em baixa conta. A riqueza deste novo país tendeu a propagar a estirpe, e a estirpe lançou uma maldição social sobre a raça hebraica neste país. As pessoas não vão a hotéis onde o judeu Seligman seja admitido. E os hotéis, se esperam prosperar, devem manter distância daqueles capazes de arruinar sua existência.[31]

Os parceiros dos irmãos Seligman no consórcio de empréstimo fizeram um abaixo-assinado ao *Times* declarando que "o juiz Hilton se equivoca acerca da relação dos irmãos Seligman com seus colegas, que sempre foi e continua a ser do caráter mais satisfatório".[32] Nesse meio-tempo, Jesse Seligman, que o *Times* localizara no escritório de sua firma no sul de Manhattan, pronunciou-se em defesa do irmão. "Não sei o que pensar sobre o juiz Hilton", afirmou. "Em vista de suas extraordinárias declarações [...] seria caridoso supor que o clima quente afetou seu cérebro."[33]

A controvérsia virou uma bola de neve nos dias seguintes, com artigos de jornal publicados até em Honolulu. Judeus abastados, que regularmente passavam o verão em Saratoga, relataram também ter sido recusados recentemente no Grand Union. Entre eles Marcus Goldman, que afirmou ter escrito solicitando acomodações e recebido a resposta de que seu pedido não poderia ser atendido, sem que fornecessem maiores explicações sobre o motivo.[34] Houve conversas sobre organizar uma manifestação de "indignação" para condenar as atitudes de Hilton e discutir um eventual litígio. Empresários judeus retiraram seus negócios da A. T. Stewart & Co., e um comerciante informou que não faria mais negócios com uma empresa que estava "revivendo a Idade Média".[35]

O *Times* despachou repórteres para sondar donos de hotéis em Nova York, Filadélfia, Newport e Long Branch sobre suas posições em relação à clientela judaica. Muitos ficaram horrorizados com a postura de Hilton; alguns conheciam Joseph Seligman pessoalmente e deram garantias de seu caráter.[36]

Mas o jornal também identificou dois estabelecimentos em Manhattan que, de maneira substancial, observavam "as mesmas regras do Grand Union" e tinham como política tácita cobrar mais das famílias judaicas do que de outros clientes.[37] Em Long Branch — onde Joseph e os irmãos James e Jesse tinham casas de veraneio —, os hoteleiros pareciam surpresos que um magnata de sucesso como Seligman tivesse sido recusado pelo Grand Union, ao mesmo tempo resmungando que o influxo de judeus estava estragando seu paraíso de férias. "Eles ainda não exercem nenhuma influência por aqui", declarou ao jornal um gerente de hotel, "e espero que nunca exerçam."[38]

Alguns dias depois de Joseph e sua família serem barrados no Grand Union, seu amigo Henry Ward Beecher se pronunciou no púlpito de sua igreja no Brooklyn, fazendo o que viria a ser um famoso sermão intitulado "O judeu e o gentio".

"Existem cerca de 7 milhões de judeus espalhados pelo mundo", disse Beecher a sua congregação. "Eles vivem em quase todas as terras sob o sol. Não são superados por nenhum outro povo como objeto de desprezo. Não há outra raça ou povo que, nesse sentido, seja tão benfeitor da raça humana como eles são e sempre foram. Não há outro povo sob o sol que seja tratado como uma canalha desprezível como eles são e sempre foram tratados."

Beecher condenou os perniciosos clichês antissemitas — "Dizem que os judeus, em seus negócios, são astutos e ardilosos, e às vezes desonestos. Ah! que fenômeno deve ser a desonestidade em Nova York!" — e repassou com sua congregação uma breve história da provação dos judeus nos últimos 2 mil anos, e uma litania de horrores medievais cometidos contra eles.

> Uma peste ocorreu na Hungria? Os judeus haviam envenenado o povo e uma turba perpetrou a vingança contra seus lares. Houve um surto de peste bubônica na Alemanha? O país inteiro mergulhou numa cruel agitação para vingar seus sofrimentos sobre os judeus perseguidos. Mas essa raça notável, embora taxada, roubada, tratada com máxima injustiça e crueldade, e expulsa repetidas vezes de seus locais de morada, não pôde ser destruída.[39]

A controvérsia Hilton-Seligman foi manchete por meses, e uma história pessoal ajudava a explicar a hostilidade, particularmente por parte do juiz. Joseph atuara em uma força-tarefa anticorrupção que pavimentara o caminho para a prisão do aliado e patrono de Hilton, William "Boss" Tweed, por saquear os cofres públicos durante seu longo reinado como mandachuva da máquina de Tammany Hall.[40] Outro motivo para o ressentimento de Hilton contra Seligman era que o prestigioso Union League Club (do qual Joseph era vice-presidente) rejeitara seu pedido de filiação.[41]

O escândalo assumiu dimensões muito maiores do que Seligman ou Hilton teriam imaginado quando eles e seus respectivos defensores começaram a se digladiar nos jornais da nação. Alguns historiadores veem a briga como um episódio singular que introduziu um modo novo e aberto de antissemitismo nos Estados Unidos. Mas os judeus haviam sofrido preconceito, de formas variadas, desde o momento em que pisaram pela primeira vez no que viria a ser os Estados Unidos. Em 1654, quando 23 judeus portugueses, entre os primeiros a se estabelecerem na América do Norte, desembarcaram em Nova Amsterdam, Peter Stuyvesant a princípio quis expulsá-los da colônia, tendo sido impedido, porém, pela Companhia Holandesa das Índias Orientais. Autorizados a ficar, eles ainda assim enfrentaram proibições semelhantes àquelas impostas aos judeus europeus: eram proibidos de votar, exercer cargos públicos e possuir terras. Além disso, escreveu o historiador Leonard Dinnerstein, "embora lhes fosse negado o direito de montar guarda com outros moradores da comunidade, uma taxa especial lhes era cobrada por não participarem dessa tarefa".[42]

Mesmo décadas depois de os Pais Fundadores da nação terem declarado que "todos os homens são criados iguais", alguns estados ainda negavam o direito de voto aos judeus e os proibiam de praticar a advocacia. Somente em 1877 — mesmo ano em que Joseph Seligman sofreu a humilhação no Grand Union — New Hampshire introduziu uma emenda no estatuto da era colonial que impedia os judeus de concorrerem a cargos eletivos.[43] Ambulantes judeus eram vítimas de escárnio e violência havia muito tempo. Em cidades como Baltimore e Detroit, os ataques a mascates judeus se tornaram tão frequentes que os comerciantes itinerantes se uniram para formar seus próprios grupos de proteção.[44] E, como mostram os relatórios de crédito do século XIX — por exemplo, os que avaliaram as primeiras transações comerciais dos Lehman —, os negociantes judeus costumavam ser vistos com desconfiança devido a velhos rumores e estereótipos.[45] Um ano após o fim da Guerra Civil, sete seguradoras, incluindo a Aetna, firmaram um pacto de não negociar mais com judeus, acusando-os de realizarem incêndios criminosos para receber o pagamento do seguro.[46]

Durante muitos séculos os judeus foram os convenientes culpados por períodos de crise econômica — e com os recentes colapsos financeiros não fora diferente. Depois do pânico de 1873, investidores europeus e agricultores arruinados do Meio-Oeste americano responsabilizaram os judeus por sua desgraça.[47] O fato de que Jay Gould, o amplamente menosprezado especulador, fosse regularmente descrito como judeu ou possuidor de traços judeus diz muito sobre a forma como eles eram vistos nos Estados Unidos. Henry Adams, neto de John Quincy Adams, descreveu Gould, presbiteriano de nascença, como um "judeu complexo". Trumbull White, biógrafo de Gould, observou: "Muitos dos que conheceram o sr. Gould intimamente costumam declarar que sua origem devia ser hebraica. [...] Seus hábitos de pensamento e seu intelecto extraordinário eram ambos judaicos, segundo eles".[48]

O antissemitismo fervilhava desde longa data sob a superfície da sociedade americana, e por vezes eclodia aos olhos do público — como quando Ulysses Grant emitiu sua infame Ordem Geral n. 11. Tradicionalmente, porém, isso não atrapalhara os judeus americanos, em parte porque não havia muitos judeus americanos, para começo de conversa. Mas isso estava mudando. Entre 1840, época da chegada de Joseph, e 1880, a população judaica americana saltou de 15 mil para 230 mil. O êxodo da zona de assentamento a oeste do Império russo durante as últimas décadas do século XIX acelerou o ritmo imigratório, à medida que os judeus fugiam da pobreza e da perseguição. Em 1900, a outrora marginal população judaica dos Estados Unidos somava 1,5 milhão de habitantes, um número substancial.

O episódio do Grand Union pareceu consistir numa espécie de ponto de inflexão, e abalou profundamente os judeus americanos que viam em Joseph Seligman as possibilidades ilimitadas que os Estados Unidos tinham a oferecer. Para eles, aquilo punha em dúvida tudo que acreditavam saber sobre o país.

"O senhor consegue entender direito esse negócio?", perguntou um empresário judeu chamado Augustus Elfelt a um repórter.

> Ali estava Joseph Seligman, que de uma juventude miserável ascendera por todas as camadas da sociedade e da riqueza para atingir o topo de ambas. Um homem que tinha todo o direito, como qualquer ser humano, de sentir orgulho de si mesmo, e de esperar a consideração mais respeitosa de pelo menos qualquer americano. Agora, imagine-o parado diante de um reles funcionário de hotel vendo lhe ser recusado o privilégio de apor sua assinatura — uma assinatura que o grande governo americano tantas vezes considerou deveras útil à sua própria existência — ao livro de registro diante de si pelo simples fato de ser judeu.[49]

Duas coisas aconteceram na esteira da controvérsia Seligman-Hilton, explicitando um aspecto em larga medida tácito na vida americana. A discriminação contra os judeus parecia tornar-se cada vez mais comum e aceitável, e a sociedade americana, cada vez mais estratificada. Não eram apenas os hotéis: country clubs, fraternidades universitárias e escolas particulares também excluíam os judeus.

Mesmo antes do episódio Hilton, os judeus americanos haviam começado a estabelecer suas próprias instituições sociais, como o Progress Club e o Harmonie Club, que comemorou seu 25º aniversário no mesmo ano do entrevero em Saratoga. Mas, após o ocorrido, essa tendência pareceu acelerar, à medida que os judeus inauguravam inúmeros clubes sociais e esportivos, campos de golfe e resorts. Esse foi o apogeu da cena social da elite judaico-alemã em Nova York que o escritor Stephen Birmingham apelidou de "nossa turma" — a contrapartida da panelinha composta dos Astor, Morgan, Vanderbilt e outras dinastias exclusivas de Manhattan.

O mundo da aristocracia judaico-alemã de Nova York era tão rico e privilegiado quanto insular e restrito. E por vezes se dizia que essas famílias habitavam o "gueto dourado". Particularmente para as gerações mais novas, nascidas nos Estados Unidos e sem lembrança alguma de como era a vida na Alemanha, onde o antissemitismo fora preservado nas leis dos reinos e ducados, essa podia ser uma existência sufocante, da qual se esforçavam cada vez mais por se libertar.

A desavença com Hilton ocorreu no momento em que Joseph Seligman se aproximava do auge de sua carreira. Ulysses Grant completou seu segundo mandato no inverno de 1877, e Joseph e Jesse o homenagearam no Delmonico's antes que o presidente partisse com a família para uma prolongada viagem à Europa, onde fez paradas em Frankfurt para visitar Henry Seligman e passar um tempo com Isaac Seligman e sua família na propriedade destes em Londres.[50] Mas mesmo com Grant fora da presidência, Joseph tinha outros amigos próximos em Washington. Pouco depois de Rutherford B. Hayes se estabelecer na Casa Branca, um deles, o novo secretário do Tesouro,

John Sherman, antigo senador republicano por Ohio, o convidou à capital para aconselhá-lo sobre um problema urgente enfrentado pelo governo.[51]

Anos antes, o Congresso republicano aprovara uma lei determinando que o Tesouro, a partir de 1º de janeiro de 1879, voltasse a trocar cédulas por moedas de ouro, como havia feito antes da Guerra Civil. Isso efetivamente poria o país no padrão-ouro. (De maneira controversa, uma legislação anterior, a Lei de Cunhagem de 1873, praticamente eliminara a utilização da prata como moeda legal.) Mas o Congresso, como quase sempre acontecia, deixara os detalhes práticos para o Executivo — e o prazo final se aproximava. Enquanto isso, os interesses de operários e agricultores se amalgamaram em um movimento político populista apelidado de Greenback Party, que se manifestava em favor do "papel-moeda" e argumentava que lastrear a moeda no ouro, que teria um impacto deflacionário, prejudicaria a classe devedora.

Junto com Seligman, Sherman reuniu um punhado de banqueiros proeminentes e pediu que opinassem sobre como seria possível refinanciar a dívida da Guerra Civil nacional e voltar ao padrão-ouro. Sherman acabou optando pela proposta de Joseph, que previa a venda de títulos, sobretudo na Europa, de modo a acumular reservas em ouro no valor de quase 140 milhões de dólares — cerca de 40% das cédulas em circulação. Joseph defendia ainda uma série de novas emissões de títulos a fim de saldar dívidas antigas.

O Departamento do Tesouro implementou seu plano ao longo dos dois anos seguintes, e a J. & W. Seligman & Co. associou-se à Kuhn Loeb de Jacob Schiff e a outras firmas para vender centenas de milhões de dólares em títulos do governo. Em 18 de dezembro de 1878, ouro e *greenbacks* foram negociados no valor nominal pela primeira vez desde o início da Guerra Civil, sinalizando uma confiança renovada na capacidade de crédito do país. Duas semanas depois, o governo americano voltou a aceitar a troca de papel-moeda por ouro. Joseph Seligman ajudara a restabelecer o equilíbrio econômico da nação — e sua empresa obteve um enorme lucro nesse processo.[52]

Mesmo no ápice de seu reconhecimento profissional, Seligman parecia incapaz de deixar o episódio do Grand Union para trás. Em julho de 1879, a controvérsia foi revivida quando um barão ladrão de New Hampshire chamado Austin Corbin, presidente da Long Island Rail Road e da Manhattan Beach Co., declarou que planejava agir como o juiz Hilton e proibir judeus em seu resort no Brooklyn. "Não gostamos dos judeus enquanto classe", afirmou. "Sua presença é ofensiva para o tipo de pessoas que mais frequentam nossa ferrovia e nosso hotel." Os principais judeus de Nova York, que haviam condenado Hilton com veemência dois anos antes, preferiram oferecer a outra face a essa ofensa, talvez por recearem que a divulgação da política de "proibição a judeus" do Grand Union só servisse para atiçar ainda mais o antissemitismo. Quando um repórter procurou Jesse Seligman para que comentasse as declarações de Corbin, o banqueiro respondeu secamente: "Já dissemos tudo que tínhamos a dizer sobre esse assunto".[53] Joseph esboçou um sorriso quando um jornalista o abordou, afirmando que sua família não tinha planos de visitar a Manhattan Beach.[54]

Em novembro de 1879, Joseph comemorou seu aniversário de sessenta anos. E o banqueiro acusava todo o peso da idade. Vinha sofrendo de problemas renais, aos quais recentemente se somara uma doença cardíaca.[55] A família implorou que desse uma pausa do estresse dos negócios. Seus dois filhos mais velhos, David e Isaac Newton, haviam se juntado à empresa, e o escritório de Nova York ficaria em boas mãos sob a gestão de Jesse. James, por sua vez, ocupava o assento dos irmãos na Bolsa de Valores de Nova York — de modo que Joseph não precisava se preocupar com ele passando tempo demais no escritório, onde tendia a fazer empréstimos impulsivos.[56]

Joseph passou o inverno de 1880 em Jacksonville, na Flórida, com a esposa e o filho George Washington, um advogado e, como o pai, devoto da cultura ética. George caçava aligátores e a família passou uma semana viajando com Ulysses Grant e sua comitiva, que estavam a caminho de Cuba. "Recebemos excelentes notícias de nossos pais em Jacksonville. Nosso querido pai sente-se um homem completamente novo, algo que é fácil de explicar, uma vez que precisava de um descanso", David Seligman escreveu a um dos irmãos.[57]

Na primavera, com Joseph sentindo-se revigorado, os Seligman fizeram uma parada em New Orleans quando começavam sua viagem para o norte. A filha mais velha de Joseph, Frances, sua favorita dentre as quatro garotas, morava na cidade com o marido, Theodore Hellman, que herdara a condução da Seligman, Hellman & Co. de seu irmão Max, agora trabalhando em Paris com William Seligman.[58] Não se tratava apenas de uma visita familiar — como sempre, Joseph tinha negócios em vista. Pouco tempo antes, a filial da família em New Orleans sofrera um baque com o constrangedor processo movido pela Kuhn Loeb, com a qual os Seligman mantinham fortes laços comerciais e pessoais, referente à venda de ordens de pagamento supostamente falsificadas. Joseph queria ele próprio investigar o caso.[59]

O patriarca planejava deixar New Orleans e seguir para Nova York no sábado, dia 24 de abril de 1880, mas adiou a viagem, presumivelmente por não se sentir bem. No dia seguinte, fez uma lauta refeição e se retirou para um quarto no andar de cima da casa dos Hellman a fim de tirar uma soneca. À tarde, sofreu um AVC e, nesse mesmo dia, faleceu.[60]

Os obituários nos jornais da nação ao longo dos dias seguintes registraram sua ascensão dramática da Baviera a Mauch Chunk, Selma e, por fim, Nova York. Contaram sobre como servira a nação durante a Guerra Civil e elencaram seus recentes feitos nas finanças. Mas, embora se tratasse de um mero contratempo em sua vida repleta de realizações, poucos deixaram de mencionar a controvérsia com Hilton, que "continuava fresca na memória do público", conforme relatou o *New York Times*.[61]

Edwin Seligman recebeu a trágica notícia em Heidelberg, onde frequentava a universidade local. Assim como o pai, ele possuía uma mente aguçada e um talento para línguas (falava holandês, francês, alemão, italiano, espanhol e russo).[62] Também como o pai, matriculara-se na faculdade aos catorze anos, graduando-se em segundo lugar em sua classe na Universidade Columbia, em 1879. Mais tarde, Joseph tentara recrutá-lo para se juntar à firma com os irmãos mais velhos e primos, mas Edwin, que tinha pendores mais intelectuais, convencera o pai a lhe permitir seguir a vida acadêmica. Na Universidade de Heidelberg, ele estudou economia, filosofia e, de quebra, o Digesto (direito romano). Ele obteria um diploma de direito e um doutorado por Columbia, onde passou o resto de sua carreira docente dando aulas de economia política.

"Presumo que o choque tenha sido horrível para você, assim como foi para todos nós, pois, embora soubéssemos que papai não tivesse mais tantos anos pela frente, não fazíamos ideia de que seria tirado de nós tão repentinamente", escreveu o irmão mais novo de Edwin, Alfred, um dia após a morte de Joseph.[63] Numa carta datada do dia seguinte, Isaac Newton (que todos chamavam de "Ike") rogou ao irmão que "aguentasse nobremente" e lhe enviou palavras de consolo: "O pesar geral das comunidades tanto judaica como cristã é a melhor prova de como nosso caro pai era estimado. Ele nos legou, querido irmão, um nome nobre e uma reputação ilibada".[64]

A carta de Ike também sugeria uma discordância familiar quanto aos planos para o enterro. Joseph, que deixara seus desejos claros, queria um simples serviço secular, sem pompa, presidido por Felix Adler. Mas seus irmãos radicados em Nova York, pranteando a perda não só de um irmão, mas também de uma figura paterna, preferiam um serviço religioso. "Estou consideravelmente preocupado com esse assunto, já que nossos tios querem que a sinagoga se encarregue de tudo", escreveu Ike.[65] No fim, eles chegaram a um acordo. Adler faria um sermão durante o serviço fúnebre realizado na casa dos Seligman. Gustav Gottheil (que sucedera Samuel Adler), da sinagoga Emanu-El, e Max Lilienthal, um conhecido rabino de Cincinnati cujo filho se casara com Isabella, filha de Joseph, presidiriam o enterro no cemitério.

Na manhã de domingo, 3 de maio, o corpo de Joseph repousava em um caixão de ferro aberto, iluminado por seis velas bruxuleantes. Ao lado do esquife estavam aqueles que o carregariam, entre os quais Noah Davis, o juiz da Suprema Corte de Nova York responsável pelo julgamento de "Boss" Tweed; o sócio de J. P. Morgan, Anthony Drexel; e o velho amigo dos Seligman, Henry Gitterman, cuja amizade se revelara tão útil durante a Guerra Civil.[66]

Eminências locais e nacionais lotavam a sala de estar da residência dos Seligman. Entre elas, o financista Cyrus Field; o ex-cônsul geral da Alemanha, Frederick Kuhne; os comissários dos bombeiros e da polícia da cidade; e aparentemente todos os presidentes de banco de Manhattan.

Às dez da manhã, Felix Adler tomou seu lugar junto ao caixão para fazer o elogio fúnebre do amigo e benfeitor. "Ele foi uma dessas pessoas que acreditava que uma aurora mais feliz está prestes a despontar para a humanidade — que se aproxima o momento em que, pelo menos entre a minoria de pessoas inteligentes, embora não entre a maioria dos ignorantes, as distinções de raça possam ser apagadas e as animosidades baseadas em diferenças religiosas, esquecidas", declarou Adler de modo solene. "Ele não se envergonhava de sua origem judaica — menos ainda porque o menosprezo e o insulto públicos continuam por vezes ligados a tal origem. Ao contrário, orgulhava-se do povo tão sofrido e por tanto tempo amargamente perseguido do qual provinha." Adler afirmou aos presentes que Joseph "exaltou a raça dos judeus porque suas simpatias foram além dos limites da raça; porque era dotado de um patriotismo mais amplo do que o patriotismo racial".[67]

Mais de 130 carruagens acompanharam o caixão de Joseph até Salem Fields, onde Joseph erguera um mausoléu palaciano. Situada em um penhasco arborizado, a construção era um hexágono de granito cinzento coroado por um domo. Atrás de portões de latão, a câmara funerária era revestida de mármore italiano. Na parede oposta havia um vitral, feito em Londres, retratando um anjo que se libertava dos grilhões da mortalidade.[68]

"Joseph Seligman foi sem dúvida o hebreu mais proeminente desta cidade", afirmou um "renomado hebreu" ao jornal *New-York Tribune* após sua morte. "Um homem que enfrentou todos os ataques do preconceito racial. Ele fez mais pelos hebreus desta cidade do que qualquer outra pessoa. Sua morte deixa uma lacuna que dificilmente será preenchida, e não sei de ninguém capaz de assumir esse papel de liderança da forma como ele o fez."[69]

O vácuo da liderança, porém, não permaneceria desocupado por muito tempo.

9
Montefiore americano

JOSEPH SELIGMAN OCUPAVA UM LUGAR único na vida pública, situado em esferas de influência sobrepostas que se reforçavam mutuamente. Seu renome nos negócios complementava sua ascendência política e cívica. Sua religiosidade fazia dele um embaixador natural da pequena mas crescente comunidade judaica do país. Nenhum de seus contemporâneos, por mais respeitados que fossem em questões financeiras e judaicas, desfrutava de igual proeminência.

Os Lehman tocavam um negócio próspero e bem-sucedido e contribuíam generosamente com seu tempo e dinheiro para causas da comunidade, mas careciam da influência política e social dos Seligman, e seu passado confederado os impedia de serem aliados naturais dos quatro governos republicanos que se seguiram do final da década de 1860 a meados dos anos 1880. Marcus Goldman continuava indo bem como corretor de notas promissórias, embora sem grande destaque, e seus negócios com os comerciantes do sul de Manhattan não o levaram aos mesmos círculos prestigiosos que impulsionaram a ascensão de Joseph. Solomon Loeb, como ele estava descobrindo rapidamente, não era nem sequer o membro mais eminente do banco de investimentos ao qual emprestara seu nome.

Jesse, o sociável e bem relacionado irmão de Joseph Seligman, e uma figura estimada no mundo dos negócios nova-iorquino, rivalizava com sua posição, embora, aos 53 anos, estivesse no ocaso de sua carreira. O bastão da liderança de Joseph em Wall Street e na comunidade judaica seria passado a um membro da próxima geração que estava ansioso por reivindicá-lo. Com 33 anos quando Joseph foi sepultado, Jacob Schiff seguiu naturalmente os respeitáveis passos do falecido financista. Mesmo sua ascensão como líder cívico seguia uma trajetória semelhante: em 1881, William Russell Grace, prefeito de Nova York, o nomeou para o conselho municipal de educação, posto ocupado por Seligman até poucos anos antes de sua morte. (Schiff tratou o novo cargo com ousadia característica: depois de um ano, causou furor em Nova York ao conseguir aprovar uma resolução que abolia as escolas "de cor" na cidade, na prática levando à integração do sistema público de ensino.)[1]

Schiff também assumiu a luta contra Tammany Hall do ponto onde Seligman havia parado. Embora "Boss" Tweed houvesse morrido em sua cela de prisão na Ludlow Street, em 1878, sua máquina de apadrinhamento seguia viva. Antes das eleições de 1882, Schiff entrou para o Comitê dos Cinquenta, um grupo bipartidário de nova-iorquinos influentes que liderava uma revolta dos cidadãos para "purgar e resgatar completamente o governo local, por tanto tempo explorado pelos sanguessugas políticos", nas palavras do *New York Times*. (A gangue de Tammany, mais uma vez, se provou resiliente.)[2]

E, como Seligman, Schiff assumiu um papel ativo em moldar o que viria a ser a rede de metrô da cidade de Nova York. Seligman presidira o Comitê de Trânsito Rápido, responsável por mapear as rotas do que fora inicialmente concebido como uma série de linhas elevadas bancadas pela iniciativa privada; após a morte de Seligman, Schiff compareceu perante o comitê para argumentar que a cidade deveria se encarregar da construção do sistema, do contrário a infraestrutura de Nova York "viraria o futebol da especulação".[3] Schiff também se manifestou contra a construção de novos elevados, defendendo uma rede subterrânea. Quando as autoridades municipais contemplaram a ideia de construir uma linha elevada no coração do Lower East Side, ele atuou contra o projeto, argumentando que a população que vivia nos cortiços da Delancey Street — que já "recebe um suprimento escasso de ar e luz" — tinha tanto direito quanto os afluentes moradores da Quinta Avenida de não ser sujeitada a tal estrutura.[4]

Nos negócios, Schiff frequentava círculos semelhantes aos de Seligman, e levou a Kuhn Loeb a participar de consórcios de empréstimo organizados pela J. & W. Seligman & Co. Os dois também partilhavam um interesse por alguns dos mesmos empreendimentos ferroviários: em 1881, Schiff se tornou diretor da recém-reorganizada New York, Lake Erie, and Western Railway — previamente conhecida como Erie, ou a "Prostituta de Wall Street", no auge da roubalheira promovida por Jay Gould e seus comparsas.

Dando início a sua atividade filantrópica, Schiff fez doações para o Asilo de Órfãos Hebreus e contribuiu para o estimado movimento de cultura ética de Seligman apoiando algumas de suas obras de caridade, mas permaneceu firmemente entre os membros da sinagoga Emanu-El que viam com horror a rejeição da congregação à religião organizada e seu papel em afastar mais judeus de sua fé.

O círculo de filantropos judeus ricos era reduzido — e ser judeu e rico nessa época acarretava certa pressão social para ajudar a comunidade em crescimento. Os conselhos de administração das principais instituições de caridade judaicas muitas vezes incluíam algum representante de um conhecido grupo de famílias — os Goldman, os Guggenheim, os Lehman, os Loeb, os Seligman, os Straus. No papel timbrado dessas organizações cada vez mais se via o nome de Jacob H. Schiff.

No ano anterior à morte de Seligman, Schiff entrara para o conselho de administração do Hospital Mount Sinai, sinal de sua posição ascendente na comunidade judaica nova-iorquina. Ao longo dos anos, integrantes de algumas das famílias judias mais proeminentes da cidade estiveram entre os diretores do hospital. Entre eles, membros dos Nathan e dos Hendricks — antigos clãs sefarditas que o juiz Hilton considerara aceitáveis como "hebreus" e não "judeus" — e, claro, vários representantes dos Seligman. Pouco tempo após a fundação do hospital, em 1852, Joseph passou sete anos em seu conselho; seu irmão William o substituiu, atuando no órgão por mais cinco anos.[5]

Durante o período de Schiff na diretoria, um de seus colegas foi DeWitt Seligman, o filho mais velho de James. Tendo recebido esse nome em homenagem ao ex-governador de Nova York, DeWitt Clinton, ele se formara em direito pela Universidade Columbia e, antes de se juntar aos negócios bancários da família, alimentava aspirações literárias, escrevendo peças jamais produzidas que pareciam terminar sempre em uma explosão. Além disso, por anos, editou e publicou um hebdomadário chamado *The Epoch*.[6] Outro colega de Schiff foi Mayer Lehman, que durante suas duas décadas como membro do conselho do Mount Sinai raramente faltou a alguma reunião aos domingos de manhã. Ele costumava estar sempre acompanhado de um de seus jovens filhos — Irving, Arthur ou o bebê da família, Herbert — quando percorria as alas para visitar os pacientes.[7]

Tanto nos negócios como na filantropia, Schiff era uma presença enérgica e com frequência intimidadora. Enquanto outros encaravam a participação em um conselho de administração como um símbolo de status ou uma sinecura, Schiff, fosse na direção de uma ferrovia ou de um grupo de assistência social, cumpria sua função com uma intensidade característica. Irving Lehman, que viria a se tornar juiz da Suprema Corte de Nova York e trabalharia junto a Schiff em várias campanhas de caridade, relembrou o modo inabalável como o financista tratava as deliberações do conselho. Ele acreditava que, "muitas vezes, era necessário transigir em questões de detalhe e política, mas era desonesto e portanto intolerável em questões de princípio".[8] Além disso, para Schiff, muita coisa derivava de seu inviolável código de ética e de seus juízos frequentemente inflexíveis sobre civilidade e decoro.

Numa reunião de diretoria do Hospital Mount Sinai, Schiff descobriu que um colega, o comerciante de café Moses Hanauer, de 45 anos, havia decretado falência por conta de uma série de especulações imprudentes. Ele ficou horrorizado. Como um homem incapaz de administrar os próprios assuntos financeiros teria condições de cuidar de uma instituição de caridade? Schiff anunciou secamente que se recusava a atuar no mesmo conselho com alguém que não honrava suas dívidas. E acabou por se desligar do hospital, assim como fez seu falido colega.[9]

Hanauer, desolado e financeiramente arruinado, viajou até Fort Washington Point, no extremo norte da cidade, às margens do rio Hudson, o local onde a ponte George Washington seria futuramente construída, levou uma pistola à têmpora direita e puxou o gatilho.[10] Chocado com a notícia do suicídio e sentindo-se culpado por seu possível papel em levar o frágil homem ao limite, Schiff decidiu procurar o filho de dezesseis anos de Hanauer, Jerome, agora o único arrimo da família. Em seguida, levou o adolescente para trabalhar na Kuhn Loeb como office boy e o treinou para ser um banqueiro de investimentos. Décadas mais tarde, em 1912, após passar por todos os trabalhos concebíveis na firma, Jerome Hanauer foi promovido a sócio, o primeiro na história da empresa sem parentesco por sangue ou afinidade com os fundadores da Kuhn Loeb.

Não está claro se Jerome, em todas as décadas que trabalhou com Schiff, sabia da história entre seu mentor e seu falecido pai. A neta de Schiff, Dorothy, só tomou conhecimento do sombrio episódio cerca de cinquenta anos depois, quando foi convidada a entrar para a diretoria do Mount Sinai e perguntou a um antigo médico do hospital "por que não havia membros da minha família no conselho". Ele respondeu contando-lhe a história do suicídio de Moses Hanauer.[11]

Em 1884, a comunidade judaica de Nova York se preparava para comemorar o centésimo aniversário de Sir Moses Montefiore, um financista britânico e o mais proeminente líder judeu em todo o mundo, uma figura de tal renome que judeus de todos os cantos do globo celebraram seu centenário como um feriado. No dia 4 de fevereiro, Schiff juntou-se a um grupo de filantropos e líderes comunitários de Nova York na sacristia da sinagoga de Shearith Israel, uma congregação sefardita fundada em 1654, a fim de planejar um tributo adequado para o autointitulado embaixador dos judeus.[12]

Após se aposentar dos negócios, Montefiore canalizou sua energia e sua fortuna para a defesa dos direitos dos judeus no mundo todo. Nenhum escândalo ou crise parecia escapar a seu radar, e ele empreendeu uma série de missões audaciosas para amenizar o sofrimento judeu. Em

1840, envolveu-se em uma controvérsia internacional conhecida como o Caso Damasco ou o Libelo de Sangue de Damasco. Acusações espúrias segundo as quais os judeus sacrificavam cristãos, especialmente crianças, para usar seu sangue em cerimônias religiosas incitavam a histeria antissemita havia tempos, fornecendo pretexto para execuções e massacres. No caso em questão, autoridades otomanas acusavam um grupo de judeus sírios do assassinato ritual de um monge franciscano após arrancarem uma confissão sob tortura de um barbeiro judeu. Montefiore chefiou uma delegação ao Oriente Médio, onde negociou a soltura de nove prisioneiros que haviam conseguido sobreviver às torturas e condições draconianas do cárcere.

Em anos subsequentes, Montefiore intercedeu em favor de judeus perseguidos no Marrocos, na Romênia e na Rússia; em 1858, pleiteou sem sucesso junto ao Vaticano pela devolução de Edgardo Mortara, o menino judeu arrancado da própria família pelas autoridades papais. Como estadista judeu, foi um desbravador não só devido à alta visibilidade de suas intercessões, mas também por ser um pioneiro na arrecadação de fundos, organizando missões humanitárias que uniram uma comunidade global de judeus em um propósito comum.

Qual seria a melhor forma de celebrar a vida de dedicação levada por Montefiore? Na reunião da Shearith Israel, Schiff pediu a palavra: "Na parte sul de nossa cidade existe uma população hebraica que, do ponto de vista social, se encontra em condição tão precária quanto os membros de nossa raça no Leste Europeu, na África e na Ásia", disse ele, sugerindo a construção de um "novo bloco de conjuntos habitacionais melhorados" a serem batizados de Montefiore Tenements.[13] Os demais participantes fizeram outras propostas, mas, no fim, Schiff e seus colegas acabaram se decidindo por criar uma instituição havia muito tempo necessária: um hospital para o tratamento prolongado de pacientes com doenças crônicas ou incuráveis — tuberculose, câncer, sífilis, poliomielite, depressão. Schiff creditou Mayer Lehman como "um dos primeiros a apregoar a necessidade de se estabelecer um lar ou hospital para os incuráveis, e, enquanto seu nobre ideal não foi concretizado, jamais descansou".[14]

O Lar Montefiore para Inválidos Crônicos (mais tarde Hospital Montefiore) foi inaugurado em outubro de 1884 de modo a coincidir com o aniversário de Moses Montefiore, no dia 24. Com 26 leitos e supervisionado por um único médico, o asilo ficava em uma casa de madeira, alugada a 35 dólares por mês, na esquina da rua 84 Leste com a Avenue A (mais tarde York Avenue).[15] Cinco pacientes foram admitidos no dia da inauguração.[16] O filho mais velho de Mayer Lehman, Sigmund, foi um dos membros fundadores do conselho diretor. Mas ninguém esteve mais ligado ao Lar Montefiore do que Schiff, que atuou como seu presidente por cerca de 35 anos, desligando-se um ano antes de falecer.

No início, o lar só atendia pacientes judeus, mas, alguns anos após sua criação, abriu as portas para todas as religiões. Schiff considerava o hospital um "monumento à benevolência judaica".[17]

De todas as instituições que Schiff ajudou a criar ao longo dos anos — e seriam muitas —, o Lar Montefiore foi a primeira, e aquela que ele considerava sua favorita. "Cuido do hospital como se fosse meu próprio filho", disse certa vez.[18] Sob sua liderança paternal, mas firme, o lugar continuou a crescer, chegando a abrigar, no início da década de 1920, oitocentos pacientes.

Schiff comandava o Lar Montefiore com a mesma veia autoritária com que conduzia os negócios e a vida doméstica. Quando um diretor ironizou suas tendências tirânicas em uma reunião do conselho, ele respondeu sem constrangimento: "Eu não sabia que minhas atitudes na presidência do Lar Montefiore eram consideradas despóticas, mas sem dúvida sou bastante cioso da honra e da dignidade da instituição".[19]

Schiff, um sujeito melindroso para alguém que se via com frequência sob o escrutínio público, raramente achava graça em piadas feitas à sua custa, a menos que o autor fosse ele próprio. Certa vez, um membro do conselho propôs uma nova estratégia para angariar fundos, e Schiff respondeu com uma anedota que zombava matreiramente de sua própria natureza controladora. Ele contou a história de um mendigo que pediu dois marcos de esmola a Rothschild. O rico banqueiro, gracejando com o homem, disse: "Como alguém pode chegar para um Rothschild e pedir uma quantia tão mísera como dois marcos?". O mendigo, indignado, retrucou: "Está querendo me ensinar o meu negócio?".[20]

Sobretudo nos primeiros tempos, Schiff permaneceu intimamente envolvido nos assuntos do hospital, investigando pessoalmente reclamações sobre a comida e garantindo que a conta do carvão fosse paga. Ele inspecionava o lugar com frequência (o hospital se mudou para uma instalação maior no West Harlem em 1889, e para sua localização atual no Bronx em 1913), sempre recusando os nervosos funcionários que se ofereciam para acompanhá-lo em suas rondas. Além disso, examinava cada candidato à procura de um de seus disputados leitos, explicando seu veredito em memorandos detalhados. "Nada o fazia mudar de ideia quando sentia que sua decisão era justa", relembrou um diretor do hospital. Schiff tampouco era influenciado por tentativas de dar a preferência a um candidato ou outro. "Não podemos negligenciar o paciente pobre, que não dispõe de ninguém para falar em seu nome", dizia. Na verdade, ele parecia mostrar uma inclinação por aqueles que não tinham quem os protegesse.[21]

Os diretores, a exemplo do conselho de administração do Mount Sinai, reuniam-se aos domingos de manhã no hospital, exceto em junho e julho, quando se encontravam nos escritórios da Kuhn Loeb, na parte sul de Manhattan. Essa programação convinha a Schiff, cuja vida familiar durante esses meses era transferida para o Terrace, a propriedade de vinte hectares que ele possuía junto com Solomon Loeb na Rumson Road, em Sea Bright. A comunidade litorânea de Nova Jersey e as cidades vizinhas de Elberon, Long Branch e Rumson eram um refúgio de verão para as famílias de judeus alemães abastados de Manhattan, incluindo os Goldman, os Lehman e os Seligman. Esse ventoso trecho de costa ganhou a reputação de ser uma espécie de "Newport judaica", sem dúvida para o horror dos hoteleiros no litoral de Jersey que se queixavam da invasão judaica após a controvérsia Seligman-Hilton. (Em uma diatribe antissemita intitulada "Diamantes e vulgaridade", publicada no *New York Times*, um antigo morador lamentava em 1887 que "a Nova Jerusalém tivesse feito de Long Branch seu quartel-general".)[22]

Quando ficava na Rumson Road, Schiff ia e voltava de balsa para Wall Street durante a semana, aproveitando a viagem para pôr a correspondência em dia e fazer reuniões em uma cabine privada no trajeto de uma hora.[23] Ao voltar do escritório, era um costume da família que seus filhos — e mais tarde seus netos — fossem recebê-lo no desembarque trajados em roupas de marinheiro, incluindo luvas brancas e quepes.[24]

* * *

Nas manhãs de domingo, quando costumava fazer sua visita semanal ao Lar Montefiore, Schiff em geral era acompanhado por seu grande amigo Samuel Sachs, que ele recrutara para a diretoria do hospital.[25] Assim como Schiff, Sachs havia se casado com uma jovem de uma dinastia próspera de banqueiros de investimento e entrara como sócio na firma de Marcus Goldman. A jovem em questão era Louisa Goldman, a mais nova das três filhas de Marcus e Bertha Goldman. O casal morava quatro quadras ao sul dos Schiff, no número 44 da rua 70 Leste.[26]

A relação entre as famílias Sachs e Goldman se estendia ao Velho Mundo, onde Marcus Goldman e o pai de Samuel, Joseph, haviam recebido instrução religiosa na mesma sinagoga de Würzburg.[27] Filho de um fabricante de selas, Joseph Sachs era um rabino e professor particular que se apaixonara por uma de suas alunas, Sophia Baer, filha de um abastado ourives. Desaprovado pelos pais da moça, o casal fugiu para Roterdã em 1847, e em seguida tomou um navio para os Estados Unidos, estabelecendo-se em Baltimore, onde Sam nasceu, em 1851. De acordo com Ann Sachs, bisneta de Marcus Goldman e Joseph Sachs, as famílias quase firmaram uma aliança comercial cerca de três décadas antes de Sam e Marcus virarem sócios. Quando os Sachs visitaram os Goldman na Filadélfia no final da década de 1850, Marcus tentou atrair Joseph para seu negócio de alfaiataria, segundo ela. Joseph recusou a oferta para seguir seu sonho de dirigir a própria escola.[28]

Segundo um anúncio publicado no *Baltimore Sun*, Joseph tentou fundar um "Instituto de Inglês, Hebraico, Alemão e Matemática" na cidade.[29] Mas a empreitada não vingou. Em meados da década de 1850, Joseph se mudou com a família para Boston, onde assumiu o posto de *cantor* na congregação Ohabei Shalom. Em 1861, quando irrompeu a Guerra Civil, os Sachs voltaram a se mudar, desta vez para a cidade de Nova York.[30]

Em 1864, Joseph adquiriu uma ampla casa com fachada de arenito na rua 34, do outro lado da rua onde Nathan e Isidor Straus mais tarde abririam o ponto principal da rede de lojas de departamento Macy's. Ele administrava um internato e uma escola diurna para meninos que funcionava nesse prédio, onde também morava a família Sachs. Joseph finalmente se tornara o diretor de sua própria instituição, mas sua saúde declinou pouco depois, e, em 1867, os Sachs voltaram à Alemanha, com a intenção de permanecer no país por dois anos antes de voltar a Nova York.[31] As condições de Joseph se deterioraram e ele faleceu subitamente quando visitava a popular cidade balneária de Bad Kissingen.[32] Sophia Sachs morreu alguns anos depois.

Antes da morte de Joseph, Sam já regressara a Nova York. "Ele sentia estar destinado a uma carreira nos negócios e queria obter seu próprio ganha-pão e se sustentar sem a ajuda de ninguém", escreveu seu irmão mais novo, Bernard, em suas memórias.[33] Sam trabalhou como guarda-livros e mais tarde abriu um pequeno negócio de artigos têxteis. Em uma família que valorizava muito a educação e a realização intelectual, a decisão de Sam de abandonar os estudos para se dedicar aos negócios equivalia a um ato de rebeldia. Contudo, foi assim que a família conseguiu se manter após a morte dos progenitores. Embora fosse o segundo filho, Sam transmitia um ar de confiança e autoridade e assumiu o papel de figura paterna, cuidando dos assuntos familiares e assegurando que os irmãos agora órfãos pudessem continuar os estudos.

Bernard Sachs, conhecido como Barney, tinha onze anos quando o pai faleceu. Ele entraria futuramente para a faculdade de medicina de Harvard, tornando-se um pioneiro em neurologia e codescobridor da doença de Tay-Sachs, uma enfermidade de caráter genético que afeta uma quantidade desproporcional de judeus asquenazes. Depois de atuar como presidente da Associação Neurológica Americana, Barney passou a atender no Hospital Montefiore e por algum tempo presidiu seu conselho diretor. (Além de suas realizações mais destacadas, também foi médico de Frieda Schiff durante a infância desta.)[34]

O mais velho dos irmãos Sachs, Julius, tão teórico quanto Sam era prático, graduou-se por Columbia e depois estudou na Universidade de Rostock, no norte da Alemanha, onde fez seu doutorado. Um educador como o falecido pai, Julius completou o legado inacabado de Joseph, fundando o Sachs Collegiate Institute no número 38 da rua 59 Oeste. O instituto se tornou a escola preparatória preferida da elite judaico-alemã nova-iorquina, frequentada pelos herdeiros das famílias Goldman,

Lehman, Sachs e Schiff. "Ele era o sujeito mais afável do mundo, mas, como a maioria dos Sachs, por vezes exibia um temperamento forte, e podia descarregar tudo em cima de você como uma tonelada de tijolos", relembrou o sobrinho de Julius, Walter, que frequentou o instituto com os irmãos mais velhos. Herbert Lehman, colega de classe do irmão de Walter, Paul, lembrou-se de Julius como um diretor temível, "de pavio curto e inteligência afiada", que "assustava a todos nós".[35]

Em 1874, Julius se tornou o primeiro membro da família Sachs a virar parente por afinidade dos Goldman ao se casar com Rosa, a filha mais velha de Marcus e Bertha, uma jovem cheia de vida e talentosa atriz que adorava se apresentar para a família estendida.[36] Em 1877, o casamento de Sam com Louisa aprofundou ainda mais os laços familiares entre os clãs.

A amizade de Sam com Jacob Schiff era anterior a seu casamento. Os dois haviam se conhecido no início da década de 1870, antes da dissolução da Budge, Schiff & Co., quando ambos tentavam se estabelecer em Nova York. Mesmo na época, os instintos caridosos de Schiff deixaram Sachs impressionado. "Sua mente ativa e seu enorme esforço para melhorar as condições de seus semelhantes já eram evidentes nessa época", recordou Sachs, que observou ainda: "Na minha convivência com o sr. Schiff e em nossas caminhadas regulares até o hospital nas manhãs de domingo, nunca deixei de ter a impressão de que ele fosse um cidadão caridoso. [...] Não só no que dizia respeito ao cuidado com os enfermos, mas também ao ensino superior para seus correligionários e à melhoria das condições de vida para os pobres em várias partes do mundo".[37]

S. G. Rosenbaum, que sucedeu Schiff na presidência do Montefiore, exclamou que "nenhum outro homem com quem eu tenha tido contato viveu mais plenamente os princípios da *noblesse oblige*".[38]

Schiff acreditava piamente que seu status privilegiado o tornava responsável pelo cuidado dos menos afortunados. "A riqueza excedente que conquistamos, ao menos em algum grau, pertence a nossos semelhantes; somos apenas os guardiães temporários de nossas fortunas", afirmou certa vez. Ele desprezava os milionários que acumulavam riqueza ao longo da vida e só se voltavam à filantropia na hora da morte. Tampouco acreditava em doações passivas, como deixava claro o rigoroso controle das organizações que apoiava. "A caridade e a filantropia, para serem eficazes, devem contar com a supervisão pessoal. Como o coração se deixa comover mais facilmente do que a cabeça, a caridade é pródiga, ao passo que a filantropia é insuficiente." Da maneira como via as coisas, sua responsabilidade era não apenas doar, mas também dar o exemplo.[39] "Schiff nunca reivindicou a liderança; apenas a exercia naturalmente", relembrou Morris Waldman, um assistente social que trabalhou junto a ele.[40]

A infância passada em Frankfurt, onde a tradição filantrópica estava firmemente enraizada na comunidade judaica, e onde a família de Schiff exercia desde longa data um papel de liderança, sem dúvida influenciou suas convicções compassivas. Mas a dedicação de Schiff às obras de caridade devia-se a bem mais do que um senso de obrigação moral. Ele via sua filantropia segundo o conceito judaico de *tzedekah*. O termo não se traduz como "caridade" — palavra que Schiff não apreciava —, mas como "justiça" ou "equidade". Ao contrário da caridade, não havia nada voluntário na *tzedekah*. Ajudar os pobres e necessitados era um imperativo religioso.

Schiff adotava a tradicional prática judaica de destinar 10% de sua renda para doações, e exigia que os filhos doassem uma parte de sua mesada para instituições de caridade como o Fresh Air Fund. Todo ano, em 1º de janeiro, quando era realizado o balanço patrimonial da Kuhn Loeb, Schiff reservava um décimo de seus rendimentos em uma conta separada que continuava a suplementar ao longo do ano.[41] Seu fundo filantrópico crescia lado a lado com os lucros da Kuhn Loeb, que, sob a liderança de Schiff, adquiria a reputação de ser uma ágil empresa nas finanças ferroviárias.

Mesmo à medida que sua estatura como financista crescia, Schiff sempre parecia ter tempo para as atividades filantrópicas. Na verdade, parecia priorizá-las. Em uma reunião nos escritórios da Kuhn Loeb, segundo relembrou um diretor da Montefiore, o conselho analisava vários pedidos de internação quando um funcionário entrou na sala e entregou a Schiff um bilhete para avisar que havia um cliente querendo vê-lo. "Ele lhe disse para informar o cavalheiro de que no momento estava ocupado em uma reunião muito importante e que só conseguiria atendê-lo dali a uns vinte minutos." Quando a última solicitação foi discutida, o banqueiro se levantou para receber o homem que aguardara pacientemente — e não era um cliente qualquer, mas provavelmente o mais importante da firma: o presidente da Pennsylvania Railroad.[42]

A proficiência financeira de Schiff era tamanha que até a Reading Railroad, chefiada por Austin Corbin, o magnata que declarou publicamente sua intenção de proibir judeus em seu resort no Brooklyn, tentou repetidas vezes atrair o interesse da Kuhn Loeb para seus negócios. Schiff o rejeitou, mesmo sabendo que sua firma poderia obter rápidos lucros. "Nosso amor-próprio nos impede de ter qualquer coisa a ver com esse homem, por maior que seja sua capacidade", afirmou a um sócio. E acrescentou que "eu ficaria com vergonha de mim mesmo e diante de meus filhos se agisse de outro modo". Corbin se arrependera de seus comentários antissemitas, talvez devido à publicidade negativa que haviam gerado. Em 1886, numa tentativa de cair nas graças dos judeus de Nova York — e talvez para puxar o saco de Schiff, mais especificamente —, ele assinou um cheque de 10 mil dólares para o Lar Montefiore. Mais uma vez, Schiff recusou. Embora não tenha aceitado a doação de Corbin, tampouco permitiria que o hospital perdesse uma contribuição tão necessária. Assim, cobriu a quantia com dinheiro do próprio bolso.[43]

Moses Montefiore faleceu em 1885, pouco antes de completar 101 anos. E, em muitos aspectos, era o manto de Montefiore — mais do que o de Joseph Seligman — que Schiff reivindicava. O jornal *The Jewish World* o apelidou de "o Montefiore americano", considerando o apelido "justificado" porque Schiff reagia "como um príncipe a todos os apelos e necessidades".[44] Joseph Buttenwieser, que conheceu Schiff em 1883 e trabalhou a seu lado em obras de caridade, também fez uma comparação com o filantropo britânico: "Nenhum judeu nos Estados Unidos, nem no outro lado do Atlântico desde Moses Montefiore, empenhou-se tão valorosamente e com tanto sucesso por nosso povo".[45]

Schiff em pouco tempo se tornou uma figura lendária por direito próprio, liderando uma era de filantropia sem paralelo na moderna história judaica. Durante esse período, que se estendeu por mais de três décadas, "quase nenhum empreendimento judaico de natureza filantrópica ou educacional foi iniciado, ou nenhuma política importante de interesse local ou nacional foi adotada, sem que antes houvesse uma consulta ao mais proeminente líder dos judeus americanos", lembrou Morris Waldman.[46]

Certa vez, durante uma entrevista conjunta com Louis Marshall e membros da imprensa de Nova York, Schiff ofereceu uma perspectiva reveladora sobre sua ascendência. Um repórter comentara com Marshall que "o senhor fala em nome de toda a comunidade judaica americana", ao que o advogado respondera, exaltado: "Ninguém é eleito para esse trono!".

Schiff se empertigou. "O senhor pode falar comigo sobre isso", interveio. "Os judeus não elegem seus líderes. A liderança surge por si só."

"E como isso acontece?", perguntou outro jornalista.

"É necessário ter Deus no coração", respondeu Schiff. "E ser uma figura ética que os demais encaram de maneira reverente e a quem dão ouvidos mesmo não gostando do que ela tem a dizer — uma pessoa assim é um líder natural."[47]

Uma das parcerias filantrópicas mais importantes da vida de Schiff ocorreu por intermédio de sua sogra, Betty Loeb. Como tantas mulheres da época, suas realizações receberam menos reconhecimento do que mereciam, embora seu neto, James P. Warburg, a considerasse a força propulsora, ao menos no começo, por trás dos projetos de caridade das famílias Loeb e Schiff. "Ela era dotada de um verdadeiro interesse humanitário, que assumia muitas formas", afirmou.[48]

Loeb integrou a diretoria de vários grupos e comitês beneficentes, inclusive os da Associação Hebraica de Ensino Gratuito — uma organização que fornecia instrução religiosa e hebraica a crianças judias para combater as furtivas tentativas de catequização dos missionários cristãos — e os da Escola Preparatória de Enfermagem do Hospital Mount Sinai. No início da década de 1890, Loeb financiou aulas domiciliares de enfermagem e higiene para mulheres no Lower East Side, ministradas por uma enfermeira recém-formada no Hospital de Enfermagem de Nova York.

Lillian Wald chegara a Nova York vinda de Rochester, onde fora criada em uma família de judeus alemães relativamente prósperos. Os Wald não eram praticantes, e, se havia alguma observância da fé entre a família, era de uma variedade altamente liberal e assimilacionista, que aceitava o casamento fora do judaísmo como meio de integração com a sociedade branca e cristã predominante. Independente e idealista, Lillian, quando criança, costumava alimentar os pobres na porta de sua casa, e, ao chegar à idade adulta, rejeitou o caminho que se esperava dela: casar, ter filhos e cuidar da casa. "Isso não me satisfaz no momento", explicou em sua candidatura à escola de enfermagem. "Sinto que preciso de um trabalho sério, definido."[49] Essa ambição acabou por levá-la a Nova York e ao populoso Lower East Side, onde ela se deparou pela primeira vez com o sofrimento dos pobres urbanos.

Numa manhã chuvosa de março de 1893, ao final da aula, uma menina se aproximou de Wald e lhe pediu que ajudasse sua mãe enferma. "A criança me conduziu por ruas esburacadas [...] cheias de colchões sujos e pilhas de lixo [...] entre casas altas e malcheirosas cujas escadas de incêndio, inúteis para a finalidade a que se destinavam, estavam abarrotadas de utensílios domésticos de todos os tipos", relembrou Wald. "Todas as mazelas de nossas relações sociais e econômicas pareciam sintetizadas nesse breve percurso e no que se encontrava ao final dele." Depois de atravessar o pátio de um cortiço e subir uma escada escorregadia por causa da lama, Wald encontrou a mãe da menina, que dera à luz recentemente. Incapaz de pagar pelos serviços de um médico, ela encontrava-se deitada em um colchão ensanguentado num apartamento de dois dormitórios ocupado por nove pessoas. "A experiência daquela manhã foi um batismo de fogo", disse Wald, que deixou o local imbuída de um novo propósito: viver e trabalhar entre os moradores pobres do Lower East Side.[50]

Wald estava na vanguarda do movimento de assentamento, por meio do qual os reformadores sociais procuravam diminuir o abismo das divisões de classe ao se estabelecerem nos bairros pobres. Constituídas em cidades como Boston, Chicago e Nova York, que haviam atraído um grande influxo de imigrantes, as casas de assentamento ofereciam ensino, assistência médica e outros serviços comunitários destinados a melhorar as condições dos pobres.

Em busca de um benfeitor, Wald conseguiu uma audiência com Betty Loeb, a quem apresentou seu plano de estabelecer um assentamento de enfermeiras domiciliares no Lower East Side. "Não sei se ela é um gênio ou apenas louca", Loeb confessou mais tarde à filha, Nina. Inclinada a acreditar que se tratava da primeira opção, Loeb marcou um novo encontro, desta vez convidando seu genro, Jacob Schiff.[51] "O atarefado banqueiro respondeu na hora", disse Wald. "O auxílio financeiro foi concedido de modo incondicional."[52]

No começo, a modesta operação de Wald era tocada por ela própria e por uma amiga da escola de enfermagem, Mary Brewster. As duas dividiam um apartamento na Jefferson Street, a poucas quadras do East River, e atendiam domicílios por todo o bairro. Em 1895, Schiff adquiriu um imóvel no número 265 da Henry Street para o uso de Wald. Mais de um século depois, a casa em estilo *rowhouse* continua a sediar o assentamento da Henry Street, que também deu origem a uma organização irmã, o Serviço de Enfermagem Domiciliar de Nova York.

O assentamento da Henry Street abriu os olhos de Schiff, expondo-o a imigrantes e trabalhadores em regime de semiescravidão e proporcionando ao capitalista, entre outras coisas, uma nova perspectiva sobre as relações de trabalho. "Lembro-me de sua visita ao nosso bairro certo dia, quando, respondendo a perguntas sobre as condições industriais, ele tomou conhecimento de uma greve iminente na indústria de vestuário", relembrou Wald.

> Embora protestando contra as greves como método para resolver dificuldades trabalhistas, ele concordou em reunir os fabricantes numa conferência. Schiff saiu convencido da situação opressiva em que os empregados [...] haviam sido colocados, e, após uma prolongada disputa, forneceu o dinheiro para atender as necessidades das famílias dos grevistas até que eles, triunfantes, fossem capazes de negociar melhores condições de trabalho.

Em outro episódio, Schiff providenciou o pagamento da fiança de um grupo de piqueteiros presos.[53]

Além de ajudar imigrantes e trabalhadores de baixa remuneração, o assentamento da Henry Street passou a atuar cada vez mais entre a comunidade negra de Nova York, levando Schiff a participar de algumas das primeiras tentativas de organizar o moderno movimento dos direitos civis. Ele ofereceu apoio financeiro a Booker T. Washington e integrou o comitê geral da Associação Nacional para o Progresso das Pessoas de Cor (NAACP), fundada em uma conferência realizada no assentamento da Henry Street. "Os problemas raciais só podem ser resolvidos com a completa justiça para o negro, e, enquanto isso não for plenamente concedido, essa grave questão [...] voltará a nos assombrar e a nos fazer sentir vergonha de nós mesmos", declarou Schiff.[54]

"Seu senso de justiça repetidamente ofendido produziu um galante defensor dos oprimidos, e sua reverência pela santidade dos outros era também marcante", disse Wald. "Devoto e firme em sua fé, ele generosamente fez uma doação a um comitê de mulheres cubanas que pleiteava a restauração de um santuário católico."[55]

Os interesses filantrópicos de Schiff eram abrangentes, e, embora as causas judaicas ocupassem o centro de suas doações, ele apoiava uma variedade de instituições seculares. Em alguns casos, essas doações visavam estabelecer uma ponte com o mundo gentio e garantir um lugar à mesa, literalmente, para os interesses judaicos.

Schiff contribuiu generosamente para importantes instituições culturais e acadêmicas nova-iorquinas — o Metropolitan Museum, o Museu Americano de História Natural, a Universidade Columbia —, mesmo que no início a presença de judeus em suas diretorias fosse extraoficialmente proibida. Conseguir uma representação nessas organizações era importante para Schiff por motivos tanto simbólicos como práticos. Segundo explicou em uma carta ao presidente da Columbia,

> enquanto [...] os cidadãos da fé judaica permanecerem, por um entendimento tácito, alijados da administração da Universidade Columbia, do Metropolitan Museum, do Museu Americano de História Natural e de outras importantes entidades comunitárias, o preconceito contra a população judaica continuará vivo, e os líderes da opinião pública deveriam fazer tudo

em seu poder para eliminá-lo. Não podemos esperar que as águas de um rio sejam puras quando sua nascente está contaminada.[56]

O preconceito, acreditava ele, fluía de cima para baixo, não de baixo para cima; as pessoas eram influenciadas pelas elites. Os americanos não ficariam livres de seus preconceitos enquanto seus líderes não dessem o exemplo.

As doações de Schiff abriam portas, e isso proporcionava a ele uma plataforma para pressionar por lideranças judaicas. Quando a diplomacia do dinheiro fracassou, ele recorreu a táticas mais agressivas. George B. McClellan Jr., prefeito democrata de Nova York (e filho do general da Guerra Civil que desafiou Abraham Lincoln na eleição de 1864), relembrou uma visita de Schiff e Marshall, que reclamaram da falta de um membro judeu na diretoria do Metropolitan Museum. Eles afirmaram ter redigido um projeto de lei, que esperavam aprovar junto à legislatura estadual, que daria ao prefeito o poder de nomear diretores para instituições parcialmente públicas — como o Metropolitan Museum, o Museu Americano de História Natural e a Biblioteca Pública de Nova York — financiadas com dinheiro dos contribuintes, e isso exigiria que dois diretores fossem judeus. Schiff e Marshall queriam o apoio de McClellan, que não se comprometeu a dá-lo.

"No momento em que eles saíam", recordou McClellan em suas memórias,

> Marshall ficou um pouco para trás e me disse: "Naturalmente, senhor prefeito, está subentendido que, se a lei for aprovada, o senhor nomeará o sr. Schiff para uma das vagas". Respondi que não podia prometer nada, e em seguida ele deixou minha sala. Nesse momento, Schiff voltou e disse: "A propósito, senhor prefeito, naturalmente está subentendido que o senhor nomeará o sr. Marshall para uma das vagas". Com isso, repeti o que afirmara a Marshall.

Depois que eles saíram, McClellan telefonou para J. P. Morgan, presidente do conselho de administração do Metropolitan Museum, e disse: "Quanto antes você puser um judeu em sua diretoria, tanto melhor".

No dia seguinte, segundo McClellan, Morgan convocou uma reunião na qual aceitou a renúncia de um membro da diretoria e nomeou para a vaga George Blumenthal, um judeu natural de Frankfurt que era sócio sênior na Lazard Frères, a instituição bancária dos irmãos Lazard.[57] Em vida, Schiff também viu a Biblioteca Pública de Nova York e o Museu Americano de História Natural nomearem diretores judeus. No caso do museu, para o qual Schiff contribuíra não só com fundos, mas também financiando escavações arqueológicas para encher suas galerias, o primeiro diretor judeu foi seu genro Felix Warburg.

Schiff pressionou especialmente por um lugar na diretoria da Universidade Columbia — se não para si próprio, para algum outro correligionário. Quando isso não se concretizou, após mais de uma década de insistências e quedas de braço, ele enviou uma mensagem inequívoca à administração da universidade: doou 100 mil dólares para a criação de um departamento de estudos alemães na Cornell, deixando claro que havia feito isso porque a Columbia continuava a excluir judeus de sua diretoria.

Embora a vaga na Columbia não se materializasse, Schiff desempenhou um papel central na fundação de sua instituição irmã, o Barnard College. Em 1888, Annie Nathan Meyer, de 21 anos, proveniente de uma destacada família sefardita, pediu a ele que integrasse um comitê de arrecadação de fundos com o objetivo de criar uma faculdade feminina na Columbia. "Fiquei terrivelmente nervosa diante da perspectiva de abordá-lo", relembrou Meyer. "Ouvira falar de sua extrema arbitrariedade. Diziam que uma pessoa não podia esperar servir em uma diretoria a seu lado a menos que estivesse preparada para concordar com ele em todos os aspectos." Mas, sob "a aparência exterior um pouco intimidante", ela encontrou um homem caloroso, cordial e, melhor ainda, interessado em sua proposta. Schiff veio a ser o primeiro tesoureiro do Barnard, o que significava que, naqueles anos iniciais de vacas magras, cabia-lhe esticar a escassa verba da faculdade e ajudar a promover sua captação de recursos.[58] "De uma extrema lealdade a seu povo", escreveu mais tarde Meyer, ele "estava particularmente interessado em ajudar as alunas judias a terminarem a faculdade." Em alguns casos, seu investimento no futuro delas continuava depois que concluíam os estudos. Certa vez, quando o marido de uma aluna da primeira turma do Barnard corria o risco de perder seu negócio, Schiff interveio com um empréstimo para ajudar o homem a superar o momento difícil.[59]

Ele permaneceu na diretoria do Barnard por alguns anos antes de passar o bastão financeiro a um amigo, o editor George Arthur Plimpton (avô do jornalista George Plimpton). Tanto seu tempo como seu dinheiro eram cada vez mais consumidos por uma crise humanitária sem precedentes, que a comunidade judaica de Nova York não poderia ter ignorado nem se quisesse.

10
Êxodo

NA MANHÃ DE 27 DE NOVEMBRO DE 1881, duzentos judeus proeminentes se espremiam no Asilo de Órfãos Hebreus para debater o futuro do povo judeu no leste da Europa. Embora ainda não soubessem disso.

No começo daquele outono, refugiados judeus do Império russo haviam começado a chegar ao posto de imigração de Castle Garden (precursor de Ellis Island). A comunidade judaica de Nova York se mobilizara para providenciar um fundo assistencial aos recém-chegados, tendo DeWitt Seligman no papel de tesoureiro. Jacob Schiff fez a primeira contribuição, no valor de quinhentos dólares, para o Fundo Americano de Ajuda aos Emigrantes Russos.[1]

Para algumas lideranças judaicas, ficara evidente que uma tentativa de auxílio temporário não bastaria. Os recursos eram suficientes para cuidar de cerca de quinhentos refugiados, porém mais de mil já haviam chegado, e outras centenas desembarcavam a cada semana. Alguns participantes do encontro de novembro defendiam a criação de uma organização assistencial permanente para os imigrantes russos.

Os judeus alemães, que agora dominavam os grupos de assistência social, eram solidários à provação de seus irmãos e irmãs russos, mas, ao mesmo tempo, estavam receosos. Como aqueles imigrantes pobres vindos de povoamentos judeus isolados se adaptariam à vida americana tão rapidamente quanto eles? E se não fossem capazes de adotar os costumes e valores do novo país? Qual seria o impacto disso sobre sua própria e frágil situação? Afinal, eles já estavam plenamente assimilados, ainda que nem sempre fossem bem aceitos. Apreensões como essas ensejariam uma duradoura animosidade entre os alemães estabelecidos e os novos imigrantes vindos da Rússia e de seus arredores.

Nos anos seguintes, os imigrantes judeus não encontrariam um defensor mais incansável do que Schiff, mas a princípio ele foi contra a proposta de criar um grupo assistencial. Um jornal, parafraseando Schiff, disse que o financista denunciara a ideia por "cheirar a sectarismo".[2] Segundo outra fonte, ele comentou que "a imigração não era tal como se desejava, e questionou se alguém já ouvira falar de qualquer outra raça ou nacionalidade que tivesse fundado uma sociedade de auxílio à emigração". Membros da multidão resmungaram ao ouvir os comentários de Schiff. Alguns gritaram: "Eu, eu!".[3]

Por fim, um litógrafo chamado Julius Bien, favorável à criação do grupo de ajuda, exclamou insistentemente: "Quem vai a Castle Island amanhã de manhã para cuidar desses quinhentos judeus russos?".[4]

Os eventos que desencadearam o maior êxodo em massa de judeus desde sua expulsão da Espanha em 1492, mudando radicalmente a vida judaica e levando quase 2 milhões de judeus aos Estados Unidos em pouco mais de três décadas, tiveram início em 13 de março de 1881. O tsar Alexandre II voltava de sua visita regular de domingo para inspecionar a troca da guarda na Escola de Equitação Mikhailóvski, um campo de treinamento da cavalaria imperial no centro de São Petersburgo. Quando sua carruagem à prova de balas avançava lentamente pela rua coberta de neve à beira do canal Catarina, um sujeito baixo vestindo um sobretudo preto se aproximou trazendo nas mãos um pacote embrulhado em um lenço branco. Ele hesitou, então atirou o pacote sob a carruagem.

Houve uma grande explosão, seguida de uma coluna acre de fumaça branca.

O corpo sem vida de um cossaco tombou na rua atrás da carruagem, onde a bomba explodira, mas Alexandre escapou do pior. A essa altura, o tsar de 62 anos já se acostumara às investidas contra sua vida. Desde que subira ao trono, após a morte do pai, Nicolau I, mais de 25 anos antes, ele sobrevivera a cinco atentados. O mais recente ocorrera no inverno anterior, quando um revolucionário ligado a um grupo radical conhecido como Naródnaia Vólia (Vontade Popular) plantara cerca de cinquenta quilos de dinamite sob a sala de jantar em seu palácio. Por sorte, Alexandre chegara tarde. A explosão matou onze pessoas.[5]

O atentado de agora também era obra do Naródnaia Vólia, um grupo clandestino dedicado a fomentar uma revolução socialista. Quando o assassino tentou escapar, foi rapidamente dominado pelos guardas de Alexandre. Desorientado, mas ileso, Alexandre desceu em meio à fumaça, ignorando as súplicas de sua comitiva para permanecer na carruagem. Então um segundo membro do Naródnaia Vólia atirou outra bomba. Quando a fumaça se dissipou, o tsar jazia mortalmente ferido na neve tingida de sangue. Ele faleceria nessa mesma tarde.[6]

Semanas depois, os pogroms tiveram início.

Em 15 de abril de 1881, alguns dias após a Páscoa, uma manifestação antissemita irrompeu em Elisavetgrad (atual Kropyvnytskyi), cidade de 43 mil habitantes localizada na moderna Ucrânia, onde um rastro de vidros estilhaçados, móveis despedaçados e lençóis rasgados assinalava o caminho destrutivo da multidão. A violência antissemita não era incomum nos feriados cristãos, oportunidades em que as turbas exaltadas por vezes descarregavam sua fúria contra os supostos assassinos de Cristo que viviam entre eles. Mas essa revolta foi diferente.

Um dos conspiradores preso e enforcado pelo assassinato do tsar era uma jovem de ascendência judaica. Sua participação no atentado havia sido secundária, mas um boato deflagrado em parte por jornais locais dava conta de que o tsar fora morto por judeus. Antes da revolta em Elisavetgrad, houve rumores de iminentes pogroms para vingar a morte de Alexandre.

A violência se irradiou a partir de Elisavetgrad. Menos de duas semanas depois, tumultos irromperam no bairro judeu de Kiev, e foram necessários três dias para o restabelecimento da ordem. Nos meses seguintes, pogroms de gravidade variada ocorreram em centenas de povoados por toda a zona de assentamento, numa campanha de destruição, estupros e, em alguns casos, assassinatos que aterrorizou a população judaica e aprofundou suas mazelas econômicas.[7]

Os judeus viviam como uma classe inferior na Rússia desde que haviam sido autorizados a habitar a região. Após a Rússia dividir o território da Comunidade Polaco-Lituana no fim do século XVIII, o império relutantemente ganhara uma grande população judaica. Antes disso, os soberanos russos procuravam manter os judeus longe de suas fronteiras. Mas, em 1791, Catarina, a Grande, lidara com a problemática questão dos novos habitantes russos — não cidadãos — permitindo que os judeus vivessem em uma faixa de território designada no canto sudoeste do império. A zona de assentamento chegaria a cobrir cerca de 1,3 milhão de quilômetros quadrados, abrangendo totalmente ou em parte as atuais Bielorrússia, Letônia, Lituânia, Moldávia e Ucrânia, além de algumas regiões do oeste da Rússia. Em seu auge, cerca de 5 milhões de judeus, quase metade da população judaica mundial, viviam nesse território. Na zona de assentamento, havia regras sobre onde os judeus podiam se estabelecer — de início, cidades como Kiev e Sebastopol estavam proibidas. E os judeus eram proibidos também de fundar novos povoamentos a menos de cinquenta quilômetros do limite oeste da zona.

O reinado de Alexandre II marcou uma ligeira melhora para os judeus no Império russo. Seu pai, Nicolau I, os considerara uma ameaça à unidade russa — um "elemento prejudicial" —, e tomara medidas para russificá-los.[8] Seu regime proibiu os judeus de usarem trajes tradicionais e censurou determinados livros hebraicos. Além disso, Nicolau decretou que os judeus, antes impedidos de servir o Exército, passariam a ser recrutados. Meninos de doze anos foram tirados de suas famílias e obrigados a cumprir o serviço militar até completarem 25 anos. Para a comunidade judaica, isso pareceu apenas uma tentativa de reprimir sua fé e perseguir suas lideranças — e eles tinham toda razão.

Alexandre II, que empreendeu uma campanha para modernizar a Rússia, havia emancipado os servos do império e diminuído em algum grau as restrições impostas aos judeus no tocante a questões de ensino, propriedade de terras e permissão para viajar. Além disso, em seu governo, alguns judeus foram autorizados a viver fora da zona de assentamento.

Alexandre III, que subiu ao trono após o assassinato do pai, desprezava os judeus. "No fundo, fico muito feliz quando eles são castigados", confessou ao governador-geral de Varsóvia, "mas de qualquer forma isso não pode ser permitido."[9] Ele organizou uma comissão para investigar as causas dos pogroms, que produziu um relatório no qual efetivamente responsabilizava os judeus por incitarem a violência contra si mesmos ao "explorarem" a população. O relatório também condenava algumas das políticas mais liberais de Alexandre II. A solução de Alexandre III foi aumentar a repressão. Em 1882, ele promulgou novas leis revertendo algumas reformas realizadas pelo pai. Conhecidas como as Leis de Maio, elas proibiam os judeus de se estabelecer fora dos vilarejos e cidades da zona de assentamento, de registrar propriedades ou cobrar hipotecas e de realizar negócios aos domingos e feriados cristãos, entre outras restrições.[10]

Em meio ao medo e à incerteza, os *shtetls* [povoamentos judaicos] foram tomados por histórias sobre liberdades mágicas disponíveis nos Estados Unidos. E, como afirmou Irving Howe em seu livro seminal sobre o êxodo judaico do Leste Europeu, *World of Our Fathers* [O mundo dos nossos pais], uma "mistura explosiva de miséria e esperança" fez estourar as comportas. Nas aterrorizadas comunidades da zona de assentamento, os líderes judeus debatiam acaloradamente se a imigração deveria ou não ser encorajada como política oficial.[11]

Enquanto isso, em Nova York, aqueles que propunham a criação de um órgão de assistência aos imigrantes judeus fizeram valer sua vontade. A instituição resultante, chamada Sociedade de Auxílio ao Emigrante Hebreu, tinha a missão de "ajudar e orientar os imigrantes [...] a obter residência e emprego, e fornecer os meios para evitar que se tornassem um fardo para as obras beneficentes da comunidade". O grupo imediatamente pôs mãos à obra, inclusive estabelecendo relações com a rede de organizações assistenciais europeias surgidas para lidar com a crise de refugiados no Velho Mundo. Schiff, a despeito de suas apreensões, juntou-se à liderança da nova organização. A Comissão de Emigração de Nova York cedeu a ela o uso de terras e algumas construções rudimentares na ilha de Wards, a norte de Manhattan, a fim de abrigar os imigrantes russos, que afluíam em tão grande número que não havia emprego e abrigo para todos. Schiff doou 10 mil dólares para a reforma da propriedade, que ficou conhecida como o Refúgio Schiff; sua empresa contribuiu com outros 5 mil dólares, assim como Jesse Seligman.[12]

Desde o início, a sociedade assistencial sofreu dificuldades com o influxo. "Estão chegando imigrantes demais ao mesmo tempo", queixou-se um funcionário em junho de 1882. "Estava tudo indo muito bem enquanto a quantidade era limitada. Agora é diferente. Mais de 1300 pessoas chegaram na semana passada, e, ao longo do sábado e do domingo, outras 3 mil, mais ou menos."[13]

As tensões entre os imigrantes e seus supervisores aumentaram quando os recém-chegados começaram a se perguntar por que haviam atravessado um oceano pelo privilégio de viver em condições não muito melhores do que aquelas das quais estavam fugindo. Os residentes do Refúgio Schiff, que viviam em um conjunto de quatro barracões de madeira, queixaram-se de receber comida estragada e ser agredidos pelo superintendente do abrigo e seu auxiliar.[14] Por fim, em outubro de 1882, eles se rebelaram, sitiando a casa do superintendente e lançando sobre ela uma saraivada de pedras, enquanto ele e seu assistente se encolhiam do lado de dentro.[15]

A revolta foi apaziguada, mas as animosidades entre os russos e seus benfeitores americanos prosseguiram. Alguns imigrantes desiludidos pediram para ser mandados de volta; a cada dia, funcionários frustrados da organização assistencial pediam demissão, e o grupo teve três presidentes e quatro secretários no período de um ano.[16] Um desses secretários, após se desligar, exclamou que "somente a desgraça e um rebaixamento da opinião sobre os israelitas americanos [...] poderão resultar da permanência [...] desses infelizes entre nós".[17]

Enquanto isso, os dirigentes da Sociedade de Auxílio ao Emigrante Hebreu brigavam com seus pares na Europa por conta de questões ligadas aos recursos financeiros e à qualidade dos imigrantes que lhes eram impingidos. Os grupos assistenciais europeus haviam se comprometido em fazer uma avaliação dos refugiados de modo a assegurar que apenas os mais saudáveis e capacitados fossem enviados para os Estados Unidos, mas a Sociedade de Auxílio ao Emigrante Hebreu se queixou em um cabograma a seu representante na Europa de que os recém-chegados eram em sua maioria "incapazes de se sustentar" e constituiriam "um fardo permanente".[18]

A sociedade criou uma agência de emprego no número 35 da East Broadway e fornecia a cada imigrante que iniciasse um novo trabalho um conjunto de roupas de doze dólares.[19] Mas a esperança, no início, era impedir que a maioria dos judeus russos fosse para Nova York, a fim de não atiçar o antissemitismo nem prejudicar, por tabela, o status dos judeus alemães. Além disso, os líderes da sociedade acreditavam que os imigrantes podiam se americanizar mais rápido se fossem instalados em comunidades onde residissem poucos judeus. Com a ajuda financeira da Sociedade de Auxílio ao Emigrante Hebreu, colônias agrícolas foram estabelecidas em locais como Cotopaxi, no Colorado; Beersheba, no Kansas; Sicily Island, na Louisiana; e Vineland, em Nova Jersey. Por meio de um grupo intitulado Sociedade de Auxílio Agrícola Montefiore, Schiff e Jesse Seligman bancaram pessoalmente a criação de uma comuna agrícola no Oregon chamada Nova Odessa.[20]

A Sociedade de Auxílio ao Emigrante Hebreu despachou Julius Goldman para investigar possíveis locais de assentamento no Oeste americano. O jovem e astuto advogado, que, além de ser o representante pessoal de Schiff, cuidava dos assuntos legais da firma bancária do pai, não tinha nenhuma experiência com agricultura, mas mesmo assim percorreu a região de Minnesota e os territórios de Dakota. Quando voltou, seu relatório foi pessimista: "Assentar a massa dos refugiados nas terras do Oeste [...] é completamente inviável", escreveu.[21]

De fato, a maioria das colônias agrícolas fracassou. Uma das poucas razoavelmente bem-sucedidas foi a de Vineland, onde 72 famílias acabaram por se estabelecer, criando galinhas e cultivando milho, batata-doce e morango.[22]

Em 1883, a Sociedade de Auxílio ao Emigrante Hebreu encerrou suas atividades, depois de se desincumbir dos imigrantes remanescentes sob sua responsabilidade no Refúgio Schiff. O fim da combalida sociedade assistencial foi de certa forma inevitável. A comunidade judaica estabelecida de Nova York se esforçara de maneira admirável para financiar a organização — que gastou 250 mil dólares só no primeiro ano —, mas continuava havendo uma grande dose de ambivalência, quando não hostilidade aberta, em relação à nova leva de imigrantes que lhes havia sido imposta.[23]

Na altura em que a Sociedade de Auxílio ao Emigrante Hebreu se dissolveu, o surto de violência que provocara a vaga inicial de refugiados havia diminuído de maneira significativa, e, em 1883, o número de imigrantes judeus que buscavam refúgio nos Estados Unidos caiu em um terço.[24] Para os líderes judeus de Nova York, o pior parecia ter passado. Mas, na verdade, a diáspora estava apenas começando.

Em 1884, chegaram mais de 11 mil judeus refugiados. No ano seguinte, quase 17 mil. E, um ano depois, outros 21 mil.[25] No momento em que fechou as portas, a Sociedade de Auxílio ao Emigrante Hebreu repassou o que restava de seus fundos — totalizando 10 mil dólares — para a Sociedade Beneficente Hebraica Unida, que tentou preencher o vazio.[26] Mas a necessidade premente estava muito além daquilo com que qualquer organização podia lidar. Semana após semana chegavam navios carregados de imigrantes carentes de abrigo, comida, emprego, assistência médica, ensino e tudo o mais.

Para Schiff, os anos que se seguiram à dissolução da Sociedade de Auxílio ao Emigrante Hebreu foram um período febril de atividade filantrópica e criação de instituições. Ele ingressou na diretoria da filial nova-iorquina da Associação Hebraica de Moços (YMHA), que oferecia aos imigrantes aulas de cidadania e programas educacionais, e aceitou assumir a presidência do Lar para Hebreus Idosos e Enfermos. De forma cordial, mas insistente, Schiff vivia pressionando os amigos e sócios a contribuírem ainda mais para a variedade de causas a que devotava seu tempo e dinheiro. Em 1886, ele promoveu uma arrecadação de fundos com o objetivo de construir uma nova sede para o Lar Montefiore na esquina da rua 138 com a Broadway, e, dois anos depois, tendo obtido 160 mil dólares em contribuições, aplicou solenemente a argamassa na pedra fundamental do edifício. "Que a pedra por nós aqui assentada venha a ser o alicerce de uma casa onde habite o verdadeiro espírito divino, o espírito da caridade", declarou.[27]

Com a construção do novo edifício do Lar Montefiore em andamento, Schiff se juntou ao cunhado, Morris Loeb, ao filho de Joseph Seligman, Edwin, e a alguns outros para levantar 125 mil dólares e construir uma sede para a Aliança Educacional, que ele ajudara a criar intermediando uma parceria entre três grupos existentes, entre os quais a YMHA e a Associação Hebraica de Ensino Gratuito. Schiff se tornou o presidente fundador da aliança, cujo objetivo, conforme noticiou o *New York Times* em um artigo sobre a inauguração do novo prédio na East Broadway, era "americanizar, na medida do possível, a grande massa de judeus desta cidade nascidos no estrangeiro".[28] Ao longo das duas décadas seguintes, passaram tantos imigrantes pelo lugar que sua escada de mármore, desgastada pelo vaivém de gente, precisou ser trocada.[29]

A filantropia de Schiff, sempre voltada à melhoria das condições de vida de outros judeus, por vezes assumia vias indiretas. Foi esse o caso em 1889, quando ele forneceu 10 mil dólares de capital inicial para o estabelecimento de um museu de história semita em Harvard. Seu objetivo de preservar textos hebraicos antigos, obras de arte e outras relíquias partia na verdade de uma preocupação com o momento. Como ele explicou na cerimônia de inauguração:

> O antissemitismo na Europa, o preconceito social e o ostracismo nos Estados Unidos livres podem estar crescendo por ora; caberá à posteridade, com asco e vergonha, repudiar tais paixões. Nesse meio-tempo, para combater com eficiência tais correntes deletérias, devemos criar oportunidades para um estudo mais pormenorizado e um melhor conhecimento da história e da civilização semitas, de forma que o mundo compreenda e reconheça melhor a dívida que possui para com o povo semita.[30]

No verão de 1890, a crise russa voltou a eclodir. Notícias davam conta de que o governo russo planejava começar a aplicar com rigor as Leis de Maio, que até então vigoravam apenas superficialmente. Os filantropos nova-iorquinos se prepararam para uma nova leva esmagadora de imigrantes, que agora, graças em parte a Schiff, estavam em melhor posição de administrar. Alguns anos antes, Schiff havia procurado, por intermédio do financista britânico Ernest Cassel, seu grande amigo, o barão Maurice de Hirsch, um magnata nascido em Munique que fizera fortuna com empreendimentos ferroviários na Europa. O filho único de Hirsch, Lucien, falecera pouco tempo antes. "Perdi meu filho, mas não meu herdeiro; a humanidade é minha herdeira", declarou Hirsch na época.[31] Da mesma forma que havia feito Moses Montefiore, após juntar uma fortuna, ele passou a gastá-la em obras assistenciais judaicas.

Hirsch tentara melhorar a situação econômica dos judeus que viviam na zona de assentamento por meio de programas agrícolas e educacionais. Em 1887, ele ofereceu ao governo russo 50 milhões de francos para a criação de escolas primárias e de agricultura por toda a zona de assentamento, mas as negociações malograram quando ficou claro para Hirsch que os líderes russos não tinham nenhum desejo de melhorar a vida de seus súditos judeus e talvez até preferissem que eles vivessem em um estado perpétuo de pobreza e sujeição.[32]

"[Hirsch] tentou fazer grandes doações na Rússia e na Galícia [região que cobre hoje partes da Ucrânia e da Polônia], mas não teve sucesso", Schiff relatou a Cassel em dezembro de 1888. O dinheiro do barão poderia ser muito mais bem empregado no assentamento dos "judeus que são constantemente despejados neste país". Cassel era íntimo de Hirsch, de modo que Schiff pediu que o amigo lhe recomendasse "doar uma soma considerável" nos Estados Unidos.[33]

Hirsch, nesse meio-tempo, chegara à conclusão de que os problemas dos judeus russos não poderiam ser resolvidos na Rússia; embora, antes disso, considerasse a emigração em larga escala uma solução pouco realista, ele agora a via como o único caminho. Em julho de 1890, conforme vinham à tona notícias da iminente repressão do governo russo aos judeus, Schiff se encontrou em Londres com o bigodudo nobre, que avaliou como um "homem tranquilo e ponderado" e profundamente comprometido em ajudar "nossos infelizes correligionários". Algumas semanas mais tarde, Hirsch escreveu a Schiff sobre os "pavorosos decretos" que os russos estariam promulgando contra os judeus. "Chegou o momento de nós, homens de posses, estendermos a mão a nossos semelhantes", afirmou. E anexou a cópia de uma carta na qual anunciava que contribuiria com 2,4 milhões de dólares para a criação de um fundo assistencial para os imigrantes judeus nos Estados Unidos. No início do ano seguinte, o Fundo Barão de Hirsch foi oficialmente lançado, contando com Schiff, Jesse Seligman, Julius Goldman e Oscar Straus, até pouco tempo antes emissário dos Estados Unidos no Império otomano, entre seus diretores. (Emanuel Lehman participou mais tarde como tesoureiro da organização.)[34]

A despeito das falhas iniciais, o foco principal continuou sendo transformar os imigrantes judeus recém-chegados em agricultores, o que servia ao duplo propósito de removê-los dos superlotados guetos no centro de Nova York e oferecer-lhes uma vocação capaz de torná-los autossuficientes. Entre os primeiros projetos do Fundo Hirsch estavam uma nova colônia agrícola e uma escola de agricultura em Woodbine, Nova Jersey. A organização também ajudou os judeus a adquirirem terras de cultivo em Connecticut e apoiou coletivos agrícolas criados anos antes com o respaldo da Sociedade de Auxílio ao Emigrante Hebreu. Mas tais medidas só foram capazes de atrair um pequeno número dos imigrantes que inundavam Nova York, onde o Fundo Hirsch, graças a seus recursos e aos proeminentes membros de sua diretoria, passou rapidamente a exercer um papel central na comunidade judaica.

O dinheiro de Hirsch fluía para os grupos de assistência a judeus já estabelecidos, como a Sociedade Beneficente Hebraica Unida, que treinava imigrantes em trabalhos de costura, e a Aliança Educacional, que oferecia aulas de inglês gratuitas, como parte de um programa de "americanização" crucial para a missão do fundo. Essas iniciativas muitas vezes tinham de se adaptar às variadas necessidades dos recém-chegados: por exemplo, um imigrante aprendendo metalurgia ou marcenaria no Instituto Técnico Hebraico, financiado por Hirsch, tinha de fazer aulas de inglês para aprender os nomes das ferramentas. Precisava também da passagem de bonde de ida e volta para frequentá-las, e chegava tão faminto que um pequeno lanche constituído de pão, queijo e café era servido antes do início das aulas.

O Fundo Hirsch construiu banhos públicos na Henry Street para uso dos moradores do Lower East Side cujos cortiços não dispunham de banheiros. E fornecia empréstimos para proprietários de negócios, geralmente da indústria da confecção, que concordassem em oferecer treinamento aos imigrantes e empregá-los. Sob o incentivo de Julius Goldman, um programa de empréstimo independente foi criado com o objetivo de ajudar imigrantes da classe intelectual — normalmente, os que tinham algum estudo na Europa — a continuarem sua formação nos Estados Unidos. O programa era ministrado não só por Goldman, mas também por Morris Loeb, o brilhante e excêntrico filho de Solomon que acabara de ser contratado como professor de química pela Universidade de Nova York, e por Edwin Seligman, economista da Columbia.[35]

Seligman também participava de um comitê do Fundo Hirsch incumbido de recomendar novos programas, e estudava a questão de como os imigrantes poderiam estabelecer sua base econômica. Em um memorando, ele lamentou que tantos imigrantes judeus fossem encaminhados para ocupações não qualificadas, como enrolar charutos ou fazer o acabamento de roupas, onde ganhavam a vida "mediante jornadas de trabalho excessivamente longas e remuneração insuficiente, amontoados num ambiente imundo e pestilento, inevitavelmente privados das alegrias da vida e gerando uma progênie que, se exposta às mesmas influências, só poderá desenvolver os instintos mais básicos da humanidade".

"O que a desafortunada horda de imigrantes sem formação precisa é de oportunidades", refletiu ele. "E essas oportunidades só podem ser conseguidas com uma educação que lhes permita escapar da necessidade de se entregar a essas vocações acachapantes. Precisamos oferecer treinamento industrial para os adultos em grande escala."

Mas Seligman também receava que uma nova classe de trabalhadores imigrantes qualificados pudesse despertar o antissemitismo entre americanos que sentissem seu meio de vida sendo ameaçado. "Devemos empreender todos os esforços para impedir o aumento do preconceito de raça entre os trabalhadores, pois isso marcaria o começo do fim, o início de uma grave ação coordenada contra os judeus da qual o presente ostracismo social nas classes mais altas não é mais do que um tênue presságio."[36]

Outra preocupação de Schiff dizia respeito à imagem. De início, ele abordara o barão com uma iniciativa de escopo mais limitado, possivelmente a criação de um banco de crédito agrícola destinado a estimular projetos de fazendas judaicas e financiar o assentamento dos refugiados.[37] Embora acolhesse de bom grado o generoso investimento de Hirsch — na verdade, ele o havia solicitado —, Schiff também sabia que as abrangentes atividades do fundo criado por um alemão que vivia entre Paris e Londres poderiam dar a impressão de que a organização estava facilitando a imigração e atuando como representante americana de europeus tentando empurrar o problema da imigração para os Estados Unidos. "Ele me disse ter sérias dúvidas quanto à sensatez de aceitar grandes somas de dinheiro de fontes europeias para a realização de obras filantrópicas nos Estados Unidos", relembrou Julius Goldman. "Mais do que tudo, ele temia que o público, e mais particularmente as autoridades, pudesse atribuir a essas organizações a função de promover e auxiliar a imigração para os Estados Unidos." De fato, segundo Goldman, as autoridades imigratórias a certa altura investigaram o Fundo Hirsch de modo a assegurar que não estivesse encorajando ativamente a imigração.[38]

O novo êxodo russo, previsivelmente, deixou o público alarmado e ressentido e, em Washington, incitou esforços para restringir a imigração. Em 1882, durante a migração em massa inicial da zona de assentamento, o Congresso aprovara algumas das primeiras medidas imigratórias do país. Uma delas mirava o influxo de trabalhadores chineses, proibindo qualquer imigração da China por uma década. Meses após a Lei de Exclusão dos Chineses veio a Lei de Imigração de 1882, barrando condenados, "lunáticos" e todos aqueles que ameaçassem se tornar um fardo para a sociedade. A Lei de Imigração de 1891, decretada no exato momento em que o Fundo Hirsch entrava em operação, fortaleceu as restrições gerais impostas quase uma década antes e proibiu especificamente a imigração "assistida", deixando a imigração sob considerável controle do governo federal, com a criação de uma inspetoria com fiscais em todos os portos importantes.

A supervisão da imigração, cujas tarefas incluíam equipar Ellis Island para servir como novo centro de triagem, ficou a cargo de um secretário-adjunto do Tesouro chamado Alvred Bayard Nettleton. General de brigada reformado e ex-executivo da Northern Pacific Railway, ele insistia na aplicação rigorosa da lei e apregoava abertamente sua crença de que a herança anglo-saxônica dos Estados Unidos estava em jogo. Durante um discurso, segundo um resumo de seus comentários, ele declarou que "um governo estabelecido por anglo-saxões não se beneficiava em nada de uma mistura grande demais de raças latinas", e que "algo deve ser feito imediatamente para conter a imigração".[39]

Nettleton fiscalizou agressivamente a imigração assistida. Em julho de 1891, quatro meses após a lei ser aprovada, ele instruiu funcionários da imigração em Nova York a "questionar cuidadosamente" os judeus russos de modo a verificar se haviam sido "desviados de seu destino original" por funcionários estrangeiros. Assim, alguns imigrantes judeus realizavam a estressante viagem até os Estados Unidos apenas para chegar e serem rejeitados — ou, nas palavras de Schiff, "mandados de volta ao inferno".[40]

No fim de julho de 1891, líderes judeus americanos, encabeçados pelo ex-diplomata Simon Wolf, presidente da União das Congregações Hebraicas Americanas, reivindicaram uma abordagem mais branda da nova lei em uma carta a Charles Foster, secretário do Tesouro, argumentando que os imigrantes russos não deveriam ser classificados como indigentes ou imigrantes assistidos se os membros da comunidade judaica americana pudessem assegurar que não se tornariam um ônus para os cofres públicos.[41] Schiff e um grupo de outros judeus proeminentes reuniram-se mais tarde com Foster e receberam a garantia de que os funcionários de imigração nova-iorquinos haviam sido instruídos a atenuar suas restrições. Mas, para Schiff, isso não bastava. Segundo Max Kohler, um advogado de Nova York e membro da diretoria do Fundo Hirsch, Schiff "observou muito dramaticamente" que, como a política tinha vindo de cima, a situação só podia ser remediada com a demissão de Nettleton.[42] Não tardou muito para que as responsabilidades de Nettleton fossem transferidas a outro funcionário do Tesouro e para que o general anunciasse sua aposentadoria.[43] Um representante da Federação Americana do Trabalho que fazia parte de uma comissão do governo sobre imigração alertaria mais tarde para as "influências hipnóticas" do Fundo Hirsch sobre a política imigratória do país.[44]

Ao mesmo tempo que tentavam aliviar as restrições à imigração, Schiff e seus colegas também pressionavam o governo do republicano Benjamin Harrison a exercer uma pressão diplomática sobre a Rússia. Junto com Jesse Seligman, cuja firma representava a Marinha, e o ex-diplomata Oscar Straus, Schiff fez parte de um influente triunvirato, em que cada um usava seus contatos e prestígio para promover sua causa.

Em resposta aos pedidos de informação do representante diplomático americano em São Petersburgo, a Rússia negou que estivesse impondo medidas contra os judeus, a despeito do crescente número de relatos de judeus expulsos de suas casas na calada da noite, de estabelecimentos saqueados e confiscados, de ataques e motins ignorados ou incentivados pelas autoridades locais e da aplicação de leis destinadas a despojar os judeus de seus comércios e, desse modo, condená-los à privação. Schiff, Seligman e Straus se empenharam em reunir provas sobre a perseguição antissemita e fazê-las chegar às mãos tanto do Departamento de Estado como da imprensa. Schiff preferia manter seu nome fora dos jornais, mas mantinha um relacionamento amigável com alguns jornalistas, entre eles Horace White, editor do *Chicago Tribune* e mais tarde do *New York Evening Post*. Ele relatou que "tentava conquistar a imprensa diária [...] e outros periódicos de grande influência junto ao público pensante". Em uma carta a Ernest Cassel, afirmava que ele e seus colegas estavam "trabalhando de forma muito efetiva por meio da imprensa e do Departamento de Estado de modo a exercer uma influência positiva".[45]

Com o objetivo de denunciar a repressão na Rússia, Schiff, junto com Straus e Emanuel Lehman, também forneceu um modesto apoio financeiro ao *Free Russia*, um jornal dedicado a denunciar os abusos do regime autocrático e expor "todas as medidas tomadas pelas autoridades no sentido de suprimir qualquer aspiração de liberdade" do povo russo.[46] O periódico era publicado pela Sociedade dos Amigos da Liberdade Russa, grupo fundado em 1890 pelos adversários britânicos do regime tsarista. Uma filial americana da organização, cujos membros fundadores incluíam figuras literárias proeminentes como Samuel Clemens (mais conhecido como Mark Twain) e James Russell Lowell, foi fundada no ano seguinte. Esse incipiente movimento de apoio à causa revolucionária na Rússia foi inspirado em parte pelo explorador e jornalista George Kennan, um membro da Sociedade dos Amigos da Liberdade Russa que viajava extensamente pela região desde 1864, quando fora contratado para fazer o mapeamento de uma possível rota para uma linha telegráfica terrestre entre a Rússia e os Estados Unidos, passando pela Sibéria e pelo estreito de Bering. (Kennan era tio-avô do diplomata George Frost Kennan, ex-embaixador americano na União Soviética e arquiteto da política de "contenção" da Guerra Fria.) Suas viagens pela Rússia o haviam transformado pouco a pouco num ardente opositor do governo tsarista, e, em meados da década de 1880, os relatos que fez a partir da Sibéria, expondo os campos de trabalho forçado para onde os prisioneiros políticos eram banidos, causaram sensação nacional. O apoio de Schiff ao *Free Russia* acabou por levá-lo à órbita de Kennan, e os dois desenvolveram uma longa amizade baseada no desdém mútuo pelo Império russo.

Individualmente ou em conjunto, Schiff, Seligman e Straus reuniram-se repetidas vezes com o secretário de Estado, James Blaine, não só para deixá-lo a par dos novos acontecimentos na Rússia como também para expressar sua frustração com o fato de o representante diplomático americano em São Petersburgo, Charles Emory Smith, não estar se esforçando o suficiente para deixar claro a seus colegas russos que o governo Harrison não toleraria a contínua perseguição do regime aos judeus. Na verdade, eles se queixaram de que Smith estava se deixando ludibriar pelas mentiras russas sobre a provação dos judeus.

De modo geral, sucessivos governos americanos haviam se mostrado reticentes em interferir nos assuntos internos de nações amigas, mas Schiff e seus colegas argumentaram de forma convincente que o cruel tratamento conferido pela Rússia aos judeus estava exercendo um impacto direto e profundo nos Estados Unidos, ao desencadear um boom de imigração. O governo Harrison pareceu concordar, e, durante uma reunião, Blaine contou a Schiff e Straus que havia instruído Smith a "exercer uma influência amigável sobre o governo russo em favor de seus súditos judeus".[47] Esses apelos, porém, não pareceram dar resultado. No fim de março de 1891, vários meses após a reunião com o secretário de Estado, a polícia de Moscou começou a expulsar sistematicamente a população judaica da cidade, composta na maior parte de artesãos e outros trabalhadores qualificados que tinham permissão especial para viver ali. As autoridades apresentaram aos moradores judeus um documento declarando que eles concordavam em deixar a cidade dentro de um ano e exigiam que o assinassem. O acordo nada tinha de voluntário, uma vez que, caso se recusassem a assiná-lo, seriam expulsos da cidade no prazo de 48 horas. As famílias judias foram forçadas a vender suas propriedades e posses por uma bagatela. Homens e mulheres que haviam passado anos construindo negócios prósperos viram-se de uma hora para outra privados de seu meio de vida, obrigados a deixar suas fábricas e estabelecimentos para trás. Arrancados de seu lar, esses judeus enfrentavam uma escolha: regressar à desoladora existência da zona de assentamento ou emigrar para um dos não muitos países que os aceitavam.

Em 1º de julho de 1891, Schiff, Seligman e Straus se encontraram com o presidente Harrison, que escutou com interesse sua defesa de uma reprimenda diplomática firme. Segundo Straus, Harrison concordou que uma ação judicial era justificada, "mas sugeriu que o governo deveria ter em mãos um relatório oficial ou um resumo com os fatos do caso".[48] Pouco tempo antes, ele havia nomeado uma comissão para estudar as causas da emigração na Europa; seus cinco integrantes deveriam embarcar dentro de alguns dias em uma missão de três meses a fim de apurar os fatos. A delegação era chefiada pelo comissário de imigração dos Estados Unidos para o porto de Nova York, o coronel John B. Weber, responsável pela supervisão de Ellis Island, e Harrison instruiu a comissão a visitar a Rússia para investigar as condições locais. Amigo dos grupos marginalizados, Weber havia se voluntariado para comandar uma unidade de infantaria negra durante a Guerra Civil; Straus, satisfeito com a escolha de Weber, comemorou que o coronel fosse "inteiramente solidário a nós".[49]

Weber e outro membro da comissão, Walter Kempster, um renomado médico especializado em doenças mentais, chegaram ao Império russo em meados de agosto de 1891, conduzindo dezenas de entrevistas à medida que viajavam de Varsóvia a Moscou. Nesse meio-tempo, ouviram relatos angustiantes sobre estabelecimentos fechados, propriedades confiscadas, prisões arbitrárias e mulheres grávidas expulsas de suas casas em pleno inverno. Eles conheceram uma costureira judia macilenta de olhos encovados que lhes disse subsistir com "duas refeições diárias de pão preto regado a lágrimas"; um camponês que se perguntava se "será enfim necessário que nos afoguemos"; e um antigo e bem-sucedido fabricante de sabão prestes a ser expulso de Moscou. "Estou arruinado", disse ele, "e a única perspectiva diante de mim é a miséria."

A comissão de Weber se deparou com um cenário de "carência e sofrimento como nunca tínhamos visto". Depois de regressarem aos Estados Unidos, em outubro de 1891, os membros da comissão entregaram ao presidente um relatório com mais de trezentas páginas que incluía uma crítica contundente do governo russo:

> Dedicamos mais tempo e espaço ao exame da imigração judaica, uma vez que, em todos os demais países visitados, com exceção da Rússia, o movimento se deve inteiramente a causas normais. Na Rússia, porém, a emigração é incitada por motivos sob o controle das autoridades. Há uma força propulsora por trás dela que pode ser anulada por um édito imperial ou por uma intimação para que cessem as perseguições. [...]
>
> Embora o princípio da não intervenção na regulamentação e gestão dos assuntos domésticos de países estrangeiros seja reconhecido e geralmente observado por todas as nações, sobretudo pelos Estados Unidos, o ato de despojar essas pessoas de suas posses e forçá-las a vir para o nosso país empobrecidas em recursos e oprimidas em espírito não pode, no que diz respeito ao governo russo, ser considerado um ato amigável. Impingir essas pessoas a nós numa condição que faz com que nosso dever de autodefesa se insurja contra o espírito de nossas instituições e os instintos comuns da humanidade exige um protesto tão enfático que seja não só ouvido, como também atendido.[50]

O relatório era significativo porque documentava, pela primeira vez e de maneira oficial, a campanha russa de repressão aos judeus.

Schiff exultou com as conclusões do texto, acreditando que o relatório "contribuiria muito para fazer com que o governo dos Estados Unidos exerça sua influência junto ao governo russo em prol de nossos irmãos perseguidos".[51]

Nesse mesmo ano, em seu discurso sobre o Estado da União, o presidente Harrison, usando uma linguagem burilada com auxílio de Straus, abordou a situação na Rússia.[52]

> Este governo encontrou ensejo para exprimir ao governo do tsar, num espírito amigável, mas com muita seriedade, sua grave preocupação no que diz respeito às austeras medidas que estão sendo aplicadas contra os hebreus na Rússia. Com a retomada de leis antissemitas há muito em desuso, essas desafortunadas pessoas vêm sendo forçadas a abandonar seus lares e deixar o império em grande número devido à impossibilidade de encontrar subsistência na zona de assentamento à qual o país busca confiná-las. A imigração dessas pessoas para os Estados Unidos — uma vez que muitos outros países encontram-se fechados a elas — tem crescido de forma considerável, e é provável que assuma grandes proporções, não só tornando mais difícil que elas encontrem lar e emprego por aqui, mas também afetando seriamente o mercado de trabalho. Calcula-se que mais de 1 milhão de pessoas serão obrigadas a deixar a Rússia dentro de alguns anos. O hebreu jamais foi um mendigo; sempre observou a lei, trabalhando de maneira árdua, muitas vezes sob severas e opressivas restrições civis. Também é verdade que nenhuma raça, seita ou classe cuida mais plenamente dos seus do que a raça hebraica. Mas a súbita transferência dessa multidão de pessoas, sob condições que tendem a despojá-las de seus pequenos ganhos e a reprimir sua energia e coragem, não é boa nem para elas nem para nós.[53]

Cerca de um mês depois, um vapor de 340 pés chamado *Massilia* atracou no porto de Nova York trazendo a bordo 268 judeus russos e 470 imigrantes italianos. O coronel Weber calhou de presenciar o desembarque dos passageiros, e ficou chocado com o "aspecto emaciado e surrado" dos refugiados judeus, alguns dos quais pareciam precisar ser "encaminhados diretamente a um hospital para receber cuidados e tratamento".[54] Pouco tempo depois, casos de tifo começaram a surgir no Lower East Side, e o *Massilia* foi prontamente identificado como a origem do surto. As autoridades nova-iorquinas empreenderam uma busca frenética pelos passageiros do vapor, detendo-os e colocando-os em quarentena, e manchetes exaltadas — "A doença era a sua carga" — tomaram as primeiras páginas dos jornais.[55]

O senador William Eaton Chandler, um republicano de New Hampshire e ex-secretário da Marinha, aproveitou a epidemia para pressionar por novas restrições à imigração. Nativista obstinado, Chandler presidiu o Comitê de Imigração do Senado e desempenhou um importante papel na aprovação da Lei de Imigração de 1891, que a seu ver, porém, não era suficiente para impedir que as "classes indesejáveis" — definidas por ele como "italianos do sul e judeus russos, poloneses e húngaros" — entrassem nos Estados Unidos.[56] Com o Comitê de Imigração da Câmara, ele iniciou uma investigação conjunta sobre a epidemia de tifo, realizando audiências em Nova York. O comitê convocou o coronel Weber como sua primeira testemunha, e, enquanto o comissário de imigração prestava seu depoimento, Chandler o admoestou por se deixar cegar por suas "simpatias" pelos "depauperados hebreus russos".[57]

Disfarçando suas intenções sob o pretexto da preocupação com a saúde pública, ele insistiu em colocar novos obstáculos à imigração, incluindo testes de alfabetização e requisitos de patrimônio (pelo menos cem dólares por chefe de família).

Alguns dias após as audiências de Chandler em Nova York, Schiff escreveu uma carta enérgica a Harrison o advertindo das "grandes e injustificadas adversidades" que ocorreriam "caso as leis em vigor fossem interpretadas de maneira extrema". Restrições de imigração severas seriam tanto "estreitas como antiamericanas".

Ele perguntou: "Seria justo e correto pôr obstáculos no caminho de um povo infeliz seja por exigência de demagogos que, não muito tempo atrás, buscaram a hospitalidade de nosso país, seja por um infeliz e talvez exagerado surto de doença em um único carregamento de emigrantes?".[58]

Após um surto de cólera nesse mesmo ano, Chandler, encorajado, redigiu um projeto de lei reivindicando a suspensão da imigração por um ano. A medida fracassou, mas, de todo modo, o presidente Harrison impôs uma quarentena obrigatória de vinte dias para passageiros de terceira classe vindos da França, da Alemanha e da Rússia. A ordem se referia aos imigrantes desses "distritos infectados" como uma "ameaça direta à saúde pública".[59]

A crise russa inaugurou uma nova fase de engajamento político para os líderes judeus, que até então nunca haviam trabalhado de maneira tão concertada para influenciar a política imigratória dos Estados Unidos ou sua posição diplomática em relação a um aliado estrangeiro. Além disso, pressagiou futuras contendas sobre a imigração e a política externa americana que penetravam no âmago da identidade nacional. Os Estados Unidos deveriam constituir um refúgio para os oprimidos e usar seu crescente poderio internacional para fins humanitários além de suas fronteiras? Ou deveriam dar as costas e fechar suas portas para os problemas e influências estrangeiros, fossem eles o cólera ou o anarquismo?

Ao longo das três décadas seguintes, Schiff permaneceu no centro desses embates, não mais ambivalente sobre o papel dos judeus americanos em ajudar seus irmãos e irmãs oprimidos. Era uma questão de sobrevivência. Ele via o êxodo judeu da Rússia em termos bíblicos, comparando-o à fuga dos israelitas da servidão no Egito. E, nessa narrativa dos tempos modernos, talvez se visse como uma espécie de Moisés, usando seu capital e sua influência para abrir o mar da injustiça e liderar seu povo rumo à liberdade.

Essa era tumultuada, em que nasceu o lobby judeu nos Estados Unidos, tinha um nome. Alguns a chamaram de "a era Schiff".[60]

11
Fim de uma era

JESSE SELIGMAN FOI OVACIONADO ao entrar no salão do Delmonico's com Jacob Schiff, o banqueiro mais velho apoiado no braço do mais novo. Eram oito horas da noite do dia 1º de outubro de 1891, uma quinta-feira, e cerca de duzentos homens aplaudiam de pé junto às longas fileiras de mesas decoradas com rosas e salsaparrilhas, sob o olhar das três filhas de Seligman, Alice, Emma e Madeleine, que assistiam à cena de um balcão elevado. Rostos familiares eram vistos na multidão: o ex-prefeito Abram Hewitt; o presidente da Universidade Columbia (e futuro prefeito de Nova York) Seth Low; Marcus Goldman, com os filhos Julius e Henry e o genro Sam Sachs; Solomon Loeb; e Emanuel Lehman, que, com a ajuda de Schiff, o mestre de cerimônias, ajudara a preparar o banquete em homenagem a Seligman por sua vida a serviço da filantropia e da pátria.[1]

No dia seguinte, Jesse embarcaria para a Europa, na primeira etapa de uma viagem de um ano durante a qual empreenderia uma missão diplomática antes de seguir para o Egito, onde passaria o inverno. O presidente Harrison incumbira o bem relacionado banqueiro de visitar autoridades financeiras europeias e sondar a possibilidade de forjar um acordo internacional sobre um padrão monetário baseado tanto no ouro como na prata.[2]

Os Estados Unidos haviam adotado o padrão bimetálico antes da Guerra Civil, quando um quebrado governo Lincoln começou a imprimir *greenbacks*. Mas, depois de assinar a Lei de Cunhagem de 1873, limitando drasticamente a emissão de moeda lastreada em prata, Ulysses Grant pusera a nação no caminho exclusivo do padrão-ouro, como muitos países europeus já haviam feito e outros fariam nos anos seguintes.

Chamada por seus detratores de "Crime de 73", a lei desencadeou décadas de um acrimonioso debate político envolvendo, de um lado, o establishment financeiro da Costa Leste, que desejava uma "moeda sólida" baseada no ouro, e, do outro, agricultores do Meio-Oeste e cidadãos dos postos avançados de mineração no Oeste, que defendiam a expansão de uma moeda baseada na prata. O aumento da oferta de dinheiro era atraente para os devedores com dificuldades para saldar seus empréstimos, e os agricultores esperavam que a medida elevasse o preço de suas colheitas; já para os mineiros de Montana e Nevada, onde, em 1859, fora descoberto o veio de Comstock, isso praticamente representaria a capacidade de cunhar dinheiro.

Mas banqueiros como Seligman advertiam que voltar unilateralmente ao bimetalismo poderia trazer resultados econômicos desastrosos, prejudicando o comércio internacional e causando uma fuga do precioso ouro para o outro lado do Atlântico, conforme a Europa despejasse sua prata no Tesouro americano. "Um padrão que diferisse do mundo comercial afetaria a ampla massa de nossas importações e exportações", alertou Jesse em um ensaio publicado na *North American Review*, "e apenas um pouco menos diretamente todas as demais indústrias envolvidas em alguma fase do processo."[3] Uma possível solução para o impasse monetário americano era convencer parceiros comerciais importantes da Europa — como a Grã-Bretanha, a França e a Alemanha — a adotar o bimetalismo internacional e determinar uma proporção entre o ouro e a prata aceita por todos. A missão de Seligman era sondar as atitudes na Europa e pavimentar o caminho para uma conferência internacional na qual a questão da prata pudesse ser finalmente resolvida.

Após o jantar, enquanto os garçons distribuíam charutos, Schiff se levantou para fazer um discurso. Ele começou por louvar Seligman como "o melhor e mais legítimo expoente do tipo de homem e judeu que apenas um país como o nosso pode produzir — um representante hebreu-americano". Homens assim eram mais necessários do que nunca, afirmou ele.

> Dezenas de milhares de desafortunados judeus têm sido impelidos ao nosso litoral, expatriados por nações intolerantes que lhes negariam até o direito à existência. Cenas medievais se repetem, e os tempos de Fernando e Isabel voltam a nos assombrar no exato momento em que, depois de quatro séculos, preparamo-nos para celebrar a descoberta deste continente que se tornou um refúgio seguro para os oprimidos de todas as nações. Mas a história também se repete, meus amigos. Os exilados do século xv contribuíram em larga medida para criar a prosperidade dos países que lhes forneceram abrigo, enquanto a Espanha, então ditadora da Europa, degenerou-se e perdeu seu poder e influência. Nos dias que correm, como em tempos passados, a intolerância talvez pareça triunfar outra vez; mas quem ousaria agora imaginar a grandeza e o poder que nosso amado país poderá alcançar nos próximos séculos, enquanto o colosso russo terá se desfeito em pedaços?

Com tantos ricaços presentes, Schiff não desperdiçou a oportunidade de angariar fundos. Antes que o jantar chegasse ao fim, distribuíra recibos de doação por todo o salão, somando 30 mil dólares prometidos para o Fundo Hirsch.

Os brindes prosseguiram noite adentro. Um dos últimos oradores foi o coronel Elliott Shepard, proprietário do jornal *Mail and Express* de Nova York, que afirmou "saber mais coisas sobre Jesse Seligman e sua célebre firma do que as que ele esqueceu". Shepard a seguir relembrou um episódio que Jesse provavelmente teria preferido apagar da memória. "Eles empreenderam a construção do canal do Panamá", disse Shepard, "e merecem todo o crédito, pois, embora o projeto tenha no fim sido um fracasso e abandonado, enquanto eles permaneceram na condução das coisas nenhum investidor americano perdeu um centavo, tendo, na verdade, faturado um bom dinheiro com ele."[24]

Seligman talvez tenha se encolhido à menção do projeto e da controvérsia internacional que ele havia gerado, enquanto os demais banqueiros presentes talvez tenham erguido uma sobrancelha diante da afirmação de Shepard de que os acionistas haviam lucrado. Na verdade, a falência da Companhia do Canal do Panamá arruinara milhares de investidores, particularmente na França.

Após a morte de Joseph, Jesse assumira o leme da J. & W. Seligman & Co. James era tecnicamente o sócio mais velho em Nova York, embora seus irmãos viessem havia algum tempo questionando seu bom senso. Durante a vida de Joseph, Jesse igualara o irmão em prestígio, e talvez até o superasse em popularidade no circuito social. Além disso, ele era um confidente de presidentes e membros do governo, sendo com frequência chamado a Washington para oferecer conselhos ou informações, e integrava vários clubes nova-iorquinos exclusivos. A cobiçada lista de convidados dos jantares que ele promovia em sua casa na rua 46 Leste todas as sextas, além de amigos como os Schiff e os Loeb, muitas vezes incluía generais e políticos proeminentes, bem como artistas, músicos e escritores promissores. A cantora de ópera Adelina Patti, uma convidada frequente, costumava dar uma canja para os demais convivas.[5]

Com 1,68 metro de altura e constituição robusta, Jesse usava o cabelo grisalho curto e ostentava longas suíças. Na maioria das manhãs, levantava cedo, escolhia um cavalo em seu estábulo e trotava pelo Central Park antes de seguir para o escritório no centro. Era extrovertido, carismático, supremamente leal aos amigos e dono de um temperamento sereno. "Seu 'não' era pronunciado de forma tão amável que soava como um 'sim' disfarçado", relembrou um amigo.[6]

Em 1880, pouco tempo depois de assumir as consideráveis responsabilidades do irmão Joseph, Jesse não demorou em conduzir a firma a um fiasco comercial do qual a empresa nunca se recuperou de fato. Sua intrepidez o levara à Califórnia durante a Corrida do Ouro, decisão que impulsionou o crescimento do império dos Seligman. Essa mesma qualidade arrojada o fez mergulhar de cabeça num dos maiores desastres da firma. Ironicamente, ambos os caminhos davam no mesmo lugar: o Panamá.

O diplomata e empresário francês Ferdinand de Lesseps havia liderado a construção do canal de Suez, projeto que levou uma década para ser concluído e que abria uma passagem de quase duzentos quilômetros pelo Egito, ligando os mares Mediterrâneo e Vermelho e reduzindo em milhares de quilômetros a viagem marítima entre a Europa e a Ásia. O feito o transformou numa celebridade internacional, e, no fim da década de 1870, ele se mostrou determinado a realizar um projeto semelhante para unir o Atlântico e o Pacífico através do istmo do Panamá. Uma organização formada pela Sociedade de Geografia de Paris e dirigida por Lesseps, então um septuagenário, negociou os direitos exclusivos para construir o canal junto ao governo da Colômbia. William Seligman, radicado em Paris, sugeriu a Jesse que a firma ajudasse a financiar o empreendimento.

Na França, a Seligman Frères & Cie. formou um consórcio com o Banque de Paris para vender ações da recém-criada Companhia do Canal do Panamá; nos Estados Unidos, a J. & W. Seligman & Co. uniu-se aos bancos de investimento Drexel Morgan e Winslow Lanier. Mas desde o início a função do consórcio americano pareceu se dar sobretudo no âmbito das relações públicas.

O projeto liderado pelos franceses era profundamente impopular nos Estados Unidos. O presidente Rutherford B. Hayes e os congressistas o consideravam uma violação da Doutrina Monroe e se opunham a qualquer canal na região que não ficasse sob o firme controle americano. Seria difícil atrair investidores europeus se eles acreditassem que o governo americano poderia tentar frustrar a iniciativa; exatamente por esse motivo, uma tentativa de vender ações da Companhia do Canal do Panamá em 1879 atraíra um interesse decepcionante. Assim, Lesseps precisava mudar a postura americana ou transmitir uma impressão de apoio. O financiamento da J. & W. Seligman & Co., um banco americano proeminente conhecido por fazer negócios em nome do governo, seria fundamental para criar essa ilusão. "O objetivo era perfeitamente claro", concluiria mais tarde um comitê especial do Congresso. "Tratava-se de produzir entre o público uma impressão generalizada de que o capital americano, representado por algumas de suas agências mais respeitáveis [...] estava financiando o empreendimento, e que os americanos pretendiam se tornar acionistas no canal."[7]

O papel do consórcio americano — que Lesseps chamava de seu Comité Américain — consistia sobretudo em promover o projeto nos Estados

Unidos e criticar uma proposta alternativa, popular entre alguns políticos americanos, de construir um canal na Nicarágua. Ulysses Grant era um defensor de peso da rota pela Nicarágua, e talvez tenha sido por isso que Jesse procurou o velho amigo para servir como presidente do Comité Américain, de modo não só a neutralizar o apoio do ex-presidente ao plano rival como tirar vantagem dos contatos políticos de Grant. O cargo pagava um salário vitalício de 25 mil dólares, mas Grant ajuizadamente o recusou. "Embora apreciasse ter meu nome associado à conclusão bem-sucedida de um canal de navegação entre os dois oceanos", Grant confidenciou a um amigo de infância, "eu não estava disposto a vê-lo ligado a um fracasso no qual os investidores poderiam perder todo o capital que haviam investido."[8] Assim, Jesse recrutou um velho conhecido, Richard Wigginton Thompson, secretário da Marinha. Thompson logo se demitiu do gabinete de Hayes, passando a promover um projeto que ia contra a política externa do governo que acabara de servir.

Em outubro de 1880, Jesse respondeu aos críticos em uma entrevista de jornal. "Trata-se de uma iniciativa inteiramente privada, e temos toda confiança em seu sucesso", afirmou. "O canal de Suez é prova suficiente da rentabilidade de um empreendimento desse tipo. Naturalmente, os Estados Unidos receberão a maior parcela de seus benefícios, e todo o maquinário a ser utilizado no trabalho de construção será comprado aqui. Assim que o projeto for plenamente compreendido e apreciado, haverá muita gente ansiosa em investir nele."[9]

Em dezembro de 1880, quando as ações da Companhia do Canal do Panamá voltaram a ser oferecidas ao público, a resposta foi além dos sonhos mais mirabolantes que Lesseps e seus banqueiros poderiam ter tido. Mais de 100 mil pessoas correram atrás de uma participação na empresa, que levantou com facilidade os 400 milhões de francos necessários para dar início ao projeto. A maior parte das ações foi vendida na França, proporcionando substanciais comissões à Seligman Frères. A oferta, porém, despertou pouco interesse nos Estados Unidos, onde os investidores compraram apenas cerca de 8 milhões de francos em ações. De qualquer forma, o consórcio Seligman-Drexel-Lanier se saiu muito bem. A empresa de Lesseps pagou a cada firma 400 mil francos por fazerem pouco mais do que emprestar seu nome ao empreendimento.[10]

Desde o começo, o projeto foi atormentado por contratempos técnicos, epidemias de doenças tropicais e fraude e corrupção desenfreadas. Em seu livro de 1912 sobre o empreendimento, Duncan McKinlay, ex-deputado republicano pela Califórnia, afirmou que "os veteranos do istmo dirão a quem perguntar que, da vultosa soma levantada pela Companhia do Canal, um terço foi desperdiçado, um terço desviado e provavelmente um terço usado em obras de fato".[11] No fim da década de 1880, tendo estourado todo o orçamento previsto, Lesseps mal completara um terço do canal.

Em 1889, o financiamento secou, as obras foram paralisadas e a Companhia do Canal do Panamá entrou em falência. A expressão *quel Panama* — sinônimo de "que desastre!" — não demorou a entrar para o léxico francês.[12] O choque com a derrocada da empresa se converteu em fúria à medida que a gravidade do escândalo veio à tona. Descobriu-se que, para esconder do público a combalida situação financeira do projeto, a Companhia do Canal distribuíra generosas propinas entre os parlamentares franceses, que em 1888 a autorizaram a emitir 600 milhões de francos em novos títulos.[13] Uma investigação do governo francês teve início, e Ferdinand de Lesseps e seu filho Charles, também ligado ao projeto, foram processados por corrupção e sentenciados a cinco anos de prisão. (Com a saúde debilitada, o idoso engenheiro escapou de cumprir a pena; seu filho passou um ano atrás das grades.)

Os desdobramentos do escândalo foram além dos milhões esbanjados, dos investidores arruinados e dos executivos e burocratas presos. Três homens implicados no suborno dos políticos franceses eram judeus, e a controvérsia rapidamente assumiu um tom antissemita, com polemistas como Édouard Drumont alertando sinistramente sobre inescrupulosas influências judaicas que controlavam em segredo as instituições e a sorte francesas.[14] A crise pavimentou o caminho para uma nova controvérsia em 1894, quando Alfred Dreyfus, um jovem oficial de artilharia judeu do Exército francês, foi condenado como traidor por supostamente transmitir segredos militares à embaixada alemã em Paris. Dreyfus acabou absolvido, mas a batalha de doze anos por sua liberdade dividiu a França e se tornou um verdadeiro barril de pólvora, alimentando sentimentos antissemitas a despeito de sua inocência.

FIM DE UMA ERA

* * *

Jesse regressou a Nova York no outono de 1892, depois de fracassar na promoção do bimetalismo internacional junto aos aliados europeus dos Estados Unidos, que, conforme ele constatou, prefeririam continuar a impingir seus excedentes de prata ao Tesouro americano. Durante sua estada na Europa, o escândalo do canal sacudia a França, e, ao voltar para casa, ele se deparou com artigos sobre o malfadado projeto tomando as páginas também dos jornais americanos — e descobriu que um velho e estimado amigo, Jay Gould, estava com a saúde em declínio.

Gould e Seligman moravam a uma quadra de distância, e Jesse era um convidado regular na mansão do magnata na Quinta Avenida. Gould era o especulador mais famoso de Wall Street, o barão ladrão mais vilipendiado da Era Dourada. Mas sua imagem pública contrastava inteiramente com sua vida privada de homem de família dedicado que adorava cuidar da estufa cheia de plantas e flores raras. Poucos o conheciam bem, mas Jesse estava entre os que haviam penetrado em sua enigmática fachada exterior.[15]

Anos antes, Gould e Seligman encontravam-se em lados opostos de uma amarga disputa comercial da qual poucas amizades teriam se recuperado. Os Seligman possuíam uma grande participação na St. Louis-San Francisco Railway, que à época construía uma linha conectando Waldron, no Arkansas, a Little Rock, ao sul do rio Arkansas. Gould, proprietário de uma linha ao longo da margem norte do rio, opôs-se ferozmente à expansão da Frisco, como a ferrovia era conhecida. Sua disputa com a linha financiada pelos Seligman transformou-se numa guerra de fato. Gould empregou gangues de homens armados para sabotar os trilhos da Frisco e emboscar seus trabalhadores. "Os Seligman naturalmente retaliaram e se valeram do fogo contra fogo, e por um tempo dificilmente se passou um dia sem que um ou mais homens fossem mortos", escreveu Linton Wells em "The House of Seligman". O derramamento de sangue durou semanas, até que uma trégua foi firmada.[16]

A amizade entre Gould e Seligman evidentemente sobreviveu ao confronto. No início de dezembro de 1892, quando Gould, sofrendo secretamente de tuberculose, faleceu, Seligman foi visto chorando em seu velório. Algumas semanas depois, Jesse afirmou a um repórter que Gould fora "o empreendedor mais incompreendido, mais importante e mais complexo deste século". A despeito de suas famosas transgressões, refletiu Jesse, sua má reputação era injusta. "Não posso afirmar que o sr. Gould fosse, em sua natureza moral, muito melhor, muito pior ou muito diferente de qualquer outro empresário astucioso ou ladino de sua geração", disse. "Conheço todos eles. Conheci Jay Gould melhor do que a maioria. E posso afirmar que ele não merece mais notoriedade do que aqueles contra os quais — e com os quais — atuou." Afinal, indagou Jesse, o que o diferenciava de outros obstinados titãs dos negócios, como Cornelius Vanderbilt e John D. Rockefeller? O que o diferenciava, aliás, de Jesse Seligman?[17]

Jesse não demorou a provar um gostinho da controvérsia que Gould cortejou ao longo de toda a sua carreira nos negócios. No fim de dezembro de 1892, o *New York World* de Joseph Pulitzer noticiou que "há uma parcela de responsabilidade americana no escândalo do Panamá", alegando que mais de 2 milhões de dólares em fundos não explicados haviam passado pelo comitê americano, supervisionado pelo consórcio de Seligman, e acusando os membros do Congresso de receber propina para pôr panos quentes nas objeções ao projeto do canal.[18] No mês seguinte, a Câmara dos Representantes instituiu um comitê especial para investigar o escândalo panamenho. Em fevereiro de 1893, Jesse estava entre as primeiras testemunhas convocadas a depor.

Pressionado repetidas vezes sobre o obscuro papel do comitê americano na promoção do projeto do canal, Jesse respondeu vagamente que seu propósito era "proteger os interesses e a neutralidade da companhia" e "harmonizar controvérsias e eliminar as objeções ao empreendimento".[19]

Seligman foi questionado também sobre sua oferta de emprego a Ulysses Grant, que, segundo observou um deputado, "não era nem um grande financista, nem um grande estadista".

"O general Grant era um grande amigo", respondeu Jesse, sem constrangimento, "e sempre cuido dos meus amigos."[20] De fato, o ex-presidente, que morrera de câncer em 1885, poderia ter passado os últimos dias na pobreza, não fosse seu grande amigo. Após deixar o cargo, Grant se envolvera em negócios com um financista elegante e cheio de lábia chamado Ferdinand Ward, na verdade um golpista. O esquema Ponzi do trapaceiro desmoronou espetacularmente em 1884, dilapidando a modesta fortuna de Grant. Jesse fornecera ajuda financeira ao ex--presidente — mais uma vez explorado por uma pessoa próxima — e sua família enquanto Grant terminava suas memórias, que foram publicadas e amplamente aclamadas pouco tempo após sua morte, e as vendas do livro reabasteceram o exaurido patrimônio do ex-presidente.[21]

À parte algumas horas desagradáveis passadas em uma audiência no Congresso, pouca coisa resultou da investigação do comitê especial. As alegações de que o comitê americano fora subornado nunca foram provadas e Seligman negou quaisquer irregularidades, embora todo o episódio tenha permanecido envolto numa aura de suspeita.

O escândalo talvez tivesse continuado a atrair uma atenção desconfortável para Jesse se a economia mundial não se visse afligida por um novo pânico, resultante, em parte, da questão monetária não resolvida envolvendo a prata.

Em 1890, a fim de apaziguar os defensores da "prata livre" — a cunhagem ilimitada do precioso metal —, o Congresso aprovou uma legislação exigindo que o governo comprasse 130 toneladas de prata por mês, a serem quitadas em novas notas do Tesouro que podiam ser resgatadas tanto em ouro como em prata. Os investidores europeus, preocupados com a situação monetária incerta nos Estados Unidos, venderam títulos americanos, levando as exportações de ouro a aumentar. Enquanto isso, os americanos convertiam prata em ouro, a commodity mais estável. Pouco a pouco, a reserva de ouro da nação minguou, até que em abril de 1893 caiu para menos de 100 milhões, o limiar mínimo exigido por determinação do Congresso para cumprir as obrigações do governo. Semanas depois, o mercado de ações despencou. Na depressão que se seguiu, centenas de bancos e milhares de negócios quebraram, entre eles inúmeras ferrovias, incluindo a outrora poderosa Union Pacific.

A crise ocorreu quando Jesse se recuperava de um golpe mais pessoal.

Em 13 de abril de 1893, ele havia chegado ao Union League Club, um edifício amplo em estilo Queen Anne que ocupava a esquina nordeste da Quinta Avenida com a rua 39, para o que seria uma ocasião muito importante. O clube votaria pedidos de novos sócios, incluindo o do filho mais velho de Jesse, Theodore, um jovem e bem relacionado advogado que um amigo de Jesse descreveu como "uma segunda edição do pai". Tendo em vista seu pedigree, Theodore era tido como uma escolha certa. O clube, fundado por republicanos abastados no auge da Guerra Civil, em 1863, pretendia ser uma organização patriótica concebida para apoiar a União e as políticas de Abraham Lincoln. Os critérios para ser aceito, além da filiação ao Partido Republicano, incluíam "lealdade absoluta e incondicional ao governo dos Estados Unidos". Jesse e seu falecido irmão, Joseph, foram membros fiéis desde o início, e Jesse atuara por catorze anos como seu vice-presidente. A não mais que uma quadra de distância de sua mansão, a elegante sede do clube, com sua biblioteca pompeana e salão de jantar revestido com painéis de carvalho, era como um segundo lar para ele.

Naturalmente, Jesse queria passar o bastão para o filho; era assim que as coisas funcionavam na elite, que buscava deixar para seus descendentes um legado não apenas financeiro como também social. Jesse fez campanha pela admissão de Theodore, conseguindo o apoio de todos os diretores do clube. Quando o nome foi proposto na votação, uma série de membros proeminentes — entre os quais Elihu Root, futuro secretário de Estado, William Strong, que no ano seguinte seria eleito prefeito de Nova York, e o banqueiro Cornelius Bliss — discursou em seu favor. Mas ao final da votação Theodore foi rejeitado, para a perplexidade de seu pai.

Jesse se levantou, hesitante. Com os olhos marejados e a voz trêmula, ofereceu sua renúncia aos demais membros. "O que é bom o bastante para o pai é bom o bastante para o filho."[22] Não havia raiva em sua voz, apenas um sentimento de derrota.

Gritos de "Vergonha!" vieram dos apoiadores de Jesse entre os presentes. Mas os membros do clube haviam tomado sua decisão. O motivo para a recusa de Theodore logo ficou claro. Seus adversários não tiveram pudores em apresentar sua justificativa. Ele era judeu. Embora o clube contasse com outro membro judeu além de Jesse, Edwin Einstein, ex-deputado por Nova York, seus sócios mais recentes não estavam dispostos a admitir um novo. (Einstein, que tomou a rejeição de Theodore como uma afronta pessoal, também renunciou.)

"Creio que a maioria dos frequentadores habituais do clube se opõe à admissão de hebreus", declarou um membro ao *New York Times*. "Essa oposição não está baseada na antipatia por nenhum indivíduo em particular, mas na crença geral de que homens da raça e da religião judaicas não se afiliam prontamente, de forma social, a pessoas que não partilham de seus pontos de vista."[23]

Assim como o banimento de Joseph do Grand Union Hotel mais de uma década antes, a recusa de Theodore Seligman foi destaque de primeira página nos jornais. Um repórter visitou os escritórios da J. & W. Seligman & Co. no dia seguinte, mas Jesse se mostrou reticente em falar sobre os acontecimentos do dia anterior. "Trata-se de um assunto particular do clube", afirmou. Mas, quando pressionado, admitiu que o filho fora vítima de um "lamentável preconceito religioso".

James, sentado ali perto, não se acanhou em fazer um comentário. "Pode dizer a eles que isso não vai ajudar em nada o Partido Republicano", observou, enquanto Jesse abanava a cabeça, torcendo para o irmão mais velho ficar quieto. Mas ele prosseguiu. "O que a religião tem a ver com um clube? Parece que não vivemos em um país livre. Na verdade, não acredito que este seja um país livre quando um preconceito desses prevalece, e contra o filho de um homem que prestou tamanho serviço ao partido, como o sr. Seligman. Espere só para ver como isso vai prejudicar o Partido Republicano."[24] De fato, o Partido Republicano local ficou tão preocupado que a rejeição de Theodore pudesse diminuir o apoio aos republicanos entre os judeus que votou por censurar o Union League Club e repudiar qualquer outra organização que incorresse em discriminação.[25]

Mas ninguém pareceu se magoar mais do que Jesse. Os amigos notaram que, após o episódio, ele ficou cada vez mais frágil e debilitado. "O peso [...] pareceu nunca mais sair de seu coração", relembrou Noah Davis, que estava ao lado dele durante a votação e testemunhou a "agonia paterna" do amigo.[26]

Em abril de 1894, quase um ano após a votação no Union League, Jesse, a esposa Henriette e a filha Emma embarcaram em um vagão privado numa viagem de trem de costa a costa, percorrendo trechos de ferrovia que Jesse e os irmãos haviam ajudado a financiar. Se antes a viagem para a Califórnia levava meses, agora era uma questão de dias. Jesse estava sofrendo de uma doença renal, e a família pensou que uma temporada em um clima mais quente pudesse lhe fazer bem. Durante a viagem, no entanto, seu estado piorou. Ele contraiu pneumonia no caminho e, no momento em que a família chegava ao Hotel del Coronado, um resort à beira-mar com vista para a baía de San Diego, suas condições eram graves. Por volta das nove da noite, no domingo, 23 de abril, ele faleceu. No dia seguinte, os escritórios da J. & W. Seligman & Co. ficaram fechados em luto pela perda de mais um de seus líderes.[27]

O magnata ferroviário Collis Huntington disponibilizou um trem de três vagões para que os Seligman transportassem o corpo de Jesse de volta a Nova York. James foi a seu encontro em Albany e seguiu viagem com a família até a estação Grand Central, onde a diretoria do Asilo de Órfãos Hebreus aguardava para consolar os enlutados.

Dias depois, na manhã do enterro de Jesse, sessenta membros do Union League Club deixaram a sede do clube e marcharam em formação pela Quinta Avenida até a congregação de Emanu-El a fim de prestar suas homenagens.[28]

Dentro da sinagoga, um coral composto de 150 crianças do Asilo de Órfãos Hebreus entoou um hino fúnebre. Emanuel Lehman, um velho amigo de Jesse que morava algumas casas ao lado na rua 46 Leste, ajudou a carregar o caixão. Lehman e Seligman haviam trabalhado juntos em projetos de caridade e partilhado uma paixão pelo Asilo de Órfãos Hebreus, onde chegavam para as reuniões "unidos como se fossem um casal de noivos encorajando a beneficência e a humanidade", recordou o superintendente do orfanato, Herman Baar.

"Para mim, que o conheci por muitos anos, a perda parece irreparável", disse Lehman sobre a morte do amigo. Ele acabaria sucedendo Jesse na presidência da instituição.

Jacob Schiff, outro inseparável parceiro filantrópico de Seligman, não pôde comparecer ao enterro. Ele recebeu a notícia da morte de

Jesse em Frankfurt e enviou um cabograma com suas condolências, chamando Jesse de "o hebreu americano mais honrado desta geração".[29]

Após o enterro, o cortejo fúnebre seguiu para o terminal de balsa da rua 23, onde foram necessárias três embarcações para transportar os enlutados pelo East River até o mausoléu da família Seligman em Salem Fields. Os irmãos remanescentes — Abraham falecera em Frankfurt em 1885 — viveram até a casa dos oitenta e noventa anos. Isaac, o último deles, viveria até os 93 e morreria um ano antes da quebra de 1929. Mas a morte de Jesse encerrou um capítulo na saga dos Seligman; ele levou consigo parte do considerável prestígio da J. & W. Seligman & Co., e, à medida que ia perdendo terreno, ela foi superada pela Kuhn Loeb nos círculos bancários internacionais.

A liderança da firma passou então à segunda geração, que "não aproveitou plenamente a oportunidade que lhe foi legada", segundo o neto de Joseph, George Hellman. Os filhos de James, Jesse e Joseph haviam crescido em um ambiente de riqueza confortável e careciam da motivação dos pais. Já vivenciavam a história de sucesso americana, então para que se dar o trabalho de escrever uma nova?

Segundo Hellman, os primos Seligman não se incomodaram muito em ceder "a maior parte do trabalho financeiro" aos irmãos Strauss, Albert e Frederick, os primeiros fora da família a entrarem como sócios na firma. "Os Seligman, por sua vez, reservavam um considerável tempo de lazer para suas viagens, esportes e gostos culturais."[30]

Após a morte de Jesse, o filho de Joseph, Isaac "Ike" Newton, assumiu na prática a administração da empresa. (O irmão mais velho de Ike, David, também sócio do negócio, falecera inesperadamente em 1897, aos 47 anos, após uma apendicectomia. O filho mais novo de Joseph, Alfred Lincoln, também morreu jovem, catapultado de cabeça numa calçada ao bater o carro.)[31] Em 1883, Ike se casara com Guta, a bela mas emocionalmente frágil filha de Solomon Loeb, tornando-se cunhado de Jacob Schiff e fortalecendo a ligação dos Seligman com a Kuhn Loeb. Esbelto e bem-apessoado, com uma distinta barba cerrada dividida no queixo, Ike era atlético, dedicado à comunidade e, como o falecido pai, defensor da boa governança e membro da Sociedade de Cultura Ética. Além de pertencer à equipe de remo da Columbia e servir em inúmeros comitês e conselhos filantrópicos, ele defendia causas que iam da regulamentação do trabalho infantil à descriminalização da prostituição. Charmoso e benquisto, Ike também era conhecido por trapacear no golfe, chutando sorrateiramente uma eventual bola presa no capim alto e subtraindo uma tacada aqui e ali. Seus colegas de golfe, porém, consideravam o subterfúgio tolerável, quando não encantador, pois ele não era egoísta nesse aspecto. Segundo George Hellman, "quando a bola de seu adversário — sobretudo se fosse mulher — caía num lugar ruim, ele a examinava e perguntava: 'É sua ou minha?'. Em seguida, afirmando não ser dele, alterava sua posição de modo a permitir uma boa tacada para a pessoa".[32]

O filho de Jesse, Henry, um entusiasta das corridas de cavalo, e o filho de James, Jefferson, também eram sócios seniores da firma. Jeff herdou o assento do pai na Bolsa de Valores de Nova York. Era um homem de hábitos extravagantes que costumava servir frutas e gengibre aos sócios e funcionários da J. & W. Seligman & Co., acreditando que esses alimentos aguçavam a capacidade mental. Além disso, tinha uma teoria segundo a qual beijar era mais higiênico do que trocar um aperto de mãos, e morava em uma suíte de hotel no Upper East Side, onde mantinha armários cheios de vestidos, que distribuía a seu séquito de namoradas.[33]

A excentricidade era um traço marcante da maior parte dos filhos de James. Peggy Guggenheim, sua neta, escreveu que os tios e tias Seligman "eram peculiares, quando não malucos", com exceção de DeWitt, o dramaturgo fracassado, que ela considerava "quase normal". Seu tio Washington, escreveu, "vivia de carvão" — que ingeria para acalmar o estômago — "e, como resultado, tinha dentes pretos. Em um bolso forrado de zinco, ele carregava gelo moído, que chupava o tempo todo. Bebia uísque antes do café da manhã e praticamente não comia. Era viciado em apostas, assim como a maioria de seus tios e tias, e, quando estava quebrado, ameaçava cometer suicídio para conseguir mais dinheiro do meu avô".[34]

Foram mais do que meras ameaças. Em 1887, a família de Washington o obrigou a romper com uma jovem que provavelmente trabalhava como prostituta — um jornal a descreveu como oriunda de um vilarejo provinciano e observou eufemisticamente que "sua compleição rústica ainda não se desgastara com a vida um tanto dissipada que vinha levando desde sua chegada à cidade".[35] Washington tentou se matar com um revólver Smith & Wesson em um quarto de hotel em St. Augustine, na Flórida. Acabou sobrevivendo, mas anos depois fez uma segunda tentativa. Foi encontrado em outro hotel com um profundo corte de faca na garganta. Mais uma vez, sobreviveu, e disse a um policial: "Venho sofrendo de uma doença nervosa nos últimos vinte anos e só há alguns dias notei que estava piorando muito, e tive medo de enfrentar a situação. Além disso, ando tendo muitos problemas em Wall Street ultimamente, e assim decidi acabar com tudo".[36] Em 1912, Washington voltou a tentar o suicídio, e dessa vez conseguiu. Ele deu um tiro na cabeça em seu apartamento no Hotel Gerard, em Nova York, deixando um bilhete rabiscado em um envelope: "Estou farto de estar doente a vida toda".[37]

A doença mental afligiu outros ramos da família Seligman. Alguns anos após o suicídio de Washington, a mídia noticiaria uma nova morte dramática no clã, quando o neto homônimo de Jesse, Jesse L. Seligman, deu um tiro na esposa e a seguir se matou, tendo a filha de três anos em um quarto próximo. "Não havia outro jeito", rabiscou numa enigmática nota de suicídio.[38] Décadas depois, Joseph L. Seligman, filho de Ike, que recebera seu nome em homenagem ao avô, também tiraria a própria vida.[39]

Joseph e mais tarde Jesse haviam mantido a sociedade familiar coesa ao longo de anos de brigas e rancores, mas Ike, após a morte do tio, procurou desfazê-la. Assim como o pai, estava sempre se estranhando com os membros da família que tocavam as filiais europeias do negócio. William, a seu ver, era "ganancioso demais", enquanto Henry era "demasiado cauteloso". Já o tio Isaac era "o Shylock londrino".[40]

Investimentos ruins em Frankfurt e Paris ameaçavam o capital da firma de Nova York, e, do ponto de vista de Ike, os tios haviam parado no tempo. A geração deles financiara a construção de ferrovias, serviços públicos de água e energia e grandes empreendimentos industriais, enquanto a de Ike se especializara em reestruturar esses empreendimentos atolados em dívidas por meio de fusões e consolidando indústrias mediante vastas alianças — um expediente conhecido como "morganização", em referência à estratégia de criação de monopólios que Pierpont Morgan elevou a uma forma de arte. Enquanto isso, o equilíbrio de poder no setor bancário começava a pender pelos Estados Unidos.

Ike e os primos radicados em Nova York tinham seus próprios planos para uma reestruturação, e, na primavera de 1897, ele embarcou rumo à Europa para uma série de tensas reuniões com os tios sobre a dissolução do "arranjo familiar". Em 1º de julho de 1897, os Seligman — e os executores de seus irmãos falecidos — assinaram um acordo desfazendo a antiga sociedade. O capital a ser dividido entre eles somava 7 831 175,64 dólares, e mais da metade encontrava-se aplicada em uma infinidade de investimentos. A tarefa de liquidar esse emaranhado de ativos — processo que durou cinco anos — foi designada a DeWitt Seligman, o filho "quase normal" de James. Os Seligman, porém, não cortaram completamente seus laços comerciais. Após mais de meio século, como poderiam? As firmas europeias investiram na J. & W. Seligman & Co., e a firma de Nova York, do mesmo modo, adquiriu participações em suas afiliadas europeias. Mas a era dos "Rothschild americanos" chegara ao fim.[41]

Em 21 de junho de 1897, enquanto Ike e os tios negociavam os detalhes finais para desvincular suas respectivas firmas, outra sociedade com meio século de existência, a de dois inseparáveis irmãos de Rimpar, chegava a um fim diferente com a morte repentina de Mayer Lehman após uma cirurgia de gangrena. Na manhã em que ele foi enterrado, naquela mesma semana, a Bolsa do Algodão permaneceu fechada, como uma forma de tributo. Os bancos na sinagoga Emanu-El, em cujo conselho de administração Mayer atuara por tanto tempo, mais uma vez se encheram de cidadãos enlutados. Então seu corpo seguiu para Salem Fields, o caixão carregado por Jacob Schiff e outros amigos da família.[42]

Quando Mayer morreu, os livros de contabilidade da Lehman Brothers mostravam que a firma valia cerca de 8 milhões de dólares, um crescimento significativo em relação aos pouco mais de 2 milhões registrados em 1879. Frank Manheim, em sua história institucional da firma, observou que o crescimento regular da empresa era admirável, mas de forma alguma extraordinário para os padrões ambiciosos da época. "No contexto desse período de formação de imensas fortunas, não era em nenhum aspecto uma realização singular. Centenas de vizinhos e colegas dos Lehman em Wall Street haviam faturado muito mais, muito mais rápido e de maneira muito mais ostensiva."[43] Outros, contudo, haviam perdido fortunas, igualmente em grande estilo. Os Lehman resistiram a sucessivos pânicos financeiros por serem em geral conservadores e muito criteriosos na escolha de parceiros comerciais. "Costumávamos dizer que a empresa precisava conhecer seu avô antes de aceitar seus negócios", relembrou Alice Brenner, secretária sênior de Mayer e Emanuel.[44]

Os Lehman em grande medida ignoraram a mania ferroviária que havia enriquecido e arruinado seus colegas de Wall Street; o pouco que mantinham em termos de investimentos ferroviários concentrava-se no Sul. Mas eles de fato participaram da febre de fusões no final do século XIX, ajudando a organizar o chamado Cottonseed Oil Trust, quando dezenas de empresas — incluindo uma em que os Lehman detinham grande participação — foram combinadas para formar a American Cotton Oil Co. Os Lehman também se juntaram ao chamado Cotton Duck Trust, fundindo uma fábrica com 76 mil máquinas de fiar algodão que possuíam no Alabama em um conglomerado têxtil que controlava 85% do mercado de uma lona muito resistente chamada *cotton duck*.[45]

As commodities continuaram a ser a base de seu negócio, mas os Lehman também se aventuraram por uma série de outras indústrias, desde mineração e manufatura até imóveis e seguros. Os irmãos participaram da fundação ou direção de uma série de bancos nova-iorquinos, enquanto Emanuel investia em empresas de serviços públicos, tornando-se diretor da East River Gas Company e vice-presidente da Consolidate Gas of New Jersey. Além disso, detinham grandes participações em linhas de balsa.

Em 1892, a Lehman Brothers se mudou para um endereço maior no número 16 da William Street, onde contava com todo um andar. Os sócios ocupavam salas que davam para um ambiente espaçoso onde cerca de catorze funcionários trabalhavam ao longo do dia. O escritório tinha um único telefone, que conectava a firma por uma fiação privada a centros de negociação de commodities como Chicago e New Orleans. Alice Brenner relembrou uma atmosfera de intimidade na qual era comum os empregados serem convidados para eventos familiares, dizendo que "nos sentíamos parte do clã Lehman".[46]

Várias figuras importantes do mundo financeiro costumavam passar no escritório para conversar com os irmãos, entre as quais Julius Rosenwald, coproprietário da Sears Roebuck. E políticos sulistas por vezes faziam visitas aos Lehman, que, ao contrário de muitos colegas em Wall Street, permaneciam democratas fervorosos, devido a suas raízes no Alabama.[47]

Os filhos de Mayer cresceram ouvindo o pai reclamar amargamente da corrida presidencial de 1876, quando o governador democrata do estado de Nova York, Samuel Tilden, perdera para Rutherford B. Hayes numa das disputas mais acirradas da história americana — a segunda vez desde a fundação do país em que o candidato derrotado vencera no voto popular. Mayer insistia que a eleição fora roubada. Na disputa presidencial de 1884, os Lehman apoiaram Grover Cleveland, outro governador de Nova York, que após a vitória nomeou o coronel Hilary Herbert, velho amigo confederado de Mayer, como secretário da Marinha.[48]

Na última eleição presidencial de sua vida, Mayer enfrentou uma escolha difícil. Com a economia americana ainda mergulhada na depressão que se seguiu ao pânico de 1893, a disputa virou na prática um referendo sobre a prata. Assim como seus colegas banqueiros, Mayer era um adepto da "moeda estável". No entanto, seu estimado Partido Democrata escolhera como representante o agitador populista William Jennings Bryan, um dos mais ardentes defensores da "prata livre" no país, que construíra sua carreira política descendo a lenha na elite de Wall Street. O deputado, que servira durante dois mandatos como representante de Nebraska, chegou à convenção democrata como um azarão e emergiu como o candidato à corrida presidencial com base, em grande parte, em seu discurso magistral sobre a questão da moeda durante o debate da plataforma do partido.

"Vocês vêm a nós e dizem que as cidades grandes são a favor do padrão-ouro; respondemos que as cidades grandes repousam sobre nossas vastas e férteis pradarias", bradou. "Queimem suas cidades e deixem nossas fazendas e suas cidades renascerão como que por mágica; mas destruam nossas fazendas, e as ruas de todas as cidades no país serão tomadas pelo capim." Alguns representantes subiram nas cadeiras e outros bateram os pés no chão conforme Bryan habilmente incitava um frenesi entre os presentes. "Não pressionem essa coroa de espinhos contra a fronte do trabalhador. Não preguem a humanidade em uma cruz de ouro", concluiu ele.[49]

A perspectiva de Bryan na presidência aterrorizava Wall Street; Mayer e seus amigos do mundo financeiro estavam convencidos de que as políticas monetárias inflacionárias esposadas pelo candidato democrata seriam catastróficas. Assim, Mayer respirou fundo e votou no candidato republicano, William McKinley. Meses após o início do governo McKinley, em 1897, Mayer faleceu. Assim, não teve a oportunidade de ver o presidente republicano pôr um ponto-final na questão da prata: em 1900, McKinley assinou uma legislação adotando formalmente o padrão-ouro nos Estados Unidos.

No ano em que Mayer morreu, Emanuel comemorou seu aniversário de setenta anos, marcando a data com a criação de um fundo fiduciário de 100 mil dólares para ajudar alunos formados no Asilo de Órfãos Hebreus. Nos anos seguintes, ele se afastou pouco a pouco da firma para se concentrar no trabalho filantrópico, passando as operações do dia a dia para uma nova geração de sócios da Lehman.

Meyer H. Lehman, filho mais novo de Henry, o falecido irmão de Mayer e Emanuel, entrou para o negócio da família em 1870, e, uma década depois, foi nomeado sócio júnior. Assim como o tio Mayer, era um especialista em algodão e uma presença frequente na Bolsa do Algodão. Alguns anos depois, em 1882, o filho mais velho de Mayer, Sigmund, entrou para a sociedade, e, em 1887, a firma adquiriu um assento na Bolsa de Valores de Nova York em seu nome.[50] Após se formar em Harvard, em 1894, outro filho de Mayer, Arthur, juntou-se à Lehman Brothers.

Mayer pretendia que apenas seus dois filhos mais velhos trabalhassem na firma; para os dois mais novos, Irving e Herbert, tinha feito outros planos. Desde pequeno, Irving deixara os pais e professores maravilhados com seu intelecto. Era estudioso e reservado e se interessava pela história e a erudição judaicas.[51] Criado para seguir carreira no direito, ele galgou o topo da profissão, sendo o homem mais jovem a ser eleito juiz da Suprema Corte de Nova York e chegando a presidir o tribunal de apelações estadual.

Para Herbert, o caminho parecia mais incerto, e ninguém imaginava que sua trajetória o conduziria ao palácio do governo do estado de Nova York e depois ao Senado americano. Na infância, ele havia sido uma criança tão nervosa que seus preocupados pais a certa altura o tiraram da escola por um ano.[52] Amigo de Herbert e seu colega de classe no Sachs Collegiate Institute, Paul Sachs lembrou-se de Lehman como um "rapaz muito sério, com os dedos sempre sujos de nanquim".[53]

Por motivos que nunca ficaram claros para Herbert, Mayer achava que o filho mais novo, um aluno no máximo mediano, deveria se tornar engenheiro. Felizmente, o professor predileto de Herbert no Sachs Collegiate Institute, Frank Erwin, o dissuadiu de enviar o rapaz para a faculdade de engenharia. "Ele explicou a meu pai que, ao agir assim, ele talvez estivesse estragando um empresário razoavelmente bom em troca de um engenheiro muito ruim", relembrou Herbert.[54] Erwin recomendou o Williams College, a faculdade de artes liberais no noroeste de Massachusetts que ele próprio frequentara; Mayer seguiu o conselho do professor.[55]

Pouco tempo depois de Herbert se matricular no Williams College, Mayer lhe enviou uma breve carta com algumas orientações paternas. "A única coisa que lhe peço", escreveu, "é que aproveite bem seu tempo, porque esses poucos anos passam rápido e não voltam. Não faça nada de que possa vir a se envergonhar. Caso se meta em apuros, porém, quer seja ou não o culpado, não hesite em me procurar como seu amigo mais íntimo e não esconda nada de mim."[56] Concluída a faculdade, onde obteve sobretudo notas medianas, Herbert entrou para a J. Spencer Turner & Co., uma corretora de valores nova-iorquina que realizava negócios com a Lehman Brothers; ele passou quase dez anos ali antes de se juntar à empresa da família, em 1908.[57]

Emanuel, cuja esposa, Pauline, faleceu aos 28 anos, tinha dois meninos. Pouco se sabe sobre seu filho mais velho, Milton, que frequentou

Columbia e fez doutorado na Universidade de Heidelberg. Na relação de ex-alunos de Columbia, ele registrou como seu endereço os escritórios da Lehman Brothers, embora não haja indícios de que tenha algum dia entrado para a sociedade. Em todo caso, parece que Milton sofria de algum tipo de enfermidade debilitante, física ou mental. Em uma carta aos filhos expressando seus desejos finais, escrita seis meses após a morte de Mayer, Emanuel menciona a criação de um fundo fiduciário de 100 mil dólares para sustentar o filho. "Infelizmente", escreveu, "meu filho Milton nunca voltará a ficar bem."[58]

O filho mais novo de Emanuel, Philip, entrou para a sociedade em 1885, e suas responsabilidades iniciais consistiram principalmente em representar a firma na Bolsa de Café de Nova York.[59] Philip era inteligente, altivo e ferozmente competitivo. Exsudava uma qualidade aristocrática: um colega recordou que não permitia sequer que a interjeição "diabos!" fosse pronunciada no escritório, e ficou escandalizado quando um dos sócios lhe mostrou um exemplar da *Esquire*.[60]

Aos 36 anos, Philip se tornou o primeiro líder não oficial da firma após a morte do tio. Respirando Wall Street desde a infância, escreveu Frank Manheim, ele era dotado de uma "mentalidade bancária" mais forte que a do pai e a do tio, encorajando Emanuel a participar de consórcios de bancos de investimentos. Philip era fascinado por tecnologia, sobretudo pelas novas "carruagens sem cavalos" que começavam a aparecer nas ruas americanas. Seu pai foi um dos primeiros nova-iorquinos a ter um desses automóveis primitivos, no qual costumava voltar para casa após o trabalho, embora não sem uma certa dose de constrangimento, por conta dos olhares que a chamativa engenhoca atraía. Em 1897, Philip e Sigmund ajudaram a criar uma das primeiras companhias automobilísticas do país, a Electric Vehicle Company. Os primos também apostaram em um negócio nessa área com uma empresa de Ohio chamada Rubber Tire Wheel Company, que fabricava o pneu de ar comprimido utilizado por 90% dos veículos na época.[61]

A Electric Vehicle Company tinha planos grandiosos para criar monopólios de táxis elétricos nas maiores cidades americanas, e detinha uma patente ampla que também abrangia veículos movidos a gasolina, o que lhe permitia obter lucrativos royalties de outros fabricantes automotivos. Mas as frotas de táxi nunca se concretizaram, e a agressiva defesa de sua patente levou a uma prolongada disputa judicial com um jovem e ambicioso empresário chamado Henry Ford. O industrial de Detroit acabou por levar a melhor, e a Electric Vehicle Company virou apenas uma nota de rodapé na história dos automóveis, decretando falência em 1907.

O público ficou tão fascinado quanto temeroso em relação aos primeiros automóveis; devido à ausência inicial de leis de trânsito ou requisitos para dirigir, os carros eram tidos por alguns como uma ameaça à segurança pública. Cidadãos e autoridades municipais expressavam preocupações de que as "carruagens sem cavalo" pudessem espantar os cavalos de verdade que puxavam as carroças e bondes de tração animal nos quais muitos nova-iorquinos trafegavam.

Os banqueiros, que estavam entre os poucos suficientemente ricos para possuir automóveis, viviam envolvidos em controvérsias relacionadas a veículos. Jeff Seligman, que vendeu seus cavalos e adquiriu três veículos elétricos, mantidos no estábulo, desentendeu-se publicamente com o comissário de parques de Nova York após ser proibido de dirigir seu *brougham* pelo Central Park, acusando o funcionário de tentar "deter a marcha do progresso". E, em 1902, seu chofer foi preso por ultrapassar o recém-estabelecido limite de velocidade — vinte quilômetros por hora.[62]

Philip Lehman se envolveu posteriormente em um episódio automobilístico de maior gravidade. Em 1906, no dia de Ano-Novo, ele dirigia pela Quinta Avenida quando um pedestre, correndo atrás do chapéu, entrou na sua frente. Lehman desviou, mas não conseguiu evitar o sujeito, um vendedor de óculos de 55 anos chamado Orlando Peck. O impactou arremessou Peck por cerca de cinco metros, e, após derrapar, o carro de Lehman parou em cima dele. A polícia retirou Peck de debaixo do carro e o levou até um hotel próximo, onde Lehman, em pânico, exortou o homem inconsciente a falar. Uma multidão se juntou, "acusando e ameaçando Lehman", noticiou o *New York Sun*, enquanto o banqueiro tentava explicar que não tivera culpa no acidente.

Um policial que havia presenciado a cena o prendeu, e Philip virou réu por negligência criminosa. Uma semana depois, Peck morreu em decorrência dos ferimentos. Um inquérito posterior considerou a morte acidental e absolveu Lehman das acusações.[63]

Após assumir a condução da Lehman Brothers e se tornar, a exemplo de Mayer, o sereno porta-voz da firma, Philip encomendou uma nova residência para a família no número 7 da rua 54 Oeste. Em 1885, ele se casara com a filha de um banqueiro proeminente com raízes em Cincinnati, e o casal teve dois filhos, Pauline (em homenagem à falecida mãe de Philip) e Robert. Philip contratou o arquiteto que havia projetado o mausoléu dos Grant para construir seu casarão de cinco andares em pedra calcária. No telhado de mansarda da construção, era possível divisar três óculos com acabamento em cobre apontados para a calçada. A suntuosa mansão, em estilo Beaux-Arts, não condizia com as ambições de um mero milionário — havia muitos deles na vizinhança —, e sim com as de um magnata. O endereço também era notável. A residência dos Lehman ficava do outro lado da rua onde morava o homem mais rico dos Estados Unidos, John D. Rockefeller, que chefiava o colossal monopólio da Standard Oil.

Outros herdeiros se contentavam em viver da fortuna dos pais, mas Philip estava determinado a deixar sua marca. Ao lado dos primos, ele conduziu a Lehman Brothers a uma nova fase, que marcou a transição da empresa de uma corretora de valores que também atuava como banco de investimentos a um banco de investimentos que também negociava commodities. Ao contrário de seus amigos, os Seligman, cujos dias de glória nas finanças haviam ficado para trás, os melhores dias dos Lehman ainda estavam por vir.

Parte III
Idade de ouro

12
Fusões e aquisições

UM DOS NEGÓCIOS MAIS IMPORTANTES na história da Kuhn Loeb foi consumado em 19 de março de 1895. A fusão ocorreu não na sala de reuniões, mas no altar, onde Frieda Schiff, de dezenove anos, casou-se com Felix Moritz Warburg, de 24 anos, o dissoluto quarto filho de uma dinastia bancária de Hamburgo.

Os Warburg eram velhos conhecidos de Jacob Schiff. Após a dissolução da Budge, Schiff & Co., em 1873, o pai de Felix, Moritz, contratara o jovem banqueiro para gerenciar a filial do London & Hanseatic Bank em Hamburgo, instituição que a Moritz, M. M. Warburg & Co. ajudara recentemente a fundar. Durante a breve estada de Schiff em Hamburgo, ele visitou Moritz, sua esposa Charlotte e a família do casal em sua animada residência no número 17 da Mittelweg, onde a música e a poesia pareciam sempre ecoar pelos corredores. Felix, nascido em janeiro de 1871, devia ter pouco mais de dois anos na época, dando seus primeiros passos entre o bando de irmãos. Schiff presenteou os filhos dos Warburg com um forte de brinquedo.[1]

Em Hamburgo, Moritz e Charlotte eram jocosamente chamados de *"das Paar das nicht sitzen kann"* (o casal incapaz de sentar), porque Moritz preferia se recostar e Charlotte tinha o hábito de ficar perfeitamente ereta na ponta da cadeira. Ela era tão determinada quanto ele era relaxado. Charlotte escrevia poesia e prosa nas horas livres, e às vezes publicava breves artigos em jornais alemães. Bem-humorado e um pouco vaidoso, Moritz possuía três perucas para disfarçar a calvície, cada uma num comprimento diferente. Certa vez, quando um dos netos o flagrou de cabeça descoberta, ele confessou o mistério das três perucas: "Esta aqui eu utilizo quando preciso cortar o cabelo. Esta outra, quando acabei de cortá-lo. E a terceira, entre um momento e outro".[2]

Quando Felix e Frieda se casaram, a M. M. Warburg & Co. já estava no negócio havia quase um século. Tratava-se de um banco respeitado, situado numa movimentada cidade portuária, mas que carecia da elevada reputação internacional desfrutada pela Kuhn Loeb ou pelos Rothschild, com quem os Warburg mantinham negócios. A M. M. Warburg considerava sua relação com os Rothschild tão importante que possuía um suprimento de material de escritório de uso exclusivo para a correspondência com eles e seus representantes.[3] Conservador e com frequência lucrativo, o ponto forte do banco eram os negócios com letras de câmbio, e a instituição diversificara cautelosamente suas atividades de modo a incluir produtos financeiros mais arrojados, participando modestamente de empréstimos soberanos e ofertas de ações de ferrovias e bancos comerciais.

Os irmãos Moses e Gerson Warburg, que haviam assumido o negócio de câmbio do pai, fundaram a M. M. Warburg em 1798. Mas as raízes da família nas finanças se estendiam no mínimo ao século XVI, quando Simon von Cassel, de quem o clã descendia, se estabeleceu na cidade de Warburg, na Vestfália. Proibidos de adotar sobrenomes, os judeus eram muitas vezes conhecidos pelo nome das cidades onde tinham permissão de residir. O Simon de Cassel, após obter um acordo de proteção que lhe permitia viver em Warburg, tornou-se o Simon de Warburg. O registro municipal o descrevia como "cambista, prestamista e mutuante de fundos garantidos por cereais". Em 1773, os descendentes de Simon Warburg se estabeleceram em Hamburgo, cidade com uma atitude mais esclarecida em relação aos judeus, onde os indivíduos de sua fé não eram encerrados em guetos, desfrutando de uma liberdade impensável em outros Estados alemães.[4]

Os irmãos fundadores da M. M. Warburg faziam os contenciosos Seligman parecerem quase harmoniosos. Moses, sóbrio e moralista, e Gerson, irreverente e despreocupado, viviam às turras. Segundo uma história familiar, os irmãos, que detinham assentos de costas um para o outro na Bolsa de Valores de Hamburgo, certa vez ficaram sem se falar por quase um ano. De acordo com outra história, quando os exércitos de Napoleão ocuparam Hamburgo em 1812 e tomaram como reféns alguns dos homens mais abastados da cidade, incluindo Gerson, Moses a princípio hesitou em pagar o resgate para sua soltura. E, quando o irmão foi enfim libertado, pareceu ligeiramente decepcionado. "Por que não ficam com ele para sempre?!", teria dito.[5]

Uma geração depois, uma dupla diferente de irmãos contenciosos controlava o banco da família: Siegmund e Moritz, netos de Moses, falecido em 1831. Não dispondo de um herdeiro masculino, Moses casara sua filha única, Sara, com o primo dela em segundo grau, Abraham "Aby" S. Warburg, que não era nem bem-apessoado nem particularmente ambicioso. Seu principal atrativo, pelo jeito, era ser um Warburg. Embora dirigisse a instituição, ao menos do ponto de vista técnico, era na verdade Sara, formal e intimidadora, que constituía a força oculta por trás dos negócios. Toda noite, religiosamente, Aby trazia o livro-razão do banco para que a esposa o conferisse. Esse ritual prosseguiu mesmo depois que a direção do banco passou aos filhos, após a morte de Aby, em 1856, com os irmãos prestando contas à mãe após o fechamento da bolsa em auditorias diárias. Assim como Moses e Gerson, Siegmund e Moritz tinham índoles divergentes. Siegmund, o mais velho, dono de uma personalidade enérgica e de um temperamento forte, exibia um semblante austero e enfastiado. Moritz, que dentre os irmãos era o que mais chamava a atenção pelos belos traços, era dotado do charme de que o irmão carecia, mas apenas metade de sua determinação. Os pequenos escritórios iluminados por lamparinas a óleo, que contavam com um grande sofá verde no qual Moritz por vezes tirava um cochilo, costumavam ressoar com o zunido dos estridentes bate-bocas entre os irmãos.[6]

Até que subitamente não havia mais ninguém com quem brigar.

Em maio de 1889, Siegmund sofreu um ataque cardíaco fatal. Sara falecera cinco anos antes. Assim, Moritz viu-se sozinho no leme da M.

M. Warburg no momento em que a firma se aproximava de seu primeiro centenário. Felizmente para ele, um banqueiro competente, mas não empreendedor, Moritz não teve de enfrentar o mesmo problema do avô: tinha filhos de sobra.

Moritz e Charlotte, uma matriarca enérgica, nos moldes da sogra, criaram sete filhos. Os irmãos Warburg — Aby, Max, Paul, Felix, Olga e os gêmeos Louise e Fritz — formavam uma confederação muito unida. Quando separados, costumavam erguer os olhos para o Grande Carro da Ursa Maior, constelação que os Warburg imbuíam de um significado especial e por meio da qual acreditavam ser capazes de se comunicar cosmicamente.[7]

Nos clãs bancários, era costume o primogênito receber uma participação na empresa da família como preparativo para um dia assumir a liderança dos negócios. Aby, o mais velho dos Warburg, dono de um intelecto superior e ânimo tempestuoso, não tinha o menor interesse na vida de banqueiro; seu gênio frenético era de um tipo que o predispunha à loucura. Na adolescência, ele havia firmado um pacto com o segundo mais velho, Max, um tipo impulsivo e aventureiro. "Quando eu tinha doze anos, Aby propôs que eu comprasse dele seu direito de primogenitura, não exatamente por um prato de lentilhas, mas em troca da promessa de que eu sempre pagasse por seus livros", relembrou Max. "Embora eu fosse criança, pareceu-me uma esplêndida barganha."[8]

Livre de seu dever como primogênito, Aby se tornou um historiador da arte e da cultura pioneiro, que teve a carreira interrompida por surtos psicóticos e internações em hospitais psiquiátricos. Max, que a princípio acreditava ter saído ganhando com o acordo, cumpriu sua parte no combinado mesmo conforme o irmão reunia vorazmente uma extensa biblioteca abrangendo cerca de 60 mil livros, hoje abrigados no Warburg Institute, em Londres.

Paul, o terceiro dos cinco filhos de Moritz, também virou sócio da firma. Era um prodígio das finanças que usava um bigode grosso e caído como os irmãos e traía um quê de melancolia mesmo — ou talvez sobretudo — quando sorria. Paul era introspectivo e reservado, mas, também como os irmãos, tinha um lado irreverente. Um de seus cartões de visita trazia uma expressão em alemão, *Leck mich im arsch* — literalmente, "Lamba minha bunda", mas com o sentido de "Vá para o inferno" —, impressa em hebraico.[9]

Antes de assumirem suas posições na empresa da família, Max e mais tarde Paul estagiaram em bancos nos principais centros financeiros da Europa. Moritz despachou Max para Frankfurt, Amsterdam, Paris e Londres, onde ele completou seu treinamento em 1890 na N. M. Rothschild. Durante esse período, Max também serviu no 3º Regimento de Cavalaria Ligeira da Baviera, considerando brevemente a carreira de oficial do Exército.[10] (Quando aventou essa possibilidade ao pai, Moritz respondeu que ele estava *meschugge* — "louco" —, e seus sonhos militares pareceram morrer ali.)[11]

Paul, enquanto isso, fazia um estágio na Samuel Montagu & Co., em Londres, e na filial parisiense do Banque Russe pour le Commerce Étranger, parte da operação bancária de um abastado clã russo, uma das raras famílias judias a receber um título de nobreza dos Romanov, os soberanos do império. Tanto ele como o irmão aproveitaram o tempo longe de Hamburgo para se entregar aos desregramentos da juventude. Anos mais tarde, ao visitar Paris, Max costumava gracejar, afirmando reconhecer antigas namoradas nos Champs-Élysées: "Ah, olha a Philippina. Essa eu conheci bem!".[12] Paul, por sua vez, contraiu gonorreia em uma de suas relações. "Aos diabos com as mulheres que querem fazer sexo", escreveu desolado ao irmão Aby, rezando para ter finalmente se livrado da doença venérea após cinco meses.[13]

Paul coroou seu treinamento financeiro realizando uma viagem ao redor do mundo que o levou inicialmente ao Egito, à Índia, ao Japão e à China. Em Macau, na época uma colônia portuguesa, ele deu mostras do futuro brilhante que teria no ramo. Em seu diário, calculou quanto o governo português economizaria todos os anos se abrisse mão da colônia, contabilizando os custos de policiais, soldados, burocratas e outros funcionários necessários para manter o controle sobre Macau.[14]

Ao contrário de gerações anteriores de irmãos, Max e Paul trabalhavam bem juntos. "Seus temperamentos se complementavam de maneira admirável", recordou James, filho de Paul. "Max contribuía com a iniciativa e Paul, com a análise cuidadosa dos novos projetos."[15]

* * *

Moritz e a esposa escolheram um caminho diferente para o filho mais novo, cuja personalidade era efervescente. Belo e elegante, com uma boa voz para cantar e um apreço pela frivolidade em todas as suas formas, Felix tinha muitas qualidades admiráveis, mas Moritz não achava que levasse jeito para as finanças. "Meu pai era considerado tolo demais para ser admitido no banco", disse Edward, filho de Felix.[16] Era na verdade uma grande ironia, pois Felix estava destinado a entrar para a sociedade bancária de um dos financistas mais famosos do mundo, Jacob Schiff, forjando uma ligação entre a M. M. Warburg e a Kuhn Loeb que se revelaria mais vital para a prosperidade da empresa da família do que sua antiga associação com os Rothschild. Mortimer, o filho de Schiff, relembrou: "A M. M. Warburg acabou virando na prática a representante oficial da Kuhn, Loeb & Co. na Europa, prestando um excelente serviço e ao mesmo tempo obtendo grandes lucros e prestígio".[17]

À medida que os irmãos se estabeleciam em suas carreiras bancárias — e Aby fazia pesquisas para sua tese de doutorado sobre duas mitológicas obras-primas de Sandro Botticelli, *O nascimento de Vênus* e *Primavera* —, Felix, aos dezesseis anos, ia viver com os avós maternos em Frankfurt para se tornar aprendiz do avô, Nathan Oppenheim, que trabalhava com diamantes e pedras preciosas. Oppenheim adorava arte e línguas (falava sete idiomas) e encorajou Felix a aprender inglês, francês e italiano. "Percebo todos os dias a influência que esse avô maravilhoso exerceu sobre mim", refletiu Felix mais tarde, observando que "seu conhecimento e sua compreensão da arte, tanto na pintura como no entalhe de madeira e outras áreas, constituíram o alicerce do pouco que aprendi desde então".[18] A influência do avô se manifestava também de outras formas, como no hábito mantido por Felix durante a vida toda de sentar com os braços cruzados firmemente sobre o peito. Era um vestígio indelével dos anos trabalhando para Oppenheim, em que Felix, viajando para visitar clientes com as gemas costuradas no forro do paletó, adotava essa postura como uma defesa contra gatunos quando cochilava em trens noturnos.[19]

Felix morava em Frankfurt havia cerca de seis anos quando, em maio de 1894, os Schiff chegaram para uma de suas visitas periódicas.

Acompanhado da esposa e da filha, Jacob embarcara em um apressado giro pela Europa que já os levara a Atenas, Budapeste, Constantinopla, Praga e Viena. Frieda completara dezoito anos em fevereiro, e a viagem era tanto para comemorar esse marco em sua vida quanto uma ardilosa estratégia de Jacob para adiar a estreia formal da filha na sociedade nova-iorquina — indicando que chegara à idade de se casar.[20]

Durante a estada da família em Frankfurt, Isaac Dreyfus, cunhado de Philipp Schiff, ofereceu uma recepção para homenageá-los. Ele convidou Moritz e Charlotte Warburg, que por acaso visitavam a cidade, e também Felix, que compareceu a contragosto. "Eles dão as festas mais chatas de Frankfurt", queixou-se. Durante o jantar, Frieda sentou-se entre Felix e outro rapaz, que considerou "neurótico e enfadonho". Assim, decidiu encetar uma conversa com Felix. "Não creio que tenha flertado", disse Frieda mais tarde; sua criação fora tão protegida que a jovem não tinha noção do que significava ser cortejada. Felix, ao final da noite, reconsiderara sua opinião sobre as soirées de Isaac Dreyfus. Em plena madrugada, foi bater excitado na porta do quarto dos pais. "Conheci a garota com quem vou me casar", anunciou.[21]

Quando os Schiff foram às corridas de cavalos em Frankfurt, Felix apareceu, sentando-se ao lado de Frieda enquanto o sangue de Jacob fervia. De Frankfurt, os Schiff foram a Paris, depois a Londres. Por fim, fizeram uma visita à estância termal de Bad Gastein, na Áustria. Desesperado para ver Frieda novamente, Felix quebrou a cabeça pensando num pretexto para dar as caras por lá. Chegou a tentar cooptar Aby para um plano elaborado em que o irmão fingiria estar doente e precisando convalescer em Gastein. Então — que coincidência! — Felix chegaria alguns dias depois para cuidar da pretensa enfermidade do irmão. Mas Aby não tinha o menor interesse em participar do que Felix chamou de uma "fraude piedosa". E ficou indignado com o interesse dele por uma americana, sugerindo que se casasse com a filha de um joalheiro em Frankfurt.[22]

Felix encontrou uma alternativa, dando um jeito de ser convidado para se juntar a Morti Schiff e sua prima em uma trilha pelos Alpes que culminaria em Gastein. (Morti, à época cursando o segundo ano no Amherst College, fora ao encontro da família em Londres.) Felix não gostava de subir montanhas, mas tolerou o passeio porque enfim teria a chance de passar alguns minutos a sós com Frieda. Certo dia, enquanto caminhavam, ele lhe perguntou se ela conseguia se imaginar vivendo na Alemanha. Mais tarde nesse mesmo dia, ao encontrar a mãe, Frieda estava pálida. "Acho que aquele rapaz me pediu em casamento!", gaguejou. Mãe e filha ficaram acordadas até as três da manhã, repassando os acontecimentos — e pensando em como dar a notícia ao pai de Frieda.[23]

Como era de esperar, Jacob não gostou nem um pouco da ideia. Na teoria, a união entre Frieda e Felix parecia perfeita. Ambos eram filhos de banqueiros abastados e a ligação com a M. M. Warburg fortaleceria ainda mais a robusta rede de afiliadas europeias da Kuhn Loeb. Felix fora criado em um lar ortodoxo com uma forte tradição filantrópica; seu pai era considerado um líder entre a comunidade judaica de Hamburgo. Contudo, no começo, Schiff se enfureceu com o casamento, em parte porque não desempenhara papel algum em sua orquestração e em parte porque não se encaixava em seu rígido cronograma — ele achava que a idade certa para a filha se casar era vinte anos.

Schiff era exigente. Isso fazia dele um homem formidável nos negócios, pois não deixava passar nenhum detalhe — em alguns casos, inspecionava pessoalmente até os dormentes das companhias ferroviárias que sua firma representava. Essa mesma qualidade também o tornava um patriarca autoritário e inflexível. Para Frieda, isso significara passar seus anos de formação levando uma existência reclusa e muito supervisionada. Schiff tinha uma forte convicção, quase religiosa, de que era seu dever proteger a virtude das mulheres da família. Sua neta Dorothy (que chamavam de "Dolly"), futura proprietária e editora do *New York Post*, recordou uma ocasião na infância em que o visitou e, a pedido do avô, mostrou-lhe seu estojo de maquiagem. Ele então o atirou pela janela.[24]

Para Schiff, o incipiente relacionamento entre a filha e o filho dândi de Moritz Warburg — que não era considerado digno sequer de virar sócio no banco da família! — constituía uma verdadeira crise. Ernest Cassel, o banqueiro britânico que estava entre os amigos mais próximos de Schiff, viajava em companhia da família e levou Jacob para uma longa caminhada. "Eu a trago à Europa para afastá-la das tentações e me acontece isso!", desabafou Schiff.

"Não seja tão dramático!", respondeu Cassel. "São apenas dois anos antes do que você imaginava — mas o que espera de um genro?"[25]

Pouco a pouco, Schiff cedeu. Quando Felix partiu de Gastein, ele e Frieda estavam praticamente noivos — embora Schiff não lhe permitisse sequer escrever diretamente para a filha.[26] Como a notícia ainda não era oficial, Moritz e Charlotte preferiram não formalizar os parabéns aos Schiff e sugeriram um encontro na cidade costeira belga de Ostend, onde passavam férias. Nessa carta, também deixaram claro que não se oporiam à mudança do filho para Nova York — removendo um possível obstáculo ao casamento, uma vez que Schiff, que desejava manter a filha por perto, não consentiria em que fosse viver na Alemanha.[27]

Em setembro de 1894, os Schiff ofereceram um almoço para os Warburg em Ostend. No início, o clima revelou-se tenso. Os Warburg observavam uma dieta kosher, de modo que Schiff instruíra o maître a servir filé de linguado em vez de lagosta. "Quando nos sentamos, havia *écrevisse* (lagostim), que não era um alimento kosher, por todo lado", recordou Frieda. "Meu pai ficou bastante irritado, mas meu sogro levou tudo com bom humor."[28]

Charlotte achou Jacob estrito e rígido, mas ficou feliz que os Schiff não fossem "pomposos", como se poderia esperar da família de um dos financistas mais proeminentes de Wall Street. Eles "se portaram muito bem", escreveu depois ao filho Aby.[29]

Durante o encontro, os Schiff e os Warburg chegaram a um acordo sobre o namoro dos filhos. O relacionamento de Felix e Frieda deveria permanecer em segredo por algum tempo; ele embarcaria para os Estados Unidos em novembro a fim de oficializar a notícia. Nesse meio-tempo, porém, Schiff continuaria a proibir Felix de escrever para Frieda, como se até mesmo uma carta de seu pretendente pudesse corromper sua inocência. Em vez disso, relembrou Frieda, "meu pai lhe escreveria cartas semanais para dar notícias minhas, e eu escreveria para a mãe dele".[30]

No outono, como planejado, Felix embarcou num vapor para Nova York. Antes de partir, o pai o chamou de lado para uma conversa séria. "Só quero lhe pedir uma coisa." Felix se preparou para um sermão sobre manter a dieta kosher — algo que não tinha intenção de fazer, mas que não diria a ele. Moritz, porém, tinha outra preocupação em mente: "Fique longe dessas bebidas geladas que acabam com a digestão dos americanos e os obrigam a vir a Carlsbad todo ano para se curar".[31]

A tão sonhada recepção que Frieda planejara para revelar a notícia se transformou numa festa de noivado, com várias centenas de convidados brindando ao jovem casal. Em homenagem à ocasião, Schiff assinou um cheque de 25 mil dólares para o Lar Montefiore.[32] E, ao futuro genro, deu o prêmio mais valioso que tinha a oferecer, à parte a mão de sua filha em casamento: uma sociedade na Kuhn Loeb. Isso garantia que Felix seria capaz de manter o estilo de vida a que Frieda estava acostumada. Schiff também adquiriu para o casal uma casa de cinco andares em pedra calcária no número 18 da rua 72 Leste, a duas quadras de sua própria residência.

Frieda foi ficando cada vez mais ansiosa durante o noivado, tanto pela quantidade de eventos sociais a que se viu obrigada a comparecer com Felix como por sua falta de conhecimento em relação ao sexo — departamento em que permanecia na mais completa ignorância, graças ao pai. "Cheguei a um ponto em que começava a chorar se alguém olhasse para mim", escreveu Frieda. Felix, por sua vez, procurava se virar em seu novo ambiente. Ainda não dominava o inglês, de modo que se habituou a murmurar sob a proteção do bigode, a fim de disfarçar os erros gramaticais.[33] A distância da família sem dúvida o afetava profundamente, e é possível imaginá-lo olhando com frequência para a Ursa Maior em seus primeiros tempos em Nova York.

Em uma noite de muito vento em março, Felix e Frieda enfim se casaram, na residência dos Schiff na Quinta Avenida. A cerimônia foi presidida por dois rabinos, das duas sinagogas frequentadas pelos Schiff, Emanu-El e Beth-El. No altar, a miúda Frieda, parecendo quase uma boneca, praticamente afundava sob o peso do vestido de cetim.[34]

Moritz e Charlotte não viajaram para Nova York — Moritz tinha pavor de navegar por longas distâncias: *"Das Wasser hat keine Balken!"* (a água não é muito sólida).[35] Olga e Paul compareceram como representantes da família Warburg, Olga servindo como uma das damas de honra de Frieda e Paul como padrinho de Felix. A recepção ficou por conta do Sherry's, um serviço de bufê no centro de Manhattan popular entre a alta sociedade nova-iorquina, e 125 convidados lotaram o andar térreo da residência dos Schiff, onde quinze mesas haviam sido preparadas. A lista de convidados, composta sobretudo de pessoas dos círculos financeiros e filantrópicos de Jacob, exibia vários Goldman, Sachs e Seligman, incluindo Jesse e Ike, que, com a esposa Guta, sentou-se à mesa nupcial dos recém-casados.[36]

Jovens solteiros de ambos os sexos flertavam na mesa ao lado. Junto com Paul e Olga estavam Morti, irmão de Frieda; Paul Kohn-Speyer, um bem-sucedido comerciante londrino de metais e velho amigo dos irmãos Warburg; Nina Loeb, a dama de honra; e Addie Wolff, amiga íntima de Frieda e a filha mais nova do sócio de Schiff na Kuhn Loeb, Abraham Wolff. Além deles, havia ainda um jovem banqueiro de bigodão encerado que falava inglês britânico com sotaque alemão. Nascido em Mannheim, Otto Hermann Kahn se mudara recentemente de Londres para Nova York a fim de trabalhar no banco de investimentos Speyer & Co. Ele rivalizava com Felix como bon-vivant e galanteador, embora, ao contrário do noivo, futuramente um de seus melhores amigos, também fosse um financista formidável.

Antes de viajar para a lua de mel na Europa, Felix e Frieda ficaram no Plaza. Therese Schiff visitou a filha e o genro no hotel na véspera da partida. Jacob não a acompanhou, suspeitava Frieda, "porque não conseguia se obrigar a [...] se referir a mim por meu novo nome". Naquela mesma noite, em um jantar na casa dos Schiff, Jacob explodiu quando a filha lhe pediu uma opinião sobre algum assunto trivial. "Por que está me perguntando? Agora você tem seu marido para recorrer!"[37]

No dia seguinte, quando Frieda e Felix embarcaram para a Itália, Schiff mandou a criada da esposa, Hermine Steinmetz, acompanhá-los. Os recém-casados passaram uma viagem desconfortável sob seu olhar vigilante. Felix teve a sensação de ser transportado de volta à infância, novamente entregue aos cuidados de uma governanta.

Durante a lua de mel, a inocente Frieda descobriu os fatos da vida. Em Hamburgo, sentiu os primeiros sinais de uma gravidez, da futura filha Carola. Confidenciou suas suspeitas a Oma Loeb, que também visitava Hamburgo: "Acha que estou esperando um bebê?".

"Coisas assim já aconteceram antes numa lua de mel", respondeu sabiamente sua avó.[38]

Certo dia, na primavera de 1895, pouco tempo depois de voltar do casamento de Felix e Frieda, Paul Warburg desceu correndo os degraus de seu escritório em Hamburgo. Quase trombou com a mãe, que subia para ver o marido. "Estou noivo de Nina Loeb!", exclamou ele.

"E você vem me dar essa notícia aqui, na escada?", retrucou Charlotte secamente.[39]

Paul e Nina haviam se conhecido em 1892, quando ele passara por Nova York durante seu *Wanderjahr* pelo mundo.[40] Quando voltaram a se encontrar, três anos depois, como padrinho e madrinha no casamento de Felix e Frieda, a atração entre os dois era inegável.

Nina, chamada pelos parentes de "Puss" ou "Pussy", era a caçula de Solomon e Betty. Cinco anos mais velha do que Frieda, era tecnicamente sua tia, embora a relação entre as duas estivesse mais para a de primas muito próximas. Esbelta e bonita, Nina mancava pronunciadamente, consequência de uma fratura no quadril durante a infância, quando caíra de um carrinho puxado por bode. "Como não havia raio X naquela época, ela não recebeu o tratamento adequado e o osso não calcificou direito", lembrou James, seu filho. "Isso a deixou acamada por um ano e inválida pela maior parte da infância."[41] O acidente arruinou seus sonhos de se tornar bailarina, mas nunca perturbou sua natureza alegre. E ela tampouco sofria do comportamento neurastênico e melancólico que afligia os irmãos, inclusive Guta, cuja vida adulta era pontuada por crises nervosas e internações em sanatórios.

Quando Paul e Olga voltaram à Alemanha após o casamento de Felix e Frieda, Nina os acompanhou. Apaixonado, Paul a pediu em casamento durante a viagem. Antes que pudesse responder, ela precisava consultar os pais, que estavam de férias em Carlsbad. Em Hamburgo, Paul aguardava seu telegrama com ansiedade, e, quando ele enfim chegou, mal conseguiu conter a empolgação. A mordaz reação de sua mãe ao anúncio tornou-se uma piada interna nas famílias Loeb, Schiff e Warburg, cujos membros gostavam de repetir a frase — *E você vem me dar essa notícia aqui, na escada?* — sempre que recebiam uma notícia surpreendente.[42]

Durante a visita a Nova York, Olga se enamorou do irmão de Nina, James, que Frieda Schiff descrevia como tendo "a personalidade mais animada e brilhante" dentre todos os seus tios e tias da parte dos Loeb. "Ele deixava todo mundo encantado, era um erudito excepcional, bom músico e um esteta no melhor sentido da palavra."[43] James não era um banqueiro, embora se obrigasse a agir como tal para agradar o pai e passasse quinze miseráveis anos se lamentando disso.

Em sua biografia do clã Warburg, Ron Chernow escreveu que "os Loeb e os Warburg reagiram veementemente contra a união entre Jim e Olga". Ele sugeriu que Nina talvez fosse o motivo para o relacionamento nunca ter progredido até o casamento, uma vez que ela punha o irmão em um pedestal e o adorava num nível quase incestuoso. Tanto a vida de James como a de Olga tomariam um rumo sombrio nos anos seguintes. Ele passou por repetidas crises nervosas em seu período na Kuhn Loeb, e, em 1901, quando sua debilitada saúde mental chegou ao limite, aposentou-se da firma. Pouco tempo depois, mudou-se para a Alemanha, onde buscou tratamento para a depressão e a epilepsia. James passou a viver tranquilamente em uma propriedade nos arredores de Munique, cercado por clássicos gregos encadernados em couro e antiguidades, e nunca mais pôs os pés em Nova York. Devotou sua fortuna à filantropia, financiando a futura Juilliard School, de Nova York, a coleção Loeb Classical Library, de Harvard (sua tentativa de tornar grandes obras literárias greco-romanas acessíveis às massas), e um renomado instituto de pesquisa psiquiátrica em Munique. (Numa perversa reviravolta do destino, o instituto foi transformado em um centro de pesquisa em eugenia quando Adolf Hitler chegou ao poder.)

O destino de Olga foi ainda mais trágico. Embora seu coração pertencesse a James, ela concordou em se casar com Paul Kohn-Speyer, amigo de seus irmãos, um sujeito solene, reservado e dedicado aos negócios que não poderia ser mais diferente do homem por quem ela havia se apaixonado. Em 1904, pouco tempo depois de dar à luz seu quarto filho, ela se matou, pulando da janela do terceiro andar de um hotel suíço.[44]

* * *

Em 1º de outubro de 1895, Paul e Nina se casaram em Sunset Hill, a florida casa de campo de Solomon e Betty Loeb localizada no terreno à beira-mar das famílias Schiff e Loeb em Nova Jersey. Unindo-se em matrimônio, eles acrescentaram um complicado novo ramo a uma já tortuosa árvore familiar. A tia de Frieda era agora sua cunhada. Paul, por sua vez, tornou-se cunhado do sogro de seu próprio irmão.

Dessa vez, Aby, o mais velho dos irmãos Warburg, um tipo baixinho de feições sombrias, representou a família. Iconoclasta e rebelde, ele optara por seguir a vida acadêmica, ainda que suas raízes judaicas dificilmente lhe permitissem obter uma cátedra na Alemanha, onde o antissemitismo no mundo universitário era particularmente pronunciado. Dono de uma mente aguçada, sempre percebendo significados ocultos no mundo à sua volta, Aby podia ser agradavelmente envolvente e sarcasticamente engraçado. Mas seu humor também oscilava de maneira imprevisível entre a leveza e a raiva. Enfant terrible da família, era altivamente cioso de suas prerrogativas, sobretudo quando se tratava de novas aquisições para sua adorada biblioteca, em prol da qual não pedia dinheiro aos irmãos, mas exigia.[45]

Aby aproveitou sua visita social aos Estados Unidos para estudar a arte e a cultura nativas. Fascinado pelo Oeste americano desde a infância, ele percorreu a Costa Leste visitando museus e consultando antropólogos e arqueólogos proeminentes. Como partilhassem de interesses similares, Aby desenvolveu uma estreita ligação com James Loeb, que o levou a Cambridge para conhecer o Peabody Museum, de Harvard, cuja coleção continha artefatos do passado pré-histórico da América do Norte.[46] A seguir, usando um chapéu de caubói e um lenço amarrado no pescoço, Aby aventurou-se pela região. Viajou de trem até onde foi possível e depois tomou uma carroça de dois cavalos para visitar os remotos vilarejos dos hopis no sudoeste do Arizona. Ele testemunhou antigos ritos e cerimônias, incluindo uma dança com serpentes vivas, e documentou cuidadosamente sua viagem, tirando fotos, fazendo copiosas anotações em seu diário e esboçando mapas e desenhos de trajes tradicionais.

Uma carta recebida por Aby enquanto ainda viajava pelo Oeste sugere que sua pesquisa de campo também envolveu circunstâncias preocupantes. Em março de 1896, Ike Seligman — o novo cunhado de Paul — o alertou de que acabara "de receber a notícia, pelo correio em Santa Fe, de que uma família de índios (de nome Ra-ba, ou seja, 'olhos vermelhos') pretendia processá-lo por danos morais e de que uma jovem pele-vermelha, Minnemōsā [...] faz graves acusações, cuja natureza não me atrevo a pôr no papel!". Sem especificar do que o acusavam, Seligman deu fortes indícios de que se tratava de algum tipo de impropriedade sexual, gracejando que não achava ser "necessário lhe enviar o *papoose*" — um bebê nativo americano — "como presente de aniversário". (Aby, na época, estava a algumas semanas de completar trinta anos.) Seligman comentou que o caso poderia ser resolvido "em troca de dois cavalos, uma mecha de cabelo e o pagamento de 150 dólares", e prometeu resolver a questão discretamente. "Tentarei evitar qualquer publicidade."[47]

Enquanto Aby seguia com suas viagens (e possivelmente suas aventuras), Paul regressava à Alemanha com Nina após uma breve lua de mel em Atlanta, onde visitaram a Cotton States and International Exposition, uma grande exposição nos moldes da Feira Mundial destinada a mostrar o progresso econômico do Sul após a guerra.[48] Paul e Nina — que na terminologia dos Warburg ficariam conhecidos como Panina, assim como Felix e Frieda eram chamados de Friedaflix, e Max e a esposa Alice, de Malice — fixaram residência na avenida Fontenay, a um quarteirão do Outer Alster, um lago artificial onde Paul e os irmãos costumavam passear com seu pequeno bote a remo durante a infância.[49] Em agosto de 1897, dez meses após as núpcias, o casal Panina ganhou um menino. Deram-lhe o nome de James, em homenagem ao adorado irmão de Nina. ("Havia uma grande confusão psicológica em minha juventude, porque minha mãe era apegadíssima ao irmão, e lembro-me de ouvi-la dizer em várias ocasiões que havia dois homens que ela amava na vida — meu tio Jim e meu pai", relembrou James. "Eu nunca soube ao certo quem veio primeiro. Claro que meu pai, mas era o tipo de coisa confusa para uma criança.")[50]

Nina sentia uma falta desesperada da família, mas, no outono, enquanto se estabelecia em Hamburgo entre os inimitáveis Warburg e criava seu filho bebê, um visitante de Nova York ajudou a aliviar um pouco as saudades. Em 25 de outubro, seu sobrinho de dezenove anos, Morti Schiff, chegou para um estágio de nove meses na M. M. Warburg. Ele contou aos pais que "Puss está com ótima aparência, um pouco mais cheiinha", e que "o menino dela é uma graça, nada belo, mas um pedacinho muito saudável de humanidade".[51]

Morti, o mais novo dos dois filhos dos Schiff, era um rapaz bonito, ainda que um pouco rechonchudo, e daltônico como o avô. Parecia eternamente ansioso por agradar o pai, e fracassava com igual regularidade. Quando ele era criança, Jacob não se cansava de procurar defeitos no menino, e pai e filho andavam sempre às turras. "Na infância, meu irmão vivia sendo castigado por aprontar", recordou Frieda. "Era comum Morti ser expulso da mesa, ficar sem sobremesa por uma semana ou ser obrigado a se penitenciar de alguma outra maneira."[52] Jacob era particularmente obcecado com o comportamento do filho — um critério pelo qual os alunos eram avaliados na escola preparatória de Julius Sachs. Quando Morti recebia alguma advertência nesse quesito, Schiff o exorcizava furiosamente por seus maus hábitos no que Frieda descrevia eufemisticamente como "sessões espíritas". Após uma dessas surras, ela se lembrava de ter ouvido os berros do irmão: "Não consigo sentar! Não consigo sentar!".[53]

Aluno talentoso, Morti se formou no Sachs Collegiate Institute aos quinze anos. A escola era uma porta de entrada para Harvard, universidade para onde muitos de seus colegas iriam no outono. Morti também queria ir para lá, mas isso se tornou outro motivo de disputa entre pai e filho. Schiff se afligia com "as muitas tentações a que um jovem está sujeito com tantos estudantes por perto".[54] Segundo Frieda, "meu pai dizia que Harvard era grande demais, frequentada por muitos rapazes ricos, que Morti tendia à extravagância e que, por lá, se tornaria ainda mais extravagante".[55]

Assim, Jacob enviou o filho para o Amherst College, uma pequena faculdade de artes liberais no oeste de Massachusetts onde contava entre seus colegas com o futuro presidente Calvin Coolidge e Dwight

Morrow, mais tarde um sócio influente da J. P. Morgan & Co. e embaixador no México. Mesmo lá, Morti conseguiu a desaprovação paterna depois de comprar uma chamativa bicicleta. Seus pais também o repreenderam quando ele contou, nas cartas que mandava regularmente para casa, sobre uma visita de fim de semana a Mount Holyoke, uma faculdade feminina nas proximidades.[56]

Morti entrou para o time de basquete universitário e para a fraternidade Beta Theta Pi.[57] Morrow, que vinha de uma família pobre, era seu colega de fraternidade; Morti costumava doar roupas usadas ao amigo. Suas belas camisas feitas sob medida vinham com o monograma MLS, que Morrow, gracejando, afirmava significar "Morrow's Little Shirts" [as pequenas camisas de Morrow].[58]

Morti tirava boas notas e, como o pai, manifestava interesse pelo sofrimento dos imigrantes russos. Em um ensaio intitulado "Apelo em favor do imigrante",[59] escreveu:

> Embora favorável a uma imigração restrita, não vejo com que direito, pois me refiro aqui a um direito moral, poderíamos negar a entrada em nossa nação àqueles que anseiam por ser admitidos. [...] Afinal, não é este um país justo, e não deveria ser um lar para refugiados expulsos de suas casas pela opressão de um tirano?

A dedicação de Morti aos estudos por vezes lhe rendia zombarias e provocações dos colegas. Nas aulas de francês, recordou um deles, "um dos passatempos favoritos da minha turma era expulsar Mortimer Schiff da sala. Ele era provavelmente o único aluno sério do grupo, e suas recitações, sempre que lhe permitiam terminá-las, eram perfeitas. Mas dificilmente permitíamos que ele as terminasse". Muitas vezes, conforme ele lia em voz alta, alguns colegas se levantavam das carteiras e, com o professor batendo na mesa e pedindo ordem, carregavam Schiff para fora da sala. Em seguida, voltavam "em silêncio a seus lugares, enquanto Schiff, tão logo recuperava o fôlego, voltava discretamente a sua carteira".[60]

Após concluir o primeiro ano, Morti pediu transferência para Harvard — mas o pai descartou a ideia. "Você comprovou o que eu pensava",

Jacob disse ao filho, segundo Frieda. "É extravagante no Amherst e não está preparado para Harvard."[61] Morti passou mais um ano no Amherst e então voltou a pedir transferência para Harvard. Dessa vez, Schiff concordou que ele estava pronto para dar início à fase seguinte de sua educação, mas, em vez de Cambridge, despachou o filho para St. Paul, Minnesota, para que ele aprendesse sobre o negócio das ferrovias com seu amigo James J. Hill, presidente da Great Northern Railway, de cuja diretoria Schiff era membro.

Morti aproveitou o estágio ao máximo, circulando pelos vários departamentos da Great Northern, como contabilidade, operações e galpão de reparos. A experiência foi valiosa, assim como as informações que Morti recolheu sobre o funcionamento da companhia. "Fico de olhos abertos e ouvidos atentos, assim aprendo muita coisa", contou ao pai em uma carta.[62] Em outra, relatou:

> A impopularidade da Great Northern por aqui é admirável. Ninguém tem nada de bom para dizer a seu respeito. Mas sua impopularidade é ainda maior entre os mal remunerados e sobrecarregados funcionários. Nenhuma outra ferrovia aqui possui uma jornada de trabalho tão longa. Além disso, ela também é conhecida por ser a mais mal equipada dentre todas as linhas transcontinentais. Escrevo sobre esses fatos não num espírito de hostilidade em relação à ferrovia, mas porque os constatei e acho que o senhor tem o direito, caro pai, de ser informado sobre eles.[63]

Nas horas vagas, Morti pedalava por St. Paul, caçava patos com o filho de Hill, Louis, e procurava se integrar à cena social local. Ele tentou entrar para o Town & Country Club, um clube de campo exclusivo, mas foi rejeitado, provavelmente por ser judeu.[64]

Em maio de 1896, Morti havia passado por praticamente todos os principais departamentos da companhia, e Hill sentiu que não tinha mais nada a lhe ensinar. "Acho que você concordará comigo que ele se portou de forma muito louvável", escreveu a Schiff. "Saiu-se melhor do que eu esperava, embora eu já esperasse que fosse se sair bem."[65]

Logo chegou a vez de Hamburgo como etapa seguinte no treinamento de Morti: bancos. Ele se hospedou no número 33 da Eichenallee, um antiquado apartamento de um quarto com uma varanda que dava para a rua, e se apresentou na M. M. Warburg numa quarta-feira de manhã, no fim de outubro de 1896. Max e Paul o alocaram no departamento de câmbio do banco. "O negócio aqui é conduzido de forma diferente da nossa; o horário, principalmente, é bastante curioso", escreveu para casa após o primeiro dia no escritório. "Chego por volta das nove e fico até a uma da tarde. Depois não tenho nada para fazer até as três, e então volto a trabalhar até as seis ou sete."[66] Certo dia, Morti acompanhou os irmãos Warburg à Bolsa de Valores de Hamburgo, onde se surpreendeu com a atmosfera descontraída. "Eles parecem se reunir ali apenas para fofocar, e [...] achei bastante curioso ver todo mundo sentado, conversando relaxadamente", contou ao pai.[67]

Em Hamburgo, Morti obteve uma visão privilegiada não apenas dos negócios da família Warburg, mas também dos dramas familiares. Na época, Aby, que voltara de sua viagem pelos Estados Unidos, escandalizara a família ao anunciar sua intenção de se casar com Mary Hertz, filha de um armador hamburguês. Artista talentosa e dona de um temperamento doce, Mary era paciente, bonita e, melhor de tudo, sabia lidar com os turbulentos humores de Aby. Mas não era judia. Moritz, desesperado com a ideia de que os futuros netos pudessem ser criados fora de sua fé, implorou ao filho que mudasse de ideia, chegando até a tentar suborná-lo. Se Aby reconsiderasse sua decisão, afirmou seu angustiado pai, ele dobraria sua mesada.[68] Mas Aby permaneceu irredutível.

Morti então escreveu:

> A situação no momento é bem desoladora, mas esperamos que possa melhorar em breve. A srta. Hertz é perfeitamente encantadora e a esposa certa para um homem como ele. É uma grande infelicidade que a questão religiosa seja um empecilho, e posso compreender muito bem como o sr. Warburg se sente a respeito. [...] Tendo em vista que Aby é inútil, Max está fazendo tudo que pode para acalmar a situação, e tenho esperanças de que consiga, mas por ora o tempo aqui permanece fechado.[69]

Moritz não estava presente quando o noivado foi formalmente anunciado, e nem ele nem Charlotte compareceram ao casamento. Eles chegaram a pedir que a cerimônia não fosse realizada em Hamburgo, mas posteriormente aceitaram a união.[70]

Nos fins de semana, Morti pedalava até Kösterberg, o retiro de verão dos Warburg em Blankenese, localizado no topo de uma colina com vista para o rio Elba.[71] Costumava jantar com Nina e Paul e passar longas horas relaxando com a tia na sala de fumar de sua confortável casa, trocando reminiscências sobre os "entes queridos" em Nova York.[72] Durante as semanas finais de sua estada em Hamburgo, Morti recebeu a visita surpresa de seu amigo Arthur Lehman. Eles passearam juntos pela cidade, e, entre um charuto e outro, Morti o bombardeou com perguntas sobre familiares e amigos nos Estados Unidos.[73] Menos de um mês depois, ainda viajando pela Europa, Arthur receberia a notícia de que seu pai, Mayer, havia falecido.[74]

No fim de julho de 1897, Morti concluiu seu treinamento na M. M. Warburg e os membros da firma o presentearam com um broche de pérola negra como lembrança de sua passagem por lá.[75] De Hamburgo, ele zarpou para Londres, a fim de iniciar uma série de empregos arranjados pelo pai. Morti alugou um luxuoso apartamento no número 12 da Park Lane, mais uma vez despertando o desagrado paterno com sua extravagância.[76]

Como Paul antes dele, Morti foi integrado à Samuel Montagu & Co., onde se queixou de ser constantemente "assediado por informações" sobre a Kuhn Loeb e a M. M. Warburg.[77] Ele acabou estagiando com o velho amigo do pai, Ernest Cassel, que se tornou uma espécie de mentor. Cassel, na época em vias de receber o título de cavaleiro, frequentava os círculos mais elevados da sociedade britânica e estava entre os confidentes mais próximos de Eduardo VII, que ascendeu ao trono em 1901. Corpulento, barbudo e calvo, Cassel poderia passar por irmão de Eduardo, semelhança que ele acentuava ao copiar o estilo de barba do rei. O banqueiro administrava o dinheiro de Eduardo num arranjo incomum, pelo qual assumia todos os prejuízos ocasionados pelos investimentos. Esse era o preço de preservar seu acesso ao poder.

À medida que o instruía sobre os refinados costumes do setor bancário europeu, Cassel também incentivava as tendências esbanjadoras de Morti, e contou posteriormente a Frieda:

> Acho que seu pai não ficou muito contente com o que fiz por seu irmão; ajudei um pouco a encorajar seus gastos, pois acredito que um cavalheiro deve aprender a gastar com elegância, mas sem ostentação. Seu pai, como você sabe, em geral não concordava com muitas de minhas ideias.[78]

Morti se adaptou à vida da pequena nobreza inglesa, jogando tênis e golfe e comparecendo a bailes com os membros da aristocracia.[79] Seu primo Otto Schiff lhe mostrava a cidade. E ele passou algum tempo com os Seligman radicados em Londres, sobretudo com o filho de Isaac, Charles, que tinha quase a mesma idade que ele. Àquela altura já estabelecidos em Londres havia três décadas, Isaac e a família estavam a caminho de galgar os degraus mais altos da sociedade inglesa. Tanto Charles como seu irmão Richard acabariam sendo nomeados cavaleiros.

Morti normalmente passava os fins de semana em Dalby Hall, em Leicestershire, uma das duas propriedades rurais de Cassel. Escrevia para casa com tanta frequência sobre seus ociosos fins de semana no campo, jogando golfe com Charlie Seligman ou participando de excursões de caça, que os pais começaram a se perguntar de que forma encontrava tempo para trabalhar. "Lamento [...] que o senhor esteja agastado comigo por passar tanto tempo no campo", escreveu em resposta a uma carta presumivelmente irada do pai, explicando que tinha "muito pouco trabalho de verdade para fazer".[80]

Durante sua estada em Londres, deflagrou-se uma crise diplomática entre os Estados Unidos e a Espanha por causa de Cuba, na época sob controle espanhol e agitada por uma revolta da população contra os senhores coloniais. Em fevereiro de 1898, o misterioso naufrágio do USS *Maine*, um cruzador enviado pelo presidente McKinley ao porto de Havana para proteger os interesses americanos na ilha, pavimentou o caminho para a Guerra Hispano-Americana. Ansioso por se mostrar à altura das expectativas paternas, Morti ofereceu-se para lutar: "Se em algum momento o senhor achar que é meu dever como cidadão americano me voluntariar, pois tem condições de julgar a questão muito melhor do que eu a partir daí, avise-me que voltarei para casa imediatamente".[81] Jacob concordou que havia chegado a hora de Morti voltar para casa, mas tinha planos diferentes para ele.

Era hora de entrar para a sociedade da família.

13
Sócios e rivais

GOLDMAN E SACHS. NA HISTÓRIA das finanças modernas, não houve aliança mais importante do que a que forjou o banco de investimentos mais poderoso do mundo. Mas a sociedade comercial resultante do casamento em 1877 entre Sam Sachs e Louisa Goldman semeou um amargo ressentimento que acabou por indispor as duas famílias. Quanto mais o banco prosperava, pior ficava o relacionamento entre elas.

Em 1881, Marcus completou sessenta anos. Seu negócio havia crescido progressivamente, a ponto de ele agora negociar cerca de 30 milhões de dólares em títulos comerciais todos os anos. Sua filha Rosa e o marido, Julius Sachs, lhe ofereceram uma festa de aniversário, e, durante a comemoração, Marcus se levantou para dizer algumas palavras. Ele falou sobre o caminho auspicioso que sua vida havia tomado, de mascate a banqueiro, e então surpreendeu os Goldman e os Sachs reunidos virando-se para Sam e lhe propondo uma sociedade. A companhia doravante passaria a ser conhecida como M. Goldman & Sachs — e não, vale notar, M. Goldman & Son.[1]

Marcus adiantou 15 mil dólares a Sachs para cobrir sua contribuição de capital à companhia recém-rebatizada. O empréstimo deveria ser pago em três parcelas, embora Marcus tenha aberto mão da última para celebrar o nascimento de seu neto Walter, o caçula dos três filhos de Sam e Louisa. "Ao que parece, em meu primeiro dia neste mundo concluí meu primeiro negócio para a Goldman Sachs", Walter costumava gracejar.[2]

Marcus certamente vislumbrara um pouco de si mesmo no confiável e industrioso Sam Sachs. Mas não escapou a nenhum dos presentes no jantar de aniversário que, ao selecionar seu primeiro sócio, Marcus deixara de lado o filho Henry, que aguardava ansiosamente para se juntar ao pai nos negócios. (O filho mais velho dos Goldman, Julius, já iniciara uma bem-sucedida carreira jurídica e ocupava-se com obras de caridade na comunidade judaica.)

Para Henry, que usava óculos de lentes grossas por causa da miopia e que mesmo jovem já começava a exibir sinais de calvície, a esnobação paterna talvez tenha trazido de volta dolorosas lembranças de infância. Sua relação com Louisa, dois anos mais velha, sempre fora complicada. A seu ver, ela era a favorita dos pais (impressão provavelmente acertada), e Henry sempre se ressentira quando eles tomavam seu partido nas brigas de criança, levando-o a acessos de ciúme.[3] Agora, o pai cedia um direito inato *dele* ao marido de Louisa. Se Henry ainda precisava de alguma confirmação de seu status secundário na família, aí estava.

Apesar da vista ruim, que dificultava a leitura, Henry se destacou nos estudos e, aos dezesseis anos, como o irmão Julius, seguiu para Harvard. Mas largou a faculdade na metade do primeiro ano, culpando a visão por não conseguir acompanhar as matérias. Marcus, preocupado com o futuro do rapaz, não escondeu sua decepção, e sua decisão de preterir o filho como sócio em prol do genro provavelmente se baseava em sua crença de que Henry não estava à altura da missão. "Sempre acreditei que Henry fosse visto pelo pai como alguém incapaz de lidar com tal papel, devido a suas debilidades físicas", recordou sua neta, June Breton Fisher, em sua biografia do avô. "Embora a decisão de Marcus se baseasse no que ele via como uma questão de bom senso, não de sentimentos, foi um golpe devastador para Henry."[4]

Após ser passado para trás, Henry foi trabalhar como vendedor para a Dreyfus, Willer & Co., a empresa de artigos têxteis de propriedade parcial da família do cunhado, Ludwig Dreyfuss, o elegante e bem-vestido marido de sua irmã mais velha, Rebecca. Ele passou os três anos seguintes exilado em chacoalhantes vagões de trem, viajando pelo país com amostras de tecido. Evidentemente, mostrou alguma iniciativa como caixeiro-viajante. Em 1885, Marcus admitiu Henry e Ludwig Dreyfuss em sua firma, renomeada Goldman, Sachs & Co. Mas a hierarquia permanecia clara: Henry ingressou na empresa numa posição inferior à de Sam Sachs, e os cunhados só chegariam a um pé de igualdade em 1904, quando Marcus faleceu e elevou Henry a sócio sênior em seu testamento.

No momento em que Henry chegou à empresa, ela havia deixado sua sede em um porão e se mudado para um escritório de dois cômodos no primeiro andar do número 9 da Pine Street, onde se podia ver seu nome estampado em dourado no vidro das janelas. Os sócios ficavam na sala da entrada, enquanto os fundos eram ocupados pela estenógrafa, a srta. Schreiber ("escrivã", em alemão), um punhado de mensageiros e de oito a dez funcionários que trabalhavam "com as mangas de camisa arregaçadas e presas por elásticos, viseiras verdes acima dos olhos, de pé diante das escrivaninhas altas, anotando entradas laboriosamente em volumosos livros-razão", relembrou Walter Sachs, que na adolescência por vezes acompanhava o pai no trabalho aos sábados de manhã.[5]

Em 1894, Sam levou o irmão mais novo, Harry, para a empresa, e no decorrer da década seguinte, à medida que cada um dos três filhos se formava em Harvard, também eles ingressaram na Goldman Sachs. Isso aumentou o ressentimento de Henry Goldman contra o cunhado, que povoava a firma paterna com integrantes da família Sachs. Outro motivo de irritação para Henry era o fato de que a fortuna de Sam, que havia entrado antes na sociedade e ocupava um cargo sênior, superava a dele próprio. A disparidade financeira ficou evidente para Goldman quando o cunhado mandou construir uma residência palaciana, que apelidou de Ellencourt (em homenagem à filha Ella), na cidade costeira de Long Branch, em Nova Jersey, perto das casas de veraneio de amigos de Wall Street como os Schiff. (Walter comparava a propriedade a um "palácio de Versalhes em escala muito pequena".)[6]

"Ele via o desequilíbrio de poder e dinheiro entre os dois ramos da família como algo completamente injusto", segundo a neta de Henry.[7]

Sangue e dinheiro sempre foram uma combinação volátil. Para empresários judeus que enfrentavam certo preconceito, a construção de redes de negócios por meio das relações familiares fazia sentido, sobretudo quando fechavam negócios transatlânticos por natureza arriscados. Quem poderia ser mais confiável que um parente? Para a Kuhn Loeb e a M. M. Warburg, o casamento interfamiliar fortaleceu ambas as empresas. Mas misturar assuntos familiares e financeiros também tendia a intensificar os conflitos, fomentar rivalidades e criar complicações inteiramente diferentes daquelas já implicadas na complexa condução dos negócios por vastas distâncias com a ajuda de cartas e breves mensagens telegráficas (com frequência codificadas). Isso preparou o terreno para disputas sobre a admissão de novos sócios e a sucessão, e imbuiu as decisões de negócio de sentimentalismo e emoção, que teria sido melhor deixar de lado.

Com família envolvida, os negócios nunca eram apenas negócios.

Os laços conjugais levaram os Seligman a uma sociedade com os dinâmicos irmãos Hellman, nascidos em Munique: Max, que tocava as filiais em New Orleans e posteriormente Paris, era cunhado de Jesse; seu irmão mais novo, Theodore, que assumiu a firma de New Orleans, casou-se com a filha de Joseph Seligman, Frances. No entanto, o casamento também impeliu Joseph e os irmãos a realizarem negócios com Max Stettheimer, marido de sua irmã Babette, e o irmão dele, Jacob, que os Seligman viam como um estorvo para sua operação. Os Stettheimer, que continuaram no negócio de importação quando os Seligman passaram ao setor bancário, eram uma fonte constante de irritação para Joseph, que desejava desesperadamente afastar Max da sociedade, mas não queria se indispor com a irmã. (A morte prematura de Max em 1873, aos 55 anos, resolveu o problema sem aumentar as tensões familiares.) Sobre o irmão de Max, Joseph reclamou certa vez que a família fora "prejudicada em muitos milhares de dólares por conta de nossa estupidez em manter Jacob Stettheimer como sócio durante tanto tempo".[8]

Os Lehman eram em certo sentido únicos entre seus amigos no ramo bancário judaico-alemão de Nova York, porque a Lehman Brothers (ao contrário de sua firma em New Orleans) não admitia parentes por afinidade como sócios. Por décadas, todos os sócios foram Lehman, uma tradição rompida um tanto dramaticamente em 1924, quando a firma contratou John Hancock, um ex-oficial da Marinha que não era nem Lehman nem judeu. Mayer e Emanuel tomaram providências para assegurar que suas famílias e a sociedade comercial permanecessem estreitamente ligadas na geração seguinte ao arranjar um casamento entre seus filhos mais velhos, Sigmund e Harriet. (Como presente de casamento, Mayer deu 30 mil dólares ao filho, enquanto Emanuel presenteou a filha com 50 mil — em valores atuais, cerca de 2 milhões de dólares no total.)[9]

Mas isso não impediu que os negócios dos Lehman fossem invadidos pelo drama familiar. Um dos cunhados de Mayer era Isaias Hellman, que trocara o ramo têxtil pelo setor bancário, ascendendo à condição de um dos financistas mais ricos da Califórnia. Hellman e os Lehman frequentemente realizavam negócios juntos, circulando o capital de investimento entre Nova York e Los Angeles, a cidade de fronteira que Isaias ajudaria a transformar numa metrópole americana.

Isaias e Mayer também eram próximos na vida pessoal. Quando Hellman se casou com a irmã de Babette, Esther, em Nova York, os Lehman deram a festa de casamento na residência dele, e à medida que Isaias construía sua fortuna na Califórnia muitas vezes recorria a Mayer como confidente. Contudo, bastou uma transação para criar uma cisão entre os dois.[10]

Bancos comerciais como o Nevada National Bank, de Hellman, que mais tarde se fundiu ao Wells Fargo, operavam por meio de uma rede de correspondentes bancários, permitindo que os clientes descontassem cheques e fizessem retiradas em diferentes cidades por todos os Estados Unidos e também no estrangeiro. Em Nova York, Hellman mantinha um saldo elevado depositado na Lehman Brothers para cobrir as transações de seus clientes. Os Lehman pagavam juros modestos sobre os fundos de Isaias, cerca de 3%. Ele teria obtido taxas melhores em outros lugares, mas família era família.

Em 1891, com o mercado financeiro cada vez mais restrito na Califórnia, o pouco dinheiro em caixa do Nevada Bank tirava o sono de Hellman. Em pânico, ele telegrafou à Lehman Brothers solicitando a retirada de seus fundos para fortalecer as próprias reservas. Os Lehman receberam o telegrama com incredulidade. Eles também enfrentavam escassez de dinheiro, e o pedido repentino de Hellman não poderia ter vindo em pior momento.

O telegrama de Hellman levou a uma acalorada troca de mensagens entre Mayer e Isaias, até o ponto em que os cunhados deixaram de se falar. Em um acesso de raiva, os Lehman venderam todas as suas ações no banco de Hellman. Isaias, por sua vez, ordenou que a esposa evitasse a irmã e o cunhado.

"A verdade é que os Lehman receberam inúmeros favores meus ao longo dos últimos anos", ele escreveu a Benjamin Newgass, irmão de Babette e Esther.

> Ficaram com centenas de milhares de dólares do meu dinheiro sem sequer dar ciência disso por meio de uma nota promissória ou carta de compromisso, e sem nenhuma garantia pagavam-me a taxa de juros que achassem mais adequada (nunca muita coisa). [...] Jamais recebi um favor deles, que sempre encontravam uma desculpa quando eu sugeria que talvez quisesse algo, enquanto eu, pelo contrário, sempre permaneci incansavelmente a seu serviço.

A frieza na relação durou dois anos, e só diminuiu depois que Mayer e Babette enviaram a notícia do noivado de sua filha Clara. Isaias respondeu com um bilhete conciliador: "Que esse ditoso evento pavimente o caminho para a reconciliação e os bons sentimentos entre nós".[11]

No trabalho, as relações entre Henry Goldman e Sam Sachs eram tensas. Os sócios contrastavam em estilo e temperamento, para não mencionar as rixas pessoais supurando entre eles. Henry era criativo, enérgico e direto — às vezes, de forma exasperante —, com um salutar apetite pelo risco e um pendor combativo. Tornou-se um especialista na negociação de títulos ferroviários, e ambicionava transformar o conservador negócio do pai em uma firma que lidasse com ofertas de ações e títulos. No verão, Henry trabalhava com as mangas da camisa arregaçadas, sempre com um halo de fumaça do charuto cubano pairando sobre a cabeça. Sam, refinado e digno, insistia em usar roupas formais no escritório, embora nos dias mais escaldantes se permitisse trajar um leve casaco de alpaca. Carecia da originalidade de Henry, embora também nutrisse uma visão mais grandiosa para a Goldman Sachs.

"Meu pai era o grande banqueiro comercial conservador que inspirava confiança", relembrou Walter Sachs.

> Bastava olhar para perceber que tipo maravilhoso de homem ele era. E Henry Goldman era o grande sujeito dinâmico e imaginativo. Um contrabalançava o outro. Talvez, em certo sentido, houvesse certa rivalidade entre os dois. Eles eram sócios e cunhados, e talvez não se bicassem porque tinham pontos de vista diametralmente opostos sobre muitos assuntos, importantes ou não.[12]

Os cunhados discutiam sobre grandes decisões de negócios, mas também sobre coisas tão triviais como quem pagaria o entregador que havia trazido o almoço de um restaurante próximo. Obstinado e opinativo, Henry tinha um talento especial para deixar Sam com o rosto vermelho de raiva — os Sachs eram famosos pelo temperamento vulcânico —, mas Sachs também sabia como irritar o cunhado. Ele extraía um prazer especial de lembrar a Henry, quando o cunhado implicava que os filhos de Sachs eram inexperientes demais para atender pedidos de vendas, que eles eram *"formados* em Harvard".[13]

Os atritos internos aparentemente não prejudicaram o desempenho da firma. As vendas de títulos comerciais continuaram a aumentar, chegando a 67 milhões de dólares em 1894.[14] Nesse ano, o capital de giro da Goldman Sachs saltara de 100 mil, da época em que Sam Sachs entrara na sociedade, para 585 mil dólares; descontadas as despesas, os sócios obtiveram 200 mil dólares de lucros. "Sem imposto de renda, foi um arranjo que se prestou ao rápido acúmulo de capital nos vinte anos seguintes", recordou Walter.[15]

À medida que Henry e Sam se empenhavam em consolidar o negócio, seus esforços pareceram complementares, ao menos por um tempo. Henry, acostumado a longos períodos na estrada desde os tempos de caixeiro-viajante, percorria o Meio-Oeste — Chicago, St. Paul, Kansas City — para incrementar as vendas de títulos comerciais. Mais contas de títulos comerciais exigiam mais locais onde negociar os empréstimos de curto prazo, de modo que ele e os sócios se aventuraram por toda a Costa Leste a fim de estabelecer novos relacionamentos bancários em cidades como Boston, Hartford e Filadélfia. Henry, enquanto isso, nunca perdeu de vista o objetivo de conduzir a Goldman Sachs às finanças ferroviárias, território exclusivo dos pesos mais pesados de Wall Street. E, nos anos que se seguiram ao pânico de 1893, astutamente amealhou títulos ferroviários a preços afetados pela recessão.[16]

Sam, por sua vez, assumiu a missão de globalizar os negócios da empresa. Para isso, Londres, a capital financeira mundial, era o lugar certo para começar. Ele pensava em fornecer à crescente carteira de clientes da firma cartas de crédito e serviços de câmbio, de modo a facilitar suas transações no exterior, e anteviu oportunidades de arbitragem a serem exploradas nas taxas de juros normalmente mais baixas de Londres, o que permitia que a Goldman tomasse dinheiro emprestado na capital inglesa e fizesse empréstimos em Nova York a um lucro exíguo. Mas, primeiro, ele precisava de um sócio confiável.

No fim da década de 1890, Sam apresentou sua visão de uma aliança transatlântica aos irmãos Herman e Alexander Kleinwort, diretores da Kleinwort, Sons & Co., um dos principais bancos comerciais londrinos. Ele calhou de fazer isso no momento certo. Os Kleinwort queriam substituir seu agente financeiro baseado em Nova York, que vivia deixando escapar lucrativas oportunidades de negócio no mercado americano. Eles nunca tinham ouvido falar na Goldman Sachs, mas, após sondarem a situação comercial da firma e constatarem que era sólida, decidiram se arriscar a fazer negócio com uma empresa desconhecida.[17]

É ilustrativo da confiança entre os banqueiros da época — na verdade, a confiança estava na base de todo o sistema de crédito mundial — que a Kleinwort Sons e a Goldman Sachs, ao oficializarem a sociedade abrindo uma conta conjunta, tenham feito isso sem nem sequer haver um acordo por escrito.[18]

Marcus Goldman a essa altura era quase um octogenário e considerava a aposentadoria. Pouco tempo antes, por 15 mil dólares, ele havia comprado um assento na Bolsa de Valores de Nova York, indicando que sua firma entrava no jogo financeiro para valer. Parecia agora que os analistas de crédito que anos antes haviam descartado o banqueiro como um homem cauteloso demais para prosperar haviam se equivocado na avaliação. Talvez ele não fosse tão tímido quanto pensavam.

Ao se aproximar dos cinquenta anos, Jacob Schiff começou a pensar em se afastar dos negócios. Afinal, seu pai morrera aos 62. Ele sentia que era puxado em muitas direções, ficando dividido entre a Kuhn Loeb, as diversas instituições de caridade a que devotava considerável tempo e dinheiro e a contínua crise de refugiados russos, cada nova leva de imigrantes contribuindo para o peso da obrigação que Schiff e seus colegas de filantropia haviam assumido para cuidar de seus semelhantes. Ele começou a pensar na sucessão.

Uma nova safra de sócios fora admitida pela Kuhn Loeb a partir de 1894: James Loeb; seu primo Louis Heinsheimer, funcionário da firma havia cerca de vinte anos; e Felix Warburg, que não poderia ter recusado a sociedade nem se quisesse. Pouco tempo depois, Morti Schiff, tendo acabado de concluir três anos de treinamento nos setores bancário e ferroviário, assumiria seu lugar de direito na empresa, cuja condução o pai pretendia legar a ele um dia.

E, para a irritação de Jacob Schiff, um quinto sócio se juntara à firma: Otto Kahn, que em janeiro de 1896 se casara com a filha de Abraham Wolff, Addie, uma jovem mignon, de pele clara. Kahn vinha de uma próspera família alemã que, na infância de Otto, ascendera de suas raízes provincianas a uma situação confortável entre a burguesia de Mannheim. O avô paterno começara um pequeno negócio de colchões de plumas em sua residência rural perto de Stebbach, depois abrira uma fábrica em Mannheim e então um pequeno banco.

O pai de Otto, Bernhard, tinha inclinações políticas, e, como muitos jovens de seu tempo, acreditava ardentemente na doutrina liberal da igualdade e do autogoverno que deflagrara as revoltas de 1848 nos Estados alemães e em outras partes da Europa. Um jovem de quase 21 anos quando as revoltas tiveram início em sua província, no sudoeste da Alemanha, Bernhard se juntou aos revolucionários e depois fugiu para não ser morto quando as forças prussianas esmagaram brutalmente a revolta. Ele passou a década seguinte nos Estados Unidos, onde encontrou trabalho como bancário em Albany, Nova York, e obteve a cidadania americana, antes de finalmente regressar à Alemanha em 1860. Ainda comprometido com os princípios liberais dos revolucionários que haviam levado ao derramamento de sangue em 1848, Bernhard foi eleito para o conselho municipal de Mannheim, onde serviria por mais de 25 anos. Agora aos trinta e poucos anos de idade, ele se casava com Emma Eberstadt, uma jovem notável e cheia de vida que lhe deu oito filhos — embora "só metade fosse de Bernhard", segundo um "parente piadista" citado por um biógrafo de Kahn.[19]

Os Kahn eram de ancestralidade judaica, ainda que, a título de religião, buscassem sua realização espiritual no National Theater, a uma caminhada de distância de sua residência no bairro mais cobiçado de Mannheim, e nas reuniões da filial local do Brahms Club, onde as obras do compositor eram analisadas e executadas. Otto e os irmãos, que foram educados sobretudo em casa, haviam sido criados para reverenciar a arte e a música. Na adolescência, Otto tocava piano, violoncelo e violino. Escrevia poemas e peças, embora a mãe, que podia ser muito crítica em relação aos filhos de que gostava menos (e Otto se enquadrava nessa categoria), aparentemente não tivesse sua obra dramática em grande conta. Ela o aconselhou a queimar as peças.

Ainda que nenhuma despesa fosse poupada e nenhum contato pessoal deixasse de ser explorado para promover a carreira musical de seu irmão mais velho, Robert, como compositor e maestro, profissão em que alcançaria distinção, quando não renome, o jovem Otto estava destinado a uma vocação mais pragmática. Aos dezesseis anos, Bernhard despachou o filho para estagiar em um pequeno banco de Karlsruhe, como preparativo para um dia se juntar ao negócio bancário da família, onde passava o dia buscando salsichão e cerveja para os sócios, limpando tinteiros e realizando outras tarefas maçantes. O trabalho podia ser aborrecido, mas Otto o desempenhou bem. Recebeu sua primeira promoção quando o chefe notou a rapidez estonteante com que lambia os selos usados na volumosa correspondência da empresa. "Um homem deve aprender a obedecer antes de estar apto a comandar", disse Kahn posteriormente sobre seus anos formativos.[20]

Aos dezenove anos, ele interrompeu seu treinamento bancário para servir com os hussardos de Mainz, preferindo se voluntariar para um ano de serviço militar a ser obrigado a cumprir três, caso convocado.[21] A experiência lhe trouxe um desprezo permanente pelo militarismo prussiano, embora ele apreciasse bastante seu bigodão de hussardo. Após voltar ao setor bancário, Otto passou um ano com a firma baseada em Berlim antes de se aventurar em Londres. Em 1888, obteve emprego no escritório londrino do Deutsche Bank, chegando mais tarde ao cargo de gerente júnior. Seus primeiros anos em Londres coincidiram com o estágio de Paul Warburg na Samuel Montagu & Co., e por um tempo os futuros sócios, ambos destinados à Kuhn Loeb, dividiram um apartamento.[22] A ligação era sem dúvida mais do que uma estranha coincidência, e talvez tivesse vindo por meio de um primo materno de Paul, amigo de Kahn.

Em Londres, Otto adotou uma rotina que o acompanharia pelo resto da vida: passava o dia no conservador mundo das finanças internacionais e a noite entre artistas, músicos e escritores, circulando pelos salões literários e consumindo teatro e ópera avidamente. Sua entrada nos círculos artísticos londrinos mais exclusivos veio por intermédio da tia materna Elizabeth, que se casara com Sir George Lewis, um advogado proeminente. A mansão dos Lewis em Portland Place era um ponto de encontro de gente criativa e intelectuais, incluindo Oscar Wilde, na época quase no auge da fama. Foram tempos emocionantes, e Otto, encantado com a vida em Londres, tornou-se um súdito britânico. Parecia determinado a criar raízes por lá — mas não criou.

Em 1893, ele aceitou um emprego como assistente de arbitragem na filial nova-iorquina da Speyer & Co., na época dirigida pelo velho amigo de Jacob Schiff, William Bonn, o frankfurtiano que recebera Schiff nas docas quando este pisou nos Estados Unidos pela primeira vez. A Speyer era um formidável banco de investimentos que competia (e colaborava) com as principais firmas de Wall Street, inclusive a Kuhn Loeb e a J. P. Morgan, e talvez tenha sido por isso que Kahn aceitou o cargo, tecnicamente um passo atrás em termos de responsabilidade. De todo modo, não foi seu ingresso na Speyer & Co., mas seu casamento com Addie Wolff, que acabou por lhe assegurar a promoção que ele desejava.

Viúvo e sem herdeiros homens, Abraham Wolff pressionou Jacob Schiff a admitir Kahn na sociedade. Era um pedido difícil de recusar, visto que Schiff prometera pouco tempo antes uma participação a seu próprio genro. Contudo, Schiff continuava relutante. A seu ver, havia algo errado com Kahn.

Não era possível levar muito a sério um rapaz meio dândi que andava na companhia de artistas e poetas e que às vezes, de uma hora para outra, começava a entoar árias. E além disso havia sua atitude em relação ao judaísmo. Kahn parecia encarar sua herança menos como um motivo de orgulho do que como uma incômoda desvantagem para suas elevadas ambições sociais. Outro ponto contra ele pode ter sido sua ligação com a Speyer — Schiff não gostava de James Speyer, filho do falecido fundador da firma. Speyer era um sujeito difícil que na época reivindicava seu direito de dirigir a filial nova-iorquina da empresa, tendo no fim conseguido expulsar do negócio o amigo de Schiff, Bonn.[23] Mas talvez houvesse um terceiro motivo para Schiff não gostar de Kahn: o fato de vislumbrar no jovem e elegante banqueiro um rival — se não para si mesmo, para seu filho inexperiente, Morti.

"Nas atuais circunstâncias provavelmente devo seguir os desejos de Wolff e concordar que seu genro, o sr. Kahn, entre para nossa firma, por mais desagradável que isso possa ser para mim", Schiff confidenciou a Ernest Cassel em abril de 1896, enquanto os recém-casados Kahn passavam um ano fora em lua de mel. "Não quero que Wolff se sinta mal com isso, pois sempre foi um excelente amigo para mim. Ele me disse que ficaria muito desgostoso se o genro mais velho não virasse seu sucessor. Assim que Morti ficar um pouco mais velho, espero poder me aposentar e deixar a ele todo o negócio."[24] Em uma carta no ano seguinte, ele disse a Cassel: "Tenho para com Morti o dever de manter o bom nome da firma até chegar o momento dele de assumir a liderança".[25] Schiff engoliu a contragosto suas objeções a Kahn, que, junto com Felix Warburg, entrou para a Kuhn Loeb como sócio júnior em 1897.

Sem dúvida ciente das reservas de Schiff, Kahn tratava o estadista mais velho da Kuhn Loeb com deferência cortês, mesmo depois de se tornar ele próprio um ícone financeiro e cultural. "Lembro-me de vê-lo se levantar rapidamente sempre que Jacob Schiff vinha à mesa para falar com ele", recordou Benjamin Buttenwieser, que ingressou na Kuhn Loeb em 1918. "Ele nunca continuava sentado."[26]

Apesar da reticência inicial de Schiff, Kahn, um mestre das finanças que orquestraria alguns dos maiores negócios da Kuhn Loeb nos anos por vir, conquistou seu respeito, ainda que Schiff nem sempre aprovasse suas atividades extracurriculares. Um mecenas das artes que se deleitava com a autopromoção (um dia ele contrataria o guru das relações públicas Ivy Lee para polir sua imagem), Kahn esmiuçava os jornais à procura de menções ao seu nome e guardava os recortes em uma dezena de fichários encadernados, cada um com mais de cem páginas. Figurava frequentemente nas notícias tanto por algum negócio ferroviário ou oferta de ações industriais como por sua ligação com a Metropolitan Opera, que passava por dificuldades financeiras e que ele resgatou do esquecimento, atuando por longo tempo como seu diretor. Kahn adorava o papel, tirando proveito dele para cortejar as jovens candidatas a estrela ansiosas por uma carreira no show business. Dizia-se que em sua mansão de Nova York havia uma escada oculta, acessada pela biblioteca, que ele usava discretamente para levar suas conquistas ao quarto.

Kahn era um virtuoso do poder de persuasão e da diplomacia na sala de reuniões. Buttenwieser relembrou uma manhã de sábado em que viu o financista conduzindo quatro reuniões ao mesmo tempo. Kahn acomodara seus visitantes nas pequenas salas em torno do grande escritório dos sócios na sede da Kuhn Loeb no sul de Manhattan. Em duas delas estavam os presidentes de duas ferrovias rivais, ambos clientes da Kuhn Loeb, envolvidos em uma contenciosa disputa territorial. Outra sala era ocupada por Giulio Gatti-Casazza, diretor da Metropolitan Opera, que Kahn roubara do Scala, em Milão. Na sala de Felix Warburg, que contava com uma porta no fundo dando diretamente para um elevador, estava uma das prima-donas da ópera, "mas Gatti-Casazza não sabia que ela estava lá", relembrou Buttenwieser. Por mais de duas horas, Kahn transitou de uma sala a outra. "E devo dizer que ele satisfez os desejos de todos, pois a mulher em questão foi embora parecendo bastante feliz", disse Buttenwieser. "Ela saiu da mesma forma que havia entrado, pela porta no fundo da sala de Warburg. [...] Como ele conseguia fazer tudo isso era motivo de grande espanto e admiração para mim."[27]

Abraham Wolff ungiu Kahn como seu sucessor no momento certo. Em 1º de outubro de 1900, ele sofreu um ataque cardíaco fatal em sua propriedade em Morris Township, Nova Jersey. Wolff e Schiff haviam ingressado na Kuhn Loeb ao mesmo tempo, 25 anos antes, e, depois que Solomon Loeb abdicou do controle diário dos negócios, em 1885, comandaram a firma praticamente sozinhos. "Ninguém consegue entender quanto eu perdi", Schiff disse a James Stillman, presidente do National City Bank, pouco após a morte do sócio.[28] Ele expressou sentimentos semelhantes a Ernest Cassel: "O que Wolff significava para mim ninguém pode saber, e o que a firma e eu perdemos com sua morte dificilmente alguém pode imaginar". E confidenciou: "O sr. Wolff foi um fator tão importante em nossa vida de negócios que seremos forçados a mudar muitas coisas. Será especialmente necessário agora que os sócios mais jovens assumam maior responsabilidade e se acostumem a se virar sem mim".[29] Kahn, como se descobriria, seria um substituto formidável para o sogro.

Os amigos e colegas de Wolff em Wall Street ficaram surpresos ao descobrir o tremendo patrimônio deixado pelo discreto banqueiro, estimado em cerca de 20 milhões de dólares. O tamanho de sua fortuna era um reflexo da ascensão da Kuhn Loeb de um pequeno banco comercial a uma potência financeira com que poucas firmas eram capazes de rivalizar. "Agora está claro que o sr. Wolff é mais um 'homem silencioso de Wall Street', e o mistério de seu vasto patrimônio desperta grande interesse entre os financistas", comentou um jornal. "Ele tinha participações em todas as maiores corporações ferroviárias dos Estados Unidos. Era acionista em uma série de minas que alcançaram grande produção de riqueza; em títulos municipais, estaduais e federais, possuía verdadeiras fortunas."[30]

Nos últimos tempos, parte de sua vasta riqueza viera das manobras audaciosas da Kuhn Loeb na indústria ferroviária e, em particular, do fato de Schiff ter resgatado da falência a Union Pacific Railroad, feito que o elevou ao ápice do renome bancário, um lugar que dividia apenas com outro financista, o homem apelidado de "Júpiter" por seu reinado quase divino sobre o mundo financeiro: John Pierpont Morgan.

14
A sombra de Júpiter

WINSLOW PIERCE ENFIOU A CABEÇA na cabine privada de Jacob Schiff conforme a balsa seguia em direção ao litoral de Nova Jersey.[1] Era o outono de 1895, e Schiff se deslocava de Wall Street para sua propriedade em Sea Bright, onde a família passava o verão e o início do outono, exceto pelo interlúdio de um mês em Bar Harbor.

Pierce era um jovem advogado ferroviário que trabalhara para Jay Gould e agora assessorava o filho mais velho do falecido magnata, George, que acabara de herdar o império paterno. Eles tinham uma proposta para fazer a Schiff: a Kuhn Loeb estaria interessada em empreender a reestruturação da Union Pacific? A família Gould tinha grande interesse na lendária ferrovia, que Jay Gould administrara em momentos variados ao longo dos anos. Antes de falecer, ele vinha empreendendo uma malograda tentativa de evitar o colapso financeiro da periclitante companhia.

O governo Lincoln aprovara a concessão da Union Pacific em 1862, numa tentativa de conectar os estados geograficamente dispersos da desordenada república. Com isso, ajudara o país a concretizar o antigo sonho de uma linha de trem transcontinental. Desde então, porém, dificuldades financeiras e escândalos haviam grassado na ferrovia.

Como muitas de suas rivais, a Union Pacific se expandira de modo exagerado, assumindo cada vez mais dívidas à medida que construía quilômetros e mais quilômetros de trilhos, numa corrida para reivindicar território e afirmar sua supremacia. Sua rede acabou inchando para cerca de 13 mil quilômetros.[2] Então veio o pânico de 1893, que representou um golpe particularmente duro para a indústria ferroviária, arruinando muitas linhas insolventes, incluindo a Union Pacific, e levando-as a pedir concordata.

Envolvido com o setor ferroviário praticamente desde o momento em que desembarcou no país como imigrante, aos dezoito anos, Jacob Schiff adquirira a reputação de ser um mago das finanças cujas proezas haviam colocado nos trilhos uma série de empreendimentos em dificuldades. O complexo processo de reestruturação exigia mais do que perspicácia financeira. Exigia diplomacia e o conhecimento político de alguém com peso suficiente para restabelecer a confiança de investidores apreensivos. A reestruturação implicava não apenas visualizar um caminho para a lucratividade, mas também vender a ideia para os principais acionistas — muitas vezes com suas próprias opiniões sobre como resgatar a ferrovia da insolvência. No caso da Union Pacific, havia uma complicação adicional. A companhia fora subsidiada por uma infusão maciça de verbas federais. Isso significava que a tentativa de recuperação exigiria superar uma verdadeira corrida de obstáculos governamentais.

O propósito de qualquer reestruturação era reduzir os custos fixos a um ponto em que eles pudessem ser facilmente cobertos pelas receitas. O processo envolvia eliminar ramais e linhas secundárias que não davam lucro e enxugar escritórios inchados. Era importante compreender não só os detalhes financeiros do transporte ferroviário como também os técnicos — por exemplo, que uma bitola de tubulação de água mais larga nas estações resfriaria mais rapidamente o motor de uma locomotiva, diminuindo o tempo das paradas.[3]

Schiff compreendia isso bem, e foi por esse motivo, entre outros, que enviou o filho Morti a St. Paul para aprender com James Hill, que supervisionava sua companhia com intensidade tão microscópica que era capaz de notar pregos não utilizados largados junto aos trilhos, uma negligência nada trivial para um magnata obcecado com o desperdício.[4]

Jacob muitas vezes fazia questão de inspecionar de perto as operações financeiras e técnicas de uma linha, o que o diferenciava de outros financistas do ramo ferroviário, que tendiam a ter pouco conhecimento prático dos empreendimentos em que investiam.

Schiff escutou o que Pierce tinha a dizer, mas mostrou-se hesitante. Um comitê já fora formado para revitalizar a Union Pacific, e Pierpont Morgan se juntara ao grupo. Por quase dois anos, eles trabalharam em um plano de reestruturação que satisfizesse os credores da companhia, especialmente o governo dos Estados Unidos, que financiara a construção da Union Pacific e de suas linhas irmãs, a Central Pacific e a Northern Pacific, emitindo milhões em títulos que agora começavam a vencer. "Mas isso é assunto de J. P. Morgan", Schiff disse a Pierce quando ele apresentou sua proposta. "Não quero interferir em nada que ele esteja tentando fazer."[5]

De todo modo, ele ficou intrigado. E, não muito tempo depois de sua reunião com Pierce, fez uma visita ao número 23 de Wall Street, o santuário de mármore e mogno de Morgan.

Morgan e Schiff eram os líderes incontestáveis de duas facções distintas de Wall Street — Morgan estava à frente dos aristocráticos banqueiros "ianques" com raízes na Nova Inglaterra, enquanto Schiff liderava os judeus alemães ascendentes, cujas poderosas firmas muitas vezes possuíam origens mercantis modestas.

Morgan era um homem alto, de ombros largos e corpulento, mas era o seu nariz que chamava atenção — deformado e bexiguento, ele se destacava como um farol vermelho acima do grosso bigode de morsa. O temperamento ríspido e volúvel do financista combinava com seu aspecto imponente. Talvez ligeiramente intimidado pelo titã que alguns chamavam de "Júpiter" ou o "Colosso de Wall Street", Schiff mostrava certa deferência em relação a ele. Era Schiff que procurava Morgan, e não o contrário.

Quando se encontravam, Morgan e Schiff tratavam um ao outro com uma espécie de cortesia exagerada, que traía certa desconfiança mútua. Pelas costas de Schiff, Morgan se referia desdenhosamente ao imigrante alemão como "aquele estrangeiro". E nutria um desdém geral pelo poder cada vez maior das firmas bancárias judaico-alemãs — bem como pelos judeus em geral. Certa vez, ele resmungou com o representante de outro banco, igualmente dirigido por protestantes, que suas firmas "eram as duas únicas em Nova York compostas de homens brancos".[6]

Fosse qual fosse a opinião de Morgan sobre os banqueiros judeus, sua empresa e a Kuhn Loeb mantinham uma relação próxima e até certo ponto simbiótica, ambas nutrindo um salutar respeito pelo poderio e influência da outra. Quando uma firma organizava um consórcio de empréstimo para um cliente ferroviário, industrial ou soberano, muitas vezes oferecia à outra uma participação no empreendimento. Morgan e Schiff em geral achavam a competição contraproducente e indesejável — era mais lucrativo serem aliados do que inimigos. Sobretudo nos turbulentos primeiros tempos da indústria ferroviária, as companhias haviam travado uma guerra tarifária que levara muitas à insolvência, com linhas rivais cortando suas taxas sobre cargas e passageiros ao ponto de inviabilizar a rentabilidade para sabotar a competição.

Morgan e Schiff preferiam formar "comunidades de interesse" — eufemismo um tanto auspicioso para alianças monopolistas e por vezes ilegais em que os adversários concordavam em trabalhar juntos, ou ao menos se abster de trabalhar uns contra os outros, de modo a evitar uma guerra corporativa desnecessária. Esses acordos costumavam envolver a posse conjunta de ações, em que as companhias adquiriam participações na concorrência a fim de incentivar a cooperação. Como Schiff explicou certa vez, "se eu tivesse ações da empresa A e você da empresa B, e minhas ações perdessem valor por você estar competindo comigo — cada um de nós cortando as taxas do outro —, nossos interesses seriam evidentemente mais bem servidos se você possuísse algumas ações da minha empresa e eu da sua. Em outras palavras, se tivéssemos uma comunidade de interesses".[7] Essas comunidades eram administradas — e arbitradas — por banqueiros como Schiff e Morgan, que, junto com seus sócios, ocupavam cargos de diretoria em uma rede intrincada de companhias ferroviárias, bancárias e fiduciárias estreitamente ligadas.

Na virada do século, os banqueiros costumavam seguir um código de cavalheiros tácito, que para os padrões modernos pareceria peculiar: interferir nos negócios de outro banqueiro ou roubar um cliente era em geral considerado inaceitável; uma postura agressiva nos negócios era vista como inadequada, até vulgar. Ao anunciar a criação da firma, a Kuhn Loeb declarara orgulhosamente: "Não corremos atrás dos negócios. [...] Realizamos negócios com pessoas que vêm até nós".[8] Décadas antes, quando conquistara o lucrativo negócio da Pennsylvania Railroad, pode-se afirmar que Schiff transgredira a etiqueta cavalheiresca do setor bancário ao abordar um cliente insatisfeito da Drexel Morgan (precursora da J. P. Morgan & Co.). Mais velho, mais sábio e solidamente estabelecido, Schiff agora achava melhor procurar Morgan após ouvir a proposta de Pierce.

Morgan, como ele veio a saber, havia abandonado a reestruturação. O atoleiro político em Washington — onde alguns deputados tentavam aprovar um projeto de lei para aliviar as ferrovias do Pacífico de suas dívidas esmagadoras, enquanto outros denunciavam a tentativa como uma concessão corporativa às custas do contribuinte — era tão turvo que nem mesmo ele sabia onde pisar. Assim, acabou desistindo. A recuperação da Union Pacific, que Morgan agora condenava como "duas linhas de ferro enferrujado cruzando as planícies", podia ficar todinha para Schiff, se ele quisesse mesmo o aborrecimento.[9] Morgan estava suficientemente ocupado coordenando o ressurgimento da Northern Pacific.

A subsequente decisão de Schiff de assumir o projeto revelava sua enorme confiança. Se o grande J. P. Morgan havia aberto mão da politicamente problemática reestruturação da Union Pacific, o que o levava a pensar que seria bem-sucedido?

Em novembro de 1895, Schiff cancelou os planos de uma viagem ao México para se dedicar à tarefa monumental diante de si.[10] Sabendo que a maioria dos investidores, a exemplo de Morgan, acreditava que dificilmente valeria a pena salvar a Union Pacific, Schiff selecionou com todo o cuidado seu comitê de reestruturação, recrutando, entre outros, Marvin Hughitt, presidente da Chicago & Northwestern Railroad, e Chauncey Depew, da New York Central. Ambos eram considerados braços direitos da família Vanderbilt, e sua escolha suscitou comentários na imprensa de que os Vanderbilt, em uma tentativa de estender seu império ferroviário à Costa Oeste, estavam por trás do empreendimento — uma impressão que Schiff de bom grado permitiu perdurar, uma vez que gerava interesse na comunidade financeira.[11]

A situação política complicou o trabalho de Schiff desde o começo. A reestruturação da Union Pacific se deu durante um ano eleitoral, em que William Jennings Bryan instigou sentimentos populistas com uma oratória inflamada sobre como os interesses da elite endinheirada da Costa Leste estavam determinando o destino econômico dos agricultores do Meio-Oeste. De qualquer forma, o comitê de Schiff começou a fazer progresso.

O primeiro passo foi a elaboração de um plano para recapitalizar a ferrovia com a emissão de mais de 200 milhões de dólares em novos títulos, destinados a liquidar dívidas antigas, financiar reparos e melhorias e suprir as contínuas necessidades operacionais da Union Pacific. Pelo plano, os donos dos títulos antigos trocariam sua participação por uma combinação de títulos novos e ações preferenciais; os acionistas trocariam suas antigas ações por novos papéis e pagariam quinze dólares por cada ação que possuíssem, de modo a ajudar a financiar a reestruturação, recebendo por sua contribuição um valor equivalente de ações preferenciais. Pouco a pouco, os investidores começaram a depositar seus ativos.[12]

Em seguida havia a questão das substanciais dívidas da Union Pacific com o governo. Coletivamente, as linhas do Pacífico deviam mais de 100 milhões de dólares ao Tesouro dos Estados Unidos. Por anos, conforme as receitas despencavam e as ferrovias penavam para pagar os juros, o Congresso tentara sem sucesso aprovar uma legislação que reduzisse essas dívidas a proporções administráveis. Em abril de 1896, o deputado H. Henry Powers, um republicano de Vermont que presidia o Comitê de Ferrovias do Pacífico no Congresso, fez uma nova tentativa. Ele apresentou um projeto de lei para prorrogar por algumas décadas os empréstimos do governo à Union Pacific e outras ferrovias subsidiadas com verbas federais. A medida pareceu ganhar força, e havia um cauteloso otimismo quanto à sua aprovação.[13]

Mas, no momento em que seus esforços pareciam embalar, Schiff topou com uma inesperada resistência em várias frentes — como, por exemplo, entre alguns legisladores e investidores da ferrovia. A oposição era sutil, mas preocupante. Schiff ficou sabendo que Morgan havia mudado de ideia e orquestrava secretamente a resistência. Assim, tornou a procurá-lo. Morgan lhe assegurou que continuava sem o menor interesse na Union Pacific e se ofereceu para investigar discretamente as forças misteriosas que estavam impedindo o progresso do comitê de reestruturação. Semanas depois, Morgan mencionou um nome familiar, mas surpreendente. "É aquele sujeitinho, Harriman", contou a Schiff. "Acho bom ficar de olho nele."[14]

E. H. Harriman (Ned, para os amigos, que pelo jeito não deviam ser muitos) era um dos diretores da Illinois Central Railroad, que de Chicago seguia a oeste para Sioux City, na Dakota do Sul, e a sul para New Orleans. Schiff o conhecia, embora não muito bem. Encontrara-se recentemente com ele em diversas ocasiões para discutir a possibilidade de construir uma conexão entre a Illinois Central e a Union Pacific, que terminava em Omaha, a cerca de 150 quilômetros de Sioux City.[15] Nessas reuniões, Harriman não mencionara nenhum interesse na reestruturação.

Embora mais tarde viesse a se tornar uma figura de proa do setor ferroviário americano, Harriman ainda não chegara lá. Pequeno e frágil, com um bigode descuidado que por vezes mascava nervosamente quando estava muito concentrado, ele era um investidor pouco conhecido — um "corretor de pregão", nas palavras de quem o conheceu durante os primeiros anos —, e parecia difícil imaginar que tivesse iniciativa para confrontar a Kuhn Loeb.[16] Harriman vivia às voltas com uma série de enfermidades e desenvolveu o hábito de conduzir negócios por telefone. Em Arden, sua propriedade no vale do rio Hudson, em Nova York, ele possuía uma centena de aparelhos. "O que o pincel é para o artista, o que o cinzel é para o escultor, o telefone era para Harriman", comentou um jornalista na virada do século.[17]

O talento de Harriman não estava na diplomacia nem no trato social; ele parecia fisicamente incapaz de elogiar, bajular ou tentar agradar. Seu ponto forte na verdade era uma determinação de ferro, uma obstinação inabalável, que ele manejava como uma marreta — mesmo quando uma ferramenta mais delicada teria dado conta do recado — contra qualquer inimigo ou obstáculo que cruzasse seu caminho.

Schiff convocou Harriman para uma reunião e foi direto ao ponto. "Por muito tempo fizemos um bom progresso, mas agora nos deparamos com oposição de todos os lados, e até onde sei essa oposição vem sendo conduzida pelo senhor. O que tem a dizer sobre isso?", perguntou.

"Fui eu mesmo", admitiu Harriman.

"Mas por que está fazendo isso?"

"Porque pretendo cuidar pessoalmente da reestruturação da Union Pacific."

Schiff achou graça na arrogância do homem. Mas a confiança dele também era preocupante. Schiff sorriu. "Como pretende fazer isso, sr. Harriman?", quis saber. "A maior parte dos títulos da companhia está em nossa posse. De que meios dispõe para reestruturar a Union Pacific?"

"A Illinois Central deveria ser a dona dessa ferrovia, e vamos nos encarregar da reestruturação. Temos o melhor crédito do país. Vou emitir 100 milhões de dólares em títulos a 3% da Illinois Central Railroad Company e conseguir perto do valor nominal por eles. O senhor, na melhor das hipóteses, não vai conseguir dinheiro por menos de 4,5%. Nesse aspecto, sou mais forte do que vocês."

"Boa sorte com isso, sr. Harriman", retrucou Schiff. "Mas, nesse meio-tempo, qual é o seu preço?"

"Preço nenhum. Estou determinado a tomar posse da ferrovia."

Schiff voltou a perguntar se não haveria um meio-termo que lhes permitisse trabalhar juntos.

"Se eu for nomeado presidente do comitê executivo da ferrovia reestruturada, poderei considerar a conveniência de unir forças com vocês."

"Isso está fora de questão", replicou Schiff. O comitê de reestruturação já havia prometido a função a Winslow Pierce.

"Muito bem, sr. Schiff. Vão em frente e vejam o que podem fazer."[18]

No início de janeiro de 1897, o Congresso deliberou sobre o projeto de lei de Powers, mas sua aprovação agora parecia longe de garantida. Quando o debate começou, os deputados tiveram uma amarga discussão sobre o destino das ferrovias do Pacífico, alguns argumentando que o governo deveria assumir o controle das linhas. Denunciando a administração anterior das ferrovias como um "labirinto de fraudes e patifarias", o senador John Tyler Morgan, um democrata do Alabama, introduziu um novo projeto de lei para que elas fossem dirigidas por uma comissão governamental.[19] A Illinois Central de Harriman, nesse meio-tempo, iniciava o lobby para apoiar uma terceira alternativa, jogando ainda mais lenha na fogueira. Em 11 de janeiro, quando a medida foi votada, uma coalizão bipartidária se formou para rejeitar categoricamente a proposta de Powers.[20]

Schiff, que acompanhara de perto o andamento do projeto de lei, estava preparado para a derrota. Seu comitê vinha pressionando o governo Cleveland a autorizar rapidamente uma venda de execução hipotecária caso o projeto não fosse aprovado. Em alguns aspectos, essa opção era preferível, uma vez que permitiria ao comitê de reestruturação romper completamente a ligação do governo com a Union Pacific, embora também exigisse o levantamento de uma grande soma em dinheiro numa economia ainda em depressão. Na véspera da votação, Schiff escreveu a Pierce, que estava em Washington monitorando a disputa legislativa, e contou a ele que a Kuhn Loeb reunira em três dias obrigações de quase 40 milhões de dólares para o caso de a execução hipotecária da Union Pacific ser executada — proeza que "acredito jamais ter sido alcançada na história das finanças", vangloriou-se.[21]

Menos de duas semanas depois de a proposta de Powers ter sido derrotada, o governo Cleveland, que estava de saída, iniciou o processo de execução hipotecária, como Schiff havia esperado. No fim de abril de 1897, o banqueiro parecia tão confiante na venda iminente que seu comitê encomendou uma nova matriz, para que eles começassem a imprimir novos títulos de imediato, assim que a transação fosse encerrada.[22]

Então, novos contratempos surgiram. Em maio, um grupo de credores apareceu com uma petição para intervir na ação de execução hipotecária.[23] E, em julho, o senador Morgan começou a se mexer para impedir a execução, argumentando que a venda não poderia prosseguir sem o consentimento do Congresso e alegando que o lance mínimo (45,8 milhões de dólares) negociado pelo comitê de Schiff com o governo era um verdadeiro roubo.[24] "Tem havido alguma agitação no Senado por parte do elemento populista para impor obstáculos à venda da propriedade", Schiff, desanimado, relatou a seu amigo Robert Fleming, o banqueiro escocês. "Temos fortes suspeitas de que por trás dessas tentativas haja um pequeno grupo de pessoas decepcionadas por não terem conseguido uma fatia do bolo. Tendo falhado em outras chantagens, elas agora estão usando o sempre pronto elemento populista no Senado para tentar atingir seus objetivos."[25] Enquanto isso, a imprensa era cada vez mais hostil ao plano de reestruturação do financista.

Schiff não pôde deixar de se perguntar qual seria o papel desempenhado por Ned Harriman nesse processo. Fazendo de tudo para manter a reestruturação em curso, ele marcou uma nova reunião com seu antagonista, durante a qual apresentou uma proposta: "Se o senhor cooperar conosco, providenciarei para que seja designado um dos diretores da companhia reestruturada e membro do comitê executivo. Assim, se puder se provar o homem mais forte desse comitê, provavelmente obterá a presidência, no final".

Esse era precisamente o tipo de desafio em que Harriman prosperava. "Tudo bem", ele respondeu, "estamos combinados."[26]

Ao se tornar sócio da Kuhn Loeb aos trinta anos de idade, Otto Kahn foi catapultado diretamente para um dos maiores negócios que a firma — e sem dúvida ele — já realizara. Kahn ficou encantado com Harriman, e seu fascínio talvez viesse do fato de que este se furtava às qualidades — tato, estilo, charme — que o jovem banqueiro cultivara com tanto cuidado.

Harriman era um dínamo que operava puramente pela força da própria natureza. "Só peço a oportunidade de estar entre os quinze homens ao redor da mesa", ele disse a Kahn. Assim que conseguiu seu lugar, recordou Kahn posteriormente, "repetidas vezes observei-o dobrando homens e acontecimentos à sua vontade mediante o exercício das capacidades verdadeiramente prodigiosas de seu cérebro e de sua determinação".

Harriman não era de se acovardar; na verdade, gostava até demais de uma briga. "Quando havia um jeito simples de conseguir algo, mas também um jeito complicado, a inclinação do sr. Harriman era optar pelo segundo", relembrou Kahn. "Comentei com ele certa vez sobre minha suspeita de que criava dificuldades e obstáculos para si mesmo de propósito, apenas pelo prazer de superá-los."[27]

Ao firmar uma aliança com Harriman, Schiff eliminou um empecilho à reestruturação, mas ainda havia outros. Em setembro de 1897, notícias na imprensa sugeriram que o procurador-geral de William McKinley, Joseph McKenna, estava considerando apelar contra a execução hipotecária a fim de modificar seus termos e proteger melhor os interesses do governo.[28] Nesse mesmo mês, Schiff desabafou suas frustrações com o filho, que acabava de concluir o estágio em Londres:

> Ainda não chegamos a nenhum entendimento com o procurador-geral sobre as questões relacionadas à Union Pacific, e hoje o notificamos de que ele deve enfim decidir se nos permitirá prosseguir com a venda da ferrovia ou se entrará com uma apelação, e que, neste último caso, retiraremos certas concessões feitas recentemente ao governo a fim de remover obstruções. Precisamos resolver essa questão de uma vez por todas.

Ele receava que, "se não conseguirmos resolver a execução hipotecária antes que o Congresso se reúna em dezembro", seus planos pudessem ser arruinados por uma série de "ataques populistas".[29]

Ansiando por acelerar as coisas, o comitê de Schiff concordou em aumentar sua oferta inicial pela Union Pacific para 50 milhões de dólares, e o governo McKinley abandonou a ameaça de entrar com uma apelação. A venda estava programada para 1º de novembro, e, nas semanas que a antecederam, isso foi tudo que Schiff pôde fazer para impedir seus planos de irem por água abaixo. O *New York World* de Joseph Pulitzer lançou uma série de ataques contra o acordo — ou melhor, o "roubo", como o jornal o chamava —, noticiando que a Union Pacific estava prestes a cair nas mãos de uma "gangue de ladrões especuladores".[30] Enquanto isso, surgiram rumores de que consórcios rivais estavam sendo formados para desafiar o grupo de Schiff. De repente, menos de uma semana antes da data marcada para o leilão, o procurador-geral McKenna informou ao comitê de reestruturação que planejava adiar a venda para meados de dezembro. Parecia claro que sua intenção era dar mais tempo para que aparecessem licitantes rivais.

Desesperado para salvar o acordo, o comitê de Schiff aumentou sua oferta em mais 8 milhões, e McKenna concordou em prosseguir com a execução hipotecária. Mas, ao subir a bordo de seu vagão particular com destino a Omaha, onde ocorreria o leilão, Schiff ainda não tinha como saber se haveria novos desdobramentos.

Na noite de 31 de outubro, véspera do leilão, Schiff andava nervosamente de um lado para o outro em seu quarto de hotel. Sua preocupação não era apenas se tudo seguiria conforme o planejado, mas também o que aconteceria quando seu consórcio finalmente tivesse controle da ferrovia.[31] Aquela fora uma das apostas mais arriscadas de sua carreira, e ele enfim começava a cair em si sobre a gravidade da situação.

No dia seguinte, às onze da manhã, centenas de pessoas se reuniram diante do depósito de carga da Union Pacific em Omaha para o que o *Nebraska State Journal* chamou de "o maior leilão da história".[32] O público sussurrava sobre a possibilidade de surgir um consórcio rival para brigar pelo controle da ferrovia. Mas, chegado o momento, o leilão ocorreu sem sobressaltos. O único lance veio do grupo de Schiff, que acabou oferecendo pouco mais de 58 milhões de dólares.

Agora, após dois anos de árduas disputas políticas e financeiras, vinha a parte difícil: pôr a Union Pacific de volta nos eixos.

Fiel à palavra, Schiff providenciou para que Harriman fosse nomeado para a diretoria da Union Pacific, bem como para seu comitê executivo, o órgão com autoridade para tomar decisões sobre despesas e outras. A inclusão de Harriman no seleto grupo de banqueiros e executivos que lideravam a reestruturação provocou um misto de consternação e perplexidade. Quem era aquele sujeitinho intenso e rude que expunha seus pensamentos em rajadas de palavras, como se a boca tivesse dificuldade para acompanhar a mente? "Ele era visto com desconfiança, como uma espécie de intruso", relembrou Kahn, que, como Schiff, também integrava a diretoria da Union Pacific. "Seus modos e costumes incomodavam muitos dos novos colegas, e alguns o viam como um homem que não pertencia inteiramente à sua classe do ponto de vista do status nos negócios, das realizações ou da situação financeira, um franco-atirador, não um ferroviário, tampouco um banqueiro ou comerciante." Em outras palavras, aos olhos de certos colegas, ele continuava sendo apenas um "corretor de pregão".

Essa imagem não permaneceu por muito tempo. Graças à sua clareza de visão, confiança ilimitada e intelecto perspicaz, Harriman conquistou os demais diretores. Seu dinamismo surpreendeu até mesmo Schiff, que, ao arquitetar sua nomeação para o comitê, imaginava estar apenas neutralizando um inimigo.[33]

No início da reestruturação, Winslow Pierce atuou como presidente do conselho de administração da ferrovia e de seu comitê executivo. Em maio de 1898, no entanto, com o aumento de suas responsabilidades no campo legal, a diretoria decidiu elevar Harriman ao posto que ele cobiçava, a presidência do comitê executivo, uma posição que na prática lhe conferia a autoridade administrativa da Union Pacific. Pouco tempo depois, Harriman partiu numa viagem de 23 dias para inspecionar as "faixas de ferrugem" com que a companhia precisaria lidar. "Fazer uma viagem de inspeção com ele era uma provação", recordou um colega de Harriman. "Ele reparava em tudo; queria saber de tudo."[34]

Ele percebeu, por exemplo, que, a despeito de sua reputação de decadência, a Union Pacific estava razoavelmente em boas condições. Ultrapassada? Sim. Carente de reparos e melhorias? Sem dúvida. Mas com uma base sólida como ponto de partida. Além disso, enquanto viajava para oeste em seu vagão privado, ele pôde ver o florescimento da indústria e da atividade comercial por toda parte. E percebeu que uma ferrovia moderna poderia esperar colher os ricos frutos do transporte nos próximos anos. Assim, enviou um entusiasmado telegrama ao comitê executivo pedindo autorização para gastar 25 milhões de dólares em novos equipamentos e melhorias. Em Nova York, a reação ao telegrama foi de choque, e uma tensa reunião do comitê teve lugar quando ele voltou à cidade em julho de 1898 para defender com unhas e dentes a necessidade dos gastos.[35] Ele afinal conseguiu os 25 milhões, prontamente investidos em locomotivas mais novas e potentes, capazes de transportar maior tonelagem, e em projetos para tornar os trens da Union Pacific mais rápidos e suaves, endireitando trechos que serpenteavam de modo ineficiente — em alguns casos, cortando quilômetros de trilhos — e diminuindo a inclinação nos trechos mais íngremes.

Reabilitar a ferrovia era apenas parte do quebra-cabeça. Harriman, Schiff e seus colegas também enfrentaram o desafio de remontá-la. Durante o processo de concordata, à medida que os credores ingressavam com uma sucessão de processos na justiça contra a Union Pacific, a ferrovia fora desmembrada, perdendo inúmeros ramais e conexões, com diferentes síndicos assumindo a responsabilidade pelos diversos ativos. A "Union Pacific" que o grupo de Schiff havia adquirido consistia em uma fração do sistema original — cerca de 1700 quilômetros de trilhos estendendo-se de Council Bluffs, em Iowa, a Ogden, em Utah. Tendo perdido seus mais importantes "ramais e linhas secundárias", recordou Kahn, "nada restou do antigo sistema a não ser o tronco principal".[36]

A Union Pacific, em outras palavras, não era mais uma ferrovia continental. Restabelecer sua lucratividade — e captar o aumento do tráfego para oeste que Harriman sabia estar prestes a ocorrer — exigiria readquirir algumas de suas antigas extensões ou comprar novas. Poucos meses após a execução hipotecária, a Union Pacific absorveu a Kansas Pacific (que ligava Kansas City a Denver) e a Denver Pacific (que ia de Denver a Cheyenne, no Wyoming). Schiff e Harriman também estavam de olho na Oregon Short Line, outrora uma subsidiária da Union Pacific, e na Oregon Railway and Navigation Company, na qual a Short Line tinha uma grande participação (embora não majoritária). Juntas, no passado, essas linhas haviam proporcionado à Union Pacific um caminho para a Costa Oeste, ramificando-se da linha principal no Wyoming e avançando para o norte, de Idaho até Portland, no Oregon.

Harriman e a Kuhn Loeb começaram discretamente a comprar ações da Oregon Short Line. Em meados de fevereiro de 1898, eles haviam acumulado o suficiente para que Kahn pudesse informar ao recém-nomeado presidente da Union Pacific, um engenheiro pomposo chamado Horace Burt, que eles tinham "na prática assegurado o controle da propriedade".[37] Cinco dias depois, Schiff enviou uma carta entusiasmada a Burt dizendo que, "com nosso controle da Oregon Short Line praticamente assegurado, parece-me que devemos ter no novo sistema da Union Pacific tudo que no antigo sistema mostrou capacidade real de gerar lucros; desse modo, a companhia reestruturada não sofrerá a desvantagem de nenhuma quilometragem não lucrativa".[38] Em breve o controle da Union Pacific sobre a Oregon Short Line seria total, e a companhia também asseguraria seu domínio sobre a Oregon Railway and Navigation Company.

A nova liderança da Union Pacific pressionou para que a companhia extraísse mais lucros de seus ativos. Junto com a própria ferrovia, o comitê de reestruturação também havia adquirido milhões de hectares de terra, concedidos pelo governo federal. Schiff lembrou Burt de que as "terras da Union Pacific" precisavam de uma "gestão mais cuidadosa e enérgica do que tiveram até então, de modo a promover sua venda. Além dos recursos que essas vendas trariam aos cofres da companhia, usar as terras para cultivo e atrair novos negócios é uma política mais inteligente do que mantê-las e pagar impostos sobre elas".[39]

A Guerra Hispano-Americana começou vários meses após o início da reestruturação. Era um conflito, Schiff afirmou a Robert Fleming, que "tinha de acontecer [...] afinal, trata-se simplesmente de uma guerra da civilização contra a barbárie, dos métodos do final do século XIX contra os que ainda sobrevivem desde o século XVI".[40] O Departamento de Guerra mobilizou rapidamente homens e equipamentos militares, e as principais ferrovias americanas foram vitais nesse esforço. Para a Union Pacific, o conflito proporcionou uma oportunidade de mostrar o ressurgimento da ferrovia, provar seu patriotismo e obter lucrativos contratos com o governo.

Schiff e Kahn queriam que a Union Pacific desempenhasse um papel significativo na mobilização, e ficaram exasperados ao saber que ela havia perdido o negócio da Bateria de Astor, um destacamento financiado e equipado pelo coronel John Jacob Astor IV, herdeiro da abastada família nova-iorquina, que oferecera seus serviços ao Departamento de Guerra no início do conflito. Ferrovias rivais haviam transportado a bateria até a Costa Oeste, de onde os soldados seguiriam para as Filipinas, na época uma colônia espanhola.[41]

Kahn comunicou seu desânimo a Horace Burt:

> O sr. Schiff e eu ficamos admirados — e ouvimos muitos comentários a respeito — com o fato de que [...] a Union Pacific não tenha recebido a parte

desse tráfego que lhe era devida. Assim, para citar apenas um exemplo, a Bateria de Astor, alguns dias atrás, seguiu para San Francisco pela Missouri Pacific, Denver & Rio Grande e Rio Grande Western. Claro que as matérias dos jornais podem estar incompletas, e a Union Pacific pode ter obtido tudo que tinha o direito de esperar, mas sem dúvida a impressão prevalecente é de que não obteve, e as pessoas estão querendo saber por quê e achando que alguém pode ter sido relapso ao permitir que os concorrentes da Union Pacific tomassem a dianteira na questão.[42]

Como se veria mais tarde, a ira dos banqueiros fora equivocada. A Union Pacific na verdade transportara um grande número de tropas — mais de 10 mil, no final de junho de 1898. E, como Burt explicou em sua paciente resposta a Kahn, o negócio de Astor fora perdido porque o governo federal havia decidido não abrir licitação. "A Union Pacific se manteve alerta e assegurou uma fatia grande e satisfatória do negócio, ainda mais em vista da competição tão acirrada", escreveu Burt.[43]

O mercado sentiu que a Union Pacific estava passando por grandes mudanças. No final de 1898, as ações preferenciais da companhia valorizaram em 60%; as ações ordinárias haviam quase triplicado.[44] E isso refletia mais do que apenas as especulações de Wall Street — a reestruturação estava funcionando. Alguns anos mais tarde, a ferrovia ostentaria receitas anuais de 5110 dólares por quilômetro de trilho, um aumento em relação aos 3513 dólares de 1892, ano anterior à sua concordata.

Harriman tinha uma fé tão grande no futuro da Union Pacific — e em sua própria capacidade de revitalizá-la — que adquirira milhares de ações da companhia a preços baixíssimos, ainda que de início elas fossem consideradas de "pouco valor intrínseco", como relembrou Otto Kahn.[45] Essas ações ajudaram a transformar uma fortuna modesta em uma riqueza formidável, e um simples corretor de pregão em um magnata.

Harriman completou cinquenta anos em 1898 e entrou no que seria sua última década de vida a todo vapor, movido por um tipo de ambição voraz geralmente reservado a homens mais jovens. Tendo Schiff, Kahn e os recursos da Kuhn Loeb à sua disposição, ele empreendeu uma série de reestruturações e aquisições que lhe renderam o controle total de dezenas de milhares de quilômetros de trilhos.

"Todos que ficam ao lado de Harriman ganham dinheiro", comentaria Schiff mais tarde.[46] O mesmo, é claro, poderia ter sido dito do próprio Schiff, que fizera todo o trabalho financeiro para que uma Union Pacific rejuvenescida, entre outros empreendimentos de Harriman, pudesse florescer. Sua aposta na ferrovia se revelara altamente lucrativa: a Kuhn Loeb recebeu 6 milhões de dólares em ações preferenciais apenas por seu papel em reunir o consórcio de subscrição.[47] Schiff também havia conquistado um prêmio menos tangível, mas igualmente valioso. Empreendendo a reestruturação da Union Pacific, mostrara-se à altura de J. P. Morgan em todos os aspectos.

Mas, ao deixar a sombra de Morgan, pôs-se diretamente em seu caminho.

15
Uma paz perfeita

"A ÚNICA SUGESTÃO QUE TENHO a oferecer", Schiff disse a Horace Burt, quando o engenheiro assumiu o comando da Union Pacific, "é que o senhor tente manter a harmonia com e entre seus semelhantes, pois acredito, via de regra, que as companhias ferroviárias costumam ser suas piores inimigas quando se trata de tarifas etc."[1]

Harmonia: todos os figurões das estradas de ferro — Schiff, Morgan, Harriman, Hill — falavam nisso, ao mesmo tempo que permaneciam atentos aos flancos à procura de sinais de emboscadas ou ataques. Eles sem dúvida queriam a paz, contanto que fosse em seus próprios termos. Uma rede de alianças mantinha a aparência de ordem, mas as tréguas, o acordo de votos e acordos de tráfego que impediam a indústria de recair na violenta anarquia dos velhos tempos estavam sempre sob o risco de se desfazer. As comunidades de interesse só funcionavam até que os interesses de uma parte divergissem.

O problema começou no noroeste, onde, em 1899, a Union Pacific, liderada por Harriman, obtivera o controle da Oregon Railway and Navigation Company, seu ponto de acesso a Portland e à costa do Pacífico. Três companhias rivais — a Union Pacific, a Northern Pacific e a Great Northern, de James Hill — haviam anteriormente controlado a linha, firmando um pacto para mantê-la neutra a fim de evitar a construção desnecessária e custosa de novas linhas. Hill vinha negociando para manter a neutralidade da ferrovia e advertiu Harriman numa carta de que seria forçado a agir caso não fosse possível chegar a um acordo. "Acho que com 5 milhões de dólares eu poderia construir uma linha muito melhor de nossa ferrovia até Portland; e com mais 2 milhões, digamos, alcançar os trechos mais produtivos da Navigation Company."[2] Hill ameaçava invadir o território da Union Pacific. As conversas continuaram de maneira tímida, mas a frágil trégua claramente fora por água abaixo.

"Quem diabos é Harriman?", perguntara-se James Hill apenas alguns anos antes, ao ver o nome de Harriman em uma lista de diretores recém-nomeados da Union Pacific.[3] A resposta logo ficara evidente: Harriman era um perigoso rival.

Schiff se via em uma situação cada vez mais delicada, em meio ao fogo cruzado de dois insuperáveis titãs das ferrovias: o velho amigo Hill, mentor de seu filho nos negócios ferroviários, e seu novo aliado Harriman, o improvável rolo compressor a quem se unira numa série de empreendimentos. Harriman e Hill estavam em rota de colisão, o que também colocava seus respectivos banqueiros, Schiff e J. P. Morgan, no caminho inexorável de um conflito.

Ambos os lados tinham tanto a perder quanto a ganhar no épico e iminente confronto para ver quem controlaria as principais artérias do tráfego ferroviário transcontinental. A disputa mostrou de maneira clara o ilimitado poderio financeiro conquistado por esses titãs, e abalou Wall Street de tal forma que Harriman, Hill, Morgan e Schiff acabariam inadvertidamente defendendo a restrição e a regulamentação da influência desproporcional que eles próprios haviam exercido de maneira tão livre no passado, alterando para sempre a relação entre as corporações e o governo americano.

O que Harriman tinha de enfermiço Hill tinha de saudável. Ele era um sujeito rijo como um urso, que certa vez, quando seus escritórios em St. Paul pegaram fogo, conseguiu empurrar uma escrivaninha de mais de 130 quilos pela janela do primeiro andar de modo a salvar seu conteúdo. Cego do olho direito devido a um acidente de infância com o arco e flecha, Hill era dono de um temperamento lendário e de uma personalidade forte e íntegra. Sob a aparência rude, havia um homem surpreendentemente culto que citava Shakespeare e cuja mansão na Summit Avenue, em St. Paul, abrigava uma galeria de arte de dois andares forrada com paisagens dos mestres franceses do século xix. (Após visitar a imensa residência de Hill, onde havia 22 lareiras, dezesseis banheiros e um órgão de tubos de três andares, Morti disse ao pai que a casa era "demasiado formal" e cheia "desses enormes lustres de cristal" que "arruínam todo ambiente onde são instalados".)[4]

Nascido em Ontario, Hill chegou a St. Paul aos dezoito anos, trabalhando como funcionário de escritório para uma companhia de vapores, depois gerenciando um cais. Envolvido no negócio de transporte hidroviário, ele juntou dinheiro para construir um depósito às margens do dique do rio Mississippi, em St. Paul. Pouco tempo depois, estabeleceu uma pequena linha de vapores no rio Vermelho, transportando cargas entre Moorhead, na fronteira oeste de Minnesota, e Winnipeg. No fim da década de 1870, ele investiu sua crescente fortuna na St. Paul and Pacific Railroad, uma linha de setecentos quilômetros que atravessava o interior de Minnesota. Onde outros viram uma causa perdida, Hill, um apóstolo do potencial econômico do noroeste, vislumbrou a pedra fundamental do império de transportes que viria a ser a Great Northern Railway. Por quinze anos, Hill avançou para oeste, assentando quilômetros de trilhos pela fronteira setentrional dos Estados Unidos, através de rios, planícies e desfiladeiros, até a Great Northern chegar a Seattle. (Um ramal em Spokane ligava a estrada de ferro a Portland por meio da Oregon Railway.) A realização era ainda mais significativa porque Hill havia concluído sua linha transcontinental sem receber um centavo de ajuda do governo.

Um visionário dos transportes, Hill anteviu não só a expansão econômica do noroeste como também a possibilidade de usar sua linha como um escoadouro para transportar produtos americanos para a Ásia. Em sua ferrovia, vagões carregados de madeira seguiam para leste, voltando para oeste repletos de cereais com destino a China e Japão.

Hill concluiu sua linha transcontinental em 1893, no exato momento em que a economia americana começava a ir para o buraco. Sua ferrovia (a despeito do relatório de Morti ao pai sobre o baixo moral de seus funcionários) era possivelmente a mais sólida e bem construída da nação. Enquanto outros magnatas haviam sugado suas linhas para obter lucros rápidos, Hill construíra um sistema que resistiu aos furacões financeiros que haviam soçobrado seus concorrentes supercapitalizados. Agora, ele apenas observava enquanto os rivais entravam em concordata. Como acontece na maior parte das catástrofes financeiras, essa rendeu uma oportunidade.

Hill estava de olho havia muito tempo no controle da Northern Pacific, que corria mais ou menos paralela à Great Northern, indo dos Grandes Lagos a Puget Sound. Tal como a Union Pacific, a Northern Pacific era uma ferrovia licenciada pelo Congresso e concebida durante a Guerra Civil. Mal administrada e cheia de dívidas, a linha acabara de entrar em falência pela segunda vez. Sua primeira derrocada acontecera vinte anos antes, em 1873, quando a desastrosa gestão financeira de Jay Cooke contribuíra para uma crise econômica nacional. Em janeiro de 1895, Hill, animado, escreveu a Schiff sobre a possibilidade de adquirir a Northern Pacific: "Uma economia muito grande poderia ser feita em termos de despesas operacionais e desperdício de receitas (da Northern Pacific), e mais ainda reduzindo toda a quilometragem desnecessária dos trens. O resultado líquido sem dúvida o deixaria surpreso".[5] Em outra correspondência, Hill afirmou ao banqueiro da Kuhn Loeb: "Cada dia que passa demonstra a grande vantagem que o controle da Northern Pacific nos daria na questão das tarifas, e particularmente no controle de serviços de trem desnecessários e no custo de lidar com os negócios de ambas as empresas".[6]

Assim como a revitalização da Union Pacific atraíra Harriman para a órbita de Schiff, as aspirações de Hill sobre a Northern Pacific o levaram a uma aliança com Pierpont Morgan, que liderava sua reestruturação. Em maio de 1895, na mansão de Morgan em Londres, Hill assinou um acordo com o Deutsche Bank, maior investidor da Northern Pacific, para que a Great Northern adquirisse a ferrovia. Mas o acordo, que ensejava temores de um monopólio ferroviário no noroeste, não demorou a naufragar, sendo objeto de um processo que foi parar na Suprema Corte dos

Estados Unidos e acabou impedindo o negócio. Morgan e Hill haviam antecipado um veredito adverso, de modo que o titã de Minnesota adquiriu pessoalmente uma grande participação minoritária na Northern Pacific, jogada que lhe proporcionou voz ativa na administração da ferrovia e lhe permitiu contornar as leis antimonopólio estaduais e federais. Na primavera de 1896, dias após a decisão da Suprema Corte, Hill voltou à Inglaterra para se encontrar com Morgan, que passava parte do ano no país, alternando entre sua mansão em Kensington e Dover House, sua propriedade rural a sudoeste de Londres. Eles firmaram então um novo acordo, criando uma "aliança permanente" entre a Great Northern e a Northern Pacific, ao mesmo tempo "defensiva e ofensiva, em caso de necessidade, com vistas a evitar a competição e políticas agressivas e, de modo geral, proteger o interesse comum das duas companhias".[7] Ao longo dos quatro anos seguintes, Morgan operou a Northern Pacific por meio de um truste controlado por ele. Por fim, no outono de 1900, passou o leme a Hill.

Enquanto Hill, impaciente e por vezes irritado, aguardava sua chance de controlar a Northern Pacific, Harriman percorria o país em busca de linhas para fortalecer e impulsionar seu império em expansão. A era dos pequenos sistemas ferroviários independentes chegara ao fim. A indústria se consolidava rapidamente por meio de fusões e de alianças criativas a fim de evitar o escrutínio do governo sob as novas leis antitruste, dividindo o sistema ferroviário nacional em feudos regionais controlados por um punhado de magnatas. Era uma tendência que se via também em outros setores da economia americana, à medida que empreendimentos industriais independentes se combinavam para resistir a concorrentes maiores. A onda de consolidações e reestruturações, que obrigava os financistas a mobilizarem capital em escala maciça, vinha tornando banqueiros como Schiff e Morgan escandalosamente ricos. Algumas dessas mesmas tendências estavam fomentando conflitos trabalhistas generalizados e alimentando a clandestinidade anarquista, importada por imigrantes europeus, que em alguns casos atacavam violentamente seus inimigos capitalistas.

Após fortalecer a posição da Union Pacific no noroeste americano, Harriman voltou seu foco para o leste. Ele dirigiu sua atenção à Chicago, Burlington & Quincy, uma ferrovia de tamanho médio que atravessava o coração do Meio-Oeste, estendendo-se de Chicago até Denver, no Colorado, e Billings, em Montana. Sua extensa rede incluía a linha outrora conhecida como Rockford, Rock Island & St. Louis Railroad, cuja controversa ruína parecia ter contribuído para a abrupta dissolução da primeira sociedade de investimento de Schiff, a Budge, Schiff & Co.

Ao adquirir a Burlington — ou "Q", como a ferrovia às vezes era chamada —, a Union Pacific eliminaria uma possível ameaça à sua hegemonia transcontinental. Além disso, de seus bastiões no Oeste, a Burlington podia decidir a qualquer momento continuar a construir na costa do Pacífico. Como Schiff explicou mais tarde, "sentíamos que, com um gasto relativamente pequeno", a Burlington "podia, e com o tempo provavelmente iria, construir uma série de ramais de modo a aproveitar muitos dos mais importantes distritos geradores de tráfego ao longo da linha da Union Pacific Railroad, e que no fim das contas a Chicago, Burlington & Quincy acabaria com toda probabilidade estendendo suas linhas a Ogden e Salt Lake City, quando não a San Francisco".[8] De fato, corriam rumores de que a Burlington planejava uma expansão.[9] Um jornal noticiou o boato, "em parte confirmado", de que os executivos da ferrovia contemplavam a ideia de construir uma linha até Portland — o coração do território recém-reclamado da Union Pacific.[10] O rumor se mostrou infundado, mas isso pouco importava. Se a Burlington não construísse sua própria linha até a costa, acabaria sendo adquirida por um dos sistemas maiores.

Em janeiro de 1900, Harriman procurou Charles Elliott Perkins, presidente da Burlington por quase duas décadas, a fim de sondá-lo sobre uma eventual aquisição. Perkins percebia tão bem quanto todos que a indústria ferroviária passava por uma enorme transformação, e que o "tempo das coisas pequenas", como afirmaria mais tarde, estava com os dias contados.[11] A fim de assegurar a sobrevivência de seu negócio, ele sabia que precisaria se unir a um concorrente maior. Mas não apreciava Harriman como potencial comprador, considerando-o insistente, arrogante e desprovido de charme.

A Burlington não estava à venda, Perkins disse a ele, friamente. Mas deixou uma fresta aberta, observando que, caso estivesse, o preço seria de no mínimo duzentos dólares por ação.[12] (Na época, as ações ordinárias da Burlington estavam sendo negociadas a 122 dólares.) Harriman voltou a fazer uma série de investidas ao longo da primavera e do verão, mas Perkins não cedeu.[13] Vendo que não chegariam a lugar algum com aquela conversa, Schiff e Harriman passaram dois meses comprando ações da companhia na surdina, para obter furtivamente o controle da Burlington, mas abandonaram o plano tão logo ficou evidente que seria impossível alcançar o controle acionário da ferrovia.[14]

Harriman e Schiff não eram os únicos candidatos rondando a Burlington. Hill e Morgan haviam decidido que precisavam de um escape para suas ferrovias em Chicago. No início de 1901, Hill dera início a discretas negociações com Perkins, que não abria mão do preço de duzentos dólares por ação, mas parecia mais aberto a fechar um acordo. Isso se devia em parte à sua crença de que a Great Northern seria a parceira ideal para a Burlington; o fato de que Hill também pusesse Morgan e a Northern Pacific na mesa apenas tornava o negócio mais atraente.

Conforme Hill seguia em frente, Harriman e Schiff eram distraídos por uma série de conversas paralelas. Em agosto, a morte aos 68 anos de Collis P. Huntington, o magnata ferroviário que detinha a propriedade da Southern Pacific Railroad (que também incluía o sistema da Central Pacific), fez seu vasto patrimônio entrar no jogo. Se pudesse obter o controle das ferrovias de Huntington, a Union Pacific não só dominaria o tráfego ferroviário no Sul dos Estados Unidos como também garantiria uma conexão direta com San Francisco graças à Central Pacific. Harriman não perdeu tempo, logo entrando em negociações com os banqueiros de Huntington a fim de adquirir o controle acionário da Southern Pacific.

A princípio, Schiff não viu um adversário em Hill, embora um iminente conflito entre os dois fosse óbvio para qualquer um capaz de ler um mapa ferroviário. Em todo caso, ele percebeu um distanciamento cada vez maior do colega. Em sua correspondência, Hill vinha se tornando progressivamente mais circunspecto e enigmático. Durante uma viagem a Nova York no fim de dezembro de 1900, Hill fez uma visita social a Schiff em sua residência na Quinta Avenida, e os dois, constrangidamente, deram voltas e mais voltas sobre o motivo daquela viagem, que, segundo Schiff presumiu, envolvia reuniões com Morgan. Mas ele nunca foi capaz de arrancar a verdade do amigo. (Foi por volta dessa época que Hill abordou pela primeira vez o comitê executivo da Burlington.)[15]

Em 4 de fevereiro de 1901, após a Kuhn Loeb negociar com sucesso a compra de uma participação de 37,5% na companhia de Huntington em nome da Union Pacific, Schiff enviou a Hill um bilhete animado. "Finalmente pegamos o pássaro da Southern Pacific, e estou certo de que você vai ficar contente com isso."[16] Mas, para Hill, que razão havia para comemorar? O acordo, que proporcionava à Union Pacific o efetivo controle do tráfego que entrava e saía de San Francisco, além de uma valiosa rede ferroviária ao longo do Cinturão do Algodão, apenas confirmava a crença de Hill de que a Union Pacific constituía uma ameaça iminente a seu império. Se Harriman obtivesse o controle também da Burlington, ele explicou mais tarde, "tanto a Northern Pacific como a Great Northern ficariam em grande parte impedidas de operar nos estados de Nebraska, Kansas, Missouri, Dakota do Sul, Iowa, Illinois e Wisconsin, a menos que se servissem de outras estradas de ferro, algumas das quais estavam à venda e poderiam a qualquer momento passar ao controle da Union Pacific ou ser incorporadas a seus interesses".[17]

Dias após selar o acordo da Southern Pacific, que o *New York Times* descreveu em sua primeira página como "uma das maiores" transações "da história ferroviária e financeira do país", Harriman voltou a focar a Burlington.[18] Em 10 de fevereiro, ele tornou a se encontrar com Perkins, desta vez propondo adquirir metade das ações da companhia. Perkins recusou a oferta. No dia seguinte, sem que Harriman soubesse, ele teve uma reunião com outro interessado em apresentar uma oferta: Hill.

Notícias pouco fundamentadas sobre uma aquisição iminente apareceram nas páginas financeiras da nação, catapultando as ações da Burlington,[19] que passaram de 140 dólares a 150, 160, 170 e, no início de abril, superaram a marca de 180 dólares. Schiff ficou preocupado com o que descreveu mais tarde como "a aquisição contínua e em grande volume, a despeito do preço", das ações da empresa, suspeitando que

Hill e Morgan pudessem estar por trás disso. Por fim, decidiu confrontar o amigo. Na segunda quinzena de março, Schiff e Harriman se reuniram com ele, e Schiff lhe perguntou diretamente se estava tentando obter o controle da Burlington. Hill negou ter qualquer interesse na ferrovia.[20] "Aceitei essa declaração da parte do sr. Hill", diria Schiff mais tarde, "porque não podia acreditar que um homem com quem eu estivera estreitamente associado por cerca de quinze anos, e a quem nunca prejudicara, mostrando-lhe na verdade uma amizade sem reservas, um homem que eu conhecia bem e que acreditava ser meu amigo, estaria disposto a me enganar ou tapear."[21] Hill, ao que parece, havia feito exatamente isso. Na verdade, ele e Morgan estavam em vias de concluir um acordo para adquirir a Burlington. No fim de março, os jornais noticiaram que a transação era iminente.[22]

Tendo em vista os difundidos rumores sobre a consolidação da Burlington com a Great Northern e a Northern Pacific, há motivos para suspeitar que Schiff tenha desconfiado da negativa de Hill desde o início. Mas não há dúvidas de que ele se sentiu profundamente traído pelo embuste do amigo. O explosivo Harriman estava pronto para a briga.

Com o objetivo de evitar um desastroso embate entre Harriman e Hill, Schiff procurou Morgan no início de abril de 1901. Ele esperava que a Union Pacific pudesse de algum modo se juntar à Great Northern e à Northern Pacific no acordo da Burlington, afastando as preocupações de que a ferrovia fosse usada para preparar uma incursão pelos territórios da Union Pacific. Morgan, em vias de embarcar para a Europa, não estava interessado em nenhuma conversa, e disse a Schiff que encaminhasse a Londres qualquer plano que tivesse em mente. Schiff apelou então a um dos sócios de Morgan, Robert Bacon, oferecendo-se para arcar com um terço da transação. Bacon respondeu que era tarde demais. Schiff advertiu que a Union Pacific estava sendo forçada a uma posição "intolerável [...] contra a qual teria de se proteger".[23]

Em 7 de abril, domingo de Páscoa, Schiff e Harriman voltaram a confrontar Hill, que jantava na mansão de George F. Baker, presidente do First National Bank, em Murray Hill. Ele e Baker pegariam um trem noturno para Boston, onde planejavam se reunir com Perkins e outros funcionários da Burlington para oficializar a compra.

Ainda magoado com o embuste de Hill, Schiff lhe perguntou sem rodeios por que havia mentido para ele. Hill se desculpou. A ligação de Schiff com a Union Pacific, disse, não lhe deixara escolha.

Schiff e Harriman defenderam veementemente que Hill adiasse o negócio da Burlington até eles conseguirem chegar a um acordo que protegesse a Union Pacific "contra agressões em seu território legítimo", afirmou mais tarde Schiff.[24] E voltaram a se oferecer para financiar um terço da aquisição da Burlington. Hill recusou, afirmando posteriormente que incluí-los no negócio teria "frustrado nosso intento de comprar a Burlington".[25]

Segundo um relato, a acalorada conversa continuou na carruagem de Baker a caminho da Grand Central e só chegou ao fim quando o trem de Baker e Hill deixou a estação.[26] "Muito bem", declarou Harriman por fim, o clima ainda azedo. "Trata-se de uma atitude hostil, e o senhor arcará com as consequências."[27]

Consequências? O que Harriman queria dizer com isso? Schiff compreendia muito bem, e a perspectiva o deixou inquieto. Ao mesmo tempo que tentara apaziguar a situação, ele e Harriman haviam se preparado para a batalha. Harriman concebera um plano tão audacioso que lembrava a tentativa de Jay Gould de encurralar o mercado de ouro, cerca de trinta anos antes. Eles tirariam a Northern Pacific das mãos de Hill e Morgan, dando-lhes 50% de controle sobre a Burlington. Em essência, Harriman propunha negociar uma comunidade de interesses à força bruta.

Disputas por controle corporativo envolvendo compras sub-reptícias não eram incomuns na indústria ferroviária — Cornelius Vanderbilt certa vez adquirira ações da Erie em segredo e vira Daniel Drew e seus comparsas inundarem o mercado com novas ações, diluindo a propriedade da companhia. Mas o que tornava o plano de Harriman particularmente ousado era tanto o tamanho da empresa cobiçada como o indivíduo que ele estava desafiando no processo, isto é: Morgan.

Ao contrário do que acontecera durante a fracassada tentativa de Harriman e Schiff de se apropriarem da Burlington, parecia tecnicamente possível adquirir o controle majoritário da Northern Pacific. Morgan e Hill detinham menos da metade das ações preferenciais e ordinárias da Northern, e grandes lotes de ações da ferrovia eram com frequência negociados. Mas a questão não era apenas se isso podia ser feito, e sim se deveria ser feito.

Schiff a princípio rejeitou a ideia, que lhe pareceu tão traiçoeira quanto o embuste de Hill. Seu medo era de que houvesse um rompimento irremediável da amizade; além disso, ele temia despertar a lendária ira de Morgan. "O sr. Harriman é um homem deveras notável", confidenciou a Otto Kahn, "mas, francamente, não acho que eu deva pagar por sua amizade com a perda da amizade do sr. Hill, e ainda por cima arriscando as boas graças, a estima e a consideração que por tanto tempo prevaleceram entre mim e o sr. Morgan."[28]

Kahn, que se tornara cada vez mais próximo de Harriman, apoiou seu plano; Schiff, relutantemente, voltou atrás. Ele racionalizou que o "objetivo da transação não era prejudicar ou antagonizar os interesses da Northern Pacific e da Great Northern, mas estabelecer relações de trabalho amigáveis e mutuamente vantajosas entre elas e a Union Pacific", afirmou Kahn posteriormente.[29] Segundo o sócio júnior de Schiff, ele também determinou que era seu dever, como membro da diretoria da Union Pacific, proteger a ferrovia. Mas, nesse caso, Schiff não demonstrou a mesma lealdade à Great Northern, onde permaneceu como diretor mesmo tramando para puxar o tapete de seu presidente.[30]

Um dia após a belicosa reunião na casa de Baker, Schiff escreveu uma carta sincera a Hill, sabendo o que precisava fazer, mas temeroso das repercussões. Ela parecia destinada a tranquilizar tanto Schiff quanto Hill sobre a força de sua amizade. "Onde quer que nossos interesses comerciais possam nos situar, sinto que já somos velhos demais para nos afastarmos pessoalmente. As amizades têm pouco valor quando são determinadas apenas pelo interesse pessoal, e se desfazem ao primeiro choque de interesses." E acrescentou: "Quanto à Union Pacific, que cuide de si mesma, como será capaz de fazer, mas, em todo caso, quero me assegurar de que nada se interpôs entre nós".

Hill respondeu que "nenhum ato ou pensamento meu pode deliberadamente destruir ou prejudicar o sentimento de afetuosa amizade que nutro tanto pelo senhor como pelos que lhe são mais próximos".[31]

Após as ternas expressões de amizade, os magnatas seguiram cada um para seu canto a fim de se preparar para a batalha que Schiff sabia ser iminente e que em breve chegaria até Hill.

Schiff e seus sócios na Kuhn Loeb executaram habilmente o plano de Harriman. A firma empregou uma extensa rede de corretores a fim de realizar um discreto levantamento de ações da Northern Pacific no mundo todo. Enquanto isso, numa manobra sorrateira, vendeu ostensivamente ações da ferrovia apenas o suficiente para camuflar o esquema. Ao longo de abril e do início de maio, o preço das ações da Northern Pacific subiu de forma constante, devido às compras em larga escala. Morgan, em viagem pela Europa e adquirindo obras de arte aos montes, não pareceu notar nada de errado. Hill também fez pouco-caso. O mercado passava por uma liquidação recorde de títulos ferroviários e outros, em meio a rumores frequentes de uma série de fusões, e a Northern Pacific estava longe de ser a única a conhecer grandes ganhos.

Em 30 de abril, o volume de negócios da Bolsa de Valores de Nova York demoliu o recorde estabelecido no dia anterior, com mais de 3,2 milhões de ações trocando de mãos.[32] Nesse mesmo dia, Morti Schiff se casou com Adele Neustadt, filha de amigos da família.[33] Jacob e a esposa presentearam os recém-casados com sua residência da Quinta Avenida e se mudaram para uma casa ainda mais suntuosa na mesma quadra, no número 965. "É maravilhoso ser o dono de uma casa onde levamos tantas surras", gracejou Morti sobre o presente.[34]

Harriman e a esposa compareceram ao luxuoso casamento de Morti e Adele. Mas nem sinal de Hill. Segundo um relato apócrifo, ele nesse dia estava em Seattle, onde um "anjo de tez escura" lhe teria aparecido em sonho; tomando isso como um presságio de que seu império corria perigo, ele teria cruzado o país até Nova York em seu vagão particular, estabelecendo um recorde transcontinental. Mas, na verdade, em 30 de abril Hill já estava em Nova York, despedindo-se das filhas, que embarcavam para a Europa. Levaria mais alguns dias até descobrir, para seu espanto, o que Harriman quisera dizer com sua ameaça de que haveria "consequências".

Na manhã de sexta-feira, 3 de maio, Hill visitou Schiff nos escritórios da Kuhn Loeb, nessa época localizados no número 2 da Pine Street (onde Hill também tinha uma sala, num andar diferente).[35] Não se sabe ao certo quem convocou a reunião ou quais seriam as suspeitas de Hill sobre as compras recentes das ações da Northern Pacific, mas Schiff, ao que parece dando o controle da Northern Pacific como favas contadas, revelou ao velho amigo o que ele e Harriman haviam feito no mês anterior.

Hill a princípio não acreditou no que ouviu. "Mas você não vai conseguir o controle!", exclamou. Juntos, ele, Morgan e seus aliados controlavam cerca de 35 a 40 milhões de dólares em ações da Northern Pacific. Mas o que ele não percebeu foi que alguns de seus aliados haviam vendido uma enorme quantidade de ações da companhia no auge da valorização; a certa altura, no mês anterior, a própria J. P. Morgan & Co. se desfizera de 1 milhão de dólares em ações da Northern a fim de aproveitar a valorização.[36]

A um custo de 60 milhões de dólares, Schiff conseguira adquirir 420 mil das 750 mil ações preferenciais da Northern Pacific, e 370 mil das 800 mil ações ordinárias. Juntas, elas constituíam a maioria das ações em circulação da empresa.

"Qual foi seu propósito em fazer isso?", gaguejou Hill.

"Levar a paz ao noroeste", respondeu Schiff, explicando que pretendia organizar a "comunidade de interesses" anteriormente rejeitada por Hill. Ele desejava ao menos alguma influência da Union Pacific nos assuntos da Northern Pacific, e, de preferência, representação na diretoria da Burlington.

Hill diria mais tarde que Schiff e Harriman — que, segundo ele, também estivera presente durante parte da reunião — haviam concebido um plano grandioso para fundir a Union Pacific, a Northern Pacific, a Great Northern e a Burlington, propondo que ele dirigisse o colosso. Nas entrelinhas desse plano estava o afastamento de Morgan da administração. Hill afirmou também que Harriman e seus aliados, a certa altura do drama da Northern Pacific, haviam "se vangloriado de como mostrariam ao mundo que a Morgan & Co. não era a única firma financeira dos Estados Unidos".[37] Mas há motivos para duvidar de que Schiff e Harriman tenham realmente contemplado um ataque frontal tão audacioso contra Morgan, que detinha o poder de retaliar com força igual, se não maior. Ao longo dos anos, Hill forneceu diversos relatos, por vezes conflitantes, da disputa; tampouco hesitou em recorrer a dissimulações, quando isso serviu a seus propósitos.

O que quer que tenha acontecido de fato durante a reunião, Hill deixou o escritório da Kuhn Loeb plenamente ciente de que seus planos corriam risco. Também pareceu ter dado alguma indicação de estar disposto a negociar, pois aceitou um convite para se juntar aos Schiff naquela noite para o jantar do Shabat, após o qual continuaram discutindo sobre como levar a harmonia a seus feudos. Segundo Schiff, Hill lhe "assegurou repetidamente" que era possível chegar a um acordo.[38]

Mais cedo naquele dia, Schiff confidenciara a Kahn seu alívio por ter aberto o jogo com Hill. Mas Kahn e Harriman não partilhavam de seu sangue-frio. Agora que o plano da Kuhn Loeb fora exposto, eles estavam profundamente ansiosos em saber como Hill e Morgan reagiriam. E não confiavam em Hill. Uma sábia atitude, como se viu.

Após a reunião com Schiff e antes de comparecer ao jantar em sua casa, Hill correu até o número 23 de Wall Street. Junto com sócios e funcionários da Morgan, ele se debruçou sobre os livros de contabilidade para determinar quantas ações cada lado possuía. E percebeu que o jogo ainda não havia terminado. Uma cláusula no estatuto da Northern Pacific permitia à companhia resgatar suas ações preferenciais a partir de 1º de janeiro de 1902, concedendo o controle da companhia a quem quer que detivesse a maior parte de suas ações ordinárias. Schiff e Harriman ainda precisavam de 30 mil ações para assegurar seu controle. Se a diretoria dominada por Hill e Morgan conseguisse obter a maioria das ações ordinárias e adiar a reunião anual da companhia no outono seguinte, quando Harriman e Schiff certamente instalariam seus aliados, teriam uma chance de seguir com o controle. As garantias de Hill a Schiff haviam sido uma encenação — uma tática de procrastinação. Ele se preparava para pôr em ação seu plano secreto.

Na manhã de sábado, 4 de maio, Harriman estava acamado, convalescendo de mais um de seus frequentes resfriados. Ele e Schiff sabiam sobre a cláusula das ações preferenciais. Haviam sido alertados por seus advogados de que isso não interferiria em seu controle da companhia; eles poderiam exercer seu direito de voto, formando uma nova diretoria, antes do Ano-Novo. Ainda assim, Harriman não conseguia se livrar de uma sensação de inquietude. Estava incomodado com o assunto. Pegando o telefone ao lado da cama, ligou para Louis Heinsheimer, um dos sócios juniores de Schiff e o especialista em trading da firma, e o instruiu a adquirir 40 mil ações ordinárias da Northern Pacific. "Tudo bem", respondeu Heinsheimer.[39]

Para executar a ordem de Harriman antes do fechamento do mercado ao meio-dia, Heinsheimer precisava primeiro da autorização de Schiff, que estava na sinagoga, como em quase todas as manhãs de sábado. Ele conseguiu localizá-lo e transmitir o pedido de Harriman. Schiff revogou a ordem — ele estaria apenas desperdiçando dinheiro. Eles já detinham o controle da Northern Pacific, argumentou Schiff.

Enquanto Schiff dispensava Heinsheimer, Robert Bacon, sócio da Morgan, despachava um cabograma cifrado para J. P. Morgan, que fazia sua visita anual à estância termal de Aix-les-Bains, na França, explicando a jogada de Harriman e Schiff e pedindo permissão para adquirir 150 mil ações da Northern Pacific. Morgan, os olhos arregalados de raiva, respondeu prontamente, dando carta branca a Bacon para comprá-las ao preço que fosse.[40]

Harriman só descobriu que Schiff havia cancelado sua ordem na segunda-feira de manhã, depois que um enxame de traders operando em nome da J. P. Morgan & Co. desceu sobre Londres e a seguir Nova York, comprando freneticamente ações da Northern Pacific. Preocupado por não ter recebido confirmação da transação que pedira para ser realizada no fim de semana, Harriman ligou para Heinsheimer, que lhe deu a notícia. Ele então receou que pudessem ter cometido um erro fatal. "Percebi que todo o nosso trabalho poderia ter sido em vão", recordou posteriormente. Harriman correu até o centro da cidade a fim de montar uma estratégia com Schiff — e provavelmente admoestá-lo.[41] Juntos, eles viram a Northern Pacific — ou "Nipper", como era às vezes chamada, por conta de seu código de cotação, NPPR — saltar do fechamento anterior de 110 para 133.

Por que Schiff se recusou a fortalecer a posição da Kuhn Loeb quando teve a chance? Em parte, devido à sua amizade com Hill. Embora Hill já tivesse mentido para ele uma vez, Schiff se recusava a acreditar que poderia ser tapeado novamente. "Ele achava que comprar mais ações ordinárias após sua conversa com o sr. Hill teria indicado uma falta de confiança em suas declarações, e não queria adotar essa postura", recordou Kahn. Além disso, Schiff permanecia confiante na avaliação de que a Kuhn Loeb detinha uma quantidade suficiente de ações para atingir seu objetivo — ter voz ativa na condução da Burlington. Segundo Kahn, Schiff permaneceu firme mesmo após o início do frenesi de compras.

> Ele previu que, se o outro lado estivesse realmente determinado a ir em frente e comprar todas as ações ordinárias disponíveis da Northern Pacific, uma situação alarmante, se não crítica, seria criada, e queria poder dizer, caso isso acontecesse, que ele e aqueles com quem e em nome de quem atuava não haviam tido qualquer participação nesse processo, não tendo comprado uma única ação ordinária desde o dia da conversa com o sr. Hill.[42]

De fato, uma calamidade não tardou a ocorrer. Na terça-feira, 7 de maio, o grupo Hill-Morgan praticamente concluíra suas compras, acreditando que agora tinha o controle da maior parte das ações ordinárias da Northern Pacific. Juntas, as facções Hill-Morgan e Harriman-Schiff agora detinham quase todas as ações da companhia. Mas a compra em massa trouxera consequências inesperadas. As ações da Northern Pacific ficaram tão difíceis de localizar que seus vendedores a descoberto viram-se em apuros cada vez mais desesperadores.

Mesmo nas melhores condições, a venda a descoberto era um negócio arriscado, que envolvia vender ações que a pessoa ainda não possuía na esperança de que o preço caísse, permitindo-lhe comprar as ações a um preço mais baixo, cumprir seu contrato e obter lucro. Por exemplo, se alguém vendesse a descoberto uma ação da Northern Pacific por 125 dólares e mais tarde pudesse comprá-la por 110 dólares, o lucro líquido seria de quinze dólares. Por outro lado, se as ações subissem para 140 dólares, a pessoa seria forçada a cobrir sua posição com um prejuízo de quinze dólares. Foi este último cenário que começou a se configurar à medida que a escassez de ações da Northern Pacific fez seus preços dispararem. O que aconteceu foi algo por vezes chamado de *short squeeze*, que teve um episódio famoso mais de um século depois, quando investidores individuais elevaram o preço das ações da GameStop em mais de 1400%, forçando fundos de hedge e outros traders, cujas vendas a descoberto acumuladas ultrapassavam a quantidade de ações públicas em circulação, a estancarem suas perdas cobrindo-as a preços exorbitantes.

Os traders pagavam preços cada vez maiores pelas ações da Northern Pacific: na terça-feira, elas chegaram a quase 150 dólares, antes de encerrarem o dia em 143,5.[43] Nesse meio-tempo, conforme os papéis da Northern Pacific disparavam, outras ações na lista despencavam, resultado de traders vendendo títulos para cobrir suas vendas a descoberto (ou seja, comprar as ações que já haviam vendido) na Nipper.

À noite, os repórteres localizaram Hill no Hotel Netherland, onde ele estava hospedado, e o questionaram sobre os amplos rumores de que ele e Morgan haviam se envolvido em uma luta titânica com Harriman pelo controle da Northern Pacific. Hill fingiu ignorância. "Faz seis meses que não compro uma ação da Northern Pacific", disse. "Sou presidente da Great Northern e não estou interessado na Northern Pacific. Não sei nada a respeito das relações do sr. Morgan com a ferrovia — somos dois indivíduos separados."[44]

As engrenagens especulativas de Wall Street começavam a girar em falso, e o controle da Northern Pacific estava em jogo. Esse talvez tenha sido o período mais tenso e arriscado da carreira de Schiff. Contudo, incrivelmente, ele ainda encontrava tempo para seus compromissos filantrópicos, mesmo no auge do conflito. Ele e Julius Goldman haviam planejado uma viagem até Woodbine, a comunidade agrícola que o Fundo Barão de Hirsch ajudara a estabelecer nos arredores da Filadélfia. Pouco antes de partirem, Schiff disse a Goldman que teria de pegar um trem mais tarde, uma vez que precisava tratar de um negócio urgente em Nova York. Na Filadélfia, Goldman topou com um amigo em comum dos dois que o inteirou da intriga em Wall Street. "O sr. Schiff não estará disponível hoje à noite nem amanhã de manhã, porque está profundamente interessado na disputa da Northern Pacific", confidenciou o amigo. Na manhã seguinte, porém, Goldman encontrou

Schiff à sua espera no saguão. Ao longo do dia, o financista pareceu distraído, fazendo ligações frequentes para o escritório, e, à noite, no trem de volta para casa, Goldman mencionou a questão da Northern Pacific. "Receio termos escolhido um momento um tanto infeliz para nossa visita", disse. O momento era infeliz, Schiff sorriu e concordou, mas ele não queria cancelar seus planos.[45]

Na quarta-feira, 8 de maio, as ações da Northern Pacific oscilaram violentamente, saltando para 180 dólares e despencando para 140. No tempo que levava para fazer uma ordem de compra, a Nipper podia subir ou cair vinte pontos. A fim de acalmar o agitado mercado, os grupos de Harriman e Hill começaram a emprestar algumas de suas ações para as vendas a descoberto. Um jovem corretor chamado Al Stern, que coordenara algumas compras da Northern Pacific para a Kuhn Loeb, quase foi atropelado pela manada ao anunciar a novidade. Atravessando o pregão, ele anunciou em alto e bom som: "Quem quer pegar a Northern Pacific? Tenho um monte de ações para emprestar".

Um "grito ensurdecedor" se elevou na multidão, e uma turba afoita cercou Stern, segundo o financista Bernard Baruch, que testemunhou a cena. "Pareciam homens sedentos brigando por água, com os maiores, mais fortes e mais estridentes levando a melhor." Um corretor desesperado agarrou o chapéu de Stern e começou a bater com ele agressivamente em sua cabeça, a fim de chamar sua atenção. Após emprestar todas as ações que tinha a oferecer, Stern, pálido e desgrenhado, finalmente se afastou.[46]

As tentativas de apaziguar a turbulência do mercado surtiram pouco efeito. Após a abertura da bolsa na quinta-feira, as primeiras ações da Northern Pacific foram vendidas a 170 dólares. Então o pandemônio se seguiu. As ações subiram abruptamente cem, duzentos, trezentos pontos entre uma negociação e outra. Pouco após as onze da manhã, trezentas ações da Northern Pacific foram vendidas por espantosos mil dólares cada. Os angustiados vendedores a descoberto, inadvertidamente pegos em um confronto entre gigantes das ferrovias, não puderam mais adquirir ou tomar emprestadas as ações necessárias para cobrir suas posições. Foram forçados a assistir, impotentes, enquanto a fita do teletipo anunciava sua ruína financeira.

"A coisa foi tão repentina que até os mais conservadores perderam a cabeça, e da boca de respeitáveis e devotos membros da sociedade ouviram-se palavras que não deveriam ser repetidas sob circunstâncias normais nem em um bar de segunda classe", um corretor disse a um repórter. Pela primeira vez, as galerias públicas da bolsa foram fechadas ao público.[47]

Com o mercado de ações despencando numa espiral descontrolada, Otto Kahn propôs a Schiff que eles aproveitassem o pânico para comprar títulos a preços de banana. Schiff o fuzilou com o olhar. "Se quiser comprar ações em seu próprio nome, fique à vontade", respondeu ele. "Mas não consinto que a Kuhn, Loeb & Co. lucre um dólar que seja com essa calamidade."[48]

Apenas os magnatas que haviam deixado o mercado em polvorosa poderiam pôr fim ao caos. Harriman, Hill e seus banqueiros acabaram sendo obrigados a sentar-se à mesa de negociações por conta de uma ação judicial que tentava impedi-los de exigir a devolução das ações emprestadas aos vendedores a descoberto.[49] Os dois lados, ambos convencidos de deterem o controle da Northern Pacific, se reuniram ao longo do dia, conferenciando até o final da tarde nos escritórios da J. P. Morgan & Co. A questão de quem controlava a ferrovia teria de esperar. Agora, eles precisavam elaborar uma solução conjunta para a crise. Por fim, Schiff emergiu dos escritórios da Morgan e as duas firmas anunciaram que acertariam os contratos em aberto com os vendedores a descoberto a 150 dólares por ação, uma oferta razoável, considerando que as ações da Northern Pacific haviam sido negociadas pouco tempo antes por valores muito maiores. Mas esse preço também teria gerado um lucro substancial para os grupos de Harriman e Hill, marcando um aumento de quase 60% no valor das ações da companhia no espaço de um mês.

Considerando a caótica situação em Wall Street, ninguém teria culpado Schiff se ele cancelasse seus planos para aquela noite. Mas, para a surpresa de Lillian Wald, que acompanhara pelos jornais a disputa envolvendo a Northern Pacific, Schiff e a esposa chegaram, como combinado, para jantar em sua companhia no assentamento da Henry Street.[50]

Com o mercado não mais encurralado, veio a reação.

Em um virulento editorial na sexta-feira, 10 de maio, o *New York Times* condenou Harriman, Hill e seus respectivos apoiadores pela exibição de "um vasto poder para fins particulares e livres de qualquer senso de responsabilidade pública. Dotados da força de titãs, eles se comportaram como caubóis numa bebedeira, enlouquecidos pelo álcool e atirando uns nos outros sem a menor consideração pelos espectadores". Segundo uma estimativa, "os espectadores" haviam sofrido cerca de 10 milhões de dólares em prejuízos na disputa pela Northern Pacific.[51] Um investidor desconsolado teria se afogado em um tanque de cerveja fervendo.[52] O inflamado editorial encerrava com uma citação de *Medida por medida*, de Shakespeare, que vinha a calhar: "Ah, ter a força de um gigante é ótimo; mas usá-la como um gigante é tirânico".[53]

Os protagonistas desse drama manifestaram níveis variados de remorso público e privado, indo de uma leve contrição a absolutamente nenhuma. Dois dias após o pânico, um repórter encontrou J. P. Morgan diante de seu hotel em Paris, para onde ele se dirigira às pressas no início da semana a fim de acompanhar a disputa pela Northern Pacific da filial francesa de sua firma, a Morgan, Harjes & Co. O financista fora visto nesse mesmo dia andando de um lado para o outro, torcendo as mãos e murmurando consigo mesmo. "O senhor não acha que, tendo sido responsabilizado pelo pânico que arruinou milhares de pessoas e tumultuou toda uma nação, deve alguma declaração ao público?", perguntou o repórter. A notória resposta de Morgan definiria uma era voraz de capitalismo desenfreado: "Não devo nada ao público", ele grunhiu.[54]

Em seus comentários à imprensa, Hill acusou os rivais de uma "obra abjeta" e disse — no que pareceu uma clara cutucada em Harriman e Schiff — que "alguns acreditam que o dinheiro pode tudo neste país. Se chegamos a esse ponto, então o dinheiro deveria ser privado de sua capacidade de provocar danos. Não tenho o menor desejo de possuir esse tipo de poder, e acho que os eventos de quinta-feira em muito contribuirão para uma legislação que os impeça de se repetirem no futuro".[55]

Otto Kahn forneceu os primeiros comentários extensos de sua firma sobre o pânico. "Fomos acusados de monopolizar o mercado, assim como o sr. Morgan. Não tivemos nada a ver com a manipulação da bolsa: ou melhor, que ninguém jogue em nossas costas a culpa por encurralar o mercado." Ele responsabilizou Hill por forçar um confronto. "Nenhum de nós esperava que acontecesse o que de fato aconteceu, e não tenho a menor dúvida de que estamos todos um pouco envergonhados."[56]

Sob a fachada de calma e compostura, Schiff estava profundamente abalado pela briga com Hill e Morgan e pelo desastre financeiro resultante da disputa entre eles. "A preocupação, o estresse e o arrependimento resultaram em uma séria deterioração de sua saúde, da qual ele levou um bom tempo para se recuperar", relembrou Kahn.[57] Na esteira do episódio, Schiff parecia mais preocupado em se explicar não para o público, mas para Morgan, escrevendo-lhe uma carta subserviente na qual afirmava que os "interesses da Union Pacific" jamais haviam pretendido "antagonizar o senhor ou sua firma", e que ele e seus sócios "sempre desejaram, e continuam a desejar, a permissão para ajudar a manter seu tão merecido prestígio pessoal".[58]

Schiff sugeriu que talvez o pânico tivesse servido a um propósito positivo, uma vez que estourara a bolha especulativa que havia meses vinha crescendo:

> Embora seja sempre deplorável quando o público tem de sofrer, sou da opinião de que, se isso não tivesse ocorrido, e fosse permitido que a especulação desenfreada continuasse por mais um ou dois meses, alguma outra coisa teria acontecido para acarretar um desastre ainda mais grave, de um tipo que possivelmente teria infligido um dano duradouro ao país.[59]

A despeito desse ramo de oliveira, o confronto com Morgan provocou o que Schiff havia temido, gerando tensão no antigo relacionamento de cooperação entre suas firmas, e provavelmente confirmando a preconceituosa visão de Morgan em relação a banqueiros judeus.

Schiff também teria de lidar com o público — ao menos até certo ponto. Duas semanas após o colapso do mercado, a Comissão Industrial dos Estados Unidos, um painel nomeado pelo presidente William McKinley para investigar a consolidação e a precificação da indústria ferroviária, convocou o financista para uma audiência no Fifth Avenue Hotel. Considerando a gravidade do que acabara de ocorrer, o inquérito de Schiff foi relativamente amigável — trataram-no mais como um especialista no setor do que como um dos atores principais em um escândalo financeiro. Um membro da comissão afirmou mais tarde que o governo McKinley instruíra o painel a proceder com cautela: "A comissão recebeu ordens de Washington para ir com calma, e, em vez de interrogá-lo abertamente, fez isso em uma sala privada".[60]

"O senhor poderia prestar o juramento?", indagou o presidente da comissão, um editor de jornal e executivo ferroviário da Nova Inglaterra chamado Albert Clarke, quando a audiência teve início, na manhã de 22 de maio.

"Sou obrigado?", objetou Schiff. "Não gosto de fazer juramentos, pois considero minha palavra boa o bastante."

"Poderia ser uma declaração solene, então?"[61]

Clarke começou por perguntar a Schiff sobre as "grandes movimentações" entre as principais ferrovias, referindo-se à onda de fusões e aquisições que concentravam o controle da indústria nas mãos de um punhado de magnatas.

"Suponho que as movimentações a que o senhor se refere sejam aquelas genericamente conhecidas pela expressão 'comunidade de interesses'", respondeu Schiff, explicando que a competição destrutiva havia

> levado a uma união gradual dos interesses ferroviários e os induzido a adquirir propriedades uns dos outros. [...] É esse, em termos simples, o processo que vem ocorrendo em grande escala nas ferrovias, e que, a meu ver, embora ainda não esteja concluído, trará naturalmente alguma proteção, na medida em que o caminho para a paz perfeita passa sempre pela guerra.[62]

Quando Clarke finalmente chegou à questão da "disputa" pela Northern Pacific, Schiff assumiu um ar circunspecto, negando que algo como isso houvesse ocorrido. "Talvez tenha havido alguma especulação em Wall Street, sobre a qual nada sei", afirmou, "mas não tenho conhecimento de que tenha havido qualquer disputa."[63] (Em uma audiência separada, Harriman diria algo semelhante: "Não houve nenhuma disputa pela Northern Pacific. Adquirimos uma participação majoritária do capital social. Isso foi feito antes da suposta disputa, e nenhuma ação da ferrovia foi adquirida durante o pânico, em maio".)[64]

John Farquhar, membro da comissão e ex-congressista republicano de Buffalo, insistiu: "Como um financista como o senhor explicaria o fato de uma única ação da Northern Pacific chegar a mil dólares?".

"Os especuladores que apostaram em vender algo que não tinham e tentaram recuperar o que não possuíam descobriram que não havia coisa alguma lá", respondeu Schiff.[65]

Na "Batalha dos Gigantes", como os jornais intitularam a luta pela Northern Pacific, os pleiteantes haviam chegado a um impasse. Levar a briga aos tribunais só serviria para despertar ainda mais opróbrio público. Era preciso negociar um armistício. Pouco mais de uma semana após a audiência da Comissão Industrial, Hill e Harriman assinaram um documento destinado a aplacar as incertezas sobre o futuro da Northern Pacific; o acordo dizia que ambas as partes estavam trabalhando juntas na elaboração de um plano para a "harmonia completa e permanente".[66]

Com um empurrãozinho de Morgan e Schiff junto aos obstinados magnatas ferroviários, um pacto pouco a pouco se materializou. Em 12 de novembro de 1901, Hill e Morgan instituíram a Northern Securities Company sob as permissivas leis corporativas de Nova Jersey. Nessa gigantesca holding, capitalizada em 200 milhões de dólares, entraram ações da Great Northern e da Northern Pacific, e os investidores recebiam participação na nova companhia em troca de seus ativos. Era uma comunidade de interesses numa escala quase sem precedentes, na qual, além de Hill e Harriman, representantes dos sistemas Gould, Rockefeller e Vanderbilt também tinham um lugar à mesa.

Visto de fora, o acordo pareceu uma vitória inquestionável de Hill e Morgan. Eleito presidente da nova corporação, Hill manteve o controle das ferrovias, enquanto Morgan ficou com o poder de nomear seus diretores. Com as ações de Harriman bloqueadas em segurança na recém-criada companhia, eles não precisavam se preocupar com uma nova tentativa de aquisição. De tão imensa, a Northern Securities Company era praticamente impermeável a ataques especulativos vindos também de outras partes. Hill descreveu a companhia orgulhosamente como uma "poderosa fortaleza onde, na paz ou na guerra, aqueles que tinham visto o trabalho de suas mãos tornar-se grande poderiam consolidá-lo contra todos os ataques e para todo o sempre".[67]

Mas se a impressão era de que Morgan e Hill haviam saído por cima, a verdade é que Schiff e Harriman também conseguiram o que haviam planejado. No fim das contas, Morgan nomeou ambos, além de vários de seus aliados, para o conselho de quinze membros da empresa, proporcionando-lhes voz ativa na Northern Securities. E eles também conseguiram neutralizar a ameaça representada pela Burlington, seu objetivo original. Uma holding separada foi estabelecida para arrendar a Burlington por 999 anos, negócio pelo qual a Union Pacific e a Northern Pacific receberam, cada uma, 50% de juros. Para tornar o acordo geral mais atraente, Hill e Morgan pagaram ao grupo de Harriman um bônus de 9 milhões de dólares para que trocassem suas ações da Northern Pacific pelas da Northern Securities.[68]

"Embora a Union Pacific seja minoria nessa holding", Schiff explicou em uma carta a Ernest Cassel,

> ela irá não obstante exercer uma poderosa influência na administração das duas linhas da Northern, por força de sua participação razoavelmente grande. Além disso, a Union Pacific firmou um acordo territorial com as duas ferrovias que a protege contra qualquer invasão e lhe proporciona um extenso uso de linhas importantes na costa norte do Pacífico. Creio que o arranjo todo é da maior importância e vantagem para a Union Pacific, e justifica em todos os aspectos nossa tentativa na última primavera de evitar que ela sofresse danos.[69]

A harmonia corporativa estava finalmente ao alcance. Ou, pelo menos, foi o que todos pensaram.

No final da tarde de 6 de setembro de 1901, o presidente William McKinley, seis meses após o início de seu governo, cumprimentava efusivamente seus apoiadores na Exposição Pan-Americana, em Buffalo,

Nova York, quando um homem se aproximou com um lenço branco cobrindo a mão direita e disparou duas vezes contra sua barriga. McKinley a princípio deu a impressão de que sobreviveria ao atentado, perpetrado por um anarquista chamado Leon Czolgosz. Em 10 de setembro, Schiff enviou um cabograma ao vice-presidente Theodore Roosevelt a fim de expressar sua "profunda satisfação" com a notícia de que a saúde do presidente estava melhorando.[70] No entanto, os ferimentos de McKinley gangrenaram, e sua condição acabou se deteriorando. Ele morreu nas primeiras horas da manhã de 14 de setembro; Roosevelt prestou o juramento presidencial nessa mesma tarde.

Wall Street havia prosperado sob McKinley, um confiável amigo do *big business* que resolvera a acrimoniosa questão da prata promulgando a Lei do Padrão-Ouro. Além disso, ele adotava uma abordagem não intervencionista em relação aos sub-reptícios trustes e alianças monopolistas que proliferavam na paisagem industrial. Mas, dois meses após assumir o cargo, seu sucessor sinalizou uma abrupta ruptura com as políticas de laissez-faire do governo McKinley.

No dia 3 de dezembro, em seu primeiro pronunciamento anual ao Congresso, Roosevelt começou a articular a nova doutrina corporativa que definiria sua presidência. "O objetivo daqueles que buscam a melhoria social deve ser livrar o mundo dos negócios dos crimes de astúcia, assim como todo o corpo político dos crimes de violência", disse ele. "As grandes corporações só existem porque são criadas e protegidas por nossas instituições." Segundo Roosevelt, uma vez que as grandes corporações "fazem negócios em muitos estados, e muitas vezes pouquíssimos negócios no estado onde são constituídas", o governo federal deveria assumir "poder de supervisão e regulamentação sobre todas as corporações que realizem negócios interestaduais".[71]

A despeito dos fatídicos comentários de Roosevelt sobre conter os excessos corporativos, Harriman e Hill foram pegos de surpresa pelo que ocorreu a seguir. Em 19 de fevereiro de 1902, o procurador-geral de Teddy Roosevelt, Philander Knox, um advogado baixinho que enriquecera representando barões ladrões e seus trustes corporativos, anunciou que o Departamento de Justiça estava entrando com um processo para desmantelar a Northern Securities sob a Lei Antitruste Sherman, de 1890, até então raramente utilizada contra algum conglomerado. Roosevelt, cada vez mais preocupado com a concentração de poder corporativo, e de olho na eleição seguinte, em 1904, decidira usar a companhia como um teste para pôr à prova a capacidade regulatória do governo federal.

J. P. Morgan correu para Washington, onde se encontrou com Roosevelt e Knox no sábado, 22 de fevereiro. Ele parecia genuinamente perplexo com o fato de Roosevelt ter ido atrás da Northern Securities sem dar nenhum aviso. Por que não o consultara primeiro sobre as partes do arranjo que o governo considerava objetáveis? Ainda havia tempo para resolver a questão sem incorrer em um circo legal.

"Se fizemos algo errado, mande seu pessoal falar com o meu que eles podem consertar", disse Morgan.

"Isso não será possível", respondeu Roosevelt.

"Não queremos consertar nada", acrescentou Knox. "Queremos impedir."[72]

Se Morgan ainda tinha alguma dúvida, agora estava claro: uma nova era corporativa nascia — e ele e Schiff, ao abalarem o mercado com sua disputa pela Northern Pacific, haviam desempenhado um papel fundamental no processo.

Schiff também tentou apelar a Roosevelt. Em 25 de fevereiro, quando ambos compareceram ao batismo do novo iate de corrida do imperador alemão Guilherme II em uma ilha ao largo de Nova York, Schiff chamou o presidente de lado a fim de expressar suas preocupações quanto ao processo da Northern Securities. Ele chegou a tentar influenciá-lo por meio de seu amigo e ex-colega de quarto em Harvard, Lucius Littauer, na época um congressista republicano de Nova York. "Quanto mais eu penso sobre a situação que foi criada, maior a minha apreensão e ansiedade", Schiff escreveu a Littauer em 24 de março. Embora acreditasse que Roosevelt agia pelos motivos "mais elevados e puros", ele afirmou, uma decisão judicial contra a Northern Securities poderia ter amplos desdobramentos.

A decisão contra a Northern Securities Company buscada pelo governo, se proferida, atingirá com enorme força quase todas as companhias ferroviárias deste país. [...] Causará uma desorganização e um caos nunca vistos em nossa história, e abalará as fundações da estrutura sobre a qual repousa nossa atual prosperidade.[73]

Alguns dias depois, tendo visto a carta de Schiff a Littauer, Roosevelt convidou o financista a Washington para "examinar a situação" com ele e Knox.[74] Na reunião que se seguiu, Schiff alertou Roosevelt de que ele estava "tomando um caminho espinhoso que acabaria por levar a um radicalismo desenfreado".[75]

Schiff também aproveitou a oportunidade para apelar a Roosevelt em nome da população judaica perseguida na Romênia, que vinha sofrendo duras restrições educacionais e econômicas, entre as quais uma lei de 1902 que a proibia de praticar a maior parte dos ofícios. Assim como havia acontecido na Rússia, os judeus romenos fugiam em massa. Roosevelt mostrou-se solidário; em resposta aos pedidos de Schiff, Oscar Straus e outros, seu secretário de Estado, John Hay, emitiu uma nota de repúdio diplomático ao governo romeno naquele mesmo verão.[76] Mas, em relação à Northern Securities, Roosevelt não cedeu. Durante os dois anos seguintes, o caso percorreu todas as instâncias da justiça até parar na Suprema Corte, que, em 14 de março de 1904, tomou uma decisão por 5 a 4 favorável ao governo.

O processo de desmantelamento inevitavelmente reacendeu a rixa Harriman-Hill. Os magnatas agora discordavam sobre como dissolver a holding. Harriman queria retirar as ações da Northern Pacific que depositara originalmente na companhia, mas Hill tinha outras ideias: queria compensar os investidores, qualquer que fosse a troca que eles tivessem feito inicialmente, com uma combinação de ações da Northern Pacific e da Great Northern. Para Harriman, era a diferença entre terminar com uma participação grande na Northern Pacific, embora não majoritária, ou como um investidor minoritário em ambas as companhias. O conselho de administração, na maior parte leal a Hill e Morgan, ficou do lado de Hill. Ao sair derrotado da sala de reuniões, Harriman levou a briga aos tribunais, entrando com um processo, no fim malsucedido, para interromper a distribuição de ações. Harriman e Hill voltavam a se digladiar.

* * *

Ao final da disputa pela Northern Pacific, Schiff atingira certo status místico. "Não há nenhum banqueiro no país mais intimamente identificado com os grandes interesses corporativos, sobretudo no que diz respeito às ferrovias, do que Jacob H. Schiff", comentou o *Wall Street Journal*.[77] Uma publicação chamou-o de "rei sem coroa das finanças transatlânticas". Outro o coroou oficialmente.[78] Intitulando-o o "Novo Rei do Dinheiro", o *Philadelphia Press* asseverou ousadamente que Schiff eclipsara ninguém menos que o próprio Júpiter:

> Tanto o sr. Morgan como o sr. Schiff financiaram enormes projetos, mas, como observaram as sociedades bancárias mais poderosas de Wall Street, a autoridade do sr. Schiff sobre as ferrovias americanas, do ponto de vista financeiro, pouco a pouco igualou a do sr. Morgan, e em seguida a ultrapassou, a ponto de que é preciso reconhecer hoje que não há mais ninguém no país que se possa comparar a ele em alcance ou poder.[79]

Em novembro de 1904, Schiff convidou seus amigos Robert Fleming e Ernest Cassel — ambos importantes investidores na Union Pacific e em outros empreendimentos financiados pela Kuhn Loeb — a excursionar pelo país a fim de conhecer seu império ferroviário. Um trem particular de três vagões levou os financistas de Nova York à Califórnia, percorrendo as linhas da Pennsylvania e da Union Pacific. "A riqueza agregada do grupo é suficiente para comprar o estado da Louisiana inteiro, por sua própria avaliação", admirou-se um jornal.[80]

A imprensa acompanhou de perto a viagem dos financistas, especulando que eles planejavam uma nova combinação de ferrovias. "Existe alguma verdade na afirmação segundo a qual o senhor está realizando essa viagem com a intenção de promover uma fusão ferroviária?", um repórter perguntou a Schiff enquanto ele acomodava sua comitiva em uma suíte de dez quartos no Van Nuys Hotel em Los Angeles. Schiff cofiou a barba, segurando com a outra mão um grosso maço de correspondências e telegramas. "Nenhuma, posso lhe assegurar", respondeu. "Estamos aqui por prazer, nada além disso. Não tenho nada a declarar, e peço que me dê licença."[81]

Os financistas fizeram a viagem de volta ao leste pelo sistema da Southern Pacific, parando em Washington para uma audiência com Teddy Roosevelt, recém-eleito para seu primeiro mandato completo. Durante a corrida eleitoral, enquanto se preocupava com um possível desafio à sua candidatura pelo senador Mark Hanna, de Ohio, Roosevelt ouvira rumores de que Harriman — e talvez Schiff — estava agindo contra ele. Nicholas Murray Butler, na época presidente da Universidade Columbia, alertou-o de que "aqueles que conspiram contra o senhor estão mais ativos do que nunca". E transmitiu uma "informação particularmente saborosa" a respeito de Harriman, que fora nomeado delegado da Convenção Nacional do Partido Republicano, prestes a ocorrer:

> O sr. Harriman acaba de voltar de uma viagem pelo Oeste e informa que o senhor está seguramente derrotado, uma vez que o Oeste hoje se rebela contra a sua pessoa. Ele acredita ter conseguido pessoalmente lançar as bases para delegações antagonistas ou indiferentes de Iowa, Nebraska e Califórnia. O sr. Schiff, ao ouvir isso em uma reunião particular, observou filosoficamente que até podia ser verdade, mas de sua parte receava que, assim que setembro chegasse, todos eles estariam jogando os chapéus para o alto e dando dinheiro ao senhor.[82]

Percebendo os sinais, Schiff não tardou a se alinhar a Roosevelt, comprometendo-se, em uma carta datada de 31 de janeiro de 1904, a "fazer tudo em meu limitado poder para ajudar a consumar" sua eleição.[83] A essa altura, parecia cada vez menos provável que Hanna fosse desafiar Roosevelt pela nomeação do Partido Republicano. Um dia antes de Schiff escrever sua carta, Hanna, debilitado e com péssimo aspecto, fora indagado sobre sua saúde em um jantar no Gridiron Club. "Nada boa", respondeu. Duas semanas depois, estava morto.[84]

Além do generoso auxílio financeiro à candidatura de Roosevelt, Schiff manifestou abertamente seu apoio, elogiando o presidente em entrevistas a jornais e declarando que "os cidadãos judeus sem dúvida verão como um dever para sua raça votar pela continuidade do presidente Roosevelt no cargo", devido a seu "intenso patriotismo e destemida coragem em favor dos oprimidos e perseguidos".[85] Schiff chegou a admitir publicamente que se equivocara ao prever resultados catastróficos para a tentativa de desmantelar a Northern Securities. "Quando, por insistência do presidente Roosevelt, teve início o litígio contra a Northern Securities, achei que um erro de julgamento havia sido cometido", afirmou. "Mas o curso dos eventos comprovou o acerto da medida e justificou a conduta presidencial nesse importante episódio."[86]

A despeito da política antitruste do presidente, Schiff encontrara em Roosevelt um aliado em outras áreas, receptivo, embora nem sempre totalmente cooperativo, aos apelos da comunidade judaica por seus irmãos perseguidos no Leste Europeu e na Rússia, onde os judeus enfrentavam uma nova onda de violência que faria os pogroms da década de 1880 parecerem brandos. A luta pela emancipação judaica, na visão de Schiff, simplesmente era maior do que a luta pelo poder entre dois obstinados titãs das ferrovias.

A primeira dessa nova série de ataques ocorreu em 1903, por volta da Páscoa, como tantas vezes acontecia. Durante dois dias, uma turba de saqueadores sanguinários aterrorizou a população judaica de Kichinev (capital da atual Moldávia, hoje conhecida como Chişinău). Brandindo porretes, pés de cabra e machados — qualquer coisa que pudesse ser usada para golpear, bater e cortar —, a multidão pilhou centenas de residências e estabelecimentos judaicos; inúmeras mulheres foram vítimas de estupros grupais, às vezes na frente dos maridos e filhos; e 49 homens, mulheres e crianças foram selvagemente assassinados, alguns decapitados e outros mutilados até se tornarem irreconhecíveis. Durante o pogrom, além das exortações de "Morte aos judeus", as pessoas também berravam o nome de Pavel Kruchevan, fundador do *Bessarabets*, um jornal diário popular e raivosamente antissemita que ajudara a incitar o massacre ao divulgar repetidas alegações de que os judeus haviam sacrificado duas crianças cristãs em aldeias próximas e usado seu sangue para fabricar o matzá de Páscoa.[87] (Meses depois do episódio em Kichinev, Kruchevan desferiria um novo golpe — e, por suas futuras ramificações, muito mais letal — contra a comunidade judaica, publicando, de forma seriada, partes dos *Protocolos dos sábios de Sião*, um panfleto forjado que delineava o suposto plano secreto dos judeus para dominar o mundo.)

O massacre, relatado em vívidos detalhes na imprensa internacional, despertou indignação no mundo inteiro. Os judeus americanos, como haviam feito no passado, logo se mobilizaram para arrecadar fundos para as vítimas e divulgar as atrocidades, organizando um comício de protesto que lotou o Carnegie Hall e contou com oradores proeminentes como o prefeito de Nova York, Seth Low, e o ex-presidente Grover Cleveland. Eles exigiam uma resposta diplomática.

A pedido dos líderes judeus, Roosevelt ordenou que o Departamento de Estado enviasse ao tsar russo uma petição elaborada pela organização fraternal judaica B'nai B'rith condenando enfaticamente os ataques e exortando à "liberdade e tolerância religiosas".[88] O tsar, na pessoa de seu ministro das Relações Exteriores, recusou-se a receber o documento. Ainda assim, o fato de ele ter sido enviado e a ampla publicidade que gerou passavam o recado de que os Estados Unidos não ignorariam a violência antissemita em território russo. Em uma era na qual a postura mais comum da política externa americana era o isolacionismo, tratou-se de um gesto ousado, em parte porque convidava a Rússia e outras nações a criticarem a política interna dos Estados Unidos, com seu próprio e turbulento histórico de violência contra minorias. Um jornal proeminente de São Petersburgo observou esse fato com todas as letras em um artigo intitulado "Pogroms nos Estados Unidos", falando sobre o linchamento de negros no Sul.[89]

Schiff não acreditava que um protesto diplomático fosse o curso correto de ação. Como o ataque a Kichinev não envolvia tecnicamente os interesses americanos, e como o regime poderia facilmente negar a responsabilidade pelos violentos tumultos, ele preferia uma estratégia mais agressiva. Queria que Roosevelt pressionasse a Rússia acerca de outro problema que incomodava os judeus americanos: a chamada "questão do passaporte". O Império russo vinha negando aos judeus que portavam passaporte americano acesso a seu território sem uma permissão especial, violando os termos de um tratado de 1832 que determinava "liberdade recíproca de comércio e navegação" entre os cidadãos dos Estados Unidos e da Rússia. Em alguns aspectos, esse era um problema menor; poucos judeus americanos desejavam pôr os pés na Rússia ou em seus territórios. Mas, para Schiff, a questão era crucial por motivos simbólicos. "Na verdade", ele escreveu a Roosevelt em junho de 1903, "chegou a hora de insistir que o passaporte americano seja igualmente válido para qualquer cidadão americano; de outra forma, o intercâmbio amigável com o país infrator deve cessar." Se o que ele propunha parecia radical, era porque "apenas medidas extremas levarão a Rússia a compreender que, para ser considerada um governo civilizado, deve também agir como um governo civilizado".[90]

Roosevelt se recusou a adotar as táticas intransigentes de Schiff — que equivaliam a romper os laços diplomáticos com a Rússia caso o país não reconhecesse os passaportes dos judeus americanos —, mas percebeu a importância de mantê-lo por perto. O banqueiro estava entre o trio de judeus proeminentes que Roosevelt convidou a Oyster Bay — o refúgio em Long Island onde ficava sua casa de veraneio — em julho de 1904, quando fez o anúncio oficial de sua indicação pelo Partido Republicano.[91] ("Parece-me que, se pudéssemos ter um ou dois de nossos bons amigos judeus aqui para presenciar minha notificação, não haveria nenhum problema. [...] Três seria demais?", ele escreveu a Cornelius Bliss, tesoureiro do partido, antes de convidar Schiff para o evento.)[92] E, numa carta aceitando a indicação, Roosevelt tocou na questão do passaporte: "Uma das principais dificuldades tem a ver com certos cidadãos americanos nascidos no estrangeiro, ou de uma fé particular, que desejam viajar para o exterior. A Rússia, por exemplo, se recusa a admitir e proteger os judeus. [...] Este governo tem constantemente exigido igual proteção no exterior para todos os cidadãos americanos".

A obstinada persistência de Schiff e sua enxurrada de cartas e cabogramas exigindo medidas para proteger os judeus da Rússia por vezes irritavam o presidente e os membros de seu gabinete. Após uma saraivada de cabogramas "histéricos", Roosevelt se enfureceu: "Será que ele espera que eu entre em guerra com a Rússia?".[93] Schiff, a essa altura, decidira fazer exatamente isso.

16
Os músculos da guerra

SCHIFF BATEU COM OS NÓS DOS DEDOS na mesa e seus convidados pararam de falar.

Na noite de 6 de fevereiro de 1904, uma seleta elite de judeus nova-iorquinos autointitulada os Errantes se reuniu na mansão do banqueiro na Quinta Avenida. O grupo, que incluía um punhado de financistas, advogados, jornalistas e acadêmicos, encontrava-se uma vez por mês para fumar charutos e discutir assuntos do momento.[1] Presentes nesse sábado estavam os cunhados de Schiff, Morris Loeb e Ike Seligman; Oscar Straus, na época servindo como representante diplomático de Roosevelt em Haia; o advogado Louis Marshall; o líder comunitário e erudito Cyrus Adler; e Adolph Ochs, proprietário e editor do *New York Times*.

Adler, Ochs e Straus falavam sobre as crescentes tensões entre Japão e Rússia, cujas ambições expansionistas haviam conduzido as duas nações às portas da guerra. As raízes do conflito remontavam a mais de uma década, quando a Rússia inquietou o Japão com o início da construção da Ferrovia Transiberiana, que no futuro serpentearia por quase 10 mil quilômetros, ligando Moscou à cidade portuária de Vladivostok, situada no mar do Japão e fazendo fronteira com a Coreia e a Manchúria.

O Japão, que começava a se afirmar como uma potência moderna, estava cada vez mais cauteloso em relação à expansão russa após a guerra com o país em 1894-5. Durante o conflito, os japoneses tomaram da China a península de Liaodong, na Manchúria, além da joia estratégica localizada em seu extremo, uma base naval pesadamente fortificada conhecida como Port Arthur; enfrentando pressão diplomática da Rússia e de suas aliadas europeias, o Japão abdicou da península sob os termos do tratado de paz com a China. Nem bem havia feito isso, a Rússia propôs arrendar o valioso território junto aos chineses, ao mesmo tempo negociando um acordo para estender a Ferrovia Transiberiana até a Manchúria por meio de uma linha chamada Ferrovia da China Oriental.

Então, em 1900, veio a Revolta dos Boxers, uma insurreição nacionalista no norte da China que tinha o objetivo de expulsar os colonos e as influências estrangeiras. A Rússia mobilizou tropas na Manchúria, sob o pretexto de proteger seus interesses comerciais, mas deixou um destacamento de 100 mil homens na região após a brutal repressão do levante. Seguiram-se anos de disputas diplomáticas.

Mas agora o prazo para a Rússia retirar suas tropas vencera e as conversas entre as nações para dividir territórios na Coreia e na Manchúria haviam estagnado. No mesmo dia em que os Errantes se reuniam, o Japão formalizou o rompimento de seus laços diplomáticos com a Rússia, aprofundando o impasse.

"Senhores, tenho algo muito sério a lhes dizer", entoou Schiff de maneira grave, à medida que os demais presentes faziam silêncio. Ao contrário de Ochs e Straus, que achavam que o conflito podia ser neutralizado, Schiff tinha certeza de que a guerra era iminente; fora procurado para financiá-la. "Propuseram-me fazer um empréstimo ao Japão", disse ele. "Eu gostaria de saber a opinião dos senhores sobre o efeito que isso teria para o destino do povo judeu na Rússia."[2]

Cyrus Adler relembrou esse episódio quase duas décadas mais tarde em uma carta ao filho de Schiff, quando compilava material para escrever uma biografia do banqueiro em dois volumes. Adler não registrou o que aconteceu após Schiff tocar no tema do financiamento ao Japão, mas sem dúvida a discussão foi animada, conforme o grupo debatia as possíveis consequências de uma guerra dos japoneses contra o tsar. Isso poderia levar a uma retaliação dos russos contra seus súditos judeus, degradando ainda mais uma já desoladora existência?

Enquanto os Errantes discutiam, uma flotilha de destróieres japoneses rumava em segredo para Port Arthur. Pouco depois da meia-noite, em 9 de fevereiro, os navios de guerra entraram na foz do porto, apontaram seus canhões para a frota russa ancorada e dispararam uma salva de torpedos Whitehead.

A guerra de dezoito meses que se seguiu, na qual Schiff desempenhou um papel financeiro decisivo, representou um dos capítulos mais fascinantes de sua ilustre carreira, contribuindo para sua lenda de titã destemido rivalizado por poucos, um homem que não hesitava em empregar seus recursos financeiros quando se tratava de uma batalha justa. Mas esse período também ensejou o surgimento de uma série de teorias da conspiração — algumas das quais fizeram parte do cânone nazista — sobre a participação do banqueiro na posterior queda dos Romanov e o suposto poderio financeiro monolítico dos judeus. Sua decisão de intervir moldaria os destinos da Rússia e do Japão, do próprio Schiff e do povo judeu, de maneiras que ele jamais poderia ter imaginado.

Três meses após o início da guerra, Schiff passou por Londres quando voltava a Nova York após uma visita à Alemanha.[3] Em 3 de maio, ele compareceu a um encontro na residência do banqueiro Arthur Hill, sócio da firma bancária de Speyers em Londres. Quando o jantar foi servido, Schiff sentou-se ao lado de Takahashi Korekiyo, o vice-diretor de cinquenta anos do Banco do Japão, que percorria o Ocidente em busca de empréstimos para financiar a dispendiosa guerra de seu país.

Baixinho, barbudo e rechonchudo de rosto e corpo, Takahashi era apelidado de "Daruma", por sua semelhança com os tradicionais bonecos japoneses representando Bodhidharma — o monge budista do século v —, considerados um símbolo de boa sorte. Takahashi, futuro primeiro-ministro do Japão, ascendera de origens humildes ao topo da elite financeira e política de seu país. Filho ilegítimo de um artista da Escola de Kanō com uma criada adolescente na corte do xógum, Takahashi aprendera inglês na infância com missionários.

Seus peripatéticos anos formativos incluíram um período de servidão por contrato no norte da Califórnia, para onde viajara com o intuito de prosseguir seus estudos da língua.[4] Sua fluência no inglês lhe permitiu galgar uma série de cargos burocráticos, incluindo um período como chefe do recém-criado escritório de patentes do Japão, e fez dele um candidato ideal para a crucial missão financeira de assegurar o financiamento da guerra — embora sua atribuição estivesse se provando frustrantemente difícil.

Antes de viajar para Londres, Takahashi passou cinco desanimadores dias reunido com banqueiros importantes em Nova York, onde encontrou simpatia de sobra pela causa japonesa, mas nenhum interesse em negociar os títulos do Japão. Isso acontecia, em parte, porque os banqueiros americanos na época estavam mais focados em investir na indústria nacional, tendo pouca experiência na concessão de empréstimos a estrangeiros. Mas também porque os financistas americanos, como seus colegas no mundo todo, acreditavam que o Japão tinha poucas chances de derrotar o poderoso Império russo.

Para Takahashi, as maiores esperanças de conseguir financiamento estavam em Londres, pois cerca de dois anos antes os britânicos haviam firmado uma aliança com o Japão. Mas também na capital inglesa ele se deparou com solidariedade às dificuldades militares de seu país e relutância em subsidiá-lo. "Em minhas confabulações com os banqueiros britânicos, o Japão foi com frequência comparado a um jovem promissor com iguais chances de sucesso e fracasso, enquanto a Rússia era tida como um senhorio cujo empréstimo hipotecário permaneceria a salvo a despeito das vicissitudes do momento", afirmou Takahashi.[5] Com muita coragem e persistência, e recorrendo a contatos pessoais, ele acabou por convencer alguns bancos a subir a bordo, entre os quais o Hong Kong and Shanghai Bank Corporation (HSBC) e o Parr's Bank, cuja filial da Lombard Street Alexander Allan Shand, que no passado o empregara como criado em Yokohama, gerenciava.[6] Mas os banqueiros britânicos de início se dispuseram a financiar apenas metade dos 10 milhões de libras em emissões de títulos desejados pelo governo japonês. Eles também esperavam que os americanos se envolvessem, de modo que o empréstimo não parecesse uma iniciativa puramente britânica.

No jantar de Hill, com a presença de representantes de vários bancos, Takahashi explicou suas dificuldades a Schiff, que, segundo recordou, lhe fora apresentado apenas como "um financista americano de regresso após uma visita ao continente". Takahashi achou o banqueiro americano "surpreendentemente interessado na guerra, bem como nos assuntos japoneses", e Schiff o bombardeou com perguntas sobre a economia do Japão e os costumes de seu povo.[7] O interesse de Schiff pelo país, na verdade, datava ao menos de 1872, quando, aos 25 anos, ainda um banqueiro na Budge, Schiff & Co., havia buscado participar de uma emissão de títulos japoneses. Ele acreditava que o negócio poderia abrir portas para oportunidades mais amplas no império, que recém-emergira de séculos de domínio feudal, talvez até lhe permitindo garantir ao amigo e cliente James H. Wilson — o general da Guerra Civil que caçara Jefferson Davis — "alguma influência na criação de um sistema e na construção das ferrovias do Império japonês", como escreveu na época.[8] Naquele momento, nada resultara das negociações japonesas, mas, agora, três décadas depois, outra oportunidade se apresentava.

No dia seguinte ao encontro com Schiff, Takahashi recebeu a notícia de que o banqueiro da Kuhn Loeb se oferecera para ficar com a outra metade da emissão de títulos do Japão, o equivalente a 25 milhões de dólares. Takahashi diria mais tarde que ficou "estupefato" com a inesperada oferta de Schiff, que ele atribuiu à "boa sorte [...] de um encontro acidental".[9] Mas é quase certo que o encontro não tenha sido obra do acaso, ainda que Takahashi não tivesse ciência disso.

Takahashi especulou mais tarde que, por intermédio de seu antenado amigo Ernest Cassel, Schiff "devia estar muito bem informado de todos os aspectos e implicações do conflito japonês", e "ciente de que a participação americana no empréstimo ao Japão era ardentemente desejada na Inglaterra". De fato, é muito provável que Cassel tenha tido um papel importante em juntar Takahashi e Schiff. Como ele próprio disse mais tarde a Takahashi, "eu queria aproximar ainda mais os povos americano e britânico. [...] Ajudei a concretizar a emissão de títulos japoneses nos dois países para unificar sua simpatia pelo Japão e criar intimidade entre os Estados Unidos e a Grã-Bretanha".[10] Dois dias depois de a Kuhn Loeb oficializar o empréstimo japonês, Cassel acompanhou Schiff a uma audiência com o rei Eduardo VII, que expressou sua gratidão ao banqueiro e disse que estava "contente com o fato de seu país não ser o único a fornecer dinheiro ao Japão", como registrou Takahashi em seu diário.[11]

Em muitos relatos sobre como o empréstimo se concretizou, conta-se que Schiff, depois de conhecer Takahashi, decidiu apoiar o Japão na mesma hora. Isso é um mito. Schiff contemplara a ideia com todo o cuidado por semanas, se não meses — quase três meses, segundo Cyrus Adler. Além disso, o acordo foi firmado depressa demais para que tenha sido espontâneo, e provavelmente não era por acaso que o jovem sócio de Schiff, Otto Kahn, estivesse em Londres na época para ajudar a elaborar os detalhes da emissão.[12] Em 10 de maio, o consórcio de empréstimo circulou um prospecto para investidores.[13] Um dia depois, foram abertas as inscrições em Londres e Nova York. Nesse ponto, pouco mais de uma semana se passara desde que Schiff e Takahashi haviam jantado na casa de Arthur Hill — um encontro provavelmente protocolar, uma vez que Schiff já tomara a decisão de apoiar os japoneses.

Houve uma corrida de investidores interessados em ambos os lados do Atlântico — nos Estados Unidos, a procura foi cinco vezes maior do que a oferta.[14] Os termos eram atraentes. Os títulos pagavam 6% de juros e, em caso de inadimplência, eram garantidos pelas tarifas aduaneiras japonesas. Além disso, o momento ajudou: no início daquele mês, o Japão havia conquistado uma vitória na primeira grande campanha terrestre da guerra, a Batalha do Rio Yalu, desfazendo qualquer impressão de que seria facilmente derrotado.

O sucesso do empréstimo também se deveu ao fato de o Japão despertar apoio significativo nos Estados Unidos — entre os que torciam pelo país estava o presidente Roosevelt, embora seu governo permanecesse oficialmente neutro —, enquanto a Rússia evocava cada vez mais inimizade. Tradicionalmente, os Estados Unidos mantinham estreitos laços diplomáticos com a Rússia, mas Kichinev e as notícias de outros ataques antissemitas haviam pouco a pouco mudado a maré da opinião pública. Agindo para garantir que as agressões e a opressão recebessem ampla publicidade, Schiff e seus aliados ajudaram a transformar uma afronta sobretudo contra os judeus em um problema americano.

***

A imensa procura pelos títulos pegou a Kuhn Loeb de surpresa. A maioria dos sócios da firma já havia partido para suas casas de veraneio ou para estâncias europeias, de modo que o tedioso trabalho de ratificar a assinatura dos títulos e confirmar sua autenticidade recaiu principalmente sobre o mais novo sócio da Kuhn Loeb, Paul Warburg. "Havia milhares e milhares de títulos para autenticar, e o grosso do trabalho precisou ser feito quando restavam apenas três de nós na empresa", relembrou ele.[15]

Paul entrara na firma dois anos antes, preenchendo uma vaga criada com a morte repentina de Abraham Wolff. Ao contrário do irmão Felix, cuja única qualificação como sócio era seu casamento com Frieda, Paul era um banqueiro brilhante e um teórico das finanças. "Ele haverá de se mostrar uma grande aquisição", Morti Schiff comentou com o pai, quando Paul se juntou à empresa.[16]

Deixar Hamburgo fora doloroso para Paul. Enquanto decidia sobre o seu futuro, ele fora praticamente arrastado e esquartejado pelas pressões conflitantes de seus pais e irmãos, de um lado, e a esposa, do outro. Nina, que dera à luz mais uma criança, Bettina, não escondia como estava infeliz em Hamburgo, parecendo se animar apenas quando os parentes nova-iorquinos a visitavam e traziam notícias de outros "entes queridos". Sua sensação de isolamento tornou-se ainda mais aguda à medida que a saúde da mãe piorava e seu irmão, Jim, lutava contra problemas mentais que pouco a pouco o impossibilitavam de seguir na vida de banqueiro. Nina pressionou o marido a aceitar a sociedade na Kuhn Loeb, e, por um senso de dever, ele acabou aquiescendo a seus desejos, ainda que isso significasse abandonar seu recém-conquistado assento na câmara municipal de Hamburgo.

Mas o que a M. M. Warburg faria sem Paul? Aby, como de costume, foi o crítico mais severo do irmão. Felix, bem familiarizado com as tendências dominadoras do sogro, também receava que Paul estivesse cometendo um erro.[17] Dominado pela culpa e pela angústia, Paul mergulhou numa espiral emocional, internando-se na clínica dirigida pelo psiquiatra suíço Otto Binswanger, que tratara Friedrich Nietzsche. Os transtornos mentais eram bastante comuns na família Warburg. A filha de Paul, Bettina, influenciada pelo sofrimento de seus tios Aby Warburg e James Loeb, viria a ser uma talentosa psiquiatra na vida adulta; em uma árvore genealógica da família Warburg, ela anotou o problema de cada um — doença maníaco-depressiva, epilepsia, mania, esquizofrenia. "Idiota", rabiscou junto ao nome de um parente.[18]

Mesmo desconfiando dos métodos de Binswanger, Max esperava que o tratamento restabelecesse a saúde do irmão. "Paul sofre com um excesso de preocupações criadas e ocasionadas por ele mesmo, e, devido a seu temperamento, é impossível lidar com elas", Max confidenciou em uma carta a Aby, também paciente de Binswanger.[19]

Max encarava a partida do irmão em termos mais pragmáticos, exigindo apenas uma coisa: que ele permanecesse como sócio da M. M. Warburg. Havia dois motivos para isso, explicou Morti Schiff: "Seus sócios [...] desejavam que ele continuasse contribuindo com capital e queriam essa evidência concreta da intimidade das relações entre as duas firmas". O arranjo "fortaleceu ainda mais" a aliança entre a Kuhn Loeb e a M. M. Warburg, segundo Morti, e nos anos seguintes uma empresa raramente deixava a outra de fora de algum empreendimento significativo.[20] Isso incluía os títulos japoneses, que a M. M. Warburg ajudou a oferecer no mercado alemão.

O casal Panina chegou a Nova York em outubro de 1902, um mês após a morte de Betty Loeb durante uma visita ao Fish Rock Camp, o retiro em Upper Saranac Lake, nas montanhas Adirondack, pertencente a seu genro Ike Seligman. A morte da matriarca dos Loeb "se deu em conformidade com sua vida exuberante", recordou a neta Frieda. Limitada a uma dieta rígida para controlar o diabetes, Betty ignorou as ordens médicas certa noite e, para alarme do marido, disse que planejava se servir de uma segunda porção de sobremesa, mesmo que "isso me custe dez anos de vida". Vinte e quatro horas depois, estava morta.[21] Um ataque cardíaco fatal levou Solomon Loeb no ano seguinte.

À medida que se ambientava em Nova York, Paul adotou a rotina matinal de acompanhar Schiff em sua caminhada diária até o sul de Manhattan. Ele não apreciava esse ritual chamativo, mas o cumpria sem queixas, no interesse da harmonia familiar e dos negócios.[22] No entanto, costumava se separar de Schiff depois de cerca de quarenta quadras, enquanto Schiff seguia a pé por outros vinte quarteirões ou mais.[23] Vendo Paul como um colega, quando não talvez como um igual, Schiff parecia preferir sua companhia à de Felix — embora Felix também costumasse ser arrastado para as caminhadas do sogro.[24]

Para Paul, recém-chegado ao sistema bancário americano, esses passeios diários serviam como uma espécie de aula magna sobre as finanças americanas, embora suas conversas com Schiff, ao menos no início, também gerassem considerável apreensão. "Eu receava o tempo todo que o sr. Schiff me perguntasse sobre algum detalhe com o qual não estava familiarizado", disse ele. "Sabendo que chegaria o momento em que a pergunta inesperada seria feita, não com o propósito de me envergonhar, mas simplesmente porque ele queria saber, eu me mantinha informado da melhor maneira possível."

Schiff instruía Warburg também em outras áreas. Certa manhã, ao encontrá-lo para sua caminhada diária, Paul notou que o sócio olhava para seu chapéu-coco com um ar de desaprovação. "Fui prontamente repreendido e informado de que o mais apropriado para um membro promissor da fraternidade bancária, e sócio de sua firma, era a cartola de seda", disse ele. Embora um pouco intimidado com seu poderoso novo colega, Paul o observava com certa admiração, descrevendo-o como "o homem mais sistemático que já conheci". Ele recordou: "Os japoneses têm um talento raro para desenhar com contornos arrojados sem estragar a ousadia da pintura, mesmo ao adicionarem detalhes minuciosos. O gênio para os negócios do sr. Schiff era bem nessa linha. Ele concebia transações financeiras numa perspectiva gigantesca, mas, ao mesmo tempo, nenhum detalhe do negócio escapava à sua atenção".

Schiff, notou Warburg, costumava levar no bolso um bloquinho de anotações prateado com duas placas de marfim, no qual escrevia uma lista de afazeres do dia, riscando cada item à medida que os completava. "Tanto reflexões comerciais da maior importância como as coisas mais triviais eram registradas nesses bloquinhos", relembrou Paul. "Todos os milhares de pequenas atenções que o sr. Schiff devotava às pessoas, fossem elas importantes ou humildes, eram observados de antemão e atendidos no decorrer do dia. Era extraordinário como ele conseguia encontrar tempo para cuidar desses pequenos assuntos, além dos grandes."

Trabalhando ao lado de Schiff, Paul teve a oportunidade de obter um vislumbre da famosa ira do financista — "pessoas que se tornavam alvo de suas críticas não conseguiam esquecê-las facilmente" —, mas também da bondade pela qual era conhecido. Assoberbado com os títulos japoneses no verão de 1904, Paul lembrou-se mais tarde de embarcar com sacolas cheias de certificados na balsa para Sea Bright que ele e Schiff tomavam toda noite. "Ele era incapaz de me ver assinando os títulos sem se sentar na outra ponta da pequena mesa na cabine e se juntar a mim nessa tarefa, a despeito de meus protestos", recordou Warburg. "E assim, à noite, após o jantar, quando eu costumava me sentar à escrivaninha no gabinete dele para continuar meu enfadonho trabalho, nunca demorava muito para ele entrar e participar da minha tortura, apesar do calor e de sua idade."

Talvez ainda mais impressionante para Warburg tenha sido a própria decisão de Schiff de assumir a emissão dos títulos japoneses. Embora partilhasse do desprezo do cunhado pelo tsar, ele também admitia que Schiff assumira um considerável risco para as finanças e a reputação da Kuhn Loeb caso o empréstimo não ganhasse aceitação nos Estados Unidos. "Era uma das características do sr. Schiff que, uma vez despertados seu senso de justiça e orgulho, sua coragem e energia não conhecessem limites", afirmou.[25]

Takahashi ficou satisfeito — mas inicialmente intrigado — com o entusiasmo de Schiff em ajudar seu país num momento em que os demais financistas se negavam. "O investimento de Schiff no Japão parecia arriscado demais para os outros banqueiros", recordou em suas memórias.[26] À medida que ia conhecendo melhor o financista, e cada vez mais impressionado com seu "profundo senso de justiça, que [...] beirava a austeridade", Takahashi acabou por compreender por que Schiff apostara no Japão. "Ele nutria um ressentimento contra a Rússia por conta de sua raça", disse. Schiff, observou Takahashi, pretendia "admoestar a classe dominante russa com uma lição objetiva", e a guerra do país contra o Japão oferecia uma oportunidade para isso. "Ele tinha certeza de que, se derrotada, a Rússia enveredaria por um caminho de aprimoramento, fosse pela revolução, fosse pela reforma."[27]

Ao longo dos anos, muitos historiadores examinaram as razões de Schiff para ajudar o Japão, questionando se teria sido motivado pela indignação moral ou por um instinto mais básico: o lucro. Suas cartas desse período refletem inequivocamente seu desejo de desforra contra o tsar — criando as condições para a mudança do regime —, mas apoiar o Japão também era uma jogada comercial segura, ainda que sem dúvida ousada. A. J. Sherman, um ex-banqueiro da Kuhn Loeb e historiador residente da firma, analisou as motivações de Schiff em um artigo de 1983, concluindo que

> punir o tsar pelos maus-tratos aos judeus foi apenas um dos fatores que ele, como um banqueiro prudente, teve de levar em consideração. O crédito japonês era um risco; mas um risco que um banqueiro podia mensurar, pesar contra uma potencial vantagem, e até certo ponto garantir. O dinheiro dos investidores não devia ser desperdiçado com objetivos políticos. Em suma, os empréstimos de guerra faziam todo sentido em termos puramente comerciais. Eles podem ter sido ousados; mas imprudentes ou meramente vingativos sem dúvida não foram.[28]

Schiff fez mais do que fornecer o que Takahashi chamava de os "músculos da guerra" (uma expressão que se costuma atribuir a Cícero e se refere a "um suprimento ilimitado de dinheiro"). Ele também exerceu sua influência na direção contrária — privando a Rússia do financiamento internacional de que ela precisava para travar o confronto. No início do conflito, Schiff escreveu uma carta longa e direta a Lord Nathaniel Rothschild, neto do fundador da N. M. Rothschild & Sons, que desempenhava na Inglaterra um papel similar ao de Schiff nos Estados Unidos como líder comunitário e de negócios. Prevendo que "tempos de turbulência continuarão reservados a nossos desafortunados correligionários nos domínios do tsar", ele escreveu sobre sua esperança, pelo bem deles e da Rússia, de que a guerra "leve a uma grande reviravolta nas condições básicas em que a Rússia é hoje governada, de modo que os elementos que buscam conduzir o país na direção de um governo constitucional enfim triunfem". Seria muito trabalhoso, "mas nesse meio-tempo podemos todos contribuir, cada um dentro de suas possibilidades, para impedir que o governo russo tal como constituído no momento se fortaleça".[29]

Desde pelo menos 1892, quando recusara uma oportunidade de financiar a Ferrovia Transiberiana, Schiff havia rejeitado qualquer negócio com a Rússia.[30] Mas só mais recentemente tomara medidas deliberadas para impedir o acesso russo ao capital americano. Por volta de 1900, o então ministro russo das Finanças, conde Sergei Witte, enviou um banqueiro de São Petersburgo para conversar com Schiff sobre uma eventual emissão de títulos do Tesouro russo. O banqueiro, um judeu convertido chamado Adolph Rothstein, prometeu a cooperação de Witte para revogar as antissemitas Leis de Maio na Rússia. Schiff rejeitou o oferecimento, dizendo a Rothstein que "promessas não valem de nada". Enquanto não visse evidências da reforma, ele jurou "empregar contra a Rússia toda a influência de que pudesse dispor para impedi-la de se estabelecer nos mercados monetários americanos".[31] E fizera exatamente isso.

Schiff disse a Rothschild que se orgulhava de ter sido "capaz de frustrar todas as tentativas feitas pela Rússia, em momentos variados nos últimos quatro ou cinco anos, de cair nas boas graças dos mercados americanos e obter seus empréstimos". E buscou o compromisso de Rothschild em exercer pressão similar na Europa, onde outrora a Rússia obtivera financiamento junto a suas aliadas França e Alemanha.

> Quando o governo russo voltar a recorrer aos mercados monetários europeus, como deverá fazer em breve e em grande escala, não podemos esperar que banqueiros judeus influentes se contentem mais uma vez com promessas de bom comportamento em relação aos desafortunados súditos judeus do império — promessas tão prontamente quebradas quanto feitas. Eles devem não só se recusar a cooperar como se empenhar ao máximo contra quaisquer empréstimos russos enquanto persistirem as atuais condições.[32]

Rothschild respondeu: "Não há absolutamente nenhuma chance de a Rússia obter um empréstimo na Inglaterra, seja de firmas judaicas ou não judaicas, e estou igualmente convencido de que os cavalheiros da Rothschild Frères em Paris não poderiam e não ofereceriam um empréstimo à Rússia na presente situação".[33]

A caminho da guerra, a Rússia, com toda razão, acreditava deter a vantagem financeira. "Os japoneses não resistirão a nossas finanças", asseverou ousadamente Witte. "Nada tenho a dizer sobre os outros dois fatores — o Exército e a Marinha. Talvez os japoneses possam sustentar a guerra por um ano e meio, dois, no máximo dois anos e meio. Do ponto de vista estritamente financeiro, podemos sustentá-la por quatro anos. Deixando de lado outros fatores, portanto, os japoneses podem ser levados a pleitear a paz por conta da ruína financeira."[34] Mas foi a Rússia, não o Japão, que logo se viu numa condição financeira preocupante, exaurindo seus cofres à medida que buscava verbas desesperadamente. Nesse meio-tempo, o Império russo passava por uma inquietação social crescente e um declínio do moral, devido à sequência de derrotas militares para os japoneses.

Reconhecendo o dedo de Schiff em seus infortúnios, o governo russo, como havia feito antes, procurou acalmá-lo. Em junho de 1904, semanas após a Kuhn Loeb iniciar a oferta de títulos japoneses em Nova York, o ministro russo do Interior, Viatcheslav von Plehve, executor das políticas antissemitas do tsar, contatou Schiff por meio de um intermediário propondo uma reunião a fim de discutir medidas para melhorar a vida dos judeus na Rússia. Schiff respondeu que teria o maior prazer em se reunir com Plehve — e poderia ser em São Petersburgo já no outono —, contanto que o governo russo atendesse uma série de condições. Recusando-se a comparecer diante de Plehve como um "suplicante", ele solicitou um convite direto do ministro do Interior. E também rejeitou entrar na Rússia mediante uma permissão especial — o governo teria de abolir suas restrições a judeus com passaporte americano se esperava que ele considerasse pisar no país.

As negociações jamais progrediram. No mês seguinte, um revolucionário socialista jogou uma bomba na carruagem de Plehve quando ele voltava de uma reunião semanal com o tsar. Schiff comentou que o assassinato de Plehve era uma lição de que "nem mesmo os maiores e mais poderosos, seja um indivíduo ou todo um império, podem pecar impunemente, e que cedo ou tarde a justiça divina alcançará até a mais poderosa das nações".[35]

O governo russo buscou outras maneiras de contar com a cooperação de Schiff e dos banqueiros judeus em sua órbita. Na época em que Plehve fazia sua abordagem pelos canais secretos, a Rússia enviou Grigóri Wilenkin a Washington como seu emissário financeiro. Membro de uma família judia tradicional e rica de São Petersburgo, Wilenkin fora tirado dos quadros da burocracia em 1895 por Witte, que o despachou a Londres à procura de financiamento para desenvolver a indústria russa. Além da ascendência judaica, Wilenkin possuía outra credencial útil a seus senhores russos. Era um parente por afinidade dos Seligman, sendo casado com a filha de Abraham Seligman, Irma.

A tentativa de seduzir Schiff com generosas propostas financeiras se revelou inútil — o financista permaneceu firme na exigência de que a Rússia tomasse medidas concretas para reformar suas políticas antissemitas antes que ele considerasse oferecer sua ajuda. Em uma carta a Wilenkin, Schiff explicou sem rodeios que "minha firma, que é mais ou menos líder em finanças nos Estados Unidos, considera ter o dever de desencorajar uma recepção favorável às propostas russas enquanto o país persistir em sua atitude cruel em relação a seus súditos judeus, e em sua aviltante discriminação contra os judeus estrangeiros".[36]

Wilenkin pressionou os sócios da J. & W. Seligman & Co. por informações sobre a Kuhn Loeb, querendo saber também sobre a relação da empresa com a J. P. Morgan & Co. (que era simpática à Rússia). "Eu diria que os senhores J. P. Morgan e Jacob Schiff não se encontram em termos amigáveis há anos, e que suas diferenças foram particularmente agravadas com o incidente envolvendo as ações da Northern Pacific e a disputa pelo controle da empresa", Albert Strauss, sócio de Seligman, disse a Wilenkin. Ele acrescentou que, "para grande perplexidade de Wall Street", as duas companhias haviam unido forças em emissões recentes de títulos, indicando "que, oferecido o negócio apropriado, podem agora ser induzidas a trabalhar juntas".[37]

Assim como a Kuhn Loeb, a J. & W. Seligman & Co. se recusou a participar de um empréstimo aos russos, mas estava ansiosa por fazer negócios com Wilenkin em outras questões relacionadas à guerra. Depois de ganhar experiência em contratos de governo fabricando uniformes para o Exército americano durante a Guerra Civil, os Seligman agora detinham uma grande participação na William Cramp & Sons, uma empresa de construção naval da Filadélfia que supria as frotas dos Estados Unidos e de várias potências estrangeiras, incluindo Japão e Rússia. Com o enfrentamento de encouraçados russos e japoneses nas águas em torno da península coreana, os representantes da J. & W. Seligman & Co. buscavam contratos navais com os russos em nome da Cramp & Sons. Wilenkin — "Gricha", para os Seligman — e o barão Piotr Wrangel, um oficial militar russo, atuaram como intermediários para seu governo, e, no que soava como um suborno, a J. & W. Seligman & Co. ofereceu aos russos "uma comissão de 2,5% sobre o preço de compra dos navios adquiridos por intermédio dos senhores".[38]

Enquanto a firma buscava fazer negócios com a Rússia — ao mesmo tempo manifestando interesse em contratos com o Japão —, Albert Strauss se preocupava com a legalidade de fornecer navios de guerra às partes beligerantes em um conflito no qual os Estados Unidos não haviam tomado partido. No início de dezembro de 1904, ele escreveu a Henry Grove, presidente da Cramp & Sons, indagando se seria "necessário nos protegermos no contrato" de "algum gesto" que pudesse violar "as leis de neutralidade dos Estados Unidos". Strauss continuou:

> Não estou familiarizado com esses requisitos, mas é possível que o envio de um navio de guerra a um porto do país comprador, sem munição ou no comando de sua própria tripulação, não esteja em desacordo com nossas leis. Não desejamos inserir cláusulas problemáticas a menos que isso seja absolutamente necessário para nos preservar. [...] Desnecessário dizer que o contrato deve ser tão breve quanto possível, e redigido de forma tão inocente quanto o permitirem as circunstâncias.[39]

No início do ano seguinte, Grove partiu para São Petersburgo, onde descobriu outro competidor americano rondando os negócios russos — o magnata do aço Charles Schwab. Strauss ficou sabendo que Schwab concordara em aceitar títulos do Tesouro como pagamento do depauperado governo russo, e aconselhou Grove a estar preparado para negociar em bases semelhantes.[40]

Quando Grove chegou à Rússia, o país passava pelos estágios iniciais de uma revolução. Semanas antes, a guarda imperial do tsar abrira fogo contra manifestantes que marchavam em direção a seu palácio em São Petersburgo a fim de entregar uma petição pelo fim da guerra e por melhores salários e condições de trabalho. O episódio, durante o qual centenas de pessoas foram mortas, acendeu o pavio de um barril de pólvora de descontentamento. Nos meses que se seguiram, camponeses se rebelaram e milhões de trabalhadores entraram em greve, paralisando a indústria russa e deixando o aflito tsar Nicolau II dividido entre a luta pelo controle do império e uma guerra no estrangeiro cada vez mais impopular.

No início de março, à medida que prosseguiam as negociações de Grove, o Japão expulsava os exércitos russos do sul da Manchúria, num confronto que durou três semanas e foi um dos mais sangrentos da história. Mais de 160 mil soldados de ambos os lados pereceram na Batalha de Mukden, que pressagiou a derrota final das forças russas alguns meses depois, quando o Japão destruiu ou capturou grande parte de sua frota naval na Batalha de Tsushima. Com seu exército em frangalhos, o Tesouro exaurido e a população revoltada, a Rússia foi incapaz de adquirir novos navios — e tanto Schwab como os Seligman terminaram sem os lucrativos contratos que haviam almejado.

O crédito da Rússia fora por água abaixo, mas o do Japão nunca estivera tão forte. Semanas após a vitória japonesa em Mukden, a Kuhn Loeb emitiu uma nova leva de títulos. A resposta foi frenética. Ao chegar ao trabalho em 29 de março de 1905, os funcionários da Kuhn Loeb tiveram de abrir caminho em meio à compacta multidão que bloqueava a entrada do número 52 da William Street, onde ficava o edifício de vinte andares que a firma havia construído dois anos antes, e cujo piso térreo abrigava seus novos e reluzentes escritórios.[41] A cena caótica assemelhava-se a uma clássica corrida aos bancos — só que, nesse caso, o que a desesperada multidão desejava não era sacar seu dinheiro, mas entregá-lo aos atônitos funcionários da Kuhn Loeb.[42]

Schiff se regozijou com as vitórias militares do Japão, acompanhando a guerra tão atentamente que enviou um cabograma a Takahashi sobre a derrota russa em Tsushima antes mesmo que o banqueiro japonês soubesse da notícia por seu próprio governo.[43] "O sr. Schiff exultava de alegria com os significativos triunfos de nossas forças", afirmou Takahashi.[44]

Durante e imediatamente após a guerra, a Kuhn Loeb subscreveu cinco empréstimos aos japoneses, totalizando 180 milhões de dólares. Isso representava mais de 20% das despesas de guerra do Japão.[45] Os governos de lado a lado reconheceram o papel central de Schiff. Antes que a guerra chegasse ao fim, o imperador japonês o agraciou com a Segunda Ordem do Tesouro Sagrado, conferida àqueles que prestavam serviços distintos ao império. Schiff, enquanto isso, recebia o desprezo especial reservado pelo governo tsarista a seus inimigos mais odiados. "Nosso governo jamais perdoará ou esquecerá o que esse judeu, Schiff, fez conosco", espumou o ministro russo das Finanças à época do conflito, Vladímir Kokovtsov, seis anos depois. "Ele desferiu contra nós um terrível golpe ao ajudar nosso inimigo, o Japão, no momento mais crítico da guerra, assegurando que os japoneses conseguissem um empréstimo nos Estados Unidos. Foi um dos homens mais perigosos que tivemos contra nós no exterior."[46]

Em março de 1905, à medida que o Japão sacramentava sua esmagadora vitória sobre os exércitos russos em Mukden, o presidente Roosevelt se ofereceu para fazer a mediação entre as duas nações em guerra, embora de início nenhum dos lados parecesse disposto a sentar-se à mesa de negociações. Nesse mesmo mês, antes de desaparecer pelo interior selvagem do Colorado em uma inoportuna expedição de caça ao urso que se estendeu por seis semanas, Roosevelt convidou um antigo colega de Harvard, Kaneko Kentarō, para almoçar. Kaneko, agora um diplomata japonês, fora enviado a Washington durante a guerra devido à sua velha amizade com o presidente, e não pôde deixar de observar o simbolismo involuntário da iminente viagem de Roosevelt. "Se ele conseguir matar um urso", comentou, "será um augúrio da vitória da frota japonesa."[47] Ao longo da expedição, Roosevelt matou não um, mas três ursos.[48] A frota japonesa, por sua vez, eviscerou a Marinha russa no estreito de Tsushima, na maior batalha da guerra.

Dias após a vitória, o Japão sinalizou que estava preparado para aceitar a oferta de Roosevelt. O país, gastando dinheiro mais rapidamente do que conseguia levantá-lo, não podia continuar financiando o conflito por muito mais tempo. A situação das finanças russas era ainda mais precária. "Havíamos exaurido todos os nossos meios e perdido nosso crédito no exterior", recordou Witte em suas memórias. "Não havia a menor esperança de obter um empréstimo, fosse aqui ou no estrangeiro. A única maneira de continuar a guerra era recorrendo a novas emissões de papel-moeda, ou seja, preparando o terreno para um colapso financeiro e econômico total."[49] No início de junho de 1905, o tsar Nicolau II, com grande parte de sua frota afundada ou naufragada ao largo da costa coreana, e afligido pela revolução doméstica, informou ao embaixador dos Estados Unidos na Rússia que também estava aberto às negociações de paz.[50] Em julho, os plenipotenciários de ambos os lados haviam escolhido Portsmouth, em New Hampshire, para as conversas, programadas para começar em agosto. (A negociação na verdade ocorreu não em Portsmouth, mas numa base naval do outro lado do rio Piscataqua, em Kittery, no Maine.)

O tsar Nicolau II designou Witte para chefiar a delegação de paz russa. Com dois metros de altura, Witte não só se impunha fisicamente como também era uma figura política de proa na Rússia, conhecido por fornecer conselhos diretos, sem meias palavras. Essa franqueza o levou a cair nas boas graças de Alexandre III, mas irritou seu filho. A veemente oposição de Witte às políticas imperialistas russas na Manchúria haviam lhe custado em 1903 o cargo de ministro das Finanças, que ele deixou para ser "promovido" a uma função com pouca autoridade efetiva, a de presidente do conselho de ministros de Nicolau. Havia um único motivo para Nicolau ter escolhido Witte como emissário russo da paz: seus principais candidatos recusaram a atribuição.

Witte, cuja segunda esposa era uma judia convertida ao cristianismo, tinha uma visão mais simpática dos judeus do que muitos funcionários russos. Ike Seligman viu sua nomeação como um "sinal de esperança" — não apenas para o estabelecimento da paz, mas também porque ele era "favorável a uma política mais liberal em relação ao povo russo e aos judeus".[51] Seligman, Schiff, Oscar Straus e dois outros judeus americanos proeminentes organizaram uma reunião com Witte durante a conferência de paz para defender seus irmãos russos, cuja situação ficara ainda mais precária durante a guerra. Com frequência cada vez maior, os judeus russos enfrentavam ondas de violência, inclusive pogroms incitados pela falsa acusação de que haviam se aliado aos japoneses. (Na verdade, mais de 30 mil judeus lutaram pela Rússia durante o conflito.)[52]

Para todos os efeitos, o encontro dessas figuras de alto escalão destinava-se a discutir questões de direitos humanos, mas havia também um inescapável subtexto financeiro. Uma das missões de Witte nos Estados Unidos era negociar um empréstimo a fim de estabilizar a espiral econômica descendente do Império russo. Sob a ameaça de um colapso financeiro, o governo de Witte estava desesperado para romper o bloqueio que Schiff, Seligman e outros banqueiros haviam imposto ao acesso russo a capital americano. Mas Schiff e Seligman permaneceriam irredutíveis em sua posição enquanto a Rússia não adotasse novas políticas em relação aos judeus.

Grigóri Wilenkin atuou como delegado de Witte em Portsmouth. No início de julho, antes que Witte chegasse aos Estados Unidos, ele se reuniu com Schiff e Seligman para sondar a possibilidade de um empréstimo à Rússia caso as conversações de paz fossem bem-sucedidas, propondo que a J. P. Morgan & Co., a Kuhn Loeb e a J. & W. Seligman & Co. comandassem a emissão de títulos. No fim do mês, Wilenkin convidou Ike Seligman e Oscar Straus para um jantar em homenagem ao novo embaixador russo nos Estados Unidos, o barão Roman Rosen, onde a questão do empréstimo voltou à baila. Durante a conversa com o embaixador, afirmou Seligman, eles procuraram "preparar o espírito de Rosen — antes da chegada de Witte — sobre a questão judaica, que estava inextricavelmente ligada à questão financeira deste lado". Em Portsmouth, ele observou, a intenção era "convencer [Witte] da absoluta necessidade de conceder um tratamento mais liberal aos judeus russos no estrangeiro, como condição sine qua non para a abertura de nossos mercados aos títulos russos".[53]

Quando a conferência de paz começou, Schiff já estava na Nova Inglaterra. Todo mês de agosto, os Schiff e sua comitiva de empregados domésticos viajavam de Sea Bright a Bar Harbor, no Maine; até seus cavalos eram levados. Poucos judeus, se é que algum, passavam férias nesse refúgio à beira-mar, onde os brâmanes da Nova Inglaterra, incluindo o amigo de Schiff, Charles Eliot, presidente de Harvard, tinham seus chalés de veraneio. É representativo da estatura de Schiff, e de sua autoconfiança, que ele tenha sido capaz de superar barreiras sociais que teriam repelido outros de sua fé.

Em Bar Harbor, Schiff gostava de percorrer as trilhas ao longo da costa e subir os picos da ilha de Mount Desert, no que viria a ser o Parque Nacional de Acadia. Ele sempre tentava cooptar algum neto para acompanhá-lo, e foi durante uma dessas caminhadas que Edward Warburg se recordou de testemunhar uma cena "chocante": ver seu aristocrático avô, uma figura transcendente a seus olhos, urinar no meio do mato. "Ele também precisava realizar essas funções mundanas: e eu pensando que estava acima de tudo isso!"[54]

À medida que o encontro com Witte se aproximava, Schiff confessou suas apreensões em uma carta a Philip Cowen, editor do jornal *The American Hebrew*. "Em primeiro lugar", explicou, "porque sei que não trará bem algum — e, além disso, porque não desejo que se comente que procurei discutir as finanças russas com o sr. Witte." Ele prosseguiu: "Só o que podemos fazer é desferir os golpes mais duros que pudermos contra a Rússia sempre que a oportunidade se oferecer, não aceitar promessa alguma em troca de nossa ajuda como banqueiros quando isso nos for solicitado, e não fazer nada pela Rússia até que ela efetivamente conceda direitos civis a seus súditos judeus".[55]

Não obstante, em 14 de agosto, Schiff partiu de Bar Harbor para o Hotel Wentworth, o extenso resort nos arredores de Portsmouth onde as delegações russa e japonesa ocupavam alas opostas. Às oito e meia da noite, concluído mais um intenso dia de negociações, Witte recebeu Schiff e os demais emissários judeus em sua suíte de dois quartos, onde Wilenkin — atuando como intérprete de Witte — e o barão Rosen também estavam presentes.

Schiff, o líder de fato do grupo, entrou primeiro. A delegação judaica mencionou o massacre em Kichinev, que provocara indignação no "mundo civilizado", e afirmou que a Rússia não voltaria a conquistar a simpatia do povo americano nem aplacaria a discórdia em seu território enquanto não concedesse direitos iguais a seus cidadãos judeus. Ainda que os colegas tentassem moderar suas palavras, Schiff não se conteve.

Apontando o dedo para Wilenkin, perguntou sem rodeios a Witte: "O senhor poderia, por favor, me explicar por que, como russo, goza de plenos direitos em seu país, enquanto ele, que também é russo, não tem nenhum?".

Witte não se deu o trabalho de defender as políticas antissemitas de seu governo, mas afirmou que "os horrores da situação dos judeus na Rússia foram expostos ao mundo sob uma luz um pouco exagerada". Ele concordava que as restrições antissemitas tinham de ser removidas, mas achava que isso deveria acontecer aos poucos. A pressa, afirmou, poderia agravar as dissensões internas do Império russo. Witte alegou que os judeus eram os líderes da revolução, e que não era factível esperar que o tsar trabalhasse pela melhoria de suas condições enquanto seu trono estivesse ameaçado. Ele sugeriu que Schiff e seus colegas exercessem sua influência para convencer os judeus mais jovens a permanecerem leais ao tsar, que dessa forma ficaria mais inclinado a ajudá-los.[56]

"Não temos essa influência", bufou Schiff, com desdém. "A influência deve vir de dentro, não de fora. Não lhe parece provável que os jovens estejam se tornando revolucionários na esperança de que uma república lhes conceda as leis justas que lhes foram negadas sob o mando do imperador?"

"Os revolucionários não poderão triunfar", retrucou Witte. "Um dia a república talvez seja estabelecida, mas não viveremos para ver esse dia, uma vez que os Romanov governarão a Rússia por pelo menos mais cem anos."[57] Witte, que morreu em 1915, não viveria para ver a queda da família real, ainda que ela acontecesse muito antes do que previu.

A delegação judaica deixou a suíte de Witte por volta da meia-noite. A discussão havia se prolongado por mais de três horas. Schiff deu uma declaração protocolar aos membros da imprensa, que aguardavam ansiosamente por informações: "Embora a discussão, por sua natureza, não tenha sido capaz de levar a quaisquer resultados práticos, os que estiveram presentes à conferência [...] acreditam que, com o tempo, e de forma indireta, a franca reciprocidade havida na troca de opiniões e pontos de vista não pode deixar de trazer consequências benéficas".[58]

Schiff enviou um relato completo por cabograma a Philip Cowen, do *American Hebrew*. "Por favor, não use meu nome ao escrever sobre isso", instruiu o jornalista.

> Por mais liberal e solidário que seja, Witte insiste que a remoção gradual das restrições é a única solução praticável. Tentamos honestamente fazê-lo enxergar a necessidade da concessão imediata de plenos direitos civis aos judeus, e afirmamos sem reservas que, se isso não for concedido, a crescente influência judaica nos Estados Unidos será usada contra a Rússia. Sentimos ter causado uma impressão pessoal em Witte. Se isso terá alguma influência no governo russo só o futuro poderá dizer.[59]

Como Schiff temera, os jornais especularam que sua tão divulgada reunião com Witte sem dúvida envolveria uma conversa sobre a emissão de títulos russos. Mas tanto Schiff como Seligman negaram com veemência que tal conversa tivesse ocorrido. "Não tratamos em nenhum momento de qualquer questão relativa a empréstimos", Seligman escreveu ao presidente Roosevelt alguns dias após o encontro com Witte. "Essa história foi pura invenção dos jornais, e não há um pingo de verdade nas notícias publicadas."[60]

Mas, ainda que não tivesse sido discutida em detalhes, a questão do financiamento à Rússia tinha vindo à baila num contexto mais geral. Segundo Witte, Schiff repetiu sua advertência de que, a menos que a Rússia mudasse de postura, faria tudo ao seu alcance para negar capital americano ao império. O russo não pôde deixar de ficar admirado com a bravata do banqueiro, mesmo considerando seu comportamento por vezes antagônico, até mesmo beligerante. "Nunca conheci um judeu como ele", disse, anos depois.

> Orgulhoso, digno, consciente de seu poder, ele afirmou solenemente que, enquanto o governo do tsar prosseguisse com sua política antissemita, empreenderia todos os esforços para impedir a Rússia de obter um único copeque dos Estados Unidos. Dando um murro na mesa, declarou que um governo que consentia com massacres e perseguições desumanas por motivos religiosos não era confiável, que um governo desses era uma mácula

na civilização e não poderia durar muito, pois carregava em si as sementes da destruição.[61]

Ao regressar a Bar Harbor, Schiff foi informado de que uma bomba, destinada a ele, fora deixada no escritório da Kuhn Loeb em Manhattan. Ela havia chegado com a correspondência matinal, em um pacote verde-oliva. O suposto remetente, cujo nome fora datilografado no papel de embrulho, chamou a atenção de um funcionário na mesma hora: rei Eduardo VII. Dentro do pacote havia uma caixa de pinho com tampa deslizante, parecida com um estojo de lápis. Ela também trazia o nome do rei Eduardo, inscrito com letras douradas. Desconfiado, o funcionário ergueu a tampa, em vez de deslizá-la, possivelmente salvando a própria vida no processo: o rudimentar artefato fora preparado para detonar quando a tampa deslizasse, acendendo palitos de fósforo e inflamando um cilindro de pólvora que, por sua vez, dispararia uma carga de balas calibre .38 e projéteis de chumbo. Ao arrancar a tampa, o funcionário inadvertidamente desarmara a bomba.

Quando os repórteres chegaram aos escritórios da Kuhn Loeb para obter algum comentário, Otto Kahn minimizou a carta-bomba, tratando-a como um trote:

> Para início de conversa, qualquer pessoa minimamente bem informada sabe que o sr. Schiff não abre a própria correspondência. Se o artefato fosse perigoso de verdade e explodisse, quem sofreria os danos seria o funcionário encarregado de abrir a correspondência. Além disso, o sr. Schiff está em Bar Harbor. Se alguém enviou aquilo com más intenções, deve ter sido um estrangeiro, para não saber que o nome do rei Eduardo VII inscrito na caixa chamaria a atenção e levantaria suspeitas. Mas acho que foi algum piadista de mau gosto que fez isso. Claro que a meu ver a piada não tem a menor graça, mas as piadas são estranhas, e alguns piadistas mais estranhos ainda.[62]

Em Bar Harbor, Schiff levou o atentado contra sua vida — por mais desastrado que tivesse sido — suficientemente a sério, a ponto de postar guardas ao redor de Ban-y-Bryn, o chalé onde residia com a família no momento.[63]

Quem estava por trás da bomba? O detetive da polícia de Nova York designado para investigar o caso teorizou que aquilo devia ser "obra de algum maluco que se deu mal especulando em Wall Street". Mas o timing era peculiar: o atentado havia ocorrido logo após a reunião de Schiff com Witte. Algumas notícias na imprensa sugeriram que Schiff havia se tornado um alvo por conta de suas sanções à Rússia. Alguns meses antes, num episódio do qual fizera pouco-caso na época, Schiff fora ameaçado de morte por um homem supostamente russo que dizia se chamar Zantis Parozitz (ao que parece, um nome falso). Parozitz dizia representar um grupo chamado "Sociedade Secreta dos Opressores dos Judeus Egoístas e Gananciosos do Hemisfério Ocidental" e afirmou que sua missão era "matar todos os judeus proeminentes ou ricos [...] na América do Norte ou do Sul".

A polícia nunca encontrou o autor do atentado. Tampouco descobriu quem estava por trás de outra carta-bomba, feita para parecer um presente pelo Ano-Novo judaico, que foi interceptada no ano seguinte antes de chegar a Schiff. O *New York Times* informou que o dispositivo continha "pólvora, nitrocelulose e nitroglicerina suficientes para explodir uma casa".[64]

Às quatro horas da tarde do dia 29 de agosto, uma cacofonia de sinos de igreja, apitos de fábrica e sirenes soou em Portsmouth. O som da paz. Após quase um mês de intensas negociações, a delegação japonesa anunciou que aceitaria os termos da Rússia. Para a surpresa de Witte, o Japão recuara em sua exigência de reparações, um dos últimos pontos de divergência entre os países. Sob os termos do tratado, a Rússia abriu mão da península de Liaodong e de seus interesses ferroviários ali, e ambos os países dividiram a ilha de Sacalina, com a metade sul indo para o Japão. Nesse mesmo dia, Witte, parecendo exausto, mas radiante, foi visto abraçando o barão Rosen e pespegando um beijo em cada bochecha do embaixador.[65]

Quatro dias antes, Schiff enviara uma carta bastante franca ao plenipotenciário japonês, o barão Komura, encorajando seu governo a fazer um acordo com a Rússia. Ele assegurou Komura de que a Kuhn

Loeb estaria disposta a ajudar o Japão a despeito do resultado das negociações, mas alertou que outros banqueiros não veriam com bons olhos uma decisão de retomar a guerra, e que os "mercados monetários dos Estados Unidos, da Inglaterra e da Alemanha [...] já não estarão preparados para financiar em grande escala as exigências japonesas".[66]

Ao saber que a paz estava próxima, Schiff enviou um cabograma parabenizando Takahashi: "Banzai".[67] Nesse mesmo dia, também enviou uma mensagem para James Stillman, presidente do National City Bank, de cuja diretoria fazia parte. O rumor em Wall Street era de que Stillman considerava ingressar num consórcio de empréstimo à Rússia organizado pela J. P. Morgan & Co. De maneira educada, mas firme, Schiff deixou clara sua posição. "Embora eu não deseje de modo algum interferir no que possa ser considerado o interesse de seus acionistas", ele escreveu, "sinto-me obrigado a lhe dizer que, se essa notícia for mesmo verdadeira, meu amor-próprio exigirá minha retirada da diretoria."[68] A determinação de Schiff em impedir qualquer financiamento à Rússia era tão grande que, quando o assunto veio à tona numa reunião dos principais banqueiros de Nova York, ele se levantou de sua cadeira e anunciou que havia proibido sua firma de fazer qualquer negócio com a Rússia não apenas durante sua vida, mas para sempre, enquanto persistissem as políticas antissemitas.[69]

A guerra entre o Japão e a Rússia havia terminado, mas a de Schiff continuou. Durante a reunião com o emissário russo em Portsmouth, quando Witte lhe pedira para usar sua influência no sentido de apaziguar a revolução que tomava conta de seu país, o que Schiff não lhe disse foi que, na verdade, havia tomado medidas diretas a fim de promover a revolta que ameaçava derrubar a autocracia russa. Nos meses anteriores e posteriores à conferência de paz, ele financiou uma campanha de propaganda voltada a semear o sentimento antitsarista entre prisioneiros de guerra russos, na esperança de que esses soldados, ao voltar para casa, passassem a integrar as fileiras revolucionárias.

A iniciativa partiu de George Kennan, o jornalista de quem Schiff se aproximara ao se envolver com a Sociedade dos Amigos da Liberdade Russa e seu periódico, o *Free Russia*. Após o início da guerra, Kennan viajou ao Japão a fim de cobrir o conflito para a revista *Outlook*. Ao chegar, conheceu o campo de prisioneiros em Matsuyama com outros correspondentes estrangeiros, numa visita organizada pelo governo japonês, que desejava mostrar ao mundo o tratamento humanitário que dispensava aos prisioneiros de guerra russos. Kennan entrevistou alguns deles, que se queixavam principalmente de um tédio insuportável. Não havia nada para fazer, nada para ler. "Estou disposto a ler qualquer coisa, até mesmo livros de culinária e aritmética, contanto que sejam em russo", afirmou um prisioneiro.[70]

Nesse momento, Kennan teve uma ideia. Vislumbrando uma oportunidade de confortar os soldados russos e ao mesmo tempo esclarecê-los sobre a conduta despótica do tsar, ele obteve permissão do ministro japonês da Guerra para distribuir literatura subversiva aos prisioneiros de guerra russos, incluindo o periódico liberal *Osvobojdenie* (Liberação). Em seguida, escreveu à filial nova-iorquina da Sociedade dos Amigos da Liberdade Russa pedindo que lhe enviassem todo o material em língua russa que conseguissem reunir.

Em junho de 1905, a literatura solicitada chegou a Tóquio junto com o dr. Nicholas Russel, que a Sociedade dos Amigos da Liberdade Russa enviara para supervisionar a campanha de propaganda. O verdadeiro nome de Russel era Nikolai Konstantinovitch Sudzilóvski. Um veterano das organizações socialistas, suas atividades revolucionárias haviam-no forçado a deixar a Rússia na década de 1870. Russel, um homem de cinquenta e poucos anos, tinha a barba grisalha e se mudara pouco tempo antes para o Havaí. Embora tivesse crescido no oeste da Rússia e cursado medicina em Kiev e Bucareste, falava um inglês impecável.[71]

Ao final da guerra, o Japão havia capturado cerca de 79 mil soldados russos, e Russel começou imediatamente a distribuir folhetos contra o tsar por todos os campos de prisioneiros. Os japoneses também permitiram que o carismático médico realizasse assembleias, onde ele discursou para grandes grupos de homens.

Russel também convenceu os japoneses a liberarem sob sua custódia prisioneiros políticos mantidos na colônia penal russa da ilha de Sacalina. Ao recrutar esses dissidentes para ajudá-lo a organizar os prisioneiros de guerra, ele potencializou seus esforços. "A maioria não tinha dinheiro algum, nem roupas adequadas", relembrou Kennan ao falar sobre os prisioneiros políticos russos, "mas, graças ao poderoso e abastado amigo em Nova York que financiava nossa iniciativa, pudemos lhes fornecer tudo de que precisavam." Esse rico benfeitor era Schiff, que financiou todo ou quase todo o trabalho de Kennan e Russel, embora seu papel na instigação do fervor revolucionário entre os soldados russos tenha permanecido secreto por mais de uma década.

Segundo alguns relatos, o bombardeio de propagandas financiado por Schiff foi extraordinariamente eficaz. No final de 1905, o *New York Times* noticiou (ao que tudo indica com certo exagero) que Russel

> superou todas as expectativas, como atesta o fato de ter organizado sob a bandeira do socialismo quase todos os soldados russos feitos prisioneiros pelos japoneses, que estão agora em campos de detenção no Japão aguardando transporte para casa. [...] Para onde quer que vão, espera-se que esses homens atuem como um fermento, e que, por mais que tentem, as autoridades sejam incapazes de erradicar o efeito do despertar pelo qual eles passaram.[72]

Em uma carta particular a Schiff, escrita pouco após o tsar Nicolau ser finalmente derrubado do poder pela Revolução Russa de 1917, Kennan o elogiou pelo

> ótimo serviço que o senhor prestou pela causa da liberdade humana, ao financiar a propaganda entre os oficiais e soldados russos nos campos de prisioneiros japoneses. [...] O senhor não só tornou possível espalhar as sementes da liberdade em talvez uma centena de diferentes regimentos do Exército russo como também permitiu que o dr. Russel e eu cuidássemos de todos os condenados políticos russos libertados pelos japoneses quando se apossaram da ilha de Sacalina. [...] Todos esses homens nos ajudaram em nossa propaganda revolucionária e depois regressaram à Rússia ou aos Estados Unidos.[73]

Nas mãos dos teóricos da conspiração, as atividades de Schiff durante a guerra — ajudando a financiar o conflito e a propaganda revolucionária e fazendo proselitismo — formaram a argila bruta usada para moldar uma mitologia grotesca do supostamente todo-poderoso banqueiro. Nessa versão, repleta de fragmentos de verdade escolhidos a dedo para tornar crível um retrato recheado de falsidades e conjecturas, Schiff, às vezes identificado como um membro dos Illuminati ou talvez um maçom do 33º grau, era o patrono implacável da Revolução Russa; o anjo financeiro secreto de Liev Trótski e Vladímir Lênin que não só orquestrara a tomada comunista da Rússia como dera pessoalmente a ordem para executar a família real, mantida como refém à medida que a segunda Revolução Russa se desdobrava durante a Primeira Guerra Mundial. Repetidos de uma década para outra, os detalhes da conspiração variam, mas a perigosa mentira em seu cerne permaneceu inalterada: um banqueiro judeu era o arquiteto secreto de eventos que mudaram o mundo.

As teorias da conspiração sobre Schiff ecoavam temas dos *Protocolos dos sábios de Sião*, o texto fraudulento que supostamente denunciava o programa dos judeus para dominar o mundo, e que incluía a incitação de várias formas de agitação civil e econômica. Não por acaso, as primeiras versões integrais dos *Protocolos* — que haviam tido partes impressas em 1903 — foram publicadas em 1905 e 1906, quando aliados da monarquia russa procuravam culpar os judeus não só pela humilhante derrota do império na Guerra Russo-Japonesa, mas também pelo caos interno que resultara dela.

No outono de 1905, a revolução exercera pressão suficiente sobre o tsar Nicolau II para que ele enfim cedesse às demandas de um governo constitucional. Em 17 de outubro, ele promulgou o Manifesto de Outubro, um documento fortemente influenciado por Witte no qual prometia reformas políticas, entre as quais o estabelecimento de uma Constituição que protegeria os direitos civis de todos os russos (judeus inclusive) e a criação de um parlamento, a Duma, para aprovar as novas leis. Nicolau designou Witte para o cargo de primeiro-ministro, com a tarefa de tocar a transição de regime e apaziguar a discórdia interna no país.

A Rússia mal havia dado os primeiros passos para a reforma política quando o sangue voltou a ser derramado nas ruas dos enclaves judeus.

A economia exaurida pela guerra, junto com a promessa de direitos iguais para os judeus e a crença equivocada de que eram eles os responsáveis pelas atribulações russas, deflagrou uma onda de violência antissemita que varreu a zona de assentamento. Os ataques foram com frequência incitados por membros das Centenas Negras, grupo ultranacionalista que emergiu durante a revolução para defender a monarquia russa, usando os fraudulentos *Protocolos* para justificar a perseguição. Um dia após a promulgação do Manifesto de Outubro pelo tsar, uma terrível orgia de violência explodiu em Odessa, a cidade portuária no mar Negro onde os judeus compunham mais de um quarto da população. Segundo algumas estimativas, morreram até oitocentas pessoas. Os feridos chegavam à casa dos milhares.

"O povo americano está perplexo com as atrocidades em Odessa e outras partes", Schiff disse a Witte em um cabograma. "Nenhum governo deveria esperar o apoio moral de outras nações que, sob quaisquer condições, permitem que tal situação continue."

Witte respondeu que o governo russo estava "horrorizado com tais indignidades", mas observou que, com o país em tal "estado de excitação, as autoridades locais com frequência se veem de mãos atadas".[74]

Cabogramas tomados de apreensão foram e voltaram entre Nova York, Londres, São Petersburgo e Berlim à medida que Schiff, Lord Rothschild e outros líderes judeus discutiam sobre como lidar com a crise e coordenar uma resposta. Na tarde de 7 de novembro de 1905, Schiff e Oscar Straus convocaram uma grande assembleia na sinagoga Emanu-El, onde todos os diferentes grupos da comunidade judaica de Nova York estavam representados: os socialistas do Lower East Side, os sionistas que reivindicavam a criação de um Estado judeu soberano e, claro, a elite do norte de Manhattan. Schiff leu em voz alta os desesperados cabogramas que havia recebido da Rússia. "Eles falam mais alto que as palavras", declarou. "Chegou a hora de agir."[75]

Junto com Straus e Cyrus Sulzberger, um comerciante e filantropo da Filadélfia, Schiff fundou o Comitê de Auxílio às Vítimas dos Massacres Russos e pôs mãos à obra para fazer o que fazia de melhor, tanto em Wall Street como nos assuntos da comunidade: arrecadar dinheiro. Tão logo foi instituído, ele contribuiu com 50 mil dólares para o fundo assistencial — que, insistiu ele, deveria beneficiar não apenas os judeus, mas todas as vítimas russas —, e o comitê despachou mais de 1400 telegramas pelo país solicitando doações.[76] Em questão de semanas o fundo superou 1 milhão de dólares.

Mas seria dinheiro suficiente? Tomado pela indignação e pelo desespero, Schiff voltou a dirigir um apelo apaixonado ao presidente Roosevelt, dessa vez chegando a ponto de aconselhar uma intervenção direta dos Estados Unidos para deter a violência na Rússia, e instando o presidente a buscar a aprovação do Congresso "de modo a tomar as medidas aconselháveis". Ele argumentava que, uma vez que os Estados Unidos haviam com toda razão acorrido em defesa dos oprimidos cubanos durante a Guerra Hispano-Americana, "em face dos horrores que ora ocorrem na Rússia, e que o próprio governo russo se declara impotente para evitar, não seria um dever do mundo civilizado intervir?".[77]

Mal contendo sua exasperação com o irascível banqueiro, Roosevelt disse a Schiff que sua recomendação "faria o governo dos Estados Unidos parecer ridículo", e que o tiro provavelmente sairia pela culatra, prejudicando não só os judeus da Rússia como também os dos Estados Unidos. Ele prosseguiu: "Acredito plenamente que, em assuntos nacionais, devemos agir segundo o adágio das planícies, que eu costumava ouvir quando estava no negócio das fazendas: 'Nunca saque a arma a menos que pretenda atirar'".[78]

A Revolução Russa atingiu seu ápice no outono de 1905, quando, pouco a pouco, começou a perder força. Tão logo ela chegou ao fim, o tsar conservou o poder nas próprias mãos, e a situação dos judeus russos, a despeito das promessas de igualdade, continuou tão precária quanto antes. As ondas de violência prosseguiram, resultando em milhares de mortos, feridos e desabrigados. Conforme o status quo na Rússia era restabelecido, Schiff e seus aliados começaram a repensar suas táticas. A estratégia de outrora para lidar com crises da comunidade judaica — protestos, arrecadações de fundos, intercessão de judeus bem relacionados com líderes políticos — já não parecia mais adequada.

Em dezembro de 1905, quando os Errantes se reuniram, alguns de seus membros debateram a ideia de fundar uma nova organização dedicada à defesa dos direitos judeus onde quer que eles estivessem sob risco. O grupo combinaria esforços assistenciais e jurídicos por toda a extensa rede de grupos humanitários judaicos e falaria em nome de toda a comunidade judaica americana. Semanas depois, Cyrus Adler articulou essa visão nas páginas do *American Hebrew*, escrevendo que "as questões dos judeus em todo o mundo são tão importantes que tornam necessária e desejável a existência de uma organização judaica nacional nos Estados Unidos, capaz, em casos de necessidade, de cooperar com órgãos semelhantes em outros países para o bem-estar dos judeus em toda parte".[79]

Na noite de 3 de fevereiro de 1906, líderes judeus do país todo se reuniram no auditório da Sociedade Beneficente Hebraica Unida, na Segunda Avenida, para debater a proposta. Além de Schiff e membros da elite do Upper East Side, os presentes incluíam Julian Mack, juiz da vara cível de Chicago; o rabino sionista Judah Magnes; Adolf Kraus, da B'nai B'rith; e Cyrus Sulzberger (cujo filho, Arthur Hays, se tornaria editor do *New York Times* após se casar com a filha única de Adolph Ochs).

A ideia de criar um comitê para representar a fragmentada comunidade judaica americana era controversa. Alguns temiam que a formação do equivalente a um lobby judaico ameaçasse alimentar a antiga e perniciosa acusação de que os judeus existiam como um Estado dentro do Estado, leais não ao país onde viviam, mas a seu próprio povo. Eles temiam suscitar uma "questão judaica" em seu próprio quintal. Mas a crise na Rússia acabou por superar esses temores de incitação antissemita.

Schiff apoiou firmemente a criação de um comitê central, em parte por acreditar que isso poderia aliviar algumas de suas obrigações. A iniciativa de arrecadação de fundos após o pogrom de Odessa, empreendida em grande parte por ele e outros dois colegas, deixara-o amargurado. Seu árduo trabalho fora recebido com pouca apreciação e muitas reclamações sobre como e onde os fundos haviam sido gastos.

A organização surgida desse encontro, e de outras discussões nos meses seguintes, foi chamada de Comitê Judaico Americano. Criado num momento em que o povo judeu enfrentava uma série de ameaças à sua mera sobrevivência, ele se tornaria uma força singular no combate ao antissemitismo — e Schiff, longe de se livrar do fardo da liderança, seria uma força singular dentro dele.

OS MÚSCULOS DA GUERRA

* * *

Na esteira da guerra, à medida que as nuvens escuras da crise se espalhavam pelo mundo, Schiff vislumbrou presságios preocupantes também mais perto de casa. A economia americana, após anos de expansão alimentada por um processo frenético de industrialização, construção de ferrovias e reestruturação, começou a dar sinais de instabilidade. E um sentimento populista ganhava terreno em toda a nação, predispondo o público contra os titãs corporativos, homens investidos de enorme riqueza e poder que pareciam não prestar contas a ninguém.

Após a eleição de 1904, Roosevelt obtivera um mandato para levar adiante as reformas corporativas que havia iniciado durante o período parcial de governo herdado de McKinley. Ele defendia um programa de medidas robusto destinado a desmantelar alianças monopolistas e erradicar abusos corporativos, uma cruzada que não podia continuar a ser negligenciada ou ignorada. No início de 1906, no mesmo discurso em que cunhou o termo *muckraker*, para designar os jornalistas que investigavam e denunciavam escândalos, Roosevelt declarou que "o governo nacional deve exercer alguma forma de supervisão sobre as corporações envolvidas em negócios interestaduais". E, numa passagem que suscitou maus pressentimentos entre os milionários que residiam no trecho mais nobre da Quinta Avenida, disse: "Deveríamos fazer uma clara distinção entre as fortunas merecidas e imerecidas; entre aquelas obtidas de forma incidental, mediante a realização de grandes serviços à comunidade, e aquelas obtidas de forma escusa, nos limites da observância da lei. É claro que caridade alguma no dispêndio de tais fortunas compensa a improbidade envolvida em sua conquista".

Schiff, que acreditava que os excessos corporativos deveriam ser contidos, mas receava que o governo pudesse ir longe demais, não era tolo de menosprezar a retórica do presidente. A mesma sabedoria de caubói que levara Roosevelt a evitar a contundente resposta às barbáries russas desejada por Schiff também sugeria que ele não estava fazendo ameaças vazias às corporações.

17
A Liga do Extermínio de Harriman

EM JANEIRO DE 1907, IKE SELIGMAN concedeu uma longa entrevista ao *Los Angeles Times*, falando com surpreendente franqueza sobre a natureza fraudulenta de Wall Street e o futuro incerto da prosperidade americana. Trajando paletó preto, calças listradas e polainas verde-limão, ele parecia excessivamente magro e mais velho do que seus 51 anos, lembrando apenas vagamente o atleta universitário que fora um dia.

"Alguém que não tenha informações sobre a intenção dos especuladores mais importantes tem alguma chance de ganhar dinheiro em Wall Street?", perguntou o repórter.

Seligman considerou a questão. "Ele tem uma chance de sair ganhando, contra quatro ou cinco de sair perdendo", respondeu.

> Um operador da bolsa amplamente celebrado, criador de mercados em mais de uma ocasião, afirmou que, mesmo com todo o seu conhecimento sobre as intenções de seus concorrentes no mundo das finanças, considera-se afortunado se sai ganhando quatro vezes em sete. Aquele que chamamos de "cordeiro", que nada sabe e é um mendigo entre reis, pode deduzir seu futuro a partir dessa hipótese.

"A luta pela riqueza chega a ser quase alarmante", ponderou. "Os ricos já não se satisfazem mais com cavalos. Precisam ter automóveis. [...] Os homens têm de ganhar dinheiro para acompanhar a moda, e a busca selvagem dos ricos e o modo como eles vivem aceleraram a marcha de toda a nação, até praticamente todo mundo participar da corrida."[1]

Comissões de inquérito do Legislativo e do Executivo cada vez mais perseguiam os gigantes corporativos que lideravam a competição financeira. A Goldman Sachs e a Lehman Brothers, que ainda não estavam entre os principais bancos de investimento americanos, por ora permaneciam longe da tempestade política envolvendo alguns de seus amigos e concorrentes. A firma de Ike Seligman, ficando para trás na liderança de Wall Street, fechava muito poucos grandes negócios para gerar tais escândalos. Mas a Kuhn Loeb, na sequência da disputa pela Northern Pacific, tornara-se um emblema do caprichoso poderio financeiro que Roosevelt e outros políticos consideravam tão perigoso. Harriman, agora um dos clientes mais importantes da parceria, era um ímã de controvérsia. Na verdade, parecia mergulhar nela de cabeça. Graças em parte à sua estreita ligação com ele, Jacob Schiff e a Kuhn Loeb passariam por um turbulento período de escrutínio e escândalo.

Em 26 de fevereiro de 1906, a Kuhn Loeb, geralmente tão reservada, emitiu uma declaração surpreendente. Os sócios da firma haviam renunciado em massa a suas diretorias ferroviárias.[2] Repórteres que visitassem o número 52 da William Street em busca de comentários adicionais do sócio sênior da firma sobre esse acontecimento inusitado teriam encontrado Schiff indisponível para entrevistas. Nesse momento, ele estava a milhares de quilômetros de Nova York, viajando para oeste pelas planícies cobertas de neve de Utah a bordo de um trem particular fornecido pela Union Pacific (a cujo conselho de administração acabara de renunciar); a fim de assegurar que nenhum conforto ou detalhe culinário fosse esquecido durante a viagem através do país, a ferrovia enviou também um funcionário do serviço de jantar para cuidar pessoalmente de Schiff e sua comitiva, que incluía a esposa do banqueiro, Therese; o sobrinho Ernst Schiff; os Neustadt, seus parentes por afinidade; e o antigo sócio de Jacob, Henry Budge, acompanhado da esposa, Emma. Eles estavam a caminho de San Francisco, onde embarcariam em um vapor para seu destino final: o Japão.[3]

A Kuhn Loeb explicou sua saída repentina da administração de mais de uma dezena de ferrovias citando "a dificuldade cada vez maior que os membros da firma têm enfrentado para atender às exigências do negócio". Mas essa justificativa soava curiosa, uma vez que os sócios da Kuhn Loeb não haviam renunciado à diretoria de uma série de bancos, trustes e outras empresas de que participavam. O momento também era suspeito: essa medida drástica veio na esteira de um escândalo que atormentara Schiff e seu principal cliente, E. H. Harriman, no ano anterior.

Os contratempos tiveram início com uma disputa pelo controle corporativo da maior seguradora do país, a Equitable Life Assurance Society, de cujo conselho de administração participavam tanto Schiff como Harriman. James Alexander, presidente da companhia, provocou o conflito ao tentar afastar da diretoria James Hazen Hyde, o filho diletante e herdeiro do falecido fundador e acionista majoritário da Equitable, Henry B. Hyde. Facções se formaram a favor de cada um dos contendores, e a controvérsia logo vazou da sala de reuniões para a primeira página dos jornais nova-iorquinos, com denúncias de abusos corporativos de parte a parte chegando aos ávidos jornalistas. Ao expor inadvertidamente práticas questionáveis na pouco regulamentada indústria de seguros, os diretores em disputa acabariam desencadeando uma investigação promovida por um comitê especial nomeado pela legislatura de Nova York e liderado pelo senador estadual republicano William W. Armstrong, de Rochester.

Como controlavam vastas reservas de capital — os ativos da Equitable totalizavam quase 380 milhões de dólares —, as seguradoras, pouco a pouco, haviam desenvolvido relações cada vez mais promíscuas com os bancos de investimento.[4] Firmas como a Kuhn Loeb e a J. P. Morgan contavam com o capital das companhias de seguros para financiar alguns de seus maiores negócios, e também tinham as seguradoras entre seus melhores clientes para grandes lotes de títulos corporativos. Os funcionários e diretores das companhias de seguro, por sua vez, muitas vezes utilizavam os recursos corporativos para especular no mercado de ações e financiar investimentos pessoais — pondo em risco, dessa forma, o depósito dos segurados.

Henry Hyde, da Equitable, havia usado o capital sob seu controle para conceder empréstimos generosos que ele e seus aliados canalizavam em consórcios de investimento. Em alguns casos, eles vendiam de volta à Equitable os títulos comprados com dinheiro da companhia de seguros, cobrando ágio.[5] Essas práticas continuaram após a morte de Hyde, embora se diga que seu filho tenha levado a corrupção um passo adiante, servindo-se dos cofres da empresa para bancar festas luxuosas.

Antes do confronto entre Alexander e Hyde, Harriman tinha pouca relação com a Equitable além de comparecer às reuniões da diretoria, mas, quando a poeira baixou, saiu como um dos principais vilões do escândalo. Otto Kahn mais tarde lamentaria a decisão de Harriman de se envolver na briga. "Não havia razão neste mundo para se deixar arrastar pela disputa feroz e amarga [...] mas ele mergulhou de cabeça e com tamanho envolvimento que no fim virou quase que a principal — e provavelmente a mais atacada — figura do conflito."[6]

Harriman se opôs à puxada de tapete de Alexander, embora também não tomasse o partido de Hyde. Decidiu que a melhor maneira de pôr a companhia em ordem era ele mesmo assumir as rédeas. E perseguiu essa meta a seu modo peculiar — ou seja, com total falta de sutileza. Durante as audiências do comitê de Armstrong, o investidor Thomas Fortune Ryan, que discretamente correra para adquirir as ações da Equitable de Hyde quando o herdeiro dos seguros finalmente percebeu que manter o controle da empresa era inútil, testemunhou sobre uma reunião memorável com Harriman, em que o magnata praticamente mandou que ele entregasse metade de suas ações. Ryan se recusou, e Harriman ameaçou se valer de toda sua influência política contra ele a menos que cedesse. Os jornais o retrataram como um impiedoso bárbaro corporativo determinado a tomar a Equitable, talvez num primeiro passo para estabelecer seu controle da indústria de seguros, assim como fizera com as ferrovias.[7]

A briga da Equitable também se revelou prejudicial para Schiff, embora por diferentes razões. Ele enfrentou acusações de que sua firma havia lucrado indevidamente com a venda de títulos para a Equitable, atuando não só como compradora mas também como vendedora, uma vez que era sócio da Kuhn Loeb e membro do comitê financeiro da seguradora. Para aprofundar o atoleiro ético, Schiff e seus sócios haviam atuado como diretores das companhias ferroviárias cujas ações a Kuhn Loeb vendera para a Equitable. Devido a conflitos de interesse, um senador estadual republicano de Saratoga, Edgar T. Brackett, entrou com um pedido junto ao procurador-geral de Nova York para remover Schiff da diretoria da Equitable.[8]

Ao ser atacado, Schiff escreveu para Teddy Roosevelt, que acompanhava o escândalo, assegurando ao presidente que, "longe de ter feito algo que possa sujeitar minha firma ou minha pessoa a críticas, o real histórico de nossas transações com a Equitable Society é algo de que temos todos os motivos para nos orgulhar".[9]

Schiff também procurou Adolph Ochs, do *New York Times*, com a intenção de que o jornal o ajudasse a refutar as acusações de improbidade financeira lançadas contra ele. Cerca de uma década antes, Schiff, um dos investidores do jornal, ajudara Ochs a obter o controle do *Times* recomendando-o como um possível comprador para o veículo em dificuldades.[10] Desde então, Ochs se acostumara às frequentes missivas de Schiff, rabiscadas de um jeito apressado e oferecendo comentários não solicitados sobre a cobertura do jornal. Na maioria das ocasiões, eram bilhetes pressionando o *Times* a dar maior destaque às tragédias envolvendo os judeus na Rússia e na Romênia, embora às vezes, confidencialmente, Schiff proporcionasse a Ochs um contexto de seus negócios mais importantes. (Após completar a aquisição da Union Pacific, Schiff forneceu a Ochs um resumo financeiro detalhado do acordo, afirmando que "a magnitude dessa operação justifica um comentário editorial, pois acredito que transação similar jamais foi vista na história deste país".)[11]

As relações entre o editor e o banqueiro, cujo nome figurava com frequência nas páginas do *Times*, por vezes ficavam tensas. E, em outubro de 1904, com o caso da Equitable em banho-maria, os dois tiveram um amargo desentendimento sobre um artigo relativo a uma transação ferroviária intermediada pela Kuhn Loeb. "Há muito tempo Wall Street não fica tão decepcionada com o resultado de um acordo", afirmou o

Times, observando que alguns acionistas haviam sido excluídos de concessões que lhes foram prometidas durante as negociações. Talvez por sentir que sua integridade já estava sob ataque por conta da situação da Equitable, Schiff ficou extremamente ressentido com a história, ainda que nem mencionasse sua firma. Ele recortou furiosamente o artigo e o enviou para Ochs, junto com uma nota irritada denunciando a matéria como "um ataque indecoroso e completamente injustificado, quando não difamatório, à boa-fé de minha firma". E respondeu com seu próprio ataque: "Como é de conhecimento geral, quem quer que tenha pessoalmente demonstrado boa vontade em relação ao senhor foi em algum momento caluniado no *New York Times*". Indignado, Ochs respondeu no mesmo dia que estava "chocado, mais surpreso do que consigo expressar, que mesmo com raiva o senhor tenha se permitido tamanha leviandade, a ponto de me escrever como o faz".[12]

Nos meses seguintes, os dois praticamente se ignoraram em ocasiões sociais, até que Schiff finalmente propôs que fizessem as pazes. "Creio ser tão desagradável para o senhor como é doloroso para mim que, aos nos encontrarmos de tempos em tempos, devamos agir como dois estranhos, e, embora não seja de nenhum proveito reexaminar o motivo que levou a nosso afastamento, estou inteiramente disposto, se estiver também, a restabelecer nossas antigas relações", escreveu a Ochs.[13]

Apenas um mês se passara desde a reconciliação quando Schiff escreveu a Ochs, um tanto asperamente, sobre o escândalo da Equitable. "O *Times* não vai dizer nada em minha defesa contra os ataques a minha pessoa?", questionou Schiff. "Creio ser de amplo conhecimento que tais acusações são injustificadas e frívolas, mas não direi coisa alguma em minha própria defesa, e, se a imprensa respeitável permite que o caráter de uma pessoa que está tentando levar uma vida correta seja conspurcado [...], tanto pior para a imprensa e a opinião pública que ela representa."[14] No dia seguinte, um editorial favorável afirmou que excluir "Schiff de qualquer papel ou influência na gestão da Equitable pareceria injustificável. Achamos que isso é ir longe demais".

"O sr. Schiff é um dos primeiros financistas neste grande centro econômico", prosseguia o editorial. "Devemos supor que sua experiência, capacidade, conhecimento do mercado de investimentos e probidade fariam dele uma aquisição bastante desejável à diretoria de qualquer corporação financeira."[15]

No entanto, Schiff logo se retirou do conselho da Equitable, quando as denúncias de escândalo ficaram mais estridentes. Harriman o acompanhou pouco tempo depois.

No fim de setembro de 1905, Schiff compareceu perante o comitê de Armstrong e foi questionado pelo advogado Charles Evans Hughes, cujo papel na proeminente investigação serviu de trampolim para sua carreira política, catapultando-o ao governo do estado de Nova York, a secretário de Estado e à Suprema Corte dos Estados Unidos. "Não tenho ciência de ter cometido nenhuma incorreção como diretor da Equitable Life Assurance Society", testemunhou Schiff. "Posso ter pecado por omissão. É um caso de visão em retrospecto, e não de antevisão, mas minha consciência me absolve de qualquer falta." Ele admitiu ter vendido à Equitable, ao longo dos cinco anos anteriores, 33 milhões de dólares em ações e títulos, o equivalente a cerca de um sexto dos valores mobiliários adquiridos pela companhia. E, para contextualizar esse número, revelou outra cifra que mostrava a impressionante amplitude de seus negócios. Entre 1900 e 1905, a Kuhn Loeb comercializara quase 1,4 bilhão de dólares em títulos.[16]

O comitê divulgou um relatório no início do ano seguinte defendendo uma ampla reforma na indústria de seguros. Recomendou limites claros sobre o tipo de investimentos que as companhias de seguros e seus diretores poderiam fazer e proibiu sua participação em consórcios de investimento. As conclusões do comitê foram publicadas nos jornais em 22 de fevereiro de 1906, mesmo dia em que os netos e filhos de Schiff, com as esposas, se reuniram solenemente no número 965 da Quinta Avenida para se despedir de Jacob e Therese em sua viagem ao Extremo Oriente.[17] Quatro dias depois, a Kuhn Loeb anunciou que seus sócios não participariam mais de diretorias ferroviárias. Em parte, isso foi sem dúvida uma reação ao episódio da Equitable — no qual os rolos de Schiff e seus sócios com as ferrovias haviam se tornado um problema —, mas o gesto também pareceu previdente, uma forma de neutralizar problemas de conflito de interesse que fatalmente viriam à tona durante uma tentativa inicial do governo Roosevelt de regulamentar o desorganizado setor ferroviário. Lord Nathaniel Rothschild comentou o timing impecável da viagem de Schiff em uma carta irônica a seus primos parisienses, observando que suas "tão merecidas férias" também tinham o benefício de lhes permitir "se ausentar de Nova York durante a investigação das ferrovias promovida pelo presidente Roosevelt".[18]

Determinado a controlar os recalcitrantes titãs ferroviários, Roosevelt recorrera à Comissão Interestadual de Comércio (ICC, na sigla em inglês), um órgão regulatório até então inócuo cuja autoridade seu governo trabalhara para fortalecer. No início de 1906, a ICC começava a realizar audiências sobre tarifas, fusões e outras práticas da indústria ferroviária — investigação que acabaria direcionando seu foco para o parceiro de Schiff na hegemonia do setor: Harriman.

Alheio aos perigos que se multiplicavam a seu redor, Harriman se concentrava em um plano mais ambicioso do que qualquer outro concebido em sua carreira. Ele controlava a maior rede ferroviária dos Estados Unidos — mais de 40 mil quilômetros de trilhos espalhados como uma teia de aranha pela nação. Mas imaginava um reinado ainda maior: uma rede de transporte que abrangesse o mundo todo.

A vitória do Japão na Guerra Russo-Japonesa e os laços estreitos forjados por Schiff com seu agradecido governo proporcionaram-lhe uma chance de agir. Como resultado das negociações de Portsmouth, o Japão adquirira junto à Rússia (sob algumas condições) o ramal sul da Ferrovia da China Oriental, estendendo-se da cidade de Harbin, no extremo nordeste da China, a Port Arthur, no extremo sul da península de Liaodong. Para Harriman, obter o controle da ferrovia, rebatizada pelo Japão de Ferrovia do Sul da Manchúria, era o primeiro passo para concretizar sua visão. Como ele explicou ao atônito representante americano no Japão, Lloyd Griscom,

> se conseguir tirar o controle da Ferrovia do Sul da Manchúria das mãos do Japão, pretendo comprar a Ferrovia da China Oriental da Rússia, adquirir direito de uso da Transiberiana até o Báltico e estabelecer uma linha de navios a vapor para os Estados Unidos. Então poderei me conectar às

linhas transcontinentais americanas e juntar os vapores da Pacific Mail e os vapores transpacíficos japoneses. Será o sistema de transporte mais maravilhoso do mundo. Daremos a volta na Terra.[19]

Harriman não perdeu tempo em tentar consumar sua visão. Em meados de agosto de 1905, quando as delegações de paz russa e japonesa ainda finalizavam os termos do armistício, ele tomou um navio para Yokohama. Sua relação com Schiff abriu as portas para as principais autoridades japonesas, e Harriman começou a viagem para casa no outono tendo assegurado um acordo preliminar para a propriedade conjunta da Ferrovia do Sul da Manchúria com o governo do Japão. Mas o acordo logo se desfez. Ao regressar ao Japão alguns dias após a partida de Harriman, o barão Komura, ministro das Relações Exteriores que negociara o Tratado de Portsmouth, observou que a parceria com Harriman era na melhor das hipóteses prematura, pois os detalhes da transferência da ferrovia ainda precisavam ser acertados com a China, por cujo território passava a estrada de ferro. O acordo com Harriman pareceu imprudente também por motivos políticos. O fracasso do Japão em obter reparações em Portsmouth inflamou a opinião pública a ponto de deflagrar tumultos em Tóquio. Envolver um magnata americano na ferrovia — uma das poucas concessões tangíveis conquistadas pelo Japão — ameaçava enfurecer ainda mais a população. A bordo do vapor para San Francisco, ensaiando mentalmente o xadrez corporativo que faria dele um titã mundial dos transportes, Harriman recebeu um cabograma informando que o acordo fora momentaneamente suspenso.

Alguns meses depois, Schiff partiu em sua própria viagem ao Japão, em férias estendidas que utilizou também para fortalecer as ligações comerciais cultivadas nos dois anos anteriores. Ele e sua comitiva atracaram em Yokohama em 25 de março de 1906, após uma viagem de dezessete dias a bordo do ss *Manchuria*.

Schiff foi recebido no Japão como uma celebridade, e, durante sua viagem de seis semanas, os jornais locais publicaram artigos quase diários sobre suas idas e vindas.[20] Notícias de festas e jantares em sua homenagem surgiam todos os dias, e Schiff era homenageado por diplomatas e dignitários, financistas e ministros do governo, participando de uma sucessão de reuniões de alto escalão. Em nome de Harriman, Schiff tentou pôr a Ferrovia do Sul da Manchúria de volta nos trilhos. Acompanhado por Takahashi Korekiyo, ele se reuniu por duas horas com o primeiro-ministro japonês para discutir a questão da ferrovia e outros assuntos financeiros. O primeiro-ministro, registrou Schiff em seu diário, "assegura-me que os pontos de vista que expressei em muito contribuirão para moldar os dele — particularmente no que diz respeito ao financiamento da Ferrovia da Manchúria e ao modo como é controlada por Japão e China".[21] No entanto, ele fez pouco progresso em resgatar o acordo do limbo burocrático.

Durante sua visita, Schiff travou contato com praticamente todas as figuras políticas presente ou futuramente centrais para a ascensão do Japão moderno, fortalecendo os laços da Kuhn Loeb com o país à medida que este passava por um grande despertar industrial. Nos anos seguintes, Takahashi, o amigo de Schiff, viria a ser ministro das Finanças e serviria dois mandatos como primeiro-ministro. Mas a audiência mais importante de Schiff ocorreu vários dias após o início da viagem, quando ele foi escoltado pelos portões do palácio imperial para se encontrar com o imperador Meiji, que havia supervisionado a transformação dramática do Japão de xogunato isolado em uma incipiente superpotência capitalista.

"O imperador estende a mão e me dá as boas-vindas, afirmando ter ouvido falar da importante assistência que prestei ao Japão em um momento crítico e dizendo ainda que está encantado com a oportunidade de me agradecer pessoalmente por isso", contou Schiff sobre o encontro. "Respondo que meus serviços foram superestimados, mas que, desde o início, meus sócios e eu, acreditando na retidão da causa japonesa, agimos de muito bom grado assim que tivemos a oportunidade de demonstrar nossa simpatia na prática." O imperador conferiu a Ordem do Sol Nascente a Schiff, elevando o patamar da condecoração de importância menor que o financista recebera no ano anterior a uma das honrarias mais elevadas concedidas pelo governo japonês.

A gratidão dos japoneses a Schiff ia além da classe dominante do país, como ele descobriu certo dia ao visitar um dentista em Tóquio. Após fazer uma obturação provisória em Schiff, o dentista inicialmente se recusou a aceitar pagamento. "Percebi em todo o Japão que as pessoas que ouviram falar de mim estão ansiosas para me prestar qualquer serviço que puderem; sua apreciação e gratidão são muito comoventes", escreveu Schiff em seu diário.[22]

A lenda de Schiff ficou marcada a ferro e fogo na consciência nacional japonesa, a tal ponto que, cerca de setenta anos depois, os sócios da Kuhn Loeb continuavam sendo tratados com reverência pelos banqueiros japoneses, que estavam bem familiarizados com o legado de Schiff.[23] Em 1972, um capelão da Força Aérea americana mobilizado no Japão escreveu para Dolly Schiff sobre o efeito mágico que o nome de seu avô tinha no país. "É difícil descrever o quanto Jacob Schiff significou para mim durante meus quatro anos no Japão", disse ele.

> Como um talismã, o nome me abriu portas e corações de Wakkanai, no gélido extremo norte, à extremidade sul de Kyushu. Há três anos, quando visitei uma aldeia (aborígene) ainu em Hokkaido, vi um grupo de estudantes japoneses apontando para meu uniforme da Força Aérea e fazendo comentários depreciativos. Aproximei-me do grupo e falei: *"Watakushi wa Yudaya jin desu"* — "Sou judeu". Com isso, eles pararam na mesma hora. Então acrescentei que era do mesmo povo de Jacob Schiff. A reação seguinte foi um animado coro de três banzais. Em seguida fui regalado com um refrigerante e uma excursão pela aldeia e pelo museu — com todas as despesas pagas.[24]

Em 2012, David Schiff, bisneto de Jacob, ficou surpreso ao receber uma carta do vice-chefe da missão diplomática japonesa em Nova York, apresentando-se e solicitando uma reunião: "O Japão jamais esqueceu a bondade demonstrada por seu bisavô ao povo japonês no auge da guerra com a Rússia. Em um momento do mais grave perigo nacional, seu bisavô assumiu um grande risco ao mostrar confiança em nosso povo e governo, e seremos para sempre gratos".[25]

A fama de Schiff no Japão moldou a forma como os japoneses viam os judeus de maneiras profundas e inesperadas, inclusive ao reforçar estereótipos sobre o poderio financeiro dos judeus, como os que podem ser vistos nos espúrios *Protocolos dos sábios de Sião*. Seu complicado legado no país nunca ficou tão evidente quanto no período que antecedeu a Segunda Guerra Mundial, quando o Japão salvou a vida de milhares de judeus oferecendo abrigo temporário para os refugiados da Europa. A política favorável do país em relação aos judeus partia de dignitários japoneses — considerados "cspccialistas em judeus" — que acreditavam em mitos conspiratórios sobre os objetivos judaicos de dominação mundial. Ao acolher refugiados judeus, eles procuravam fazer o Japão cair nas boas graças da suposta cabala financeira internacional que mexia os pauzinhos das finanças mundiais, além de se valer do poderio judaico para servir às ambições imperiais de sua própria nação.[26]

Em 18 de maio de 1906, quando os Schiff embarcaram em um vapor de volta para casa, sua comitiva aumentara em quatro membros: a filha de quinze anos de Takahashi, Wakiko; a governanta da adolescente; e uma dupla de spaniels japoneses brincalhões chamados Fuji e Kittie. Alguns dias antes, durante uma visita a Takahashi e sua família, Schiff perguntara inocentemente a Wakiko: "Que tal vir conhecer os Estados Unidos um dia?". Takahashi e a filha, porém, levaram o convite protocolar mais a sério do que Schiff havia imaginado. Como Frieda Schiff relatou em suas memórias, Takahashi apareceu no hotel de Schiff no dia seguinte, dizendo ao amigo: "Minha esposa e eu conversamos sobre seu maravilhoso convite a Wakiko. Não é costume que meninas japonesas saiam de casa. Mas essa é uma oportunidade tão incomum que ficaremos felizes em permitir que ela o visite por dois anos". Schiff deve ter disfarçado bem o choque, talvez achando melhor cumprir a promessa do que voltar atrás e causar constrangimento de parte a parte. Therese, contudo, ficou inicialmente apoplética com o fato de o marido ter se comprometido a criar uma adolescente que não falava inglês nem fazia a menor ideia dos costumes americanos. Wakiko se tornaria um membro querido da família Schiff, chamando Jacob e Therese de "tio" e "tia" e vivendo com eles por quase três anos antes de regressar.[27]

Após o giro triunfante pelo Japão, Schiff talvez tenha ficado abalado ao voltar para casa. Do número 1600 da Pennsylvania Avenue às ruas comerciais do Meio-Oeste, uma revolta populista contra os titãs corporativos da nação estava se formando. Upton Sinclair acabara de publicar seu romance *The Jungle*, retratando em detalhes viscerais a vida dos imigrantes explorados na indústria de empacotamento de carne de Chicago. O livro virou sensação nacional. Enquanto isso, o movimento trabalhista, agora com milhões de membros, começava a exercer poder político como nunca antes. Samuel Gompers, presidente da Federação Americana do Trabalho, exortou-os a "recompensar os amigos" e "punir os inimigos" nas urnas durante as eleições de 1906, e "levar a guerra pela justiça [...] ao coração da política".[28] O Congresso avaliava uma série de medidas para conter os abusos corporativos. Em 9 de junho de 1906, um dia após Schiff voltar, o Senado aprovou a Lei Tillman, que proibiria contribuições de empresas para campanhas políticas. Semanas depois, Roosevelt sancionou duas medidas regulatórias seminais: a Lei da Pureza de Alimentos e Medicamentos, inspirada no romance de Sinclair, que levou à criação da Food and Drug Administration; e a Lei Hepburn, fortalecendo a autoridade regulatória da Comissão Interestadual de Comércio e conferindo-lhe o poder de determinar os preços do transporte ferroviário.

Aliado de Schiff, Harriman não demorou a cair na mira da agora poderosa agência. "Fiel a seu fatídico talento para se meter em encrencas, ele conseguiu se tornar o centro da tempestade em torno do qual a agitação pela reforma nas leis ferroviárias era mais violenta", recordou Otto Kahn.[29] O momento do intenso escrutínio da ICC não pareceu coincidência para Harriman e seus amigos, tendo ocorrido após uma amarga ruptura entre o magnata ferroviário e o presidente americano. Os dois haviam se mantido em termos cordiais desde que Roosevelt governara Nova York, e o relacionamento sobrevivera até mesmo às tensões mais recentes envolvendo o ataque regulatório do governo à Northern Securities. O presidente parecia ter um dom especial para cortejar os ricos empresários de que necessitava para nutrir suas ambições políticas, ao mesmo tempo que os atacava com a retórica e as ações anticorporativas. Harriman, por sua vez, percebia a utilidade de ter um amigo, ainda que não muito confiável, no Salão Oval.

A ruptura entre os dois começou durante as derradeiras semanas da eleição de 1904, quando Roosevelt descobriu que os cofres de campanha do comitê estadual republicano de Nova York estavam vazios, deixando uma série de candidatos do partido em apuros. Roosevelt temia sofrer uma derrota humilhante até mesmo em seu estado natal.[30] Então, chamou Harriman, que concordou em ajudar a tirar o comitê estadual do buraco, levantando 250 mil dólares — contribuindo com 50 mil do próprio bolso — para salvar a chapa republicana em Nova York. Em troca de sua ajuda, ele pediu a Roosevelt que nomeasse seu amigo Chauncey Depew, que então completava seu primeiro mandato no Senado americano, para a embaixada da França. Roosevelt concordou, mas, segundo Harriman, acabou voltando atrás. O presidente o deixou ainda mais furioso com sua agressiva investida para regulamentar as tarifas ferroviárias por meio da Lei Hepburn. Harriman se remoeu em silêncio até o presidente do Comitê Republicano no Congresso, o deputado James Sherman, de Nova York, procurá-lo para saber se poderia reprisar seu papel de salvador financeiro dos republicanos. Harriman respondeu de maneira amarga, contando sobre a traição de Roosevelt, e se recusou a dar um centavo sequer ao partido.

Sherman relatou o encontro a Roosevelt, que, por sua vez, registrou a conversa com Sherman em uma carta de seis páginas, que autorizou o congressista a mostrar a Harriman. Na carta, Roosevelt negava ter pedido que Harriman levantasse fundos para salvar o Partido Republicano em Nova York e o acusava de ser um "corrupto inveterado". Harriman, escreveu o presidente, era "um cidadão no mínimo tão indesejável" quanto o agitador de esquerda mais radical do país, Eugene Debs, líder do Partido Socialista. "O verdadeiro problema de Harriman e seus comparsas", Roosevelt confidenciou a um senador republicano, "é que eles não têm o poder de controlar nenhuma ação do governo nacional. Em suas tentativas de vingança, não há forma de mendacidade, suborno ou corrupção a que não recorram."[31]

Um homem difícil, Harriman colecionara muitos inimigos. Kahn, um dos poucos financistas de Wall Street que não apenas o conhecia na intimidade como também parecia compreendê-lo, apelidou os detratores do magnata de "Liga do Extermínio de Harriman". Kahn sustentava que os membros dessa igrejinha anti-Harriman eram responsáveis por "envenenar a mente do presidente Roosevelt contra o sr. Harriman", levando-o a ver nele "a encarnação de tudo que seu senso moral mais abominava, e o arquétipo de uma classe que era preciso denunciar e destruir, por simples dever patriótico".[32]

Três dias após as eleições de 1906, os jornais noticiaram que a ICC planejava abrir uma investigação federal sobre as operações ferroviárias de Harriman — algo que, de modo inevitável, arrastaria a Kuhn Loeb para a briga.[33] No ano seguinte, a investigação começou para valer, e com ela veio o que Kahn chamou de "crise na carreira do sr. Harriman". Kahn refletiu que Harriman, fosse pela colossal ambição, fosse por uma rara falha de julgamento, cometera "um grave equívoco" em sua administração da Union Pacific que contribuíra para alimentar o bombardeio regulatório contra ele. Depois que a Suprema Corte determinou a dissolução da Northern Securities, Harriman decidiu enfim vender os ativos financeiros da Union Pacific na Great Northern e na Northern Pacific, cujas ações haviam subido consideravelmente desde a frustrada tentativa de aquisição. Com os lucros, ele adquiriu em nome da Union Pacific grandes participações em outras sete companhias ferroviárias. Além de proporcionar à Union Pacific uma fonte ampla e regular de dividendos, Harriman, com essa medida, obtinha influência na gestão das linhas, num outro exemplo flagrante do tipo de conduta escusa que o governo Roosevelt procurava erradicar.[34]

No fim de fevereiro de 1907, Kahn e Harriman compareceram perante a ICC, onde o depoimento de Kahn foi tão cordial e educado quanto o de Harriman foi agressivo e desafiador. A comissão questionou Harriman sobre sua farra de aquisições ferroviárias. Onde aquilo iria parar? Quanto seria suficiente?

Se a ICC não ficasse no seu caminho, declarou Harriman sem meias palavras, "eu continuaria enquanto vivesse".

O comissário Franklin Lane o estimulou a continuar. "E o poder que detém aumentaria gradualmente à medida que o senhor se apropriasse de uma ferrovia após a outra, de modo a se espalhar não só pela costa do Pacífico, como também por toda a costa do Atlântico?"

"Sim", respondeu Harriman. "Mas e a sua organização, ela não ampliou seu poder?"[35]

Mais tarde, Harriman se queixou a um repórter do *Wall Street Journal*: "Prefiro a cadeia, se essa for a recompensa pela construção dos sistemas ferroviários deste país, ao asilo de indigentes, que é a recompensa da administração ferroviária retrógrada".[36]

A sindicância da ICC se deu no contexto de um clima financeiro cada vez pior. Em anos anteriores, o país conhecera um tremendo ímpeto de prosperidade. Os preços das ações dispararam e, no intervalo de dois anos, entre 1904 e 1906, o índice Dow Jones dobrou. Wall Street fora mais uma vez contagiada pela febre da especulação.

Não terminaria bem. Nunca terminava.

A agitação especulativa em Wall Street impôs uma tensão crescente ao sistema financeiro americano. Por mais de um ano, Schiff percebera sinais preocupantes. No início de 1906, um mês antes de sua partida para o Extremo Oriente, ele emitira um alerta urgente sobre o estado da economia durante uma reunião da Câmara de Comércio de Nova York. Ele observou que "as condições no mercado monetário de Nova York são nada menos que uma desgraça para qualquer país civilizado". As taxas de juros oscilavam descontroladamente, chegando a 125%. O motivo dessa turbulência, afirmou ele, era a moeda "inelástica" da nação — a quantidade de dinheiro circulante permanecia fixa. Isso tornava os Estados Unidos um país único entre as principais potências do mundo, que dependiam de bancos centrais administrados pelo governo para contrair ou expandir sua oferta de moeda com base nas necessidades econômicas do momento. Se Roosevelt dedicasse à reforma monetária ao menos parte da energia que reservara à regulamentação das tarifas ferroviárias, disse Schiff, "os interesses materiais deste país poderão ser protegidos ainda por muito tempo".

"Não gosto de bancar o adivinho, mas guardem minhas palavras", advertiu. "Se esse estado de coisas não mudar, e rápido, teremos um pânico que vai fazer os três anteriores parecerem brincadeira de criança."

Proferido uma hora antes do fechamento de Wall Street, o sinistro apelo de Schiff à reforma monetária nesse dia fez as ações despencarem.[37]

Ao voltar do Japão, ele se deparou com o agravamento da situação financeira. Durante a primeira metade de 1906, o valor das ações caiu em cerca de 20%. Então veio a aprovação da Lei Hepburn, que castigou os títulos ferroviários. Schiff alertou os sócios para que evitassem novas transações. "Sou totalmente contrário a nos comprometermos de qualquer forma que seja no momento, pois as condições monetárias por toda parte são muito incertas, e aqui em particular há tanta agitação contra as corporações que ninguém sabe o que o futuro nos reserva", disse a Paul Warburg.[38]

Agora, Schiff observava a evisceração pública de Harriman com uma apreensão cada vez maior. A antipatia pelas ferrovias, exacerbada pelos crescentes ataques às corporações, preocupava o banqueiro. Ele se queixou com Ernest Cassel de que, sob o governo Roosevelt, "grandes fortunas são proibidas e [...] a influência e o poder trazidos pela riqueza são considerados perigosos para o Estado, portanto constantemente sujeitos a ataque".[39] O governo reivindicara pouco tempo antes o direito de determinar as tarifas ferroviárias. Aonde aquele massacre regulatório acabaria levando?

Em fevereiro de 1907, mais ou menos na época em que Harriman e Kahn testemunharam perante a ICC, Schiff se encontrou privadamente com Roosevelt. O presidente lhe assegurou: "Sr. Schiff, não tenho motivos para vingança, mas quero ter certeza de que estaremos protegidos no futuro contra os abusos do passado".[40]

Em março de 1907, os preços das ações americanas despencaram e o mercado sofreu uma queda de quase 10%. Em um angustiante dia de negociações, as ações da Union Pacific — um alvo, junto com Harriman, da investigação da ICC — caíram mais de vinte pontos. Apelidado de "crash silencioso" ou "pânico dos ricos", o choque financeiro foi considerado restrito a Wall Street e alguns banqueiros previram que não atingiria o resto da economia.

Schiff, porém, mostrou-se cético. "Não estamos mais lidando com uma teoria, mas com uma enfermidade", ele escreveu a Roosevelt no fim do mês. "E ela está se espalhando rápido. Estamos diante de uma situação muito grave, que, se não for enfrentada com prontidão e prudência, certamente acarretará grande sofrimento ao país."[41]

Em julho, a ICC divulgou os resultados de sua investigação sobre Harriman e a Union Pacific. O contundente relatório retratava Harriman como um "ditador ferroviário" ganancioso, nas palavras do *Saturday Evening Post*. Os inimigos de Harriman na indústria mal conseguiam conter a alegria; o presidente de uma ferrovia se declarou "en-can-ta-do" com a esculhambação pública de Harriman.[42]

Em sua ampla sindicância, a ICC se concentrou em um acordo que o magnata das ferrovias organizara em conjunto com a Kuhn Loeb: a aquisição, em 1899, da Chicago & Alton Railroad, uma linha ferroviária de médio porte no Meio-Oeste com perfil de lucratividade regular, mas precisando de modernizações. A comissão destacou o acordo como um caso clássico de "financiamento indefensável", e apontou Harriman como o principal culpado pela "exploração" da ferrovia.[43] Especificamente, acusou Harriman e seus aliados de saquearem uma ferrovia até então financeiramente forte, recorrendo inclusive a uma tática familiar a outros tubarões corporativos. Após assumir o controle da Alton, o consórcio de Harriman mais do que triplicou os dividendos de suas ações, para 30%, extraindo 7 milhões de dólares dos cofres da companhia. O grupo de Harriman, acusou a comissão, também havia se remunerado com títulos a taxas abaixo do mercado e, de modo geral, capitalizara excessivamente a ferrovia, que naufragou à medida que Harriman e seu grupo lucravam.

O negócio da Alton manchou o legado de Harriman mais do que qualquer outra obstinada empreitada comercial liderada por ele nos últimos anos de sua carreira, incluindo o encurralamento da Northern Pacific, no qual foi retratado como um barão ladrão voraz de proporções cartunescas, o Jay Gould de sua geração. George Kennan, o biógrafo autorizado de Harriman, empreenderia mais tarde uma vigorosa defesa da aquisição da Alton com o auxílio de Otto Kahn, escrevendo um extenso tratado sobre a "mal compreendida" transação, no qual argumentava, em parte, que Harriman e os demais investidores haviam obtido um lucro modesto e que as ações haviam sido vendidas a preços baixos a determinados investidores a fim de estimular um mercado para elas.[44] Mas sua análise exaustiva e metódica revelou-se incapaz de desfazer a imagem nefasta de Harriman.

Roosevelt, cuja disputa com o barão ferroviário se tornara pública, instigou o sentimento anti-Harriman. Em um discurso no fim de agosto de 1907, ele deplorou os "malfeitores de grande riqueza", culpando-os por orquestrar a "tensão financeira" pela qual o país passava, numa tentativa cínica de desacreditar as políticas do governo. O presidente não citou nomes, mas ficou claro que Harriman estava entre os principais "capitalistas predatórios" de que falava.[45]

"O país foi varrido por uma espécie de histeria furiosa contra ele", relembrou Kahn. "Ele foi denunciado e execrado como um horrível exemplo de ganância, iniquidade e desregramento capitalistas."[46]

Dois meses após o discurso de Roosevelt, ao fim de um período de relativa calma financeira, o mercado de ações entrou na espiral descendente prevista por Schiff. Um esquema fracassado para controlar as ações da United Copper Company desencadeou a quebra, causando um efeito dominó de caos financeiro. Os clientes correram para sacar seu dinheiro dos bancos e trustes, inclusive a Knickerbocker Trust Company, que foi forçada a suspender as operações depois de esgotar suas reservas de dinheiro. O pânico contagiou outros bancos e trustes, e pessoas apavoradas começaram a fazer fila para salvaguardar suas economias. Em um cenário familiar, instituições financeiramente fortes — preparando-se para uma corrida a seus cofres — recusaram-se a conceder empréstimos às mais fracas.

J. P. Morgan, que participava de uma convenção episcopal em Richmond, voltou rapidamente para casa conforme a crise se aprofundava. Aos setenta anos, Morgan estava agora parcialmente aposentado — seu único filho, John Pierpont Jr. ("Jack"), tocava o dia a dia da firma. Ainda assim, ele desempenhou um papel extraordinário para salvar o sistema financeiro americano do colapso. Assumindo o papel de banqueiro central numa época em que os Estados Unidos não tinham sequer um banco central, ele supervisionou o esforço de resgate acomodado em sua biblioteca, uma construção majestosa em estilo renascentista italiano anexa à sua mansão na rua 36 Leste. Projetada pelo famoso arquiteto Charles McKim, o espaço suntuoso e imponente abrigava três fileiras de estantes de nogueira e bronze contendo a coleção de manuscritos raros medievais e renascentistas de Morgan. As absides e lunetas ricamente pintadas no teto eram inspiradas na obra de Rafael e Pinturicchio. E acima da enorme lareira de mármore pendia uma tapeçaria flamenga do século XVI, parte de uma série retratando os sete pecados capitais. Intitulada "O triunfo da avareza", ela exibia uma inscrição em latim: "Assim como Tântalo é sempre sedento em meio à água, o avarento é sempre sequioso de riquezas".

Fumando charutos cubanos enormes um atrás do outro — por ordens médicas, limitava-se a vinte por dia —, Morgan presidia maratonas de reuniões frequentadas pelas principais mentes financeiras de Nova York, entre as quais Schiff, Ike Seligman e até o antigo inimigo de Morgan, Harriman. Usando uma tática que empregara no passado, Morgan certa vez trancou um beligerante grupo de presidentes de trustes em sua biblioteca até que eles concordassem em contribuir para o resgate de concorrentes mais fracos. Quando o presidente da Bolsa de Valores de Nova York o informou de que dezenas de corretoras corriam risco de colapso a menos que 25 milhões de dólares fossem levantados imediatamente, o banqueiro reuniu essa quantia em uma tarde. Antes do final da crise, Morgan chegaria a resgatar da insolvência até a cidade de Nova York.[47]

Exercendo uma extraordinária autoridade para um cidadão privado, ele decidia quais instituições mereciam ser resgatadas e quais estavam além da salvação. Assim como um século mais tarde, durante a crise financeira de 2007-8, Ben Bernanke, presidente da Reserva Federal, e Henry Paulson, secretário do Tesouro, rejeitariam ajudar a Lehman Brothers, Morgan considerou a Knickerbocker irrecuperável, recusando-se até mesmo a receber seu presidente, Charles T. Barney, quando o banqueiro foi nervosamente à sua biblioteca em busca de ajuda. Pouco tempo depois, o executivo em desgraça levou um revólver à barriga e tirou a própria vida.

Schiff, por sua vez, fez alguns pronunciamentos tranquilizadores para o público, declarando que "a situação está perfeitamente sob controle" — ainda que no íntimo duvidasse disso.[48] Ciente de que a classe trabalhadora seria a mais duramente atingida, ele mobilizou a comunidade filantrópica de Nova York para garantir que a calamidade financeira não se transformasse também em calamidade humanitária. "Eu digo aos ricos que o homem que possui uma renda além de suas necessidades, antes de acrescentar qualquer coisa a seu capital durante uma crise como esta, deve fazer questão de se certificar de que não exista em nosso meio nenhum grande sofrimento que possa ser aliviado", declarou em um discurso. "Sejamos mais generosos na adversidade do que jamais fomos na prosperidade — pois essa é a verdadeira caridade."[49]

Naquele inverno, passado o pior da crise, Schiff partiu em outra viagem pelo mundo, com destino à Palestina e ao Egito. Sua visita à Terra Santa foi de certa forma uma surpresa. Ele discordava fortemente do movimento sionista, que desejava estabelecer uma pátria para os judeus na região. Acreditava que o futuro do povo judeu estava nos Estados Unidos e falou de uma "Israel americana" composta dos "filhos dos filhos dos homens e mulheres que, nesta geração, desembarcaram de todas as partes do globo nestas praias abençoadas".[50] Além disso, a seu ver, o sionismo era conflitante com o "verdadeiro americanismo", e ameaçava emprestar credibilidade aos rumores antissemitas utilizados por séculos para marginalizar os judeus — que os judeus eram uma nação em si e portanto não poderiam demonstrar lealdade para com nenhum Estado.[51] Como resultado de suas opiniões francas, os sionistas denunciaram Schiff como um "traidor", embora tenham se animado quando ele chegou a Jerusalém para visitar os assentamentos judaicos.[52]

Schiff passou parte das férias em um cruzeiro pelo Nilo, acompanhado por Ernest Cassel. Quando avistou as ruínas de uma antiga civilização cobertas pela areia, seus pensamentos se voltaram a Harriman, cujo império ferroviário, como os reinos dos faraós, seria um dia reduzido a pó. A paisagem o deixou num espírito reflexivo, e ele se sentou para escrever uma breve carta a Harriman: "As majestosas ruínas na costa lembram-me como são vãs todas as coisas mundanas; como tantas vezes nos esforçamos por nada; como nossa vida é breve e como é longa nossa eternidade depois de mortos. Escute meu conselho, meu bom amigo, não trabalhe tão constantemente". Ele exortou Harriman a renunciar a suas várias presidências de ferrovias e a reduzir os compromissos de negócios.[53]

Harriman praticamente ignorou o conselho, ainda que seu corpo frágil e prostrado pela dor começasse a exibir visíveis sinais de fraqueza, gerando rumores sobre sua saúde que derrubaram as ações das empresas ligadas a ele.[54] Em seu último ano de vida, a investida contra Harriman arrefeceu tão rapidamente quanto se materializara. Roosevelt completou seu mandato final e seria em breve sucedido por seu secretário de Guerra, William Howard Taft. Os ataques diminuíram. Kahn escreveu a Harriman uma carta terna parabenizando-o por se manter firme em meio à tormenta. "Eu o observei de perto nos momentos de seus muitos sucessos e triunfos, assim como nos de decepção e preocupação, e finalmente no ano passado em um período de provação, turbulência e estresse", escreveu Kahn. "Inveja, ciúme, ódio e incompreensão se combinaram numa aliança profana para destruí-lo, o pânico financeiro contribuiu com sua enervante tensão — mas você permaneceu calmo, resoluto, inabalável em meio aos amigos enfraquecidos e inimigos poderosos [...] ousadamente enfrentando, combatendo e enfim superando um massacre de proporções que desencorajariam quase qualquer um, exceto você."[55]

As ambições globais de Harriman chegavam até a parecer exequíveis. Schiff soube por Grigóri Wilenkin, agora atuando como agente financeiro da Rússia no Japão, que a Rússia consideraria abrir mão da Ferrovia da China Oriental se o Japão vendesse sua parte na Ferrovia do Sul da Manchúria.[56] A China, ansiosa por capital estrangeiro, apoiou o plano para um consórcio internacional composto de sociedades bancárias britânicas, francesas, alemãs e americanas para adquirir ambas as linhas — proposta entusiasticamente apoiada pelo Departamento de Estado, que procurava estabelecer uma presença comercial americana na região. A Kuhn Loeb e a J. P. Morgan & Co. faziam parte daquele que viria a ser conhecido como o Grupo Americano. Max Warburg entrou nas negociações pelo lado da Alemanha.[57]

Enquanto trabalhava para avançar no acordo, Harriman recebeu uma grave notícia de seu médico. Estava com câncer de estômago, inoperável. Ele escondeu o diagnóstico mesmo quando seu aspecto emaciado e pálido traía sua condição cada vez pior. No fim de agosto de 1909, Schiff visitou Harriman em Arden, a imensa propriedade rural do magnata, situada em uma crista com vista para o vale do rio Ramapo. Harriman falou de forma tão convincente sobre seus futuros planos que levou Schiff a pensar que se recuperaria.[58] Duas semanas depois, estava morto.

Refletindo sobre a vida de Harriman, Kahn considerou sua morte o final de um capítulo na história financeira americana. Harriman não teria sucessor, afirmou Kahn, pois nunca mais um único homem deteria tamanho poder sobre as ferrovias. "Para o bem ou para o mal — de minha parte, acredito que para o bem, a menos que avancemos demais e rápido demais —, as pessoas parecem determinadas a impor limites e restrições ao exercício do poder econômico e da supremacia, assim como antigamente impuseram limites e restrições ao absolutismo dos soberanos."[59]

O fim de uma coisa é o início de outra. E, à medida que a era dos barões das ferrovias chegava ao fim, novas fronteiras se abriam. Se as décadas anteriores haviam sido dominadas pelos gigantes da indústria, os anos seguintes seriam definidos por novos-ricos e por uma aliança de bancos de investimento que mudaria o curso das finanças modernas.

18
Goldman Sachs:
Ouro até no nome

QUANDO O PÂNICO DE 1907 TEVE INÍCIO, Walter Sachs, o mais novo dos três filhos de Sam, estava em Londres completando sua formação bancária antes de se juntar à firma da família. Assim como os irmãos, ele havia estudado em Harvard, formando-se em 1904 na mesma turma de Franklin Delano Roosevelt. Embora não frequentasse os mesmos círculos sociais de "Frank", conheceu-o quando trabalharam juntos no *Harvard Crimson*, ao qual Walter se candidatou em seu primeiro ano na universidade, após receber garantias de que sua origem judaica não representaria um obstáculo.[1]

Em Harvard, Walter seguiu sua paixão pelo teatro, chegando a considerar uma carreira nos palcos. "Então pensei melhor e me decidi pelo sistema bancário", recordou.[2] O pai e os irmãos, entretanto, tentaram conduzi-lo por uma direção diferente, talvez receando causar mais desgaste com Henry Goldman ao admitir outro Sachs numa sociedade que era agora mais Sachs do que Goldman. Por que não estudar direito? Walter resistiu, mas, para fazer a vontade da família, permaneceu dois infelizes semestres cursando direito em Harvard. "Passei nas provas, mas não me saí muito bem, pois não tinha o coração realmente naquilo", disse. "E acabei dizendo a meu pai que o que eu realmente queria fazer era entrar para os negócios." Sam cedeu, recorrendo a seus contatos bancários na Europa para que Walter realizasse uma série de estágios.[3]

Ele foi enviado primeiro a Paris, onde aprendeu sobre arbitragem monetária trabalhando no banco privado de Louis Hirsch. Depois, se mudou para Berlim, onde fez um curso intensivo sobre o mercado de títulos no Direktion der Disconto-Gesellschaft. No banco alemão, Walter dividiu uma sala com outro jovem banqueiro, chamado Franz von Rintelen, mais tarde um infame espião na Primeira Guerra Mundial. Operando clandestinamente nos Estados Unidos, Rintelen sabotou envios de munições para os Aliados plantando bombas de efeito retardado nos porões dos navios mercantes e fomentando greves trabalhistas em fábricas de armas para atrasar a produção. Após sua captura, passou os anos finais da guerra em uma penitenciária de Atlanta.

Walter concluiu seu treinamento em Londres trabalhando para a S. Japhet & Co. A firma bancária com que Sam Sachs havia mantido uma parceria transatlântica anterior, a Kleinwort, Sons & Co., recusara educadamente a admissão do rapaz como estagiário — "presumo que não quisessem nenhum americano sabendo demais sobre seu negócio", especulou —, embora ele com frequência participasse de eventos sociais com os sócios da firma.

O primeiro contato de Walter com a família Kleinwort, anos antes, ainda o deixava envergonhado. Quando tinha quinze anos, ele fora levado pelos pais a um jantar na propriedade vitoriana de Sir Alexander Kleinwort, no sul de Londres. Para constrangimento geral, Walter se apresentou ao mordomo, confundindo o serviçal de fraque com o nobre banqueiro que o pai tanto se esforçava por agradar. Durante o treinamento em Londres, enquanto tentava causar uma boa impressão, Walter inadvertidamente cometeu outra gafe. Num jantar, um banqueiro londrino comentou com ele a respeito de conversas nos círculos financeiros sobre a grande quantidade de letras de câmbio da Kleinwort-Goldman inundando o mercado, um sinal de que ambas as empresas podiam estar passando por dificuldades financeiras. Walter, diligentemente, relatou esses rumores a Alexander Kleinwort, que o escutou impassível. Só mais tarde ele ficou sabendo que ofendera o banqueiro. "Um jovem simplesmente não devia sugerir a um dos maiores banqueiros mercantis de Londres que alguém havia questionado sua situação de crédito", disse Walter.[4]

O influxo de papéis cor de salmão que circulavam por Londres (reflexo dos empréstimos que a Kleinwort Sons fizera à Goldman Sachs e tentava agora vender no mercado secundário) era uma evidência das preocupações econômicas mais amplas que precederam o pânico de 1907. Devido ao turbulento mercado monetário americano, casas bancárias como a Goldman tentavam levantar grandes somas no estrangeiro, o que por sua vez acentuava as apreensões em Londres. No verão de 1907, o Banco da Inglaterra decretou uma moratória temporária às letras de câmbio americanas — medida que pode ter contribuído para a crise ocorrida no outono seguinte, ao impor uma pressão adicional sobre o sistema de crédito americano.[5]

Enquanto relatos aflitos de corridas a bancos em Nova York e do impressionante colapso da Knickerbocker chegavam a Londres, Walter fazia as malas em seu apartamento na Jermyn Street e se preparava para partir em uma viagem ao redor do mundo, prêmio que o pai lhe prometera por concluir seu treinamento. Mas, com Wall Street paralisada pelo pânico, o momento não era propício para uma *Wanderjahr*. "Meu rapaz", Sam escreveu ao filho, "é melhor voltar para casa e trabalhar."[6]

Em 1º de janeiro de 1908, Walter ingressou formalmente na Goldman Sachs, com um salário anual de 1800 dólares. No dia 2, seu irmão mais velho, Arthur — um homem frio e altivo, de temperamento explosivo, como tantos outros em sua família —, despachou o banqueiro novato para Hartford no trem das sete da noite para visitar os bancos locais e encontrar compradores para os títulos comerciais da Goldman.[7] O treinamento chegara ao fim. Walter voltou mais tarde a Nova York sem ter realizado uma única venda — algo não totalmente inesperado, devido à recessão econômica —, e com os ouvidos ainda zumbindo após o sermão proferido pelo intratável presidente do Hartford National Bank, que teve um acesso de fúria quando ele não conseguiu lhe dar uma resposta satisfatória sobre a relação entre dois clientes de títulos comerciais com nomes semelhantes.[8]

Marcus Goldman falecera quatro anos antes, aos 83 anos. E a sociedade em que Walter ingressara, agora nas mãos firmes do pai e do tio, já respirava uma atmosfera diferente do negócio estável e conservador que seu avô construíra a partir do nada. Sam trabalhara durante anos para internacionalizar a Goldman Sachs, forjando conexões com uma rede de bancos correspondentes por toda a Europa. Henry, por sua vez, nem sempre com sucesso, pressionara a firma a entrar no negócio de valores mobiliários e subscrições, envolvendo-a, por exemplo, no que os sócios descreviam arrependidos como "aquele lamentável negócio da Alton". Era exatamente a mesma transação pela qual Harriman fora acusado de saquear uma empresa saudável para extrair lucros indevidos — embora de algum modo ela tenha acabado dando prejuízo para as finanças da Goldman Sachs. "Provavelmente nenhuma transação foi mais traumática ou cheia de novos problemas", recordou Walter. O consórcio de Harriman, liderado pela Kuhn Loeb, recapitalizara a ferrovia com a emissão de 45 milhões de dólares em títulos. A Goldman Sachs adquirira 10 milhões de dólares desse montante, dividindo sua cota com a New York Life Insurance Company. A firma distribuiu sua parte entre várias casas de investimento, inclusive a Lehman Brothers, que assumiu uma modesta participação de 100 mil dólares e reteve quase 1 milhão de dólares dos títulos para sua própria conta. "O mercado de títulos logo ficou estagnado, e o negócio da Alton, do ponto de vista do mercado monetário, se encheu de dificuldades", relembrou Walter. "A maioria dos títulos ficou encalhada." O negócio resultou numa "perda considerável".[9]

Mas Henry persistiu, determinado a entrar para o seleto clube dos bancos de investimento que praticamente monopolizavam a emissão de novos títulos ferroviários, dominado por Schiff, Morgan e James Speyer. A exemplo do que Harriman havia feito nos anos iniciais de sua carreira, Goldman tentou entrar a todo custo no jogo comprando grandes lotes de títulos ferroviários e se transformando num ator impossível de ser ignorado. "Lembro-me de ouvir, quando mais novo, a história de como ele começou a adquirir ações de determinada ferrovia para assegurar um assento à mesa, permitindo desse modo que a firma se tornasse o banqueiro por trás dela", relembrou Walter. "Um dia, Jimmy Speyer, que havia descoberto a origem das compras, chamou meu tio em seu escritório na Pine Street, disse-lhe que parasse de comprar e se ofereceu para ficar com todas as ações adquiridas por ele ao preço de custo, mais 6% de juros." A Kuhn Loeb, a J. P. Morgan & Co. e a própria Speyer & Co. eram as empresas que controlavam o negócio da subscrição ferroviária, o banqueiro afirmou sem rodeios a Henry. "Recém-chegados não eram bem-vindos."

Henry e Sam se desentenderam quanto ao passo seguinte. Goldman queria resistir e lutar. Sachs, com igual determinação, queria que eles vendessem as ações, obtivessem um lucro rápido e indolor e evitassem um confronto com os rivais, mais poderosos. O irmão mais velho de Henry, Julius, o ponderado advogado da firma, foi enfim chamado para intermediar a disputa. Ele ficou do lado de Sachs, observando que antagonizar os principais banqueiros do país poderia pôr a firma paterna em risco. "Ficou claro que não havia chance de entrar no negócio ferroviário naquele momento", disse Walter. "A mente imaginativa de Henry Goldman tomou outra direção."

Assim, ele dirigiu seu foco às indústrias negligenciadas pelos principais bancos de investimento. Os varejistas e atacadistas, os comerciantes de artigos têxteis e os heterodoxos donos de lojas de departamento, o setor fabril e os produtores de bens de consumo eram em larga medida ignorados pelos mercados de capitais. Poucos negócios do tipo haviam sido abertos e listados na Bolsa de Valores de Nova York.

Tradicionalmente, as companhias eram avaliadas com base em seus ativos físicos, que lastreavam a emissão de títulos e ações. A popularidade das ferrovias entre os investidores se devia ao fato de seu balanço patrimonial estar recheado de ativos. Mas e no caso do fabricante de pneus que supria os principais fabricantes automotivos do país, ou da loja de departamentos que girava rapidamente seu estoque e abria novas filiais? Esses negócios em geral possuíam poucos ativos físicos, e sua contabilidade não refletia fatores valiosos, mas intangíveis, como marca, base de clientes, perspectivas futuras e capacidade de lucro. Esses ativos difíceis de avaliar eram conhecidos como fundos de comércio, e as empresas mercantis e de consumo mais bem-sucedidas os tinham de sobra. Goldman apostava que conseguiria capitalizar de forma inédita com os fundos de comércio, atraindo o investimento do público para uma nova classe de empresas com base principalmente em seu potencial de ganho. O momento não poderia ter sido mais propício. As medidas de Theodore Roosevelt contra as ferrovias e outros monopólios haviam levado os investidores a procurar novos mercados, onde seu capital estivesse a salvo da cruzada antitruste do presidente. Isso proporcionou uma abertura para financistas de médio porte até então excluídos das grandes transações industriais, como Henry Goldman, e para uma geração de empresas que se beneficiaram de um influxo de capital de investimento e prosperaram, tornando-se nomes conhecidos.

Goldman costuma ser mitificado como o pai da moderna oferta inicial de ações, ou IPO. Isso é um exagero. Não podemos questionar seu gênio — seu domínio da alquimia financeira e mercadológica necessária para uma abertura de capital bem-sucedida —, mas ele foi menos um pioneiro do que um dos desbravadores do novo e inexplorado mercado da subscrição corporativa. No início de 1906, quando Goldman iniciou conversas com o amigo Fred Wertheim para abrir o capital de sua United Cigar Manufacturers Company, os Lehman e os Seligman já tinham se aventurado por essa área. Em 1899, a J. & W. Seligman & Co. emitira ações da American Hide & Leather Company. Nesse mesmo ano, a Lehman Brothers havia promovido a oferta de ações da International Steam Pump Company. Para a Lehman, pelo menos, essa incursão solitária no ramo da subscrição corporativa — antes disso, eles haviam participado de inúmeros consórcios — "não foi nem um sucesso brilhante nem um fracasso", observou Frank Manheim, sócio da Lehman, em sua história institucional da empresa, não publicada. Sete anos se passaram antes que a firma, agora sob o comando de Philip Lehman, assumisse a vanguarda em outra oferta de ações. E, dessa vez, ele o faria em parceria com Henry Goldman e a Goldman Sachs.[10]

Henry e Philip eram amigos de infância, criados na comunidade fechada da elite financeira judaico-alemã de Nova York. Ambos eram ambiciosos e competitivos, e ansiavam por sair da sombra paterna. Além da criação parecida, eles também partilhavam da paixão por colecionar arte.

Os dois amigos costumavam se reunir para almoçar no Delmonico's, na South William Street, geralmente escolhendo uma mesa no fundo do salão no andar de cima, onde corriam menos risco de sua conversa chegar aos ouvidos de concorrentes em Wall Street. Talvez tenha sido numa dessas ocasiões, no início de 1906, que Henry tenha tocado na ideia de subscreverem conjuntamente a oferta da United Cigar. A princípio, Philip e Henry pensaram em se aventurar por conta própria no campo da subscrição, mas, no fim das contas, acabaram por estabelecer uma parceria entre suas firmas.[11]

Em junho daquele ano, a Goldman Sachs e a Lehman Brothers puseram as ações da United Cigar à venda, marcando o começo de um acordo longo e imensamente lucrativo que elevou ambas a novas alturas na comunidade dos bancos de investimento. A parceria na subscrição fazia todo sentido. Além de serem ligadas por fortes laços pessoais — Arthur Sachs e Arthur Lehman também eram amigos íntimos —, as firmas se complementavam perfeitamente. Graças a suas transações de títulos comerciais, a Goldman Sachs já mantinha relacionamentos com companhias que podia abordar como clientes para o novo negócio. Os Lehman, por sua vez, contavam com um nome bem estabelecido e capital de sobra.[12] Além disso, os sócios de ambas as firmas mantinham amizades íntimas e em alguns casos conexões familiares com outros empreendedores alemães judeus que acabariam se juntando à sua crescente lista de clientes, como os irmãos Gimbel, fundadores da famosa rede de lojas de departamentos; os Guggenheim, que fizeram fortuna no ramo da mineração e fundição e tinham uma grande participação na Gimbels; e os Straus, proprietários dos impérios varejistas da Macy's e Abraham & Straus.

Walter Sachs atribuiu o sucesso de sua firma na subscrição à abordagem arrojada adotada por ela: "Nossa empresa era mais audaciosa e imaginativa; e a capitalização, ainda mais ousada. Justificar essa capitalização exigia um grau de otimismo que ia quase além daquele ditado pelo conservadorismo". Em outras palavras, a Goldman Sachs estava disposta a forçar os limites financeiros para justificar grandes ofertas de ações vinculadas a previsões muito otimistas de desempenho futuro.[13]

Em retrospecto, Sachs se admirou da "simplicidade dessas transações iniciais", elaboradas sem a supervisão do governo, décadas antes que órgãos reguladores como a Comissão de Valores Mobiliários entrassem em cena. Ele se lembrava do tio esboçando os detalhes de uma IPO numa única folha de um bloco amarelo. Um contrato entre as partes era assinado. E, na data combinada, a Goldman e a Lehman adquiriam as ações da companhia, comercializando-as com investidores por meio de uma rede de bancos e corretoras.

Sachs recordou a oferta da United Cigar como um "negócio prolongado". Mas, embora a oferta de ações da companhia tenha se arrastado, isso não pareceu deter Henry Goldman e Philip Lehman. Dois meses após a United Cigar abrir o capital, suas firmas lideraram uma IPO ainda mais ambiciosa: a da Sears Roebuck.

Fundada no início da década de 1890 por Richard Sears e Alvah Roebuck, a empresa havia começado como um pequeno negócio de venda de relógios pelo correio, que aproveitava o sistema ferroviário em expansão do país para promover e distribuir seus produtos — a preços muito mais baixos do que nos comércios locais — a uma clientela composta sobretudo de fazendeiros. A procura foi enorme, e a companhia acrescentava o tempo todo novos produtos a seu estoque: máquinas de costura, implementos agrícolas, ferragens, móveis, carruagens, roupas. Seu catálogo cresceu de 32 páginas em 1891 para 322 em 1894.[14]

Sears comprou a parte de Roebuck logo no começo, e, precisando de mais capital, procurou um novo sócio, um jovem empresário chamado Julius Rosenwald. Filho de judeus alemães da geração de 1848 estabelecidos em Springfield, no estado de Illinois, Rosenwald era um parente distante dos Sachs — seu tio materno, Samuel Hammerslough, casara-se com a irmã de Sam Sachs, Emelia. Após a morte dos pais, Sam Sachs havia morado por um tempo com os Hammerslough, onde conheceu Rosenwald, que residia com eles enquanto estagiava no negócio de confecções do tio. Rosenwald, JR para os mais íntimos, acabou voltando a Illinois, estabelecendo-se em Chicago e entrando como sócio na Sears em 1895.

Juntos, ao longo da década seguinte, Sears e Rosenwald transformaram o negócio em uma potência varejista que faturava cerca de 50 milhões de dólares em vendas anuais. A empresa cresceu tão rapidamente que, em 1906, Sears e Rosenwald decidiram construir um imenso complexo com uma nova sede e um centro de distribuição para atender a avalanche de pedidos. Mas eles precisavam de um empréstimo polpudo para concretizar o projeto. Rosenwald, vice-presidente e tesoureiro da companhia, no passado recorrera à Goldman Sachs para levantar somas relativamente modestas de capital de curto prazo mediante vendas de títulos comerciais. Agora, ele e o sócio procuravam o banco de investimentos pleiteando 5 milhões de dólares. Após escutá-los, Henry Goldman fez uma contraproposta ousada — uma oferta pública de 40 milhões de dólares que renderia 4,5 milhões a cada um dos sócios.

Um homem parcimonioso, Rosenwald reservara um quarto de hotel pequeno e barato durante sua estada em Nova York, e, quando as negociações começaram, algumas conversas tiveram lugar em suas apertadas acomodações, forçando os participantes a se sentarem desajeitadamente na beirada da cama.[15] Em agosto de 1906, a Sears se tornou uma empresa pública. Houve ceticismo, quando não hostilidade aberta, quanto à emissão de ações em alguns setores, sobretudo nas comunidades agrícolas, onde já existia uma preocupação de que a Sears acabaria com os pequenos comércios locais. "Fazendeiros traídos por Wall Street", anunciou o editorial do *Hanover Democrat and Enterprise*, do Kansas, descrevendo a oferta de ações como uma tentativa descarada de faturar. "O plano agora parece ser deixar Wall Street ficar com o dinheiro do agricultor e financiar um truste gigantesco de venda por catálogo. Em outras palavras, quem paga a conta é o agricultor."[16]

Para os investidores, a oferta foi imensamente lucrativa — pelo menos no longo prazo. Um investimento inicial de mil dólares, representando vinte ações ordinárias em 1906, valia duas décadas depois mais de 62 mil dólares, contando os dividendos.[17] No curto prazo, porém, talvez tenham resultado em algumas noites em claro para Richard Sears, Julius Rosenwald e seus banqueiros. As ações da Sears Roebuck chegaram ao mercado durante o tumultuado ano que precedeu o pânico de 1907, e acabaram sendo duramente atingidas, assim como outros títulos industriais.

De férias em Paris em julho de 1907, Henry Goldman concedeu entrevista a um correspondente do *New York Times* sobre o desanimador panorama econômico doméstico. Ele atribuía a volatilidade a uma "orgia especulativa". Mas o público investidor, "suficientemente escaldado", estava caindo em si. Goldman previu com otimismo que "as condições alteradas se revelarão antes do final do ano em um mercado monetário decididamente calmo". Na verdade, meses depois, ocorreu exatamente o contrário; o sistema de crédito travou. No auge da crise, as ações ordinárias da Sears, originalmente oferecidas a cinquenta dólares, caíram para trinta; as ações preferenciais, avaliadas inicialmente em cem dólares, despencaram para sessenta.

A crise financeira representou um golpe significativo, embora não debilitante, para a Goldman Sachs, custando quase 17% de seu capital. "Devido à queda nos títulos", a empresa relatou despreocupadamente à Kleinwort Sons em um comunicado, "em vez de poder dizer que temos 4,5 milhões de dólares, precisamos subtrair 750 mil desse valor."[18] A Goldman teria se saído ainda pior não fossem seus laços com o banco britânico; em meio à agitação do mercado, Alexander Kleinwort deu carta branca a Sam Sachs para recorrer a seu banco conforme necessário — suscitando os incômodos rumores em Londres sobre a situação financeira das duas empresas. Que Kleinwort estivesse disposto a correr o risco de arranhar sua imagem é prova do aprofundamento de sua relação com a Goldman Sachs. Sua sociedade transatlântica ingressara pouco tempo antes numa nova fase, quando Kleinwort se juntara à Goldman e à Lehman Brothers na oferta da Sears, administrando o ramo londrino do negócio e vendendo ações na Europa por meio de uma rede de corretores. Como o continente europeu constituía o maior mercado dos títulos industriais americanos, a aliança com a Kleinwort foi um ingrediente essencial (ainda que muitas vezes negligenciado) para a ascensão da Goldman Sachs e da Lehman Brothers.

O pânico de 1907 e a recessão que se seguiu forçaram o recém-formado triunvirato a interromper suas operações de subscrição. Após a oferta da Sears, quase três anos se passaram antes que o Trio — como as firmas se referiam à parceria — tentasse cautelosamente outra oferta pública. Em junho de 1909, eles emitiram ações da National Enameling & Stamping Company, seguidas pouco tempo depois por uma sucessão de IPOS: Underwood Typewriter, May Department Stores, Stern Brothers (outra cadeia de lojas de departamento), Studebaker, Knickerbocker Ice Company e B. F. Goodrich.

As empresas criaram postos de cabograma dedicados a seus negócios conjuntos — Kleingold para o tráfego londrino e Goldwortco para mensagens enviadas a Nova York —, e se comunicavam em código a fim de evitar que os rivais se inteirassem de seus planos. Por vezes, quando negócios particularmente delicados precisavam ser discutidos, Henry Goldman embarcava em um vapor com destino a Londres para se encontrar pessoalmente com os sócios da Kleinwort.

Mais conservadores do que seus colegas americanos, os banqueiros britânicos de vez em quando se preocupavam que os negócios trazidos pela Goldman Sachs e pela Lehman Brothers fossem arrojados demais, alertando sobre "vários erros na avaliação das ações ordinárias" — que, ao contrário das preferenciais, vinculadas a ativos tangíveis, baseavam-se numa estimativa bem menos científica do fundo de comércio e da capacidade de ganho das empresas. Isso resultou em títulos que podiam ser comprados abaixo de seu preço de oferta semanas após terem sido emitidos, como foi o caso das ações da Stern Brothers e da fabricante de pneus B. F. Goodrich.[19]

O outro lado também teve de lidar com frustrações. "Os senhores sem dúvida compreendem como isso foi constrangedor para nós", a Goldman Sachs escreveu à Kleinwort após tomar conhecimento de que as ações emitidas pela Stern Brothers haviam sido vendidas na França, com taxas de desconto, por corretores não autorizados.[20]

A parceria Goldman-Lehman-Kleinwort, a despeito dos ocasionais contratempos e tensões, foi um tremendo sucesso. "Estamos sendo inundados por uma quantidade sem precedentes de pedidos de subscrição", relatou a Goldman a seus sócios londrinos.[21] E, como Paul Sachs se vangloriou para Herman Andreae, um dos mais novos sócios da firma britânica, "há uma procissão diária de pessoas importantes batendo à nossa porta com o intuito de fazer negócios conosco mais cedo ou mais tarde".[22]

O negócio da subscrição era tão lucrativo que, ao chegar à meia-idade, Paul Sachs sentiu segurança suficiente para se aposentar da firma e se dedicar à sua verdadeira paixão: arte e antiguidades. Assim como James Loeb, Paul, o filho mais velho dos Sachs, só entrara no negócio da família depois de muito relutar. Em Harvard, ele havia tido aulas com Charles Herbert Moore, um historiador da arte e diretor-fundador do Museu Fogg, o primeiro da universidade; quando se formou, Moore lhe ofereceu uma posição como assistente. Sam Sachs, entretanto, se recusou a aumentar o mísero salário de 750 dólares oferecido pelo cargo, forçando Paul a escolher entre uma vida austera nas artes ou uma vida de indulgência nos bancos de investimento.[23] Paul acabou por se juntar à sociedade da família, mas, como contou em suas memórias, "jurei nunca desistir da ideia de um dia seguir uma carreira profissional na arte".[24]

Em 1911, Edward Waldo Forbes, neto de Ralph Waldo Emerson, agora no comando do Fogg, convidou Paul a participar do comitê consultivo do museu. A oportunidade o deixou entusiasmado, e ele encarou o convite como "uma porta de entrada" para a tão sonhada vida acadêmica.[25] Quando Forbes lhe ofereceu um emprego como diretor assistente do museu, ele não hesitou em aceitar. Mais tarde, citou James Loeb como uma inspiração por trás de sua decisão de abandonar a carreira bancária. A saída de Jimmy da Kuhn Loeb para seguir sua verdadeira paixão "serviu para fortalecer minha determinação de copiar seu exemplo um dia. [...] Ele ilustrava minha ideia de como um erudito patrono das artes deveria ser".[26]

O cargo no Fogg não era remunerado, mas Sachs não precisava do dinheiro. Fizera imensa fortuna em Wall Street, graças em grande parte à série de IPOS engendradas por Henry Goldman e Philip Lehman. Assim, ele se mudou para Cambridge com a esposa, Meta, e as três filhas. A família foi morar em Shady Hill, a imponente mansão próxima ao campus de Harvard que, anos antes, ele podia contemplar de seu quarto no dormitório da faculdade.

"Muitos em Wall Street me acharam um tremendo tolo e não conseguiram compreender", recordou Sachs.[27] Mas seus contatos em Wall Street se revelaram valiosos para a nova vocação, rendendo polpudas contribuições ao museu. Entre os doadores recrutados estava seu amigo Felix Warburg, ele também um connoisseur. A enorme nova mansão de Warburg, projetada por C. P. H. Gilbert no número 1109 da Quinta Avenida e com vista para o reservatório do Central Park, era um museu em si, repleta de xilogravuras, águas-fortes, tapeçarias e outros objetos de arte dos períodos barroco e renascentista colecionados pelos Warburg em suas viagens. (O palacete de cinco andares em estilo gótico francês, que contava com uma quadra de squash, era extravagante até para os padrões da Era Dourada. Jacob Schiff ficou chocado com o chamativo château do genro — talvez sobretudo pelo momento da construção. Ela foi completada em 1908, em plena recessão causada pelo pânico de Wall Street no ano anterior.) Warburg tornou-se um dos patronos mais generosos do museu, a certa altura contribuindo com 500 mil dólares para a construção de sua nova sede.

Com 1,57 metro de altura, o rechonchudo Sachs dava-se ares de importância. Também possuía um lado arrogante e era propenso a acessos de raiva. Henry Goldman considerava o sobrinho um "irritante galinho de briga", e ao que parece ficou satisfeito com sua saída da firma.[28]

"Sua paixão e seu conhecimento eram muito mais orientados para a arte do que para os bancos", disse Ernest Paul Sachs, apelidado de Rusty e cujo nome do meio é uma homenagem ao "tio Paul". (O avô de Rusty, também chamado Ernest e um neurocirurgião pioneiro, era primo de Paul.) "Que figura maravilhosa ele era."[29]

Paul não era exatamente um banqueiro — costumava se ausentar do escritório por horas, a fim de explorar as livrarias e galerias dos antiquários nova-iorquinos —, mas fez uma contribuição duradoura para o futuro da firma ao vislumbrar o talento bruto de um rapaz do Brooklyn que havia abandonado o ensino médio e trabalhava para a Goldman Sachs por três dólares semanais como assistente da zeladoria. Impressionado com sua personalidade, Sachs o promoveu à sala da expedição, e, para que o jovem se aperfeiçoasse, pagou suas aulas no Browne's Business College, no Brooklyn. Décadas mais tarde, Sidney Weinberg dirigiria a Goldman Sachs. Talvez seu CEO mais icônico, o beligerante banqueiro, que tinha cicatrizes nas costas por conta de brigas de faca na infância, liderou a firma em meio ao desastre financeiro da Grande Depressão e, ao longo dos quarenta anos seguintes, estabeleceu a Goldman Sachs como uma potência mundial dos bancos de investimento.

Livre de suas obrigações com a firma, Paul construiu um significativo legado próprio. Chegando futuramente à diretoria do Fogg e conquistando uma cátedra em Harvard, lecionava um curso de um ano em curadoria museológica, tendo formado uma geração de profissionais que se distribuiriam por algumas das instituições mais proeminentes da nação e, em alguns casos, criariam suas próprias instituições. Entre seus alunos estavam os fundadores do Museu de Arte Moderna de Nova York, e Sachs não só recomendou o primeiro diretor do MoMA como também, na condição de membro fundador, ajudou a moldar sua missão. Durante a Segunda Guerra Mundial, Sachs participou da criação da força-tarefa Aliada conhecida como Monuments Men, e seus pupilos tiveram um papel de destaque nessa equipe de curadores, historiadores da arte e arquitetos responsáveis por recuperar obras roubadas pelos nazistas.

Edward Warburg, o filho mais novo de Felix e Frieda, que estudou com Sachs, lembrou-se dele como "uma pequena bala de canhão vigorosa e mal-humorada". Para outro aluno de Sachs, Lincoln Kirstein, amigo e colega de turma de Eddie, ele era "um sujeitinho nervoso que odiava ser judeu".[30] Embora não fosse universalmente amado pelos alunos, Sachs deixou sua marca, por meio daqueles que treinou, na evolução do gosto artístico. Sua influência foi tão profunda e onipresente que mudou até o modo como a arte era exibida. O curador, baixinho, pendurava os quadros um ao lado do outro na altura dos olhos, ao que parece para observá-los melhor, contrariando o estilo europeu, de posicionar as obras em densas aglomerações. O método de Sachs, reproduzido por seus alunos, passou a predominar nos museus e galerias de arte americanos.[31]

Animados com suas bem-sucedidas operações de subscrição, Henry Goldman e Philip Lehman também deram vazão a seus interesses artísticos. Em 1911, Lehman fez sua primeira aquisição significativa, o *Retrato de um homem sentado em uma poltrona*, de Rembrandt. Foi a pedra fundamental de uma coleção, expandida por seu filho Bobbie e compreendendo cerca de 2600 obras de arte, que hoje ocupa toda uma ala do Metropolitan Museum of Art.

Um ano depois de Philip adquirir o Rembrandt, Henry Goldman pagou 100 mil dólares pelo *São Bartolomeu* do mestre holandês; embora colecionasse arte desde a faculdade, essa foi sua primeira grande aquisição. A ela se seguiram obras-primas renascentistas e barrocas de Rubens, Van Dyck e Donatello.

O historiador da arte Wilhelm Valentiner afirmou que Goldman possuía "uma das melhores coleções particulares dos Estados Unidos". Ao contrário de grandes colecionadores como J. P. Morgan, que compravam "obras-primas de todos os períodos e escolas", comentou Valentiner, Goldman adotava uma estratégia intelectualmente mais curiosa, evitando as obras da Escola de Barbizon e dos mestres ingleses e franceses do século XVIII, tão em moda, e inclinando-se por seus precursores. Ele apontava o Rembrandt de Goldman como evidência de seu olhar afiado e natureza arrojada. O holandês havia pintado *São Bartolomeu* durante os tumultuados anos finais de sua vida, após ter ido à falência e passado por uma série de infortúnios pessoais, um período menosprezado por muitos colecionadores, mas durante o qual "o artista revelou os segredos mais recônditos de sua alma", afirmou Valentiner.[32]

A aquisição de *São Bartolomeu* foi feita logo após uma de suas IPOs mais bem-sucedidas: a da F. W. Woolworth & Co.

Frank Winfield Woolworth fora um pioneiro no conceito da loja de variedades, oferecendo inúmeros produtos baratos. Partindo de um único estabelecimento em Lancaster, na Pensilvânia, ele construiu uma rede varejista com mais de trezentas lojas. Em 1911, convenceu seus quatro maiores concorrentes — que ao todo controlavam outras trezentas lojas — a fundir seus negócios para criar um império. Alto e corpulento, com um bigode grisalho e olhos azuis penetrantes, Woolworth procurou um banco de investimentos para abrir o capital da companhia resultante da fusão, que receberia seu nome. A Goldman Sachs perseguiu agressivamente a oportunidade, mas um amigo de Woolworth, Lewis Pierson, diretor de um pequeno banco, recomendou a J. P. Morgan & Co. Pierson propôs o negócio a um sócio da Morgan, que riu da ideia de subscrever uma rede de lojas de descontos. Dias depois, o homem ligou para Pierson, dizendo que sua firma na verdade talvez estivesse interessada no negócio. Provavelmente ficara sabendo que Woolworth e seus colegas do setor estavam faturando cerca de 50 milhões de dólares em vendas anuais. Mas agora a transação já estava com a Goldman Sachs. "Foi assim que o sr. Morgan perdeu a oportunidade de oferecer nossos títulos e o negócio ficou com a Goldman Sachs & Co.", recordou Woolworth.[33]

No início de 1912, o Trio — com o acréscimo da Kuhn Loeb no consórcio — subscreveu a oferta de 65 milhões de dólares em ações da Woolworth. O frenesi resultante do entusiasmo com a IPO foi tão grande que as ações preferenciais e ordinárias da empresa chegaram ao mercado respectivamente dez e 21 pontos acima de seus preços de oferta.[34]

No ano seguinte, como que para sinalizar sua ascendência, Frank Woolworth conseguiu concretizar sua obsessão: construir o edifício mais alto do mundo. Localizado em Lower Manhattan, com 241 metros de altura e sessenta andares, capaz de acomodar milhares de inquilinos, o Woolworth Building era cerca de trinta metros mais alto do que o Metropolitan Building, arranha-céu do qual roubou o posto de maior prédio.[35] (Com aproximadamente trezentos metros de altura, a Torre Eiffel permanecia sendo a *estrutura* mais alta do mundo.) O edifício custou 13,5 milhões de dólares. Woolworth pagou por sua construção em dinheiro.

Na noite de 24 de abril de 1913, oitocentos convidados se reuniram no 27º andar da torre a fim de homenagear Woolworth e o arquiteto mais requisitado de Nova York, C. P. H. "Cass" Gilbert (que também construíra o palacete de Felix e Frieda Warburg). Membros da elite política, financeira e cultural da nação ocuparam as enormes mesas de banquete. Oitenta membros do Congresso viajaram de Washington para comparecer ao evento. Otto Kahn, para quem Gilbert projetaria uma mansão no futuro, estava presente. Assim como Charles Schwab. O popular romancista F. Hopkinson Smith atuou como mestre de cerimônias. Às sete e meia da noite, as luzes foram apagadas, e, ao apertar de um botão, 80 mil lâmpadas iluminaram o prédio. A orquestra tocou o hino nacional, que quase não pôde ser ouvido sob os vivas e aplausos.[36]

Segundo Walter Sachs, durante os discursos que se seguiram, Woolworth, exultante em ver seus sonhos realizados, deu um tapinha nas costas de Henry Goldman e Cass Gilbert, exclamando: "Foram estes dois homens que tornaram possível este prédio maravilhoso".[37]

A anedota talvez seja apócrifa, mas sem dúvida ilustra uma verdade mais ampla sobre Henry Goldman e sua lenda. De todas as emissões de títulos que a Goldman Sachs havia realizado até aquele momento, nenhuma "contribuiu mais para a reputação da firma do que o negócio com Woolworth", recordou Sachs.[38] Os mesmos banqueiros que lhe haviam negado um assento nos conselhos de suas ferrovias e em seus consórcios de investimento agora se perguntavam o que ele e Philip Lehman fariam a seguir. Como Lehman diria mais tarde, "graças a Henry Goldman, a Goldman Sachs tem ouro até no nome!".[39]

Juntos, Henry e Philip não apenas moldaram o destino de suas firmas e de seus clientes, empresas que se tornariam fundamentais para a vida americana durante o século xx, mas também exerceram uma profunda influência na trajetória de Wall Street. O mundo nunca mais seria o mesmo.

19
E eles continuam vindo

A PAISAGEM ESTAVA MUDANDO — e não apenas em Wall Street. A mera premissa dos Estados Unidos como refúgio de imigrantes — uma "mãe dos exilados", como a poetisa Emma Lazarus chamou a Estátua da Liberdade, supremo símbolo do éthos americano — parecia em questão. Entre 1880 e 1910, mais de 17 milhões de imigrantes desembarcaram no país, a maioria vinda do norte e do oeste da Europa. Os judeus, muitos fugindo da região do Império russo, representavam mais de 1,5 milhão dos recém-chegados. Eles se estabeleceram em grande número em Nova York, gravitando para o principal enclave judeu de Manhattan, o Lower East Side.

"Dizem que em nenhum lugar do mundo há tanta gente amontoada por quilômetro quadrado quanto aqui", escreveu o jornalista Jacob Riis sobre seu bairro, que chamou de "Jewtown" [Judópolis], em seu famoso estudo sobre a vida dos cortiços na virada do século, *How the Other Half Lives* [Como vive a outra metade]. Era um solo fértil para doenças e desespero — meio milhão de imigrantes judeus espremidos em apartamentos dilapidados e melancólicos, sem eletricidade nem encanamento, e tão próximos uns dos outros que luz natural e ventilação eram artigos raros. Não era incomum que vinte pessoas compartilhassem dois pequenos cômodos.

"A vida aqui significa o tipo mais árduo de trabalho quase desde o berço", escreveu Riis, observando que "as residências do bairro hebreu são também oficinas de trabalho. [...] Uma pessoa fica plenamente ciente disso antes mesmo de ter percorrido uma única quadra em qualquer uma dessas ruas no East Side, pelo zumbido de incontáveis máquinas de costura, operadas em alta pressão dos primeiros instantes do alvorecer até a mente e os músculos entregarem os pontos. Todos os membros da família, do mais jovem ao mais velho, ajudam no trabalho, encerrados no mesmo ambiente nauseabundo onde as refeições são preparadas e as roupas, lavadas e secas o dia inteiro."[1]

Fora a religião, esses imigrantes tinham pouco em comum com os judeus afluentes cuja confortável existência era inversamente proporcional à deles. Mas, na condição de minoria religiosa vivendo em uma sociedade que nunca os aceitara completamente como iguais, ambos os grupos estavam unidos pelas circunstâncias. Ricos ou pobres, alemães ou russos, banqueiros de investimento ou vendedores ambulantes, eles representavam sua comunidade perante o público mais amplo. Não era apenas o espírito caridoso que fazia os membros da elite judaico-alemã se preocuparem cada vez mais com as condições de vida no Lower East Side. Eles também tinham uma imagem a zelar. Quanto mais arranhada ela ficava, mais agressivamente a alta sociedade judaica tentava moldá-la por meio de uma vigorosa atividade filantrópica.

As perturbadoras mudanças demográficas resultantes da imigração em larga escala e os temores de que uma mal remunerada mão de obra estrangeira (como a legião de judeus curvados sobre máquinas de costura em confecções desumanas no centro) fosse tomar o lugar de americanos no mercado de trabalho causaram um recrudescimento do nativismo. Grupos como a Liga de Restrição à Imigração, fundada por um trio de ex-alunos de Harvard, foram formados para combater o influxo de estrangeiros sob o pretexto de que traziam consigo doenças, criminalidade e decadência moral ao solo americano; roubavam empregos dos cidadãos americanos; e oneravam os recursos públicos. Tomando cuidado para não serem retratados como xenófobos, os membros do grupo afirmavam que só queriam impedir imigrantes "indesejáveis" de se estabelecer no país. Muitos desses indesejáveis, na visão dos fundadores da Liga de Restrição à Imigração, que incluíam um climatologista envolvido em eugenia, eram imigrantes judeus supostamente inferiores vindos da Rússia e do Leste Europeu.

Unida em sua causa a organizações sindicais, sociedades patrióticas e associações ruralistas, a Liga de Restrição à Imigração fazia um lobby agressivo por medidas de controle rigorosas, incluindo uma prova de alfabetização e a deportação de estrangeiros que se revelassem um "ônus público". Um debate feroz dominou o Congresso, a cada ano mais próximo de aprovar uma legislação de grande efeito. A liga encontrou um poderoso aliado no senador William P. Dillingham, republicano de Vermont que presidia o comitê de imigração. Em 1906, ele introduziu um controverso projeto de lei, denunciado como "antiamericano" por seus opositores, no qual repetia as principais reivindicações da Liga de Restrição à Imigração. O texto propunha elevar a "taxa per capita" para imigrantes recém-chegados de dois para cinco dólares; realizar uma prova de alfabetização obrigatória; e barrar a entrada de "imbecis", "retardados" e outros cuja deficiência física ou mental pudesse impedi-los de manter um emprego estável.[2]

A legislação passou no Senado, mas foi drasticamente abrandada pela Câmara dos Representantes com a eliminação da prova de alfabetização e a redução da taxa per capita. Lucius Littauer, congressista judeu de Nova York e aliado de Schiff, inseriu uma emenda no texto final especificamente concebida para proteger refugiados russos da deportação. Indignado com a alteração no projeto de lei, o congressista republicano Augustus Gardner, de Massachusetts, que havia proposto a legislação na câmara baixa, começou a andar de um lado para o outro pelo plenário, murmurando cripticamente sobre "certas influências" — ou seja, judeus — que a seu ver tinham conseguido enfraquecer a medida, e insinuando que os colegas haviam removido as cláusulas mais rigorosas para apaziguar o eleitorado judeu.[3] Embora os adversários da imigração tivessem perdido esse primeiro round, a legislação estabeleceu uma comissão, presidida por Dillingham, que realizaria um estudo aprofundado do assunto. Essa comissão acabaria pavimentando o caminho para algumas das restrições anti-imigração mais severas do século XX.

Desde a década de 1880, Jacob Schiff e outros líderes judaicos haviam combatido tentativas de restringir a imigração de judeus, inclusive as sucessivas propostas de impor exigências de alfabetização. Mas, no início do século seguinte, o nativismo passou a ser uma tendência predominante.

O problema da imigração incomodava Schiff, que às vezes passava as primeiras horas da manhã refletindo sobre ele. "Quem teria imaginado, no início dos anos 1880, quando a emigração em massa de judeus vindos das terras do tsar começou, que, devido a esse influxo, em menos de três décadas a população judaica neste país aumentaria de 200 mil para 2 milhões? Que, só na cidade de Nova York, nossos correligionários chegariam a 1 milhão?", admirou-se Schiff em um discurso em 1909. "Contudo, isso é um fato, e eles continuam vindo!"[4]

E eles continuam vindo.

Por décadas, os líderes judeus americanos haviam acreditado que a "questão judaica" na Rússia poderia ser resolvida pela pressão diplomática e outros meios. Schiff, mediante sua atuação nas finanças e na propaganda durante a Guerra Russo-Japonesa, chegara inclusive a apoiar a estratégia mais agressiva de mudança de regime. Mas, ao final da fracassada revolução, a antipatia pessoal do tsar em relação aos judeus, vistos como a principal fonte da agitação revolucionária contra ele, ficou ainda mais intensa, e Schiff temia que Nicolau II jamais pudesse ser levado a mostrar bom senso. Ele alternava entre a esperança de que as "poderosas forças da liberdade [...] virão um dia a progredir e se afirmar" e o desespero de que, caso a situação piorasse, "será chegado o momento de [os judeus] deixarem a Rússia, como nossos antepassados deixaram o Egito e a Espanha".[5]

Schiff acreditava também que Nova York não conseguiria mais absorver o grande número de refugiados russos e do Leste Europeu que chegavam todos os dias. Suas visitas periódicas ao Lower East Side para visitar a amiga Lillian Wald no assentamento da Henry Street e inspecionar outros projetos de caridade que ele financiava deixaram isso bem claro. A impressionante rede assistencial que Schiff e outros filantropos judeus apoiavam, por mais robusta que fosse, penava sob uma demanda cada vez maior. E a criminalidade e a sordidez do Lower

East Side eram agora um vívido exemplo que os restricionistas poderiam usar para tentar impedir a entrada dos imigrantes.

Se o influxo de estrangeiros continuasse naquele ritmo, a comunidade judaica corria o risco de perder o status tão duramente conquistado na hierarquia social americana. E Schiff e outros líderes judeus preocupavam-se com o antissemitismo. "Os portos marítimos de Nova York e do Atlântico Norte [...] estão chegando a um estado de supersaturação com relação à população judaica", declarou Schiff em uma entrevista. "Certamente não sou nenhum restricionista, mas, no que diz respeito a Nova York, receberei com prazer qualquer medida legítima capaz de impedir o assentamento na cidade de crescer ainda mais. Os problemas originados pelo atual congestionamento — sociais, econômicos e até morais — estão a meu ver escapando do nosso controle."[6]

A solução, acreditava Schiff, não era impedir a imigração — mas desviá-la.

Na década de 1880, quando as primeiras levas de imigrantes russos desembarcaram nos Estados Unidos, a comunidade judaica estabelecida em Nova York tentou inicialmente dispersar parte deles pelo coração do país. Essa era a ideia por trás das comunas agrícolas apoiadas pelo Fundo Barão de Hirsch. Na década de 1890, Schiff tentou fixar imigrantes russos em Minnesota, em terras de propriedade da Great Northern Railway, de James J. Hill. Prometendo a Hill que "só os melhores russos serão enviados" e que o Fundo Hirsch asseguraria que todas as famílias chegassem com pelo menos quinhentos dólares, Schiff convenceu o magnata ferroviário de que o arranjo seria mutuamente benéfico: "não só uma quantidade considerável de infelizes desabrigados seria desse modo assistida, como sua ferrovia acabaria se beneficiando consideravelmente dos assentamentos propostos". Mas apenas cerca de uma dezena de famílias se estabeleceu por lá, uma gota no oceano.[7] Quando chegavam a Nova York, os imigrantes judeus encontravam uma comunidade florescente, ainda que empobrecida. E depois disso dificilmente queriam sair, nem pela promessa de ganhar quinze hectares de terra em Milaca, Minnesota, mais quinhentos dólares.

Em 1901, com o objetivo de sistematizar a dispersão de imigrantes, Schiff e outros líderes judeus fundaram o Industrial Removal Office, com a missão de encontrar emprego para imigrantes judeus nos Estados Unidos e ajudá-los na viagem. A agência estabeleceu milhares de imigrantes em centenas de cidades por todo o país, mas, como navios lotados chegavam aos portos todos os dias, também fez pouca diferença.

A opinião pública, enquanto isso, mudava drasticamente a favor da restrição. Durante seu pronunciamento anual ao Congresso, em dezembro de 1905, o presidente Roosevelt deixou claro que era a favor de maior regulamentação. "As leis hoje existentes para a exclusão de imigrantes indesejáveis deveriam ser fortalecidas", afirmou.[8] No início do mês seguinte, Dillingham elaborava seu projeto de lei. Por volta dessa época, Schiff teve uma conversa alarmante com Frank Sargent, o comissário de imigração americano, que declarou sem meias palavras ao financista que as cidades portuárias do Atlântico estavam chegando a um ponto em que seriam incapazes de "absorver o elemento estrangeiro".[9]

Em seu discurso, Roosevelt sugeriu que uma "imigração do tipo correto" deveria ser desviada "para longe dos bairros de cortiços congestionados nas grandes cidades" e "devidamente distribuída pelo país". Sargent, em sua conversa com Schiff, fez uma sugestão parecida, só que, em vez de realocar os imigrantes depois que eles chegassem à Costa Leste, ele aconselhava encaminhá-los diretamente da Europa para os portos do Sul.

Essa conversa plantou a semente para o que viria a ser uma das mais monumentais, ainda que quixotescas, realizações filantrópicas de Schiff. Em agosto de 1906, ele esboçou as linhas gerais de seu plano para redirecionar o fluxo de imigrantes em uma carta ao escritor e ativista britânico Israel Zangwill, cuja obra, voltada à vida do imigrante, rendeu-lhe o apelido de "Dickens do gueto". Filho de imigrantes russos e discípulo de Theodor Herzl, pai do sionismo moderno, Zangwill rompera com o movimento sionista após a morte de seu líder, em 1904, e criara a chamada Organização Territorial Judaica (ITO, na sigla em inglês). Enquanto os sionistas ultraconservadores pressionavam pela criação de uma pátria judaica na Palestina — excluindo outras opções, como o oferecimento de um território na África Oriental feito pelo governo britânico —, Zangwill e sua ITO, como reação à crise em curso na Rússia, estavam abertos a explorar territórios alternativos para o assentamento em massa de imigrantes judeus.

Na essência, tanto o sionismo como o territorialismo recorriam a uma ideologia de nacionalismo judaico que Schiff considerava objetável, quando não perigosa. "O sionismo político impõe um direito de propriedade sobre a cidadania", afirmou, observando que o estabelecimento de um Estado judeu "cria uma separação que é fatal".[10] Ele acreditava que os sionistas, "pelo próprio movimento, estão fornecendo aos antissemitas um dos argumentos mais fortes para seus ataques nefastos contra nossa raça".[11]

Deixando de lado suas diferenças filosóficas com Zangwill, Schiff buscou ajuda da ITO para concretizar seu plano de desviar a imigração de Nova York. "Parece-me que, na atual emergência, a Organização Territorial Judaica, se por ora se ocupar de algo imediatamente praticável e deixar de lado seu acalentado projeto de buscar um refúgio onde os judeus possam viver sob condições autônomas, prestará um excelente serviço à causa extremamente significativa e urgente que todos temos tão cara ao coração", Schiff escreveu a Zangwill, que após alguma resistência acabou por ceder.[12] O escritor, que Schiff achou "grosso" e difícil, mais tarde diria que a operação foi "a única ideia construtiva que meu estimado amigo Schiff jamais teve".[13]

De início, Schiff preferia que os imigrantes fossem despachados para o porto de New Orleans, mas ele e seus compatriotas por fim se decidiram pela cidade de Galveston, porque ficava mais a oeste, era atendida por uma linha de navegação baseada em Bremen e era também uma central ferroviária, o que simplificaria o transporte dos recém-chegados para seus novos lares. Eles também escolheram Galveston porque, ao contrário de New Orleans, não era uma cidade grande onde os imigrantes ficariam tentados a se estabelecer. A ideia era que Galveston servisse não como destino, mas como ponto de transferência, encaminhando os judeus a cidades a oeste do Mississippi onde já lhes fora providenciado emprego.

Além da ITO, Schiff também recrutou o Hilfsverein der Deutschen Juden, um grupo de assistência judaico cofundado por Moritz Warburg e sediado em Berlim. Com os refugiados judeus inundando a Alemanha, onde ficavam os principais portos transatlânticos, o Hilfsverein atuava para facilitar sua imigração para os Estados Unidos e outros lugares. Encorajado pelo pai, Max Warburg desempenhou um papel significativo no grupo e no próprio movimento de Galveston. Negociando com contatos na indústria marítima, "ele conseguiu reduzir o preço da passagem para os Estados Unidos para cerca de vinte dólares — além de melhorar as condições sanitárias e o atendimento geral a esses emigrantes", lembrou Bernhard Kahn, antigo secretário-geral do Hilfsverein. "Nos dez anos de 1904 a 1914, cerca de 1,25 milhão de judeus emigraram para os Estados Unidos. Com seu trabalho na emigração, Max Warburg, de certa forma, ajudou a construir a atual e poderosa comunidade judaica dos Estados Unidos."[14]

Segundo o plano de Schiff, a ITO, que já atuava na Rússia, conduziria as operações na região, promovendo os benefícios do Oeste americano para a população e selecionando imigrantes para o programa de Galveston. A ITO providenciaria seu transporte para a Alemanha, onde eles seriam entregues aos cuidados do Hilfsverein, que os embarcaria em navios com destino a Galveston. O Industrial Removal Office, por meio de um braço novo, a Secretaria de Informações para Imigrantes Judeus, receberia os imigrantes em Galveston, e, após muni-los de algum dinheiro, os enviaria a uma das dezenove cidades — incluindo Des Moines, Denver e Kansas City — onde comitês locais haviam sido formados para patrociná-los e encaixá-los em um emprego. A secretaria deixou claro para a ITO de Zangwill que desejava apenas os imigrantes mais empregáveis — trabalhadores braçais e artífices, de preferência com menos de quarenta anos. Numa atitude controversa, ela solicitou também à ITO que não enviasse observantes do Shabat (que não estariam dispostos a trabalhar aos sábados).[15]

Schiff comprometeu-se a doar 500 mil dólares para o movimento de Galveston. O projeto contou com o crucial apoio do presidente Roosevelt, que, segundo relatou Schiff após uma visita a Washington no início de 1907, "ficou particularmente contente com nossa iniciativa".[16] Schiff conseguiu também o apoio de Oscar Straus, que Roosevelt nomeara secretário de Comércio e do Trabalho e cuja agência tinha jurisdição sobre a imigração. Com a ajuda de Straus, o financista assegurou a aprovação da legislação estabelecendo um novo centro de imigração em Galveston.

Às oito horas da manhã do dia 1º de julho de 1907, o primeiro grupo de refugiados judeus desceu lentamente pela passarela de desembarque no porto de Galveston. O grupo inaugural consistia em 87 pessoas, a maioria homens com idades de dezoito a 42 anos. Um a um, os imigrantes foram examinados por um médico, entrevistados por inspetores de imigração e inspecionados por fiscais alfandegários, que reviraram suas bagagens. A seguir, subiram em carroças que os transportaram por um quilômetro até o espaçoso centro de triagem da Secretaria de Informações para Imigrantes Judeus. Após uma refeição quente e um banho, a maioria embarcou nos trens rumo ao novo lar naquela mesma noite; outros partiram no dia seguinte. Um segundo grupo de 26 imigrantes chegou duas semanas depois, e o processo se repetiu. Outros setenta chegaram no início de agosto, e mais 89 no fim do mês. Até o final do ano, novecentos imigrantes haviam passado por Galveston.[17]

Mas logo circunstâncias externas prejudicaram o ímpeto do movimento — o pânico de 1907 e a recessão que se seguiu a ele tornaram mais difícil encontrar emprego para os recém-chegados. O fluxo de imigrantes russos via Galveston minguou quase por completo. O governo russo, nesse meio-tempo, reprimiu as atividades de recrutamento da ITO, fechando a maioria dos escritórios de emigração que o órgão havia criado. Com o projeto de Galveston passando por dificuldades e a economia patinando, surgiu uma crise, que forçou Schiff e outros líderes judeus a tomarem medidas mais concretas para lidar com o problema da imigração em seu próprio quintal.

Em 1º de setembro de 1908, a *North American Review*, uma respeitada revista literária cofundada em 1815 por Nathan Hale, publicou um artigo do comissário de polícia de Nova York, Theodore Bingham, um general de brigada reformado que manquitolava numa perna de madeira após sofrer um acidente em uma obra de engenharia. Intitulado "Criminosos estrangeiros em Nova York", o ensaio de Bingham trazia a afirmação chocante — e falsa — de que os judeus compunham

50% dos elementos implicados na criminalidade da cidade. "Os crimes cometidos pelos hebreus russos são geralmente contra a propriedade", escreveu Bingham. "São ladrões de casas, incendiários, batedores de carteira e salteadores de estrada — quando têm coragem; mas, embora nenhum crime esteja fora de sua alçada, bater carteiras é o que lhes vem mais naturalmente. [...] Entre os mais especializados de todos os ladrões de rua estão os meninos hebreus com menos de dezesseis anos, que são criados para uma vida de crime."[18]

O explosivo artigo de Bingham foi recebido com repúdio generalizado, desencadeando uma enxurrada de editoriais inflamados nos jornais judaicos e diversas manifestações de protesto. No sul de Manhattan, os líderes dirigiram sua fúria não só ao comissário da perna de pau, mas também aos judeus da parte rica da cidade, sobretudo Schiff, que demoraram a se pronunciar. "Quando alguém se recusou a admitir um aristocrata [judeu] em um hotel gentio, os quatrocentos judeus não descansaram até que o culpado fosse demitido; e agora se calam!", espumou o diário iídiche *Tageblatt*. O jornal declarou em um editorial posterior: "Não podemos depender de nossos grandes magnatas".[19]

Em teoria, a situação envolvendo o texto de Bingham era exatamente o tipo de controvérsia que o recém-criado Comitê Judaico Americano fora criado para combater. Mas o comitê, uma cria da elite judaica, ficou em silêncio. Quando o escândalo explodiu, Schiff passava suas férias anuais em Bar Harbor. A um membro da Aliança Educacional, uma das organizações beneficentes que patrocinava, ele confessou não ter o menor desejo de se envolver em uma "discussão pública sobre a questão da criminalidade judaica em Nova York", algo que considerava "pouco sensato por motivos óbvios". Mas, passada uma semana, como a controvérsia não desse sinais de arrefecer, ele enfim se manifestou. Declarando-se "chocado e perplexo" com as "declarações irresponsáveis" de Bingham, perguntou: "O que pretende o comissário Bingham? Acaso deseja contribuir para o desgraçado preconceito contra o estrangeiro em geral e contra o judeu em particular, e é a favor de restringir a imigração por meios ilegítimos usando sua posição oficial para promover seus fins?".[20]

Bingham não tardou a se retratar, alegando que as estatísticas citadas no artigo — "fornecidas por terceiros" — eram "inconfiáveis". Ele conseguiu manter o emprego por mais nove meses antes que o prefeito de Nova York, George McClellan, o exonerasse por insubordinação, medida festejada pela imprensa judaica.

O escândalo desapareceu das primeiras páginas, mas os ressentimentos entre o *downtown* e o *uptown* continuaram. Se algum consenso emergiu do traumático episódio de Bingham, foi a necessidade de alguma forma de unidade na fragmentada comunidade judaica de Nova York, profundamente dividida entre facções religiosas e ideológicas. Após Bingham retirar seus comentários sobre a criminalidade judaica, Judah Magnes, um carismático rabino de 31 anos da sinagoga Emanu-El, deu voz a esses sentimentos numa declaração ao *New York Times*:

> A população de 1 milhão de judeus nova-iorquinos [...] deveria extrair as deduções apropriadas desse incidente. Eles precisam de uma organização permanente e representativa que possa falar em seu nome, que possa defender seus direitos e sua liberdade, e que possa também lidar com os problemas da criminalidade, da mesma forma que as organizações de caridade judaicas lidam com os problemas da pobreza e da doença.[21]

Magnes, um membro fundador do Comitê Judaico Americano, era a figura ideal para fazer a ponte entre *uptown* e *downtown*. Sua posição na Emanu-El e seu casamento recente com Beatrice Lowenstein, que o tornara cunhado do proeminente advogado e aliado de Schiff, Louis Marshall, significavam que ele frequentava os mesmos círculos da elite da cidade. Magnes, no entanto, também forjara laços estreitos com a intelligentsia do Lower East Side, e ajudara a dirigir a Federação de Sionistas Americanos.[22] Movendo-se destramente entre a indignação dos líderes do *downtown* e as apreensões de classe de seus patronos no *uptown*, Magnes liderou o movimento pela formação de uma Kehillah, um órgão central destinado a supervisionar e administrar os problemas comunitários dos judeus nova-iorquinos.

Qualquer tentativa séria nesse sentido exigia a adesão de Schiff e de seus aliados, que dominavam as instituições de caridade judaicas e compunham a liderança do Comitê Judaico Americano radicada em Nova York. Assim, Magnes apresentou astutamente a Kehillah como uma espécie de braço local do grupo que se concentraria nas questões nova-iorquinas, deixando assuntos nacionais e internacionais para o comitê. Meses de tediosas negociações entre os vários interessados levaram a uma convenção, realizada no fim de fevereiro de 1909, onde os representantes de mais de duzentas organizações judaicas aprovaram por unanimidade a formação de uma *kehillah* para "promover a causa do judaísmo" e "representar os judeus desta cidade". Esse passo rumo à democratização da vida judaica em Nova York pareceu não diminuir a posição de autoridade de Schiff. O banqueiro foi saudado com uma espontânea salva de palmas ao se levantar para falar a favor da Kehillah. Quando os delegados escolheram os 25 membros para compor a diretoria, Schiff foi o candidato mais votado.[23] Em anos subsequentes, Julius Goldman e Herbert Lehman assumiriam um papel de liderança na condução do órgão.

Desde o começo, Schiff foi o maior benfeitor da Kehillah, acompanhado por seu genro, Felix Warburg, que trabalhou no comitê executivo e mais tarde foi seu primeiro presidente.[24] Embora sócio da Kuhn Loeb, Felix dedicava pouco tempo aos assuntos bancários, reservando a maioria de seus dias a um número cada vez maior de grupos de caridade, cujo registro mantinha atualizado em seu escritório em um armário construído sob encomenda, dotado de compartimentos para todas as organizações que apoiava — 57 no total.

Pouco depois de se mudar para Nova York para se casar com Frieda, Felix, com o encorajamento das famílias Schiff e Loeb, começou a apoiar o trabalho de Lillian Wald e do assentamento da Henry Street. Essa foi a porta de entrada para uma vida frenética a serviço da filantropia, conforme investia seu tempo e dinheiro numa sequência estonteante de causas judaicas e seculares. Felix foi presidente da Associação Hebraica de Moços, ajudando a construir e manter, junto com o sogro, a icônica localização na rua 92, e integrou a diretoria de organizações como a Aliança Educacional, o Seminário Teológico Judaico, o Conselho de Bem-Estar Social de Nova York, a Associação de Cegos de Nova York, o Metropolitan Museum of Art e o Museu Americano de

História Natural. Graças a seu perfil filantrópico ascendente, também foi nomeado para vários cargos municipais, incluindo assentos no conselho de educação da cidade (posição outrora ocupada por Schiff), na comissão de liberdade condicional do estado e na comissão de parques do condado de Westchester. Junto com Schiff e outros membros da Kuhn Loeb, tornou-se ainda um excepcional apoiador da Associação Nacional para o Progresso das Pessoas de Cor, de W. E. B. Du Bois, e do Instituto Tuskegee, de Booker T. Washington.

Felix era sempre atraído para novos esquemas filantrópicos e assediado por pessoas carentes atrás de doações. "Ele virou a câmara de compensação de quase todo plano idealizado por assistentes sociais e outros cidadãos de inclinação comunitária", relembrou um de seus filhos.[25] Sobre sua escrivaninha, havia uma citação que resumia sua filosofia filantrópica:

> *Passarei por este mundo apenas uma vez*
> *Qualquer bondade, portanto, que possa fazer,*
> *Qualquer gentileza que possa mostrar, a qualquer ser humano,*
> *Que eu as faça agora.*
> *Que não as adie, que não as negligencie,*
> *Pois aqui não voltarei a passar.*

As obrigações filantrópicas de Felix aumentaram a tal ponto que até Schiff — o maior filantropo judeu do século XX — achou um pouco demais. "Felix", aconselhou, "até na caridade uma pessoa pode ser mais generosa do que deveria."[26] Mais do que Morti, filho de Schiff, Felix emergia como o herdeiro do legado filantrópico do financista, comparado, como também havia acontecido com Schiff, ao grande filantropo britânico Moses Montefiore.

"Meu pai era visto e tratado como um grande judeu", recordou o segundo filho de Felix, Gerald,

> mas, paradoxalmente, detestava tudo que tivesse a ver com judeus, exceto seus problemas. Ele não suportava o som da música judaica, ou do iídiche, ou da maioria dos rabinos que tinha de escutar. Comia o que sentia vontade

e não parava quieto na sinagoga. Também estava longe de ser convincente em algumas de nossas festividades judaicas, parecendo participar de serviços e jantares rituais com uma expressão um pouco aflita e de obrigação no rosto.[27]

Gerald, um talentoso violoncelista que se casou com a filha do editor Condé Nast, recordou o pai como "a figura mais encantadora e quixotesca, e, caso você não saiba, não era nenhum anjinho, também".[28] Longe de devoto em sua vida pessoal, Felix teve inúmeros casos ao longo do casamento com Frieda. Suas amantes de proporções generosas, algumas delas (como as de Otto Kahn) selecionadas dentre a reserva artística da Metropolitan Opera, não eram segredo para ninguém, e a desculpa furada que arrumava para seus encontros — de que estava saindo para dar uma volta de bicicleta — virou uma piada na família. "Vai passear de bicicleta, pai?", perguntavam seus filhos, disfarçando a risada, quando Felix estava de saída para o que suspeitavam ser mais uma de suas escapadas.[29]

Felix vivia assobiando árias e melodias e possuía uma "joie de vivre quase assustadora", relembrou Gerald. Invariavelmente bem-vestido, com um terno feito sob medida e um cravo branco enfiado na lapela, Felix "parecia às vezes um ator francês numa peça de Guitry". Assim como Otto Kahn, seu colega sempre elegantemente trajado, era um bon vivant que consumia arte e música como se fossem drogas viciantes, às vezes comparecendo a três concertos num dia. Mas carecia do talento bancário inato e da ambição de Kahn. Quando entrou para a Kuhn Loeb, seus sócios a princípio não souberam o que pensar a seu respeito. E sua natureza efusiva e despreocupada destoava na atmosfera tensa do escritório. "Havia ambições, ciúmes e brigas", recordou seu amigo Sol Stroock, observando que "seu espírito não podia florescer no ambiente inicial" da Kuhn Loeb.[30]

Para um homem que havia feito uma imensa fortuna como banqueiro, Felix às vezes parecia não ter noção das finanças mais básicas. "A falta de clareza de papai nos assuntos financeiros era visível até na questão trivial de me fornecer os recursos de viagem necessários para um acampamento, certo verão", relembrou Edward, seu filho mais novo. "Ele endossou alguns cheques da American Express que haviam sobrado de uma viagem anterior e que já assinara quando foram originalmente emitidos para ele; nunca lhe ocorreu que, embora fossem válidos como dinheiro para ele, eram inúteis para mim. Mas quem era eu para questionar um sócio da Kuhn Loeb?" Segundo Edward, a principal realização bancária de Felix na firma foi comprar "uma grande oferta inicial de ações" da Kodak.[31]

A despeito de sua falta de perspicácia financeira, Felix possuía um magnetismo pessoal muito útil nos negócios e na filantropia. Ele conseguia "extrair mel até de uma flor amarga", como dizia.[32] Newcomb Carlton, presidente da Western Union, relembrou uma reunião com os sócios da Kuhn Loeb durante a qual Schiff pareceu cochilar enquanto o executivo apresentava seu plano de separar sua firma da empresa-mãe, a Companhia Telefônica de Nova York. Schiff acordou de repente no momento em que Carlton concluía, prometendo rapidamente o apoio da Kuhn Loeb ao projeto. Felix olhou de esguelha para Newcomb e piscou, fazendo de uma circunstância constrangedora um momento divertido. Foi um pequeno gesto, mas Felix instantaneamente caiu nas graças do presidente da Western Union.[33]

"Os negócios vinham atrás, não era ele que precisava ir atrás dos negócios, pois todo mundo o admirava e confiava implicitamente nele, como era natural, porque ele não era capaz de realizar um truque sujo nem se alguém lhe fornecesse um plano detalhado com as especificações de como fazê-lo", afirmou Benjamin Buttenwieser, sócio da Kuhn Loeb.[34]

Felix tinha a "cabeça no lugar", relembrou Gerald, e levava jeito para organização e planejamento. "Quando chegava a um quarto de hotel durante uma visita ao exterior, a primeira coisa que fazia antes de dormir era mudar a mobília de lugar." Woodlands, a propriedade rural de Felix e Frieda em Westchester, era a tela em branco onde ele dava vazão a seus instintos de arquiteto amador. O acesso à enorme mansão em estilo Tudor, cercada por centenas de hectares bucólicos, dava-se por um caminho de mais de dois quilômetros. O lugar, que Felix não parava de expandir, adquirindo terrenos adjacentes (algo que chamava de "fechar a posição da propriedade"), contava com um campo de polo, onze quilômetros de trilhas para passeios a cavalo e uma piscina coberta que também fazia as vezes de estufa (onde ele cultivava seus característicos *boutonnières*).[35] Um rebanho de vacas Guernsey premiadas perambulava por seus campos. Felix estava sempre pensando em novas maneiras de embelezar o local. Por vezes o superintendente da propriedade construía plataformas de madeira na copa das árvores, de onde Felix podia sondar as possibilidades cênicas e elaborar projetos para tirar árvores e arbustos de modo a revelar novas vistas panorâmicas.

Sua paixão por melhorias e seu talento para conceber planos grandiosos se estendiam ao trabalho comunitário. A altas horas da noite, ele rabiscava ideias para organizar ou reorganizar essa ou aquela instituição de caridade no verso de pastas de papel-manilha. Seu instinto de planejador pode ter sido um dos motivos para que se inclinasse pelo conceito da Kehillah, que proporcionava um mecanismo para coordenar uma série de ideias às vezes excludentes, todas sustentadas por uma reserva finita de dinheiro doado.

Junto com Schiff, Felix subscreveu a primeira grande iniciativa da Kehillah, a Secretaria de Educação, voltada a profissionalizar o ensino judaico com a criação de escolas, produção de livros didáticos, treinamento de professores e oferta de empréstimos a estudantes que pretendessem lecionar numa instituição judaica. A seguir veio uma sucessão de iniciativas específicas, incluindo a Secretaria de Indústria, para mediar disputas trabalhistas e organizar o estado caótico das relações industriais, sobretudo na área da confecção; e uma Secretaria de Pesquisa Filantrópica, dedicada a estudar as necessidades da comunidade judaica de forma sistemática.

Com as lideranças judaicas ainda traumatizadas pela controvérsia de Bingham, o principal objetivo das atividades iniciais da Kehillah estava focado na erradicação do vício e do crime na comunidade, um eterno problema, embora não da magnitude afirmada pelo comissário de polícia. Prostituição, jogatina, drogas e pequenos furtos eram comuns no Lower East Side. A Kehillah designou dois órgãos distintos — a Secretaria de Higiene Social e a Secretaria de Moral Social — para acabar com o crime entre judeus e com a "escravidão branca", como a prostituição era por vezes chamada na época, criando algo equivalente a um aparato paralelo de manutenção da lei e da ordem.

Com contribuições substanciais de Schiff e Warburg, a Kehillah contratou um jovem detetive chamado Abe Shoenfeld, que aos vinte e poucos anos já conquistara reputação como uma autoridade no submundo do *downtown*. Passando por escritor, Shoenfeld se infiltrava para catalogar a panóplia de cassinos, bordéis, salões de bilhar, bares e outras "casas desordeiras".

Shoenfeld e uma equipe de investigadores sob seu comando compilavam arquivos sobre criminosos do sul da cidade, rastreando seus comparsas e antros preferidos e incluindo descrições detalhadas de suas características físicas e supostos delitos. Entre seus alvos estavam Hymie Hundred ("ex-cafetão" e "traficante de drogas"); Waxey Gordon (um "gângster e brutamontes" que já "partiu a cabeça de muitos pobres judeus"); Desperate Little Yudel ("jamais saberemos quantos crimes cometeu"); e Stiff Rifka (uma "gatuna das mais ladinas", que muitas vezes encontrava suas vítimas nos serviços lotados da sinagoga).[36]

A Kehillah precisava de mais do que um serviço de espionagem para desmantelar as gangues e fechar os pontos de drogas que infestavam o Lower East Side. Sua iniciativa contra o crime exigia a cooperação do departamento de polícia notoriamente corrupto de Nova York. Um grupo de membros da Kehillah, incluindo Schiff, procurou o prefeito da cidade, William Gaynor, com a proposta de uma parceria. Shoenfeld e seus investigadores forneceriam dossiês sobre a criminalidade no Lower East Side; a polícia daria batidas com base nessas informações.

Gaynor, um antigo juiz da Suprema Corte de Nova York, era um democrata ligado a Tammany Hall, embora, uma vez no cargo, tivesse decepcionado os padrinhos políticos exibindo uma surpreendente independência. Entre outras medidas anticorrupção, ele estabeleceu como prioridade limpar o departamento de polícia, dominado por Tammany Hall. Suas tentativas de reformar o governo quase lhe custaram a vida. Pouco após o início de seu primeiro mandato, um estivador demitido pelo governo atirou em Gaynor, e a bala permaneceu alojada em seu pescoço pelo resto da vida.

Popular entre a comunidade judaica nova-iorquina, Gaynor, antes de assumir, travara uma disputa tão feroz com Theodore Bingham por suas táticas policiais que o comissário, prestes a ser exonerado, abriu um processo por difamação contra ele, ainda que desistindo mais tarde da ação. Gaynor, além disso, aderiu entusiasticamente à iniciativa de combate ao crime.[37] Com o prefeito pressionando a polícia nos bastidores e Shoenfeld e seus investigadores fornecendo um fluxo constante de informações, o cerco à criminalidade teve início. A polícia fechou dezenas de salões de bilhar, cassinos, pontos de droga e bordéis, prendendo dezenas de mafiosos e ladrões ou expulsando-os do Lower East Side para subúrbios desocupados em distritos vizinhos. Além disso, a Kehillah forneceu advogados à cidade, de modo a assegurar que os processos do departamento de polícia contra os delinquentes do *downtown* fossem consistentes.

Em 1913, a política eleitoral ameaçou a aliança da Kehillah com Gaynor. Quando o prefeito manifestou o desejo de buscar outros quatro anos de mandato, Tammany Hall bloqueou sua indicação, apresentando um candidato menos propenso a contrariar os desejos da máquina política democrata. Schiff, um republicano de carteirinha e velho inimigo de Tammany Hall, opusera-se a Gaynor em sua primeira campanha. Agora, tomava medidas para salvar a candidatura de um importante aliado. Desafiando ambos os partidos e arriscando sua reputação como reformador político para ajudar um homem que devia sua ascensão a Tammany, Schiff apoiou a candidatura independente de Gaynor e se comprometeu a contribuir financeiramente. "Vá em frente com a campanha e nem pense em dinheiro. Todo o dinheiro de que precisar será providenciado", afirmou ao secretário-executivo do prefeito, Robert Adamson, que mais tarde descreveu Schiff como "um dos conselheiros mais próximos e confiáveis" de Gaynor.[38]

Em setembro desse ano, em um navio rumo à Europa para o que deveria ser uma viagem revigorante antes da árdua batalha eleitoral que se aproximava, Gaynor faleceu inesperadamente, relaxando em uma cadeira no convés. Devido à perda de seu defensor mais importante e à indiferença do governo seguinte, as atividades de policiamento da Kehillah diminuíram e, alguns anos depois, cessaram por completo, sendo acompanhadas em 1922 pelo fim da própria organização.

A mudança no governo também condenou o titubeante movimento de Galveston, que Schiff e seus aliados tentaram ressuscitar quando a economia se recuperou do pânico de 1907. Após deixar o cargo, Roosevelt sumiu durante a maior parte de um ano em um safári prolongado na África Oriental (expedição que Schiff ajudou a financiar com uma contribuição de 5 mil dólares). Seu secretário de Guerra e protegido político, William Howard Taft, sucedeu-o na presidência, derrotando facilmente William Jennings Bryan, então em sua terceira tentativa de chegar à Casa Branca. Schiff apoiou a candidatura de Taft, e o político dava sinais promissores de que seria um importante amigo dos judeus. No momento em que ele concorria à presidência, Schiff exortou-o a assumir um posicionamento firme numa questão que descreveu como uma "ferida aberta entre meus correligionários".[39]

Schiff se referia à "questão do passaporte", sobre a qual tanto insistira junto ao predecessor de Taft. Os judeus americanos protestavam havia longo tempo que a Rússia desrespeitava seu tratado de 1832 com os Estados Unidos — prometendo direitos "recíprocos" para os cidadãos negociarem e viajarem livremente — ao tratar os portadores de passaporte judeus de forma diferente dos demais cidadãos americanos. Em 1907, porém, exasperado com anos de inação, o recém-formado Comitê Judaico Americano começara a aumentar a pressão política para anular o tratado caso a Rússia se recusasse a cumprir sua parte no acordo.

"Não tenha dúvidas de que darei atenção especial à questão do passaporte se me for confiado o poder de um mandato", Taft disse a Schiff. E se referiu à controvérsia, embora sem mencionar a Rússia pelo nome, tanto em sua carta aceitando a indicação presidencial republicana como em seu discurso de posse, em que declarou: "Devemos nos empenhar ao máximo em evitar proibições humilhantes e degradantes por motivos de raça ou religião contra qualquer cidadão americano que deseje residir temporariamente em nações estrangeiras".[40]

Mas, meses após o início da presidência de Taft, Schiff começou a duvidar se o novo presidente era mesmo o aliado que dizia ser. A questão do passaporte não parecia avançar, e o governo Taft estava reprimindo a imigração, especialmente em Galveston.

Ao contrário de Oscar Straus, o novo secretário de Comércio, um advogado corporativo de St. Louis chamado Charles Nagel, não era particularmente simpático aos judeus. Seu vice, Benjamin Cable, parecia abertamente hostil à causa de Galveston. Isso talvez se devesse a uma rixa pessoal contra Schiff, cuja firma recentemente recusara um pedido de auxílio financeiro da companhia ferroviária pesadamente endividada de seu pai. Daniel Keefe, um experiente líder sindical e defensor de restrições mais rigorosas à imigração, substituiu Frank Sargent, o comissário de imigração que encorajara as tentativas de Schiff de realocar imigrantes.

Nos dois anos anteriores, o inspetor de imigração em Galveston, E. B. Holman, trabalhara em estreita colaboração com funcionários da Secretaria de Informações para Imigrantes Judeus. A deportação de imigrantes entregues a seus cuidados era rara. Mas, no novo governo, ficou claro que as mudanças vinham de cima, de Washington. Keefe, Holman confidenciou a um gerente da secretaria, "não é muito favorável ao aumento da imigração, particularmente de judeus".[41] Em novembro de 1909, Holman foi subitamente suspenso, e mais tarde exonerado, por aplicar inadequadamente as leis imigratórias do país. Seu lugar foi assumido por um linha-dura.

As deportações logo começaram.

Refletindo uma tendência que ocorria nos portos de entrada por todo o país, os inspetores pareciam procurar qualquer justificativa para recusar imigrantes e, ao decidir se a pessoa provavelmente se tornaria um "ônus público", ignorar as consideráveis redes de apoio com que contavam por meio da Secretaria de Informações e outras instituições de caridade judaicas. Quando navios carregados de imigrantes judeus chegavam a Galveston, muitos refugiados eram recusados. "Todo o futuro do movimento estava em risco", recordou Max Kohler, um advogado de imigração que trabalhava com a secretaria.[42]

O Departamento de Comércio promoveu uma investigação da imigração em Galveston, bem como da própria secretaria, suspeitando que o órgão promovesse e facilitasse ativamente a imigração. Em agosto de 1910, segundo os jornais, a investigação revelara que as regulamentações imigratórias haviam sido frouxamente aplicadas em Galveston e que as autoridades planejavam fiscalizar o influxo de judeus russos mais de perto. "O secretário-adjunto Cable está determinado a tomar as providências para que os padrões imigratórios em Galveston se aproximem dos exigidos em todos os demais portos. Ele está convencido de que a admissão ali tem sido fácil demais, e esse fato, conhecido na Europa, estimula a imigração para esse porto", informou o *Baltimore Sun*. Referindo-se ao trabalho da secretaria, que o jornal chamou de "Sociedade Jacob H. Schiff", o *Sun* relatou que o "departamento tem algumas dúvidas sobre sua legalidade".[43]

Mal contendo a raiva, Schiff escreveu a Cable, lembrando-o de que o projeto de Galveston fora encorajado por sugestão do comissário de imigração anterior. "Sem dúvida na tentativa de promover tal movimento, que já se mostrou igualmente benéfico para o imigrante, para a região em que ele se estabelece e para os centros superpovoados dos quais é mantido à distância, aqueles que estão por trás do assim chamado movimento de Galveston tinham todo direito de esperar a boa vontade das autoridades e, até pouco tempo, ela não parece ter lhes sido negada", escreveu o financista. "Mas, ultimamente, por nenhuma razão satisfatória, o Departamento de Comércio e Trabalho mudou sua atitude, e hoje cria dificuldades desnecessárias para a admissão dos que chegam a Galveston, um curso de ação que, a se persistir, certamente prejudicará o movimento." Schiff insistiu também que "nosso trabalho não pode em hipótese alguma ser descrito como de indução ou assistência ilegal à imigração".[44]

Schiff encaminhou a carta a Taft, e, após a estridente reação de Cable, que desafiou Schiff a entrar na justiça caso não gostasse das políticas de imigração da agência, o banqueiro indignado enviou uma nova carta ao secretário do presidente, pleiteando a "exoneração" de Cable do Departamento de Comércio.[45] Além disso, fez uma ameaça política não muito velada. Referindo-se à promessa não cumprida de Taft de tomar medidas sobre a questão do passaporte, escreveu:

> Temos em outros aspectos experimentado uma profunda decepção devido ao não cumprimento até agora dos compromissos de plataforma e das promessas pessoais feitas durante a última campanha presidencial, e se no momento escrevo com tão poucas reservas isso se deve em parte a não desejar ver o presidente, cujo leal apoiador tenho sido desde que foi indicado, implicado em uma posição falsa ou perder as boas graças da importante parcela do povo americano em nome da qual me arrisco a falar nesse caso.[46]

A pressão política pareceu exercer algum efeito, pois o governo Taft não tardou a providenciar uma reunião entre membros do comitê que supervisionavam o movimento de Galveston e funcionários de alto escalão, incluindo o secretário de Comércio, Nagel, o secretário-adjunto Cable e o procurador-geral George Wickersham. Os dois lados se encontraram em 11 de dezembro de 1910, Schiff e Max Kohler, o advogado de imigração, se incumbindo da maior parte da conversa em nome do movimento de Galveston. Ao longo da reunião de duas horas, Schiff foi ficando cada vez mais frustrado, até finalmente explodir, como acontecera anteriormente em encontros similares relativos ao destino de seu povo. O banqueiro se levantou abruptamente, sacudindo o dedo para Nagel: "O senhor age como se minha organização e eu estivéssemos sendo julgados! Quem está sendo julgado é o senhor, secretário, e seu departamento, e o país lamentará se essa tentativa — tão propícia a promover os melhores interesses de nosso país, bem como da humanidade — for sufocada pelos obstáculos irracionais de seu departamento!".

O desabafo de Schiff enfureceu Nagel, e Wickersham chamou o banqueiro de lado para aliviar a tensão. "Sr. Schiff", pediu o procurador-geral, "tente não antagonizá-los nisso; ajudarei como puder." Depois que Schiff e Nagel se acalmaram, o secretário de Comércio assegurou aos representantes de Galveston que faria o que pudesse, dentro dos ditames da lei, para ajudar o trabalho deles. Numa demonstração de boa-fé, ordenou a liberação de um grupo de imigrantes judeus detidos em Galveston para possível deportação.[47]

O movimento agora contava com um apoio parcial do governo Taft, mas tinha dificuldade em ganhar tração. Tolhido por sua natureza intermitente e assolado por disputas internas entre seus sócios europeus, o projeto de Schiff cambaleou por mais alguns anos antes de finalmente ser encerrado, em 1914. Durante sua existência de sete anos, o movimento de Galveston assentou cerca de 10 mil refugiados judeus, menos da metade dos 25 mil imigrantes que Schiff pretendera auxiliar com sua doação inicial de 500 mil dólares. Ainda assim, ele se recusou a admitir o fracasso. "Creio termos o direito de achar que fomos em certa medida bem-sucedidos", afirmou a Felix, um membro do comitê que supervisionava o trabalho em Galveston. Cada um dos imigrantes instalados "no vasto interior dos Estados Unidos" atrairia outros, e ele observou que "adquirimos uma experiência que certamente será da maior utilidade em tentativas futuras a serem empreendidas para desviar a imigração destinada a cidades superpovoadas do Atlântico Norte ou que passam por elas rumo a portos onde ela possa ser distribuída de forma mais prática por regiões dos Estados Unidos onde os imigrantes serão de fato necessários".[48]

Enquanto tentavam lidar com a crise imigratória doméstica — e levar a melhor sobre os restricionistas que buscavam interromper o fluxo de refugiados judeus e outros indesejáveis —, Schiff e seus colegas nunca perderam de vista as raízes estrangeiras do problema. Na verdade, sua determinação de que o tsar e seu império fossem censurados e punidos, e de forçar a Rússia a reconhecer os direitos iguais de seus judeus, apenas aumentou. Essa campanha, que exigia uma exibição sem precedentes de poder judeu unificado, culminou em outro conflito de grande repercussão no governo Taft — e que faria dele um presidente de um mandato só. Mas as disputas e controvérsias políticas dessa era também deixariam profundas cicatrizes em Jacob Schiff e sua família.

20
A questão do passaporte

EM 15 DE FEVEREIRO DE 1911, dois meses após a contenciosa reunião de Schiff com o secretário de Comércio e o procurador-geral sobre o destino do movimento de Galveston, Taft chamou o financista e um pequeno grupo de líderes judeus à Casa Branca para discutir outro problema que se tornara um pomo de discórdia política: o Tratado Russo-Americano de 1832.

Com o primeiro mandato de Taft chegando ao fim, a questão do passaporte ficara sem resposta, embora o presidente parecesse inclinado pela posição de seu embaixador na Rússia, William Rockhill, e do secretário de Estado, Philander Knox, que observaram os riscos econômicos e diplomáticos de levar o tratado às últimas consequências. Para eles, a questão do passaporte parecia menor quando comparada às possíveis repercussões, uma vez que poucos judeus americanos tinham desejo de viajar para a Rússia. Mas a questão tinha um significado mais amplo, como Schiff e outros emissários do Comitê Judaico Americano haviam frisado em inúmeras reuniões com Taft e membros de seu gabinete. "Nossa ansiedade para ver o governo tomar medidas não deve ser compreendida de modo equivocado", Schiff explicou em uma carta ao editor do *New York Times*, Adolph Ochs.

Ela não se deve ao fato de os judeus dos Estados Unidos darem particular importância à admissão na Rússia de algumas centenas de seus membros que eventualmente queiram ir para lá todo ano, mas à convicção de que, no momento em que a Rússia for obrigada a cumprir seus tratados e admitir judeus estrangeiros em seus domínios com base na igualdade em relação aos demais cidadãos de países estrangeiros, o governo russo não poderá manter uma zona de assentamento contra seus próprios judeus. Como o senhor pode ver, é uma questão ampla, envolvendo os direitos humanos mais sagrados.[1]

Em janeiro de 1911, o Comitê Judaico Americano claramente trocara suas táticas de negociação paciente mas persistente por uma postura mais agressiva e pública. Schiff e outros líderes judeus haviam resolvido, nas palavras do banqueiro, "acender uma fogueira nos fundilhos do presidente".[2] Se suas tentativas particulares de influenciá-lo falhassem, inflamar a opinião popular talvez desse conta do recado. Schiff encorajou Louis Marshall a levar o caso a público, o que o advogado fez em 19 de janeiro de 1911, proferindo um discurso veemente e de grande divulgação em um encontro da União das Congregações Hebraicas Americanas, no qual praticamente chamou Taft de covarde por sua inação. "A menos que a virtude da virilidade tenha abandonado esta república", declarou Marshall, "seus cidadãos não mais ficarão assistindo pacientemente à farsa do procedimento diplomático, mas insistirão numa completa revogação de todos os tratados ora existentes entre os Estados Unidos e a Rússia."

Após o discurso de Marshall, os membros da união aprovaram por unanimidade a resolução elaborada por ele, instando o presidente a "tomar medidas imediatas" para romper o acordo feito com a Rússia.[3] Intensificando a pressão sobre Taft, o congressista Herbert Parsons, um republicano que representava a cidade de Nova York, apresentou no mês seguinte uma resolução para revogar o tratado de 1832.

Menos de uma semana depois, aparentemente sentindo a pressão, Taft estendeu a Schiff e seus aliados um convite para comparecer à Casa Branca. O presidente e seus convidados — que além de Schiff incluíam Marshall, o representante Henry Mayer Goldfogle, de Nova York, e o ex-diplomata Simon Wolf — conversaram sobre amenidades durante o almoço. A seguir, passaram à biblioteca da Casa Branca para discutir o assunto. Schiff e os demais sentaram em semicírculo diante do presidente, preparados para discutir mais uma vez por que os Estados Unidos deveriam encerrar seu tratado com a Rússia. Mas, antes que alguém tivesse oportunidade de falar, Taft pegou um maço de papéis na gaveta da escrivaninha e começou a ler em voz alta. Logo ficou claro que o presidente não os chamara à Casa Branca para escutar o que tinham a dizer, mas para comunicar sua decisão.

"Eu estaria disposto a tomar essa medida drástica, e a sacrificar os interesses que ela certamente sacrificará, se não estivesse convencido, com base em tudo que vi e ouvi [...], de que, em vez de beneficiar alguém, e especialmente as pessoas em nome de cujos interesses e pela preservação de cujos direitos a medida seria tomada, ela não resolveria absolutamente nada", anunciou Taft.

Os olhos azul-claros de Schiff cintilaram de indignação enquanto Taft varria qualquer esperança de que seu governo punisse a intransigência russa. "Acho talvez que, se tivesse o mesmo justificável orgulho de raça que os senhores têm, e o mesmo senso de ultrajante injustiça, que é mais bem percebido por um homem dessa raça do que por outro, eu me sentiria da mesma forma", prosseguiu Taft. "Mas sou o presidente do país inteiro, e sinto que ao exercer uma responsabilidade que afeta a todos tenho de tentar olhar para essa questão por todos os lados."

A atmosfera na sala ficou sombria quando Taft concluiu seus comentários. Wolf foi o primeiro a falar. "Por favor, não transmita essas conclusões à imprensa, pois isso se revelaria altamente pernicioso para nosso povo na Rússia", gaguejou.

Schiff o interrompeu. "Quero que seja divulgado", disse. "Quero que o mundo todo fique sabendo da atitude do presidente." Esse era mais uma vez o lado do financista com o qual seus compatriotas se preocupavam, o magnata impulsivo, facilmente irritável, que não pensava duas vezes antes de intimidar o homem mais poderoso do país, mesmo que isso prejudicasse sua causa.

O presidente deu alguns minutos para seus convidados confabularem numa sala ao lado, e, quando voltaram, Schiff retomou o sermão a Taft. "Ficamos profundamente mortificados que nos tenha deixado na mão em relação a esse caso, senhor presidente, e agora não nos resta outra opção a não ser apresentar nosso caso diretamente ao povo americano, que certamente nos fará justiça."

Wolf recordou que, ao saírem, todos os líderes judeus apertaram a mão estendida de Taft — exceto Schiff, que saiu bruscamente. (Schiff relembrou o episódio de forma um pouco diferente. "Sei que fiquei muito irritado com a maneira como a delegação foi tratada pelo presidente Taft [...] mas o presidente não me deu oportunidade de apertar a mão dele, e eu, da mesma forma, também não fui atrás", disse.)[4]

"É guerra", espumou Schiff ao deixar a Casa Branca. E prometeu ali mesmo contribuir com 25 mil dólares para uma campanha de publicidade sobre o tratado.[5]

"Como o sr. Schiff estava bravo ontem, não é?", Taft comentou com Wolf quando o viu na Casa Branca no dia seguinte. O tom de voz do presidente era descontraído, mas em privado ele atacava o arrogante banqueiro. "Foi dominado pela raiva porque não conseguiu controlar o governo e sacrificar os interesses nacionais à satisfação de sua vaidade e a de alguns hebreus ricos", afirmou Taft a um confidente. "Schiff é um sujeito truculento, e preferiu ameaçar me destruir politicamente."[6] Em uma carta a outro aliado, Taft se queixou de que "Jack Schiff está determinado a empregar seu dinheiro para incitar" o "formidável" voto judaico contra ele — "mas não vai me amedrontar a ponto de causar um dano inútil aos nossos interesses nacionais".[7]

Travar um combate político com Taft era arriscado para Schiff e para o Comitê Judaico Americano. A derrota na disputa confirmaria a crítica dos detratores do comitê, que já o menosprezavam como um órgão ineficaz. E uma campanha de alta visibilidade, vitoriosa ou não, poderia provocar o sentimento antissemita, domesticamente e no exterior. Mas, para Schiff, não havia volta.

Na primavera de 1911, o comitê iniciara uma campanha em larga escala para mobilizar a opinião pública em torno de uma tentativa de invalidar legislativamente o tratado. O objetivo do comitê era causar um impacto tão imenso de relações públicas que a revogação se tornasse uma pauta de campanha na eleição presidencial seguinte.

A resolução de Parsons expirou sem chegar a ser votada ao final da sessão do Congresso em março, mas assim que o novo Congresso se reuniu em abril William Sulzer, de Nova York, recém-nomeado presidente do Comitê de Relações Exteriores da Câmara de Representantes, introduziu uma medida similar para anular o tratado. O senador Charles Culberson, do Texas, apresentou uma versão do projeto de lei na câmara alta.

Enquanto isso, o Comitê Judaico Americano inundava as salas dos legisladores e as redações de jornal com o discurso de Marshall sobre a questão do passaporte, distribuindo 30 mil cópias do texto. O comitê pressionou as assembleias legislativas estaduais a adotarem resoluções pró-revogação simbólicas e elaborou um texto denunciando o tratado para uso das plataformas dos partidos estaduais. Além disso, empreendeu uma campanha de lobby direcionada a importantes membros do Congresso em ambos os partidos.

Gerando mobilização para a questão, o comitê e seus aliados organizaram comícios pelo país. O maior deles ocorreu no Carnegie Hall, em 6 de dezembro de 1911, dias antes da data em que a resolução de Sulzer seria debatida na Câmara. O protesto, com a presença de aproximadamente 4500 pessoas, foi realizado pelo Comitê Nacional de Cidadãos, grupo recém-formado presidido por William McAdoo, presidente de uma ferrovia que ganhara notoriedade por concluir um antigo projeto paralisado para a construção de um túnel sob o rio Hudson. O comitê, anotou McAdoo em suas memórias, era "composto na maior parte de gentios", de modo que o movimento contra o tratado "não podia ser visto como um estrito protesto racial judaico".[8]

Os oradores programados para discursar no evento, organizado com a ajuda de Schiff e Oscar Straus, incluíam o governador de Nova Jersey, Woodrow Wilson, um dos favoritos para a indicação presidencial democrata. McAdoo, que mais tarde se casaria com a filha dele, Eleanor, estava ajudando a dirigir sua campanha. Wilson descartou as anotações que havia preparado e improvisou seu discurso aos gritos de "nosso próximo presidente" vindos do público. "Essa causa não é deles", disse

Wilson, se referindo aos judeus, "é dos Estados Unidos." E formulou a questão como um teste dos princípios americanos "subjacentes à própria estrutura de nosso governo". Quando chegou sua vez de falar, Schiff declarou com confiança: "Na minha opinião, essa resolução vai virar lei tão certamente quanto o sol nascerá amanhã. Então a Rússia virá à nossa procura por um tratado. Não imploremos mais; aguardemos que a Rússia nos procure".[9]

Na semana seguinte, Schiff, McAdoo e outros defensores da revogação viajaram a Washington para depor em apoio à resolução de Sulzer, que a Câmara aprovou em 13 de dezembro por 301 votos a um. Com a aprovação da medida praticamente assegurada no Senado, Taft foi obrigado a agir, instruindo seu embaixador na Rússia a notificar o país de que os Estados Unidos planejavam se retirar do tratado a partir de 1º de janeiro de 1912.

Voltando de trem para Washington, Schiff sentou-se ao lado de McAdoo no vagão de primeira classe. A conversa passou a Wilson, cujo discurso no Carnegie Hall deixara Schiff impressionado. Na altura em que chegavam à Pennsylvania Station, o banqueiro, um republicano por toda a vida, decidira apoiar o democrata de Nova Jersey na eleição seguinte. Dias depois, McAdoo abriu a correspondência e encontrou uma contribuição de campanha de Schiff no valor de 2500 dólares.[10] Não foi apenas Schiff. A eleição de 1912 marcou o início de uma transição entre os eleitores judeus de republicanos para democratas, tendência que se acelerou na década de 1920.

Exultando com a vitória no tratado, Schiff declarou que a Rússia finalmente havia "recebido um tapa na cara de uma grande nação", sugerindo que esse recado "devia ser da maior importância para a história da civilização". E considerou a disputa "mais crucial do que qualquer outra coisa acontecida desde que os direitos civis foram concedidos aos judeus sob o primeiro Napoleão, ou desde que os judeus ingleses foram admitidos no parlamento".[11] Schiff ficou igualmente satisfeito que a questão validasse a razão de ser do Comitê Judaico Americano. "Muitas vezes nos perguntam qual o motivo da existência desse comitê. Acreditamos que, após o episódio recente do passaporte judaico americano [...] a pergunta está respondida", escreveu para Felix Warburg.[12]

Após declarar guerra a Taft, Schiff agora queria fazer as pazes, a certa altura enviando ao presidente uma caixa de comprimidos e uma compressa de rádio para aliviar um ataque de gota. Mas Taft continuou ressentido pelo fato de Schiff e seus "irmãos circuncidados" terem interferido em sua política externa, e convencido da tolice de romper o tratado, a seu ver comprovada quando a Rússia não os procurou com o rabo entre as pernas para negociar um novo acordo nem mudou sua atitude hostil em relação aos judeus.[13] Taft, entretanto, tinha problemas maiores que "Jake" Schiff: Teddy Roosevelt, seu velho mentor político, sinalizava que tentaria a presidência, lançando uma campanha na chapa do independente Partido Progressista. A entrada de Roosevelt na corrida dividiu o voto republicano, praticamente garantindo a presidência para Woodrow Wilson.

Antes de entregar o Salão Oval a Wilson, em um dos últimos grandes atos de sua presidência, Taft na verdade deu provas de sua amizade aos judeus — e aos imigrantes de todas as nacionalidades. Em 1911, após mais de três anos de trabalho, a comissão de imigração presidida pelo senador William Dillingham divulgou suas conclusões em 41 volumes. O estudo exaustivo — que examinava tópicos como "Fecundidade da mulher imigrante", "Imigração e crime" e "Mudanças na forma corporal de descendentes de imigrantes" — provocou uma nova ofensiva dos legisladores. Mais uma vez, Dillingham apresentou uma lei para restringir a entrada de estrangeiros criando uma prova de alfabetização obrigatória. A medida, que conquistou amplo apoio, passou no Senado. Uma versão do projeto de lei na Câmara também foi aprovada por esmagadora maioria, mas ficou cinco votos aquém da maioria de dois terços necessária para derrubar um veto presidencial. Taft a vetou, dizendo: "Não posso aprovar esse teste".[14] A vitória foi temporária, pois o cenário da imigração mudara de forma irreversível. Quatro anos depois, passando por cima do veto do presidente Wilson, o Congresso promulgou restrições abrangentes à imigração, incluindo a prova de alfabetização.

Durante os anos finais do governo Taft, a família Schiff se envolveu em um escândalo bizarro e constrangedor que dominou a primeira página dos jornais algumas semanas após a conclusão da disputa do passaporte. O episódio envolvia um antigo empregado de Morti e Adele que cumpria uma longa pena por invasão de propriedade.

Em 8 de março de 1907, segundo Morti relatou, o casal chegou a sua residência no número 932 da Quinta Avenida por volta das dez da noite, após se encontrarem com Paul e Nina Warburg. Adele se retirou para o quarto. Morti ficou acordado na sala de estar do primeiro andar por mais quarenta minutos. Depois se dirigiu ao closet, que ficava no fundo da casa, no final de um corredor escuro. Antes de levar a mão ao interruptor, ele sofreu uma forte pancada na cabeça. Ferido, mas ainda consciente, Morti acendeu a luz e se deparou com um homem que conhecia como Lawrence de Foulke segurando um pino da pista de boliche que o pai de Morti construíra no porão.

Morti despedira o criado de 21 anos no mês anterior, depois que o rapaz entregara uma carta de amor a sua esposa. A carta dizia, entre outras coisas: "Sou um homem pobre, mas tenho um coração, que entregaria à Dama que mais estimo no mundo ('és tu, minha querida Dama'). [...] Não sei se está interessada em mim, mas sei que estou terrivelmente enamorado, gosto de você e a admiro em todos os aspectos. [...] Meus sentimentos em relação a você, querida Dama, crescem a cada dia numa circunferência mais ampla".[15]

Alguns dias após ser demitido, De Foulke, um sueco bem-apessoado cujo nome verdadeiro era Folke Engelbrecht Brandt, entrou em contato com Adele, pedindo uma referência de emprego; Morti negou. E então quase um mês se passara sem sinal de Brandt — mas agora ali estava ele, a expressão transtornada, descalço, brandindo o pino de boliche. Com a cabeça latejando, Morti acendeu um cigarro — calculou que o gesto despreocupado poderia mostrar que não tinha medo de Brandt — e tentou acalmar seu agressor.

"Ele me contou uma longa história sobre estar sem trabalho, ter sido mandado embora e todo esse tipo de coisa", Morti depôs posteriormente perante um grande júri. "Falei que o ajudaria."[16] Morti acabou convencendo Brandt a sair pacificamente, dizendo-lhe para passar no escritório da Kuhn Loeb na segunda-feira seguinte, onde ele o ajudaria a recomeçar. Deu-lhe cinquenta dólares e o acompanhou até a porta.

Brandt apareceu na segunda, como instruído, e encontrou Schiff com seu advogado, Howard Gans, e um detetive da Pinkerton, que anotou a confissão do rapaz. Nesse mesmo dia, Morti apresentou as acusações criminais contra o antigo criado. No mês seguinte, Brandt se declarou culpado por invasão a domicílio em primeiro grau e por roubar dois alfinetes de cachecol de diamante da residência na noite da agressão, recebendo uma dura sentença de trinta anos de prisão.[17]

Trancafiado na penitenciária de Dannemora, no norte do estado de Nova York, Brandt não tinha a menor intenção de aceitar seu destino calado. Começou a fazer contato com políticos e outros que a seu ver pudessem garantir sua libertação, inclusive o senador Knute Nelson, um republicano de Minnesota de ascendência escandinava que defendera a reforma da liberdade condicional nas penitenciárias federais. No início de 1909, Brandt escreveu a Nelson sobre sua "sentença desumana", dizendo ao senador que estava "completamente sem amigos na face da Terra".[18] Em uma carta subsequente a Nelson, o prisioneiro voltou atrás em sua confissão e contou uma história escandalosa e enrolada.

Após começar a trabalhar para os Schiff, disse ele, "a sra. Schiff passou a me cobrir de favores extravagantes e forçou suas afeições sobre mim, na época um jovem inexperiente de vinte anos, de modo que fui absolutamente incapaz de explicar seu comportamento em relação a mim". Afirmou que "epístolas afetuosas" eram trocadas com frequência entre eles e que Morti descobrira uma dessas missivas. Escreveu que Adele posteriormente lhe dera uma chave da casa e o instruíra a encontrá-la ali às oito da noite da sexta-feira, 8 de março. Mas, quando ele chegou, ela não estava lá. Assim, contou, ele pegou um pino de boliche para se defender caso algum criado o descobrisse na casa e aguardou. Quando Adele voltou com o marido, continuou Brandt, ele teve uma conversa furtiva com ela no closet. "Minha mente estava em um estado muito agitado, eu só conseguia pensar na mulher infeliz que me induzira a visitá-la. Em minha pressa peguei dois alfinetes de diamante no *chiffonier*, pois assim, caso fosse descoberto, pareceria que entrara com intenção de roubar." Enquanto tentava escapar da casa sem ser detectado, continuou Brandt, ele trombou violentamente com Morti Schiff. "Para resumir, o sr. Schiff e eu tivemos uma conversa de duas horas e saí à uma da manhã com o cavalheiro dando sua palavra [...] de que não me causaria problemas." Mas em vez disso ele fora detido. Brandt alegou ter sido ludibriado posteriormente por seu advogado com a promessa de receber uma sentença curta, de talvez um ano, caso se declarasse culpado.[19]

Após descobrir que Nelson estava investigando Brandt, Morti lhe escreveu e se ofereceu para mandar seu advogado explicar o caso ao senador: "Esse homem causou à sra. Schiff e a mim muitos aborrecimentos e dissabores, e na verdade foi por mero acaso e boa sorte que sua tentativa de me matar não teve sucesso. Tenho certeza de que o senhor não desejaria dar qualquer encorajamento a esse homem realmente perigoso, se estiver ciente de todos os fatos do caso".[20] Aparentemente convencido da culpa de Brandt, Nelson deixou a questão de lado, mas o criado preso continuou a tentar sua libertação. No fim de 1911, Brandt fez um pedido de clemência ao governador democrata de Nova York, John Dix. E, em 12 de dezembro, enquanto Jacob Schiff testemunhava a favor da resolução de Sulzer em Washington, o advogado de Morti corria até Albany para tentar "pôr uma pedra no assunto".[21]

Dessa vez o caso não se resolveu discretamente. Atiçado pelo império midiático de William Randolph Hearst, o escândalo voltou com toda força. Em pouco tempo a controvérsia de Brandt, com suas constrangedoras alegações de infidelidade, estava estampada na primeira página dos jornais da nação, onde permaneceu por semanas. Criou-se a narrativa de um imigrante jovem e pobre injustiçado pelas maquinações de uma família poderosa. A história ganhou força quando surgiram alegações de que Otto Rosalsky, o juiz no julgamento de Brandt, reunira-se secretamente com Morti e seu advogado Howard Gans no Criterion Club dias antes de proferir a sentença.[22] No fim de fevereiro de 1912, não apenas parecia que Brandt poderia ganhar sua liberdade, como também o promotor de Nova York, Charles Whitman, que estava de olho na prefeitura, ameaçava indiciar Morti e Gans sob a acusação de conspiração, e formara um grande júri para investigar.

"Devo declinar de falar sobre isso", Jacob Schiff disse aos repórteres que o procuraram para comentar o assunto, localizando-o no cais quando subia a bordo de um vapor para as Bermudas com sua esposa,

Therese.[23] Privadamente ele confidenciou a um jornalista que "a libertação de Brandt seria uma calamidade" para sua família.[24]

À medida que o escândalo crescia, cartas de amigos e simpatizantes começaram a chover. "Quero lhe enviar apenas algumas palavras para que saiba que as pessoas sensatas do país se solidarizam profundamente com a situação pela qual está passando, e essas matérias exageradas e sensacionalistas dos jornais não enganam tantos quanto alguns estão propensos a acreditar", dizia uma delas a Morti. O remetente era Booker T. Washington, cujo Instituto Tuskegee recebia apoio dos Schiff. "Cada vez mais acredito que as pessoas deste país estão começando a perceber que um homem se torna alvo na mesma proporção de seu sucesso em adquirir riqueza, conquistar proeminência ou se mostrar útil em qualquer sentido. O senhor e sua família fizeram tanto por este país que as pessoas sensatas não podem ser enganadas."[25]

Após anos tentando manter toda essa complicação sob sigilo, Morti, sob cerco da imprensa marrom e investigado pela promotoria, publicou um longo pronunciamento que incluía a carta de Brandt para Adele e outras evidências do caso. Cobrindo a maior parte de seis colunas do *New York Times*, ela dizia em parte o seguinte:

> Cheguei muito relutantemente à decisão de dar essa declaração, pois naturalmente hesito em levar a público meus assuntos privados. Mas por um mês alguns jornais da cidade se cobriram de inverdades, insinuações, indiretas e acusações de quase todo caráter concebível, provenientes de quase toda fonte concebível. O sr. Gans e eu fomos acusados de conspirar para frustrar os objetivos da justiça, de influenciar desonestamente um juiz íntegro, de recorrer a "maquinações" e mandar um jovem inocente à prisão estadual para servir uma longa sentença, de induzir Brandt com falsas promessas de clemência a se declarar culpado de um crime que não cometeu e, finalmente, de buscar por métodos indecorosos manter um homem inocente na prisão depois que sua inocência foi provada.[26]

Em uma terça-feira à tarde no fim de março de 1912, Adele Schiff, aparentando certo nervosismo, chegou ao Criminal Courts Building, na Centre Street. Ao entrar no tribunal, ela afirmou a um repórter que comparecia perante o grande júri "por livre iniciativa". Em seu testemunho, refutou as alegações de Brandt sobre o caso e negou que houvesse lhe dado a chave de sua casa.²⁷ Nessa mesma semana, o grande júri, após escutar 41 testemunhas, inclusive Brandt, concluiu a investigação, não encontrando motivos para acusar Morti ou seu advogado. Mas concluiu também que Brandt deveria ter sido indiciado pelo crime menor de roubo qualificado.²⁸

Em abril, uma nova matéria de primeira página ofuscou o sensacional caso Brandt: o naufrágio do *Titanic* em sua viagem inaugural. O luxuoso transatlântico levava um monte de passageiros eminentes (aristocratas, banqueiros, artistas, executivos ferroviários), incluindo um dos homens mais ricos do mundo, John Jacob Astor IV. E a tragédia atingiu particularmente a comunidade dos judeus alemães. A bordo iam Benjamin Guggenheim, filho do magnata da mineração Meyer Guggenheim, que ajudou corajosamente a salvar passageiros e depois, vestindo um traje formal e enfiando uma rosa na lapela, aguardou seu destino como um cavalheiro; e um dos donos da Macy's, Isidor Straus, e sua esposa, Ida. Os Straus eram uma presença constante na alta sociedade judaica e no cenário filantrópico. Isidor trabalhara de perto com Jacob Schiff em projetos de caridade ao longo dos anos. Juntos, haviam ajudado a fundar a Aliança Educacional, e Isidor era diretor do Lar Montefiore. Conforme os passageiros evacuavam o *Titanic*, Isidor se recusou a entrar em um bote salva-vidas enquanto houvesse mulheres e crianças a bordo; Ida se recusou a sair do lado do marido. Eles foram vistos abraçados pela última vez. Em seu serviço fúnebre, realizado no Carnegie Hall com a presença de milhares de pessoas, Schiff louvou Ida por manter "o juramento que fizera no altar, 'Até que a morte nos separe'", e declarou: "A forma como morreram essas duas almas nobres foi uma inspiração para o mundo".²⁹

Nesse meio-tempo, o caso Brandt continuava gerando cobertura da imprensa. O governador Dix acabou por rejeitar seu pedido de clemência, admoestando o réu por sua "acusação contra a pureza de uma mulher", mas a controvérsia ainda assim não se desfez, chegando a virar tema de campanha na eleição para governador de 1912.³⁰ Embora seu amigo Oscar Straus (um dos irmãos mais novos de Isidor) tivesse lançado sua candidatura, Jacob Schiff apoiou o deputado William Sulzer, seu aliado na disputa do tratado (ele "salvou o dia para nós", disse Schiff), que desafiava Dix pela indicação democrata.[31] Em um banquete para Sulzer, Schiff surpreendeu a todos quando, em vez de exaltar o homem do momento, fez um breve discurso em que criticou a imprensa pela cobertura do caso Brandt. "Dediquei a maior parte da minha vida ao desenvolvimento e ao bem de Nova York", declarou, "mas agora, em meu crepúsculo, vejo acontecer um ataque infame e vicioso contra a reputação e o bom nome de minha família. Pobre comunidade aquela em que inescrupulosos editores de jornais podem se unir para atacar o bom nome de cidadãos decentes e mulheres virtuosas."[32]

Sulzer superou Dix por pouco e a seguir venceu a eleição. Poucos dias depois da posse, em 1º de janeiro de 1913, ele foi questionado sobre Brandt, a quem o promotor de Nova York recomendara perdoar. Após dizer inicialmente que não estava preparado para lidar com o assunto, Sulzer voltou atrás, concordando com a soltura e chamando a pena de "excessiva". O perdão veio com algumas condições, entre elas a de que Brandt confessasse ter inventado o caso com Adele Schiff e de que jamais tentasse tirar proveito comercial da história.[33]

O senador Nelson, a quem Brandt apelara inicialmente, concordou em dar ajuda financeira ao sueco em Minnesota. No fim de janeiro de 1913, Brandt estava a caminho de uma nova vida em Bemidji. Por meses, após ele ter se fixado ali, detetives da Pinkerton acompanharam cada movimento seu, reportando-se a Morti.[34] Quando um funcionário de Minnesota se queixou com Sulzer dos agentes que vigiavam Brandt, Sulzer encaminhou sua carta aos escritórios da Kuhn Loeb, no número 52 da William Street. "Estou certo de que o senhor não tem nada a ver com isso", Sulzer escreveu ironicamente a Morti.[35]

Um ano após ser solto, em fevereiro de 1914, Brandt voltou para a Europa. Alguns anos depois, os jornais noticiaram que o criado de triste fama perecera em combate na Primeira Guerra Mundial.[36] Em 1927, porém, chegaram à casa de Morti e Adele cartas escritas na familiar caligrafia de Brandt. Ele continuava vivo, embora não estivesse muito bem, e morando nos arredores de Londres, onde trabalhara como gerente de uma serraria, fabricara cabos de faca e patenteara um punhado de invenções. Todas as suas empreitadas haviam fracassado e ele contava a Morti e Adele que se voltara a Deus em busca de redenção espiritual. "Com o coração penitente rogo o perdão de ambos, e que a nuvem da animosidade pairando sobre nossas cabeças se dissipe de modo que a liberdade e a paz possam ser sentidas", escreveu. "Cometi meu erro com a idade de 21 anos. Isso foi há 21 anos, e já sofri muito. Pecado gera pecado."[37]

Morti deliberou sobre uma resposta, finalmente escrevendo de volta, por intermédio de seu secretário, que "o sr. e a sra. Schiff o perdoam pela dor e angústia sofridos por causa de seus delitos".[38] Acontece que Brandt não estava atrás apenas de perdão, mas de ajuda financeira para um novo esquema de negócios. E as entrelinhas de sua correspondência, em que dizia sombriamente ter rejeitado diversas ofertas para contar sua história ao longo dos anos, cheiravam a extorsão. Alarmado, Morti escreveu a seu primo Ernst em Londres, que tinha contatos no governo britânico. Ernst respondeu que seu amigo, diretor do departamento de imigração no Home Office, avisara-o de que "seria muito fácil neutralizar imediatamente qualquer jogada de Brandt caso venha a atormentá-lo de alguma forma".[39]

O escândalo pairou perturbadoramente sobre a família Schiff por décadas, e, em 1954, o colunista conservador Westbrook Pegler o trouxe novamente à baila, usando a história para atacar a filha de Morti e Adele, Dolly, na época uma proeminente socialite de Manhattan e editora do *New York Post*. "Família de editora nova-iorquina maquinou a prisão de sueco", era o título da coluna de Pegler.

Dolly desdenhou a possibilidade de que a mãe, de quem se lembrava como uma mulher fria e distante que não apreciava o contato físico com os filhos, pudesse ter tido um caso com o criado, e não por alimentar alguma ilusão de que os pais fossem fiéis um ao outro. "A insinuação era ridícula", contou a seu biógrafo. "Qualquer um que conhecesse minha mãe sabia que seu círculo oferecia possibilidades mais interessantes. Brandt até podia ser bonito, mas todo mundo empregava criados naquela época pensando em como suas panturrilhas ficariam nos culotes."[40]

A realidade era que Morti e Adele estavam presos em um casamento profundamente infeliz arranjado por seus pais. Ele não fora sua primeira escolha de marido, talvez tampouco a segunda — mas, como herdeiro de uma das famílias bancárias mais proeminentes dos Estados Unidos, a proposta era impossível de recusar. Durante o noivado, comentou Frieda, "Adele foi muito esquiva, e Morti nunca sabia se continuavam noivos no dia seguinte. Pobrezinho, não que isso lhe fizesse muito mal, mas, por nunca saber em que pé estava nessa época, ele perdeu catorze quilos!".[41]

Morti estava sempre presenteando a esposa com joias caras — embora de nada adiantasse. Wendy Gray, bisneta de Morti e Adele, contou: "Lembro-me de minha mãe dizendo casualmente: 'Pois é, ele vivia tentando comprar o amor dela. Ele a presenteava com essas coisas, mas, mesmo assim, ela não o amava'".[42]

Após dar um herdeiro masculino a Morti — John, nascido dezessete meses depois da irmã, em agosto de 1904 — "a relação conjugal, para usar um termo antigo, terminou", disse Dolly, "e eles viveram vidas na maior parte separadas".[43] Como era comum entre homens de seu meio financeiro e status social, Morti tinha amantes, incluindo a que instalara no Hôtel de Paris, em Mônaco. Entretanto, ele se empenhava em projetar uma imagem de harmonia familiar. "É tão triste ver o esforço que meu pai fazia para tentar mostrar ao pai como éramos felizes, só para agradá-lo", afirmou Dolly. "Não éramos, era tudo falso."[44]

Os problemas conjugais eram apenas mais um aspecto de sua vida pessoal que Morti escondia do pai. O patriarca, sempre preocupado com as extravagâncias do filho, também não fazia ideia de que Morti possuía estábulos de cavalos de corrida na França. Era melhor assim, pois Morti sabia que o pai desaprovava jogos de azar. Em uma ocasião, quando Morti e Adele voltavam de sua lua de mel europeia, o nome do banqueiro recém-casado apareceu em uma breve nota do *New York Times* sobre a "jogatina pesada" ocorrida durante a viagem. Morti e os demais passageiros da primeira classe apostavam alto em quantas milhas náuticas o navio faria a cada dia. "Mortimer Schiff foi o sortudo no salão dos charutos", informou o jornal, acrescentando que ele havia ganhado 1700 dólares.[45] Jacob viu a notícia e repreendeu Morti severamente por sua conduta.[46] "Ele morria de medo de que o pai descobrisse sobre seus cavalos de corrida, jogatina e mulheres", recordou Dolly.[47]

Lewis Strauss, que ingressou na Kuhn Loeb como escriturário após a Primeira Guerra Mundial, recordou um episódio emblemático da dinâmica entre pai e filho. Certa manhã, Morti procurou Strauss em sua sala, pedindo-lhe que representasse a firma em um jantar para uma delegação de empresários japoneses que o sócio da J. P. Morgan, Thomas Lamont, estava organizando no University Club. Strauss (mais tarde uma figura central no programa de energia atômica americano) afirmou que já declinara de um convite para o evento, explicando o motivo. Como outros clubes sociais, o University não admitia judeus. Por uma questão de princípio, Strauss decidiu não comparecer. Morti ficou furioso.

"O que eu não sabia", afirmou Strauss, "era que ele não dava importância a essa particularidade da instituição, que muitos membros eram seus amigos" e que participava regularmente do pôquer às tardes de sábado no clube. "O fato de que eu me recusasse a pôr os pés lá e ele não o irritou a ponto de me censurar, e ele elevou a voz", contou Strauss. Subitamente, Morti se interrompeu e pôs-se de pé. O pai estava na porta. "Morti, não pude deixar de escutar sua voz", disse Jacob. "Qual o problema?" Morti explicou a discordância, segundo Strauss, "e nisso o velho o repreendeu, concluindo com as seguintes palavras: "Nunca imaginei viver o dia em que um novo escriturário em minha firma teria de dizer a meu filho como se comportar!".[48]

Jacob Schiff, como o modelo de decoro e nobre dignidade que era, certamente deve ter se ressentido de se ver arrastado para o humilhante escândalo de Brandt. E, logo após o perdão do rapaz, figurou em outra controvérsia ligada indiretamente ao caso do sueco. Pouco após o início do governo Sulzer, a Assembleia Estadual de Nova York deu início ao processo de impeachment contra ele, resultado de uma disputa entre o governador e o aparato político de Tammany Hall do qual Sulzer tentava se libertar. A abrangente investigação envolvia em parte doações eleitorais não declaradas de que Sulzer teria se apropriado indevidamente, incluindo um cheque de 2500 dólares de Schiff. Chamado para testemunhar no processo de impeachment, Schiff contradisse o depoimento do governador de que não tinha conhecimento de sua contribuição, afirmando que o político na verdade a solicitara pessoalmente. Com isso, ajudou a sacramentar o destino do governo Sulzer. Aliados do governador, que deixou o cargo em desgraça menos de um ano após a posse, alegaram que Schiff forneceu deliberadamente um testemunho prejudicial como troco pela decisão de Sulzer de perdoar o homem que atormentara sua família.[49]

No crepúsculo de sua carreira, a controvérsia perseguiu Schiff, seu nome uma presença constante na imprensa à medida que os conflitos se sucediam. Produto da Era Dourada, Schiff conquistara sua reputação e fortuna durante um período de desregramento, em que um grupo relativamente pequeno de capitalistas exerceu uma influência desproporcional sobre o sistema financeiro e utilizou métodos questionáveis para levar ordem ao canibalismo econômico que tomara conta do mercado, formando arranjos monopolistas que consolidaram ainda mais o poder nas mãos de poucos. Mas os tempos estavam mudando.

A era do capitalismo desenfreado, que muitas vezes de forma brutal e vil impulsionou a revolução industrial, deu origem a uma reação contra os chamados barões ladrões, pavimentando o caminho para uma Era Progressista que buscou corrigir os males econômicos, políticos e sociais do passado e se voltou para a questão do controle, especialmente o papel do governo em regulamentar a indústria. Durante a presidência de Woodrow Wilson, a sublevação da Era Progressista culminaria em uma ampla série de reformas trabalhistas e financeiras. Entre as mudanças mais dramáticas estavam as que afetaram as fundações do sistema econômico americano. Schiff e os banqueiros judeus alemães que compunham seu círculo social desempenharam um papel proeminente nas batalhas iniciais do governo Wilson. Juntos, eles ajudaram a elaborar e introduzir algumas das reformas mais transformadoras do século XX.

21
A expedição de caça

EM UMA QUINTA-FEIRA À TARDE de meados de janeiro de 1913, Jacob Schiff ocupava um cenário agora familiar: o banco das testemunhas. Com o fiasco do caso Brandt se desenrolando em Nova York, ele foi convocado a Washington para responder por outra suposta conspiração, desta vez envolvendo o controle do sistema bancário nacional.

O fervor antitruste da Era Progressista acelerou o debate no Congresso sobre o que alguns legisladores consideravam o monopólio mais pernicioso de todos: o "truste do dinheiro", de banqueiros que detinham uma influência indevida sobre o destino econômico da nação. O representante republicano Charles Lindbergh, de Minnesota, pai do famoso aviador e conhecido por suas tendências insurgentes e cruzadas quixotescas, ocupava a vanguarda de um grupo populista que insistia na investigação dessa suposta cabala. Lindbergh acusou os banqueiros nova-iorquinos de fabricarem o pânico de 1907, em uma tentativa ardilosa de conduzir fusões e negócios que de outra forma teriam sido impensáveis, e de jogarem lenha na fogueira de reformas econômicas que só serviriam para aumentar sua influência financeira.[1] Em 1911, Lindbergh começou a pressionar por uma resolução para abrir uma ampla sindicância no sistema bancário. Uma versão dessa medida acabou passando no ano seguinte, dando início à investigação realizada por um subcomitê do Comitê Bancário e Monetário da Câmara liderado pelo democrata Arsène Pujo.

Coroando a carreira de Pujo, que serviu durante cinco mandatos no Congresso de maneira quase sempre pouco notável, a investigação que catalisou a atenção da imprensa veio a definir seu legado. Mas a figura mais importante do comitê não era Pujo, e sim seu bigodudo conselheiro-geral, Samuel Untermyer. Filho de judeus alemães e sócio do escritório de advocacia de Louis Marshall, Untermyer abandonara sua lucrativa prática para conduzir a investigação. Hábil negociador e um jurista brilhante nos tribunais, ele construiu sua carreira, e uma fortuna multimilionária, trabalhando para grandes corporações e criando exatamente os monopólios que era agora incumbido de expor. Sua nomeação suscitou temores entre os banqueiros do país, devido aos anos que haviam trabalhado juntos.

"Ele foi fundamental no processo de criação de boa parte dos chamados trustes, e ganhou um caminhão de dinheiro com isso", relembrou Herbert Lehman, cuja firma fora cliente de Untermyer. Lehman comentou que o advogado "tinha uma das mentes mais afiadas que já conheci, e era um dos melhores que já vi numa acareação de testemunha. Implacável. Absolutamente implacável".[2]

A visão privilegiada de Untermyer sobre o mundo dos negócios pouco a pouco o transformou em um defensor de reformas que exigiam a "regulamentação federal dos trustes" e o fim da "concentração do poder monetário". Poucas pessoas no país estavam tão familiarizadas com os esquemas e táticas dos barões financeiros, que agora, um a um, se apresentavam perante o Comitê Pujo para viver a experiência de ser interrogados pelo advogado. Prestaram testemunho ao comitê alguns dos magnatas mais poderosos do país, entre eles Frank Vanderlip e James Stillman, do National City Bank, e George Baker, do First National Bank, este último o corpulento decano de longas suíças do sistema financeiro americano, que, na época de sua morte, figurava entre os três homens mais ricos dos Estados Unidos. (William Rockefeller Jr., irmão mais novo de John D. e cofundador da Standard Oil, fez enormes malabarismos para evitar uma intimação.) Mas nenhum outro banqueiro atraiu mais olhares no banco das testemunhas do que o suposto mandachuva do truste do dinheiro: John Pierpont Morgan.

Morgan depôs durante boa parte de dois dias, em 18 e 19 de dezembro de 1912. Aos 75 anos e com a saúde debilitada, o leão das finanças americanas parecia quase dócil. Curvado em uma frágil cadeira de ratã, ele falou em um tom baixo e monótono, seu olhar ocasionalmente vagando pela multidão de centenas de pessoas aglomeradas para vê-lo testemunhar. Em vez do ríspido e impetuoso barão ladrão da lenda popular, Morgan exibia uma "polidez quase extravagante", relatou um jornal.[3]

Duelando educadamente com Untermyer, Morgan desdenhou a ideia de uma conspiração bancária e minimizou sua lendária influência financeira, conforme o advogado tentava repetidamente fazê-lo confessar seu poder ilimitado.

"Quando um homem detém um vasto poder como o senhor... o senhor admite, não é verdade?"

"Não sei do que está falando, senhor", respondeu o banqueiro.

"O senhor admite ter esse poder, não é?"

"Não creio que tenha."

"Não sente ter de modo algum?"

"Não, não sinto ter de modo algum."[4]

Enquanto Morgan testemunhava, Untermyer exibia gráficos mostrando uma história um pouco diferente. Eles revelavam as relações sobrepostas entre dezoito firmas, incluindo a J. P. Morgan & Co. e a Kuhn Loeb, que possuíam, se não controle direto, uma vasta influência sobre numerosos bancos, trustes, seguradoras, companhias de serviços públicos, ferrovias e outras empresas. Os sócios dessas organizações, determinou o Comitê Pujo, ocupavam 746 diretorias em 134 corporações que, coletivamente, possuíam recursos ou capitalização de mais de 25 bilhões de dólares.[5]

Um mês após Morgan ser interrogado, foi a vez de Schiff. O momento era terrível. Em Nova York, Folke Brandt estava prestes a ser solto, e o assunto mais uma vez levava grande estresse e turbulência aos Schiff. Em Washington, porém, o financista exibiu uma postura serena. E, tal como Morgan, pouco cedeu, objetando quando Untermyer o questionou sobre as "alianças" bancárias da Kuhn Loeb.

"Não posso chamá-las de alianças", disse. "Temos correspondentes e amigos que cooperam conosco, mas não estamos aliados a ninguém."

Schiff denunciou os monopólios como "odiosos" e afirmou que não acreditava em concentrar o poder corporativo por meio de holdings (embora ele e Morgan tivessem feito exatamente isso anos antes, com a formação da Northern Securities), mas também disse: "Eu não limitaria um indivíduo, por lei, de comprar o que bem lhe aprouver".

"Mesmo que se tratasse de um monopólio?", perguntou Untermyer.

"Mesmo que se tratasse de um monopólio", respondeu Schiff.

Untermyer foi mais fundo. "Onde o senhor traçaria um limite com respeito à licença que daria a um indivíduo para obter o controle de alguma indústria ou linha de negócios?"

"Eu deixaria a natureza seguir seu curso", afirmou Schiff. "A primeira tentativa de monopólio foi a construção da Torre de Babel. Quiseram criar um monopólio da língua. E ela desabou com o próprio peso. Qualquer coisa que for longe demais desabará com o próprio peso." Em um comentário muito citado na cobertura do testemunho de Schiff na imprensa, o banqueiro declarou: "Eu não limitaria, em nenhum caso, a liberdade individual em coisa alguma, pois acredito que as leis da natureza governam isso melhor do que qualquer lei humana".[6]

O Comitê Pujo divulgou suas conclusões no fim de fevereiro. Embora não tivesse conseguido provar a existência literal de um "truste do dinheiro", ele conseguira expor de maneira inquestionável o modo como o poder corporativo havia se consolidado. Um pequeno punhado de empresas detinha o controle da emissão de grandes títulos nos Estados Unidos, como Henry Goldman descobrira ao tentar entrar nesse mercado. Seus representantes atuavam nas diretorias de uma variedade estonteante de corporações e exerciam um imenso poder financeiro, que lhes permitia sufocar a concorrência e privar de crédito os potenciais rivais. O comitê determinou que

> há uma identidade estabelecida e bem definida e uma comunidade de interesses entre alguns líderes das finanças, criada e mantida por meio da posse de ações, diretorias interligadas, sociedades, transações em contas conjuntas e outras formas de dominação de bancos, trustes, ferrovias e

companhias de serviços públicos e industriais, resultando em uma enorme e cada vez maior concentração do controle do dinheiro e do crédito nas mãos desses poucos homens.

O relatório do comitê identificou a Kuhn Loeb como um dos seis principais "agentes de concentração", observando que a firma havia comercializado 1 bilhão de dólares em valores mobiliários desde 1905 em sociedade com a J. P. Morgan, o First National Bank ou o National City Bank (às vezes, todos os três). A Kuhn Loeb mantinha com determinadas firmas o que "consistia basicamente em um pacto de não competição", e, junto com seus aliados, havia "se apropriado dos negócios bancários das ferrovias mais importantes do país", afirmou o comitê.[7]

Um mês após concluída a investigação do truste do dinheiro, chegou de Roma a notícia sobre o falecimento de J. P. Morgan, em uma suíte de quinhentos dólares por noite no Grand Hotel da cidade. O filho do financista, Jack, atribuiu o rápido declínio do pai ao estresse da investigação e à acareação pública feita por Untermyer, apelidado pelo jovem Morgan de "a Besta".

Schiff visitava a Sicília quando Morgan morreu, e em sua ausência a Kuhn Loeb emitiu um efusivo tributo ao falecido banqueiro: "A comunidade financeira lamenta a perda do maior líder que já teve, um homem cuja influência e poder repousavam tanto na capacidade de comandar quanto na confiança universal acerca da altivez de seus motivos, lealdade, equanimidade e esplêndidas qualidades de caráter".[8] Alguns dias depois, da costa jônica, Schiff enviou ao *New York Times* um pronunciamento mais contido, e não podemos deixar de nos perguntar como deve ter se sentido ao ver sua firma elogiar o rival como o "maior líder" do mundo financeiro.

"A característica mais destacada do sr. Morgan era ser prestativo e agir corretamente", dizia a declaração de Schiff. "Seu valor como um bom e grande cidadão, agora que já não está entre nós, será ainda mais plenamente apreciado, e tão cedo não veremos alguém como ele."[9]

Os jornais especularam sobre quem iria tomar o bastão de Morgan, e os nomes especulados, além de Jack Morgan, incluíam Morti Schiff e

Otto Kahn.[10] Mas banqueiro algum jamais ocuparia o papel singular de J. P. Morgan nas finanças americanas. Isso se devia tanto ao homem em si como à época. A opinião pública estava agora fortemente a favor da regulamentação governamental para conter os excessos corporativos. A morte de Morgan — e a investigação do truste do dinheiro que tumultuou seus últimos dias — representou um epílogo para a Era Dourada. Nos meses e anos que se seguiram, as reformas progressistas, algumas delas estimuladas pelo trabalho do Comitê Pujo, remodelariam de forma drástica o sistema financeiro dos Estados Unidos.

Uma das mudanças mais monumentais ocorreu durante as últimas semanas de Morgan, quando a 16ª Emenda, autorizando a criação de um imposto de renda federal, foi oficialmente incorporada à Constituição. Isso aconteceu após quase duas décadas de debates e disputas legislativas, culminando em uma emenda constitucional, apresentada pela primeira vez em 1909, que acabou ratificada por mais de três quartos dos estados (a quantidade necessária para emendar a Constituição). Poucos desempenharam um papel tão importante na introdução de um imposto de renda progressivo quanto o filho de Joseph Seligman, Edwin.

Professor de economia política na Universidade Columbia, Edwin dedicou-se ao estudo das finanças públicas, levando dezenove anos para pesquisar e escrever uma influente história do imposto de renda com 750 páginas. Mas ele não era um mero teórico. Edwin se tornou uma das principais vozes a favor de um imposto direto sobre a renda — até então, as tarifas compunham a principal fonte de receita do governo — que aumentasse gradativamente conforme a capacidade de pagamento do cidadão, de modo que os ricos contribuíssem com uma porcentagem mais alta do que os pobres.

Quando os legisladores de Nova York começaram a debater a emenda constitucional, em 1910, Seligman se uniu à luta para assegurar sua aprovação, algo considerado particularmente vital, uma vez que o estado abrigava muitos dos cidadãos mais ricos do país. Ele testemunhou duas vezes perante o senado estadual a favor da emenda, e, nas páginas do *Political Science Quarterly*, periódico editado por Seligman, refutou as críticas de que um imposto de renda federal conferisse poder demais ao estado — poder nunca pretendido pelos criadores da Constituição — e conduzisse a nação numa direção perigosamente socialista, afastando-se de seus valores fundamentais de autodeterminação. "As condições do momento em que a constituição foi elaborada não estão mais presentes", escreveu Seligman. "No século passado [...] o desenvolvimento das forças econômicas e sociais subjacentes criou uma nação, e esse desenvolvimento pede por uma regulamentação nacional e uniforme de muitas questões que os fundadores jamais imaginaram." E observou: "Não criemos um fetiche de 'autogoverno' e não nos oponhamos à autoridade central nos casos em que o autogoverno signifique retrocesso, em vez de progresso".[11]

A legislatura, dominada pelo Partido Republicano, rejeitou a emenda três vezes em 1910. Mas as eleições desse ano representaram um acerto de contas nacional com a agremiação; em Nova York, os republicanos foram varridos do gabinete do governador e da legislatura. Republicano leal, Seligman atribuiu o castigo recebido pelo partido à sua recusa em apoiar a emenda, aprovada no ano seguinte pela legislatura controlada pelos democratas, fazendo de Nova York o 31º estado a ratificar o imposto de renda.[12]

Que o herdeiro de uma das principais dinastias bancárias do país tivesse desempenhado um papel tão notório na introdução da 16ª Emenda não deixava de ser irônico. E alguns membros do clã Seligman não pareceram apreciar nem um pouco o trabalho pioneiro de Edwin. Seu acrimonioso tio Isaac, que vivera em Londres por décadas, assim como seu primo David Albert (um dos filhos de Abraham), teria renunciado à cidadania americana para evitar pagar o novo imposto.[13]

No entanto, outros membros de sua família e círculo social aprovaram o imposto de renda, acreditando que era a única maneira de financiar o governo sem que a nação assumisse perigosos níveis de dívida. O irmão mais velho de Edwin, Ike, o cabeça dos negócios bancários da família nos Estados Unidos, chamou o imposto de renda de "o tipo mais ideal de imposto já inventado". O banqueiro, cioso de seus deveres cívicos, um homem que havia feito do combate ao trabalho infantil um foco de sua filantropia, observou: "No momento, o povo deste país considera o imposto de renda uma medida demasiado inquisitorial e com ares de socialismo, e portanto se opôs a ele. Mas, com o tempo, creio, começarão a perceber a justiça e o benefício trazidos por ele".[14] Jacob Schiff também apoiou o imposto e, em 1909, propôs a criação de um tributo sobre "a renda ou a receita oriunda de negócios, e especialmente do comércio interestadual. No que diz respeito ao negócio bancário, tal imposto produziria uma imensa receita para o governo, e isso é ainda mais verdadeiro, sem dúvida, em muitas outras formas de empreendimento comercial e industrial".[15]

Após a 16ª Emenda, o ímpeto legislativo se consolidou em outras reformas financeiras e corporativas. Em 1914, o Congresso aprovou a Lei Antitruste Clayton (fortalecendo sua predecessora, a Lei Antitruste Sherman) e criou a Comissão Federal de Comércio para combater práticas comerciais monopolistas. Nesse mesmo ano foi fundada a Reserva Federal. Produto de anos de disputas políticas, a instituição inaugurou uma nova era bancária no país e firmou uma parceria entre o governo federal e Wall Street como nunca vista antes.

Em agosto, pouco depois da confirmação no Senado, a diretoria inaugural do Fed posou rigidamente para uma foto diante das colunas de granito do prédio do Tesouro americano na Pennsylvania Avenue, onde ficava a sede original da Reserva Federal. Da direita para a esquerda apareciam o executivo ferroviário Frederic Delano (tio de Franklin Delano Roosevelt); Adolph Miller, um proeminente professor de economia; Charles Hamlin, advogado de Boston que até pouco tempo antes atuara como secretário-adjunto do Tesouro; e, segurando o chapéu preto de feltro com as duas mãos, Paul Warburg, uma das figuras mais centrais na criação do Fed.

Certo dia, em 1907, no auge do pânico financeiro, Paul Warburg, sentado à sua mesa nos escritórios da Kuhn Loeb, ergueu os olhos e se deparou com James Stillman, do National City Bank, olhando fixamente para ele, as pálpebras semicerradas. "Warburg", perguntou Stillman, "cadê seu documento?"[16]

O documento em questão era um memorando que Warburg redigira pouco tempo depois de se mudar para Nova York, no outono de 1901, e no qual delineava as inúmeras falhas do sistema bancário americano.

425

Stillman o lera na época e não ficara nem um pouco impressionado. Para Warburg, acostumado ao modelo europeu de banco central — em que uma única instituição regulamentava o fluxo de crédito e moeda, com poder para expandir ou contrair a oferta de dinheiro com base nas condições do mercado e para comprar ou descontar títulos comerciais de modo a reforçar as reservas de dinheiro dos bancos do país —, o sistema descentralizado americano era confuso. "Havia lá tantos sistemas bancários desconectados quanto estados", recordou Warburg mais tarde, "e até entre os bancos de um mesmo estado não havia um mecanismo de proteção mútua a não ser as 'associações de câmaras de compensação'" — instituições financeiras independentes que liquidavam operações e garantiam que compradores e vendedores honrassem seus contratos.[17]

Além disso, a quantidade de dinheiro circulante permanecia fixa, ou "inelástica", tornando o país particularmente vulnerável a choques financeiros. "Quando fortes demandas de ouro vindas do exterior, excessivas demandas domésticas por circulação ou um aumento anormal de empréstimos e depósitos bancários derrubavam as reservas excedentes ao nível dos requisitos legais ou abaixo disso, as condições financeiras tornavam-se imediatamente críticas", contou Warburg.[18] A natureza desconectada do sistema bancário americano levava as instituições financeiras a agirem em tempos de crise em nome da autopreservação, cobrando empréstimos e acumulando dinheiro às custas de seus concorrentes e clientes — e, em última análise, às custas do sistema financeiro americano, que emperrava como as engrenagens de uma máquina mal lubrificada.

A última grande tentativa de reforma bancária ocorrera durante a Guerra Civil, quando o Congresso aprovou a Lei dos Bancos Nacionais, estabelecendo um sistema federal de certificação bancária, autorizando-os a emitir notas lastreadas em títulos do governo americano depositados junto ao controlador da moeda (um novo cargo criado pela legislação). A lei impunha rigorosas exigências de reserva aos bancos nacionais — os de Nova York, por exemplo, tinham de manter 25% de seus depósitos separados. A Lei dos Bancos Nacionais uniformizara o sistema monetário (embora vários tipos de moeda corrente, incluindo *greenbacks*, as cédulas impressas pelo Tesouro nos primeiros tempos da guerra, continuassem em circulação), mas pouco fizera para estabilizar o volátil sistema financeiro americano.

Inicialmente, Paul compartilhou sua crítica dos bancos americanos com Jacob Schiff, que afirmou ao jovem sócio que concordava em grande parte com ele. Mas Warburg ainda não compreendia a psicologia americana, afirmou Schiff; os americanos, com seu ceticismo nato em relação ao poder do governo, jamais aceitariam um banco central ao estilo europeu. Pelo menos, não novamente.

Em sua infância, os Estados Unidos haviam tentado criar um sistema bancário centralizado. Em 1791, Alexander Hamilton defendera a criação do First Bank of the United States, nos moldes do Banco da Inglaterra. O banco foi um ponto de discórdia político, e sua licença de vinte anos não foi renovada pelo Congresso. Em 1816, James Madison chancelou o Second Bank of United States, mas o banco foi posteriormente dissolvido pelo governo Andrew Jackson, que o descreveu como uma "hidra de corrupção". (A derrocada do banco, que havia ajudado a estabilizar o caótico sistema monetário do país, contribuiu para o pânico financeiro de 1837.) Na época em que Warburg chegou aos Estados Unidos, a última experiência americana com um banco central havia sido quase setenta anos antes.

Schiff aconselhou Warburg a não dar muita divulgação a suas opiniões; poderia aliená-lo da fraternidade bancária americana. Mas concordou em mostrar o memorando de Warburg a alguns amigos de confiança para saber o que pensavam. Um deles era James Stillman, banqueiro dos Rockefeller e da Standard Oil, que presidia o maior banco dos Estados Unidos.

Stillman, previsivelmente cético, fora à procura de Paul nos escritórios da Kuhn Loeb após ler seu tratado.

"Warburg, não acha que o City Bank se saiu muito bem?", perguntou Stillman, debruçando-se sobre a mesa dele.

"Sim, sr. Stillman, extraordinariamente bem", respondeu Warburg. "Por que não deixar as coisas como estão?"

Warburg hesitou. Por fim, disse: "Seu banco é tão grande e tão poderoso, sr. Stillman, que no próximo pânico o senhor desejará que suas responsabilidades sejam menores".[19]

Quando esse pânico chegou, apenas alguns anos depois, forçando Stillman e outros financistas eminentes a fazerem as vezes de banqueiros centrais para deter a derrocada econômica, o presidente do National City Bank voltou a aparecer diante da mesa de Warburg, agora mais receptivo às ideias que rejeitara anteriormente, e perguntou pelo antigo memorando.

Nessa época, Warburg já havia mergulhado nas tempestuosas águas políticas da reforma bancária, encorajado por Edwin Seligman. Em 1906, Warburg comparecera a um jantar na casa de Seligman na rua 86 Oeste, onde deixou o professor da Columbia fascinado com seu diagnóstico lúcido das deficiências do sistema bancário americano.

"Você devia escrever isso. Devia publicar", exclamou Seligman, empolgado.

"Impossível", objetou Warburg. Ainda não dominava o inglês, que falava com sotaque britânico, não alemão, embora certas palavras, por conta da pronúncia, sempre o deixassem confuso. E era inseguro quanto a seu inglês escrito.[20] "Ainda não sou capaz de escrever em inglês — não suficientemente bem para publicação."

"Quanto ao inglês, dá-se um jeito", disse Seligman, oferecendo seus serviços como editor. "É seu dever divulgar suas ideias para o país."[21]

No início do ano seguinte, Warburg publicou um extenso artigo no *New York Times* — em parte baseado em seu memorando original — esboçando a natureza primitiva da política monetária americana. "Os Estados Unidos estão na verdade no mesmo ponto em que a Europa chegou no tempo dos Medici, e a Ásia, muito provavelmente, na época de Hamurabi", escreveu. E afirmou com todas as letras: "Sou da firme convicção de que um banco central é a solução ideal para as dificuldades e que ele um dia irá se concretizar — embora talvez não vivamos para ver isso".[22]

"Foi sem dúvida uma exposição elaborada com todo cuidado", Schiff escreveu ao editor do *Times*, Adolph Ochs, depois que o artigo de Warburg saiu.[23] Na verdade, Schiff recomendara que o editor o publicasse. Ao longo dos anos, durante suas caminhadas matinais pelo *downtown*, Warburg travara uma campanha incansável para convencer Schiff de que os americanos poderiam — e deveriam — adotar um sistema bancário central.²⁴ Evidentemente, Warburg foi persuasivo. Assim como os eventos traumáticos do pânico de 1907, que injetaram nova urgência ao movimento pela reforma. No final de 1907, quando Schiff discursou na Academia Americana de Ciências Políticas e Sociais, a influência de Warburg era evidente. "Há necessidade de uma autoridade central", declarou o financista. Falando no mesmo evento, Ike Seligman enfatizou ainda mais a ideia de um banco central: "Não tenho dúvida de que, se tivéssemos um sistema bancário central modificado, o fechamento forçado da Knickerbocker poderia ter sido evitado", impedindo a corrida aos bancos e o colapso dos trustes que se seguiram.²⁵

Em 1908, Edwin Seligman organizou uma série de palestras na Columbia voltadas à reforma bancária e monetária, e convidou Warburg a participar. O Congresso reagiu ao pânico com mudanças na legislação, incluindo dois projetos de lei antagônicos apresentados pelos presidentes dos comitês bancários da Câmara e do Senado. O deputado Charles Fowler, republicano de Nova Jersey, ressuscitou um antigo plano para uma moeda lastreada em ativos, em que os bancos nacionais pudessem emitir notas garantidas por seus ativos gerais, não apenas por títulos do governo. O senador Nelson Aldrich, republicano de Rhode Island que presidia o comitê bancário da câmara alta desde 1898, sugeriu uma medida separada voltada a expandir o suprimento de moeda em tempos de crise, permitindo aos bancos nacionais formarem associações monetárias com o poder de emitir cédulas de emergência garantidas por suas holdings coletivas de títulos e alguns outros valores mobiliários. Durante seu discurso no simpósio de Seligman, Warburg criticou asperamente os projetos de lei de Fowler e Aldrich, afirmando que nenhum dos dois "pode ser considerado um passo na direção certa. Qualquer medida que enfatize a descentralização da emissão de notas e de reservas é ruim".²⁶

Warburg conhecera Aldrin recentemente, quando o senador visitara os escritórios da Kuhn Loeb. Conhecido como o "administrador geral da nação", Aldrich, com mais de 1,80 metro e ostentando um grosso bigode branco, estava entre os homens mais poderosos do Congresso, e também entre os mais ricos, na época construindo um labiríntico palacete de setenta cômodos em um bucólico terreno de cem hectares com vista para a baía de Narrangansett. Ele não nascera rico e passara a maior parte de sua carreira no serviço público — primeiro na Assembleia Legislativa de Rhode Island, depois na Câmara e a seguir no Senado. Sua fortuna na verdade vinha do tipo de corrupção casual endêmica da Era Dourada: Aldrich ganhara milhões investindo em um projeto de bondes elétricos organizado por um benfeitor político e financiado em parte pelo truste do algodão, cujos interesses ele defendia fielmente no Senado.

Aldrich não era um orador público inspirado, desvantagem que compensava agindo habilmente por baixo dos panos. Um persistente opositor das reformas progressistas (como o imposto de renda "comunista"), ele foi retratado por um cartum político da época como uma aranha cuja teia capturara inapelavelmente a legislação progressista, paralisando as medidas no comitê. Enquanto elaborava seu projeto de lei de reforma monetária na sequência do pânico de 1907, Aldrich consultou Jacob Schiff sobre o plano. Aldrich estava curioso sobre o funcionamento do sistema monetário alemão e Schiff mandara chamar Paul Warburg, o especialista de plantão. Paul forneceu a Aldrich a informação que ele buscava, e, depois que Aldrich deixou o escritório particular de Schiff, Warburg murmurou consigo mesmo: "Lá se vai a reforma monetária". Warburg perguntou a Schiff se poderia enviar uma carta a Aldrich delineando suas opiniões. Schiff, parecendo um pouco perplexo, respondeu: "Se fizer isso, ele nunca mais vai olhar na sua cara".[27]

Paul, agora em uma missão quase religiosa para difundir o evangelho do sistema bancário central, ignorou o conselho de Schiff. "Acaso o último pânico não mostrou que sofremos de uma excessiva descentralização de nosso sistema bancário e da absoluta impossibilidade de obter alguma ação coordenada quanto ao livre uso de nossas reservas, em vez de instituições financeiras competindo pelo acúmulo de moeda?", escreveu para Aldrich. Ele tentou convencer o senador sobre a criação de uma "câmara de compensação central" — em essência, um banco central sem tantos poderes, que ele acreditava ser o máximo que os americanos estariam dispostos a aceitar.[28]

Aldrich não respondeu e Paul tinha poucos motivos para achar que causara boa impressão.[29] Aldrich promoveu seu projeto de lei e conseguiu aprová-lo na primavera de 1908. Além de criar um mecanismo monetário emergencial, a legislação estabeleceu uma Comissão Monetária Nacional, presidida por Aldrich, para realizar um estudo abrangente das leis bancárias americanas e europeias. Em agosto, munido de cartas de apresentação fornecidas por banqueiros, incluindo Schiff e J. P. Morgan, Aldrich liderou uma delegação de averiguação de fatos nas principais capitais bancárias europeias: Berlim, Londres e Paris.[30] Entrevistando autoridades do Banco da Inglaterra, da Banque de France e do Reichsbank, Aldrich recebeu uma lição em práticas bancárias modernas que o levou a rever suas opiniões. Voltou para casa em outubro convertido à ideia de um banco central americano.

Em novembro, ele convocou Warburg para uma audiência da Comissão Monetária Nacional realizada no Metropolitan Club, o refúgio projetado por Stanford White para a elite bancária nova-iorquina, localizado na esquina nordeste da Quinta Avenida com a rua 60.

Warburg depôs perante o sonolento painel. Ao final da audiência, Aldrich o chamou de lado. "Sr. Warburg", disse, "aprecio suas ideias. Só vejo um problema."

Warburg perguntou o que seria. "O senhor é tímido demais sobre elas", disse.

Warburg respondeu que era praticamente o único defensor da reforma bancária cobrando uma ação ousada, mesmo que seu plano previsse um sistema bancário central modificado feito sob medida para as sensibilidades americanas.

"Certo, mas o senhor afirma que não teremos um banco central, e eu afirmo que teremos", disse Aldrich, conforme Warburg tentava disfarçar sua animação cada vez maior. O estupefato banqueiro deixou o Metropolitan Club "confiante de que a genuína reforma bancária estava ao alcance dos Estados Unidos", escreveu mais tarde.[31]

Nos dois anos seguintes, enquanto a Comissão Monetária Nacional concluía seu trabalho, acabando por publicar cerca de trinta relatórios sobre todos os aspectos do sistema bancário internacional, Warburg se correspondeu esporadicamente com Aldrich. E trocava cartas com mais frequência com A. Piatt Andrew, um economista de Harvard que atuava como assistente especial da comissão e a quem Warburg fornecia dados financeiros e bombardeava com seus artigos mais recentes.

Em abril de 1910, Aldrich, cada vez mais atacado pelos progressistas como um mascote da corrupção política, anunciou seus planos de se aposentar do Senado ao término de seu mandato, no ano seguinte. Ele pretendia fazer da reforma bancária a pedra angular de seu legado no serviço público — mas seu tempo estava se esgotando. A eleição de 1910 complicou seus planos. Os democratas assumiram o controle da Câmara pela primeira vez em dezesseis anos e o número de progressistas em ambos os partidos aumentou de forma substancial, diminuindo seu poder. Não obstante, ele permaneceu comprometido com a reformulação do sistema bancário.

Uma semana após a eleição, um sócio da J. P. Morgan & Co. chamado Henry P. Davison visitou Warburg nos escritórios da Kuhn Loeb, trazendo um convite de Aldrich. Davison, que viera ajudando discretamente Aldrich em sua comissão, perguntou a Warburg se ele poderia se ausentar do trabalho por uma ou duas semanas e acompanhar o senador e quatro outros homens em uma expedição secreta para planejar o futuro da reforma bancária. Seu destino: Jekyll Island. Localizada junto à costa da Geórgia, a ilha isolada abrigava o que era talvez o clube mais exclusivo dos Estados Unidos, cujos membros incluíam J. P. Morgan, Joseph Pulitzer, William Rockefeller Jr. e outros milionários.

Davison disse a Warburg que os participantes do encontro viajariam sob o pretexto de caçar patos. A ideia de Warburg participando de uma expedição de caça teria divertido seus amigos e familiares. Ele não caçava. Muito menos tinha arma.

Na noite de 18 de novembro de 1910, portando um rifle e a munição que comprara nesse mesmo dia para tornar seu disfarce razoavelmente plausível, Warburg embarcou no vagão particular de Aldrich na Pennsylvania Station, em Nova Jersey.[32] Ali topou com Frank Vanderlip, do National City Bank, à espera.

"Afinal, em que tipo de missão estamos nos metendo?", perguntou Vanderlip.

"Pode estar mais para caçar quimeras do que patos", gracejou Warburg. "E pode ser a maior coisa que o senhor ou eu jamais fizemos." O comentário refletia a eterna desconfiança de Paul em relação a Aldrich. Ele se perguntava se não estaria sendo incluído "na turma para se tornar mais um cúmplice e, assim, ficar de bico fechado".[33]

O restante do grupo foi chegando de um em um, como Aldrich instruíra: Aldrich; seu secretário, Arthur Shelton; A. Piatt Andrew; e Davison. O trem partiu com um solavanco e a "expedição de caça" rumou para o sul durante a noite, chegando a Brunswick, Geórgia, no dia seguinte. Tomando todo o cuidado para manter a confidencialidade da missão, os membros do grupo haviam concordado em tratar uns aos outros apenas pelo primeiro nome — Aldrich, por exemplo, era sr. Nelson. Quando o chefe da estação foi cumprimentar Warburg e seus colegas, eles conversavam em voz alta sobre seus planos para a caçada. Ele os interrompeu com más notícias: "Com licença, senhores, isso tudo é muito bonito, mas devo lhes dizer que sabemos quem são e que os repórteres estão esperando lá fora".

Davison pegou o sujeito pelo braço. "Vamos lá, meu caro, deixe-me lhe contar uma história", disse. Voltou um pouco mais tarde, com um brilho no olhar. "Sem problema, não vão nos entregar." Não ficou claro como aplacou a imprensa, mas a viagem permaneceu em segredo até 1916, quando o jornalista B. C. Forbes, fundador da famosa revista, revelou o encontro de Jekyll Island em um artigo pouco notado. Mas por décadas seus participantes não admitiram sua existência.

O motivo para o voto de silêncio era claro: se descoberto, o papel dos representantes de três das principais instituições financeiras do país na elaboração de uma política bancária nacional, reunindo-se ainda por cima em uma ilha de veraneio acessível apenas à elite dos magnatas dos Estados Unidos, teria condenado qualquer legislação logo de cara. Na verdade, quando posteriormente revelado, o conclave de Jekyll Island gerou diversas teorias da conspiração sobre a criação da Reserva Federal que proliferaram por um século. Alguns alegam que o verdadeiro propósito da reunião foi estabelecer um monopólio bancário e consolidar o controle dos recursos financeiros da nação. Os mitos derivados desse retiro secreto em certos casos assumiram um tom antissemita. Em 1952, por exemplo, Eustace Mullins, um negacionista do Holocausto, escreveu um livro de muito sucesso em que tentava ligar a conferência de Jekyll Island à família Rothschild, clã que virou símbolo de uma suposta conspiração bancária judaica internacional.

J. P. Morgan, membro do Jekyll Island Club, tomou as providências para que o resort estivesse deserto, a não ser por dois criados negros, perto dos quais Warburg e seus colegas continuaram a proteger suas identidades. Instalando-se em uma sala de conferências na luxuosa sede de torres do clube, o grupo se isolou por oito dias. Entre maratonas de conversas e discussões, paravam apenas quando os criados chegavam com a refeição, trazendo banquetes suntuosos de animais selvagens — veado, peru, codorna — e travessas de ostras frescas.[34] No Dia de Ação de Graças, que caiu durante sua estada na ilha, os homens celebraram e voltaram imediatamente ao trabalho.[35]

Os participantes concordaram em princípio com a criação de um sistema bancário central, mas os detalhes mais espinhosos ainda precisavam ser resolvidos, como quem administraria o banco e até onde iria sua autoridade. Warburg elaborara um plano para o que chamou de "Banco da Reserva Unida dos Estados Unidos", composto de associações bancárias regionais operando em vinte centros comerciais, cada uma com sua própria diretoria. O sistema seria supervisionado por um órgão central em Washington cuja liderança seria nomeada por uma combinação de representantes políticos e bancários de modo a assegurar que todos os interesses fossem contemplados. Os membros das associações bancárias depositariam suas reservas no banco da reserva central, que estaria autorizado a descontar títulos comerciais — em outras palavras, os bancos poderiam vender seus empréstimos a esse órgão para levantar dinheiro — e emitir moeda.

De todos os participantes de Jekyll Island, Warburg era o teórico financeiro mais talentoso e o que passara mais tempo considerando a mecânica de um sistema bancário central nos Estados Unidos. Assim, o plano que formularam se conformava quase perfeitamente ao seu projeto. Com opiniões firmes e ocasionalmente subindo o tom, Warburg dominou as conversas, insistindo com tal veemência em seus argumentos que às vezes deixava Aldrich irritado, e, a certa altura, discutindo exaltadamente com o senador sobre como as reservas seriam definidas.

Quando o grupo deu o dia por encerrado, Davison convidou Warburg para um passeio na noite fresca entre os carvalhos cobertos de barbas-de-velho. "Paul, não faça isso", disse ele com sua voz profunda, serena. "Não pode pressionar o sr. Nelson. Se tentar, vai perdê-lo. Deixe o assunto de lado por ora, e veja se não pode retomá-lo mais tarde." Warburg posteriormente creditou a Davison uma importante contribuição ao "lado humano" da reunião. Além de ajudar a selecionar os participantes, Davison desempenhou o papel de mediador, redirecionando a conversa quando os ânimos ficavam exaltados e desanuviando o ambiente com sua personalidade jovial. "Sempre se podia contar com ele para fazer uma piada no momento certo e aliviar a tensão", recordou Vanderlip.[36] Paul acatou o conselho de Davison e, no fim, sua opinião prevaleceu.

Quando as principais questões foram resolvidas, os homens se permitiram um dia de recreação, aventurando-se com seus rifles. Pelo menos agora poderiam dizer sem reprimir um sorriso que estavam ali para caçar patos.

Em 28 de novembro, o grupo regressou ao norte com um plano para um sistema bancário central anotado na letra caprichada de Vanderlip. Em Nova Jersey, Warburg e seus compatriotas se separaram tão discretamente quanto haviam chegado.

Enfatizando o sigilo, Aldrich alertou que o gabinete de Taft, incluindo o próprio presidente, não deveria ser comunicado. Uma vez de volta, Warburg começou cuidadosamente a preparar o terreno para que o Plano Aldrich fosse recebido com entusiasmo. Era uma situação delicada, pois não podia divulgar nem o conteúdo do plano nem seu destacado papel em sua elaboração. Mas, trabalhando junto a um trio de grupos poderosos, incluindo a Câmara de Comércio, ele orientou seus colegas banqueiros e empresários na direção certa. Conduzindo habilmente esses grupos a concordar com alguns dos princípios mais fundamentais acertados na conferência de Jekyll Island, ele comandou um comitê conjunto encarregado de redigir uma resolução única que daria o efetivo imprimátur do mundo empresarial nova-iorquino a uma organização bancária central nos moldes a serem em breve propostos por Aldrich.

Sam Sachs também participava do comitê, a fim de assegurar que firmas bancárias particulares como a dele — e não apenas os bancos comerciais — pudessem realizar transações diretas com o banco central.

Em uma carta a Sachs um dia após esse ponto ser debatido em uma reunião da Câmara de Comércio, Warburg expressou preocupação em "dar margem à crítica de que os interesses privados poderiam desfrutar de um indevido favoritismo com o banco central". Para acalmar Sachs, ele concordou com um linguajar vago na resolução, levantando a possibilidade de que os bancos privados poderiam ser incluídos. "Espero que nossos críticos não descubram nosso ponto fraco", Warburg disse ao sócio da Goldman Sachs.[37]

O Ano-Novo chegou e passou sem sinal do Plano Aldrich e, aliás, pouco sinal do próprio Aldrich. Os jornais noticiaram que ele adoecera, possivelmente de amigdalite. Na verdade, após voltar de Jekyll Island e à medida que sua aposentadoria do Senado se aproximava, ele entrara em um episódio depressivo, atormentado pela falta de autoconfiança e torturado por insônias. Mesmo assim, com ajuda considerável de A. Piatt Andrew, finalmente conseguiu produzir um rascunho de sua proposta em 17 de janeiro de 1911. Nesse dia, Paul Warburg enviou uma longa declaração ao *New York Times* se dizendo "encantado" com o plano. E omitiu evidentemente seu próprio papel na autoria.[38]

Aldrich permaneceu longe do escrutínio público conforme seu plano gerava manchetes e debates acalorados. Por conselho médico, voltara à luxuosa solidão de Jekyll Island para convalescer.

O Plano Aldrich foi apresentado na primavera, no momento em que os democratas se preparavam para assumir o controle da Câmara, quando um sentimento anti-Wall Street contagiava membros de ambos os partidos e a eleição presidencial se aproximava. Em tom conspiratório, políticos falavam sobre o "truste do dinheiro", e o deputado Charles Lindbergh pressionou com sucesso por uma investigação. Lindbergh, previsivelmente, via a proposta de Aldrich com desconfiança, enxergando por trás dela uma tentativa em Wall Street de consolidar ainda mais seu poder. Ele advertiu que não só Wall Street "provocou o pânico de 1907 e conseguiu fazer com que as pessoas clamassem por uma reforma monetária" como também "talvez se atreva a produzir um novo pânico a fim de aprovar o plano de banco central de Aldrich".[39]

Com a saúde restabelecida — e sem estar plenamente ciente da profunda mudança dos ventos políticos —, Aldrich deixou o isolamento na primavera preparado para começar a angariar apoio para seu plano. O senador agora aposentado continuava no comando da Comissão Monetária Nacional, que deveria entregar uma versão final de sua proposta ao Congresso em janeiro seguinte. Aldrich se reuniu pessoalmente com banqueiros relutantes e iniciou uma turnê de palestras pelo Oeste, um reduto do populismo onde os cidadãos e seus representantes no Congresso eram naturalmente inclinados a ver sua iniciativa com ceticismo. Warburg, nesse meio-tempo, ajudou a organizar um grupo de interesse, a Liga Nacional de Cidadãos para a Promoção de um Sistema Bancário Sólido, destinado a buscar aprovação em todo o país para o Plano Aldrich. Em seu auge, a organização contava com trinta células locais.

No fim de 1911, o movimento conquistara o apoio da poderosa Associação dos Banqueiros Americanos e de outros 29 grupos influentes. O presidente Taft manifestou sua aprovação ao Plano Aldrich — embora seu futuro político agora parecesse cada vez mais incerto à medida que enfrentava um desafio em duas frentes à sua reeleição: o de seu antigo mentor político, Theodore Roosevelt, que estava determinado a reclamar o Salão Oval, e o do governador de Nova Jersey, Woodrow Wilson.

Durante a campanha eleitoral, Wilson criticou Wall Street duramente, às vezes soando quase como Lindbergh. Em um discurso em 1911, ele declarou que "o grande monopólio neste país é o monopólio do dinheiro". As atividades econômicas do país "estão nas mãos de uns poucos [...] que esfriam, paralisam e destroem a genuína liberdade econômica", acrescentou Wilson. "Essa é a maior questão."[40]

A posição de Wilson em relação ao Plano Aldrich era mais difícil de decifrar. Buscando o aval de William Jennings Bryan — três vezes candidato democrata à presidência e que praticamente fizera da oposição ao plano uma condição sine qua non para seu apoio —, ele denunciou qualquer "plano que concentrasse o controle na mão dos banqueiros". Por intermédio de um jornalista conhecido, porém, Paul Warburg ficou sabendo que Wilson na verdade "simpatizava" com a ideia de Aldrich. Ao longo da campanha, Wilson conseguiu a proeza de levar ambos os lados a acreditar que contavam com seu apoio. Publicamente, ele parecia expressar hostilidade em relação a um banco central — a certa altura, afirmou sem meias palavras que, "de minha parte, sou contrário à ideia de um banco central" —, enquanto privadamente dizia coisas que Warburg e seus aliados interpretavam de modo favorável.[41]

Os sócios da Kuhn Loeb estavam tão divididos quanto o resto da nação acerca da eleição presidencial que se aproximava. Felix, irmão de Paul, apoiava Taft. Otto Kahn, por sua vez, trabalhava para ressuscitar Roosevelt, cujas opiniões sobre a regulamentação do poder corporativo passara a respeitar. ("Não há lugar para os Bourbon das finanças corporativas no atual esquema das coisas", declarou Kahn em 1910.)[42] Jacob Schiff e Paul Warburg cruzaram completamente as linhas partidárias, apoiando Wilson.[43] Sua eloquência áspera na questão do passaporte russo deixara Schiff profundamente impressionado, mas esse não era o único motivo para o apelo da candidatura de Wilson. Schiff se opunha às políticas comerciais protecionistas abraçadas por Roosevelt e Taft, responsabilizando a "tarifa tal como a temos" pelas "mazelas sociais" da nação. Wilson, por outro lado, prometia uma reforma tarifária. À medida que a campanha presidencial avançava, ficava claro que Taft tinha pouca chance de ser reeleito. "Será Wilson ou Roosevelt", Schiff escreveu ao amigo Louis Marshall, explicando seu apoio ao democrata.[44]

Um racha político parecido surgiu na Goldman Sachs, onde Henry Goldman deixou Sam Sachs indignado ao abandonar o Partido Republicano para apoiar o candidato democrata. Nos meses que precederam a eleição, Goldman preencheu um cheque de 10 mil dólares para o fundo de campanha de Wilson e se comprometeu a realizar uma arrecadação de fundos do Comitê Nacional do Partido Democrata junto aos banqueiros e corretores nova-iorquinos.[45]

Os meses finais da campanha ocorreram no contexto da sindicância sobre o truste do dinheiro realizada pelo Comitê Pujo, investigação que alimentou em grau ainda maior a desconfiança pública em relação a Wall Street. Nesse clima, o Plano Aldrich, que a comissão monetária submetera formalmente ao Congresso em janeiro de 1912, tentava pegar embalo. A legislação sofreu em parte devido à pessoa que lhe emprestava o nome, uma figura da velha guarda que aos olhos do público representava o apadrinhamento político e o status quo durante um momento de grande agitação social — e que se recusava a manter distância de seu plano, mesmo que isso significasse condená-lo ao fracasso.

Em suas respectivas convenções no verão, os partidos declararam sua posição sobre a reforma bancária. Redigida na maior parte por Bryan, a plataforma do Partido Democrata afirmava: "Somos contra o chamado projeto de lei Aldrich ou a criação de um banco central". Os republicanos, rachados por um conflito interno entre seguidores de Taft e Roosevelt, divulgaram um pronunciamento morno, afirmando seu compromisso com o "desenvolvimento progressivo de nossos sistemas bancário e monetário" — mas sem fazer menção ao Plano Aldrich. O Partido Progressista, formado após a rejeição da indicação de Roosevelt na convenção republicana em Chicago, acompanhou os democratas em sua oposição ao projeto, dizendo que ele "poria nossa moeda e nosso sistema de crédito em mãos privadas, não sujeitos a um efetivo controle público".

O Plano Aldrich estava morto — isso ficou claro até mesmo antes de Wilson conquistar uma vitória esmagadora e os democratas dominarem as duas câmaras do Congresso. Contudo, no futuro governo Wilson, o espírito do plano milagrosamente sobreviveu, graças em parte a seu defensor mais incansável, Paul Warburg.

Em 7 de janeiro de 1913, Warburg compareceu perante um subcomitê da Câmara formado para operar paralelamente à investigação do truste do dinheiro, com o papel de elaborar uma nova legislação da reforma bancária. O painel era liderado por Carter Glass, um democrata da Virgínia e ex-editor de jornal que em breve sucederia Arsène Pujo na presidência do Comitê Bancário e Monetário da Câmara antes de chegar ao gabinete presidencial como secretário do Tesouro. Glass era conhecido por ter a língua e a pena afiadas; o *New York Times* certa vez o comparou a um "explosivo compacto prestes a detonar a qualquer momento".

Glass enfrentava um difícil desafio. A inequívoca declaração da plataforma do Partido Democrata redigida por Bryan restringia seus esforços, e, durante a audiência, ele afirmou claramente que ele e seus colegas sentiam-se "impedidos" de considerar qualquer coisa que se assemelhasse ao projeto de lei de Aldrich ou a um banco central. "Bem, não esqueça que o Plano Aldrich contém algumas coisas que são simplesmente regras fundamentais de um sistema bancário", advertiu Warburg. "Elas terão de ser incluídas em qualquer plano, e acho que o Partido Democrata cometeria um grave erro, se posso dizer assim, em afirmar que, se o senador Aldrich tomou sua sopa com a colher, devemos por isso usar o garfo."[46]

Embora, por razões políticas, ele se recusasse a admitir, o plano divisado por Glass baseava-se fortemente no projeto de lei de Aldrich. Ele concebia uma rede de até vinte bancos de reserva espalhados estrategicamente pelo país, com bancos regionais mantendo ações em suas instituições de reserva mais próximas. Porém, no inverno, quando Glass apresentou suas ideias ao presidente eleito na casa de Wilson em Princeton, este rapidamente apontou para as deficiências do plano, perguntando como sua proposta abordaria a "centralização". O sistema, disse Wilson, precisava de um "toque final" — um órgão administrativo central, em Washington. Em essência, Wilson queria um sistema centralizado com um caráter regional que fosse atraente para os progressistas. O presidente "encontrara a única maneira de conciliar a demanda progressista por descentralização com a necessidade prática de controle centralizado", escreveu mais tarde o biógrafo de Wilson, Arthur Link. Ao deixar a residência em estilo Tudor de Wilson na Cleveland Lane, o chão forrado por um manto de neve fresca, Glass tinha motivos para se perguntar se Warburg não influenciara o próximo comandante em chefe.[47]

E, de fato, nos bastidores, Warburg operara zelosamente para moldar a tentativa de reforma. Um mês após a eleição, reformulou seu plano para um sistema bancário centralizado, e forneceu uma cópia a dois homens da confiança de Wilson: Henry Morgenthau Sr., um advogado nova-iorquino e investidor imobiliário de ascendência judaico-alemã que Wilson recompensara por seu trabalho durante a campanha com uma embaixada no Império Otomano; e Edward House, um político com ar enigmático que possuía um talento especial para afagar o ego de Wilson. Conhecido como "Coronel" House, apelido ganhado após receber uma patente honorária na milícia do Texas, ele exercia enorme influência sobre Wilson, chegando a se tornar seu assessor de maior confiança.

A EXPEDIÇÃO DE CAÇA

À medida que a futura Lei da Reserva Federal tomava forma, House atuava como canal de comunicação frequente entre Warburg e o governo Wilson. No fim de abril de 1913, após obter um resumo da legislação elaborada por Glass, House prontamente forneceu o documento a Warburg, pedindo-lhe para comentá-lo o quanto antes. Warburg dissecou febrilmente a proposta, que notavelmente incluía o "toque final" solicitado por Wilson, um Conselho de Administração da Reserva Federal sediado em Washington para supervisionar o sistema. Acreditando ter apenas 24 horas para trabalhar, Warburg escreveu o que chamou de uma "breve síntese das minhas críticas". Seu relatório tinha vinte páginas.[48]

Uma cópia do memorando não assinado de Warburg chegou às mãos de Glass e de H. Parker Willis, o especialista financeiro que assessorava o democrata da Virgínia e elaborava o teor do projeto de lei. Willis suspeitava de sua fonte, e, embora tenha ficado inflamado com o comentário "maldoso", a legislação definitiva da Reserva Federal incorporou muitas sugestões de Warburg.[49]

Para complicar a situação, um segundo plano bancário começou a tomar forma na primavera sob a orientação do senador Robert Owen, de Oklahoma, um discípulo de Bryan que era o equivalente de Glass no Comitê Bancário do Senado. Em maio, dias antes de partir com a família para sua costumeira viagem à Europa, Warburg se reuniu com Owen durante sete horas. Eles passaram boa parte do tempo discutindo a posição de Owen, de que era o governo dos Estados Unidos — não os bancos de reserva — que deveria emitir moeda. A ideia deixou Warburg horrorizado, pois ele temia que incumbir o governo federal da fabricação de dinheiro ameaçava prejudicar o crédito da nação.

No mês seguinte, Owen e Glass acertaram as diferenças em seus respectivos projetos de lei e elaboraram uma legislação similar para apresentar às duas câmaras. Do exterior, Warburg monitorava ansiosamente os últimos acontecimentos. "Há alguma coisa que eu possa fazer na questão da moeda?", perguntou House em um cabograma de Hamburgo. "Tenho a impressão de que estão bagunçando o texto terrivelmente."[50] Em uma mensagem separada para o assessor de Wilson, ele desabafou: "Se esse meu filho nascer mestiço, quero deixar meu protesto".[51]

A versão da Câmara dos Representantes da Lei da Reserva Federal foi aprovada com tranquilidade em 18 de setembro de 1913. No mês seguinte, à medida que a batalha pela legislação esquentava no Senado, Warburg voltou para casa a bordo de um recém-inaugurado transatlântico alemão, o *Imperator*. Durante o trajeto, ansioso por participar da disputa legislativa, rascunhou quinze páginas com sugestões de emendas, que enviou para Owen e William McAdoo, escolhido por Wilson para ser seu secretário do Tesouro. Nas semanas seguintes, Warburg viajou repetidamente a Washington para pressionar por alterações no projeto de lei, conferenciando frequentemente com Glass, Owen e McAdoo. Durante uma reunião, Glass surpreendeu Warburg — com quem mantinha por vezes uma relação antagônica —, perguntando se consideraria servir no conselho de administração da Reserva Federal. Warburg presumiu que ele estivesse brincando. Nomear o sócio de uma firma em Wall Street acusada de ser parte de um "truste do dinheiro"? Os populistas do Congresso iriam à loucura. Mas Glass insistiu, e Warburg se deu conta de que ele falava a sério. Se o presidente quisesse, respondeu, seria difícil recusar a honra.

A briga pelo projeto de lei continuou até dezembro, quando por fim, em 18 de dezembro de 1913, o Senado aprovou sua versão da Lei da Reserva Federal. Os populistas espumaram. "Quando o presidente assinar essa lei, o governo invisível do poder financeiro, que a investigação do truste do dinheiro mostrou existir, será legalizado", declarou Charles Lindbergh Sr.[52]

Alternando entre quatro canetas de ouro, Wilson assinou a Lei da Reserva Federal pouco depois das seis da tarde de 23 de dezembro. Warburg ficou em júbilo, ainda que considerasse falho o remexido texto final produzido pelo Legislativo. No fim, o número de bancos de reserva foi limitado a doze, algo que Warburg entendia ser pouco prático, mas considerou uma vitória, tendo em vista os vinte originalmente propostos. E, apesar de seus exaltados protestos, a lei tornou as notas da Reserva Federal — a moeda americana — "obrigações dos Estados Unidos".

"A lei, tal como implementada, contém uma série de deficiências graves", Warburg escreveu ao presidente do banco central holandês no final de dezembro, afirmando "não ter dúvida de que em pouco tempo ela terá sido gradualmente modelada em um formato satisfatório". E acrescentou: "Agora muita coisa vai depender da equipe do conselho de administração da Reserva Federal".[53]

Em anos subsequentes, muitos reivindicariam o crédito pela criação da Reserva Federal, entre eles Glass, Owen e até Samuel Untermyer, para quem as revelações da investigação realizada pelo Comitê Pujo haviam levado à aprovação da lei.[54] "Não sei dizer de verdade quem é o pai do bebê, mas, a julgar pela quantidade de homens reclamando a honra, tudo que posso afirmar é que a mãe deve ter sido a mais imoral das mulheres", gracejou posteriormente Paul Warburg sobre quem havia criado o Fed.[55] Embora ele também acabasse por reivindicar a paternidade. Depois que Glass escreveu suas memórias, nas quais exaltava o próprio papel e praticamente eliminava o projeto de Aldrich da linhagem da Reserva Federal, Warburg publicou uma obra de oitocentas páginas em dois tomos sobre as origens do banco central nos Estados Unidos e sua participação em criá-lo. Uma seção do livro comparava passagens da legislação de Aldrich com a Lei da Reserva Federal, revelando um texto quase idêntico.

O presidente Wilson reconheceu a vital contribuição de Warburg para o esforço da reforma bancária quando, em 30 de abril de 1914, convidou formalmente o banqueiro para a diretoria da Reserva Federal.[56] Até então, muita gente em Wall Street acreditava que Jacob Schiff presidiria a instituição, graças a um informe incorreto que chegou pelas notícias do Dow Jones. "A única oferta de cargo que recebi veio pelos jornais", Schiff contou a um amigo.[57] Mas, segundo McAdoo, Schiff teve uma participação na escolha de Warburg. "Foi por sugestão do sr. Schiff que Paul M. Warburg foi feito membro do conselho de administração da Reserva Federal", relembrou ele.[58] O nome de Warburg também chegou a Wilson por meio de outros cidadãos proeminentes, incluindo Edwin Seligman, que escreveu ao presidente em 10 de março de 1914 enfatizando que seria preciso um banqueiro dotado do conhecimento e da habilidade de Paul para saber se orientar pelas "deficiências" da Lei da Reserva Federal e "utilizar as disposições atuais com efetividade".[59]

Na tarde seguinte após receber a oferta de Wilson, Warburg visitou Edward House em Nova York, os olhos úmidos ao expressar sua gratidão por ter sido escolhido. "Nunca vi ninguém tão agradecido como ele", House escreveu a Wilson nesse mesmo dia.[60] A nomeação de Paul era uma grande honra, sobretudo para um imigrante que se naturalizara apenas recentemente. Entretanto, aceitar o cargo exigiria se dissociar da Kuhn Loeb e da M. M. Warburg, renunciar de várias diretorias corporativas e se mudar para Washington. "É um tremendo sacrifício para ele, para a firma e para a família, e suas experiências nesse importante cargo público provavelmente nem sempre serão das mais agradáveis", Schiff escreveu a Sir Ernest Cassel. "Mas Paul, como judeu, cidadão nascido no estrangeiro e o único banqueiro do Leste Europeu nomeado, não poderia se furtar a esse dever patriótico."[61]

A nomeação de Warburg previsivelmente gerou desconfiança entre os membros populistas do Congresso, que pareceram ansiosos por aproveitar o momento para reacender antigas polêmicas envolvendo a Kuhn Loeb. "O Comitê Bancário e Monetário deseja receber uma declaração relativa à sua alegada ligação com o negócio da Chicago & Alton" e outras negociações ferroviárias controversas, McAdoo disse a Warburg em junho.[62] O negócio da Alton — em que os sócios de Warburg, junto com Edward H. Harriman, haviam sido acusados de supercapitalizar a ferrovia e colher grandes lucros enquanto a levavam à ruína — ocorrera antes de Warburg se juntar à Kuhn Loeb. Ele explicou isso em sua resposta a McAdoo.[63] Atlee Pomerene, presidente de um comitê no Senado que supervisionava as nomeações federais, logo escreveu diretamente a Warburg para transmitir as perguntas feitas por um membro não identificado do Comitê Bancário do Senado. Esse senador voltava a indagar sobre a Alton. Perguntava a Warburg "o que ele achava dos métodos de financiar ferrovias e empreendimentos industriais" e o questionava acerca de suas antigas doações políticas, e se a Kuhn Loeb alguma vez emprestara dinheiro para McAdoo ou seus parceiros de negócios.[64] Eram especulações, mas Warburg respondeu a contragosto muitas das perguntas. Suas respostas ao comitê foram prontamente vazadas à imprensa.[65]

No início de julho de 1914, o comitê bancário notificou favoravelmente três de seus colegas nomeados — pavimentando o caminho para sua confirmação —, enquanto segurava a chancela a Warburg. Pouco tempo

A EXPEDIÇÃO DE CAÇA

depois, ele recebeu um pedido para comparecer perante o comitê. Em 3 de julho, Warburg pediu a Wilson para retirar sua candidatura, citando a "desconfiança e a dúvida" lançadas sobre sua nomeação.[66] Em um telegrama, quatro dias depois, Wilson insistiu com Warburg que reconsiderasse, dizendo que "não poderá causar mal algum e não deixará ninguém mortificado seu comparecimento perante o comitê do Senado". No dia seguinte, chegou uma nota de encorajamento de Carter Glass. "Embora compreenda seu sentimento de desgosto com o tipo de oposição que tem encontrado", escreveu o congressista, "estou plenamente convencido de que seria um tremendo erro ceder a tal demagogia."[67]

Warburg voltou atrás e, após se reunir com membros do comitê bancário, onde "os mal-entendidos de parte a parte foram esclarecidos", concordou em depor perante todo o painel. Na audiência, comprometeu-se não só a romper os laços com a Kuhn Loeb e a M. M. Warburg e a renunciar a seus cargos como diretor corporativo, mas também, para assegurar que estava "acima de qualquer suspeita", renunciar a todos os conselhos beneficentes em que atuava.

Em 7 de agosto, o Senado confirmou sua nomeação. Nesse mesmo dia ou no dia seguinte, Warburg, com uma expressão sombria, posou diante do Tesouro com os demais colegas nomeados para a Reserva Federal. Uma nova era na evolução financeira dos Estados Unidos havia começado, mas notícias do exterior ofuscaram a importância da ocasião. No início do verão, um nacionalista bósnio-sérvio assassinara o arquiduque Francisco Ferdinando, considerado o provável herdeiro do trono austro-húngaro, quando seu comboio atravessava Sarajevo, inflamando as tensões regionais. Em agosto, as principais potências europeias entraram em guerra. No dia em que o Senado votou a confirmação de Warburg, 120 mil soldados britânicos foram enviados à França.

A guerra moldaria profundamente o mundo moderno — em termos culturais, demográficos, financeiros, geográficos, psicológicos —, conturbando a ordem mundial de formas que continuam a reverberar pelo século XXI. Para os judeus alemães dos Estados Unidos, especialmente os que se alçaram a uma posição de proeminência política ou financeira, o conflito foi uma encruzilhada traumática. Dividiu famílias e firmas. Abalou amizades e alianças comerciais. Desafiou até mesmo suas identidades como alemães, americanos e judeus.

Parte IV
Götterdämmerung

22
Muros entre nós

A REUNIÃO DUROU TODA A TARDE de domingo e se estendeu pela noite, conforme os sócios da Goldman Sachs faziam o planejamento para uma possível crise quando os mercados financeiros reabrissem na segunda. Um dia antes, em 1º de agosto de 1914, a Alemanha havia declarado guerra à Rússia. "Uma hora fatídica chegou para a Alemanha. [...] A espada foi impingida a nossas mãos", afirmou o kaiser Guilherme II a uma multidão de 50 mil pessoas do balcão de seu palácio em Berlim. A seguir a Alemanha levou o conflito à França, lançando uma invasão surpresa da Bélgica na tentativa de capturar Paris — no processo arrastando os britânicos para a batalha.

Walter Sachs e outros membros da firma tiravam férias em suas casas de veraneio no litoral de Nova Jersey quando as hostilidades começaram. Espremidos em um carro no domingo, foram a Nova York para uma reunião no St. Regis Hotel, onde Henry Goldman vivia na época, em um suntuoso apartamento.[1] O único sócio ausente era Sam Sachs, que estava voltando da Europa com a filha, Ella, a bordo do *Mauretania*, parte do êxodo de americanos fugindo da zona de guerra. Uma vez no oceano, o transatlântico avançou velozmente através de uma densa neblina. Um dia, ao longe, os passageiros acreditaram avistar as luzes de navios de guerra alemães em seu encalço. Mais tarde, alguns afirmariam que dois tiros haviam sido disparados em sua direção, embora, após desembarcar em segurança, Sam refutasse os relatos de pânico a bordo, declarando a um jornal local: "Foi uma experiência muito interessante do começo ao fim, e realmente apreciei".[2]

No apartamento de Goldman, os sócios examinaram uma lista de contratos envolvendo moeda estrangeira próximos do vencimento. Por intermédio de sua parceira britânica, a Kleinwort Sons, a Goldman Sachs oferecia créditos em libras esterlinas a seus clientes americanos. (Como Londres era na época o centro do universo bancário, esses instrumentos eram o principal método de financiar o comércio internacional.) Se as taxas de câmbio disparassem — e os sócios acreditavam que iriam —, a firma e seus clientes precisariam disponibilizar fundos adicionais para cobrir o aumento.

"Nossos clientes e nós próprios tínhamos um grande volume de câmbio estrangeiro para cobrir", recordou Walter Sachs. "Essas letras de câmbio estavam perto de vencer." Na segunda-feira, como temiam os sócios, a libra subiu repentinamente.[3] "Tivemos de assumir uma posição junto a nossos clientes de que, à medida que seus vencimentos se aproximavam, eles deveriam comprar as libras para cumprir suas obrigações em Londres", disse Walter. Os sócios transmitiram a notícia ansiosamente a seus clientes, sem saber muito bem como reagiriam. Dois deles objetaram, mas o resto concordou em pagar. "Foi um resultado notável", disse Walter — e que salvou a Goldman Sachs de profundos, quando não catastróficos, prejuízos.

Evitado um desastre, porém, outro começou a se materializar. Henry Goldman e Sam Sachs pareciam discordar em praticamente tudo. Na guerra inclusive. Ambos eram americanos de primeira geração, mas, enquanto Sam tinha pouca nostalgia por sua terra ancestral, Henry sentia uma forte ligação com a Alemanha, cultivada ao longo de frequentes visitas ao país, iniciadas na infância.

Desde o início da guerra, Sachs, seus filhos e o irmão Harry, também sócio da firma, apoiaram incondicionalmente os Aliados, convicção fortalecida quando chegaram aos Estados Unidos relatos das atrocidades cometidas por soldados alemães em seu avanço pela Bélgica. Henry, porém, permanecia leal à Alemanha.

"É um pouco difícil de compreender hoje, após o advento da Alemanha de Hitler e a destruição causada por ela, que uma divisão de opinião pudesse existir na mente americana à época da Primeira Guerra Mundial", escreveu Walter em sua autobiografia não publicada. "No entanto, isso acontecia com muita gente de origem alemã que admirava a cultura alemã. Henry Goldman, como o sujeito intenso que era, falava com mais franqueza do que a maioria, e isso aprofundou a ruptura entre ele, meu pai e os demais sócios."[4]

A política da guerra, de forma parecida embora mais equilibrada, também dividiu os sócios da Kuhn Loeb. Felix e Paul Warburg, que logo deixariam a firma para assumir seus cargos no Fed, automaticamente apoiavam a Alemanha, embora no início da guerra Felix a certa altura achasse necessário tranquilizar o irmão Max acerca de sua lealdade, escrevendo em uma carta que era "ridículo presumir que minhas simpatias, mesmo que por um momento, possam estar em outra parte".[5]
Um período doloroso para os Warburg, o conflito europeu tornou a comunicação entre os ramos da família em Hamburgo e Nova York cada vez mais difícil; quando os Estados Unidos finalmente entraram na guerra, o único contato que Felix e Paul tiveram com a mãe e os irmãos veio de cartas ocasionais clandestinamente trocadas para evitar os censores do governo.[6] Após a guerra, Paul lamentou a Max que "por ora tantos muros tenham sido erguidos entre nós, tal como só um mundo imprevisível pode fazer".[7] Embora Paul tivesse se naturalizado americano em 1911, "acho que emocionalmente permaneceu vivendo dos dois lados do oceano até 1914", afirmou seu filho James.[8]
Jacob Schiff tinha familiares em Frankfurt e Londres e sobrinhos lutando em ambos os lados do conflito. Embora criticasse o imperialismo alemão, não obstante sentia uma poderosa ligação com seu país de nascimento. Sua perspectiva, assim como a de outros judeus americanos, era influenciada também pela antiga animosidade em relação à Rússia.
"Minhas simpatias estão naturalmente cem por cento com a Alemanha, pois ficar contra meu próprio país é tão impensável quanto ficar contra meus próprios progenitores", Schiff confidenciou a um amigo durante os primeiros meses do conflito.[9]

Antes da guerra, Schiff falava com frequência da "trindade" de sua herança. "Tenho em mim três nacionalidades personificadas", explicou em 1913, durante um discurso na Universidade Cornell, à qual acabara de doar 100 mil dólares para financiar uma fundação de estudos da cultura alemã. "Minha nacionalidade mais forte é a que eu mesmo escolhi, pela qual sou responsável. Primeiro, sou americano, um membro da nação que escolhi há muitos anos. Depois, minha ligação mais genuína é com minha religião. Não sou um judeu nacionalista, pois a nação judaica deixou de existir novecentos anos atrás. Mas sou judeu na religião. E tenho orgulho de minha nacionalidade alemã."[10]

Em outra ocasião, perante um público de trabalhadores comunitários e ativistas judeus, Schiff declarou de modo similar: "Eu me divido em três partes. Sou americano, sou alemão e sou judeu". Um agitador sionista chamado Shmarya Levin se levantou na plateia e perguntou a Schiff se ele era dividido na horizontal ou na vertical. E, no caso de ser a primeira alternativa, qual parte pertencia ao povo judeu?[11] O episódio foi profético, pois durante a guerra as três partes da identidade de Schiff entraram cada vez mais em um amargo conflito.

A Alemanha declarou guerra quando Schiff chegava a Bar Harbor para sua estadia regular de agosto. Ele voltou correndo a Nova York, determinado a estar "a postos" quando a "medonha guerra europeia" — com todas as suas incógnitas políticas e financeiras — começasse.[12] Agosto era a alta temporada para os americanos ricos em férias prolongadas na Europa. O conflito explodiu tão rapidamente que alguns se viram ilhados em meio à mobilização militar em massa, com os trens e navios de passageiros requisitados para o transporte de tropas e equipamento militar. Isso aconteceu com Morti e a família, que estavam de férias na França quando a Alemanha invadiu a Bélgica.

Os Schiff passaram onze ansiosos dias presos em Aix-les-Bains junto com cerca de trezentos outros americanos. Finalmente, o governo francês providenciou um trem para transportá-los até Paris e dali para a cidade costeira de Boulogne, onde atravessariam o canal da Mancha por balsa. Cinquenta e uma horas depois, Morti e a família abrigavam-se a salvo no Claridge's, um hotel de luxo no elegante bairro londrino de Mayfair, de onde ele escreveu aos pais sobre a viagem. "A França está deserta", contou. "Não se vê praticamente homem algum, já que todos foram convocados a servir. Todos os jovens estão de partida, e muitos, receio, não voltarão."[13]

Francófilo, Morti colecionava esculturas e iluminuras francesas. No futuro, teria uma casa na Rue de la Tour, em Paris. Embora normalmente mostrasse deferência em relação ao pai, Morti não partilhava das inclinações alemãs de Jacob. "Digo com franqueza que minhas simpatias estão absolutamente do lado dos franceses e ingleses, e espero que a Alemanha, ou melhor, seus governantes, aprendam uma boa lição", escreveu de Londres para casa.[14] Em outra carta, refletiu: "Embora eu sem dúvida lamente que a Rússia vá estar no provável lado vitorioso, creio que até nós de descendência alemã devemos nesse caso esperar por uma punição exemplar à Alemanha, que impingiu essa horrível catástrofe ao mundo".[15]

Jerome Hanauer, o mais novo sócio da Kuhn Loeb, que Jacob Schiff acolhera na firma quando adolescente, após o suicídio do pai do rapaz, também simpatizava com os Aliados, assim como Otto Kahn.[16] Embora nascido em Mannheim, Kahn era um súdito britânico e culpava o militarismo agressivo alemão pelo início do conflito. Até pouco antes da guerra, Kahn preparara cuidadosamente o terreno para se mudar para Londres e concorrer ao Parlamento. Acabou abandonando esses planos no último minuto, decidindo manter a lucrativa parceria com a Kuhn Loeb e se tornar oficialmente cidadão americano. Mas, durante seu flerte com a política, alugara uma propriedade de seis hectares em Regent's Park, que agora permanecia na maior parte do tempo ociosa. Durante a guerra, ele emprestou a extensa propriedade a uma instituição beneficente dedicada a cuidar de soldados que ficaram cegos no confronto — uma astuta jogada de relações públicas que rendeu ao financista uma boa acolhida tanto na Inglaterra quanto nos Estados Unidos, onde crescia o sentimento antialemão.

Schiff observou horrorizado a escalada do conflito e cada vez mais nações marchando para a guerra, arrastadas à batalha por uma intricada rede de alianças internacionais. "O mundo nunca mais será o mesmo", afirmou com voz cansada a amigos.[17] No fim de agosto, quando o Japão, um aliado britânico, preparava-se para declarar guerra à

Alemanha, Schiff exerceu toda a influência que pôde para manter os japoneses fora dela. "O envolvimento no conflito é temeroso e pode terminar em bancarrota", ele advertiu em um cabograma seu amigo Takahashi Korekiyo, então ministro das Finanças japonês.[18] Vindo do banqueiro internacional mais importante do Japão, que investira centenas de milhões de dólares na dívida do império, isso pode ter parecido mais do que uma preocupação meramente amigável. Quando o Japão apesar de tudo entrou na guerra do mesmo lado que a Rússia — outrora seu inimigo —, Schiff viu nesse ato quase uma traição pessoal. Ele manifestou sua indignação apresentando sua renúncia como membro da Japan Society, uma organização estabelecida para promover boas relações entre Estados Unidos e Japão.[19]

No final de novembro de 1914, o banqueiro deu uma rara entrevista ao *New York Times* que cobriu quase uma página inteira e foi publicada sob o título de "Jacob H. Schiff aponta um caminho para a paz europeia". Ele declarou abertamente sua lealdade "pró-alemã", afirmando acreditar que "a Alemanha fora forçada contra sua vontade" a entrar na guerra, mas também observou que era "impossível para mim dizer que sou anti-inglês". Ele afirmou ao jornal que se preocupava com as consequências políticas de algum lado reivindicando uma vitória decisiva. Caso triunfasse de maneira retumbante, argumentou, a Grã-Bretanha afirmaria seu controle sobre a Europa e, devido a seu domínio marítimo, obrigaria "todas as nações do mundo [...] a se dobrar à vontade britânica". Porém, caso a Alemanha prevalecesse, disse, o país igualmente se tornaria uma "ameaça não só aos vizinhos imediatos como também ao mundo". A solução, do ponto de vista de Schiff, era uma paz negociada e, depois, "algum meio" — nesse ponto, ele foi vago — para assegurar que a détente marcasse "o fim não apenas dessa guerra, mas de todas as guerras".[20]

Sua postura em cima do muro só serviu para unir as partes em guerra numa mesma indignação. O londrino *The Globe* deplorou a "insidiosa moderação" de Schiff, enquanto o *Times* descreveu a entrevista como "uma defesa da Alemanha".[21] Um jornal alemão, por sua vez, comentou: "Esse tipo de conversa de paz nos soa inteiramente frívolo. Estamos convencidos de que hoje nenhum diplomata ou soldado alemão pensa em firmar uma paz inútil com potências que já derrotamos totalmente e dentre as quais esperamos confiantemente voltar a ocupar o lugar principal".[22]

"Sei muito bem que, devido ao que afirmei, de forma aberta e honrada, fui amargamente atacado não só na Inglaterra e na França como também sobretudo na Alemanha", Schiff queixou-se a Max Warburg, com quem frequentemente trocava notícias políticas e financeiras. "Qualquer um que tente assumir o papel de pacificador onde as paixões estão descontroladas, como é o caso da Europa, será necessariamente mal compreendido e ficará exposto a ataques vis; no entanto, continuarei, junto com outros, a trabalhar incansavelmente nesse sentido, pois estou convencido de que é meu dever."[23]

Max elogiou Schiff pela entrevista ao *New York Times*, mesmo que não pudesse endossar completamente a postura reticente do amigo. Nessa época, Max frequentava círculos políticos poderosos, tendo se tornado um conselheiro de confiança do kaiser e levado sua firma a formar uma estreita parceria com o Império alemão ao financiar suas vorazes ambições coloniais na África. A tentativa alemã de obter uma posição de influência no continente africano, colocando-a em feroz competição com a Inglaterra e a França, ajudou a alimentar o estopim que desencadeou a conflagração europeia.

Com a Alemanha em guerra, a atividade comercial típica cessou quase completamente para a empresa de Max. Mais de quarenta funcionários da M. M. Warburg foram convocados para o serviço militar e a firma e seus sócios foram alistados como virtuais adjuntos do governo alemão.

"Nosso destino financeiro estava cada vez mais estreitamente ligado ao destino político da Alemanha", contou Max mais tarde. "A ficção de que uma firma individual pudesse em tempo de guerra manter sua independência das instituições econômicas e políticas do império foi claramente revelada. Provavelmente não havia uma única firma bancária privada alemã que tivesse emitido garantias em nome do Império alemão em escala tão grande quanto nós. De tal forma que é sem dúvida verdade que ajudamos em parte a financiar a guerra."[24]

Um colega empresário de Hamburgo descreveu Max durante a guerra como um "rochedo entre a espuma das ondas", exsudando estoicismo à medida que o mundo se desintegrava à sua volta e trabalhando de maneira incansável pela pátria.[25] O líder sionista Chaim Weizmann (mais tarde primeiro presidente de Israel) foi mais impiedoso em sua avaliação do patriotismo alemão de Max. Ele chamou o banqueiro e seu amigo próximo Albert Ballin — presidente da colossal companhia de navegação Hamburg-Amerika e outra peça vital da máquina de guerra alemã — de "o típico Kaiser-Juden [...] mais alemão do que os alemães, obsequioso, ultrapatriótico, antecipando ansiosamente os desejos e planos dos senhores da Alemanha".[26]

Durante os anos de guerra, Max desempenhou um papel importante entre o financista e o estadista. Ele e seu vice, Carl Melchior (o primeiro fora da família a entrar para a sociedade na M. M. Warburg), ajudaram a organizar uma agência de compras centralizada para a importação de suprimentos alimentícios essenciais e negociaram contratos para a aquisição de equipamento militar em nome do governo alemão. Tendo em vista as ligações comerciais da M. M. Warburg na Escandinávia, o Ministério das Relações Exteriores alemão despachou Max repetidas vezes à Suécia na tentativa de fazer o país recuar de sua posição de neutralidade. (Seu irmão Fritz se mudou para Estocolmo durante a maior parte da guerra, onde trabalhou de perto com a embaixada alemã.)[27] A certa altura, ofereceram a Max a embaixada em Washington, posição que ele recusou, possivelmente para proteger Paul de perguntas incômodas sobre suas lealdades.[28]

Embora o governo Wilson tenha se mantido à margem da guerra por quase três anos, os Estados Unidos desde o início constituíram uma frente paralela do conflito. Como o dinheiro lubrificava as engrenagens da guerra, uma das primeiras prioridades da Alemanha foi levantar capital em Wall Street para financiar a compra de suprimentos americanos e alimentar uma robusta operação de espionagem e propaganda nos Estados Unidos, que começou a tomar forma semanas após o começo da guerra. Também para isso o governo alemão recorreu a Max Warburg, que deu garantias iniciais de que poderia ajudar a assegurar um empréstimo de 100 milhões de dólares por meio da Kuhn Loeb.

No fim de agosto de 1914, um velho amigo de Max chamado Bernhard Dernburg foi enviado a Nova York para conduzir negociações secretas com bancos considerados simpáticos à Alemanha. De ascendência judaica por parte de pai, Dernburg era um banqueiro corpulento e barbudo que antes servira como ministro, supervisionando o portfólio colonial da Alemanha. Oficialmente, Dernburg representava a Cruz Vermelha alemã e seu trabalho era levantar verba junto a alemães americanos para cuidar de soldados feridos em batalha. Mas isso era um disfarce para sua verdadeira missão.

A obtenção de financiamento de bancos americanos, porém, revelou-se em grande parte inútil, porque o governo Wilson alertara Wall Street de que consideraria qualquer empréstimo aos países beligerantes uma violação da neutralidade americana. O governo, porém, permitiu que empresas americanas concedessem crédito de curto prazo às nações em guerra a fim de evitar um colapso no comércio internacional. Longe do empréstimo de 100 milhões de dólares oferecido por Warburg, Dernburg conseguiu assegurar um adiantamento de apenas 400 mil dólares junto à Kuhn Loeb — e sob termos altamente desfavoráveis, exigindo que o governo alemão depositasse 25 milhões de marcos (o equivalente a cerca de 6 milhões de dólares) em títulos do Tesouro com a M. M. Warburg em Hamburgo.[29] Por solidariedade a seu país natal, Jacob Schiff fez pessoalmente uma subscrição de 5 milhões de marcos (ou quase 1,2 milhão de dólares) para um empréstimo de guerra alemão.[30]

Patinando em sua missão financeira, Dernburg se encarregou de outro projeto alemão secreto: uma campanha de propaganda voltada a suavizar a opinião pública americana em relação à Alemanha. De uma sala no andar térreo do número 1153 da Broadway — teoricamente, sede da delegação da Cruz Vermelha alemã —, ele supervisionava uma pequena equipe de agentes alemães que inundavam os jornais com artigos e editoriais pró-Alemanha. Dernburg escreveu muitos deles pessoalmente, e também participou de ciclos de palestras para promover a perspectiva alemã. Seu "nome aparece hoje com mais frequência nos jornais americanos do que o de qualquer outro alemão vivo", relatou uma revista.[31]

Trabalhando em estreita colaboração com o embaixador alemão em Washington, o conde Johann Heinrich von Bernstorff, Dernburg e outros funcionários alemães financiaram discretamente diversos outros veículos de notícias. Um deles foi o *Fatherland*, um semanário abertamente pró-Alemanha sediado no andar acima da oficina de propaganda de Dernburg e editado por George Sylvester Viereck, que mais tarde reprisaria seu papel de assessor de imprensa americano da Alemanha em nome dos nazistas.

Perdendo feio a batalha pela opinião pública, os alemães tomaram medidas desesperadas para influenciar a mente americana, providenciando secretamente a compra do *New York Evening Mail* (que permaneceu sob controle alemão até 1917). Bernstorff quase chegou a orquestrar a compra do *New York Sun* e do *Washington Post*.[32]

Sobretudo no começo da guerra, Schiff e os irmãos Warburg interagiam regularmente com Bernstorff e Dernburg, além de outros funcionários e emissários alemães. Em Washington, Paul e Nina encontravam-se com frequência com o embaixador alemão e sua esposa nascida nos Estados Unidos. Dernburg costumava passar nos escritórios da Kuhn Loeb, e Felix mantinha Max atualizado sobre as atividades do funcionário alemão.[33] Dernburg "certamente causou boa impressão, ainda que o público por aqui, que está de fato recebendo os melhores relatos de todos os lados [...] esteja um pouco cansado da propaganda", contou em uma missiva.[34] Em outra, Felix escreveu sobre hospedar Dernburg em sua propriedade de Westchester num fim de semana em que Paul e Nina, que tinham sua própria casa na extensa propriedade, viajaram de Washington para visitá-lo. "Ele continua a trabalhar com grande vigor e angariou uma quantidade espantosa de dinheiro", Felix informou Max, referindo-se à arrecadação de Dernburg sob a bandeira da Cruz Vermelha alemã.[35] (Esses recursos, embora acabassem creditados à Cruz Vermelha na Alemanha, foram inicialmente depositados em contas controladas por Bernstorff e um adido financeiro alemão chamado Heinrich Albert, que atuava como tesoureiro das operações clandestinas alemãs nos Estados Unidos. As contribuições para a campanha da Cruz Vermelha de Dernburg estavam na verdade ajudando a financiar esforços de propaganda.)[36]

Embora a Kuhn Loeb tenha se recusado a ajudar Dernburg em sua missão financeira, pelo menos ao ponto desejado por ele, as evidências sugerem que, antes de os Estados Unidos entrarem na guerra, a firma e seus parceiros pró-Alemanha auxiliaram Dernburg de outras formas, inclusive servindo como intermediários para mensagens codificadas trocadas entre Dernburg e o Ministério das Relações Exteriores alemão. Em um de seus primeiros atos de guerra, a Inglaterra agira rapidamente para isolar a Alemanha cortando os cabos submarinos que a ligavam à América do Norte. Isso obrigou Dernburg a pensar em meios mais criativos para se comunicar com seu governo. Um memorando ultrassecreto, datado de duas semanas após o início da guerra, explicava o sistema estabelecido por ele. Correspondências secretas de Dernburg em Nova York eram encaminhadas a um representante da M. M. Warburg em Amsterdam, que por sua vez as enviava para Max em Hamburgo. Max a seguir retransmitia esses comunicados a Berlim. O memorando listava a Kuhn Loeb como uma das "transmissoras" nessa cadeia de comunicações.[37] Ao menos em um caso, Felix encaminhou para Dernburg uma mensagem que estava escondida dentro da correspondência da esposa de Max, Alice.[38]

A ligação de Felix com Dernburg suscitou alguma controvérsia no final de 1914, quando ele convidou o funcionário alemão para ser o convidado de honra em um jantar promovido pela Associação Hebraica de Moços. "O dr. Dernburg é um representante oficial de fato e, acredito eu, também de direito do governo alemão, encarregado da missão de defender o lado alemão perante o público americano na disputa da guerra", escreveu de forma reprovadora para Felix um rabino de Nova York chamado David de Sola Pool. "O convite feito a tal homem seria uma invasão de nossa neutralidade. Na condição de americanos, e especialmente judeus americanos, é importante para o mundo que mantenhamos nossa neutralidade livre de qualquer suspeita."[39] Louis Marshall apelou diretamente a Schiff, pedindo ao banqueiro que falasse com o genro sobre o convite a Dernburg.[40] Nesse mesmo dia, Felix disse a Dernburg que o jantar estava cancelado, escrevendo: "Lamento que os jovens não possam ter a vantagem de escutá-lo".[41]

O embaixador britânico nos Estados Unidos, Cecil Spring Rice, encarava Dernburg com cautela, desconfiando de suas ligações com importantes banqueiros judeus, especialmente Schiff e a Kuhn Loeb.

"Dernburg e sua turma estão constantemente em ação, e os banqueiros judeus alemães laboram em uma sólida falange para arquitetar nossa destruição. Um a um, eles estão se apossando dos principais jornais nova-iorquinos", queixou-se a um colega diplomata, espalhando a seguir o boato de que Schiff — "o arquijudeu e protegido especial do imperador" — "praticamente adquirira" o *New York Times*. A cabala judaico-alemã, alegou Spring Rice, estendia-se a Washington, onde Paul Warburg "praticamente controla as políticas financeiras do governo". Lidar com Warburg, escreveu, era "exatamente como negociar com a Alemanha".[42]

As calúnias antissemitas mancharam o parecer de Spring Rice, mas ninguém questionava que a Alemanha estava gastando considerável energia para manipular a opinião pública dos judeus americanos, sobretudo tentando explorar um desdém coletivo pela Rússia. Em setembro de 1914, um trio de sionistas chegou a Nova York para liderar essa ramificação da operação de influência e "difundir uma opinião favorável da Alemanha na imprensa judaica da América do Norte e nos círculos financeiros", segundo um memorando que passou pelas mãos de um alto funcionário do Ministério das Relações Exteriores alemão.[43] O líder dessa delegação era Isaac Strauss, que vinha de uma família de banqueiros de Munique. "As fofocas o envolviam numa aura de romance e mistério", recordou um conhecido. "Diziam ser uma espécie de magnata alemão, algo em que se poderia facilmente acreditar, considerando seus gastos exorbitantes. Cavalheiro gentil, ele em pouco tempo conquistou todos os sionistas de Nova York, pois ele próprio era seu mais ardoroso defensor."[44] Os companheiros de Strauss eram Arthur Meyerowitz, um funcionário da companhia de vapores North German Lloyd, de Albert Ballin (que fornecia um disfarce para agentes alemães operando nos Estados Unidos), e Samuel Melamed, um jornalista nascido na Rússia.

Em meados de outubro, Strauss relatou ao adido financeiro alemão Heinrich Albert que "a manipulação da imprensa judaica nos Estados Unidos, outrora casual, foi hoje por mim transformada em um serviço de informações sistematizado e organizado numa base sólida".[45] Nos anos em que Strauss atuou nos Estados Unidos, Albert lhe forneceu um orçamento polpudo de até 5 milhões de dólares para bancar suas operações. Parte desses fundos foi provavelmente usada para investimentos secretos em publicações judaicas, possivelmente incluindo *Der Tog* (O Dia), um influente jornal diário em iídiche criado no outono de 1914 sob a editoria do jornalista judeu Herman Bernstein. Em uma carta a Bernstein, Strauss se referiu ao periódico como "o nosso jornal".[46] Mais tarde, Strauss criou seu próprio veículo, o *American Jewish Chronicle*. Editado por Melamed, o periódico era uma fonte frequente de *agitprop* sionista.

Durante os meses iniciais de suas operações de propaganda nos Estados Unidos, Strauss delineou sua estratégia em um longo memorando, em que explicou:

> A influência em favor da causa alemã entre os judeus dos Estados Unidos deve começar de uma posição separada para os judeus emigrados do Leste e os judeus "alemães". Os primeiros contam com uma imprensa ampla que só em Nova York tem uma circulação de cerca de 1 milhão de exemplares, bem como numerosos periódicos de todos os tipos. Essa imprensa é na maior parte em iídiche [...] e até em língua hebraica. Devido ao elevado nível educacional entre os judeus do Leste, a imprensa chega até os mais pobres e exerce grande influência. Os judeus "alemães" também têm uma quantidade de revistas periódicas publicadas em inglês, mas em geral pode-se dizer que a influência da imprensa em seus círculos não é muito alta devido aos interesses individuais diferenciados das classes mais altas e seus laços mais estreitos com o ambiente americano. Para influenciar a comunidade judaica do Leste, o foco principal estaria na imprensa, e, para influenciar os judeus "alemães", seria preferível um contato mais pessoal com indivíduos e organizações influentes.[47]

Ninguém tinha mais peso entre os judeus americanos do que Jacob Schiff. E Strauss e Meyerowitz — que chegaram aos Estados Unidos portando uma carta de apresentação do irmão mais velho de Jacob, Philipp — não tardaram a conseguir algum progresso junto ao financista. "Após várias conferências que tivemos com o sr. Schiff", relatou Strauss, o banqueiro concordou em lhe providenciar uma audiência com os líderes do Comitê Judaico Americano, que se reuniu em 8 de outubro de 1914, nos escritórios da Kuhn Loeb. Assim que obteve a palavra, recordou Strauss, "observei que a guerra havia criado condições inteiramente novas sob as quais a questão judaica tinha agora de ser considerada". Ele afirmou a Schiff e a outros membros do comitê que, "na Alemanha, há a firme intenção desde o início da guerra de resolver um grande número de injustiças sociais históricas" e que o governo alemão agora dava "a prioridade mais elevada" à igualdade judaica, tanto dentro de suas fronteiras como no território mantido pelos russos, a leste, na atual Polônia, que a Alemanha aspirava a conquistar. A essência de sua mensagem: apoiar a Alemanha era apoiar a causa dos direitos humanos judaicos.

Pouco após esse encontro, Schiff escreveu uma longa carta a Arthur Zimmermann, o secretário das Relações Exteriores alemão (e autor de um infame telegrama em 1917 propondo uma aliança alemã com o México se os Estados Unidos entrassem na guerra). Strauss e Meyerowitz, escreveu Schiff, "explicaram-me que sua vinda aqui tem a intenção de despertar toda a simpatia dos judeus alemães pela Alemanha, observando o que o país se tornou para seus cidadãos de fé judaica".[48]

Schiff notou que, embora os judeus, do ponto de vista legal, possuíssem direitos iguais na Alemanha, na prática permaneciam como uma classe inferior, sem direito a ocupar cargos públicos, lecionar em universidades, receber nomeações no judiciário e ascender a altas patentes militares. E ele enfatizou a natureza dividida da opinião pública judaico-americana sobre a guerra. De fato, muitos judeus nascidos na Rússia apoiavam a Alemanha. Mas um "grande número de judeus, especialmente os que nasceram neste país, cujos pais vieram para cá da Alemanha há muitos anos, não partilham dessa simpatia, pois os membros dessa geração mais nova, definitivamente convencidos de sua dignidade humana, não podem esquecer que a Alemanha foi um terreno fértil para o antissemitismo, e que esse movimento irresponsável se espalhou para além do país". Não bastaria nomear simbolicamente alguns judeus para cargos acadêmicos, públicos ou militares. Os judeus americanos, escreveu Schiff, precisavam ser convencidos de que "o mal causado pelo antissemitismo será antes de mais nada completamente banido, e, com o tempo, o vírus que contaminou o sangue do povo alemão nesse aspecto será completamente erradicado".[49]

Durante o outono de 1914, Strauss cortejou Schiff e seus amigos influentes. E podia apontar pelo menos uma vez em que persuadira Schiff a agir para ajudar a causa alemã. As vendas de armas americanas para os países europeus em guerra haviam se tornado motivo de um acirrado debate público e no Congresso, com alguns deputados sugerindo uma legislação para proibir fabricantes de munição americanos de travar negócios com as partes envolvidas no conflito. Os alemães eram muito favoráveis a que o governo americano estendesse sua neutralidade às exportações de armas, visto que, devido a um sufocante bloqueio naval imposto pelos britânicos, os Aliados eram os principais importadores de armamentos americanos. Strauss procurou Schiff e lhe pediu que contactasse o presidente Wilson sobre o assunto. "Considerando a proeminente importância do sr. Schiff na vida econômica americana, creio poder presumir que sua influência privada nesse ponto não passaria despercebida", afirmou Strauss ao Ministério das Relações Exteriores alemão.[50]

Em meados de novembro, Schiff escreveu uma carta exortando Wilson a proibir as exportações de armas para a Europa, afirmando que o papel americano em fornecer as armas que alimentavam o conflito era "imoral e ofensivo para uma grande maioria do nosso povo".[51] Strauss informou a Berlim que ajudara a redigir a carta de Schiff para o presidente.

O apelo de Schiff recebeu atenção especial de Wilson, como Strauss previa. O presidente se debateu com a questão por mais de duas semanas antes de finalmente responder que não interviria: "Os precedentes da lei internacional são claros, as vendas procedem de muitas fontes, e minha falta de poder é tão evidente que sinto que não poderia fazer outra coisa além de deixar o assunto se resolver por si mesmo".[52]

O relacionamento de Strauss com Schiff se desgastou conforme a guerra progredia — e conforme o agente alemão se envolvia no turbulento mundo da política comunitária judaica, onde as antigas rixas e rivalidades se reacendiam com nova intensidade por conta do conflito, de suas exigências sem precedentes e das questões existenciais que colocava para a comunidade judaica mundial.

Para os judeus do Leste Europeu e seus representantes americanos, a guerra desencadeou uma crise dentro de uma crise. O teatro oriental do conflito era o quintal de milhões de judeus, que viviam na fronteira entre os impérios beligerantes da Áustria, Alemanha e Rússia. Seu sofrimento, já profundo, piorou à medida que o avanço dos exércitos deixava centenas de milhares de pessoas refugiadas e desabrigadas.

Menos de um mês após o início da guerra, no fim de agosto de 1914, Schiff recebeu o primeiro do que seria um fluxo constante de apelos por socorro de todos os cantos na zona de guerra. Não em nome dos judeus do Leste Europeu, mas dos que viviam na Palestina, lar de aproximadamente 60 mil colonos que dependiam em grande parte de ajuda e importações do estrangeiro — e que de repente se viram isolados do mundo ocidental. O cabograma, enviado pelo recém-nomeado embaixador na Turquia, Henry Morgenthau Sr., dizia em parte:

JUDEUS PALESTINOS ENFRENTAM CRISE TERRÍVEL PAÍSES BELIGERANTES CESSARAM ASSISTÊNCIA GRAVE DESTRUIÇÃO AMEAÇA PRÓSPERAS COLÔNIAS 50 MIL DÓLARES NECESSÁRIOS[53]

Schiff e seus aliados reuniram os fundos em 48 horas, com o Comitê Judaico Americano contribuindo com 25 mil dólares, Schiff com 12500 e o restante vindo do Comitê Executivo Provisório para Assuntos Sionistas Gerais, presidido por Louis Brandeis, "advogado do povo" e futuro juiz da Suprema Corte.[54] A logística de fazer o dinheiro chegar à Palestina se revelou mais complicada. Morgenthau recrutou a Standard Oil, presente em solo turco. O dinheiro do auxílio levantado nos Estados Unidos foi direcionado para a sede da companhia petrolífera em Nova York, e os representantes da Standard em Constantinopla (atual Istambul) por sua vez pagaram mais de 50 mil dólares em ouro a Morgenthau. Portando um revólver carregado, o banqueiro Maurice Wertheim, genro do embaixador, escoltou o ouro pessoalmente à Palestina.[55]

No outono de 1914, as organizações judaico-americanas começaram ativamente a angariar fundos para trabalhos de assistência humanitária ligados à guerra. Um grupo de congregações ortodoxas estabeleceu o Comitê Central de Ajuda aos Judeus em Sofrimento com a Guerra. Os sionistas americanos organizaram seus próprios esforços assistenciais, concentrando-se sobretudo na Palestina. À medida que se revelava a enorme proporção da crise humanitária, Schiff pressionou por uma resposta coordenada, reunindo campos frequentemente antagônicos.

No domingo, 25 de outubro, a convite do Comitê Judaico Americano, delegados representando mais de quarenta organizações se reuniram na sinagoga Emanu-El. "Todas as diferenças devem ser deixadas de lado e esquecidas", declarava a carta que anunciou a reunião. "Agora nada importa, a não ser a ação harmoniosa e efetiva."[56]

Esse encontro acabou levando à formação de um Comitê de Distribuição Conjunta para coordenar o trabalho assistencial entre a tríade de interesses judaicos — o Comitê Americano de Assistência aos Judeus liderado por Schiff e seus aliados; o Comitê Central da comunidade ortodoxa; e o Comitê de Auxílio Popular, representando os setores trabalhista, socialista e sionista.

Felix Warburg foi nomeado presidente do Comitê de Distribuição Conjunta, posição que manteve pelos dezoito anos seguintes. Sua bonomia e proficiência organizacional faziam dele o homem indicado para o papel desafiador. Os irmãos Arthur e Herbert Lehman atuavam na liderança do grupo. Quase tão rapidamente quanto entravam nos cofres do comitê, as doações fluíam para grupos judaicos locais que proporcionavam ajuda por toda a zona de guerra em expansão. Em poucos anos, o comitê levantou e repassou 15 milhões de dólares, amadurecendo para se tornar uma operação de ajuda humanitária extensa e bem azeitada.

Sob o verniz de unidade, grassavam disputas entre as várias órbitas representadas pelo comitê. A rivalidade era particularmente feroz entre os judeus alemães abastados, liderados por Schiff, e os sionistas em ascensão, representados por Louis Brandeis. Quando Wilson indicou Brandeis para a Suprema Corte, em 1916, circularam rumores de que Schiff tentara sabotar a nomeação por puro despeito. O boato se espalhou a tal ponto que Schiff escreveu a Brandeis negando qualquer tentativa de se opor à sua indicação.[57]

Um ponto de discórdia entre o grupo de Schiff e o de Brandeis girava em torno da surrada questão de quem falava em nome dos judeus dos Estados Unidos. O Comitê Judaico Americano tentara assumir esse papel, mas a guerra reacendera antigas reivindicações, agora defendidas pelos contingentes sionista e socialista, de que um Congresso Judaico Americano, eleito pelos judeus do país, desempenhasse essa função. A ideia horrorizou Schiff pelo mesmo motivo pelo qual ele repudiava o sionismo — parecia dar crédito à acusação de "nação dentro de uma nação" na raiz venenosa do antissemitismo. "A constituição de um Congresso Judaico significa nada mais, nada menos que uma decisão afirmativa de que somos antes de mais nada judeus e, em segundo lugar, americanos", esbravejou Schiff.[58]

Quando ficou claro que os apelos por um congresso não podiam ser silenciados, Schiff e outros membros do Comitê Judaico Americano participaram com relutância, na tentativa de exercer uma influência moderada. Em vez de um órgão governante permanente, eles conseguiram assegurar que a organização resultante tivesse o mandato limitado para considerar "a questão judaica tal como afeta nossos irmãos em terras beligerantes".[59]

A oposição de Schiff ao sionismo e à criação de um Congresso Judaico Americano fez dele o alvo de uma saraivada contínua de críticas de ativistas e jornais judaicos. Seus inimigos aproveitaram particularmente os comentários em um discurso de 1916 em que ele se pronunciou contra o nacionalismo judaico e pareceu culpar os judeus russos por provocar a perseguição contra si próprios ao se isolarem.[60]

Cerca de uma semana mais tarde, após dias de ataques na imprensa iídiche, Schiff se dirigiu a seus detratores na sétima convenção anual da Kehillah. Com voz trêmula, conteve as lágrimas enquanto falava. "Ora, pensem nisso, acusar-me de tal crime", disse. "Pensem nisso! Eu, que por 25 anos lutei sozinho contra a invasão do governo russo nos mercados financeiros americanos, e até hoje os mantenho à distância. Pensem nisso! Quem, como eu, ocupou maior proeminência pela agitação no passado e insistiu com o presidente dos Estados Unidos — como alguns de vocês devem saber — para que nosso tratado com a Rússia fosse revogado?"

No fim, declarou: "Fiquei profundamente magoado, e de agora em diante o sionismo, o nacionalismo, o movimento do Congresso e a política judaica, sejam da forma que for, serão para mim uma página virada".[61]

Um dos principais adversários de Schiff era Isaac Strauss, o agente alemão que se alinhara firmemente aos sionistas. O *American Jewish Chronicle* de Strauss vivia disparando contra Schiff, ao mesmo tempo que também criticava duramente o trabalho de Felix Warburg e do Comitê de Distribuição Conjunta. "Achamos que a postura de homens do naipe do sr. Schiff carecem de algo fundamental: eles estão completamente desconectados da vida real do povo judeu. Mesmo assim, persistem em aplicar seus próprios conceitos de judaísmo à comunidade judaica como um todo", dizia uma característica farpa no jornal de Strauss.[62]

Os ataques enfureceram Schiff e Warburg, uma vez que o governo alemão estava na prática subsidiando uma campanha difamatória contra eles e, por meio de Strauss, fomentando a dissensão no exato momento em que lutavam pela unidade judaica. Schiff disse ao embaixador Bernstorff que se sentia pessoalmente insultado pelas atividades de Strauss nos Estados Unidos.[63]

Felix, nesse meio-tempo, queixou-se com Max de que "o pessoal sionista por aqui tem causado o maior tumulto", identificando Strauss como "um dos principais mentirosos e agitadores". Ele se exasperou que Strauss estivesse operando um "jornal de ódio" — ao que tudo indica o *American Jewish Chronicle* — "às expensas da Alemanha".[64]

Max relatou as preocupações de Felix a seus contatos no governo. "Como vê, explodiu por lá uma 'revolução palaciana' que venho prevendo há algum tempo, e tenho de admitir que não somos completamente inocentes em relação a esses acontecimentos", escreveu para Arthur Zimmermann, solicitando que o secretário das Relações Exteriores instruísse Bernstorff a cortar o apoio a Strauss.[65] Não obstante, Strauss permaneceu na folha de pagamento do Reich — isto é, até ser preso em 1918 por investigadores militares, que o acusaram de operar uma companhia química no Brooklyn com estoques ilegais de componentes para explosivos e de obter sob falso pretexto a fórmula para as máscaras de gás fornecidas às tropas americanas, com a intenção de passar a informação a Berlim.[66] Rotulado como um "perigoso inimigo estrangeiro", Strauss passou o resto da guerra preso com outros suspeitos de serem agentes alemães, inclusive seu colega de propaganda Arthur Meyerowitz, no campo de Oglethorpe, na Geórgia.[67]

* * *

Enquanto Schiff e seu círculo entravam em conflito com os sionistas, os outrora distantes campos de batalha da guerra europeia chegavam inequivocamente mais perto dos Estados Unidos, e, para o governo Wilson, manter a neutralidade cada vez mais passou a ser como andar na corda bamba. Nos primeiros meses de 1915, a Alemanha iniciou sua campanha de guerra submarina total, desafiando o controle inglês dos oceanos ao dominar o fundo do mar com sua frota de submarinos.

Na tarde de 7 de maio de 1915, o embaixador Bernstorff viajava de trem de Washington a Nova York, onde planejava assistir a uma apresentação da opereta *Die Fledermaus* (O morcego), em prol da Cruz Vermelha alemã. Bernstorff estava acompanhado de Paul Warburg. Durante uma parada na Filadélfia, o embaixador comprou um exemplar do jornal vespertino. Atônito, leu para Warburg a notícia da primeira página: naquele mesmo dia, um submarino alemão torpedeara o *Lusitania*, nau irmã do *Mauretania* e joia da frota da Cunard Line.

Transportando quase 2 mil passageiros e os membros da tripulação, o vapor britânico completava uma viagem de uma semana de Nova York a Liverpool quando foi atacado pelo submarino a dezoito quilômetros da costa meridional da Irlanda, numa faixa do Atlântico onde os alemães disparavam indiscriminadamente contra embarcações militares e mercantes. O oceano tragou o navio de 787 pés em menos de vinte minutos.

Não podia ser verdade, protestou Warburg. Mas, quando ele e Bernstorff desembarcaram em Nova York, Jacob Schiff estava a sua espera. Ele estava tão alarmado com as notícias que correra à estação para esperar o trem.

O ataque, com 124 cidadãos americanos entre os duzentos mortos, exerceu um profundo impacto psicológico no público americano. "O incidente do *Lusitania* abriu os olhos dos Estados Unidos para os horrores da guerra e convenceu todo seu povo de que um flagrante agravo fora cometido contra eles", recordou Bernstorff em suas memórias.[68]

O naufrágio do *Lusitania* mexeu com Schiff, marcando o início de sua desilusão com a Alemanha. Um dia depois, conforme os corpos continuavam sendo puxados para a praia do porto marítimo irlandês de Queenstown (mais tarde Cobh), Schiff fez uma visita inesperada aos escritórios da J. P. Morgan & Co. Era um sábado, quando o banqueiro devoto normalmente podia ser encontrado nos bancos da congregação de Emanu-El entoando suas preces do Shabat, mas a notícia o deixara tão abalado que ele abandonou a rotina e foi ao *downtown* à procura de Jack Morgan.

No mês seguinte à morte de Pierpont, o antigo edifício da firma no número 23 da Wall Street foi demolido para dar lugar a uma nova sede projetada por Trowbridge e Livingston, um prédio baixo e triangular que exigia tanto mármore do Tennessee que os sócios da J. P. Morgan adquiriram uma pedreira para garantir o pronto suprimento. As portas imponentes, sem letreiro, do Corner, como o icônico edifício ficou conhecido, davam para a esquina da Wall Street com a Grand Street. Encapsulada em sua pedra fundamental havia uma caixa de cobre contendo o contrato da sociedade, o testamento de Pierpont e uma cópia do depoimento do falecido banqueiro perante o Comitê Pujo.[69]

Schiff localizou Jack Morgan na sala forrada de painéis de madeira onde os sócios se reuniam. Jack era alto e forte como o pai. Também era um anglófilo, dono de uma propriedade na zona rural inglesa. A J. P. Morgan & Co. tinha parcerias em Londres e Paris — a Morgan Grenfell e a Morgan Harjes, respectivamente — e, desde o primeiro bombardeio na guerra, Jack posicionou-se firmemente ao lado dos Aliados, até mesmo atuando como agente de compras para os governos britânico e francês.

Jack partilhava da desconfiança do pai no que dizia respeito a banqueiros judeus, e as inclinações pró-Alemanha de Schiff e outros judeus nos círculos de Wall Street contribuíram para seu antissemitismo. Ele disse a um dos sócios que culpava os "judeus alemães, que são muito próximos do embaixador alemão", por promover o movimento pela paz e impedir os Estados Unidos de escolherem um lado no conflito.[70]

A relação estremecida entre a Kuhn Loeb e a J. P. Morgan & Co. datava de sua disputa pela Northern Pacific, apesar de as firmas ainda colaborarem em importantes ofertas de títulos. Pelo bem de seus negócios conjuntos, Jack tinha de manter relações amistosas com Schiff, como o pai havia feito. E foi por esse mesmo motivo que Schiff, perfeitamente ciente das lealdades de Morgan, visitou o colega para expressar sua consternação com a tragédia e condenar a Alemanha por "essa desgraçada indignidade".

Mas as palavras de solidariedade de Schiff, pronunciadas num pesado sotaque alemão, despertaram a irritação de Morgan, e sua máscara de camaradagem momentaneamente se desfez. Morgan deu as costas para Schiff, recusando-se a falar com ele. Quando Schiff se foi, visivelmente desanimado, Morgan recuperou a compostura. "Acho que fui um pouco longe demais", comentou com um dos sócios, Dwight Morrow, que presenciara o encontro em um silêncio perplexo. "Acho melhor me desculpar." Morrow rabiscou um versículo de Ezequiel em um pedaço de papel e o estendeu para Morgan: "Não em teu benefício, mas em benefício de teu nome, ó Casa de Israel!". Morgan pegou o chapéu e saiu atrás de Schiff.[71]

As coisas foram apaziguadas, mas o episódio ressaltou como a ligação da Kuhn Loeb com a Alemanha estava se tornando um risco. Para a J. P. Morgan & Co. e outras conceituadas casas de investimento, a guerra era uma mina de ouro. Mas a insistência de Schiff na neutralidade significava que sua firma abria mão de lucrativas oportunidades de negócio. Por muito tempo competindo pau a pau com a J. P. Morgan em termos de prestígio, a Kuhn Loeb agora ficava para trás, ameaçando perder seu status de excelência como banco de investimentos.

Schiff admitiu que a maré tinha virado. Passeando por Bar Harbor certo verão durante a guerra, ele conversava com Frieda em alemão, como normalmente fazia. "Pai, não podemos continuar fazendo isso", ela disse, subitamente constrangida.[72] A dotação de Schiff para a Cornell, promovendo a cultura alemã, agora parecia ridiculamente fora de hora. Por sugestão dele, a universidade ampliou seu foco para o estudo da "civilização humana".[73] O financista, já avesso a publicidade, tentou manter um perfil ainda mais discreto, trocando seu camarote na Metropolitan Opera por lugares menos chamativos na plateia. "Quando lhe perguntei se para apreciar a ópera esses assentos eram tão bons quanto o lugar ao qual se acostumara", relembrou um amigo, "ele respondeu que não era questão de apreciar, mas que nos tempos terríveis pelos quais passávamos era melhor permanecermos tão invisíveis quanto as circunstâncias permitissem."[74]

Isso não ficou tão evidente para Bernhard Dernburg, o chefe de propaganda alemão, que, em vez de permanecer calado (estratégia de Bernstorff), argumentou em um discurso inflamado que o *Lusitania* praticamente provocara o ataque ao transportar munições. Schiff escreveu para Dernburg, anexando uma carta que recebera de um amigo implorando por sua intercessão. "Talvez você possa dizer ao dr. Dernburg: 'Fique quieto. Não manifeste opinião alguma. Não converse com os jornalistas. Não diga absolutamente nada'. Que ele pense quanto quiser, mas não deve falar."[75]

Um agente alemão operando nos Estados Unidos se queixou de que Dernburg era um "imbecil" cujo trabalho de propaganda prejudicara a causa alemã.[76] Os comentários de Dernburg causaram tamanha celeuma que Bernstorff o aconselhou a voltar imediatamente para a Alemanha. No dia anterior à viagem, em junho, Dernburg foi o centro das atenções no German Club, em Central Park South. Schiff, talvez aliviado com a partida, passou para se despedir dele e da esposa.[77]

Heinrich Albert, o meticuloso adido financeiro alemão, assumiu o portfólio de Dernburg. Dois meses depois, causaria ele próprio um impressionante desastre diplomático.

Na tarde de 24 de julho de 1915, Heinrich Albert e George Viereck, editor do *Fatherland*, iam para o *uptown* na linha de trem elevada da Sexta Avenida, alheios aos dois agentes do serviço secreto que os observavam. Viereck desembarcou na rua 23 e um dos agentes o seguiu ao descer do trem. O outro, chamado Frank Burke, chefe de uma unidade de contrainteligência do serviço secreto que vigiava suspeitos de serem espiões alemães, permaneceu de olho em Albert, sentado junto a uma estufada valise de couro. De tão absorto em um livro, Albert quase perdeu sua parada, na rua 50. Ele levantou correndo e desceu do trem; estava na plataforma quando se deu conta de que esquecera a valise.

Pensando rápido, Burke apanhou a valise e desceu na parada seguinte, escondendo-a sob o paletó conforme deixava apressadamente a estação e subia em um bonde que passava por ali. Relanceando por cima do ombro, ele avistou Albert na rua, esquadrinhando freneticamente os transeuntes.[78] Dias depois, um anúncio apareceu no *New York Evening Telegram*: "Perdeu-se no sábado. No trem elevado do Harlem às 15h30, na 50th St. Station, uma valise de couro marrom contendo documentos". Albert oferecia uma recompensa de vinte dólares pela devolução da valise, uma ninharia, tendo em vista os inestimáveis papéis que ela continha, fornecendo um registro das operações clandestinas alemãs nos Estados Unidos graças à minuciosa contabilidade do adido financeiro.

O governo Wilson compartilhou alguns documentos de Albert com o *New York World*, que publicou uma série de artigos denunciando uma ampla gama de esquemas e sabotagens voltados a interromper a produção e o transporte de armamentos para os Aliados. Surgindo após o afundamento do *Lusitania*, as revelações indispuseram ainda mais a opinião pública americana contra a Alemanha.

Entre as revelações estavam as operações tramadas por um dos mais prolíficos sabotadores alemães em operação nos Estados Unidos — Franz von Rintelen, antigo colega de escritório de Walter Sachs na Direktion der Disconto-Gesellschaft, em Berlim. Elegante e bonito, de olhos azul-claros e cabelo loiro puxado para trás, Rintelen falava inglês praticamente sem sotaque. Seu treinamento bancário fora realizado em Londres e Nova York, onde estagiara na Goldman Sachs. Segundo um relato, ele também trabalhava para a Kuhn Loeb.[79]

Oficial da reserva naval, o capitão Rintelen foi convocado para o serviço ativo no começo da guerra e nos primeiros meses do conflito valeu-se de seus conhecimentos bancários providenciando as (normalmente complicadas) transações necessárias para abastecer a dispersa frota alemã. "Meu trabalho em providenciar dinheiro para nossos cruzadores no estrangeiro gradualmente me rendera a reputação de um homem que sabia tudo de transações financeiras", contou Rintelen em suas memórias, *Dark Invader* [Invasor das trevas]. "Eu conhecia os Estados Unidos, tinha várias conexões por lá [...] e as autoridades ficaram convencidas de que eu era a pessoa certa a procurar nos Estados Unidos para agir contra o envio de munições."

"*Ich kaufe, was ich kann; alles andere schlage ich kaput!*", disse o audacioso oficial a seus superiores antes de partir para os Estados Unidos.

"Vou comprar o que puder e explodir o que não puder."[80] Ele chegou a Nova York no início de abril de 1915, viajando com um passaporte suíço falso em nome de Emile Victor Gaché, um dos vários pseudônimos que adotou durante sua missão nos Estados Unidos. Rapidamente passou a fazer o que afirmara a seus superiores, causando considerável caos em sua breve estada no país.

Junto com Heinrich Albert, ele criou a Bridgeport Projectile Company, uma empresa de fachada que existia com o único propósito de adquirir imensas quantidades de pólvora e cartuchos para atrapalhar a produção de munições. E Rintelen despejou quase 400 mil dólares na criação de uma organização chamada Conselho Nacional de Paz dos Trabalhadores, que utilizou para promover agitações entre operários de fábricas de munição e estivadores, numa tentativa de causar greves que atrasassem as remessas de armamentos. Sua rede de agentes também plantava dispositivos incendiários conhecidos como bombas-lápis nos porões de carga dos navios que levavam armas para a Inglaterra e a França. Além disso, o agente alemão conspirava com Victoriano Huerta, ex-presidente exilado do México, que concordou em declarar guerra aos Estados Unidos em troca da ajuda alemã para restabelecê-lo no poder.

Um dia, em plena campanha de sabotagem de Rintelen, Walter Sachs avistou o antigo colega no Bankers Club, onde estavam os dois almoçando. Walter, sem saber da missão secreta de Rintelen nos Estados Unidos, tentou cumprimentá-lo do outro lado do salão, mas o alemão pareceu não notá-lo.

Por fim, Sachs foi até lá. "O senhor não é Franz Rintelen?", perguntou.

"Ah, sim, como vai?", respondeu Rintelen, levantando da cadeira.

"Não sabia que estava por aqui", disse Walter. "Espero que venha nos visitar, ver meu pai, ele ficará encantado em vê-lo."

Rintelen concordou em passar nos escritórios da Goldman Sachs.

Walter não demoraria a descobrir o verdadeiro motivo para a volta de Rintelen a Nova York: no início de dezembro de 1915, os jornais noticiaram que o espião alemão fora detido pelo governo britânico quando tentava regressar a Berlim. Os alemães negaram envolvimento, afirmando que ele era apenas um agente de compras atuando por conta própria. Rintelen foi posteriormente extraditado para os Estados Unidos, onde passou quase três anos em uma penitenciária federal.

Pouco após ser solto, em 1920, Rintelen apareceu na Goldman Sachs à procura de Walter. Pálido e muito magro, o alemão não passava de uma sombra do sujeito elegante que Walter conhecera outrora.

"Sr. Sachs, quero voltar à Europa", explicou Rintelen. "O senhor não vai acreditar nisso, mas preciso de trezentos dólares para voltar."

Apesar do passado de Rintelen, Walter não hesitou em ajudar o velho conhecido. "É claro", respondeu Walter. Após chegar à Alemanha, Rintelen devolveu o dinheiro emprestado. Walter nunca mais teve notícia dele.[81]

23
Aliados

NA MANHÃ DE 10 DE SETEMBRO DE 1915, Jack Morgan e seu sócio Henry Davison aguardavam em um píer no sul de Manhattan enquanto o *Lapland*, que partira de Southampton, desembarcava sua carga mais importante — uma delegação de seis funcionários britânicos e franceses chegando a Nova York para tentar levantar um empréstimo de meio bilhão de dólares.

A política de rígida neutralidade do governo Wilson a essa altura começara a desmoronar. Sob pressão dos secretários de Estado e do Tesouro, Wilson cancelou a moratória de empréstimos bancários americanos aos países em guerra, convencido de que os Estados Unidos corriam o risco de uma calamidade financeira se os Aliados não conseguissem levantar capital americano para cobrir seus gastos com exportações dos Estados Unidos.

Os planos de viagem da Comissão Financeira Anglo-Francesa eram um segredo guardado a sete chaves, e o navio foi escoltado em meio à zona de guerra por dois destróieres britânicos, como precaução contra um possível ataque.[1] Guardado em seu baú de viagem, o chefe da delegação, Lord Reading, um dos principais magistrados da Inglaterra, levava o colete salva-vidas inflável que a esposa insistia que pegasse antes de embarcar.[2]

Rufus Isaacs, como o funcionário britânico era conhecido antes de receber o título nobiliárquico, era filho de um bem-sucedido importador de frutas que galgara rapidamente os degraus da política britânica, uma ascensão ainda mais impressionante porque sua fé judaica pareceu não oferecer obstáculo.

Morgan levou Reading e seus colegas comissários à biblioteca de seu falecido pai no *uptown*, onde reunira alguns dos principais banqueiros do país, prontos para começar a negociar o empréstimo. Ausentes das conversas estavam os representantes da Kuhn Loeb, normalmente envolvidos em negociações para qualquer acordo dessa magnitude, mas excluídos devido a supostas tendências pró-alemãs. Jacob Schiff, no entanto, contatou Reading pouco após sua chegada, oferecendo-lhe um lugar no banco da família na sinagoga Emanu-El para a cerimônia próxima do Yom Kippur. Schiff não mencionou as negociações, mas escreveu: "Será uma imensa satisfação encontrá-lo durante sua visita a nosso país".[3]

James J. Hill, o magnata ferroviário de Minnesota, estava trabalhando em estreita colaboração com o consórcio de Morgan e tentou incluir o velho amigo na volumosa transação, visitando Schiff nos escritórios da Kuhn Loeb em 14 de setembro para discutir a participação no acordo. Rumores conflitantes se espalharam por Wall Street, uma versão dizendo que a Kuhn Loeb acolheria a oportunidade de entrar para o consórcio de empréstimo dos Aliados, a outra assegurando que a firma recusaria qualquer oferta.[4]

Na sexta-feira, 17 de setembro, Otto Kahn se encontrou confidencialmente com Reading, que queria sondá-lo em privado para saber se a Kuhn Loeb se juntaria ao consórcio de empréstimo antes de fazer um convite formal que, caso recusado, pudesse causar constrangimento a ambas as partes.

"O senhor quer dizer em igualdade de condições absoluta com os Morgan?", perguntou Kahn.

"Sim, é assim que vejo", respondeu Reading.

"E essa igualdade de condições com os Morgan se aplicaria a futuras transações anglo-francesas?"

"Tenho certeza de que pode ser arranjado."[5]

Kahn estava pronto para fechar o acordo ali mesmo. Não só o negócio seria lucrativo, mas também, assim como Morti, o que ele mais queria era remover a mancha pró-Alemanha da reputação da Kuhn Loeb desempenhando um papel de destaque no financiamento Aliado. Mas havia um problema, explicou a Reading: o sócio sênior da Kuhn Loeb. Mesmo que Jacob Schiff pudesse ser persuadido a financiar a Grã-Bretanha e a França, dificilmente apoiaria qualquer transação capaz de beneficiar a aliada delas, a Rússia.

Kahn voltou a sua sala, onde informou seus sócios. Schiff pareceu aflito com a oferta de Reading e, segundo Kahn, disse: "Vamos todos considerar o assunto por 24 horas e chegar a uma conclusão em uma conversa entre os sócios amanhã".[6] Parece pouco provável que essa reunião tenha ocorrido no dia seguinte, data do Yom Kippur, o Dia da Expiação judaico. Mas em algum momento entre esse dia e a segunda-feira os sócios se reuniram para tratar da questão do empréstimo.

Quando se encontraram, Schiff abriu a discussão com um grave pronunciamento: "Antes de escutar o que vocês têm a dizer, quero declarar que já tenho uma opinião irrevogavelmente formada", afirmou.

> Compreendo plenamente o que está em jogo para a Kuhn, Loeb & Co. na decisão que vamos tomar. Mas, aconteça o que acontecer, não posso ir contra minha consciência; não posso sacrificar minhas convicções mais profundas em nome de uma vantagem comercial; não posso me degradar ajudando aqueles que com amarga inimizade torturaram meu povo e continuarão a fazê-lo, por mais belas que sejam as coisas professadas em sua hora de necessidade. Não se deve exigir de mim que o faça. Não é justo envolver-me nesse dilema.

Schiff disse que consideraria participar do empréstimo Aliado sob uma condição: se a comissão anglo-francesa declarasse por escrito que "nenhum centavo do dinheiro do empréstimo será dado à Rússia". Se os demais sócios discordassem dele e quisessem prosseguir incondicionalmente, disse Schiff, "devo nesse caso me retirar da firma".[7]

Após o dramático discurso de Schiff, não fazia muito sentido continuar com a discussão. Na segunda de manhã, Kahn e Morti Schiff visitaram Reading para expor a posição da Kuhn Loeb — isto é, de Schiff. Segundo um memorando da conversa, rubricada por ambos os sócios e datada do mesmo dia, eles incluíram uma estipulação adicional quando delinearam seus termos. Para a firma participar da transação, a comissão teria primeiro de garantir formalmente que nenhuma parte dos recursos seria destinada à Rússia, e segundo que o dinheiro não seria usado para a compra direta de "instrumentos de guerra letais". Como eles sem dúvida sabiam antes de apresentar essa proposta a Reading, a comissão de empréstimo não poderia aquiescer a tais exigências. Embora as conversas devessem ser confidenciais, a notícia de que a Kuhn Loeb não participaria do financiamento dos Aliados vazou quase imediatamente, resultando em manchetes como a do *Evening Public Ledger* da Filadélfia no dia seguinte: "Kuhn Loeb & Co., banqueiros pró-Alemanha, podem não ajudar em empréstimo".[8]

Em um despacho para Berlim, o cônsul-geral alemão em Nova York, Erich Hossenfelder, observou que havia atuado nos bastidores para manter a Kuhn Loeb fora da transação. "Quando as negociações começaram, e sabendo que seria de grande importância se o banco Kuhn Loeb se recusasse a apoiar o empréstimo, tentei exercer influência sobre Schiff", escreveu Hossenfelder. Orientado por ele, observou o diplomata alemão, "Schiff foi abordado por representantes religiosos judeus" — Hossenfelder não especificou quem. Ele também insinuou que desempenhara um papel em instigar um protesto judeu contra o empréstimo.[9]

Os jornais noticiaram que Morti Schiff e Otto Kahn haviam concordado pessoalmente com o empréstimo Aliado para demonstrar solidariedade à Inglaterra e à França. E Kahn e Schiff nada fizeram para desmentir esses rumores. Mas Paul Warburg disse ao embaixador Bernstorff que não eram verdadeiros. "Meu querido amigo Paul Warburg me assegurou que tal assinatura nunca aconteceu", Bernstorff relatou a Theobald von Bethmann-Hollweg, chanceler do Império alemão. "E o sr. Max Warburg teria sido informado por Otto Kahn. Mas nem o sr. Kahn nem o sr. Mortimer Schiff tiveram a coragem de negar que haviam assinado esse empréstimo. Tal comportamento os deixaria desacreditados junto ao sr. Morgan e sua gente."[10]

Bernstorff se queixou de um clima cada vez mais hostil nos Estados Unidos — os jornais eram ferrenhamente antigermânicos, e suas atividades, bem como a de seus sócios, eram monitoradas de perto por agentes americanos. (Sem que Bernstorff tivesse conhecimento, os agentes de inteligência militar haviam grampeado os telefones na embaixada alemã e escutavam suas ligações.) "Detetives e *agents provocateurs* vivem em alerta permanente. O mesmo terror é exercido contra qualquer um que esteja em termos amigáveis conosco, de modo que normalmente não é fácil para nossos amigos permanecerem leais a nós." Ele mencionou a Kuhn Loeb como um exemplo típico do amigo de ocasião. "A despeito das tentativas de seus parentes alemães, nenhum sócio teve a coragem de declarar abertamente que não queria nenhum envolvimento com um empréstimo hostil a nós."[11] Em sua própria missiva frustrada, Heinrich Albert descreveu a Kuhn Loeb como uma parceira "pouco confiável" que no passado os havia "deixado na mão" com uma "crueldade incomum e desnecessária".[12]

Enquanto a aparente disposição da Kuhn Loeb em financiar os Aliados — não fosse o empecilho russo — enfureceu os funcionários alemães, os britânicos também olharam com desconfiança para a decisão da firma de rejeitar essa vital transação. Coube a Otto Kahn explicar a torturada posição da Kuhn Loeb aos amigos britânicos: "A consideração determinante consistiu não nas inclinações pró-Alemanha do sr. Jacob H. Schiff, que não são de forma alguma pronunciadas e ficaram progressivamente mais fracas à medida que o verdadeiro espírito das classes dominantes alemãs se manifestou na condução da guerra e em vários incidentes, mas nas circunstâncias de que nessa guerra ele só tem olhos para a Rússia, e nela só consegue enxergar os cruéis opressores de seus correligionários, responsáveis pelo sangue de milhares de judeus inocentes", confidenciou a Sir Max Aitken, o egocêntrico barão da imprensa e político britânico mais tarde conhecido como Lord Beaverbrook. (Em um estranho capricho do destino, Beaverbrook mais tarde teria um breve caso com Dolly Schiff, filha de Morti.) Kahn deu a entender que a posição neutra da Kuhn Loeb era favorável à Grã-Bretanha, frisando que sua firma rejeitara qualquer financiamento em prol da Áustria ou da Alemanha — "pelo qual [...] poderíamos ter obtido praticamente qualquer compensação" — e, ao fazê-lo, havia "prestado um enorme" serviço aos Aliados.

Mas a Kuhn Loeb pagou um preço considerável por sua postura, ficando ainda mais estigmatizada como simpática aos interesses alemães. Como Kahn admitiu, "a atitude de rígida neutralidade financeira que nos impusemos nos custou muito caro, como sabíamos que aconteceria, pois perdemos muitas transações lucrativas, e isso levou à valorização de outras firmas".[13]

No ano seguinte, após o fechamento do empréstimo anglo-francês, a questão do financiamento em tempos de guerra voltou a agitar a sociedade da Kuhn Loeb. Morti e Otto Kahn haviam conseguido arquitetar um negócio com os Aliados que satisfazia os termos estritos de Jacob Schiff — um empréstimo de 50 milhões de dólares a Paris. O valor seria usado exclusivamente para fins municipais, e não havia risco de parte do dinheiro beneficiar a Rússia. Depois desse acordo, a Kuhn Loeb realizou empréstimos para três outras cidades francesas. Quando Max Warburg ficou sabendo do negócio de Paris, imediatamente escreveu a Schiff, propondo que a Kuhn Loeb conduzisse uma transação parecida em prol das cidades alemãs de Berlim, Frankfurt e Hamburgo. Schiff se mostrou favorável, mas a questão causou descontentamento entre os sócios da Kuhn Loeb — Kahn, Jerome Hanauer e Morti Schiff opunham-se enfaticamente à realização de qualquer negócio com a Alemanha.

Kahn enumerou suas objeções em uma carta enérgica a Jacob Schiff: "Digo com toda franqueza que não consigo entender muito bem por que deveríamos nadar contra a corrente, antagonizar nossos amigos e semelhantes, facilitar o caminho para nossos rivais e inimigos e nos isolar sendo a única firma importante a assumir o patrocínio dos assuntos financeiros alemães em larga escala, sobretudo enquanto não for expiado o crime do *Lusitania* contra cidadãos americanos".[14]

Schiff respondeu com uma missiva igualmente direta. Começou por comentar sobre a decisão de Kahn de escrever sua carta em inglês, uma vez que normalmente se comunicavam em alemão. Teria Kahn, com todo seu conhecimento de relações públicas, feito tal coisa por antecipar um público mais amplo para sua carta, talvez planejando compartilhá-la com amigos ingleses ou até membros da imprensa para mostrar que fizera fortes objeções ao negócio com a Alemanha? "Felix, por motivos que seguramente todos podemos compreender, apreciaria muito que fosse encontrada uma maneira pela qual a proposta que nos foi feita pudesse ser aceita e implementada", escreveu Schiff.[15]

Como sempre, a última palavra coube a Schiff, e as negociações prosseguiram. Nesse meio-tempo, Kahn e Morti trabalhavam para fechar outro empréstimo francês (60 milhões de dólares para as cidades de Bordeaux, Lyon e Marselha), um acordo que Jack Morgan e seus sócios tentaram sabotar. Ameaçados pela súbita volta da Kuhn Loeb às finanças europeias, os sócios de Morgan informaram o ministro das Finanças francês sobre as negociações alemãs de seu concorrente. O ministro ficou previsivelmente indignado e o acordo quase foi por água abaixo.

No fim, dois acontecimentos em novembro de 1916 fadaram o empréstimo alemão ao fracasso. Primeiro, Wilson, por meio de seu assessor mais próximo, Edward House, comunicou a Schiff que "o estado insatisfatório e duvidoso" das relações entre Estados Unidos e Alemanha tornava "muito imprudente neste momento arriscar um empréstimo".[16] Depois, em 28 de novembro, o Fed advertiu seus bancos afiliados contra a alocação de fundos em títulos públicos estrangeiros, medida que arrochou o mercado de títulos estrangeiros e inviabilizou uma nova emissão alemã.

O anúncio enfureceu Morgan, cuja firma apostara pesadamente em títulos estrangeiros e era na prática o banqueiro americano dos Aliados. Ele e seus sócios enxergaram as maquinações de Paul Warburg por trás da advertência. Henry Davison declarou de forma conspiratória que seu antigo companheiro de viagem em Jekyll Island estava "fazendo tudo a seu alcance para frustrar as iniciativas financeiras dos Aliados". Morgan respondeu: "Talvez seja necessário atacar publicamente os judeus alemães e sua influência no governo". Davison, sempre o mais equilibrado, aconselhou moderação. Mas suas sombrias desconfianças refletiam uma maré crescente de antissemitismo americano, conforme antigos estereótipos que imbuíam os judeus de poder desproporcional, lealdades suspeitas e motivos escusos voltavam a ganhar fôlego. Para os sócios de Morgan, pairavam dúvidas até sobre as lealdades de Morti Schiff e Otto Kahn, apoiadores fervorosos dos Aliados. Quem sabia de que lado *realmente* estavam?[17]

No início de 1917, qualquer possibilidade de negócio com a Alemanha fora completamente descartada. Em 1º de fevereiro, após fazer uma pausa na implacável campanha de guerra submarina que se seguiu ao ataque ao *Lusitania*, a Alemanha tornou a lançar sua frota; o presidente Wilson respondeu cortando laços diplomáticos. O governo britânico, enquanto isso, interceptou e decodificou um telegrama do secretário das Relações Exteriores alemão, Zimmermann, para o México propondo uma aliança contra os Estados Unidos, que compartilhou com o governo Wilson e que o presidente divulgou publicamente em 1º de março. A entrada dos Estados Unidos no conflito agora era inevitável.

Conforme os Estados Unidos se preparavam para entrar em guerra, o Império russo era sacudido pela turbulência política. Nos três anos anteriores, as forças armadas russas haviam sofrido perdas assombrosas. Quase 2 milhões de soldados pereceram em combate. Outros milhões foram feridos e capturados ou desapareceram. A inflação disparou e a escassez de alimentos e de combustível espalhou a miséria pelo país. Enquanto mulheres e crianças passavam fome, soldados eram mandados para a batalha sem fuzis nem munição, com instruções de procurar armas para usar entre as pilhas de cadáveres por todo o front oriental. Em 8 de março de 1917, Dia Internacional da Mulher, trabalhadores têxteis em greve realizaram manifestações nas ruas de Petrogrado (atual São Petersburgo); em questão de dias, protestos tomaram conta da cidade. Quando o tsar Nicolau II ordenou que as tropas recorressem à força para debelar os tumultos, os soldados se revoltaram. Dessa vez impotente para impedir a revolução, ele abdicou do trono em 15 de março. O reinado de três séculos dos Romanov chegara ao fim.

Embora Schiff desejasse havia muito tempo a queda do tsar, o acontecimento repentino o surpreendeu. Nesse dia, o financista estava com Therese a caminho do Greenbrier Resort, em White Sulphur Springs, na Virgínia Ocidental, para três semanas de descanso após um exaustivo inverno envolvido em arrecadações de fundos para os judeus e compromissos de negócios.[18] Em janeiro, ele havia celebrado seu aniversário de setenta anos, e dois dias antes de partirem os Schiff haviam ganhado a primeira bisneta, Carol, concebida pela filha de Felix e Frieda, Carola.

"Louvado seja Deus Altíssimo!", dizia o cabograma que Schiff enviou ao *New York Times* do Greenbrier, exultante com a notícia da Revolução Russa.[19] Ele enviou também um telegrama de congratulações a Pavel Miliukov, o novo ministro das Relações Exteriores do governo provisório russo formado às pressas.[20] Em uma carta ao irmão, Philipp, Schiff se maravilhava com a milagrosa e "súbita libertação" dos judeus da Rússia, escrevendo:"Isso é quase maior do que a libertação de nossos antepassados da escravidão no Egito".[21] Os eventos subsequentes na Rússia, incluindo a ascensão dos bolcheviques, esfriariam sua empolgação.

Em 23 de março, em um comício comemorativo organizado pelos Amigos da Liberdade Russa e realizado no Carnegie Hall, o jornalista George Kennan, falando de um palanque enfeitado com um par de grilhões de uma prisão siberiana, ligou seu trabalho de propaganda russo-japonesa de mais de uma década antes à revolução, notando o papel dos militares na recente revolta. E revelou o papel de Schiff em semear a chama revolucionária entre os prisioneiros de guerra russos. "O movimento foi financiado por um banqueiro de Nova York que todos vocês conhecem e amam", anunciou Kennan. Em sua ausência, Schiff enviou uma breve nota que foi lida para o público, expressando pesar por não estar pessoalmente presente para celebrar "a verdadeira recompensa pelo que havíamos esperado e lutado ao longo de todos esses anos".[22]

À luz da revolução e da iminente guerra com a Alemanha, Schiff reconsiderou sua oposição ao financiamento dos Aliados, enviando um cabograma ao filho: "Se os sócios desejarem participar [...] de futuros empréstimos para os Aliados, não farei mais nenhuma objeção".[23] Depois de muito tempo bloqueando o acesso russo aos mercados financeiros americanos, Schiff também indicou sua disposição de financiar o novo regime, fazendo pessoalmente um investimento de 1 milhão de rublos em um empréstimo aos russos organizado na primavera daquele ano.

Morti rapidamente comunicou a nova posição da Kuhn Loeb a Jack Morgan e seu amigo comum, Sir Ernest Cassel, que seguramente espalharia a notícia nos círculos britânicos corretos.[24] Aliviado por a Kuhn

Loeb finalmente ter escolhido um lado, Morti aconselhou o pai a fazer um pronunciamento público para esclarecer a posição da firma.

Mas Jacob recusou, dizendo que um anúncio "certamente seria mal compreendido e menosprezado. Tanto eu como a firma não fizemos nada que precise de explicação", continuou, "e mesmo nesse momento de [...] paixão e ufanismo muitas coisas capazes de magoar são ditas e feitas, mas passarão, enquanto a virilidade e o autorrespeito certamente hão de durar".[25]

Schiff subestimou os danos ao status da firma. A sociedade ainda teria muitos anos lucrativos pela frente, mas sua longa era de domínio em Wall Street chegava ao fim, e ela não recuperaria a poderosa reputação que detivera no início da guerra.

Se a questão dos empréstimos durante a guerra gerou conflitos na Kuhn Loeb, na Goldman Sachs desencadeou uma crise existencial. Mesmo após o afundamento do *Lusitania*, Henry Goldman continuou dando declarações pró-Alemanha. E enfureceu os sócios ao vetar a participação da firma no empréstimo aos ingleses e franceses, invocando um regulamento da sociedade segundo o qual as decisões de subscrição precisavam ser unânimes. "De modo a oficializar em que pé estávamos", relembrou Walter Sachs, seu pai visitou o Corner para assinar pessoalmente o empréstimo capitaneado pela J. P. Morgan & Co. em seu nome e no de seu irmão, Harry.[26] Sam Sachs — como Otto Kahn e Morti Schiff haviam feito — também visitou Lord Reading para explicar a posição de sua firma.

A situação de Henry Goldman era particularmente embaraçosa devido à estreita relação entre a Goldman Sachs e a Kleinwort Sons, de Londres, que, juntamente com a Lehman Brothers, compunha a parceria de subscrição do Trio. De fato, a firma britânica advertiu a Goldman Sachs de que ela seria incluída em uma lista proibida na Inglaterra. "É natural que difiram as visões e opiniões sobre tais assuntos", escreveu Herman Andreae, da Kleinwort, para Arthur Sachs, "e, de minha parte, sempre trato as opiniões do sr. Goldman com respeito especial. Foi a publicidade dada à questão que nos alarmou. Fico muito feliz que seu pai tenha procurado Reading e não tenho dúvida de que, se nenhuma medida ativa foi tomada, isso se deve às explicações dadas nessa entrevista."[27]

Mas houve consequências. Durante o outono de 1915, o Banco da Inglaterra impediu a Kleinwort Sons de se unir à Goldman Sachs e à Lehman Brothers na IPO da Jewel Tea Company.[28]

No verão seguinte, em julho de 1916, o Ministério do Bloqueio, um dispositivo burocrático que fiscalizava o comércio com os inimigos da Grã-Bretanha, subitamente convocou os representantes da Kleinwort para uma reunião em que, para seu choque, foram confrontados por funcionários britânicos com uma pilha de cabogramas interceptados entre a Goldman Sachs e bancos austríacos e alemães. A correspondência, a Kleinwort relatou mais tarde a sua parceira americana, deixava "muitíssimo claro que os senhores têm realizado operações cambiais de maneira ativa com os países com os quais estamos em guerra. Estamos francamente atônitos com a evidente importância dessas transações". O governo britânico forçou a Kleinwort a encerrar sua conta conjunta com a Goldman Sachs para evitar a possibilidade de que, mesmo indiretamente, a moeda britânica pudesse apoiar operações cambiais estrangeiras com seus inimigos.[29]

Não está claro quanta informação o governo britânico possuía sobre as associações comerciais da Goldman Sachs com as Potências Centrais, mas o Escritório de Investigações, precursor do FBI, mais tarde interceptou uma correspondência sugerindo que os agentes alemães em Nova York viam Henry Goldman como um aliado importante. Na carta, datada de 27 de janeiro de 1917 — pouco mais de dois meses antes de os Estados Unidos entrarem na guerra —, Richard A. Timmerscheidt, um banqueiro nascido na Alemanha que trabalhava clandestinamente com a operação de Heinrich Albert, escrevia para Berlim sobre "nosso amigo Henry Goldman" — um "banqueiro diligente e com grande experiência" que "se mostrou altamente confiável acerca de seus sentimentos".[30] (Em julho de 1917, após ser questionado por agentes federais, Timmerscheidt cortou o pulso com uma lâmina de barbear e se atirou da janela de seu apartamento no nono andar em Central Park South.)[31]

Os arquivos do caso mostram que a denúncia de Henry Goldman ao Escritório de Investigações veio de um membro da Liga de Proteção Americana, uma rede de cidadãos-espiões sancionada pelo governo que caçava simpatizantes alemães e radicais suspeitos: "Ele e a esposa praticamente só socializam com pessoas de opiniões antipatrióticas, e são especialmente amigáveis com certos músicos pró-Alemanha, como Bodanzky" — uma referência a Artur Bodanzky, o maestro vienense que supervisionava o repertório alemão na Metropolitam Opera.[32]

Entre os amigos músicos alemães mais próximos dos Goldman estava a meio-soprano Elena Gerhardt. Quando os Estados Unidos declararam guerra à Alemanha em 6 de abril de 1917, Henry e a esposa Babette estavam em San Francisco com a cantora, que acompanharam pela Costa Oeste em uma série de recitais. A notícia "desceu sobre nós com a imprevisibilidade de uma nuvem tempestuosa", escreveu Gerhardt em suas memórias, recordando que os Goldman estavam "às lágrimas" com a entrada dos Estados Unidos no conflito.[33]

Menos de um ano antes, Woodrow Wilson vencera por pouco a reeleição com o slogan de campanha "Ele nos manteve fora da guerra". Mas agora uma onda de entusiasmo patriótico varria o país à medida que os cidadãos participavam de desfiles do Dia da Lealdade, banqueiros de Wall Street se mobilizavam em torno dos chamados títulos da liberdade e jovens lotavam os postos de recrutamento. "Lembro-me de minha avó Dora [Sachs, filha de Julius e Rosa] contando sobre como várias famílias destruíram suas decorações de Natal alemãs quando os Estados Unidos entraram na Primeira Guerra Mundial em 1917", disse Sir Stephen Barrett, que serviu como embaixador britânico na Tchecoslováquia e na Polônia.[34]

Os sobrinhos de Henry logo se juntaram ao esforço de guerra. As brilhantes filhas de Julius Goldman, Agnes e Hetty, entraram para a Cruz Vermelha. Paul Sachs, considerado muito baixo para o serviço militar, foi enviado à França como médico de combate. Walter Sachs, o sobrinho favorito de Henry, candidatou-se à escola de oficiais, mas foi rejeitado. Ambos os filhos de Henry, Robert e Henry Jr., conhecido como Junie, alistaram-se como oficiais navais.

Entretanto, mesmo quando as famílias Goldman e Sachs se uniram ao resto do país na mobilização para a guerra, as "diatribes" pró-Alemanha de Henry continuaram, recordou Walter Sachs. Ele persistiu até mesmo conforme alienava os que lhe eram mais próximos, inclusive seu velho amigo Philip Lehman. A animosidade aumentou dentro na firma ao longo do verão e do outono de 1917. Por fim, em vez de renunciar a suas opiniões, Goldman se desligou da Goldman Sachs, retirando da sociedade sua substancial contribuição de capital. Ele seria o último Goldman a trabalhar para a firma que o pai fundara quase meio século antes.

Sua saída causou uma amarga divisão entre os membros dos clãs Goldman e Sachs. "Ele e Samuel Sachs jamais voltaram a se falar", escreveu June Breton Fisher, neta de Henry, em sua biografia sobre o avô. "Tampouco Henry e a irmã Louisa, esposa de Sachs." Para piorar a briga, segundo Fisher, Louisa e as cunhadas espalharam boatos de um suposto caso entre a esposa de Henry, Babette, e o irmão mais novo de Sam, Barney, um neurologista do Mount Sinai. "Até dez ou vinte anos atrás", recordou o neto de Henry Goldman, Henry Goldman III, "nunca houve um retrato de Henry Goldman na sede da Goldman Sachs."[35]

O afastamento atravessou gerações, embora nem todos os Goldman e Sachs tenham perdido o contato. Na década de 1880, tanto Julius Goldman como Julius Sachs construíram casas em Keene Valley, na região de High Peaks, nas montanhas Adirondack. Felsenhöh ("alto dos rochedos"), de Goldman, e Waldfried ("paz dos bosques"), de Sachs, foram passadas de geração em geração e continuam sendo refúgios valiosos onde os descendentes das duas famílias até hoje passam férias e fortalecem os laços em torno de sua herança comum.[36] "Ainda há muita ligação entre os vários elementos da família Goldman-Sachs", disse Marcus Moench, neto de Agnes Goldman Sanborn (filha de Julius Goldman). "Já faz muito tempo desde que qualquer um de nós teve alguma ligação com a firma. Mas ainda há um bocado de ligações, muitas delas por causa de Keene Valley, mas não só por isso."[37]

No fim de outubro de 1917, após decidir se separar da sociedade no fim do ano, Goldman informou a Kleinwort Sons sobre sua saída iminente, tentando apresentar a notícia sob a luz mais positiva possível. "Há muitos meses venho pensando em me retirar da vida ativa de negócios", escreveu. "Não simpatizo com muitas tendências que hoje agitam o mundo e atualmente moldam a opinião pública. Além do mais, a guerra mundial afetou profundamente meu ponto de vista sobre as coisas. É desnecessário dizer que me aposento com os melhores sentimentos em relação à firma (e a todos seus membros) com a qual me associei por 35 anos e à qual me dediquei com todas as minhas forças."

Refletindo sobre esses tempos em relação aos quais se sentia agora em total descompasso, Goldman anunciou sua renúncia em papel timbrado da companhia que, com letras vermelhas em relevo, exibia de forma proeminente uma exortação à ajuda no esforço de guerra: "POUPE E SIRVA — COMPRE TÍTULOS DA LIBERDADE!".[38]

24
Terra de heróis

PARA HERBERT LEHMAN, A ENTRADA DOS Estados Unidos na Primeira Guerra Mundial chegou com quase dois anos de atraso. Como muitos outros de sua geração, ele considerou o naufrágio do *Lusitania* uma declaração de guerra e acreditava que o governo Wilson deveria ter respondido na mesma moeda. A ambivalência do presidente o incomodava, mas, como democrata leal, ainda assim ele apoiou a candidatura de Wilson em 1916. Na noite da eleição, Herbert e seu irmão Irving acompanharam angustiados a contagem de votos até as quatro da manhã, na sede nacional do Partido Democrata em Nova York.

Ao contrário de alguns colegas, Herbert não sentia a mínima ligação com a Alemanha. Na verdade, Mayer Lehman instilara nos filhos uma desconfiança permanente do país natal e de sua classe dominante, nascida das traumáticas experiências formativas que o levaram da Baviera para o Sul americano. "Ele odiava a Alemanha", relembrou Herbert.[1]

Ansioso por participar do combate e arrebatado pela fervorosa "prontidão" que tomou conta do país meses antes de os Estados Unidos se juntarem aos Aliados, Herbert marchava toda tarde até Governors Island, onde, junto com outros aspirantes a soldado, treinava com vassouras em lugar de fuzis, atacando caixas de madeira que representavam posições de metralhadora do inimigo.[2] Herbert canalizou grande parte de seu tempo livre restante para o trabalho assistencial judaico. Um dos oficiais mais jovens do Comitê de Distribuição Conjunta, ele atuava como tesoureiro da organização e mediava as brigas entre os grupos judaicos ao lado de Felix Warburg, de quem se recordava como "um homem excepcionalmente bom" e "um dos homens mais benquistos que já vi".[3]

Quando o governo Wilson declarou guerra à Alemanha, Herbert, na época com 39 anos, candidatou-se de imediato ao campo de treinamento de oficiais em Plattsburgh, Nova York. Ele foi admitido, mas, devido à idade, jamais chegou a ser convocado. Impaciente por servir e preocupado que a guerra pudesse terminar antes que tivesse uma oportunidade de tomar parte dela, transferiu suas responsabilidades no Comitê de Distribuição Conjunta para o irmão, Arthur, e mudou-se para Washington, onde conseguiu um posto civil na Marinha supervisionando a compra de tecidos para uniformes, mantas e outros suprimentos militares. Nessa função, serviu sob Franklin Delano Roosevelt, na época secretário-adjunto da Marinha, cuja propensão para tomar medidas arrojadas admirava — "ele não tinha a menor hesitação em resolver as coisas, nem que isso significasse tomar atalhos", disse.

Lehman finalmente foi designado capitão do Exército em agosto de 1917, e recebeu um novo contrato de serviços, embora continuasse a pressionar por uma missão no estrangeiro. Quando surgiu a oportunidade de ser enviado à França como chefe da divisão de guerra química do Exército, pensou ter encontrado sua passagem para a zona de guerra. "Eu era tão qualificado para ser um oficial de guerra química quanto para desenvolver um satélite!", relembrou mais tarde. "Não sabia absolutamente nada sobre o assunto. Mas fiquei feliz de ser convocado." Seu comandante, o general George Goethals, intendente do Exército, revogou a nomeação, alegando que Lehman era indispensável para sua operação. Herbert permaneceu em Washington durante toda a guerra, galgando rapidamente as fileiras militares até chegar a tenente-coronel.

Se por um lado sua atribuição na capital o manteve longe do teatro da guerra, por outro o aproximou mais da política. E, após regressar a Nova York, ele foi cada vez mais ativo no Partido Democrata. Em sua primeira candidatura a um cargo público, em 1928, concorreu a vice-

-governador do estado na mesma chapa do oficial da Marinha avesso à burocracia que conhecera em Washington: Franklin Delano Roosevelt.

James Warburg, filho de Paul, passou a guerra, a exemplo do pai, confinado a contragosto em Washington. Ele também atuaria na política, igualmente ao lado de Franklin Delano Roosevelt, a quem assessorou em questões de política econômica no primeiro ano de seu mandato presidencial.[4]

Dono de uma inteligência afiada, atraente e sofisticado, transbordando de confiança da juventude e com uma índole boêmia, Jimmy escrevia poesia e nutria aspirações acadêmicas, inspirado por seu tio e xará, James Loeb, com quem às vezes se correspondia em latim.[5] Também exsudava ares de importância e possuía a "arrogância típica dos Warburg", afirmou sua neta, a romancista Katharine Weber. "Ele sabia mais do que qualquer um sobre qualquer assunto."[6] Foi essa superconfiança que o levou a romper com Franklin Roosevelt, de cuja política, o New Deal, desdenhou em uma rápida sucessão de quatro livros.

Seguindo uma tradição familiar, Jimmy estudou em Harvard, integrando a turma de 1917. Posteriormente, relembraria o "nítido antissemitismo social" da universidade, o que não o impediu de se dar bem por lá. "Fui convidado a entrar em vários clubes, a despeito de nunca terem aceitado judeus", disse. "Sempre exibi a mesma postura diante de todos eles, a saber: 'Se estiver renegando seu preconceito, tudo bem. Mas, se estiver abrindo uma exceção, então nada feito, não vou ser o judeuzinho de estimação de ninguém'."[7] Em todo caso, sua ligação com o judaísmo era tênue, e, como outros herdeiros de banqueiros judeus, ele lutava por ser aceito no mundo gentio. "Ele tinha esse tipo de apreensão comum aos homens brancos, anglo-saxões e protestantes", disse Weber. "Adorava os enclaves protestantes onde o único judeu permitido era ele, por quase não ser judeu."

Eleito pelos colegas para ser o editor do prestigiado jornal da universidade, o *Crimson*, Jimmy liderou uma campanha editorial pela criação de um regimento de treinamento militar em Harvard. Centenas de alunos, inclusive Jimmy, se inscreveram, e o regimento foi depois incorporado ao novo programa do Corpo de Treinamento de Oficiais da Reserva.[8]

Jimmy inicialmente apoiara a Alemanha. Mas, em Harvard, a atmosfera era decididamente pró-Aliada, e seu ponto de vista começou a mudar. Ele recordou o momento que "cristalizou meu sentimento intervencionista a favor dos Aliados". Um dia, Archie Roosevelt, seu colega de classe na universidade, convidou-o para tomar café da manhã com seu pai. Embora Paul Warburg "detestasse" Teddy Roosevelt, Jimmy o considerava um herói, e foi influenciado pela enérgica denúncia que o ex-presidente fez do "maligno" kaiser e por seu discurso igualmente poderoso sobre a "retidão" da causa Aliada.[9]

O recém-descoberto entusiasmo de Jimmy pelo movimento de "prontidão" — um primeiro passo para travar a guerra contra a Alemanha — o indispôs com o próprio pai, que, devido a suas simpatias alemãs, era enfaticamente favorável à neutralidade. "Essa foi a primeira e única ruptura séria que jamais tive com meu pai, e fiquei bastante preocupado", contou mais tarde.[10]

Jimmy concluiu os estudos em Harvard em três anos, depois passou os seis meses seguintes trabalhando para um dos clientes ferroviários da Kuhn Loeb, como preparativo para uma carreira nas finanças. Ele planejava oficializar a formatura com sua turma de Harvard na primavera de 1917, mas a oportunidade nunca surgiu. Nessa época, os Estados Unidos estavam em guerra.

Determinado a entrar para a recém-criada divisão de aviação da Marinha, ele e um grupo de colegas de Harvard tiraram seus brevês numa escola de voo em Newport News, Virgínia. Antes de se alistar, Jimmy visitou os pais em Washington para informá-los de sua decisão. Eles ficaram em choque com a notícia, e uma discussão "longa e dolorosa" se seguiu. "Meu pai fazia uma distinção clara", ele escreveria mais tarde, "entre cumprir seu dever caso convocado para o serviço militar e voluntariar-se desnecessariamente para o que chamava de 'o horrível negócio de matar pessoas'." Paul objetou também à profissão militar escolhida pelo filho, talvez a mais arriscada de todas — até o treinamento, nesses primeiros tempos da aviação, podia ser fatal.[11]

Nina acabou convencendo o marido a aceitar a decisão do filho, e, sem nem ter completado 21 anos, Jimmy partiu para a base aérea em Hampton Roads, onde realizou seu treinamento para se tornar piloto de caça — e, após escapar por pouco de seu primeiro acidente, contratou uma prostituta a fim de se assegurar de que não morreria virgem.[12]

O primo de Jimmy, Frederick, dois anos atrás dele em Harvard, também não via a hora de participar da ação. Felix se vangloriou a um parente de que o filho havia passado "por diversos campos de treinamento e recebeu notas extraordinariamente boas em Harvard em táticas militares".[13]

Ansioso por mostrar seu patriotismo após a entrada dos Estados Unidos na guerra, Felix formulou um plano para intensificar o recrutamento, que apresentou ao secretário da Marinha, Josephus Daniels.[14] Além disso, doou sua lancha para a "frota de mosquitos" — um grupo de embarcações civis mobilizadas para patrulhar a costa à procura de submarinos alemães. "Pode chamá-la de 'War Bug' [inseto de guerra]", brincou com o representante da Marinha que o visitou para lhe agradecer por sua contribuição.[15] Felix, no entanto — assim como o irmão, Paul —, estava bem menos entusiasmado com a ideia de contribuir com o filho mais velho para o serviço militar, embora resignado com o fato inevitável. Em todo caso, ele advertiu Freddy: "Enquanto não completar 21 anos, você não participará das forças de agressão".[16] Quando Freddy atingiu a maioridade, para alívio de Felix e Frieda, o derramamento de sangue chegara ao fim.

Jimmy Warburg tampouco participou do combate. Enquanto muitos de seus colegas aviadores seguiam para a Europa — vários amigos nunca voltaram —, ele ficou para trás, treinando novos cadetes, sendo em seguida destacado para o departamento de instrumentos de navegação da Marinha, em Washington, em teoria para aperfeiçoar e patentear um novo tipo de bússola de voo que havia desenvolvido na escola de aviação. Por que Jimmy foi impedido de voar enquanto seus compatriotas eram mandados para a guerra? Um motivo talvez fosse o problema de visão que ele tentara esconder da Marinha, mas Jimmy descobriu também que o pai desempenhara um papel importante em seu purgatório em Washington.[17] Paul, como ele descobriria mais tarde, fizera um pedido particular ao secretário Daniels para que o filho não fosse enviado ao estrangeiro, onde, afinal de contas, poderia receber ordens de bombardear seus parentes alemães. "Isso me enfureceu, e por muito tempo foi a única coisa pela qual jamais pude perdoar meu pai inteiramente", contou Jimmy.[18]

Muito magoado com a interferência paterna, a reação de Jimmy, um dia após ter tomado conhecimento do fato, em um ato impulsivo de rebeldia, foi pedir a mão de Katharine "Kay" Swift, uma morena cheia de vida que conhecera no verão de 1917, quando ela se apresentava com seu trio de música clássica em Fontenay, o retiro dos Loeb em Westchester, localizado na extensa propriedade de Felix e Frieda.[19] Paul e Nina gostavam de Kay — uma bela e talentosa pianista e compositora cujo falecido pai fora um renomado crítico musical nova-iorquino —, mas tinham avisado ao filho que ele era novo demais para se comprometer. No fim, acabaram dando suas bênçãos ao casamento, e, se estavam apreensivos por Swift não ser judia, nunca tocaram no assunto. Mas o tio de Jimmy, Jacob Schiff, não pôde deixar de comentar sobre a ascendência da jovem. Ele reagiu à notícia do noivado com um telegrama desdenhoso, desejando "felicidades" ao sobrinho, mas ao mesmo tempo declarando-se "profundamente abalado com sua atitude de se casar com alguém de outra fé em vista do provável efeito sobre minha própria progênie".[20]

Depois da guerra, Jimmy atendeu às expectativas familiares ingressando na carreira bancária. Mas, por influência de Kay, também deu vazão a seu lado artístico e publicou poemas sob o *nom de plume* de Paul James, escrevendo as letras de algumas das canções mais populares da esposa. O casal compôs um musical de enorme sucesso, *Fine and Dandy*. Durante a década de 1920, sua residência na rua 70 Leste foi com frequência palco de ébrias soirées da qual participavam artistas, músicos e figuras da alta sociedade. Jimmy muitas vezes chegava do mundo rigidamente formal de Wall Street para servir de barman em festas improvisadas com uma série de jovens talentos, incluindo o compositor George Gershwin, uma presença constante.

O casamento teve vida curta. Devido em parte às infidelidades de lado a lado, incluindo um longo caso de Swift com Gershwin, o casal acabou se divorciando em Reno, em 1934. O caso da esposa com Gershwin fez Jimmy se sentir humilhado, e sua amargura com a separação durou muito tempo. "Quando falava dela, na intimidade, ele era venenoso", segundo Weber. James Loeb se casou duas outras vezes, tendo o mais novo de seus sete filhos em 1959, aos 63 anos.

Paul Warburg considerava Washington sufocante durante a guerra, mas por motivos diferentes do filho: um homem reservado, sentia-se pouco à vontade vivendo sob o olhar público. Ele e Nina participavam com relutância dos ritos sociais da capital — recepções e visitas formais — e desenvolveram laços íntimos apenas com alguns casais, entre eles Franklin Roosevelt e sua esposa, Eleanor. "Ele é um homem muito bonito, mas tão burro", comentou Nina sobre o futuro presidente.[21]

Embora não apreciasse a vida na capital, Paul adorava o trabalho, mergulhando de corpo e alma na tarefa de construir e melhorar a instituição que ajudara a criar.

A Reserva Federal nasceu em um momento oportuno, entrando em cena (ainda com poderes limitados) para estabilizar o sistema financeiro tumultuado pela guerra e, a partir do momento em que os Estados Unidos entraram no conflito, estimulando a venda de títulos de guerra mediante empréstimos a baixas taxas de juros para os bancos afiliados. Mas a guerra que transformou o Fed em um ator financeiro poderoso infligiu um golpe traumático em seu defensor mais incansável.

Devido a seu histórico pessoal (alemão e judeu) e profissional (Wall Street), uma sombra pairou sobre Paul desde o início. Um deputado democrata do Texas, Joe Eagle, resumiu o sentimento geral em Washington quando, durante uma reunião em 1916, fez lobby junto ao secretário do Tesouro, William McAdoo, contra a promoção de Warburg à presidência do conselho de administração da Reserva Federal: "Pelo amor de Deus, diga ao presidente para não nomear Warburg. Ele é judeu, alemão, banqueiro e estrangeiro".[22] No fim das contas, Wilson o nomeou vice-presidente do Fed, decisão que agastou Warburg, que se acreditava merecedor do cargo máximo.

As autoridades britânicas e francesas viam Warburg com suspeita, e ele não ajudou em nada a dissipá-la ao se associar ao conde Bernstorff, o embaixador alemão. No fim de 1916, quando a Reserva Federal emitiu uma circular advertindo os bancos a não investirem em títulos públicos estrangeiros, o embaixador britânico, perplexo, reuniu-se às pressas com o presidente do conselho de administração do órgão, Charles Hamlin. Cecil Spring Rice (assim como os sócios da J. P. Morgan & Co.) culpou Warburg pela decisão, acusando Paul e a Kuhn Loeb de ajudarem a perpetrar um esquema alemão para secar o financiamento de guerra aos Aliados e dessa forma pressioná-los a participar de negociações de paz mediadas por Wilson. Segundo Hamlin, Spring Rice alegou que seu governo interceptara cartas revelando que "Warburg e a Kuhn, Loeb & Co. conspiravam" nesse sentido.[23]

Por volta dessa época, Hamlin queixou-se de Warburg, com quem vivia batendo de frente, em seu diário: "Embora suas palavras sejam equilibradas, não consigo deixar de sentir que é tão preconceituoso contra os Aliados que fará praticamente qualquer coisa para prejudicá-los", escreveu. Em outra anotação, Hamlin questionou se Warburg votara mesmo pela reeleição de Wilson. "Warburg não demonstrou o menor contentamento com o resultado da eleição — nunca declarou em quem votou. O secretário McAdoo me disse estar convencido de que Warburg votou em [Charles Evans] Hughes, diga ele o que disser."[24]

O papel de Warburg em moldar a política financeira americana levou a momentos constrangedores quando emissários financeiros britânicos e franceses visitaram Washington para se reunir com o governo Wilson no fim de abril de 1917, semanas após os Estados Unidos se unirem oficialmente aos Aliados. Ao receber o diretor do Banco da Inglaterra, McAdoo deixou deliberadamente de convidar Warburg, não querendo se indispor com os britânicos. Durante um almoço oferecido pelo Fed, os representantes franceses ficaram tão ressabiados de revelar alguma informação confidencial na presença de Warburg que evitaram visivelmente o assunto que haviam sido convidados a discutir — o financiamento da guerra.[25]

Na primavera seguinte, com seu mandato de quatro anos chegando ao fim, Warburg pressentiu um conflito iminente relativo a sua renomeação, capitaneado por opositores da Reserva Federal no Congresso e outros que pretendiam usar sua nacionalidade como arma política.

A guerra desencadeara uma onda crescente de nativismo. E, na atmosfera quente do conflito, os defensores da restrição à imigração ganharam terreno, atraíram outros aliados e fizeram uma nova tentativa de impor uma prova de alfabetização como pré-requisito para a admissão de migrantes. A medida, que também incluía novas categorias de indesejáveis proibidos de entrar no país, passou no Congresso no início de 1915, mas foi vetada por Wilson. Uma versão voltou a ser aprovada no ano seguinte, e Wilson tornou a vetá-la. Dessa vez, o Congresso conseguiu derrubar o veto, e a lei anti-imigração passou a vigorar em fevereiro de 1917, dois meses antes de os Estados Unidos entrarem na guerra.

Mas, à medida que a xenofobia se disfarçava de patriotismo, a reação se estendia daqueles que os políticos queriam impedir de entrar para os imigrantes que já viviam nos Estados Unidos. Ela também se voltou contra a ideia de que um genuíno cidadão americano pudesse assumir mais de uma nacionalidade. Theodore Roosevelt, um adversário proeminente do que chamou de "americanismo hifenizado" — para se referir aos americanos fortemente ligados a outra nacionalidade —, resumiu o sentimento em um discurso de 1915: "Não existe esse negócio de um americano hifenizado ser um bom americano. O único americano bom é aquele que é americano e nada mais".[26] Até mesmo Wilson adotou essa posição, declarando que "todo americano hifenizado carrega uma adaga pronta para enfiar nos órgãos vitais da república tão logo esteja preparado". Nesse sentido, sua retórica refletia o clichê da lealdade dividida empregado contra os judeus por séculos, usado por sucessivos impérios e nações para privá-los de direitos humanos e civis, porque, como judeus, eles supostamente tinham conflitos de lealdade que os impediam de servir como súditos ou cidadãos fiéis.

Esse era o clima quando, no fim de maio, Warburg escreveu uma carta a Wilson dando ao presidente uma saída honrosa caso este optasse por não voltar a nomeá-lo.

> Certas pessoas deram início a uma agitação no sentido de que um cidadão naturalizado de origem alemã, tendo parentes próximos proeminentes na vida pública alemã, não deveria ter permissão de ocupar um cargo de grande confiança a serviço dos Estados Unidos. (Tenho dois irmãos na Alemanha que são banqueiros. Hoje, naturalmente, eles servem seu país da melhor forma que podem, assim como eu sirvo o meu.) [...]

> Vivemos tristes tempos. Acarretam-nos a todos tristes deveres, na verdade duplamente difíceis para homens de minha extração. Mas, ainda que, como na Guerra Civil, irmãos devam lutar contra irmãos, cada um deve seguir o caminho reto do dever, e nesse espírito me esforcei para servir durante os quatro anos em que tive o privilégio de ser membro do conselho de administração da Reserva Federal. [...]
> Para minha grande tristeza, senhor presidente, é cada vez mais nítido que, caso o senhor opte por me reconduzir, isso possa dar origem a uma disputa prejudicial que, no interesse do país, desejo de todo modo evitar, uma disputa que provavelmente deixaria um elemento de irritação em muitos cujas dores e ansiedades talvez justifiquem seus sentimentos intensos. Por outro lado, se eu por motivos próprios decidir pela não recondução, isso provavelmente será interpretado por muitos como a admissão de um ponto de vista que, estou certo, o senhor não desejaria sancionar. Nessas circunstâncias, é meu dever afirmar [...] que os interesses do país serão mais bem servidos se meu nome não for considerado pelo senhor no que diz respeito a isso.[27]

Oferecendo-se para se sacrificar pelo bem do país, Warburg ansiava pela garantia de Wilson de que sua continuidade no conselho de administração da Reserva Federal era indispensável. Jacob Schiff o aconselhara a não enviar a carta, afirmando que isso deixaria Paul "numa posição mais desejável".[28] Mas Warburg, apreensivo com o término iminente de seu mandato, não conseguiu se segurar.

Um mês se passou, depois outro. Sua carta permanecia sem resposta, seus temores aumentando. Wilson finalmente respondeu em 9 de agosto — dia em que o mandato de Warburg se encerrava, e por acaso um dia antes de seu aniversário de cinquenta anos. "Sua saída do conselho é uma grave perda para o serviço público", escreveu o presidente. "Consinto com ela apenas por ler nas entrelinhas de sua generosa carta que o senhor ficará muito mais à vontade tendo liberdade para servir de outras maneiras."[29]

Publicamente, Warburg aceitou seu destino com elegância, embora por dentro fosse consumido pela amargura. Logo após a decisão de Wilson, ele se refugiou em Fontenay, longe das expressões de solidariedade que não aguentava escutar. "Meu verdadeiro arrependimento não é por mim, é por nosso trabalho", confidenciou ao amigo Benjamin Strong, chefe do Fed de Nova York. "Não preciso lhe dizer o que penso sobre isso. É um crime desorganizar as coisas num momento como esse. Não consigo suportar a ideia de que esse trabalho, que tem sido parte da minha vida, será algo separado de mim no futuro. [...] É péssimo para o país que boas obras sofram tamanha interferência. Não tenho dúvida de que eu poderia ter sido facilmente confirmado."[30]

Warburg escreveria mais tarde que "não foi — como em geral se presumiu — a naturalidade alemã" que pôs fim a sua carreira na Reserva Federal, mas seus inimigos políticos — como o senador Robert Owen, democrata de Oklahoma que redigiu a versão do Senado da Lei da Reserva Federal —, que planejaram utilizá-la como pretexto para afastá-lo da função.[31] Na verdade, seu substituto, Albert Strauss, compartilhava de sua origem em muitos aspectos. Embora nascido em Nova York, Strauss tinha ascendência judaico-alemã e também fora sócio de uma firma de ponta em Wall Street, a J. & W. Seligman & Co.

Com a súbita interrupção de sua permanência no cargo, Warburg ponderou sobre os próximos passos a dar, viajando com Nina para o lago Tahoe, passando pelo lado canadense das montanhas Rochosas, a fim de desanuviar a mente. "Quanto a voltar a 'viver para ganhar dinheiro', cá entre mim, você e os anjos, isso não me atrai de forma alguma", afirmou a Strong sobre seus planos futuros.[32] Ele acabou decidindo escrever uma história da reforma bancária nos Estados Unidos — que viria a se tornar seu tratado em dois volumes sobre as origens do Fed. Ainda assim, lamentou a Edward House: "É uma pena escrever sobre a história nesse momento, quando é tão mais gratificante para uma pessoa assumir sua parte em fazê-la".[33]

No entanto, Warburg se sentiu na obrigação de deixar claro seu lugar nos eventos históricos, especialmente quando outros, incluindo Carter Glass, que sucederia McAdoo como secretário do Tesouro, apresentavam-se como os verdadeiros pais do Sistema da Reserva Federal. "Meu pai foi um homem muito tranquilo, e quem não o conhecia bem dizia que muito modesto, o que não era exatamente verdade", recordou Jimmy Warburg. "Ele era bastante reservado e sensível — não imodesto no sentido de vaidoso —, mas sem dúvida desejava reconhecimento pelo que fazia, e raramente o conseguia, por conta de sua reserva." A ideia de não apenas ser impedido de realizar o trabalho de sua vida, mas também a de que participantes menores da reforma financeira tentassem capitalizar com suas realizações, era algo que o atormentava. "Outra pessoa teria se imposto ou deixado o assunto de lado", disse Jimmy. "Ele não conseguia fazer nem uma coisa nem outra."[34]

Os demais sócios de Felix e da Kuhn Loeb esperavam convencer Paul a voltar à empresa. "Afirmo com toda sinceridade e franqueza que farei de bom grado e de corpo e alma tudo que estiver a meu alcance para tornar o número 52 da William Street atraente e compreensivo — e o sujeito instalado na janela oeste, tranquilizador e palatável para você", escreveu Kahn, endereçando sua carta a "Paulus".[35] Mas Paul rejeitou a oferta. "Durante os onze anos em que foi sócio da Kuhn, Loeb & Co., creio que ele teve mais preocupações do que satisfações", escreveria Jimmy mais tarde.[36] De todo modo, a guerra praticamente paralisara as atividades de sua antiga firma.[37] "Nenhum negócio é realizado por lá, a não ser o financiamento dos empréstimos do governo, que de tempos em tempos nos dá algo para fazer", Schiff disse a um amigo, o banqueiro londrino Max Bonn.[38]

Sem dúvida suscetível às acusações de que Wall Street procurava lucrar com o conflito, Schiff declarou em um discurso que "ninguém deveria procurar aumentar sua fortuna pessoal em tempos de guerra. O dever de todo americano neste momento é dedicar seu pensamento e empenho inteiramente às necessidades do governo e daqueles a quem a guerra levou sofrimento".[39] Otto Kahn, nesse meio-tempo, anunciou que, enquanto durasse o conflito, doaria sua renda anual, tirando as despesas básicas e os impostos, para "fins de caridade e guerra".[40] (Não se mencionou a grandiosa escala em que viviam Kahn e sua família, tampouco que ele estava construindo uma propriedade de quase 10 mil metros quadrados, o castelo Oheka, na costa norte de Long Island.)

Quando novas oportunidades de financiamento surgiam, o sócio sênior da Kuhn Loeb normalmente as recusava, a menos que o negócio servisse a um propósito patriótico mais amplo.[41] Junto com Jack Morgan, George Baker, do First National Bank, e outras eminências de Wall Street, Schiff atuou em um Comitê de Títulos da Liberdade incumbido de comercializar títulos do governo em Nova York. Ele marchava em desfiles e discursava com frequência, exortando o público a adquirir títulos de guerra. Sua posição sobre o conflito, nesse momento, mudara 180 graus. Tanto em público como na intimidade, sua opinião era que os Aliados deveriam não só sair vitoriosos, como também desmantelar o aparato militar alemão.

Falando em um comício na escadaria da Subtesouraria de Nova York, um imponente edifício em estilo neoclássico localizado diante dos escritórios da J. P. Morgan & Co., Schiff clamou pela "completa destruição do poderio militar prussiano, que constitui uma ameaça constante à liberdade e à paz das nações de todo o mundo". Ele associou a Grande Guerra às batalhas do passado que haviam forjado a identidade única dos Estados Unidos — "A causa pela qual lutamos é a mesma pela qual batalharam nossos ancestrais em Lexington, em 1776, nossos pais em Bull Run e Gettysburg e ao longo de toda a Guerra Civil" — e afirmou que nenhum preço, fosse em sangue ou dinheiro, era alto demais quando se tratava de defender os princípios fundadores da nação: "Pode ser que esta guerra dure tanto que nos deixe empobrecidos, tanto em termos de recursos materiais como, o que seria pior, em termos de nossos jovens. Mas que assim seja, se necessário: será melhor sacrificarmos tudo em prol da vitória".[42]

Schiff se atirou no trabalho patriótico com o vigor de um homem que vira suas lealdades serem questionadas, apesar de seus cinquenta anos de cidadania americana. Sua origem judaico-alemã o fazia se dedicar com afinco redobrado para encarnar o modelo de cidadão ideal, que colocava a identidade americana acima de tudo. E seu americanismo ficou cada vez mais pronunciado: ele chegou a se juntar a Roosevelt e Wilson em sua cruzada contra o tão temido elemento estrangeiro. "Deus nos livre de permitir que um hífen seja colocado entre 'judeu' e 'americano'", disse.[43]

A guerra continuou a alimentar o nativismo — com suas variedades inerentes de antissemitismo. Schiff percebia o medonho espectro a toda sua volta. Certo dia, um telegrama assinado por um banqueiro de Massachusetts chamado C. W. Taintor chegou aos escritórios da Kuhn Loeb. Estava endereçado "ao sr. Jacob Schiff, diretor da Kuhn, Loeb & Co., cambista, Shylock, Polônio, agente alemão, chefe da camarilha de podridão que por ora mantém americanos sórdidos em sujeição servil".[44]

Ainda mais preocupante para Schiff e seus aliados eram os indícios de discriminação oficial. Por um decreto do Departamento de Estado, a Cruz Vermelha — da qual Schiff era um benfeitor de longa data, tendo atuado como tesoureiro de uma de suas unidades em Nova York — proibia cidadãos americanos naturalizados de origens alemã e austríaca de trabalhar em seus hospitais europeus. Após protestos de Schiff (que escreveu diretamente ao secretário de Estado) e outros, a ordem acabou sendo revogada.[45] O Comitê Judaico Americano e outros grupos judaicos também objetaram vigorosamente quando souberam que um manual do Exército, utilizado pelas juntas médicas que examinavam os recrutas, trazia a seguinte passagem: "Aquele nascido no estrangeiro, sobretudo o judeu, tem maior propensão à indolência do que o natural do país".[46]

Schiff acreditava que os judeus só poderiam derrubar os estereótipos antissemitas tornando-se exemplos de patriotismo e lealdade americanos. Em 1917, discursando para uma multidão de milhares de pessoas em um comício organizado pela Liga Judaica de Patriotas Americanos, entidade formada pelo advogado Samuel Untermyer, Schiff exortou os jovens de sua fé a não só se voluntariarem para o serviço militar como também a procurarem um posto na frente de batalha.[47] Ao mesmo tempo, foi contrário ao plano da liga de recrutar um ou mais regimentos exclusivamente judeus, argumentando que isso promovia percepções do separatismo judeu.[48]

Devido a sua estatura e conexões, Schiff muitas vezes recebia pedidos de cartas de recomendação em nome de rapazes que buscavam postos militares — e costumava atendê-los. Philip Lehman procurou a ajuda de Schiff para transferir o filho Bobbie, um oficial júnior na reserva do Exército, para o serviço ativo.[49] (Bobbie, que sucederia seu pai no comando da Lehman Brothers, foi mobilizado na França como capitão de uma unidade de artilharia.) Julius Goldman pediu a Schiff que recomendasse seu sobrinho, Henry Jr., ao Corpo de Aviação. (De forma reveladora, esse pedido não partiu de Henry Sr.; o jovem Goldman serviria como tenente da Marinha.)[50]

O próprio filho de Schiff buscava um posto militar com desespero cada vez maior, à medida que via amigos e colegas partirem para Washington ou serem enviados à zona de guerra. Sua falta de êxito constrangia tanto o pai como o filho, sobretudo porque eles haviam sondado contatos empresariais e políticos de alto escalão por um lugar no Exército para Morti, tendo chegado inclusive a procurar dois dos assessores mais próximos de Wilson — Edward House e o secretário McAdoo, genro do presidente. "Estou certo de que o senhor compreende inteiramente minha ansiedade em ver atendido pelo governo o sincero desejo de meu filho de se mostrar útil ao país da melhor forma possível", Schiff escreveu a McAdoo. "Na realidade, o fato de que, por alguma razão insondável tanto para ele como para mim, isso não tenha sido ainda feito, não obstante todos os esforços empreendidos por meu filho ao longo dos últimos meses, é motivo de grande desânimo para ele e de desolação para nós dois."[51]

"Ficarei muito feliz em ajudá-lo como puder", McAdoo assegurou a Schiff, mas a posição, militar ou civil, jamais se concretizou.[52] (Morti teria de esperar mais de uma década pela tão almejada nomeação militar. Em 1929, o presidente Herbert Hoover o designou major na divisão de inteligência da reserva do Exército.)[53]

Sem um posto militar, Morti se ocupou com o trabalho voluntário. Serviu como suplente no Comitê de Títulos da Liberdade, ajudou na campanha de selos de poupança de guerra do Departamento do Tesouro e sucedeu o pai como membro da Comissão Federal do Leite, organizada para controlar os preços dos laticínios. Além disso, como vice-presidente dos recém-criados Boy Scouts of America [Escoteiros dos Estados Unidos] — tanto ele como o filho John seriam futuros presidentes da organização —, ajudou a mobilizar quase 400 mil jovens para o esforço de guerra. Os escoteiros venderam centenas de milhões de dólares em títulos de guerra e selos de poupança, plantaram "hortas de guerra" para alimentar as tropas e se voluntariaram para vigiar ataques aéreos. Parte do objetivo da organização era preparar meninos às portas da maturidade para trocar de uniforme quando chegasse o momento.

Uma das principais investidas de Morti no serviço filantrópico foi o Conselho Judaico de Bem-Estar Social, formado em 1917 para oferecer assistência religiosa e social e lazer aos marinheiros e soldados da nação. Fundada com a ajuda de uma campanha de arrecadação de 1 milhão de dólares promovida por Jacob Schiff, a organização, que atendia militares americanos de todas as fés, marcou presença em centenas de destacamentos por todo o país, e também na Europa. O conselho empreendeu uma ampla gama de iniciativas, desde recrutar e selecionar capelães judeus para o Exército e organizar serviços religiosos a dar aulas de inglês para soldados imigrantes e patrocinar shows e noites de cinema. A organização distribuiu 6,4 milhões de folhas de papel de carta, 370 mil maços de cigarro, 155 mil revistas e 100 mil livros. Durante a Páscoa, mandou 136 mil quilos de matzá para a Europa.[54]

Morti, trabalhando ao lado de Walter Sachs e Irving Lehman no comitê executivo da secretaria, uniu seus esforços aos de outras organizações que ofereciam serviços parecidos em campos militares, entre as quais a Associação Hebraica de Moços, o Exército da Salvação e os Cavaleiros de Colombo — tarefa não menos enlouquecedora do que sincronizar os contingentes em desacordo dentro do Comitê de Distribuição Conjunta. Não obstante, como vice-presidente da Campanha Unida do Trabalho de Guerra, Morti liderou um esforço coordenado do Conselho Judaico de Bem-Estar Social e de seis outros grupos filantrópicos responsável por levantar cerca de 200 milhões de dólares para as tropas americanas.

Seu tempo era consumido de tal forma pelas arrecadações de fundos e discursos, ele afirmou à unidade da Associação Hebraica de Moços na Filadélfia, que não tinha mais tempo de preparar observações quando ia falar. "Estou envolvido em uma série de empreendimentos de bem-estar social", gracejou, "e por acaso finjo ser um homem de negócios."[55]

No outono de 1917, a família Schiff sofreu sua primeira baixa na guerra quando um primo britânico de Morti, filho único do falecido irmão de Jacob, Hermann, desapareceu em combate na França. O soldado, também chamado Mortimer, fora visto pela última vez atacando as trincheiras alemãs. Ele escrevera pouco tempo antes para Jacob anunciando sua promoção a capitão e dando uma ideia da experiência no front: "Só alguém que tenha estado lá pode imaginar a assustadora e desenfreada destruição do interior francês".[56] O capitão Schiff foi posteriormente declarado morto.

Dias após o desaparecimento em batalha do sobrinho de Schiff, uma nova tragédia familiar sobreveio. Durante seu costumeiro passeio matinal em sua casa de campo em Irvington, Ike Seligman caiu do cavalo e fraturou o crânio. Foi encontrado inconsciente e levado às pressas para o Hospital Mount Sinai. Barney Sachs, o irmão neurologista de Sam, permaneceu na sala de operações enquanto um colega realizava uma cirurgia emergencial. Mas Seligman não recuperou a consciência.[57]

Jacob Schiff tinha uma relação próxima com o cunhado. Apenas semanas antes, eles haviam caminhado juntos pelos bosques de Mount Desert Island.[58] Agora, ele estava diante do caixão de Ike, junto com Paul e Nina Warburg e outros membros próximos da família, enquanto Felix Adler, da Sociedade de Cultura Ética, enaltecia em seu discurso fúnebre a "equanimidade" e o "amor pelos seres humanos" de Seligman.[59]

"Éramos todos profundamente afeiçoados a esse esplêndido homem", lamentou Schiff, após o serviço, "cujo único propósito na vida era amar e servir ao próximo, e que não deixou para trás senão amigos."[60]

Mas Seligman também havia deixado para trás dívidas significativas; ao morrer, devia 600 mil dólares ao irmão da esposa, James Loeb.[61] Era um sinal do que fora um segredo aberto entre amigos e familiares: que a J. & W. Seligman & Co. se encontrava em precária situação financeira. No ano anterior, quando a firma de Ike liderara um consórcio para subscrever ações da Cuba Cane Sugar Corporation, Felix Warburg escreveu para Loeb, observando que "pela primeira vez em muito tempo" os Seligman "faturaram um bom dinheiro". E acrescentou: "Deixo a seu critério, com base nisso, insinuar o pagamento de alguns empréstimos".[62] Mas, por ocasião da morte de Ike, poucas dessas dívidas haviam sido pagas.

A sorte da J. & W. Seligman & Co. declinara constantemente desde o pânico de 1907. Com a firma já debilitada, a Primeira Guerra Mundial representava uma ameaça nova e alarmante.[63] A filial dos irmãos Seligman em Frankfurt, a Seligman & Stettheimer, havia fechado em

1900, quando Henry Seligman se aposentou para se dedicar a obras de caridade, mas membros da família continuaram a operar as sociedades de Londres e Paris. Com a morte de William Seligman, em 1910, aos 88 anos, a Seligman Frères & Cie. passou à liderança de seu filho, David W. A sociedade de Paris havia realizado vultosos empréstimos a Berlim, Petrogrado e Viena, correndo perigo financeiro imediato quando a guerra teve início e a empresa foi incapaz de cobrar as dívidas pendentes. Ike era um dos sócios no negócio francês e passou "dias pavorosos" em Paris tentando salvar a empresa do colapso após a declaração de guerra alemã — derrocada que, por sua vez, poderia derrubar o crédito das firmas de Nova York e Londres, devido à ligação entre as três.[64]

Ike precisava deixar a sociedade de Paris — e rápido. No outono de 1914, ele fechou um acordo com David W., que viera a Nova York em busca de um resgate, que lhe permitiria se livrar da firma em troca de um adiantamento de milhões de francos à Seligman Frères, para que sobrevivesse à crise. Não querendo assustar os clientes da firma de Paris, Ike disse ao primo Charles, um sócio na operação de Londres: "Vamos dizer que minha aposentadoria da S. F. & Co. se deve ao fato de que somos uma firma neutra e não desejamos nos envolver em quaisquer eventualidades etc.".[65]

Mas Ike apenas trocou um problema por outro. Alavancar a firma de Paris drenou os recursos da J. & W. Seligman e forçou-a a perder outras oportunidades de negócio. A frustração de Ike se transformou em raiva quando ele ficou sabendo que David W. havia feito investimentos arriscados com fundos que a J. & W. Seligman & Co. emprestara à filial de Paris. A certa altura, ele ameaçou dar as costas completamente à Seligman Frères e abandoná-la à própria sorte.[66] Eram preocupações como essas que Ike tinha na cabeça quando caiu do cavalo.

A periclitante sociedade de Paris sobreviveu a Ike Seligman, embora apenas por alguns anos. Em 1921, a firma se dissolvera, num processo arrastado e complicado pelo Escritório de Tutela da Propriedade Estrangeira do governo americano, que durante a guerra confiscou os ativos de indivíduos e entidades considerados inimigos dos Estados Unidos, incluindo alguns devedores da Seligman Frères. O mesmo órgão, administrado inicialmente por A. Mitchell Palmer (que se tornaria procurador-geral dos Estados Unidos em 1919), também enredou as dívidas de Seligman a James Loeb em anos de burocracia. Embora fosse cidadão americano, Loeb residia agora na Alemanha (e passava por outra prolongada crise nervosa, exacerbada pela guerra). Palmer, "após uma investigação", o rotulou como inimigo, e seu escritório confiscou os ativos americanos de Loeb, inclusive as notas promissórias do falecido Ike Seligman.[67]

Embora não partilhasse das rígidas convicções religiosas de Schiff, Seligman e o cunhado eram espíritos afins na filantropia e colaboradores frequentes na busca por melhorar a vida do povo judeu, particularmente os que viviam na Rússia. Ele estivera ao lado de Schiff em Portsmouth, onde haviam pressionado Sergei Witte pela forma como o regime russo tratava seus irmãos. E, como Schiff, Seligman era um antigo membro dos Amigos da Liberdade Russa, que desejavam a remoção do tsar. Juntos, eles haviam celebrado a queda do império dos Romanov.

Mas, nos últimos meses da vida de Seligman, ficou claro que os problemas da Rússia estavam longe de terminar, à medida que o Partido Bolchevique de Vladímir Lênin ganhava projeção. A morte de Ike ocorreu no limiar de uma convulsão social e de um período de grande esperança e extraordinário perigo para os judeus. O ano de 1917 moldou uma época — a entrada dos Estados Unidos na guerra marcou um ponto de inflexão no conflito, que já se estendia por quase três anos, o movimento de sufrágio feminino se aproximava de uma vitória e a política imigratória do país enveredou abruptamente pela exclusão — e terminou como começou, com eventos que mudaram drasticamente a história moderna dos judeus. No início desse ano, a Revolução Russa libertou de um regime opressivo e autocrático aquela que na época era a maior população judaica do mundo. E houve outro acontecimento monumental no fim de 1917, quando o governo britânico, em um pronunciamento de 67 palavras, viabilizou de repente o sonho sionista febril de uma pátria judaica na Palestina. A mensagem apareceu em uma breve carta de 2 de novembro do secretário das Relações Exteriores, Arthur Balfour, para o barão Lionel Walter Rothschild, um líder proeminente da comunidade judaica britânica. Ela dizia:

O governo de Sua Majestade vê com bons olhos o estabelecimento na Palestina de um lar nacional para o povo judeu, e se empenhará ao máximo em facilitar a conquista desse objetivo, ficando claramente entendido que nada deve ser feito para prejudicar os direitos civis e religiosos das comunidades não judaicas da Palestina, tampouco os direitos e o status político usufruídos pelos judeus em qualquer outro país.

A Declaração de Balfour resultou de meses de conversas entre líderes sionistas e autoridades britânicas, tendo sido negociada num momento em que a revolução pusera em dúvida o futuro da Rússia na guerra mundial (os bolcheviques de Lênin protestavam por uma retirada imediata) e em que, após entrar formalmente no conflito, a extensão do comprometimento do governo Wilson permanecia incerta. (As forças expedicionárias americanas não lutaram na linha de frente até outubro de 1917; apenas em 3 de novembro, coincidentemente um dia após Balfour escrever para Rothschild, os Estados Unidos sofreram suas primeiras baixas em combate.) Tendo em vista essas preocupantes circunstâncias, os britânicos esperavam fortalecer a determinação dos governos russo e americano ao alavancar o apoio das populações judaicas em ambos os países.

Nem bem a Declaração de Balfour foi divulgada, a Revolução Russa entrou numa perturbadora nova fase. Em 7 de novembro de 1917, um golpe bolchevique tomou o poder do governo provisório. Lênin não tardou a retirar a Rússia da guerra, como havia prometido, e Liev Trótski, nomeado primeiro comissário de Relações Exteriores do regime, encarregou-se das conversações de paz com as Potências Centrais. A Rússia acabou por deixar o conflito, conforme era dominada por uma sangrenta guerra civil que levou ao surgimento da União Soviética e ao estabelecimento de uma série de Estados soberanos em um território previamente sob o controle do tsar.

A Declaração de Balfour veio no momento em que as forças expedicionárias egípcias, lideradas pelos britânicos sob o comando do general Edmund Allenby, lutavam contra as tropas otomanas pelo controle do sul da Palestina, onde os dois lados haviam combatido até chegar a um impasse. Conhecido como "o Touro" por seu temperamento e poderosa constituição física, Allenby comandara uma divisão de cavalaria na França antes de voltar a ser designado para o teatro de operações no Oriente Médio. Tendo perdido pouco tempo antes o filho único, em combate na Frente Oriental, ele canalizou o luto numa investida implacável sobre Jerusalém. No fim de novembro, as tropas de Allenby haviam dispersado as forças otomanas, que batiam em retirada para as colinas da Judeia, nos arredores da cidade, e agora avançavam de modo inexorável.

Jerusalém prestes a cair sob controle britânico, São Petersburgo mergulhada na turbulência política — era esse o desconcertante estado do mundo em 28 de novembro, quando o Dia da Assistência Judaica teve início no Hero Land, um bazar e desfile patriótico realizados ao longo de quase três semanas no Grand Central Palace, o vasto salão de exposições no centro de Manhattan. O Hero Land — do qual participaram dezenas de grupos assistenciais — apresentou elaboradas recriações de cenas da guerra: as ruas de Bagdá, um salão de baile em Versalhes, um segmento do sistema de trincheiras de Hindenburg. As atrações também incluíam um submarino alemão capturado.[68]

O Comitê de Distribuição Conjunta adotou um tema colonial, intitulando sua exposição de "Old Bowling Green" [antigo boliche de grama]. Therese Schiff chefiou o comitê de entretenimento do Hero Land, e no Dia da Assistência Judaica organizou uma programação que incluía matinês de Harry Houdini e Irving Berlin e um espetáculo noturno intitulado *Na estrada para a vitória*, com mais de trezentos artistas.[69]

O governo britânico despachou um general para falar perante a multidão do Hero Land. Após ler uma mensagem de felicitações de Lord Reading ("também um judeu"), ele declarou: "A raça judaica encontrou na Grã-Bretanha um país onde os judeus podem usufruir dos privilégios da cidadania e da liberdade pelos quais as nações aliadas ora combatem. Os judeus se mostraram dignos dessa liberdade. [...] O mundo sabe que os Estados Unidos são recompensados pelo mesmo espírito de lealdade, devoção e patriotismo que a Grã-Bretanha recebeu da raça judaica".[70]

Em 11 de dezembro, um dia antes do encerramento do Hero Land, o general Allenby apeou de seu cavalo diante do Portão de Jafa, em

Jerusalém, e entrou a pé, um gesto de respeito com o povo da cidade santa e o início de um novo e tumultuado capítulo para os judeus.

Não muito depois de Jerusalém ter caído sob controle britânico, a filha mais nova de Julius Goldman, Agnes, uma bacteriologista de trinta anos, foi enviada à cidade a serviço da Cruz Vermelha. Em um complexo de antigas construções com tetos abobadados e corredores intermináveis, ela ajudou a montar um laboratório e uma clínica para tratar refugiados e os próprios funcionários da Cruz Vermelha vitimados pela malária. Como muitos em seu abastado círculo social de judeus alemães, Agnes se opunha ao sionismo. Mas, após conhecer os assentamentos judaicos na Palestina, confidenciou ao pai em uma carta: "Eu estaria sacrificando a franqueza em nome de parecer coerente se me declarasse totalmente indiferente ao que vi. [...] Afinal, é impossível negar a evidência diante dos próprios olhos, e, quando vemos o solo recalcitrante dar frutos em resposta aos esforços de um punhado de entusiastas, não temos como negar o impulso que os trouxe aqui".[71]

O apoio britânico a uma pátria judaica, combinado aos acontecimentos do ano anterior na Rússia, levou muitos judeus a repensar o sionismo. De forma um tanto surpreendente, considerando as amargas disputas travadas com seus críticos sionistas, isso incluía Jacob Schiff.

A mudança de posição de Schiff ficou evidente em abril de 1917. Animado com os eventos na Rússia, mas preocupado com a erosão das tradições e ensinamentos judaicos ali e em outras partes do mundo, ele anunciou num discurso sua conclusão de que "o povo judeu deveria finalmente ter uma pátria própria". Os sionistas aproveitaram essa declaração para alardear sua conversão à causa, mas ignoraram uma importante ressalva feita na frase seguinte: "Não quero dizer com isso que deva existir uma nação judaica".[72] Schiff permaneceu firmemente contrário ao sionismo político e à criação de um Estado judeu, que personificavam exatamente o tipo de nacionalismo que considerava tão perigoso. Ele apoiava o estabelecimento de um centro cultural e religioso judaico na Palestina, sendo o território em si governado como protetorado de outra nação, talvez a Grã-Bretanha.

Durante grande parte de 1917, Schiff se envolveu em uma delicada dança com autoridades e intermediários sionistas. Os sionistas esperavam conseguir o apoio daquele que era considerado por todos o principal líder judeu do país. Schiff buscava uma via para a unidade judaica.

As conversas de Schiff com líderes sionistas, incluindo Louis Brandeis, intensificaram-se no outono de 1917, a ponto de Schiff elaborar uma carta, a ser divulgada pela Organização Sionista dos Estados Unidos, que "precisa fazer parte da minha 'conversão'". Datada de 3 de dezembro, a missiva — cujos rascunhos iniciais passaram pelas mãos de Julian Mack, um juiz federal prestes a assumir a presidência da organização — explicava que sua "briga nunca fora com o sionismo em si, mas, como já observei, com o chamado nacionalismo judaico: a tentativa de restabelecer na Palestina uma nação judaica independente não com o propósito de perpetuar o povo judeu como portadores de sua religião, mas devido primordialmente a motivações e aspirações políticas". Ele afirmou também não ver "com entusiasmo um reassentamento judaico da Palestina se nessa empreitada a motivação religiosa for relegada a segundo plano".[73]

Quando sete semanas se passaram sem que sua carta fosse divulgada pelos sionistas, o banqueiro indignado retirou a oferta de entrar para o movimento. "Devo permanecer no limiar", Schiff escreveu a Mack, que afirmou que suas conversas haviam se dado em caráter "extraoficial".[74] Apesar dos contínuos esforços para convencer Schiff a "pagar o shekel" — a taxa simbólica que formalizaria sua filiação ao sionismo —, o banqueiro manteve sua posição independente.

Na primavera de 1918, enquanto Julian Mack seguia cortejando Schiff, Louis Brandeis entrou em contato com Otto Kahn após a leitura de *Right Above Race* [Direito acima da raça], uma coleção de ensaios que o banqueiro havia publicado recentemente. No prefácio, Teddy Roosevelt chamou o livro, adaptado dos discursos de Kahn, de "um apelo admirável ao americanismo".

"Talvez o senhor se interesse pelo texto sobre 'americanização', em que tentei desenvolver a ideia de 'direito acima da raça', a ideia que me conduziu — e, assim espero, possa um dia conduzi-lo — ao sionismo", escreveu o juiz da Suprema Corte.[75]

Brandeis era um líder improvável. Judeu secular e reformista social proeminente, fora criado sem treinamento religioso formal e abraçara o sionismo apenas mais tarde na vida. Estava com quase 58 anos quando, em agosto de 1914, aceitou a presidência do Comitê Executivo Provisório para Assuntos Sionistas Gerais. "Sou muito ignorante das coisas judaicas", admitiu na época, explicando que sua justificativa para aceitar o cargo foi perceber que os ideais judaicos eram os mesmos "que nós do século XX procuramos desenvolver em nossa luta por justiça e democracia". Conforme a guerra levava o caos ao berço da comunidade judaica internacional, Brandeis acreditava que era imperativo preservar o povo judeu e que "temos o dever de buscar o método de salvação que mais prometa sucesso". Enquanto críticos do sionismo (incluindo Schiff) afirmavam que seus objetivos nacionalistas eram inconsistentes com o americanismo, Brandeis argumentava que o "espírito judeu" era "essencialmente americano" e que procurar fortalecer esses valores era a expressão máxima de patriotismo.[76]

Kahn não se convenceu, respondendo a Brandeis: "Receio ter de confessar que ainda não encontrei o caminho para o sionismo; talvez, para ser franco, porque até agora não empreendi uma tentativa séria de descobri-lo". E tampouco o faria.[77]

Kahn, como Brandeis, vinha de uma criação não religiosa. De tão tênue seu judaísmo, alguns contemporâneos gracejavam que ele era "a folha de rosto entre o Antigo e o Novo Testamento". Não que tivesse vergonha de ser judeu, mas achava que isso era limitante. Ele e a esposa, Addie, costumavam evitar os ambientes judaico-alemães por onde circulavam famílias como os Schiff, receando ficar segregados e se alienar (ainda mais) do *beau monde* nova-iorquino. Os Kahn batizaram seus quatro filhos na Igreja episcopal para poupá-los do ostracismo. Rumores de que o próprio Otto se convertera persistiram por anos. Ele nunca fez isso — e sempre corrigiu esse equívoco quando questionado —, embora, durante toda a vida, tenha considerado a possibilidade.[78] No fim das contas, mostrou-se tão capaz de aceitar formalmente o cristianismo quanto Schiff de adotar o sionismo.

Kahn ganhara a reputação de ser um filantropo generoso, e, embora contribuísse para as causas judaicas (e cristãs), sua paixão primordial eram as artes, em particular a Metropolitan Opera. Em 1903, Jacob Schiff recusara uma oferta para fazer parte de sua diretoria, recomendando Kahn em seu lugar. Kahn logo chegou à presidência, ajudando a modernizar a companhia e a consolidar sua condição como instituição icônica de Nova York.

A guerra trouxe novos desafios a seu papel na Metropolitan Opera. Em 1914, ele contratou o renomado Ballets Russes, que desembarcou em Nova York no início do ano seguinte sem sua estrela, Vaslav Nijinski, que cumpria prisão domiciliar em Budapeste como inimigo estrangeiro. Para salvar o espetáculo, Kahn procurou seus contatos diplomáticos, inclusive o secretário de Estado, para tentar trazer o bailarino. Quando Nijinski finalmente foi liberado, Kahn enfrentou uma cômica série de obstáculos (incluindo pagar as dívidas de Nijinski) para enfim levá-lo ao palco da Metropolitan Opera.[79]

Depois que os Estados Unidos se juntaram ao conflito, Kahn e sua diretoria precisaram decidir se a companhia deveria continuar apresentando óperas alemãs, incluindo as já agendadas para a temporada de outono. A questão se tornou internamente tão divisiva que Kahn buscou se aconselhar com a maior autoridade da nação — o próprio presidente Wilson.[80] Alguns membros da diretoria, ele disse ao presidente, achavam que apresentações de artistas alemães poderiam "ofender [...] o patriotismo dos americanos", enquanto outros argumentavam que "a bandeira da arte deve ser neutra". No fim, a Metropolitan Opera de Kahn decidiu apresentar as obras alemãs em tradução, incluindo o *Parsifal* de Wagner. Um purista, Kahn superou essa ofensa a suas sensibilidades artísticas em nome do patriotismo americano.[81]

Após hesitar por anos, Kahn acolheu a cidadania americana em fevereiro de 1917, dois meses antes da declaração de guerra do governo Wilson. Desde o início do conflito, jamais titubeou em seu apoio aos Aliados. Mas, como americano recém-naturalizado e com as discordâncias internas devido à guerra não mais paralisando a Kuhn Loeb, ele finalmente se sentiu livre para ser mais veemente. "Há muito tinha o anseio de expressar publicamente meu ódio e minha repulsa pelo prussianismo, bem como minha lealdade irrestrita à causa Aliada, mas, enquanto não fosse americano, naturalmente precisava me calar, ao menos no que dizia respeito à divulgação para o público", Kahn disse ao amigo Lord Beaverbrook, o magnata da imprensa britânico.[82]

Kahn fez mais do que meramente se manifestar. Assumindo o papel de porta-voz patriótico extraoficial, sua pena e sua voz se fizeram onipresentes conforme percorria o país atacando o que chamou de "transmutação sinistra" do prussianismo e denunciando a "casta governante" por instilar "na nação a obsessão demoníaca do culto ao poder e da dominação mundial".[83] Nesse meio-tempo, publicou uma série de artigos e panfletos, com títulos como "O crescimento venenoso do prussianismo". Muitas vezes, dirigiu seus comentários diretamente aos americanos de origem alemã, exortando-os a se juntarem a ele na condenação do "crescimento maligno" do prussianismo.[84] Devido à sua estatura, as diatribes antigermânicas de Kahn constituíram uma poderosa ferramenta de propaganda. Um grupo chamado Amigos da Democracia Alemã, criado com o auxílio da recém-formada agência de propaganda do governo americano, o Comitê de Informação Pública, produziu milhares de cópias dos artigos e discursos de Kahn (e alguns de Schiff), que o governo francês jogou de aviões sobrevoando o front alemão.[85]

Alguns achavam o zelo patriótico de Kahn — e Schiff — duro de engolir. "Já lhes ocorreu que os alemães podem estar nos ludibriando bem debaixo do nosso nariz?", escreveu um corretor da Chandler & Co., uma firma de Wall Street, numa carta de 1918 incluída em um arquivo mantido pelo Escritório de Investigações, que investigou Kahn secretamente à procura de possíveis ligações e inclinações financeiras alemãs.

> Os senhores supõem que Kahn tentou ingressar no Parlamento britânico por questão de saúde? Muito se conversa por aqui sobre essas coisas. As pessoas não compreendem por que Kahn e Schiff deveriam lhes dizer em que consiste ser americano. Perguntam-se como é possível que Kahn, Schiff e [Paul] Warburg estejam credenciados a opinar a respeito de tudo neste país. Eis ali Schiff nos degraus da Subtesouraria de Nova York no último sábado fazendo um discurso, quando há dois anos e seis meses comprava títulos emitidos pela Alemanha.[86]

Claro que Kahn não era nenhum agente alemão. Mas trabalhava para a inteligência britânica. Mantinha estreito contato com Sir William Wiseman e seu vice, Norman Thwaites, os audaciosos jovens agentes que de seu posto em Nova York supervisionavam a operação de espionagem britânica nos Estados Unidos durante a guerra.

Baronete formado em Cambridge, Wiseman trabalhara como repórter para o *Daily Express* em Londres e atuara no setor bancário no Canadá e no México. Ele entrou para o Exército britânico no início da guerra, e, em julho de 1915, quando servia numa unidade da infantaria ligeira em Ypres, ficou brevemente cego após um ataque com gás. Voltando à Inglaterra para convalescer, um encontro fortuito com o chefe do Serviço Secreto Britânico — colega de seu pai na Marinha — levou à sua missão em Nova York: ele e Thwaites travaram uma guerra secreta contra sabotadores e espiões alemães à medida que tentavam conduzir o governo Wilson para o lado dos Aliados. Numa operação, eles conseguiram fechar uma fábrica de bombas estabelecida por Franz von Rintelen durante sua breve mas agitada temporada nos Estados Unidos. Em outra memorável ação de inteligência, Wiseman e Thwaites obtiveram uma imagem comprometedora do embaixador Bernstorff. A foto, tirada nas montanhas Adirondack, mostrava o plenipotenciário alemão em traje de banho com os braços ao redor da cintura de duas mulheres, nenhuma delas sua esposa. Distribuída para a imprensa, a fotografia causou um profundo constrangimento ao diplomata alemão, comprometendo sua imagem de seriedade e sugerindo que tinha tempo para banhos de sol e frivolidades em plena guerra. "Como peça de propaganda contra o inimigo, não hesito em dizer que esse incidente foi mais efetivo do que as páginas de artigos de opinião que os britânicos estariam supostamente inspirando na imprensa americana", relembrou Thwaites.[87] John, o mais novo dos cinco filhos de Wiseman, lembrou ter pouco ouvido falar dos feitos clandestinos do pai durante a guerra. Mas um parente certa vez revelou que Wiseman matara um agente inimigo numa troca de tiros em um depósito de munições em Long Island.[88]

Com suas joviais feições arredondadas e bigodinho aparado, Wiseman era um espião elegante e cavalheiresco dotado de cordial aptidão para cultivar amigos úteis. Isso incluía o confidente e conselheiro de

Woodrow Wilson Edward House, com quem Wiseman desenvolveu uma relação tão extraordinária — chegando a alugar um apartamento no mesmo prédio onde ele vivia — que, com apenas 32 anos, passou a atuar como embaixador substituto e *liaison* entre os governos americano e britânico. "A coisa de que mais me orgulho na vida é que o presidente Wilson foi um amigo próximo", diria Wiseman posteriormente. "Ele me recebia quando nem embaixadores eram admitidos."[89]

Wiseman também ficou cada vez mais amigo de alguns sócios da Kuhn Loeb, entre os quais Otto Kahn e Morti Schiff — tão próximo, na verdade, que pouco depois da guerra entrou para a firma, tornando-se seu primeiro sócio não judeu. (Sem dúvida a contratação de um proeminente funcionário britânico ajudou a Kuhn Loeb a aliviar as tensões na Grã-Bretanha após a guerra.) Os papéis pessoais de Wiseman incluem um memorando listando as fontes de inteligência utilizadas por Thwaites. "Otto Kahn, da Kuhn Loeb & Company, William Street, é útil para informações financeiras", observa o documento.[90] Em suas memórias, *Velvet and Vinegar* [Veludo e vinagre], Thwaites descreveu seu estreito relacionamento com o banqueiro. "Muitas vezes, durante os anos de 1917 a 1920, quando decisões delicadas tinham de ser tomadas, consultei o sr. Kahn, cujo julgamento sereno e antevisão quase sobrenatural das tendências políticas e econômicas se revelaram muito úteis", escreveu.[91]

Kahn achou os funcionários americanos menos receptivos a seus sábios conselhos. O secretário de Guerra o nomeou para um conselho consultivo de entretenimento militar que organizava apresentações para as tropas, mas Kahn aspirava a uma incumbência mais importante, talvez em alguma "missão oficial ou semioficial" para o governo Wilson.[92] Percebendo a falta de interesse em seus serviços, ele finalmente viajou à Europa em 1918 por conta própria para examinar a zona de guerra e avaliar as perspectivas de paz.

Kahn passou primeiro em Londres, onde se encontrou com o primeiro-ministro David Lloyd George e onde Lord Beaverbrook, recém--nomeado ministro da Informação, procurou os conselhos do banqueiro quanto a "questões de propaganda".[93] No fim de maio, viajou para a França, onde visitou bases militares americanas, inspecionou linhas de suprimento e almoçou com o general John Pershing, comandante das forças expedicionárias americanas.[94]

Na primavera desse ano, os alemães haviam assinado um tratado de paz com o novo governo bolchevique da Rússia; tendo suas tropas agora liberadas no front oriental, o Reich mobilizou suas forças para uma nova ofensiva na França. O exército alemão avançara para cerca de oitenta quilômetros de Paris, perto o bastante para bombardear a cidade com artilharia de longo alcance. Mas, nas semanas subsequentes à visita de Kahn, as tropas de Pershing ajudaram a rechaçar os germânicos nas batalhas de Château-Thierry e do Bosque de Belleau. Kahn escreveria um panfleto intitulado "Quando a maré virou", argumentando que esses confrontos decisivos prepararam o terreno para a futura derrota da Alemanha, no outono.

Sua missão de apuração dos fatos também o levou à Espanha, onde foi recebido pelo rei Afonso XIII. Embora a Espanha permanecesse neutra, Kahn se deparou ali com um vespeiro de "intriga alemã, conspirações inescrupulosas e propaganda", reunindo inteligência valiosa durante a visita. Ele descobriu que a Liga Espartaquista, um movimento de revolucionários alemães que futuramente daria origem ao Partido Comunista no país, tramava uma revolta iminente. Kahn rapidamente passou a informação para os governos britânico e americano. "Ele nos prestou um grande serviço ao relatar o caso", disse mais tarde um ministro do gabinete britânico.[95]

Wilson não sancionara formalmente a viagem de Kahn, mas, tão logo o banqueiro regressou, convocou-o para uma reunião; Kahn compareceu com o maior prazer. A imprensa cobriu amplamente sua aventura europeia e seus pensamentos sobre a situação local. Em agosto, para coroar sua tão divulgada missão, o governo francês, num ato raro, decidiu condecorá-lo Cavaleiro da Legião de Honra. Homenagens semelhantes o aguardavam na Itália e na Bélgica.

Com a guerra se aproximando do fim, o mundialmente renomado financista e patrono das artes acrescentou um cobiçado novo título a seu currículo: estadista.

Vários meses após o retorno de Kahn da Europa, Morti Schiff embarcou em sua própria missão para a zona de guerra como membro do Comitê dos Onze, um painel criado pelo Departamento de Guerra para supervisionar os gastos dos fundos assistenciais levantados durante a Campanha Unida. A essa altura, o conflito terminara. Uma prolongada contraofensiva aliada empurrou continuamente as reduzidas forças alemãs para trás, e, à medida que a derrota da Alemanha era cada vez mais iminente, uma revolução liderada por membros da Liga Espartaquista e outros revolucionários socialistas explodiu, forçando o kaiser Guilherme II a abdicar do trono e fugir do país. Em 11 de novembro de 1918, os comandantes militares alemães e aliados finalizaram os termos de um armistício.

Morti chegou a Londres um mês depois e em seguida pegou carona para a França a bordo de um destróier da Marinha americana. "Paris está entupida de americanos, e sinto o mais absoluto desgosto por não ter sido capaz de chegar aqui de uniforme, quando a guerra ainda ocorria", escreveu à esposa.[96]

Na véspera do Ano-Novo, ele visitou os agora silenciosos campos de batalha a leste da cidade, viajando pela Voie Sacrée, ou Via Sacra, uma rota de suprimentos fundamental que levara novos soldados e armamentos para o front durante a Batalha de Verdun. Em Verdun, Morti subiu no topo de uma colina e observou a cidade deserta. Construção alguma escapara incólume. Os telhados e paredes estavam crivados de buracos. Não havia uma única janela intacta. Por quilômetros a toda volta avistava-se um mar de lama e arame farpado riscado por trincheiras cobertas por água estagnada. Na paisagem pontilhada por túmulos, cavalos se decompunham aqui e ali.

Seu grupo chegou a Koblenz, ocupada por americanos. O alimento era escasso e quase não havia mercadorias nas lojas, com a maior parte do estoque exposta nas vitrines. Morti comprou um maço de cigarros e, ao acender o primeiro, percebeu que não continha tabaco.[97] "Já lhe contei que o tempo todo em que estive com os boches não vi um único cachorro?", escreveu para Adele, usando um termo pejorativo para os alemães. "Fico me perguntando se os comeram. Meu Deus, como odeio os boches, são medonhos demais."[98]

Morti passou o restante de sua viagem em Paris. Nas horas de trabalho, tentava organizar o caos criado por grupos assistenciais rivais que partilhavam de um mesmo fundo financeiro. ("Como os *yids* me atormentam", queixou-se, referindo-se pejorativamente também aos membros do Conselho Judaico de Bem-Estar Social.) Procurou fechar negócios para a Kuhn Loeb e se reuniu com lideranças empresariais e militares, incluindo o general Pershing. À noite, mantinha uma ativa programação social, confraternizando com aristocratas franceses como Édouard e Maurice de Rothschild. "Tenho me devotado [...] sobretudo a ter conversas agradáveis com pessoas mais ou menos importantes, pois é o que vale mais a pena, na verdade", contou a Adele. "Em outras palavras, estou agindo à la Kahn, como você sempre recomenda."[99]

Paris e seus arredores, palco das negociações internacionais de paz que tiveram início formalmente no Quai d'Orsay em meados de janeiro de 1919, estavam repletos de VIPs e rostos familiares. "É como Washington, só que mais agitado", maravilhou-se Morti em uma carta a Felix.[100] Woodrow Wilson, acompanhado por Edward House, chegara em dezembro para negociar em nome dos Estados Unidos e defender seu plano de criar uma Liga das Nações a fim de evitar futuros conflitos. Devido à sua estreita relação com Wilson e House, o espião/diplomata William Wiseman acompanhou a delegação britânica a Paris. Max Warburg, em parte devido a suas conexões bancárias americanas, juntou-se ao contingente alemão na conferência de paz como especialista financeiro.

O armistício trouxe grande alívio, mas também novas ansiedades aos Warburg de Hamburgo e Nova York. A Alemanha passava por uma turbulência revolucionária, e a M. M. Warburg, com interesses tão entremeados aos do governo, estava à beira de um escuro precipício que obrigaria Felix e Paul a recorrer a suas fortunas pessoais para salvar da extinção a firma da família.

"Depois de quase dois anos sem comunicação entre nós, é com alguma emoção que dito estas linhas, naturalmente transmitindo a você, sua mãe e toda a família o mais sincero amor", Felix escreveu dias depois do armistício, na primeira carta que enviou a Max no pós-guerra. A correspondência entre os Estados Unidos e a Alemanha permanecia embargada, mas Felix entregou sua missiva para Lewis Strauss, na época com 22 anos e assistente de Herbert Hoover, chefe da United States Food Administration. Strauss — que Felix logo recrutou para trabalhar na Kuhn Loeb — estava a caminho da Europa com Hoover para supervisionar o trabalho assistencial, e Felix recomendou o irmão como autoridade em condições humanitárias. "Não posso deixar passar a oportunidade de lhe dizer como estamos felizes pelo fim desse horrível pesadelo", escreveu Felix, "e espero que, no momento em que esta chegue a suas mãos, as condições a seu redor tenham se acalmado."[101]

Mas notícias esparsas que chegavam da Alemanha, dando conta da escassez de alimentos e da violência da Liga Espartaquista, deixaram Felix cada vez mais temeroso pela família. Em março de 1919, enquanto Max se preparava para viajar à França, Paul e Nina davam um jantar de aniversário para Frieda em sua residência no Upper East Side. Entre os convidados estava Lloyd Thomas, um correspondente de guerra americano que voltara recentemente da Alemanha, onde visitara Max em Hamburgo e testemunhara manifestações de membros da Liga Espartaquista pelas ruas da cidade. "Ele pintou um retrato chocante das condições de vida na Alemanha, se é que podemos chamá-las assim", Felix contou ao filho Gerald. "Segundo ele, a depressão que prevalece entre as pessoas de certa educação, e a falta de esperança que leva as massas a seguirem qualquer orador ou agitador, enquanto vestem imitações de roupa, feitas de papel, e se alimentam de todo tipo de substitutos sem valor, são coisas que desafiam a descrição."

Felix estava dividido quanto ao papel de Max nas conversas de paz. Considerando as antigas ligações do irmão com o governo do kaiser Guilherme II, sua escolha por parte dos líderes da nova República de Weimar representava "um grande voto de confiança em sua imparcialidade e sabedoria". No entanto, Felix também se perguntava como Max lidaria com a "interessante, mas dolorosa tarefa" de negociar em nome de sua nação derrotada e desmoralizada. "Para ele e Alice, Paris sempre significou a vida mais animada, as transações comerciais mais bem-sucedidas, a recepção mais calorosa de amigos por toda parte", escreveu a Gerald. "Ir a Versalhes, onde desfrutou de tantos jantares alegres, para suplicar por seu país é de fato um novo papel."

Além disso, Felix acreditava que Max e seus colegas estavam a caminho de uma situação ingrata pela qual seriam mais tarde criticados, qualquer que fosse o resultado. "Suas opiniões e desejos podem fazer muito pouca diferença — eles terão de assinar o que puserem à sua frente, talvez sob protesto, se lhes for permitido expressá-lo. O que quer que assinem, serão mais tarde culpados por isso."[102]

Sua previsão se revelou tragicamente profética.

25
A primeira parte
de uma tragédia

NO VERÃO DE 1919, JACOB SCHIFF recebeu uma enxurrada de correspondência antiga da Alemanha, parte dela datando de 1915. As cartas confiscadas, enfim liberadas pelos censores do governo, traziam notícias familiares agora ultrapassadas e felicitações por ocasiões remotas. Uma velha missiva de Max parabenizava Schiff pelo noivado de sua neta Carola. O bebê dela agora dava seus primeiros passos.

Dos dois lados do oceano, em extremos opostos do conflito, a amizade entre os banqueiros existiu numa espécie de limbo, enquanto seus países permaneciam em guerra. Os dois amigos tinham muito a dizer um ao outro — e havia muita coisa que não precisava ser dita. "Sei que você realizou muitos trabalhos generosos e patrióticos por seu país", Schiff escreveu a Max assim que o serviço postal entre os Estados Unidos e a Alemanha foi restabelecido. "Sem dúvida nossos sentimentos e opiniões quanto aos eventos dos últimos anos diferem muito, e estou certo de que concordará comigo que será melhor se não entrarmos em nenhuma discussão sobre eles." O importante no momento eram o presente e o futuro, a tarefa de reconstruir a Europa, arruinada física e politicamente. "E agora nos deparamos com um mundo diferente, no qual todos nós, embora você mais ainda, teremos de encarar o futuro com um olhar renovado", escreveu Schiff.[1]

Max demorava para se adaptar às realidades do pós-guerra e ao lugar da Alemanha nesse novo cenário. De início, ainda "acreditava na plena restauração da Alemanha do pré-guerra", segundo um sobrinho.[2] A conferência de paz acabaria com essas ilusões.

Chamado para as conversações em Paris como representante do Tesouro alemão, Max em princípio recusara. Assim como Felix, previa o potencial para repercussões negativas e temia que "ataques antissemitas" fossem o resultado inevitável. Também questionava se era aconselhável enviar banqueiros para a conferência, em vez de burocratas do Ministério das Finanças.[3] Diante da insistência do governo, Max enfim concordou em comparecer como membro da delegação financeira, oferecendo seu vice na M. M. Warburg, Carl Melchior, para presidir o grupo e desempenhar o papel mais proeminente de representar a Alemanha na mesa de negociações.

O espírito de retaliação que dominou a conferência de paz se manifestou no momento em que a delegação alemã de 180 membros entrou na França. Enquanto atravessava o interior do país, devastado pela guerra, o trem diminuiu abruptamente de velocidade, forçando os alemães a observarem a total escala da destruição. Era uma estratégia psicológica óbvia, mas não menos eficaz por sua falta de sutileza.[4]

Instalados inicialmente no Château de Villette, finalizado pelo mesmo arquiteto que construíra Versalhes, Max e seus colegas viviam como se fossem prisioneiros. Vigiados por duzentos soldados, em teoria destacados para cuidar de sua segurança, eram proibidos de se comunicar com o mundo exterior ou de deixar o local. Além disso, permaneciam sob constante vigilância, por meio de escutas espalhadas por toda parte e criados que espionavam suas conversas.

Max previa termos de paz "duríssimos", mas as exigências dos Aliados por reparações e concessões territoriais foram ainda mais punitivas do que ele havia imaginado. Em 16 de abril de 1919, ao final de uma sessão de negociações no Château de Villette, Max puxou de lado Thomas Lamont, um bem relacionado sócio da J. P. Morgan que comparecera à conferência como representante do Departamento do Tesouro americano.

"A única esperança alemã de uma paz justa reside nos Estados Unidos", ele implorou ao banqueiro, enfatizando a situação precária de seu país, onde os agitadores bolcheviques ganhavam espaço e centenas de homens, mulheres e crianças pereciam diariamente de fome devido ao bloqueio, que ainda não fora suspenso. Seus compatriotas estavam atemorizados e enfurecidos.

Max entregou a Lamont um memorando de onze páginas expressando suas opiniões sobre o processo de paz e descrevendo as alarmantes condições na Alemanha. O documento, estridente e por vezes passando dos limites, comparava o "sofrimento da totalidade do povo alemão" ao de franceses e belgas. Max condenava o prolongado bloqueio contra a Alemanha como "um crime" responsável pela morte de mais de 100 mil cidadãos alemães. E advertia que, como resultado da longa privação, seu país poderia em breve ser "empurrado para os braços do bolchevismo".

Era difícil dizer se o memorando de Max pretendia persuadir ou provocar. Lamont ficou admirado com o desplante. "A audácia desses boches é mesmo terrível", comentou, ao transmitir a ladainha de Max para o financista Bernard Baruch, que assessorava Wilson em Paris.[5]

Que Max tentasse influenciar os americanos era natural. Dos "Quatro Grandes" — os líderes de Estados Unidos, Grã-Bretanha, França e Itália — que conduziam as negociações de paz, Woodrow Wilson era a única voz de comedimento. Em seus "Catorze Pontos" apresentados perante o Congresso em janeiro de 1918, ele declarou seu desejo de uma "paz justa e estável" com a Alemanha, afirmando: "Não queremos prejudicar o país ou impedir de modo algum sua influência ou poder legítimos". Durante as sessões, Wilson se opôs aos termos mais severos e por vezes argumentou acaloradamente com os colegas, em particular o primeiro-ministro francês Georges Clemenceau. A certa altura, depois de Wilson se opor à exigência francesa de controlar a bacia do Sarre, no sudoeste alemão, Clemenceau ficou furioso, chamou-o de "pró-Alemanha" e deixou a reunião. As coisas ficaram tão tensas que em mais de uma oportunidade Wilson ameaçou abandonar de vez a conferência de paz.

Então, no início de abril de 1919, Wilson adoeceu subitamente com um caso grave de gripe, parte da mesma pandemia que devastara o globo no ano anterior, levando a vida de aproximadamente 50 milhões de pessoas, entre as quais quase 700 mil americanos. Acamado por vários dias, Wilson se recuperou, mas, segundo seus assessores, voltou um homem diferente. Além do cansaço geral, o vírus parecia ter causado efeitos neurológicos prolongados. Wilson ficava cada vez mais distraído — vivia esquecendo a pasta, na qual levava documentos delicados —, e parecia ter dificuldade para absorver informações que antes processava sem problema. Herbert Hoover, que chefiava os esforços de assistência americanos na Europa, comentou mais tarde sobre a "mente relutante" do presidente.

Wilson começou a ficar paranoico e obcecado por coisas estranhas, como a disposição da mobília de seus aposentos em Paris. Mais estranho ainda, de repente cedeu em muitos pontos contra os quais se opusera com tanto fervor recentemente, inclusive a imposição de reparações exorbitantes e uma cláusula no tratado, sugerida por Clemenceau, forçando a Alemanha a assumir formalmente a culpa pelo início da guerra.[6]

Os termos de paz propostos, apresentados à delegação alemã no início de maio, deixaram Max e seus colegas perplexos. Ele escreveu para a esposa, Alice, desesperado e incrédulo: "Anunciar ao mundo uma nova era, falar em amor e justiça, e depois perpetrar a pilhagem em escala global, semear o germe de futuros conflitos e aniquilar toda esperança de tempos melhores é cometer o maior pecado do mundo".

Max ajudou a elaborar a contraproposta da delegação alemã, que em uma carta de apresentação expressava choque com os termos e declarava que "as exigências do tratado estão além das forças do povo alemão". Ele permaneceu convencido, porém, de que os Aliados não transigiriam. Dias após apresentar a resposta alemã, ele pôs suas frustrações para fora em versos satíricos, intitulando sua obra tragicômica com o nome da prisão de luxo onde os fatídicos termos de paz haviam sido impingidos aos alemães: *Die Villetiade (Der Tragödie erster Teil)* — "A Villetiada (Primeira parte de uma tragédia)".[7]

A data de "28 de junho de 1919 será um grande dia na história judaica", escreveu Louis Marshall para Jacob Schiff, de Paris. Dois dias antes, no quinto aniversário do assassinato do arquiduque Francisco Ferdinando, estadistas americanos e europeus haviam se reunido em torno de uma mesa em U na Galeria dos Espelhos em Versalhes para assinar o tratado de paz formalizando o fim da Primeira Guerra Mundial. Marshall se referia não ao acordo principal assinado pelos diplomatas alemães, mas a um tratado afim rubricado momentos depois pelos líderes da recém-criada República da Polônia, que reclamara territórios partilhados mais de um século antes por Áustria-Hungria, Alemanha e Rússia.

A fragmentação desses impérios levara ao estabelecimento de uma série de nações independentes no Leste Europeu e na região do Báltico, suas fronteiras traçadas na mesa de negociações, em Paris. E Marshall passara os últimos três meses trabalhando para garantir medidas de proteção aos judeus que viviam nas repúblicas recém-constituídas da Europa. A Polônia, cujo território incluía uma ampla faixa da zona de assentamento, agora abrigava a maior população judaica do continente, e era portanto um foco da defesa de Marshall.

Representando oficialmente o Congresso Judaico Americano, Marshall chegara a Paris em 27 de março acompanhado por Cyrus Adler, enviado em nome do Comitê Judaico Americano. Marshall e Adler passaram árduas semanas entrando e saindo de reuniões com diplomatas e líderes mundiais, e no fim com o próprio presidente Wilson, para reivindicar que a proteção das minorias judaicas fosse formalmente estabelecida pelo processo de paz.

Ao chegar à França, Marshall viu-se envolvido também em uma série paralela de negociações de paz, atuando como mediador entre grupos judaicos rivais com prioridades conflitantes na conferência de Paris. Os sionistas esperavam fortalecer sua reivindicação da Palestina na sequência da Declaração de Balfour. Emissários representando as massas do Leste Europeu — incorporadas de súbito à nova cartografia do continente — pressionavam por direitos nacionais amplos, incluindo a representação judaica na Liga das Nações. Cautelosos em relação ao nacionalismo judaico, delegados das comunidades judaicas mais estabelecidas e assimilacionistas da Grã-Bretanha e da França buscavam proteções mais gerais para todos os grupos minoritários que viviam nas novas nações por meio do reconhecimento formal nas conferências de Paris.

"O trabalho tem sido enervante, exigindo uma paciência infinita e um autocontrole que nunca imaginei possuir", Marshall queixou-se a Schiff, a quem ele e Adler escreviam com frequência sobre seus progressos e reveses.⁸ Em meados de maio, eles relataram acontecimentos "promissores", comunicando Nova York por cabograma a respeito de uma cláusula proposta no tratado de paz alemão segundo a qual "tais disposições especiais, conquanto necessárias para proteger minorias raciais linguísticas ou religiosas, serão delineadas" em um tratado suplementar com a Polônia que serviria de modelo para acordos com outras nações do Leste Europeu, incluindo a Romênia e a recém-estabelecida Tchecoslováquia.⁹

Surtos recentes de violência antissemita em territórios disputados por nacionalistas poloneses e ucranianos, bem como pelo Exército Vermelho russo, acrescentaram um senso de urgência à defesa das salvaguardas para os judeus. Forças polonesas e civis haviam assassinado dezenas de judeus no fim de novembro de 1918, após tomarem o controle da cidade de Lemberg (atual Lviv, Ucrânia), reivindicada como capital da recém-declarada República Popular da Ucrânia Ocidental. Pouco tempo após a chegada de Adler e Marshall a Paris, chegou a notícia de um novo massacre, dessa vez em Pinsk, onde soldados poloneses haviam executado 35 judeus suspeitos de ligações com os bolcheviques.

O episódio no início recebeu pouca publicidade, mas em maio causara indignação internacional. Em Nova York, líderes judeus organizaram uma grande campanha contra os pogroms, e, em 21 de maio, o Lower East Side explodiu em protesto. Homens e mulheres abandonaram o trabalho nas fábricas e crianças deixaram as salas de aula para se juntar à multidão nas ruas. Os manifestantes usavam braçadeiras pretas em homenagem a seus irmãos assassinados na Polônia. Quando estas acabaram, improvisaram novas braçadeiras com o tecido de guarda-chuvas. Segundo uma estimativa, o protesto reuniu mais de 150 mil pessoas.

A manifestação precedeu um enorme comício convocado pelos líderes judeus para aquela noite no Madison Square Garden, e entre seus oradores estavam Charles Evans Hughes e Jacob Schiff, que declarou que a Polônia não deveria ser admitida na Liga das Nações a menos que fosse capaz de proteger seus cidadãos judeus e lhes garantir direitos iguais. Embora Schiff e os demais oradores se dirigissem a uma multidão de milhares de pessoas, seu público-alvo era muito menor: os

Quatro Grandes, que, além de Wilson e Clemenceau, incluíam o britânico David Lloyd George e o italiano Vittorio Orlando.[10] Na semana seguinte, quando se reuniu com Wilson ("ele trabalha tanto que não vê praticamente ninguém", gabou-se), Marshall portava um cabograma de Schiff de quase 2 mil palavras descrevendo a enorme manifestação em Nova York, que Marshall resumiu enquanto pressionava o presidente a apoiar proteções firmes para os judeus. "Ele disse que daria a esse assunto e outros a mais cuidadosa consideração", Marshall escreveu em uma carta a Schiff, na qual comentou também a delicada situação de sua diplomacia: "Um sopro pode frustrar tudo aquilo por que temos trabalhado tão fielmente durante todas essas apreensivas semanas".[11]

Embora não estivesse presente em Paris, Schiff foi sugado por suas intrigas. No início de junho de 1919, semanas antes da assinatura do tratado, o Comitê de Relações Exteriores do Senado intimou Schiff, Paul Warburg e quatro outros financistas a prestarem depoimento enquanto investigava se rascunhos confidenciais dos termos de paz haviam circulado entre "interesses especiais" — a saber, banqueiros nova-iorquinos fortemente atentos aos detalhes financeiros. Os sócios da J. P. Morgan, Jack Morgan, Henry Davison e Thomas Lamont (que estava a caminho de casa após aconselhar o governo Wilson em Paris), e o presidente do National City Bank, Frank Vanderlip, em vias de se aposentar, também foram convocados a depor.[12] Promovendo a controvérsia do "vazamento" havia dois ferozes críticos da Liga das Nações de Wilson, os senadores republicanos Henry Cabot Lodge, presidente do Comitê de Relações Exteriores, e William Borah; nesse mesmo ano, os dois liderariam a oposição republicana ao Tratado de Versalhes, finalmente impedindo sua ratificação no Senado e, em um terrível golpe para Wilson, impedindo os Estados Unidos de se juntarem à Liga das Nações.

Mencionando a saúde debilitada, que o obrigava a estar "sob constante tratamento", e a advertência de seu médico contra fazer "esforços excessivos", Schiff pediu para ser dispensado de viajar a Washington. Afirmou nunca ter visto uma cópia do tratado e não ter o menor conhecimento de cópias ilícitas em circulação. Warburg, igualmente, negou possuir qualquer informação privilegiada.[13]

Seus depoimentos eram desnecessários, como se constatou. Davison admitiu ter recebido uma cópia do tratado de seu sócio, Lamont, quando atuava como alto funcionário da Cruz Vermelha. Wilson, em uma carta a Lamont, isentou-o formalmente de qualquer irregularidade em divulgar o documento.[14]

Ainda assim, Borah parecia relutante em permitir que Schiff escapasse impune. Antes de liberar o banqueiro de testemunhar, ele o questionou por escrito sobre "em que medida" a Kuhn Loeb vendera títulos europeus nos cinco anos precedentes. Também perguntou sobre as contribuições do banqueiro para uma organização chamada Liga para Impor a Paz, que promovera intensamente a Liga das Nações nos Estados Unidos. Borah estava convencido da existência de "banqueiros internacionais" por trás do empreendimento. Schiff aquiesceu, enviando a informação solicitada por Borah, e observou que, embora permanecesse como sócio sênior da Kuhn Loeb, "não era mais muito ativo na administração da firma, a não ser como consultor".[15]

Também na vida judaica Schiff começara a se resguardar, desempenhando um papel secundário, enquanto Adler e Marshall permaneciam no centro da ação em Paris (onde Schiff poderia ter estado caso fosse mais jovem e saudável). Em uma carta ao escritor e sionista britânico Israel Zangwill, Schiff elogiou ambos por seu "valioso trabalho em Paris" e comentou que "Louis Marshall tornou-se uma grande força na comunidade judaica".[16]

A acolhida de um herói aguardava Marshall quando ele voltou a Nova York um mês depois de assinar o Tratado de Versalhes e sua contrapartida polonesa, às vezes conhecida como "Pequeno Versalhes". Um grupo de admiradores recebeu o vapor do advogado no cais com um barco fretado para a ocasião, e, na semana seguinte, tendo Schiff a presidir a mesa, homenageou Marshall em um banquete para mil convidados no Waldorf Astoria.[17]

Marshall e Schiff triunfaram na consagração do tratado polonês, mas o acordo não foi a vitória monumental para os direitos dos judeus que de início parecia ser. As proteções de minoria que ele contemplava eram bem menos abrangentes do que a "declaração de direitos judaica" que Marshall começara a promover em Paris. "Não só as cláusulas de proteção à cidadania e à religião eram extremamente vagas e fracas, como também todo vestígio de uma identidade *nacional* judaica fora omitido do texto final", observou Carole Fink, historiadora da Universidade Estadual de Ohio, em seu estudo sobre a diplomacia de Marshall em Paris. Igualmente de fora ficaram termos que protegiam o direito dos judeus de fazer comércio aos domingos, uma importante ressalva para lojistas e mercadores judeus observantes do Shabat que baixavam as portas aos sábados, enquanto o comércio cristão permanecia aberto.[18]

Ainda que débeis, essas proteções duramente conquistadas tiveram consequências involuntárias e autodestrutivas, gerando ressentimentos entre os poloneses — furiosos com a intrusão na soberania da nova nação — e contribuindo para a onda de antissemitismo que assolou a Europa do pós-guerra. Líderes poloneses apontaram amargamente a hipocrisia de serem forçados a adotar proteções a minorias pelos Estados Unidos, país com um histórico terrível de racismo sancionado pelo Estado contra negros e imigrantes asiáticos. Com efeito, não muito depois de assinar um pacto de não agressão com a Alemanha de Adolf Hitler em 1934, a Polônia renunciou ao Pequeno Versalhes. Seu ministro das Relações Exteriores sustentou perante a Liga das Nações que a Polônia só cumpriria o tratado se as demais nações se sujeitassem ao mesmo escrutínio.

Nesse meio-tempo, como Felix e Max haviam temido, o tratado de paz alemão alimentou o antissemitismo entre uma população humilhada, temerosa e cansada de guerra. E Max, apesar de seu esforço para assumir um papel menos destacado dentro da delegação de paz, virou um conveniente bode expiatório. As reverberações antissemitas foram sentidas antes mesmo de o ministro das Relações Exteriores alemão, Hermann Müller, assinar o acordo, quando circularam notícias das reparações propostas que a delegação alemã havia oferecido: 100 bilhões de marcos. "Círculos ultraconservadores se aproveitaram do fato de haver banqueiros judeus como Melchior, Warburg e [Max von] Wasserman entre os especialistas da delegação para começar uma agitação antissemita", escreveu Victor Schiff (sem parentesco com Jacob), um jornalista que acompanhou a delegação alemã a Paris, em seu relato da conferência de paz.

Até na Bolsa de Valores de Hamburgo, onde Melchior e Warburg são poderosos, há manifestações antissemitas. É claro que não fez a menor diferença para tais círculos que financistas puramente "arianos" e até conservadores [...] tenham ajudado a redigir nossas respostas. Essas semanas de Versalhes testemunharam os primeiros sintomas da recrudescência do antissemitismo por toda a Alemanha."[19]

Um panfleto distribuído na bolsa de valores de Hamburgo ligava Max à oferta de reparações e deplorava a "paz judaica de Warburg".[20] Pouco importava que Warburg, Melchior e o restante da delegação financeira alemã, indignados, tivessem renunciado em 18 de junho de 1919 — dez dias antes da assinatura do tratado —, convencidos de que os termos eram tão impossivelmente onerosos que aceitá-los só serviria para levar ao colapso econômico do país.[21]

No fim do verão de 1919, Felix e Paul voltaram separadamente à Europa e à sua pátria traumatizada pela guerra, reencontrando suas famílias pela primeira vez desde o início do conflito.[22] A viagem de Felix não era puramente pessoal. Ele integrava uma expedição de auditoria bancada pelo Comitê de Distribuição Conjunta para coletar informações sobre os esforços de assistência e reconstrução. Visitando Grã-Bretanha, França, Alemanha e Holanda, Felix encontrou-se com vários líderes judeus e recebeu relatórios de campo sobre as condições dentro dos enclaves por todo o Leste Europeu. Representantes das comunidades judaicas europeias em dificuldades desejavam convocar uma cúpula para falar sobre suas provações únicas e coletivas. Felix julgava isso arriscado. "Numa época em que a comunidade judaica internacional é acusada de todo tipo de ações impossíveis, clandestinas, convocar uma conferência representando tantas nações poderia fornecer combustível para afirmações estúpidas e causar prejuízo", considerou.

O comitê injetara até então cerca de 30 milhões de dólares em trabalho assistencial, e Felix informou aos colegas em Nova York que seus esforços haviam "salvado centenas de milhares de vidas, não em termos vagos, mas como um fato real". Contudo, a necessidade permanecia desconcertante. "Não chegamos de modo algum ao ponto em que a ajuda possa ser dispensada. É possível ouvir os clamores da antiga Rússia, e as crianças da Polônia e de tantos outros países estão completamente desamparadas."[23]

O Comitê de Distribuição Conjunta atuara na maior parte do tempo por intermédio de organizações locais, mas, no início de 1920, começou a despachar seus próprios trabalhadores assistenciais para a Europa — a primeira unidade enviada à Polônia trajava uniformes do Exército modificados. A fim de supervisionar o trabalho assistencial em expansão, o amigo íntimo de Felix e colega de direção do comitê, Julius Goldman, interrompeu o exercício da advocacia, assumindo um cargo em Paris como primeiro diretor-geral da organização na Europa, uma atividade extenuante que exigia sutileza diplomática e habilidades logísticas em igual medida.

Enquanto Felix cuidava da questão humanitária, Paul examinava o panorama financeiro. A guerra subvertera o que ele chamava de "balanço patrimonial mundial", gerando um emaranhado de dívidas potencialmente ruinosas não apenas para as Potências Centrais derrotadas, mas também para o continente europeu como um todo. A França contraíra pesados empréstimos junto aos Estados Unidos e à Grã-Bretanha para financiar o esforço de guerra. Saldar essas dívidas exigiria imensas reparações, um dos motivos pelos quais Georges Clemenceau pressionara pela compensação mais exorbitante possível. Enquanto isso, países neutros que haviam concedido crédito à Alemanha durante as hostilidades também disputavam reparações. Com as nações voltadas à autopreservação, corria-se o risco de uma inadimplência em cadeia capaz de afundar a economia europeia.

"O problema financeiro do mundo exposto pela guerra é tão imenso que está além da capacidade humana resolvê-lo integralmente", concluiu Paul. Ele acreditava que a única maneira de saná-lo era endireitando primeiro a situação financeira alemã, de modo que "possamos tratar seu endividamento como um ativo confiável no balanço patrimonial dos credores". Conduzir a Alemanha a uma base econômica sólida, sujeita a reparações que o país tivesse reais condições de pagar, criaria "um centro saneável a partir do qual a cura se espalhará para outros países da mesma forma como a conflagração se espalhou após o início da guerra".[24] Ainda havia tempo para evitar uma calamidade financeira. O tratado compelia a Alemanha a pagar uma reparação inicial de 20 bilhões de marcos, mas não especificara exatamente quanto o país devia, deixando esse trabalho nas mãos de uma recém-criada comissão de reparações.

Nesse verão, Paul recebeu o convite de um amigo, o dr. Gerard Vissering, presidente do banco central holandês, para participar de uma pequena conferência sobre os perigos financeiros colocados pelo Tratado de Versalhes. Paul aceitou entusiasticamente e, na manhã de 13 de outubro de 1919, apareceu na grandiosa residência de Vissering em Amsterdam, com vista para o Keizersgracht (o "canal do imperador"). Além de diversos colegas de Vissering, estavam presentes ao encontro o banqueiro parisiense Raphaël-Georges Lévy, que no ano seguinte seria eleito para a câmara alta do Parlamento francês; Fred Kent, funcionário do Fed e especialista em câmbio estrangeiro nomeado para a comissão de reparações; e John Maynard Keynes, o economista britânico conhecido tanto pelo intelecto quanto pelo físico imponente (tinha dois metros de altura).

Aos 36 anos, Keynes trabalhara para o Tesouro britânico durante a guerra e comparecera às negociações de Paris como um dos principais representantes financeiros de seu governo. De modo a pavimentar o caminho para a recuperação econômica da Europa, Keynes defendera um plano para cancelar as dívidas de guerra, que considerava "uma ameaça à estabilidade financeira mundial". Woodrow Wilson e seu governo se opuseram veementemente à proposta.[25] Os Estados Unidos, ao contrário de seus aliados, emergiram da guerra mais fortes do que haviam entrado — eram agora uma superpotência global inquestionável. Uma nação credora pela primeira vez em sua história, detinham cerca de 10 bilhões de dólares em dívidas dos Aliados. Wilson tampouco via com bons olhos a ideia de que os Estados Unidos devessem fazer mais sacrifícios, sobretudo depois de terem acorrido em resgate de seus aliados europeus.

No fim de maio de 1919, exausto e deprimido com o rumo das negociações de Paris, Keynes renunciou, indignado. "A paz é ultrajante e impossível, e não poderá trazer nada além de infortúnio", desabafou na época. "Sem dúvida, se estivesse no lugar dos alemães, eu preferiria morrer a assinar esse acordo." Keynes voltou à Inglaterra — "Estou fugindo desse cenário de pesadelo", informou ao primeiro-ministro David Lloyd George antes de partir — e começou a trabalhar em *As consequências econômicas da paz*, tratado que o levou ao renome internacional.[26] O título insípido da obra escondia uma polêmica apaixonada que denunciava os Quatro Grandes por ignorarem os "problemas econômicos de uma Europa passando fome e se desintegrando diante dos seus olhos" e alertava para as consequências dessa miopia. "Se visarmos deliberadamente o empobrecimento da Europa central, a vingança, ouso prever, não hesitará", escreveu. "Então, nada poderá adiar por muito tempo uma guerra civil final entre as forças da Reação e as convulsões desesperadoras da Revolução, ante a qual os horrores da recente guerra alemã cairão no esquecimento, e que destruirá, seja quem for vitorioso, a civilização e o progresso da nossa geração."[27]

Na época da conferência de Amsterdam, ainda faltavam dois meses para o livro ser publicado, mas Keynes levou consigo um rascunho do terceiro capítulo, contendo um retrato impiedoso de Wilson como um "Dom Quixote cego e surdo" que em Paris fora lamentavelmente passado para trás por seus colegas mais sofisticados.[28] Certa tarde, em seu quarto de hotel, ele leu o capítulo em voz alta para Paul Warburg e Carl Melchior, que Keynes convidara a Amsterdam. Paul, que agora desprezava Wilson tanto quanto Keynes, riu do modo como o economista fazia pouco do presidente. Melchior, por outro lado, parecia à beira das lágrimas.[29]

Gerard Vissering, anfitrião do encontro em Amsterdam, fora outrora presidente do Banco de Java, e seu gabinete era decorado com curiosidades de suas viagens pela Ásia.[30] Os convidados se reuniam em torno da mesa diante de uma pequena lareira. O carvão era escasso por toda a Europa, e o fogo ardia tão fracamente que o calor mal chegava a Warburg, sentado na outra ponta da mesa. Criados iam e vinham oferecendo chocolate quente, café e chá para combater o frio, e os homens conversavam por horas sobre os apuros financeiros da Europa.

"Os banqueiros da Europa deveriam se unir e avaliar a presente situação como médicos diante de um paciente", afirmou Warburg, algum tempo após o início da reunião. "O futuro da Europa está nas mãos da comissão de reparações."

Keynes continuou a promover seu programa de alívio da dívida, defendendo um "perdão geral" das obrigações Aliadas. "A Alemanha é a chave para a solução integral", enfatizou a certa altura.

"Se a população alemã pudesse ao menos obter uma semente de esperança de que sua situação está sendo seriamente considerada pelos outros países, isso lhe faria um bem enorme", respondeu Warburg. Ele propôs uma maneira de acender essa esperança: um apelo, assinado por homens proeminentes da Europa e dos Estados Unidos, que expressasse a grave realidade da situação financeira europeia e convocasse uma conferência internacional de financistas e estadistas para forjar um caminho realista adiante. Simpatizando com a ideia, os colegas de Warburg o nomearam para redigir a declaração. A princípio, ele recusou, observando que seu envolvimento sem dúvida estigmatizaria a iniciativa como pró-Alemanha. Assim, recomendou Keynes, que também hesitou, mencionando sua obra a ser publicada, que seguramente o tornaria impopular em muitos círculos. Warburg sugeriu por fim uma colaboração, gracejando que se Keynes entrasse com o uísque e ele com a água, juntos, "provavelmente, proporíamos uma bebida mais palatável".[31]

No dia seguinte, eles haviam chegado a um rascunho. O texto alertava que penalizar a Alemanha com a bancarrota acarretaria graves consequências, e que a inflação descontrolada ameaçava espalhar a "anarquia" por toda a Europa. "Não será necessário livrar o balanço patrimonial mundial de algumas dívidas fictícias que o inflacionam no momento e levam ao medo ou desespero por parte de alguns e à irresponsabilidade por parte de outros?", perguntava o apelo. "Uma deflação do balanço patrimonial mundial não seria o primeiro passo para uma cura?" E concluía: "Não se deve perder tempo quando há catástrofes a serem evitadas".[32]

No mês seguinte, após voltar a Nova York— dessa vez acompanhado por Felix, que se reunira a ele na Holanda —, Paul começou imediatamente a colher assinaturas.[33] Sua iniciativa angariou amplo apoio.

Políticos como Elihu Root, ex-senador por Nova York e secretário de Estado, Herbert Hoover e William Taft apuseram seus nomes. Jack Morgan, Andrew Mellon e Jacob Schiff também assinaram. Mas o apelo encontrou um obstáculo quando Warburg compartilhou o documento com o Departamento do Tesouro, agora dirigido por seu antigo rival, Carter Glass. Alarmado com a linguagem sobre depurar "o balanço patrimonial mundial" — uma referência ao perdão da dívida, contra o qual o governo Wilson se opunha tão veementemente —, o secretário-adjunto do Tesouro, Norman Davis, principal assessor financeiro de Wilson em Paris, protestou. O parágrafo acabou sendo riscado da versão americana.

A declaração original era endereçada ainda à Liga das Nações e exortava o órgão recém-formado a convocar a conferência internacional prescrita pela carta, mas o governo Wilson também rejeitou esse trecho do texto. Na época, os republicanos do Senado, encabeçados por William Borah e Henry Cabot Lodge, travavam uma batalha política pela ratificação do tratado de paz. E, como recordou Paul, "o governo estava morrendo de medo de qualquer coisa capaz de pôr lenha na fogueira. Qualquer coisa que mostrasse que estávamos prestes a nos enredar com a Liga das Nações antes mesmo de termos ingressado nela deveria portanto ser evitada como a peste".[34] Assim, em vez da Liga das Nações, o apelo final foi dirigido à comissão de reparações.

Com o apoio morno da Casa Branca, uma Conferência Financeira Internacional, como foi chamada, teve lugar em Bruxelas no outono de 1920. Pouca coisa, porém, resultou do esforço liderado por Keynes e Warburg para evitar uma catástrofe econômica. No ano seguinte, a comissão de reparações determinou a compensação devida pela Alemanha em 132 bilhões de marcos de ouro (cerca de 33 bilhões de dólares), além de uma taxa de 26% sobre as exportações. O valor do marco despencou, e o país entrou em um período de dois anos de hiperinflação durante o qual a moeda perdeu praticamente todo valor.

Voltando de uma visita à Alemanha em agosto de 1922, Henry Goldman afirmou aos repórteres que o país estava à beira do colapso. "É óbvio que os arquitetos do Tratado de Versalhes construíram um acordo que está desabando sobre suas próprias cabeças. Ele prenuncia uma grande catástrofe, cuja natureza homem algum pode definir. Para eles, é como o *Götterdämmerung* [crepúsculo dos deuses]."[35]

No outono de 1922, pela primeira vez desde o início da guerra, Max e a esposa, Alice, viajaram para os Estados Unidos, onde Max pretendia lutar por reparações menores. Havia também outro motivo para a visita. No verão daquele ano, membros de um grupo paramilitar ultranacionalista haviam assassinado Walther Rathenau, um político judeu amigo de Max que na época servia como ministro alemão das Relações Exteriores, quando este cruzava Berlim em seu NAG conversível, conduzido por um chofer. E, como Max descobriu, seu nome também figurava na lista de judeus proeminentes visados pelos terroristas.

Em Washington, Paul organizou reuniões para Max com autoridades do recém-empossado governo Harding, incluindo o secretário de Estado, Charles Evans Hughes. Os irmãos esperavam obter apoio para o plano de despachar um grupo de especialistas independentes à Alemanha para estudar a situação econômica e fazer recomendações sobre as reparações. Paul esperava ainda que os Estados Unidos tomassem a iniciativa de servir de "árbitro" das potências europeias. Em vez disso, descobriu que "Washington não ousava ou não se importava em desempenhar tal papel".[36]

Nos meses seguintes, ele e Max assistiram impotentes enquanto a Alemanha era convulsionada pela agitação econômica e política. No fim de 1922, quando Max regressou a Hamburgo, a despeito dos pedidos dos irmãos para que permanecesse mais tempo nos Estados Unidos, a Alemanha havia começado a dar calote no pagamento das reparações. No início do ano seguinte, numa tentativa de cobrar à força as dívidas inadimplentes, tropas francesas e belgas invadiram o vale do Ruhr, ocupando o coração industrial da Alemanha e desencadeando uma nova crise internacional. "Os apelos à razão não prevaleceram, como já era esperado", lamentou-se mais tarde Paul. "A insanidade teve de prosseguir até finalmente, após a ocupação do Ruhr, as finanças alemãs mergulharem no completo caos."[37] No auge do tumulto financeiro do final de 1923, um dólar americano equivalia a 4,2 trilhões de marcos alemães.

O ultranacionalismo e o fanatismo de extrema direita prosperaram na atmosfera de medo e opressão da República de Weimar. E um jovem e carismático agitador, líder do recém-formado Partido Nacional-Socialista dos Trabalhadores Alemães, revelou-se especialmente hábil em explorar o clima de ansiedade e incerteza. Um mestre da propaganda, Adolf Hitler começou a fazer fama com discursos que denunciavam o Tratado de Versalhes — por emascular a Alemanha e esmagar sua "ressurreição" — e os judeus — por supostamente explorarem o povo alemão, do ponto de vista econômico e de outras formas, e mancharem o "antigo espírito racial nórdico". Era comum que ele associasse um assunto a outro — um de seus primeiros discursos intitulava-se "Fenômeno político, judeus e o Tratado de Versalhes".

A improvável ascensão de Hitler começara logo após a assinatura do tratado de paz. Ele ingressou no que viria a ser o Partido Nazista em setembro de 1919, e em uma carta escrita nesse mês ofereceu uma apavorante prévia do antissemitismo virulento que definiria seu regime assassino como Führer da Alemanha mais de uma década depois. Nela, descrevia os judeus como uma "tuberculose racial das nações", sujeitos ávidos por "ouro e dominação", e sugeria a possibilidade de uma legislação cujo "objetivo supremo" fosse a "remoção irrevogável dos judeus em geral".

O advento de Hitler e o recrudescimento do antissemitismo na Alemanha do pós-guerra — um preconceito com raízes familiares, medievais — ocorreram paralelamente a uma preocupante onda de antissemitismo americano, nesse caso a variedade moderna de um antigo veneno alicerçado nos temas dos *Protocolos dos sábios de Sião*, texto que na década de 1920 circulara amplamente por todos os Estados Unidos e a Europa. O antissemitismo americano punha os judeus no centro de uma conspiração financeira internacional, e, no núcleo desse suposto complô, identificava firmas como Kuhn Loeb, M. M. Warburg, J. & W. Seligman & Co. e Goldman Sachs. Nesse sonho febril, os judeus controlavam governos, dominavam a imprensa e manipulavam os eventos mundiais como ardilosos mestres enxadristas. Eles desencadeavam guerras, inclusive a mais recente, para aumentar suas fortunas ilícitas. Os banqueiros judeus também teriam sido os autores dos termos de paz de Paris, conseguindo mais uma vez lucrar com a miséria mundial.

Uma figura um tanto improvável promovia essas teorias conspiratórias — de forma tão estridente e incansável que elas continuam a ecoar com toda força um século depois. Um industrialista renomado, ainda que excêntrico, ele foi um ícone cujo nome se tornaria sinônimo de empreendedorismo e inovação. Sua técnica para produzir carros em massa transformou o sistema de transporte americano. Mas seu complicado legado incluía também um aspecto mais sinistro: seu papel central em anunciar uma nova era para o ódio antissemita.

26
Henry Ford

NO FIM DE 1922, *O NEW YORK TIMES* noticiou o "rumor" proveniente dos círculos políticos alemães de que Henry Ford patrocinava Adolf Hitler e seu curiosamente bem financiado movimento político, que agora operava de uma sede espaçosa e "esplendidamente decorada" em Munique, remunerava a contento seus funcionários e possuía uma ala paramilitar de mil homens equipada com uniformes novos e munida de revólveres reluzentes e porretes.[1]

A matéria do *Times* incluía algumas evidências circunstanciais, noticiando que a parede do escritório de Hitler exibia um grande retrato do magnata americano. Traduções alemãs de um livro assinado com o nome de Ford cobriam sua mesa na antessala. Intitulado *O judeu internacional: o problema mais urgente do mundo*, o livro trazia um compêndio de artigos publicados pelo jornal *Dearborn Independent*, de Ford, que dois anos antes lançara uma cruzada implacável para denunciar os judeus por seu suposto "controle financeiro e comercial, usurpação do poder político, monopólio das necessidades e direcionamento autocrático das notícias lidas pelo povo americano". Pretendendo-se uma investigação desapaixonada da "questão judaica" — "transmitimos os fatos tal como os encontramos" —, a série do *Dearborn Independent*, bastante influenciada pelos *Protocolos dos sábios de Sião* e abrangendo cerca de 92 números, concluía casualmente que o "judeu internacional e seus satélites", esses "controladores do mundo", eram "os inimigos conscientes de tudo que os anglo-saxões entendem por civilização" e estavam por trás de praticamente todos os males do mundo: as inquietações trabalhistas, a ascensão do bolchevismo, os pânicos financeiros e a guerra.[2] Os conspiradores no coração desses complôs concêntricos, segundo o *Independent*, eram financistas judeus. Jacob Schiff, Otto Kahn e os Warburg em particular foram alvos irresistíveis para as diatribes do jornal. Seus legados ainda carregam a mácula dos falaciosos ataques de Ford. O impacto maligno que ele teve sobre o povo judeu foi incalculavelmente profundo, alimentando um dínamo de ódio que só fez ganhar em intensidade.

Hitler negou receber apoio financeiro do industrialista americano, mas deixou claro que considerava Ford uma inspiração. "Vemos Heinrich Ford como líder do crescente movimento fascista nos Estados Unidos", afirmou Hitler. "Admiramos particularmente sua política antijudaica, que é a plataforma dos fascistas bávaros. Seus artigos antijudaicos acabam de ser traduzidos e publicados. O livro está chegando às mãos de milhões por toda a Alemanha." E de fato havia exemplares de *O judeu internacional* em todas as livrarias alemãs.[3] Em seu manifesto de 1925, *Minha luta*, Hitler citou o jornal de Ford e o elogiou por sua postura contra os judeus americanos.

Como o fabricante de automóveis mais celebrado dos Estados Unidos se tornou o principal divulgador de conspirações antissemitas e influenciou a ascensão do nazismo? Os biógrafos de Ford se debateram com essa questão, tentando identificar a origem insidiosa de seu antissemitismo. Uns apontam para a atmosfera de preconceito de sua criação no Meio-Oeste, incluindo as ocasionais passagens antissemitas encontradas nos livros didáticos da série McGuffey Readers, que constituíram um elemento central da formação educacional de Ford.[4] Outros, para a profunda influência do secretário pessoal de Ford, Ernest Liebold, um antissemita virulento investigado por suspeita de espionar para a Alemanha durante a Primeira Guerra Mundial.[5]

O próprio Ford sugeriu que o momento iluminador ocorreu no fim de 1915, enquanto seguia num vapor rumo à Noruega em uma missão quixotesca para negociar um fim para a Grande Guerra. O conflito fizera dele um ativista aberto pela paz, que dissera ao *New York Times* no começo daquele ano: "Sou contrário à guerra em todos os sentidos da palavra". Na mesma entrevista, ele afirmou que "duas classes se beneficiam da guerra — militares e agiotas", e alegou que "os banqueiros de Wall Street" estavam por trás do movimento de "prontidão" destinado a preparar os Estados Unidos para a guerra.[6] Ford anunciou em seguida que contribuiria com 1 milhão de dólares de sua própria fortuna para uma campanha de paz. Isso levou a um encontro entre ele e uma feminista e pacifista húngara chamada Rosika Schwimmer, com quem concebeu a malfadada tentativa de diplomacia freelance. Ford fretou o transatlântico *Oscar II*, convidou os pacifistas mais famosos do país a se juntarem a ele e zarpou de Hoboken em 15 de dezembro. Os jornais zombaram do idealismo de sua iniciativa, chamando-a de "o capricho de Ford" e "a nau dos loucos".[7] Ford pegou uma gripe a bordo do navio e passou a maior parte da viagem na cabine. Pouco após chegar à Europa, abandonou os compatriotas de forma abrupta e misteriosa e voltou para casa em Michigan, condenando a empreitada.[8]

Schwimmer, a originadora da ideia, era judia, assim como outros membros da delegação de paz. Seis anos após o constrangedor episódio, Ford alegou que a viagem em companhia de judeus abrira seus olhos para o poder supostamente ubíquo deles. "A bordo do Navio da Paz havia dois judeus muito proeminentes", explicou Ford. "Mal navegáramos trezentos quilômetros quando começaram a me falar do poder da raça judaica, de como controlavam o mundo ao controlar o ouro e de como ninguém senão os judeus podiam pôr fim à guerra. [...] Disseram-me, e acreditavam nisso, que os judeus haviam começado a guerra e prosseguiriam com ela enquanto desejassem. [...] Fiquei tão enojado que tive vontade de mandar o navio dar meia-volta."[9]

A explicação de Ford para seu despertar antissemita, porém, não bate com o relato de Schwimmer. Ela recordou que durante seu primeiro encontro com Ford, um mês antes de zarparem para a Europa, ele se manifestou em mais de uma ocasião sem ser instigado por ninguém: "Sei quem causou a guerra — os banqueiros judeus alemães! Tenho a prova aqui. Fatos! Os banqueiros judeus alemães causaram a guerra".[10]

* * *

Houve outra influência fundamental para a cruzada de Ford contra os judeus e para o próprio antissemitismo moderno: um expatriado russo chamado Boris Brasol. Descrito como "um sujeito pequeno, pálido, nervoso e efeminado, de testa inclinada, nariz proeminente e olhos escuros e taciturnos", Brasol era um crítico literário e advogado que trabalhara para o Ministério da Justiça russo.[11] Era membro das Centenas Negras, a organização ultranacionalista leal aos Romanov cujos seguidores frequentemente estavam no centro dos pogroms russos contra judeus. No início da Primeira Guerra Mundial, Brasol servira como tenente na Guarda Imperial Russa. Mais tarde, recebeu um posto diplomático nos Estados Unidos, ao qual renunciou após a Revolução Russa. Com seu país em tumulto — e sua vida possivelmente em perigo, caso regressasse —, ele permaneceu nos Estados Unidos, tornando-se um líder entre os emigrados russos-brancos e formando a União de Oficiais Tsaristas do Exército e da Marinha, grupo contrarrevolucionário composto de membros das Centenas Negras e apoiadores da monarquia russa.[12]

Refinado e aristocrático, Brasol tornou-se um proeminente orador e polemista antibolchevique, seus escritos destilando veneno antissemita. Para ele, judaísmo era sinônimo de bolchevismo: ele escreveu sobre "a luta contra o bolchevismo; ou seja, contra o judaísmo", e promoveu o mito do "bolchevismo judeu".[13]

Os desvarios conspiratórios de Brasol teriam exercido pouco efeito se não encontrassem um público em Ford e nas altas patentes do serviço de inteligência militar americano. Após a Revolução Russa, Brasol se ofereceu para trabalhar no escritório de inteligência do Conselho de Comércio de Guerra, onde foi designado investigador especial. Em 1919, tornara-se assessor do brigadeiro-general Marlborough Churchill, chefe da Divisão de Inteligência Militar do Departamento de Guerra.[14]

A Revolução Russa desencadeou uma onda de histeria anticomunista nos Estados Unidos, e a Divisão de Inteligência Militar liderou um esforço nacional para erradicar subversivos e radicais de toda espécie, sobretudo os agitadores e anarquistas estrangeiros tidos como a fonte dos crescentes conflitos trabalhistas e raciais da nação. Houve uma escalada da primeira onda da "ameaça vermelha" após uma série de atentados a bomba perpetrados pelos seguidores de um anarquista italiano chamado Luigi Galleani contra proeminentes homens de negócios, incluindo Jack Morgan, e funcionários do governo. Em junho de 1919, um deles detonou um artefato na casa do procurador-geral A. Mitchell Palmer. Palmer posteriormente lançou uma série de operações e perseguiu milhares de esquerdistas, muitos deles imigrantes.

Esse era o clima no país enquanto Brasol supria seus superiores na comunidade de inteligência com um fluxo constante de informações alarmantes sobre o grupo que considerava o mais subversivo: os judeus. Brasol se concentrou em Jacob Schiff, Otto Kahn e os Warburg, alegando que eles ajudavam a orquestrar uma tentativa de engendrar o caos generalizado como preparativo para a dominação mundial. Não havia quase dúvida de que era ele o oficial de inteligência conhecido como "B-1" — identificado apenas como um russo a serviço do Conselho de Comércio de Guerra —, cujos prodigiosos relatórios teciam elaboradas teorias da conspiração, incluindo acusações contra o Comitê de Distribuição Conjunta e o Comitê Judaico Americano, que estariam atuando como canais para transações financeiras ilícitas. Uma das alegações não comprovadas de B-1 era que Schiff, os Warburg e outros haviam financiado secretamente Liev Trótski com o objetivo de orquestrar uma "revolução social" e que seriam a mão oculta por trás da ascensão do bolchevismo.[15]

Brasol também foi responsável pela difusão da pedra fundamental do antissemitismo moderno: os *Protocolos dos sábios de Sião*. O falso documento alegava ser produto de conclaves secretos reunidos por líderes judeus no final do século XIX conforme elaboravam um plano para destruir a civilização cristã e obter o controle global.

Os *Protocolos* foram publicados originalmente de forma serializada em 1903 no *Znamya*, um jornal de São Petersburgo fundado por Pável Kruchevan, jornalista fervorosamente antissemita e membro das Centenas Negras que ajudou a incitar o pogrom de Kichinev. A autoria do documento espúrio, contendo trechos extraídos de inúmeras fontes, permaneceu nebulosa por muito tempo. Ela costumava ser atribuída ao chefe da Okhrana — o serviço secreto russo — em Paris, mas pesquisas mais recentes, inclusive a realizada pelo professor Steven Zipperstein, da Universidade Stanford, apontam para Kruchevan como autor ou coautor dos *Protocolos*.[16]

O texto permaneceu obscuro e circulou amplamente somente após a Revolução Russa, quando Brasol e outros tsaristas o promoveram na tentativa de provar que a rebelião — assim como o próprio bolchevismo — nada mais era que uma das iniciativas em um esquema mais amplo dos judeus. Em 1918, Brasol forneceu um exemplar dos *Protocolos* a Harris Houghton, um oficial de inteligência militar "obcecado pela ameaça dos judeus ao esforço de guerra americano", segundo o estudioso do judaísmo Robert Singerman, que publicou um estudo abalizado sobre as origens americanas do documento.[17] Além da antipatia de Brasol pelos judeus, Houghton partilhava da obsessão do russo por Schiff. A certa altura, ele despachou um investigador para encontrar uma ligação entre o financista e a malfadada e escandalosa tentativa americana de produzir aeronaves militares em massa durante a guerra; Houghton também investigou os sócios de Schiff, Otto Kahn e Felix Warburg, por supostas atividades subversivas.[18]

No final de 1918, uma versão traduzida dos *Protocolos* circulava amplamente no governo Wilson, graças aos esforços tanto de Houghton como de Brasol. Além de fornecer o documento a oficiais de inteligência de alta patente, Houghton disponibilizou-o a diversos membros do gabinete de Wilson. O próprio Wilson foi informado dos *Protocolos* durante a Conferência de Paz de Paris.[19] Por volta dessa época, o presidente foi alertado para outra coleção de documentos alarmantes, também originários da Rússia, supostamente revelando que Trótski, Vladímir Lênin e outras lideranças bolcheviques eram agentes alemães destacados para arquitetar a Revolução Russa e engendrar a saída russa da guerra. Consistindo em 68 circulares e cartas supostamente oriundas de bancos alemães, funcionários do governo e outros, essa coleção de documentos foi adquirida em São Petersburgo por Edgar Sisson, jornalista e antigo editor da *Cosmopolitan* enviado à cidade russa como representante do Comitê de Informação Pública, agência do governo criada para supervisionar a propaganda de guerra.[20]

Parte dos registros continha referências a Max Warburg, sugerindo que ele e seu banco haviam servido de ligação financeira para os bolcheviques. Uma carta, supostamente de um líder da Liga Espartaquista para um revolucionário bolchevique, afirmava que "a casa bancária M. Warburg abriu [...] uma conta para as atividades do camarada Trótski". À primeira vista, a missiva seria uma prova do envolvimento tanto alemão (Max praticamente trabalhava para o governo durante a guerra) como judeu na revolução bolchevique, e confirmaria parte da "inteligência" que Boris Brasol fornecera à Divisão de Inteligência Militar. Na verdade, os arquivos pareciam ser uma operação de desinformação preparada por adversários dos bolcheviques.

Em 1956, o diplomata e historiador George Frost Kennan — parente do jornalista George Kennan, com quem Schiff mantinha relações amigáveis — publicou uma refutação definitiva dos documentos de Sisson, expondo-os como uma fraude elaborada. Mas houve dúvidas quanto a sua autenticidade desde o começo. Em 1918, o governo britânico examinou o mesmo material e determinou que era na maior parte falso, com alguns documentos de fontes supostamente diferentes produzidos pela mesma máquina de escrever.[21] Contudo, o governo Wilson extraiu uma conclusão diferente — e chegou a dar sinal verde para a publicação dos documentos em um panfleto do Comitê de Informação Pública intitulado "A conspiração alemã-bolchevique", emprestando o selo de legitimidade do país a papéis falsos.

Mais uma vez Brasol atuara nos bastidores para garantir que um conjunto de documentos fraudulentos ganhasse credibilidade. Em seu livro de 1946, *The Great Conspiracy: The Secret War Against Soviet Russia* [A grande conspiração: a guerra secreta contra a Rússia soviética], Michael Sayers e Albert Kahn observaram que Brasol e seus aliados russos-brancos estavam "em estreito contato com o Departamento de Estado e o supriam com grande parte dos dados falsos e desinformação em que ele se baseou para atestar a autenticidade dos fraudulentos 'documentos de Sisson'".[22]

Em 1919, quando, apesar de seus melhores esforços, as denúncias de Brasol sobre uma conspiração mundial judaica fracassaram em obter tração no governo Wilson, ele começou a procurar um editor americano para os *Protocolos dos sábios de Sião*. Após repetidas rejeições, uma pequena editora de Boston concordou em lançar a tradução inglesa do livro. Intitulada *The Protocols and World Revolution* [Os protocolos e a revolução mundial] e publicada em julho de 1920, a obra de 149 páginas foi ampliada com comentários anônimos escritos por Brasol: os *Protocolos* traduzidos compreendem menos da metade do livro. Nos capítulos restantes, o autor ignorado — ou seja, Brasol — listou as "evidências" de que os *Protocolos* eram genuínos e de que o bolchevismo era uma maquinação judaica. Entre as informações incriminadoras citadas estavam os documentos de Sisson, "publicados pelo governo dos Estados Unidos". A correspondência entre Warburg e Trótski foi reproduzida na íntegra como prova de que "certos banqueiros judeus poderosos foram fundamentais e atuantes na disseminação do bolchevismo". Era uma boneca russa de falsidades — documentos forjados reforçando documentos forjados. Não obstante, o mito de um complô judaico mundial em pouco tempo se espalhou pelo globo, à medida que versões dos *Protocolos* eram publicadas da Dinamarca ao Japão.[23] Hitler invocou o livro em *Minha luta*, e sua mensagem e temas se tornariam base da propaganda nazista.

Em 1921, tendo publicado *The Protocols and World Revolution* e outro tratado incitando o ódio contra os judeus, Brasol se vangloriou: "No ano passado escrevi três livros, dois deles levando mais prejuízo aos judeus do que dez pogroms".[24] Na verdade, ele subestimou seu impacto maligno.

Em maio de 1920, vários meses antes da publicação dos *Protocolos* editados por Brasol, o *Dearborn Independent* de Henry Ford lançou a primeira parte de sua série sobre o "judeu internacional", dando início a uma campanha antissemita de sete anos profundamente inspirada pelo propagandista russo.

Embora não esteja claro como seus caminhos se cruzaram, Brasol encontrara um companheiro de viagem em Ernest Liebold, braço direito de Ford. Edwin Pipp, ex-editor do *Independent*, comentou que Liebold mostrou um "interesse" incomum nos "escritos e negócios" de Brasol e recomendou que ele entrasse em contato com o russo. Isso resultou em um artigo de Brasol intitulado "A ameaça bolchevique à Rússia", que apareceu nas páginas do *Independent* um ano antes de o jornal começar a disparar contra os judeus. E, segundo Pipp, Brasol fez visitas a Liebold e Ford em diversas ocasiões.[25] Com a ajuda de Brasol, Liebold moldou a missão editorial do *Independent*, com um enfoque quase exclusivo em desbaratar a conspiração judaica.[26]

"Ninguém questiona a ligação entre o secretário [de Ford], Boris Brasol e outros incitadores de ódio aos judeus", contou Pipp. "Eles ajudaram a atiçar a chama do preconceito contra os judeus na mente de Ford."[27] O próprio timing da série sobre o "judeu internacional" sugeria uma ligação com Brasol, pois, mais ou menos na mesma época em que a versão russa dos *Protocolos* foi publicada, o *Independent* escreveu extensamente sobre o texto, inclusive em um artigo intitulado "Uma introdução aos 'protocolos judaicos'".

Liebold adquirira o *Independent*, um semanário da cidade natal de Ford que passava por dificuldades financeiras, no fim de 1918, em nome de Ford. Na época, Ford perdera por pouco uma tentativa de chegar ao Senado numa disputa em que seu adversário o difamou com ataques a seu pacifismo e à dispensa do recrutamento obrigatório obtida por seu filho, Edsel. Convencido de que a vitória lhe fora traiçoeiramente roubada e amargurado com o tratamento recebido pela imprensa, que ridicularizara sua postura antiguerra, Ford buscou uma plataforma para sua mensagem populista que não fosse filtrada pelos céticos e inimigos da mídia. O slogan do jornal sintetizava seu espírito, claramente inspirado em Ford: "Cronista da verdade negligenciada". Exceto que ele se tornaria a principal tribuna da nação para as calúnias antissemitas.

Passando-se por um veículo moderado e investigativo, o *Independent*, semana após semana, explorava tópicos tendenciosos como "Existe mesmo um programa mundial judeu definido?", "Os judeus previram a Guerra Mundial?" e "O poder judaico controla a imprensa mundial?". (Sim, sim e sim, segundo o jornal de Ford.) E examinava organizações judaicas como o Comitê Judaico Americano e a Kehillah nova-iorquina, afirmando que ambas eram "notáveis tanto por sua dissimulação como por seu poder" e constituíam o "rematado exemplo de um governo dentro de um governo no coração da maior cidade americana".[28]

Banqueiros judeus eram objeto frequente da cobertura do *Independent*. A Goldman Sachs e a J. & W. Seligman & Co. foram mencionadas de passagem, mas, talvez refletindo as preocupações de Brasol, Schiff e seus sócios figuravam regularmente no jornal, com suas atividades — filantrópicas, financeiras, políticas — filtradas por um prisma sinistro e retratadas como astutas maquinações a serviço de algum plano judeu criminoso. Um artigo sobre "Como funcionam as finanças internacionais judaicas" — a exemplo das demais peças difamatórias na série sobre o "judeu internacional" — refletia sinistramente sobre "a presciência com que a Kuhn, Loeb & Company se posiciona sobre os assuntos mundiais" e sugeria que as simpatias divergentes de seus sócios durante a guerra faziam parte na verdade de uma trama astuta para consolidar a influência do grupo. "Essa firma financeira judaica é uma grande orquestra internacional; ela consegue tocar 'The Star-Spangled Banner', 'Die Wacht am Rhein', a 'Marselhesa' e 'Deus salve a rainha' numa única execução harmoniosa, prestando obsequiosa atenção aos preconceitos de cada hino."[29]

O artigo retratava Otto Kahn, e suas viagens pelo mundo afora, como o genuíno arquétipo do "judeu internacional", um estadista-financista que em diferentes momentos deteve a cidadania americana, britânica e alemã. "Exatamente de quantos países o sr. Kahn foi cidadão não é algo fácil de determinar", criticou o jornal, afirmando que a "porção do mundo que lhe fora alocada parece ser a Grã-Bretanha e a França".[30]

O clã binacional Warburg era visto com particular desconfiança. Segundo a narrativa do *Independent*, as tentativas de Paul de modernizar o sistema financeiro americano não tinham nada a ver com estabilidade econômica, sendo na verdade uma iniciativa dissimulada voltada a promover a subserviência econômica. Em um artigo sobre a "ideia judaica" por trás do Sistema da Reserva Federal, o jornal destacava passagens dos *Protocolos* que supostamente denunciariam os verdadeiros objetivos de Warburg:

> No vigésimo protocolo, onde é revelado o grande plano financeiro de subversão e controle mundiais, há outra menção à ignorância dos governantes quanto aos problemas financeiros. É uma coincidência que, embora não use o termo "ignorância", o sr. Warburg não meça as palavras sobre a condição obscurantista em que encontrou este país. [...] Ele admitiu que

foi essa a sua ambição ao chegar aqui do estrangeiro como um banqueiro judeu alemão: afeitar mais a seu gosto nossos assuntos financeiros. Mais do que isso, foi bem-sucedido.[31]

Segundo o jornal de Ford, Paul não só havia cooptado o sistema financeiro americano como, ao lado do irmão, Max, praticamente redigira o Tratado de Versalhes. "O irmão dos Estados Unidos e o irmão da Alemanha se encontraram em Paris como representantes do governo para estabelecer a paz. Havia tantos judeus na delegação alemã que ela ficou conhecida pelo termo 'kosher', ou 'delegação Warburg', e havia tantos judeus na delegação americana que os delegados dos menores países da Europa viam os EUA como um país judeu."[32] (Claro que a afirmação de que os Warburg haviam conspirado para moldar as conversações de paz, presumivelmente em prol da comunidade judaica internacional, não tinha um pingo de verdade. Para começar, Paul não compareceu à conferência em Paris, e tanto ele como Max ficaram desesperados com o resultado da paz e tentaram inutilmente amenizar o impacto das medidas financeiras mais punitivas do tratado.)

A conspiração de Warburg denunciada pelo *Independent* ia ainda mais fundo. "Max Warburg foi um fator" no "estabelecimento do bolchevismo na Rússia", relatou o jornal, citando o documento fraudulento de Sisson que identificava a M. M. Warburg "como uma das fontes dos recursos enviados a Trótski para serem usados na destruição da Rússia. Sempre contra a Rússia, não por motivos alemães, mas judaicos, que nesse caso em particular coincidiram. Warburg e Trótski — contra a Rússia!".[33]

No complô para derrubar o Império russo, o *Independent* apontou Schiff como o mandachuva, misturando livremente fato, ficção e conjecturas para pintar um retrato sinistro do ativismo e da luta por direitos empreendidos pelo financista. Schiff supostamente exercera sua poderosa influência para forçar o Congresso a romper o tratado dos Estados Unidos com a Rússia — e assim "obrigar todos os negócios entre os dois países a passar pelas mãos de judeus alemães". Ele financiara a guerra do Japão contra o tsar e semeara "as noções básicas do que hoje se conhece por bolchevismo" entre os prisioneiros de guerra russos. Os "apóstolos da destruição" de Schiff acabaram por concretizar com sucesso seu plano de "minar o Império russo", levando ao brutal assassinato do tsar Nicolau e de sua família.

"Essa campanha internacional foi um empreendimento familiar", afirmou o *Independent*. "Jacob Schiff jurou destruir a Rússia. Paul M. Warburg era seu cunhado; Felix Warburg, seu genro. Max Warburg, de Hamburgo, banqueiro dos bolcheviques, era portanto cunhado da esposa e da filha de Jacob Schiff." Caso encerrado![34]

O bombardeio de difamações alcançou um público cada vez mais amplo. Com o substancial apoio de Ford, a circulação inicial de 70 mil exemplares chegou a 900 mil, fazendo do jornal um dos maiores do país. O *Independent* estava por toda parte nas concessionárias da Ford, que eram pressionadas a empurrar a publicação junto com os Model T mais recentes. E isso era só o começo: o jornal compilou a série sobre o "judeu internacional" em quatro volumes, imprimindo milhões de exemplares e distribuindo-os pelo mundo.

O ataque de Ford mergulhou a comunidade judaica americana numa crise imediata. Seus líderes ficaram previsivelmente ultrajados, mas também um pouco perplexos. Teria o próprio empresário aprovado a publicação desses artigos caluniosos? No início de junho de 1920, após a publicação de duas edições inflamatórias do *Independent*, Louis Marshall, agora à frente do Comitê Judaico Americano, escreveu diretamente a Ford, indagando "se esses artigos ofensivos contam com sua sanção" e instando o industrialista a repudiá-los. "Eles constituem um libelo contra todo um povo antes esperançoso de que, ao menos nos Estados Unidos, pudesse ser poupado do insulto, da humilhação e do opróbrio que esses artigos estão espalhando por todo o país e que são ecos das trevas da Idade Média", escreveu Marshall.

Uma resposta belicosa chegou prontamente, assinada em nome da Dearborn Publishing Company: "Sua retórica é a de um orador bolchevique. [...] Os artigos continuarão".[35] E de fato continuaram.

Em 23 de junho, o Comitê Judaico Americano convocou uma sessão de emergência de seu comitê executivo para determinar de que maneira responder aos ataques de Ford, que Marshall definiu como "o episódio mais grave da história da comunidade judaica americana".[36] Schiff não compareceu, mas seu amigo Cyrus Adler leu uma carta do financista (que ainda não se tornara um alvo pessoal do *Independent*).[37] Dois anos antes, ele havia declarado que era "muito melhor tomar medidas preventivas do que ser forçado mais tarde, quando o mal já está feito, a tomar providências para sanar o problema". Schiff, conhecido durante toda a vida pelas explosões inflamadas em defesa de seu povo, agora, em face das ultrajantes provocações de Ford, recomendava uma estratégia atipicamente tímida.

"Se entrarmos numa controvérsia, daremos início a um incêndio que ninguém pode prever como será apagado, e portanto eu aconselharia enfaticamente a não prestarmos a menor atenção a esses artigos, que o ataque será em breve esquecido", recomendou.[38] O comitê seguiu de modo geral o curso de ação prescrito por Schiff, esperando encerrar a polêmica com seu silêncio. Mas Schiff e alguns colegas no comitê executivo do Comitê Judaico Americano, que desejavam evitar um confronto direto com Ford, haviam interpretado muito mal a situação. O incêndio já fora ateado — e nunca mais parou de arder.

Pesquise "Schiff" no Google e ficará evidente o que Ford — e Boris Brasol, cujo memorando de inteligência ligando Schiff à revolução bolchevique vazou para a imprensa em 1925 e cuja incansável promoção dos *Protocolos dos sábios de Sião* atiçou o antissemitismo pelo mundo — ajudou a desencadear. Schiff e os cunhados Warburg figuravam em perniciosas teorias conspiratórias sobre o envolvimento do grupo na Revolução Russa (e em outros atos nefastos) que ficaram cada vez mais exageradas com o passar do tempo. Segundo essas alegações, sem nenhum fundamento, Schiff teria arquitetado a revolução praticamente sozinho, com o auxílio dos Warburg (que trabalhavam clandestinamente em nome da família Rothschild); Trótski seria seu "agente leal", e Schiff e Max Warburg teriam facilitado a entrada dele e de Vladímir Lênin na Rússia para realizar a revolução bolchevique; e, ainda mais absurdamente, o tsar russo e sua família teriam sido executados por ordem direta de Schiff, um "banqueiro judeu dos Illuminati".

Dan Kramarsky, neto de Dolly Schiff, afirmou ter se deparado com acusações malucas a seu trisavô ao pesquisar na internet sobre a medalha da Ordem do Sol Nascente que Jacob recebera do governo japonês: "Quando você começa a fuçar nesse canto da internet, acaba encontrando os teóricos da conspiração, eles estão com a corda toda por lá".[39] Uma descendente dos Warburg comentou o permanente desconforto da família com as teorias conspiratórias sobre o clã que povoam os fóruns online e verbetes da Wikipédia. "Nossa família é muito sensível a tudo que tem a ver com sua reputação", disse ela, descrevendo as preocupantes "sequelas" do início do século XX que continuam a atormentar os Warburg.[40]

"Às vezes me espanto que ninguém tenha vindo jogar uma bomba na minha casa, considerando o tipo de ódio dirigido especificamente a Paul Warburg", disse sua bisneta Katharine Weber. O avô dela, Jimmy, acabaria associado a complôs bizarros, do sequestro do bebê Lindbergh à criação do programa MK-Ultra da CIA — os experimentos de controle da mente da agência utilizando LSD.[41]

Depois que as teorias da conspiração Schiff-Warburg apareceram pela primeira vez nas páginas do *Dearborn Independent,* os demagogos continuaram a ressuscitá-las pelas décadas seguintes. Mais notavelmente, em 1938, o padre Charles Coughlin, um homem de direita que achava que os banqueiros judeus americanos eram responsáveis pela ascensão do comunismo russo, fez de Schiff e seus sócios na Kuhn Loeb um alvo de seus programas antissemitas. Transmitindo de Michigan, ele dizia a seus ouvintes que Schiff havia "fomentado" a Revolução Russa e que financiara Trótski "para promover a revolução social".[42] Coughlin alegava estar de posse de um documento do serviço secreto sustentando tais acusações, embora na verdade estivesse simplesmente repetindo quase literalmente o texto de um boletim de propaganda nazista.[43] O próprio Trótski respondeu às alegações de Coughlin, negando ter sido financiado por Schiff. "O nome Jacob Schiff nada significa para mim", disse. "De minha parte digo que nunca recebi dinheiro de Jacob Schiff."[44]

A conexão com Trótski fazia pouco sentido. Schiff, é claro, ficou radiante com a queda do regime dos Romanov e nunca fizera segredo de sua oposição ao tsar. Após a revolução, apoiou o governo provisório liderado por Aleksandr Kerenski, um moderado que esperava estabelecer uma democracia constitucional. No decorrer de 1917, a atitude de Schiff em relação aos eventos na Rússia passou de exultante a apreensiva e depois desolada quando os bolcheviques tomaram o poder. Em uma carta de agosto de 1917 a Louis Marshall, ele desdenhou de Trótski e lamentou que os judeus estivessem associados ao movimento bolchevique, prevendo acertadamente uma reação antissemita.

> Todos sabemos que um bom número de judeus, pelo menos nominalmente, liderados por Trótski, fez parte do Movimento Bolchevique, e, embora eles sem dúvida tenham constituído uma pequena minoria nessa insidiosa agitação [...] é infelizmente muito provável que o não muito inteligente campesinato russo, por sua própria conta ou em consequência da agitação de outros, venha a culpar os judeus em geral pelo infortúnio que se abateu sobre eles. Por isso mesmo, dias deveras sombrios podem estar reservados a nossos correligionários na Rússia. Mas o que é ainda pior, existe o perigo, até em nosso país, de que essa história dos judeus sendo a espinha dorsal do movimento bolchevique [...] encontre considerável credibilidade, algo que devemos prevenir, se pudermos.[45]

Por que Schiff escreveria uma carta dessas se estivesse ajudando Trótski e os bolcheviques? Kenneth Ackerman, autor de um livro sobre as dez semanas que Trótski passou em Nova York entre janeiro e março de 1917 — supostamente o período em que Schiff conheceu e financiou o revolucionário exilado —, escreveu que "basta dar uma olhada superficial nos fatos" para desmontar a história de Schiff e Trótski. "Quando Lênin e Trótski tomaram o poder, em novembro de 1917", observou Ackerman, "Schiff os rejeitou de imediato, proibiu futuros empréstimos à Rússia, começou a financiar grupos antibolcheviques e até exigiu que os comunistas devolvessem parte do dinheiro que havia emprestado a Kerenski."[46]

Contudo, a história mentirosa perdurou, e o suposto montante que Schiff teria dado a Trótski e seus aliados bolcheviques aumentava a cada nova versão — de 10 mil dólares para 12 milhões e em seguida 20 milhões. A primeira referência a este último número apareceu em 1949, na coluna de fofocas do *New York Journal-American* assinada com o pseudônimo Cholly Knickerbocker, na época escrita pelo jornalista Igor Cassini, cuja família aristocrática fugira da Rússia após a revolução, quando ele era pequeno. "Quem vocês acham que financiou

Lênin, Stálin & Cia. na Rússia?", afirmava Cassini no pasquim. "O velho Jacob Schiff, então banqueiro de Nova York, gabou-se de seu dinheiro ter sido uma das causas da primeira Revolução Russa, em 1905. Hoje, até mesmo o neto de Jacob, John Schiff, um proeminente membro da sociedade nova-iorquina, estima que o velho tenha desembolsado cerca de 20 milhões de dólares para o triunfo do bolchevismo na Rússia."[47]

Na década de 1950, à medida que outras publicações passavam a citar o artigo de Knickerbocker, John Schiff finalmente divulgou um pronunciamento contestando os comentários atribuídos a ele: "Eu nunca disse nada disso. Nem poderia, pois estaria dizendo algo completamente falso".[48] O desmentido não teve nenhum efeito prático, e a história foi publicada repetidamente ao longo dos anos, inclusive em *The New World Order* [A nova ordem mundial], de 1991, um livro eivado de conspirações em que o televangelista Pat Robertson acrescentava um novo detalhe à fábula: a de que Schiff teria transportado "pessoalmente" 20 milhões de dólares em ouro para os bolcheviques.[49]

O jornal de Ford deturpou de tal forma o legado de Schiff que, quando Cyrus Adler preparava a biografia póstuma do banqueiro, ele e Morti discutiram se seria ajuizado tocar no *verdadeiro* papel desempenhado por Schiff na queda do tsar. "Não sei se você acompanha o sr. Ford, mas você é o único favorito da família em quem ele não despeja sua ira", escreveu Adler. "Que seu pai tenha ajudado a causa revolucionária na Rússia é para mim uma certeza. Ele parecia ter uma estreita relação com os Amigos da Liberdade Russa, e financiava o grupo. Parte desses fundos foi usada em atividades de propaganda entre os prisioneiros russos no Japão. Ele pretendia com isso liberalizar o governo tsarista." Adler concluiu que omitir esses fatos sobre a vida de Schiff — ele, particularmente, considerava "glorioso" qualquer papel que o financista pudesse ter desempenhado na derrubada do tsar — ameaçava abrir a porta para ataques antissemitas "muito mais graves". "Não acho que tenhamos de alterar nossas vidas ou as coisas que escrevemos simplesmente porque essas bestas espumantes andam por aí. Sigamos em frente sem medo e tentemos a sorte."[50]

No fim, as "bestas espumantes" do *Independent* foram amansadas mediante ações na justiça.

Em 1923, o jornalista Herman Bernstein entrou com um processo por difamação contra Ford, que afirmara em uma entrevista que fora Bernstein quem lhe dissera a bordo do "navio da paz" que os financistas judeus estavam por trás da guerra. "Ele me contou a maioria das coisas que publiquei", disse Ford.[51] No início de 1925, outro alvo dos ataques do *Independent* processou Ford e seu jornal. O queixoso era um carismático advogado e ativista californiano, Aaron Sapiro, pioneiro na organização de cooperativas agrícolas. Em um artigo sobre a "Exploração judaica das organizações de agricultores", o *Independent* retratara Sapiro como o principal vilão. Otto Kahn, da Kuhn Loeb, também figurava nesse complô como membro do cartel bancário judeu que facilitava o esquema de Sapiro.

Alguns anos antes, à medida que o *Independent* ficava cada vez mais obcecado pela Kuhn Loeb, a firma contemplara a possibilidade de entrar com seu próprio processo contra Ford. Julius Goldman produziu um memorando de 36 páginas pesando os méritos de uma ação civil. "Salta aos olhos a clara acusação de que sua firma, aqui e no estrangeiro, na paz e na guerra, faz parte de uma conspiração de judeus para a guerra, a revolução e a dominação mundial", escreveu Goldman, considerando as acusações "tão graves quanto quaisquer outras que eu já tenha visto impressas". O advogado calculou que a ação demandaria tempo e seria muito custosa, mas que a Kuhn Loeb provavelmente venceria. Contudo, "a grande publicidade que o processo talvez envolva pode muito bem ter aspectos desagradáveis", advertiu, potencialmente forçando os sócios a divulgarem "questões privadas de negócios que qualquer pessoa na condução de assuntos tão grandes e importantes como o senhor desejaria manter privadas".[52] A Kuhn Loeb acabou não avançando com o litígio, embora, na Alemanha, Max Warburg tenha sido bem-sucedido em um processo por difamação movido contra Theodor Fritsch, editor das traduções alemãs de *O judeu internacional* e dos *Protocolos*.

Ford se esquivou de ser intimado no processo de Bernstein, arrastando a questão, mas o processo movido por Sapiro foi a julgamento em março de 1927. Pouco antes da data marcada para depor, Ford sofreu um misterioso acidente em que seu carro foi jogado para fora da estrada e desceu desgovernado pelo barranco, impossibilitando-o de comparecer. Sapiro afirmou que Ford "simulou" o acidente e que o magnata havia "perdido a coragem [...] com o colapso de seu caso".[53] No fim das contas o julgamento foi anulado, mas Sapiro levou o processo adiante. Ford, porém, desistira da briga. Além de o envolverem em dispendiosos litígios, os ataques antissemitas do *Independent* saíam caro de outras formas, alimentando publicidade negativa e motivando boicotes contra seus negócios.

No verão, pouco antes de ser marcado um novo julgamento para a ação movida por Sapiro, representantes de Ford recrutaram Louis Marshall para ajudar a pôr uma pedra na questão do "judeu internacional". Marshall escreveu, e Ford assinou, um pronunciamento no qual se desculpava pela campanha antissemita. Ele dizia em parte: "Estou profundamente mortificado que este jornal, cujo objetivo é ser construtivo, não o contrário, tenha sido usado como veículo para ressuscitar ficções desmascaradas, para dar credibilidade aos chamados *Protocolos dos sábios de Sião* [...] e para sustentar que os judeus estão envolvidos em uma conspiração para controlar o capital e as indústrias do mundo".[54] Ford chegou a um acordo em separado com Sapiro e Bernstein, retratando-se das afirmações feitas por ele e por seu jornal. E fechou o *Independent*, que publicou sua última edição em dezembro de 1927.[55]

Se a declaração de Ford sugeria arrependimento, suas ações futuras indicam que suas opiniões permaneceram praticamente inalteradas. Em suas últimas décadas de vida, ele se associou a simpatizantes nazistas, incluindo o aviador Charles Lindbergh e Gerald L. K. Smith, fundador do partido America First. E almoçava regularmente com o padre Coughlin.[56] Hitleristas também ocupavam cargos na Ford Motor Company, entre eles Heinz Spanknöbel, que chefiava o braço americano do Partido Nazista, e Fritz Kuhn, líder do German American Bund.[57] No aniversário de 75 anos de Ford, em 1938, o governo Hitler concedeu ao fabricante de automóveis — que estabelecera uma subsidiária alemã cujo conselho de administração era presidido por Heinrich Albert, antigo tesoureiro da rede de espiões americanos do Reich — a Cruz de Mérito da Águia Alemã, a maior honraria concedida a cidadãos estrangeiros.

Com a aproximação da Segunda Guerra Mundial, Ford continuou a denunciar os "financistas internacionais" por causarem agitações trabalhistas e alimentarem "pânicos de guerra" em nome do lucro. E, normalmente, tomava o cuidado de omitir a palavra "judeu" de seus ataques contra a "turma de Wall Street". Mas, em junho de 1940, um ano antes de os Estados Unidos entrarem na Segunda Guerra Mundial, sua máscara caiu durante uma conversa com um repórter da Associated Press, quando Ford observou: "Continuo achando que essa é uma guerra falsa criada pelos banqueiros judeus internacionais".[58]

Ford acabou tendo um acerto de contas com o ódio mortal que ajudara a incitar, segundo Josephine Gomon, supervisora do pessoal feminino na fábrica da Ford. Ela esteve entre um grupo de executivos que se juntou a Ford em maio de 1946 para uma exibição de *Death Stations*, um documentário produzido pelo governo sobre a liberação dos campos de concentração de Hitler. Durante uma hora, imagens horripilantes passaram na tela — um crematório em Majdanek, na Polônia, câmaras de tortura, um depósito cheio de pertences confiscados dos judeus assassinados. Quando o filme terminou e as luzes foram acesas, os colegas de Ford o encontraram quase inconsciente. Ele havia sofrido um acidente vascular cerebral de grandes proporções. Morreu no ano seguinte, aos 83 anos.

É impossível saber que pensamentos passaram por sua mente nos momentos que antecederam o AVC, mas, para Gomon, ele ficou profundamente perturbado com as imagens. Ford enfim "viu a devastação de uma peste que ajudara a alastrar", ela escreveu em suas memórias não publicadas. "O vírus completara seu ciclo."[59]

27
O mundo do porvir

DESDE OS PRIMEIROS DIAS DE 1920, uma aura de angústia e turbulência dominou a vida americana.

Um dia após o Ano-Novo, agentes federais em 35 cidades invadiram casas, salões de assembleia, clubes, cafés e outros locais, detendo milhares de suspeitos de comunismo e radicais de esquerda, na maioria imigrantes, numa nova onda de repressão autorizada por A. Mitchell Palmer e supervisionada por um jovem J. Edgar Hoover. A Lei Seca entrou em vigor algumas semanas depois, decorrente de uma histeria nacional com a falência moral do país.

Em março o Senado rejeitou, pela segunda e última vez, o Tratado de Versalhes, condenando a Liga das Nações de Wilson e manchando seriamente seu legado político. Em maio, a polícia de Massachusetts prendeu os imigrantes italianos Nicola Sacco e Bartolomeo Vanzetti, anarquistas suspeitos de serem seguidores de Luigi Galleani, acusando-os posteriormente de assassinato em primeiro grau e levando a um dos processos judiciais mais controversos da história americana. Nesse mesmo mês, mineiros de carvão em greve na Virgínia Ocidental entraram em confronto com os detetives particulares contratados para despejá-los das moradias cedidas pela companhia, causando a morte de dez pessoas no que ficaria conhecido como a Batalha de Matewan. Em junho, um relações-públicas sulista chamado Edward Young Clarke começou a trabalhar para reviver a Ku Klux Klan, que fora praticamente extinta durante a Reconstrução, atraindo milhões de novos membros ao longo dos anos seguintes. E nesse verão, claro, o *Dearborn Independent* intensificou seus ataques antissemitas e a primeira versão dos *Protocolos dos sábios de Sião* foi publicada nos Estados Unidos.

O ódio e o preconceito — contra negros, judeus e imigrantes — estavam aumentando. A tensão palpável parecia quase dar sinais de que culminaria em algo. Por fim, na hora do almoço de uma quinta-feira, 16 de setembro, a cidadela do capitalismo americano foi pelos ares.

A explosão, vinda de uma carroça estacionada em frente à sede da J. P. Morgan & Co. e carregada com quase cinquenta quilos de dinamite e 230 quilos de ferragens (para garantir a máxima destruição de vidas), envolveu Wall Street em um lençol de labaredas. Operadores, caixas e estafetas da bolsa saíram voando. O vidro estilhaçado cobriu o chão como neve fresca. A onda de choque quebrou janelas num raio de um quilômetro.

Trinta e oito pessoas morreram no ataque, entre elas o chefe dos escriturários da J. P. Morgan, William Joyce, de 34 anos. Junius Morgan, o filho mais velho de Jack, estava entre os trezentos feridos. Um século depois, as lacerações dos estilhaços ainda podem ser vistas no exterior de mármore do Corner. O atentado de Wall Street, nunca solucionado, mas tido como obra de seguidores de Galleani, seguiu sendo um dos atos de terrorismo doméstico mais letais da nação até o atentado de Oklahoma City, em 1995. A perda de vidas humanas e a destruição material foram imensas; os danos psicológicos infligidos pelo ataque, igualmente profundos. Realizado na esteira de uma série de atentados contra políticos e empresários proeminentes, ele confirmou os piores temores de americanos que acreditavam que o país estava prestes a ser vítima de um golpe nos moldes bolchevistas.

O atentado alimentou a atmosfera de intolerância que tomara conta rapidamente da nação e ajudou a inspirar novas e severas restrições imigratórias, incluindo uma lei em 1924 que impunha um sistema de cotas para as "origens nacionais". Como resultado, a imigração judaica praticamente cessou. Com os judeus da Europa fugindo do genocídio nazista, o país permaneceria na maior parte fechado para eles no momento em que mais precisavam de um refúgio.

Nesse meio-tempo, sistemas de cotas surgiram também em outros lugares, mais notavelmente nas universidades da Ivy League, como Harvard, cujo presidente, A. Lawrence Lowell, propôs limitar a presença de judeus a 15% do corpo estudantil, a fim de tentar reduzir o crescente antissemitismo. "O sentimento antissemita tem crescido entre os alunos, e na mesma proporção ao aumento na quantidade de judeus", declarou. "Se eles chegassem a 40% do corpo discente, o sentimento racial ficaria intenso."[1]

Jacob Schiff — que presenteara Harvard com um museu de estudos semitas — não viveu para testemunhar esse insulto contra seu povo, o triunfo final daqueles contra os quais passara a maior parte da vida lutando, tampouco a terrível ascensão de Hitler. Mas, em seus dias finais, a situação mundial era sombria. O acúmulo de crises, somado ao estresse da guerra e da vida no pós-guerra, parecia pesar fisicamente sobre o financista. "Fico profundamente abalado com a situação não só da Rússia, mas do mundo, e isso por vezes afeta meus nervos", confidenciou no início de 1920 a A. J. Sack, chefe do Escritório de Informações Russas, órgão antibolchevique para o qual Schiff contribuía e no qual atuava como "consultor honorário".[2]

Nos últimos anos, a saúde de Schiff se deteriorara. Ele agora estava praticamente surdo, com problemas de coração e sofrendo prostrantes períodos de insônia. Respirava com dificuldade cada vez maior e sentia-se mais confortável sentado ereto do que reclinado. O chofer o levava para passear de madrugada. Às vezes, embalado pelo ar fresco e pelo ritmo hipnótico do carro, Schiff cochilava.[3]

Fora do círculo familiar, poucos sabiam de sua saúde debilitada. Em público, ele procurava mostrar que ainda tinha energia, e por breves períodos de fato recuperou as forças. No verão de 1919, Jacob e Therese fizeram sua visita anual a Bar Harbor, onde Schiff ignorou o conselho do médico contra exercícios muito vigorosos e passou horas caminhando na floresta com os netos e outras companhias. (Se o tivesse visto em atividade, o senador Borah talvez encontrasse motivo para questionar o pretexto que ele dera para evitar uma viagem a Washington em junho daquele ano a fim de depor na audiência sobre o "vazamento" do tratado.)[4]

Schiff decidiu não voltar ao Maine em agosto seguinte, culpando o esforço empreendido no último verão pelo agravamento de seus problemas cardíacos e afirmando ser incapaz de "resistir à tentação de subir pelo menos algumas magníficas colinas por lá".[5] O financista achava que sua saúde poderia se beneficiar de uma "altitude um pouco mais elevada", e passou esse mês com Therese nas Montanhas Brancas, em New Hampshire, antes de voltar em setembro para sua casa de veraneio em Sea Bright. Novamente a saúde de Schiff pareceu melhorar um pouco, e por um breve período ele tornou a frequentar seu escritório na Kuhn Loeb.[6] Mas quando Louis Marshall o visitou em meados de setembro de 1920, na véspera do Rosh Hashaná, o Ano-Novo judaico, sabia que havia algo errado. Schiff estava aflito porque talvez não pudesse comparecer à sinagoga durante as grandes festas. Estava proibido de caminhar e considerava que ir de carro era um sacrilégio.[7]

Uma semana depois, jejuou no Yom Kippur, como de costume. No dia seguinte, sentiu uma forte dor no coração, e à noite mergulhou num estado de consciência parcial. Permaneceu nessa condição por dois dias, e enfim faleceu às seis e meia da tarde de um sábado, 25 de setembro, quando os derradeiros raios de sol do Shabat sumiam na Quinta Avenida.[8]

"É com grande pesar que informamos o falecimento de nosso estimado sócio sênior", anunciou por cabograma a Kuhn Loeb a seus clientes e contatos no mundo todo. Benjamin Buttenwieser, na época um jovem funcionário da firma, relembrou: "A nota nem mencionava o nome dele, pois ao que parece teria sido depreciativo até mesmo insinuar que os destinatários não soubessem quem era o sócio sênior da Kuhn Loeb".[9]

Schiff deixou uma fortuna inicialmente estimada em 150 milhões de dólares. Na verdade, era menos de um quarto disso — cerca de 35 milhões (sem contar um fundo fiduciário que estabelecera para a esposa). De seus diversos ativos, a maior parte, cerca de 6,4 milhões, era mantida em títulos da liberdade para apoiar o esforço de guerra. "O fato de o sr. Schiff ter deixado apenas cerca de 10 milhões de dólares a mais do que Andrew Carnegie, que devotou os últimos dias de sua vida à tentativa de morrer pobre, e menos de um terço da fortuna acumulada por J. Pierpont Morgan, de quem era contemporâneo, [...] causará surpresa geral", comentou o *New York Times*, depois que um inventário completo dos ativos do financista, incluindo os 69 dólares que havia em seu bolso no momento do óbito, foi submetido às autoridades fiscais de Nova York. "Seu patrimônio corresponde a menos da metade do de Henry Clay Frick e Anthony N. Brady, cujas atividades envolvendo grandes operações financeiras não chegavam a seus pés, mas Schiff, como Carnegie, foi ao longo da vida um constante benfeitor de organizações religiosas e filantrópicas, assim como de indivíduos."[10]

As doações de caridade póstumas, totalizando 1,35 milhão de dólares, preenchiam quatro páginas de seu testamento. Os dezenove beneficiários de sua generosidade refletiam um amplo leque de interesses filantrópicos, indo do Seminário Teológico Judaico e do Lar Montefiore à Universidade de Nova York, Harvard, o Metropolitan Museum of Art e o Instituto Tuskegee, de Booker T. Washington. Mesmo na morte, Schiff exerceu um rígido controle sobre suas doações filantrópicas. Em vez de heranças diretas, determinou em seu testamento que fossem tratadas como dotações, disponibilizando apenas o rendimento para as despesas das organizações. No caso da maior beneficiária de sua caridade, a Federação de Apoio às Filantropias Judaicas, fundada e liderada por seu genro, Felix Warburg, aceitar a herança de 500 mil dólares deixada pelo banqueiro exigiu uma mudança nos estatutos, que proibiam expressamente legados. Schiff afirmou em seu testamento estar "convencido de que será do interesse da federação revogar essa cláusula". E acrescentou, a seu modo clássico, que "não tenho o menor desejo de exercer qualquer pressão" sobre o grupo, enquanto fazia exatamente isso. O pedido de Schiff foi objeto de um intenso debate dentro da federação, mas os estatutos acabaram sendo alterados.[11]

Um homem meticuloso que cuidava de todos os detalhes, Schiff também deixou uma carta "a ser aberta imediatamente após minha morte", explicando como queria ser enterrado e pranteado pelos entes queridos:

À minha estimada esposa, a meus queridos filhos e aos que ficam,

Sabendo que em algum momento terei de deixá-los para entrar na vida eterna, expresso os seguintes desejos, que lhes peço sejam realizados por ocasião de meu passamento: tomem as devidas precauções para garantir que toda vida tenha cessado, abrindo veias, embalsamando ou por algum outro método. O caixão em que serei enterrado deve ser *o mais simples possível*; coroas de flores extravagantes devem ser evitadas. As cerimônias podem ocorrer em uma sinagoga ou outro lugar de culto, mas devem se restringir à leitura do serviço fúnebre e à música.

Desejo que os *tefilim* [...] que usei no aniversário da morte de meus pais sejam depositados no caixão em que serei enterrado.

Gostaria que meus filhos recitassem o *kadish* aos sábados nos primeiros onze meses após minha morte, sempre que o puderem fazer *sem nenhum inconveniente*; se por algum motivo ficarem impedidos, não devem sentir que estão desrespeitando meus desejos. Se puderem igualmente honrar minha memória recitando anualmente o *kadish* em público no sábado anterior ao aniversário de minha morte, creio que lhes será gratificante.

Na vida e na morte, seu estimado
Jacob H. Schiff

Uma nova era se anunciava para a Kuhn Loeb e para o país, que ingressou num período de prosperidade sem precedentes, tão espetacular quanto o colapso econômico de 1929 que marcou sua conclusão.

O comando da Kuhn Loeb passou à terceira geração. Embora por vezes questionasse as decisões do filho — e o tratasse habitualmente com aspereza —, Schiff sempre tivera esperança de que Morti herdasse seu trono. Mas Otto Kahn, famoso no mundo todo, presença constante nos jornais, mais ousado do que o sócio nos negócios e em tantos outros aspectos, não aceitaria de bom grado um papel de subordinado. "Desde a morte de Jacob H. Schiff, ninguém foi considerado membro sênior da firma, e a posição e influência de cada um dependiam do que o próprio sócio houvesse conseguido", admitiu Morti posteriormente.[12] Para todos os fins práticos, ele e Kahn assumiram juntos a liderança da sociedade, que depois incluiu apenas dois outros sócios: Jerome

Hanauer e Felix Warburg, até então envolvido apenas nominalmente nos assuntos da Kuhn Loeb.

Durante os anos 1920, a firma seguiu na maior parte o caminho estabelecido por Jacob Schiff, supervisionando 3 bilhões de dólares em emissões de títulos industriais e soberanos, embora Otto Kahn, cedendo a suas inclinações boêmias, também tenha levado a empresa a financiar a indústria cinematográfica, então em seus primórdios.[13] Numa época em que muitas firmas de Wall Street hesitavam em bancar estúdios de cinema, Kahn fechou um acordo para a Kuhn Loeb subscrever 10 milhões de dólares em uma emissão de ações para a Famous Players-Lasky Corporation, mais tarde conhecida como Paramount.

Ingressando no pós-guerra com seu prestígio diminuído, a Kuhn Loeb se agarrou a sua posição entre os principais bancos de investimento do mundo, mesmo enfrentando a concorrência vinda de lugares improváveis.

Pouco antes da morte de Jacob Schiff, Paul Warburg o procurara para financiar um novo empreendimento, o International Acceptance Bank, que ele via como um veículo para financiar a reconstrução alemã e voltar aos negócios com seu irmão Max. A firma se especializaria em aceitações — um tipo de letra de câmbio a curto prazo garantida (ou "aceita") por um banco e passível de ser comprada e vendida no mercado secundário. Esses instrumentos de crédito, tidos como menos arriscados do que outros tipos de letra de câmbio, por terem um banco (não um indivíduo ou empresa) como responsável pelo pagamento, financiavam havia muito tempo o comércio internacional na Europa, mas nos Estados Unidos um mercado acabava de se formar graças à criação da Reserva Federal, que podia agora adquirir aceitações dos bancos afiliados.

Os sócios da Kuhn Loeb não viam a proposta de Warburg com bons olhos, prevendo possíveis conflitos com seus próprios negócios. Mesmo assim, Schiff, em grande parte por razões sentimentais, concordou em oferecer uma participação de 10% no negócio. O IAB iniciou suas operações em 1921, tendo Paul como presidente do banco e seu filho Jimmy como vice-presidente.

Os problemas começaram quase na mesma hora, na medida em que a nova firma se desviou de suas tarefas como banco comercial e invadiu um terreno ocupado (e zelosamente guardado) pela Kuhn Loeb, incluindo a emissão e a venda de títulos estrangeiros. Em pouco tempo o IAB começara a abordar diretamente os clientes e as conexões da Kuhn Loeb. Em um memorando de catorze páginas documentando o desgastado relacionamento, Morti escreveu: "James Warburg, por exemplo, instou a N. M. Rothschild & Sons de Londres a não enviar ouro exclusivamente para a Kuhn, Loeb & Co., mas a mandar parte dele para o International Acceptance Bank. Ele também afirmou a vários contatos europeus [...] que as relações entre a Kuhn, Loeb & Co. e o IAB eram tão próximas que não importava qual das duas propostas seria abordada, e tentou desse modo fortalecer a posição do International Acceptance Bank".

De maneira alarmante, o banco de Paul parecia tentar se afirmar como principal contato americano da M. M. Warburg, papel que a Kuhn Loeb desempenhara por décadas. "O atrito foi surgindo pouco a pouco", explicou Morti diplomaticamente. A parceria continuou aos trancos e barrancos até 1927, quando os Warburg por fim informaram Morti de que o IAB "deve ter total liberdade de ação para fazer todo tipo de negócio da maneira que lhe aprouver". Max, "por motivos familiares", recordou Morti, sentiu-se "obrigado a escolher o International Acceptance Bank como sua conexão em Nova York".

A disputa deixou Felix numa posição desconfortável. Ele nunca fora muito ativo nas negociações da Kuhn Loeb — Morti se lembrava dele lidando sobretudo com tarefas menores, "como supervisionar e cuidar dos títulos" e "assinar a correspondência" —, mas, como sócio, ainda assim desfrutava dos substanciais proventos da firma. Ele também era membro da diretoria e acionista do banco do irmão. Esses papéis agora estavam em conflito. Numa ocasião, Felix transferira 1 milhão de dólares para o IAB sem consultar os demais sócios da Kuhn Loeb; Morti tinha fortes suspeitas de que esses fundos haviam ajudado a custear a fusão do IAB com o Bank of Manhattan. (Posteriormente, após outra fusão, a entidade combinada ficou conhecida como Chase Manhattan.) Nesse ponto, os sócios de Felix viam qualquer acordo que fortalecesse o banco de Paul como uma ameaça. Felix, segundo Morti, não mostrou arrependimento por apoiar a firma do irmão, dizendo a seus sócios que "se reservava o direito de apoiar os interesses do International Acceptance Bank [...] mesmo que isso fosse prejudicial aos interesses da Kuhn, Loeb & Co.".

A rivalidade comercial entre a Kuhn Loeb e o IAB pôs o relacionamento familiar à prova de outras maneiras. Frederick Warburg, filho mais velho de Felix e Frieda, começara a trabalhar para a Kuhn Loeb em 1922, recém-saído de um estágio na M. M. Warburg e de um período inspecionando os esforços de ajuda humanitária do Comitê de Distribuição Conjunta no Leste Europeu. O trabalho, como o de Felix, era na maior parte uma sinecura, uma vez que Frederick carecia tanto de "tino comercial" como de iniciativa, segundo Morti (seu tio). Enquanto as discordâncias com o IAB se multiplicavam, Morti disse a Felix, talvez com franqueza excessiva, que Frederick era "inapto" para o setor bancário e que sua presença ali era um desserviço a todos. Magoado como qualquer pai ficaria, Felix tirou Frederick da sociedade e arranjou um lugar para ele na Lehman Brothers (que mantinha um relacionamento próximo com a Kuhn Loeb e seus sócios). Felix considerou ainda a possibilidade de renunciar, tocando no assunto com o irmão, Max, e mais tarde Morti. Os sócios de Morti andavam discretamente lhe pedindo para encorajar Felix a se aposentar. Mas, temendo uma ruptura ainda maior com os Warburg, Morti conduziu Felix a um acordo pelo qual ele poderia permanecer como membro da Kuhn Loeb sem nenhuma responsabilidade comercial de fato e ir e vir como preferisse, em troca de uma parcela reduzida dos lucros da sociedade.

Se por um lado interferiu nos negócios da Kuhn Loeb, por outro Paul também ajudou a firma a evitar a catástrofe na quebra de 1929. Muito antes da inevitável crise, ele já previra o que estava por vir, observando o mercado inflacionar com crescente preocupação. Durante a expansão econômica da década de 1920, o mercado de ações em alta atraiu um influxo de novos investidores, muitos deles comprando com dinheiro emprestado a fim de maximizar seus lucros. A atitude geral entre as principais mentes do mundo financeiro parecia ser a de que nem tudo que sobe tem de descer. Nesse meio-tempo, os bancos de investimento haviam criado um veículo novo e arriscado para atender o apetite cada vez maior por investir no mercado. Uma versão mais livre dos atuais fundos mútuos, os trustes de investimento eram corporações que vendiam ações ao público e usavam os lucros para especular no mercado de ações. Nos anos que antecederam a Grande Depressão, centenas de trustes foram formados e comercializados com os investidores.

Paul ficou horrorizado tanto com o frenesi especulativo como com a inação da Reserva Federal, que, embora tivesse o poder de esfriar o mercado superaquecido, assistia passivamente enquanto a economia americana caminhava para o buraco. Ele convenceu Morti a liquidar parte de seus investimentos pessoais. E, com base no seu conselho, a Kuhn Loeb reduziu sua oferta de empréstimos resgatáveis a curto prazo e trocou alguns de seus ativos mais arriscados por títulos municipais, mais estáveis.[14]

A empresa também se absteve da febre dos trustes de investimento, ao contrário de muitas outras firmas. "Não participamos do frenesi geral para criar filiais e corporações de valores mobiliários", Otto Kahn diria mais tarde ao Comitê Bancário e Monetário do Senado, que em 1932 lançou uma investigação sobre as causas da quebra do mercado de ações. "Nenhuma delas carrega nossa marca. Nenhuma delas foi estabelecida por nós."[15]

Farto de esperar a Reserva Federal entrar em ação, Paul fez um alerta ao público. Em um pronunciamento publicado em jornais de todo o país, o banqueiro criticou duramente o Fed por permitir aos especuladores consumir a oferta de crédito nacional e entregar o "leme" do sistema de crédito da nação aos "operadores da bolsa de valores". O banco central tinha autoridade para interromper o grande influxo de dinheiro emprestado no mercado de ações elevando as taxas de juros, e deveria "exercer sua influência de forma rápida e enérgica", afirmou Warburg. Se não fizesse isso, o resultado seria desastroso: "Se permitirmos que as orgias de especulação desenfreada se espalhem demais, o colapso final certamente não só afetará os próprios especuladores, como também acarretará uma depressão geral envolvendo o país inteiro".[16]

Em 3 de setembro de 1929, o índice Dow Jones atingiu o recorde de 381 pontos — máxima que só voltaria a ser vista outra vez dali a 25 anos.

A quebra não veio de uma vez, mas numa série de convulsivas sessões de negociações no fim de outubro. Na manhã de 24 de outubro (a "Black Thursday"), o mercado despencou 11%. De repente, a exuberância irracional que levara Wall Street a novas alturas deu lugar ao roer de unhas, e o pregão da bolsa de valores de Nova York virou uma arena de gladiadores dominada pelo medo e pelo desespero. O ritmo vertiginoso das vendas sobrecarregou o teletipo, que transmitia cotações com mais de uma hora de atraso. Rumores absurdos (e falsos) se espalharam pela bolsa e fora dela — um deles dizia que os especuladores estavam cometendo suicídio em massa. Quando um homem foi avistado no topo de um edifício próximo, uma multidão se juntou na Broad Street, presumindo que fosse pular. Na verdade, era um funcionário de manutenção.[17] O mercado se recuperou à tarde, mas o pânico se intensificou na semana seguinte. Em 28 de outubro, a então chamada "Black Monday", o mercado caiu quase 13%. No dia seguinte, mais 12%. Dessa vez, não se recuperou, iniciando um lento e doloroso declínio que derrubaria o Dow Jones a uma mínima de 41 pontos em julho de 1932.

Certo dia, em meio ao pânico, Jeff Seligman apareceu no pregão. Trajado com esmero em calça listrada e sobrecasaca, uma flor cortada na lapela, o excêntrico herdeiro dos Seligman parecia uma eminência bancária até o último fio de cabelo, ainda que nesse momento, e por muitos anos antes disso, seu papel na J. & W. Seligman & Co. consistisse na maior parte em coletar cheques e divertir os colegas mais jovens com seus hábitos extravagantes. Pouco tempo antes, seu nome estampara todos os jornais devido a um escândalo embaraçoso. Uma vedete chamada "Kittens", que o idoso banqueiro começara a cortejar quando a jovem tinha dezesseis anos, processava-o em 100 mil dólares por ele ter voltado atrás em sua promessa de casamento.[18]

Jeff fora ao *downtown* para ver de perto o pandemônio, como um turista de desastres. Mas a presença do proeminente banqueiro, que foi visto apreciando o espetáculo com sereno distanciamento, pareceu acalmar temporariamente o mercado, como comentou um jornal na época.[19]

No início daquele ano, a J. & W. Seligman & Co. estabelecera dois trustes de investimento. E, na sequência da crise, sofrera perdas substanciais que a forçaram a empreender uma série de cortes de custos e demissões. Não obstante, ela se saiu melhor do que muitas concorrentes, pois não contraíra empréstimos para alimentar as compras especulativas.[20]

A Lehman Brothers e a Goldman Sachs, que haviam aproveitado o boom do mercado de ações da década de 1920 para ascender a novas alturas, foram muito mais afetadas pelo colapso. Após a saída de Henry Goldman, a parceria de subscrição da Goldman Sachs com a Lehman gradualmente se desfez. Em 1926, elas formalizaram o divórcio dividindo sua lista de clientes de subscrição, que agora somavam sessenta, e a maioria permaneceu com a Goldman Sachs.

Ambas as firmas passaram a ser dominadas por novas personalidades. Embora tenha permanecido chefe da Lehman até a década de 1930, Philip Lehman cada vez mais cedia as rédeas ao filho Robert, formado em Yale. Bobbie ingressara na Lehman Brothers em 1919, após o serviço militar na França com as forças expedicionárias americanas. Um connoisseur, ele ajudara a fazer a curadoria e a expandir a coleção de obras de arte do pai. "Bobbie colecionava pessoas da mesma maneira", relembrou Herman Kahn, sócio da Lehman que se juntou à firma em 1928 como office boy. "Quando ficava encantado com alguém, adquiria a pessoa e a trazia para a empresa." Kahn observou que Bobbie estava "obviamente mais interessado em arte do que no sistema bancário", e era "genial quando se tratava de reunir gente capaz de compreender o uso inteligente do dinheiro". E acrescentou: "Bobbie não era técnico. Não conseguia montar uma operação de financiamento. Mas abria todas as portas".[21]

A tumultuosa vida pessoal de Bobbie incluiu três casamentos, e na opinião dos sócios ele parecia particularmente empenhado em ser aceito pela sociedade cristã. "Bobbie queria ser episcopaliano", disse um sócio. "Era um judeu antissemita."[22] Outro recordou: "Bobbie gostava muito de distinção social e de transitar entre judeus e gentios. Foi um grande dia para ele quando me tornei diretor da Standard Oil Company of California. Não porque significasse muito dinheiro [...] mas porque a Lehman, uma firma judaica, conquistara uma das grandes companhias petrolíferas, conhecidas por só negociar com gentios".[23]

Na Goldman, os Sachs haviam recrutado Waddill Catchings, um amigo e colega de classe de Arthur Sachs em Harvard, para preencher o vácuo deixado pela saída de Henry Goldman. Advogado nascido no Tennessee, Catchings era esbelto, bem-apessoado e encantador. E também podia ser cruel e arrogante. Fascinado por seu brilho, Walter Sachs adotou uma postura reverente em relação a Catchings, que conduziu a Goldman Sachs a empreendimentos arriscados que teriam feito o cauteloso fundador da sociedade, Marcus Goldman, tremer nas bases.[24] Um deles foi a criação, em dezembro de 1928, da Goldman Sachs Trading Corporation, que sob a batuta de Catchings gerou outro truste de investimento, a Shenandoah Corporation, que por sua vez estabeleceu um terceiro truste, a Blue Ridge Company. A Goldman Sachs Trading Corporation emitiu inicialmente 100 milhões de dólares em papéis (1 milhão de ações com o valor nominal de cem dólares cada). As ações chegaram ao mercado por 104 dólares e logo subiram, mais do que dobrando de valor em fevereiro de 1929.

Em seu livro sobre a crise de 1929, o economista John Kenneth Galbraith observa que o aumento vertiginoso no preço das ações "não resultou puramente do entusiasmo público com o gênio financeiro da Goldman Sachs". Na verdade, a Trading Corporation estava inflacionando artificialmente o preço de suas próprias ações ao "adquirir em peso os próprios valores mobiliários". Como em um circuito elétrico, os trustes efetivamente alimentavam uns aos outros.[25]

A Lehman Brothers, enquanto isso, criava a Lehman Corporation, inaugurando o novo truste de investimento no mês que antecedeu o colapso do mercado. Em 1930, as ações da Lehman Corporation haviam caído à metade de seu valor, e estima-se que a sociedade tenha perdido 13 milhões com o desastre.[26] Mas os prejuízos sofridos pela Goldman Sachs Trading Corporation foram estratosféricos: 121,4 milhões de dólares. Isso representava impressionantes 70% da sangria entre os catorze principais trustes de investimento.[27] Os Sachs finalmente afastaram Catchings da firma, e Walter Sachs, junto com Sidney Weinberg, o ex-office boy treinado por Paul Sachs, deu início à árdua tarefa de fechar a posição da Trading Corporation. Walter levantava às quatro da manhã e trabalhava até as dez da noite, repetindo o exaustivo ritual dia após dia. "À medida que os mercados melhoravam, passamos a vender, vender e vender."[28]

A Goldman Sachs, com sua reputação arruinada, enfrentou uma enxurrada de processos movidos por investidores. Retirado dos negócios, Sam Sachs permaneceu na maior parte alheio aos devastadores prejuízos causados à firma. "Com a idade, sua cabeça começou a falhar", relembrou Walter. "Ele achava que sabia o que estava acontecendo, mas sempre me dizia: 'Contanto que o nome não seja prejudicado'. Mas o pobre coitado não sabia — graças a Deus, nem percebeu [...] — que já fora prejudicado". Quando o mais velho dos Sachs faleceu, em 1935, aos 83 anos, a firma ainda levaria anos para recuperar seu bom nome.[29]

Décadas após a crise, Walter refletiu sobre o que levara a Goldman Sachs a agir de forma tão inconsequente no fim dos anos 1920. "O desejo de conquistar o mundo! Desencadeado pela avidez não só de dinheiro, mas também de poder, e esse foi o grande erro, pois confesso que fomos todos influenciados pela ganância."[30]

Qualquer prazer malicioso que Henry Goldman possa ter sentido ao ver o sofrimento dos Sachs foi minado pelo horror em ver a instituição que ostentava o nome de sua família virar piada nacional e um símbolo da falta de escrúpulos nas finanças. Mesmo antes da quebra, Henry desconfiava que Catchings conduzia a firma por um mau caminho. "Sei que o senhor não gosta de lisonjas", escreveu-lhe o negociante de arte Joseph Duveen em 1928, "mas tenho ouvido com frequência homens proeminentes no *downtown* dizendo que a Goldman Sachs hoje está longe de ocupar o topo. Eles comentam que seu modo de realizar negócios não é totalmente honesto."

"Claro que sou egocêntrico o bastante para ficar feliz se for verdade mesmo que sentem minha falta", respondeu Henry, "mas lamento igualmente que um nome tão antigo e tão grande, que ajudei tanto a construir, esteja descendo a ladeira."[31]

Segundo sua neta, June Breton Fisher, Henry atravessou a crise praticamente ileso: "Os recursos pessoais de Henry permaneceram intocados pelo desastre. Ele evitara qualquer participação nos trustes, considerando-os arriscados demais".[32] Após se aposentar da Goldman Sachs, Henry ingressara na Arthur Lipper & Co. — na época tentando montar seu próprio negócio de subscrição —, embora dedicasse cada vez mais tempo às atividades artísticas e filantrópicas.[33] Ele e a esposa, Babette, manifestaram interesse pela carreira de Yehudi Menuhin após assistirem à sua apresentação com a Orquestra Filarmônica de Nova York, presenteando o prodígio do violino de doze anos com um Stradivarius de 60 mil dólares. E, tendo Elena Gerhardt, a meio-soprano e rainha da *Lied*, como companhia de viagem quase constante, os Goldman visitaram negociantes de arte e casas de leilão por toda a Europa à procura de antiguidades e obras-primas para acrescentar à sua coleção.

A situação da Alemanha nunca estava muito longe dos pensamentos de Henry. Com a economia do país capengando, ele interveio para financiar pessoalmente o trabalho de alguns de seus principais físicos, incluindo Max Born, mais tarde ganhador do Prêmio Nobel por sua pesquisa pioneira em mecânica quântica. Albert Einstein se tornou um bom amigo. Para festejar o aniversário de cinquenta anos do físico, Goldman e dois outros admiradores abastados o presentearam com um veleiro de 23 pés chamado *Tümmler*. (A Gestapo confiscaria o barco, junto com o resto dos bens de Einstein, com sua renúncia à cidadania alemã em 1933.)

"A seu ver, os americanos, os franceses e os ingleses estavam completamente errados em atribuir aos alemães a culpa exclusiva pela Primeira Guerra Mundial", relembrou Born. "Ele achava que a responsabilidade não fora distribuída igualitariamente e queria ajudar os alemães." Além do financiamento científico, Henry enviou dezenas de caixas contendo roupas e sapatos, que a esposa de Born distribuiu entre os pobres.[34]

Henry denunciou veementemente o Tratado de Versalhes — posição cada vez menos controversa entre os banqueiros —, e, durante suas longas temporadas na Europa, consultou com frequência autoridades, líderes corporativos e banqueiros centrais conforme buscava um caminho para a estabilidade financeira da Alemanha e do resto do continente. Por seus consideráveis esforços em prol da pátria, o governo alemão lhe concedeu a cidadania honorária em 1922.

Quanto mais estudava a situação financeira europeia, mais pessimista Henry ficava. "A Europa toda está em chamas", afirmou em Berlim no ano seguinte, após ter passado as cinco semanas anteriores examinando a situação econômica do continente. "A menos que se encontre alguma contenção inesperada para as causas, ocorrerão revoltas e derramamento de sangue que deixarão o mundo pasmo e o levarão a retroceder muitas décadas."[35]

No início da década de 1920, os problemas de visão de Henry se agravaram. Seu mundo agora era povoado por sombras, mas ainda assim ele extraía imenso prazer das pinturas e esculturas que enchiam seu apartamento na Quinta Avenida. Max Born afirmou ter visitado os Goldman em sua residência numa ocasião em que alguns estudiosos de Harvard passaram para ver a coleção. Henry lhes mostrou as obras, descrevendo cada peça em detalhes enciclopédicos. Então, quando os acompanhava até a saída, trombou com uma porta parcialmente fechada.

Os acadêmicos ficaram perplexos. "Qual o problema com o sr. Goldman?", perguntaram a Born. "Ele não enxerga direito?"

"Ele não enxerga nada", respondeu o físico, explicando que Goldman amava tanto sua coleção que conhecia cada obra de cor.[36]

Os Goldman empregaram Glenway Wescott, um jovem escritor que mais tarde seria aclamado por seus romances e ensaios, como companhia e faz-tudo de Henry. Ele acompanhava a família em suas viagens, inclusive o giro de 1923 pela Europa, lendo para Henry várias horas por dia (frequentemente em alemão), e à noite, quando Henry queria jogar, voltando da mesa de bacará com ele para casa. Wescott pontilhava de referências à vida entre os Goldman, com os quais mantinha uma relação de amor e ódio, sua floreada correspondência com o companheiro de longa data, Monroe Wheeler. "Tem qualidades de caráter excelentes", escreveu sobre Henry. "Às vezes fico admirado de minha afeição e meu respeito por essa pessoa fantástica que ele parece quase sempre ser." Mas, em outras ocasiões, achava-o "tão lastimável quanto insuportável", queixava-se de seus "hábitos moralizantes, intimidadores, indelicados", comentando: "É um milagre eu não matá-lo".[37]

Henry adorava debater — ou melhor, discutir, às vezes amargamente — sobre política, arte e filosofia. Essa tendência para a retórica como um esporte violento, como se pode imaginar, foi um fator para sua acrimoniosa saída da Goldman Sachs e seu distanciamento de parte da família. Como passavam muito tempo juntos, Wescott virou o parceiro de *sparring* cativo de Henry. "Estou acabado", escreveu para Wheeler. "A noite toda discutindo sobre arte moderna com H. G. Uma conversa voraz, absurda, que tanto o apraz." Após uma nova sessão de duelo verbal, ele desabafou: "H. G. é um desses homens que assevera cada opinião, discute de forma imperturbável mas arrogante cada nuance de diferença, até deixar o interlocutor histérico, tal o choque e impacto constantes".[38]

Sobre Babette, escreveu que era envolta por "uma intermitente aura escura de desagrado", e insinuou que exibia certa frieza em relação ao marido, comentando uma vez a "adoração impotente [de Henry] pela sra. Goldman, cujos aposentos permanecem sempre fechados para ele".[39]

O conto de Wescott de 1942, "Mr. Auerbach em Paris", é uma narrativa livremente ficcional de suas viagens com Henry. O personagem-título, como Goldman, é um financista aposentado e quase cego de origem judaico-alemã que se ocupa de colecionar arte e não engole a derrota da Alemanha na Grande Guerra. O narrador, baseado em Wescott, é "o olho que enxerga e o braço direito jovem e forte" de Auerbach. No conto, Auerbach deixa o acompanhante chocado ao comentar: "Estou lhe dizendo, meu rapaz, Paris é a cidade mais bela do mundo. E lhe digo que seria a maior cidade do mundo também se os alemães a tivessem. Pena que perderam a guerra!".[40]

"Foi uma lição de história para mim", relata o narrador. "Seu ponto central era a extraordinária falta de presciência de tantos alemães e judeus alemães bem-intencionados, cuja maior preocupação neste mundo era a recuperação desse Reich ferido, inválido, que em tão pouco tempo se tornaria poderoso demais para eles."[41]

Goldman, como o Auerbach de Wescott, sofria de um ponto cego quando se tratava dos sinistros acontecimentos em curso na Alemanha. Em abril de 1932, Henry teve uma audiência privada de 45 minutos com o presidente Paul von Hindenburg, derretendo-se em elogios depois, afirmando que "sua mente é alerta como a de um homem 25 anos mais jovem" e que o encontro "foi uma das experiências mais extraordinárias que já tive".[42] Mesmo quando Hindenburg nomeou Hitler para a chancelaria da Alemanha, em janeiro de 1933, Goldman foi incapaz de perceber a fatídica transformação a caminho. No mês seguinte, James G. McDonald, que naquele ano seria nomeado presidente do Alto--Comissariado das Nações Unidas para Refugiados (Judeus e Outros) Vindos da Alemanha, encontrou-se com Goldman em Nova York. "Ele está razoavelmente otimista com a situação alemã", escreveu McDonald mais tarde em seu diário. "Acredita que o antissemitismo por lá é apenas uma manifestação diferente de um sentimento quase universal de antissemitismo. Não acha que seja pior do que aqui, embora seja diferente na forma."[43]

Henry foi confrontado com a pavorosa realidade da Alemanha hitlerista em abril de 1933, quando visitou Berlim, onde camisas-marrons da SA ostentando a suástica patrulhavam as ruas, antigos colegas o evitaram e ele foi rudemente empurrado por transeuntes.[44] Henry escreveu ao irmão Julius sobre o que estava testemunhando:

> Se tentasse lhe transmitir uma imagem de apenas uma pequena parte do que estou vendo, estudando e aprendendo, seria forçado a escrever um livro em vez de uma carta, e, por motivos óbvios, se quiser que esta chegue às suas mãos, não posso lhe contar tudo que gostaria. Embora a imprensa americana mantenha-os informados com bastante precisão, não mostra nada parecido com a história real, no que diz respeito aos judeus daqui. É natural que os correspondentes estrangeiros, se desejam continuar a trabalhar, fiquem consideravelmente de mãos atadas. A imprensa aqui é completa e hermeticamente amordaçada, e o governo ora no poder controla todos os meios de publicidade, de modo que prevalece um sistema de intimidação e terror. Sei que, no geral, você tem uma boa ideia de tudo, mas, para mim, estar aqui e testemunhar é uma provação muito dura. No entanto, enfrento isso por um senso de dever, pois hoje sou provavelmente um dos pouquíssimos hebreus aqui capaz de fornecer as informações necessárias para as obras assistenciais que americanos, judeus e gentios talvez desejem e sintam ter a obrigação de realizar. Milhares de intelectuais, professores, juristas e profissionais da medicina têm sido cruelmente demitidos e jogados à fome, e dezenas de milhares de empresários são da maneira mais maquiavélica possível impedidos de dar prosseguimento a seus negócios. Para lhe fornecer apenas um exemplo de como as coisas funcionam por aqui: todas as farmácias foram instruídas a não vender medicamentos fabricados por judeus, e o resultado foi o fechamento de fábricas praticamente da noite para o dia. Todos os médicos judeus estão excluídos do sistema de *kranken-kassen* [fundos de saúde pública], que constitui de 60% a 80% de sua prática. Todos os professores de origem judaica até a terceira geração estão im-

pedidos de exercer seu ofício e foram dispensados da noite para o dia sem qualquer tipo de compensação. Um refinado sistema de crueldade é infligido aos juristas, de modo que aos mais antigos seja permitido prosseguir até que por processos naturais venham a falecer, mas também de modo que nenhum crescimento subsequente seja possível, com o resultado de que após um tempo comparativamente breve não haverá mais jurista algum. Eu poderia continuar indefinidamente, se o espaço me permitisse.

Ainda assim, a despeito de tudo que presenciara, Henry foi incapaz de conceber o terrível fim para o qual tudo se encaminhava.

Essa é a situação atual, e no entanto estou convencido de que não pode durar muito mais. Sou da mesma opinião que expressei quando conversamos da última vez e afirmei que a verdadeira tendência aqui é extremamente à direita e que o presente é uma ponte para o restabelecimento da monarquia, e estou inclinado a pensar que é disso que provavelmente necessitam aqui. Encontro muitas pessoas que são democratas por convicção, mas que agora suspiram por tal mudança.[45]

Nove meses depois, em janeiro de 1934, Goldman se reuniu por uma hora com James McDonald, à época supervisionando os esforços para resgatar os judeus da Alemanha e realocar os refugiados. "Ele é contra tentar tirar as crianças e os mais jovens da Alemanha", anotou McDonald em seu diário. "Acha que devem suportar sua cruz."[46]

Goldman faleceu três anos depois, aos 79 anos de idade. Um homem intensamente reservado, deixou instruções para incinerarem seus papéis pessoais.[47] Poupado do supremo horror que se abateria sobre o povo judeu, Goldman no entanto ficou espiritualmente arrasado com o que fora feito da Alemanha. "Ele ficou completamente abalado, pois tinha muita fé nos alemães, e agora havia um movimento antissemita, e a seu ver isso era absolutamente incompreensível", recordou Max Born. "Quando morreu [...] era um homem alquebrado."[48]

Na quarta-feira, 3 de junho de 1931, Morti Schiff parecia particularmente de bom humor. Seu aniversário de 54 anos seria dali a dois dias. Além do renome como banqueiro, Morti atuava como presidente dos Boy Scouts of America e alguns anos antes fora capa da revista *Time*. Após deixar o escritório à tarde, ele seguiu para Northwood, sua enorme propriedade em Oyster Bay, Long Island, projetada por C. P. H. Gilbert. Disputou uma partida de golfe com sua filha Dolly no Piping Rock Club e, ao ser chamado para o jantar à noite, subiu de dois em dois os degraus da escada.[49]

Após a refeição, retirou-se com Dolly na sala de fumar. Acendeu um charuto e bebericou um cálice de *kümmel*; ela se serviu de um conhaque. Adele estava em Paris. O irmão de Dolly, John, também hospedado em Northwood, havia saído nessa noite. Tirando os criados, só havia os dois na casa. Enquanto conversavam, Morti se abriu com a filha de um modo como nunca havia feito. Contou-lhe sobre a nobre britânica com quem se envolvera durante seu estágio bancário em Londres — e de seu choque, mais tarde, ao receber a fatura dos costureiros parisienses dela. Foi dominado pela melancolia ao refletir sobre seu legado, confessando que se considerava um fracasso — pelo menos, aos olhos dos pais. Sob sua condução, a Kuhn Loeb não estava exatamente ganhando prestígio. E ele confidenciou que a quebra de 1929 levara quase metade de sua fortuna. Contribuía generosamente para causas judaicas, pois era isso que se esperava dele, mas não era a figura reverenciada que Jacob havia sido.[50]

Os dois conversaram por horas antes de finalmente se retirar para dormir. Na manhã seguinte, às sete, Dolly escutou o mordomo, William, bater insistentemente na porta de Morti. Por fim, ele a procurou. "Parece que não consigo acordar seu pai", disse. Morti, trajando um roupão de seda, estava sentado na poltrona com uma manta de lã sobre as pernas e as mãos nos joelhos. Tivera um ataque cardíaco. Ele deixou uma fortuna de 30 milhões de dólares.[51]

Cinco meses antes, John Schiff se tornara sócio da Kuhn Loeb, juntamente com Gilbert Kahn, filho de Otto, e Frederick Warburg, que voltara com um pouco mais de experiência bancária após passar pela Lehman Brothers. A terceira geração assumiu seu lugar na firma não muito depois: alguns anos após a saída prematura de Morti, em março de 1934, seria a vez de Otto Kahn sofrer um ataque cardíaco fatal enquanto almoçava com os sócios no refeitório da Kuhn Loeb.[52] Isso fez de Felix o sócio mais antigo da firma, posição que o deixou estupefato. "Não nasci para ser banqueiro", comentou, após a morte de Kahn. "Enterrei nove sócios e agora termino como o único sobrevivente dessa grande firma, com nada além de jovens ao meu redor."[53] Mas a Kuhn Loeb não demorou a enterrar um décimo sócio: em outubro de 1937, Felix também foi vítima de um ataque cardíaco (o segundo em quatro anos). Mesmo sob a névoa do luto, Frieda pensou nas outras mulheres que o haviam amado. Embora houvesse ignorado suas infidelidades, agora pedia ao filho Edward para levar a triste notícia a suas amantes.[54] O obituário de Felix no *New York Times*, recheado com suas muitas boas ações filantrópicas, ocupou a maior parte de uma página do jornal.[55]

Paul também se fora. Morrera em janeiro de 1932, vingado em suas advertências sobre a depravação de Wall Street, mas prostrado com todo o esforço empreendido na esteira da crise. Sofrera um derrame um mês antes, em dezembro, mas foi uma pneumonia que levou sua vida.[56] Os Warburg de Nova York atribuíram parte da culpa pela morte prematura de Paul e Felix a Max, com quem haviam despendido grandes reservas de energia e dinheiro na tentativa de salvar a M. M. Warburg.

A crise financeira americana se alastrara rapidamente pela Europa central, e o banco de Max logo ficou à beira da ruína. Felix e Paul insistiram com o irmão para considerar uma fusão com outro banco, mas Max se recusou. Em 1931, eles despacharam Jimmy Warburg à Alemanha para examinar as condições financeiras da M. M. Warburg. Jimmy disse ao pai que se tratava de uma causa perdida e que investir na firma seria jogar dinheiro fora. Mas Paul era incapaz de abandonar o irmão mais velho que tanto idolatrava. Juntos, ele e Felix injetaram quase 9 milhões de dólares na firma da família. A operação de resgate custou mais da metade das posses de Paul. Ao estresse de tentar salvar a M. M. Warburg somou-se a raiva de ambos diante do comportamento de Max, que continuava a gastar prodigamente, ignorando os apuros da firma.[57] "A M. M. Warburg acabou sendo resgatada de suas dificuldades, mas à custa da saúde de meu pai", relembrou Jimmy.[58] A filha de Paul, Bettina, "achava que ele morreu de desgosto, afligido por tudo que Max os fizera passar e pela ganância", disse Katharine Weber, neta de Jimmy. "Ele mal agradeceu."[59]

Não tardou para que salvar o banco parecesse uma preocupação secundária.

Max havia demorado a perceber a ameaça que Adolf Hitler representava, e fora ainda mais lento em se dar conta de que sua família, cujas raízes alemãs se estendiam ao século XVI, não teria mais espaço em sua terra natal. Em 1929, após escutar Hitler se dirigir a uma multidão arrebatada durante uma visita à Alemanha, Jimmy pegou um exemplar de *Minha luta* e o leu com alarme crescente, alertando os tios de que o demagogo que menosprezavam como "idiota" era um perigo real. Max e Fritz, porém, não deram ouvidos aos apelos de Jimmy para que lessem o livro e o constatassem por si mesmos.[60]

Mas não houve como ignorar os ganhos eleitorais do Partido Nazista no ano seguinte. Em 1930, o partido conquistou 95 assentos no Reichstag, elevando seu número para 107. Dois anos depois, após obter mais 123 assentos, os nazistas desbancaram os social-democratas como o maior partido político da Alemanha, levando à nomeação de Hitler como chanceler e ao expurgo de seus rivais políticos. Felix e outros membros da família imploraram a Max que liquidasse a M. M. Warburg e deixasse a Alemanha, mas ele se recusou obstinadamente. "Eu estava determinado a defender minha firma como uma fortaleza", recordou em suas memórias.[61] A partir daquele momento, a sede no número 75 da Ferdinandstrasse daria a sensação de um bunker, conforme a M. M. Warburg era lentamente despojada de suas defesas.

A partir de 1933, Max e seus sócios começaram a ser sistematicamente removidos das inúmeras diretorias corporativas e culturais que ocupavam. Max foi demitido do conselho consultivo do Reichsbank e das diretorias da Hamburg-Amerika e da German-Atlantic Telegraph Company. Também não era mais bem-vindo na Câmara de Comércio de Hamburgo, na Sociedade Filarmônica ou no Conselho de Ensino Superior.[62] Indignidades similares se abateram sobre seus sócios.

Ainda que tivesse transferido a vasta biblioteca de seu falecido irmão Aby para Londres, de modo que os preciosos livros não acabassem virando combustível de fogueira para os nazistas, Max se recusava a abandonar sua firma ou seus correligionários. (Aby falecera em 1929.) Na verdade, ele e o filho, Eric, empregaram suas energias na tentativa de ajudar os judeus alemães a fugirem do país. Quando Hitler chegou ao poder, um dos maiores obstáculos à emigração dos judeus era a extorsiva taxa de fuga cobrada sobre qualquer capital que deixasse o país. No fim de 1933, líderes sionistas, esperando atrair imigrantes para a Palestina, e autoridades nazistas, desejando livrar a Alemanha da maior quantidade possível de judeus, firmaram um pacto que servia aos interesses de ambos. Sob o *haavara* (acordo de transferência), os judeus alemães podiam depositar seus ativos em marcos em contas restritas, usadas apenas para adquirir produtos de exportadores alemães; quando esses produtos fossem revendidos na Palestina, os emigrantes poderiam reaver seus ativos na moeda local. Na Alemanha, a M. M. Warburg atuou como principal intermediária desse plano tortuoso e controverso, que permitiu que dezenas de milhares de judeus escapassem ao mesmo tempo que ajudavam financeiramente a Alemanha nazista.

Eric também conseguiu convencer o consulado-geral americano, que ficava na mesma rua, a se mudar para o número 75 da Ferdinandstrasse, o que "foi muito benéfico para seus esforços de obter vistos de imigrantes para judeus", recordou sua filha Marie Warburg. "No fim das contas", observou ela, "meu avô, meu tio-avô [Felix] e meu pai conseguiram transferir 40 mil judeus da Alemanha para os Estados Unidos e outros países [...] contra todas as probabilidades."[63] A despeito de todos os seus esforços para ajudar aqueles que desejavam emigrar, privadamente Max afirmava que os judeus deveriam permanecer em sua terra natal, aferrando-se à crença equivocada de que a comunidade judaica alemã sobreviveria à ascensão nazista.[64]

Em 1936, em meio à contínua pressão para que Max deixasse a Alemanha, Felix obteve uma pequena vitória quando o irmão aceitou um convite de Takahashi Korekiyo, antigo ministro das Finanças do Japão, para visitar o Extremo Oriente. Max e Takahashi haviam desenvolvido uma amizade décadas antes, durante a Guerra Russo-Japonesa, quando a M. M. Warburg e a Kuhn Loeb se aliaram para subscrever uma parte significativa dos gastos japoneses no conflito. Mas, quando a viagem se aproximava, Max recebeu a notícia de que dois membros da Guarda Imperial japonesa haviam assassinado Takahashi em sua cama durante uma tentativa de golpe — um, descarregando sua arma; o outro, atacando-o com uma espada.[65] Parecia que nenhum lugar do mundo estava a salvo de violentas insurreições.

Max e sua firma eram cada vez mais alvejados pela propaganda nazista. O tabloide *Der Stürmer*, alinhado ao nazismo, reacendeu as acusações de que Max teria conspirado com seu irmão americano para entregar a Alemanha em Versalhes.[66] E, numa edição que reexaminava os *Protocolos*, ele era mostrado junto a uma foto de Karl Marx.[67] De maneira ainda mais sinistra, uma caricatura do banqueiro hamburguês, ao lado de outros judeus "traidores da Alemanha", foi pintada na parede caiada da cafetaria em Dachau, o campo de concentração construído originalmente para confinar prisioneiros políticos.[68]

Em 1937, o regime nazista intensificou sua campanha de "arianização" para expurgar os judeus da vida econômica alemã, procurando forçá-los a deixar o país. O governo promulgou tantas leis e regulamentos antissemitas que a equipe jurídica de oito membros da M. M. Warburg mal conseguia se manter inteirada das restrições mais recentes. Os escritórios da firma mergulharam em um silêncio ominoso; não havia novos negócios para tratar ou discutir. A caminho do trabalho, pessoas a quem Max costumava dirigir um cumprimento, levando a mão ao chapéu, desviavam o olhar. No fim, ele foi forçado a ceder o controle do banco. Como um pai abrindo mão da guarda do filho, conseguiu entregar a firma aos cuidados de dois excelentes zeladores: o dr. Rudolf Brinckmann, gerente por procuração da M. M. Warburg, e o comerciante hamburguês Paul Wirtz. De modo a eliminar os vestígios remanescentes de suas origens judaicas, a firma, por decreto nazista, teve o nome mudado para Brinckmann, Wirtz & Co.[69]

"Pela lei, a empresa é o nome sob o qual o comerciante realiza seus negócios e apõe sua assinatura", declarou Max em um discurso de despedida emocionado a seus sócios e funcionários, no fim de maio de 1938. "Mas pode ser mais, deveria ser mais, e para nós foi muito mais." A firma era uma entidade viva, refletiu, da qual eles eram apenas os "representantes temporários", encarregados de assegurar sua sobrevivência a longo prazo. "Havia dois caminhos a escolher: desistir do negócio, entrar em liquidação e transferir a clientela para outra firma bancária ou colocar a própria organização acima das pessoas e mantê-la, afastando-nos e transferindo sua condução para nossos sucessores. Escolhemos a segunda alternativa, pois não desejávamos ver esta firma, que foi o trabalho de nossa vida até o momento, ser destruída."[70]

Em agosto de 1938, Max e a esposa, Alice, viajaram a Nova York certos de que regressariam a Hamburgo em algum momento no outono. Então, em novembro, veio a Kristallnacht. Na sala de estar da mansão de Frieda na Quinta Avenida, Max digeria a notícia da explosão de violência contra os judeus por toda a Alemanha — dezenas de mortos, centenas de sinagogas incendiadas, milhares de lojas e estabelecimentos saqueados, dezenas de milhares de judeus do sexo masculino detidos. Ele se virou para o filho, Eric. "Agora é o fim da linha", afirmou melancolicamente.

Durante a década de 1920, Eric vivera por três anos nos Estados Unidos, aprendendo o negócio bancário, e obtivera no processo o status de residente, que sabiamente conservara com frequentes visitas a Nova York. Isso lhe permitiu entrar com o pedido de cidadania em 1938. Por serem pais de um cidadão americano, Max e Alice tinham tratamento preferencial sob o rígido sistema de cotas estabelecido pela Lei de Imigração de 1924. Eles também puderam se naturalizar, sendo poupados do trágico destino reservado a milhares de refugiados judeus para os quais o país permanecia obstinadamente fechado.

Eric, recém-egresso do ensino médio, servira brevemente no Exército alemão ao fim da Primeira Guerra Mundial. Na condição de americano naturalizado, ele não esperou os Estados Unidos entrarem na Segunda Guerra para se juntar à força aérea americana como oficial de inteligência. Graças a suas habilidades linguísticas e à sua experiência, tornou-se um valioso interrogador militar, colhendo o depoimento de vários prisioneiros nazistas de alta patente, inclusive o poderoso comandante da Luftwaffe e presidente do Reichstag, Hermann Göring.

Enquanto Eric era mobilizado nos teatros militares da Europa e do Norte da África, Max passou seus últimos anos escrevendo e reescrevendo suas memórias, como que tentando extrair um sentido dos rumos inesperados que sua vida havia tomado. Ele viveria para ver a queda de Hitler e do nazismo, embora jamais voltasse à Alemanha. Faleceu no final de 1946, dois meses após a conclusão dos julgamentos de Nuremberg. Foi enterrado no cemitério de Sleepy Hollow, em Westchester, ao lado do irmão Paul.

O banco dos Warburg sobreviveu milagrosamente ao regime de Hitler: no fim dos anos 1940, Eric reivindicou seu posto na empresa da família e restabeleceu seu nome. Seu filho, Max, batizado em homenagem ao avô, assumiu posteriormente seu lugar, marcando a sexta geração da família na condução do negócio. Mais de dois séculos após ser fundada, a M. M. Warburg continua a operar de sua sede histórica na Ferdinandstrasse, uma tranquila travessa a uma quadra do lago artificial de Binnenalster.

De maneira improvável, a M. M. Warburg sobreviveu à Kuhn Loeb, que sucumbiu às mesmas vicissitudes da indústria que extinguiram o nome de muitas casas financeiras aclamadas. O ponto de virada veio em 1969, quando uma arrojada sociedade de bancos de investimento com dez anos de existência chamada Donaldson, Lufkin & Jenrette entrou com o pedido de IPO, desafiando uma antiga regra da bolsa de valores de Nova York que proibia empresas associadas de ofertarem suas ações.[71] A revogação dessa regra e outras reformas financeiras impostas em decorrência da Grande Depressão suscitaram uma orgia de fusões e ações emitidas, mudando drasticamente o modelo de sociedade que havia unido empresas e famílias por mais de um século, assim como os incentivos e a tolerância ao risco dos principais atores de Wall Street. Essas novas firmas, agora, prestavam contas aos acionistas, não mais conduzidas por sócios procurando zelar pelo nome de suas famílias. "Os velhos tempos dos bancos de investimento não existem mais", refletiu David Schiff, neto de Jacob e ex-sócio da Kuhn Loeb. "Antigamente, um aperto de mão era a sua palavra. Funcionava assim na maioria das firmas, ou nas mais antigas, pelo menos. Mas hoje não é mais assim. Acho que tudo começou a mudar quando a Donaldson Lufkin se tornou pública."[72]

No fim de 1977, a Kuhn Loeb, ainda altamente respeitada, mas penando com a dificuldade de conseguir negócios diante de concorrentes maiores, buscou refúgio numa fusão com a Lehman Brothers. Seria uma parceria infeliz, marcada pelo choque de egos inflados e visões conflitantes. No início da década de 1980, a companhia resultante da fusão, conhecida como Lehman Brothers Kuhn Loeb, voltou a se fundir, sendo vendida por 360 milhões de dólares à Shearson, a divisão de corretagem da American Express. A nova companhia foi chamada de Shearson Lehman — o nome Kuhn Loeb, por mais de um século uma instituição em Wall Street, foi praticamente apagado. Alguns anos depois, um ex-sócio da Lehman chamado William C. Morris liderou a aquisição da J. & W. Seligman & Co., ao adquirir a participação acionária dos 43 sócios da firma. (A companhia foi posteriormente comprada pela Ameriprise Financial.)

A Lehman Brothers ressurgiu no início da década de 1990, desmembrada como uma companhia pública. Nesse momento, não passava de uma marca, sem nenhuma semelhança com a sociedade forjada por Emanuel e Mayer Lehman. Seus descendentes ficaram horrorizados com o ignominioso colapso do banco de investimentos em 2008, ligando o nome Lehman a práticas irresponsáveis que ajudaram a deflagrar um colapso financeiro. Das poderosas casas judaico-alemãs que haviam definido uma época das finanças americanas, apenas a Goldman Sachs, que esperou até 1999 para abrir seu capital, sobreviveu intacta ao frenesi de consolidações, crescendo para se transformar no principal banco de investimentos do mundo.

Muito antes que o nome Kuhn Loeb desaparecesse em Wall Street, a lembrança de Jacob Schiff já começara se apagar. Para alguém com um ego saudável, que por vezes assumia ares de importância, ele pareceu dar pouco valor à preservação de seu nome. Após sua morte, o *New York Times* procurou compor um retrato das principais obras filantrópicas de Schiff, sem sucesso "por serem tão numerosas [...] e anônimas".[73] Schiff tampouco tentou ligar seu nome ao banco de investimentos que conduziu ao renome internacional.

Mas, soubessem disso ou não, os magnatas que dominaram Wall Street nos anos posteriores à morte de Schiff caminhavam à sua sombra. Fazendo uma ponte entre o antigo e o novo mundo, ele definiu um período de finanças e filantropia do qual brotou o mundo moderno tal como hoje o conhecemos. Poucos são capazes de reivindicar um legado tão profundo.

"Nenhum homem pode ocupar seu lugar", afirmou em um sermão o rabino e líder sionista Stephen Wise, que outrora deplorara o controle de Schiff sobre a filantropia judaica. "Nenhum homem deve sonhar em ocupar seu lugar — esse lugar que Schiff não procurou, esse lugar de poder que lhe foi impingido. Schiff se foi, e, com ele, é o fim da era Schiff."[74]

Em seu tempo de vida, "o número 52 da William Street virou um eufemismo como Casa Branca, Downing Street ou Quai d'Orsay", recordou Morris Waldman, cujo envolvimento com o movimento de Galveston e outros projetos filantrópicos judaicos o pôs em contato próximo com Schiff. E, como ele observou, "é impossível haver hoje algo parecido com a era Schiff. [...] Foi a era filantrópica da vida judaica".[75]

A singular posição de Schiff na comunidade judaica, no entanto, não pode ser atribuída apenas à sua fenomenal riqueza ou a suas obras de caridade. "A filantropia nada mais é que um centavo devolvido por um dólar roubado", declarou o *Forward*, um jornal diário abertamente socialista publicado em iídiche, em seu tributo a Schiff.

> Sempre reverenciamos Schiff não porque fosse um gigante financeiro; não porque fosse uma potência na classe capitalista que buscamos abolir deste mundo; não porque doasse vastas somas a instituições de caridade judaicas, pois há outros milionários judeus que doam tanto quanto ou mais do que ele doou, e cujas obras não encontraram eco em nossos corações. O que nos comoveu em sua morte, o que inspirou reverência e amor, foi o caráter, a personalidade do homem. Não ficamos impressionados com suas enormes contribuições à caridade, mas com o interesse pessoal que o movia em tais obras. Se outros milionários não tivessem milhões, não haveria filantropias — não haveria o desejo de doar. Schiff teria conquistado respeito e reverência mesmo se tivesse sido um alfaiate ou mascate.[76]

Repercutindo muito além dos círculos judaicos, a morte de Schiff foi uma ocasião de luto nacional, recebida com um cerimonialismo devotado quase à realeza. Jornais por todo o país decantaram sua vida na primeira página. Tributos e mensagens de condolências chegaram do mundo todo. Woodrow Wilson lamentou a perda de um dos "cidadãos mais prestativos" da nação. O predecessor de Wilson, William Howard Taft, louvou a generosidade "ilimitada" de Schiff. O visconde Uchida, ministro das Relações Exteriores do Japão, enviou um cabograma expressando seu "profundo e sincero pesar" pela perda de "um dos melhores amigos do nosso país". Em uma carta a Therese Schiff, o jornalista Oswald Villard afirmou que em sua carreira de 25 anos nunca testemunhara tal "manifestação de luto e tristeza".[77]

Na segunda-feira que se seguiu à morte de Schiff, 10 mil pessoas compareceram ao número 52 da William Street para tentar obter um dos 2 mil cartões de admissão para o serviço fúnebre, a ser realizado no dia seguinte na sinagoga Emanu-El.

Presenciando toda a pompa, Edward Warburg, com doze anos na época, compreendeu pela primeira vez o status proeminente do avô. Junto com os irmãos e primos, ele foi conduzido aos aposentos de Schiff para um último vislumbre do grande homem em seu velório, o corpo emoldurado por guirlandas de ásteres roxos.

"Minha mãe e as demais mulheres da família se vestiram inteiramente de preto", relembrou Edward. "Ao entrar e sair de casa, elas se cobriam de pesados véus, ficando irreconhecíveis e indistinguíveis. Todos os homens usavam braçadeira e gravata pretas."[78]

Na terça-feira, 28 de setembro, dia do enterro de Schiff, as ruas em torno da congregação de Emanu-El foram tomadas por milhares de espectadores. Havia mais de 350 policiais a postos para controlar a crescente multidão, e várias quadras nos arredores foram fechadas para o trânsito.

Nos bancos da sinagoga, não havia um único lugar disponível. Banqueiros proeminentes, presidentes de trusts e industriais sentavam-se lado a lado com trabalhadores comunitários, rabinos e imigrantes judeus. "Na minha frente vi um banqueiro de Wall Street, e à minha direita, dois idosos do Lower East Side, gente pobre com seus solidéus pretos", lembrou um dos presentes.[79] Entre a multidão estavam o governador de Nova York, Alfred E. Smith, vindo de Albany, e o prefeito de Nova York, John Hylan. O Japão enviou seu cônsul nos Estados Unidos. John D. Rockefeller Jr. prestou seus respeitos, assim como o chefe da Western Union, Newcomb Carlton. Compareceram delegações de todo o vasto espectro de organizações que Schiff apoiara em vida: o Fundo Barão de Hirsch, o Asilo de Órfãos Hebreus, o assentamento da Henry Street, o Lar Montefiore, o Hospital Mount Sinai, a Cruz Vermelha e outras.[80]

Às dez da manhã, o som do órgão ecoou e as notas lamentosas do Kol Nidre dominaram o ambiente, com o barítono Robert Leonhardt, da Metropolitan Opera, entoando os versos da declaração judaica de absolvição (normalmente cantada apenas no início do Yom Kippur). O caixão de Schiff, quase invisível sob a montanha de rosas brancas, ásteres e lírios do vale, foi carregado pelo longo corredor central em direção ao altar. (O arranjo de flores envolvendo o féretro de Schiff talvez fosse tecnicamente uma violação de seus últimos desejos, embora o resto da sinagoga permanecesse na maior parte sem adornos.)

Os ritos fúnebres, a pedido de Schiff, foram simples, em nada diferentes dos realizados para qualquer outro cidadão judeu. Nenhuma palavra foi dita sobre sua carreira nos negócios, tampouco sobre seu papel em reestruturar ferrovias, capitalizar a indústria americana e elevar os Estados Unidos da condição de país em desenvolvimento a potência financeira mundial. Ele não foi louvado por sua filantropia, nem pelos milhões despejados em causas judaicas e seculares, tampouco pelos pequenos atos de generosidade individualmente oferecidos. Não houve menção a seus feitos como líder judeu ou cívico. Não se proferiu um único elogio fúnebre. Havia realmente alguma necessidade de atestar sua grandeza?

Quando o serviço terminou, milhares de pessoas acompanharam o caixão de Schiff pela Park Avenue, conforme o cortejo seguia solenemente para Salem Fields. A "cidade dos mortos" da sinagoga Emanu-El, com seu esmerado paisagismo, fora cuidadosamente projetada com ruas bem-ordenadas e caminhos sinuosos cheios de mausoléus ornamentados cujo tamanho e grandiosidade refletiam o status terreno de seus ocupantes. Um dos maiores monumentos, não apenas dali, mas de todo o país, pertencia a Jacob Schiff. Lembrando um panteão, ele despontava solitário no topo de uma colina, flanqueado por colunatas de ambos os lados. Do pórtico podia-se ver claramente Jamaica Bay, em Long Island. Construído na década de 1890, ele era considerado "talvez o maior e mais imponente mausoléu do país", segundo um jornal da época, que estimou seu custo de construção em 130 mil dólares e informou que "as paredes são absolutamente à prova de ladrões de cadáveres, pois levaria muitos dias [...] para abrir um buraco nos blocos de granito".[81]

"Todos os caminhos se encontram no topo da montanha", Schiff gostava de dizer. Ricos ou pobres, a jornada da vida levava todos ao mesmo destino, embora poucos repousassem em um ambiente tão majestoso. Em Salem Fields, Schiff assumiu seu lugar entre Solomon Loeb, Marcus Goldman, Joseph e Jesse Seligman e os irmãos Lehman, arquitetos, cada um a seu modo, do que os Estados Unidos eram e viriam a ser.

EPÍLOGO
Salem Fields revisitado

EM UMA MANHÃ DE JANEIRO clara e amena, quase um século após a morte de Schiff, acompanhei David Schiff e seus filhos, Drew e Scott, a Salem Fields. Primogênito de John Schiff, neto de Morti e bisneto de Jacob, David, então com 82 anos, era um homem magro e aristocrático, dono de um senso de humor por vezes debochado. Ele vestia um sobretudo bege por cima do terno azul-marinho e usava um anel de ouro no dedo mínimo da mão esquerda. Visitara o cemitério pela última vez cerca de trinta anos antes, quando as cinzas de sua tia Dolly foram enterradas no mausoléu da família. Drew e Scott faziam a primeira peregrinação ao túmulo do trisavô.

Os Schiff dos tempos atuais descendem não de uma, mas de duas grandes dinastias bancárias — a mãe de David, Edith, era neta de George Baker, uma figura central das finanças americanas durante a Era Dourada e ex-presidente do First National Bank, que valia cerca de 75 milhões de dólares na época de sua morte, em 1931.[1] "É uma ironia para mim que o neto de Jacob Schiff tenha se casado com a neta de George Baker, pois naqueles tempos os dois não tinham nada em comum", disse Scott, cujo nome do meio é Baker.[2] Além de ser um aliado próximo de J. P. Morgan, muitas vezes rival de Schiff, George Baker era também um homem branco, anglo-saxão e protestante. O casamento inter-religioso, unindo esferas sociais e comerciais distintas, teria sido quase impensável décadas antes. E Jacob, se estivesse vivo, provavelmente teria se oposto com ferocidade à união, temendo, a exemplo de muitos judeus praticantes, diluir a fé da família. Essas preocupações não seriam infundadas: os Schiff, hoje, embora valorizem suas raízes judaicas, pertencem à Igreja episcopal.

Devido a seu pedigree Schiff-Baker, David estava praticamente predestinado à carreira no setor dos bancos de investimento. Pouco depois de se formar no curso de engenharia mecânica em Yale, em 1958, ele entrou para a Kuhn Loeb, tornando-se sócio em 1966. Tendo permanecido com a firma durante a turbulenta fusão de 1977 com a Lehman Brothers, ele por fim deixou a sociedade no início da década de 1980, pouco antes de a Lehman Brothers Kuhn Loeb acertar sua venda para a Shearson. Não só o nome Kuhn Loeb desapareceu nesse acordo como também boa parte dos registros da firma: para horror da bibliotecária da Kuhn Loeb, a Lehman Brothers se desfez de antigos livros contábeis e correspondências que remontavam à fundação da firma.[3] De modo a assegurar que a família Schiff mantivesse algo da companhia construída por seus ancestrais, Harvey Krueger, um alto executivo da Lehman que fora presidente e CEO da Kuhn Loeb antes das fusões, tomou providências mais tarde para restituir a David os direitos do nome Kuhn Loeb.[4] "Harvey fez o máximo que pôde e me deu um monte de coisas que recuperou da Lehman", disse David.[5]

O legado da firma — e de Jacob Schiff — permanece profundamente marcado na família. Os e-mails de David por vezes estampam o domínio kuhnloebco.com. Uma das posses mais estimadas de Scott é uma caixa de fósforos da sala de reuniões da Kuhn Loeb, e o saguão de entrada de seu apartamento no Upper East Side é um santuário a seus ancestrais paternos. Numa parede, vê-se um retrato de Jacob Schiff, adquirido em um leilão, originalmente presenteado à Câmara de Comércio de Nova York por estipulação do testamento de Schiff, após a morte do banqueiro. Também podemos ver ali um pedido de doações de 1918 assinado por Schiff ("Nesta que é a tragédia mais sombria de nossa raça, peço sua ajuda") e uma foto de Jacob, Morti e John ao lado de um retrato das três gerações seguintes: o pai de Scott, ele próprio e seu filho.

Além de sua ligação histórica com as altas finanças, os Schiff mantiveram o vínculo com algumas organizações de caridade que Jacob promoveu ao longo da vida. Por mais de uma década, David presidiu a diretoria da Wildlife Conservation Society, que supervisiona os quatro zoológicos e o aquário da cidade de Nova York e realiza projetos conservacionistas no mundo todo. Jacob foi membro fundador da organização, originalmente conhecida como Sociedade Zoológica de Nova York; Morti e mais tarde John atuaram em seu conselho de administração. Scott, cofundador da firma de gestão de patrimônio privado BCS, levou os elos da família com a Wildlife Conservation Society à quinta geração, ingressando em seu conselho de administração em 2014.

Drew, o mais velho dos irmãos, manteve nesse meio-tempo a relação da família com as organizações fundadas por Lillian Wald que Jacob ajudou a criar: o assentamento da Henry Street, de cujo conselho de administração Drew é membro emérito, e o Serviço de Enfermagem Domiciliar de Nova York, onde atua como presidente.

Passando pelo majestoso arco de pedra que marca a entrada de Salem Fields, fileiras e mais fileiras de mausoléus imponentes se estendiam diante de nós. Guggenheim e Lewisohn, Bloomingdale e Straus, Shubert e Tishman — aqui a história de Nova York e dos Estados Unidos estava esculpida em mármore e granito, inscrita em painéis caleidoscópicos de vidro dos estúdios Tiffany. "É mais impressionante do que Sleepy Hollow", comentou David, referindo-se ao histórico cemitério do condado de Westchester onde Max e Paul Warburg estão enterrados, "e do que o lugar onde estão os Baker", em Valhalla, Nova York.

Subimos por um caminho íngreme e estreito. Próximo ao topo da colina, avistamos o mausoléu da família Schiff-Loeb, destacando-se entre o mar de monumentos imponentes por seu tamanho e elaborada arquitetura dórica. A construção elevada, com quase dez metros de altura e doze de fundo, não faria feio no Monte Olimpo.

Adentramos o sepulcro passando pelas ornamentadas portas de latão, oxidadas pelo tempo. Cada lado do mausoléu abriga dezesseis criptas. Os membros da família Loeb, incluindo Solomon e Betty, estão sepultados à direita. Os Schiff e os Warburg ocupam o lado esquerdo, com Jacob ao lado de Therese e, uma fileira acima, Felix ao lado de Frieda.

Em alto-relevo na parede do fundo foi inscrito o último verso de "Auferstehung" (Ressurreição), de Emanuel Geibel, um poeta alemão do século XIX:

> WAS DU EWIG LIEBST
> IST EWIG DEIN

"O que amas para sempre é para sempre teu." A inscrição trouxe à mente de Drew a expressão alemã que ele ouvira com frequência na infância e que fora o credo não oficial da família por gerações: *Pflicht und Arbeit* (dever e trabalho).

Os olhos de David percorreram brevemente as placas de mármore gravadas com o nome dos ancestrais da família, parando por fim na do primo de seu pai, Paul Felix Warburg, que todos chamavam de Piggy [porquinho]. "Piggy era muito engraçado", ele relembrou, explicando que era particularmente próximo de seu pai porque eles haviam nascido com apenas alguns meses de diferença. "Chega a ser quase aterrorizante pensar em quantas dessas pessoas conheci", acrescentou. O mausoléu era notável também por uma ausência: a do avô de David, Morti. No que constituiu talvez um derradeiro ato de rebeldia, Morti fora enterrado no terreno de sua propriedade em Oyster Bay.

Parando a alguns passos da cripta de Jacob, Scott sentiu o peso de sua herança familiar — um misto de gratidão e orgulho, mas também a pressão constante de viver à altura do padrão estabelecido por um patriarca que ajudou a definir o século XX. "Afirmar que Jacob Schiff ainda desempenha um papel importante em nossa família seria dizer pouco", ele me contou mais tarde. "Somos sem dúvida muito afortunados, e gratos, por termos nascido em um ambiente privilegiado proporcionado por Jacob, mas o mais importante, e acho isso bastante significativo, é termos consciência de que se trata de um privilégio, não de um direito. Em nossa família, sempre fomos instilados com um sentimento de respeito, gratidão, dever e tradição. A sombra da

EPÍLOGO

filantropia e da filosofia de Jacob se estendeu por cinco gerações e não dá sinais de que esteja diminuindo."[6]

Mais tarde, caminhei pelo lugar com Drew, que vestia uma parca patagônia sobre o terno cinza. Despretensioso e afável, formado em Cornell, ele praticou medicina por seis anos antes de levar sua formação ao mundo financeiro. Hoje, ele é sócio-gerente da Aisling Capital, uma empresa de capital de risco voltada ao setor farmacêutico e de biotecnologia. Em 1997, aos trinta e poucos anos, Drew se uniu a uma das dinastias políticas mais proeminentes do país, casando-se com Karenna Gore, filha mais velha do então vice-presidente Al Gore. Aretha Franklin cantou para os dois no banquete de núpcias, realizado no terreno do Observatório Naval dos Estados Unidos, onde fica a residência do vice-presidente. O casal, que teve três filhos, posteriormente se divorciou. Drew voltou a se casar em 2018; um ano depois, celebrou o nascimento de seu primeiro filho, um menino, com a nova esposa, Alexandra Wolfe, jornalista e filha do falecido ícone literário Tom Wolfe.

Descendo a colina onde fica o mausoléu da família Schiff-Loeb, espiamos o gigantesco túmulo dos Seligman, uma estrutura hexagonal e abobadada que abriga quarenta criptas. Dos portões, era possível ver o brilhante vitral na parede do fundo, que mostra um anjo se libertando do mundo dos mortais. Abaixo, a inscrição: E FAREI DO VALE DA TRIBULAÇÃO UMA PORTA DE ESPERANÇA. Mais adiante, passamos pelo sepulcro da família Sachs, localizado a uma curta distância do mausoléu dos Goldman. "Incrível, não?", exclamou Drew. "É interessante ver toda a história condensada num só ponto. Ver lado a lado todos esses nomes de que as pessoas estão sempre ouvindo falar. Dá uma ideia de como eram todos tão próximos."[7]

Após reencontrar David e Scott, nos espremamos no carro e deixamos a quietude cinzenta e granítica de Salem Fields para mergulhar na movimentada Jamaica Avenue. A história deu lugar à modernidade, o passado, ao presente, e voltamos a Manhattan, a um mundo tão profundamente marcado pelo legado de Jacob Schiff e dos reis do dinheiro.

595

(*À esq.*) Joseph Seligman, irmão mais velho de oito, foi de mascate a chefe de uma das dinastias bancárias mais proeminentes dos Estados Unidos. Sua história de superação, segundo um neto, inspirou personagens dos livros de Horatio Alger, que venciam na vida pelo próprio esforço.

(*À dir.*) Jesse Seligman, cuja loja de artigos têxteis em San Francisco tornou-se a principal fonte de renda da família. Mais tarde, ele envolveria a J. & W. Seligman & Co. no escândalo do canal do Panamá.

A pé ou de carroça, os mascates se aventuravam pelo remoto interior dos Estados Unidos visitando fazendas, campos de mineração e cidadezinhas afastadas. A vida como vendedor ambulante era com frequência o primeiro degrau na ascensão econômica de imigrantes judeus recém-chegados.

(*À esq.*) Meses antes do fim da Guerra Civil, Mayer Lehman, retratado aqui em 1866, empreendeu uma missão em nome dos prisioneiros de guerra confederados.

(*À dir.*) O casarão de Mayer e Babette Lehman na South Court Street, em Montgomery, Alabama.

Os negócios dos Lehman ficavam sediados na Court Square, centro comercial de Montgomery.

Mayer e Babette Lehman (*centro*) com seus filhos e netos em Tarrytown, Nova York, por volta de 1888. Herbert (*à esq.*) e Irving estão sentados na primeira fileira. Sigmund (*centro*) e Arthur (*o último, à dir.*) estão de pé, ao fundo.

(*À esq.*) Emanuel, que abriu caminho para a Lehman Brothers se estabelecer em Nova York, era mais cauteloso que seu irmão aventureiro. A piada na família era que Mayer ganhava dinheiro, enquanto Emanuel garantia que não o perdessem.

(*À dir.*) Herbert Lehman, aqui retratado em seu uniforme do Exército durante a Primeira Guerra Mundial, trocou a sociedade na Lehman Brothers por uma carreira na política. Ele substituiu Franklin D. Roosevelt como governador de Nova York em 1932 e posteriormente serviu no Senado americano.

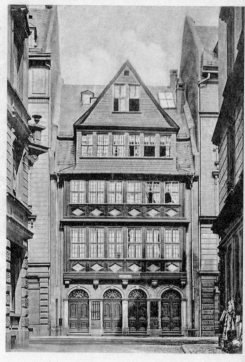

(*Acima, à esq.*) Filho de uma família judia proeminente em Frankfurt, Jacob Schiff entrou para a sociedade da Kuhn Loeb em 1875 e se estabeleceu como um dos banqueiros de investimento mais notáveis dos Estados Unidos.

(*Acima, à dir.*) A Haus zum Grünen Schild, localizada no gueto judeu de Frankfurt, foi ocupada ao longo dos séculos XVII e XVIII por membros da família Schiff. Mayer Amschel Rothschild, patriarca da dinastia bancária dos Rothschild, comprou a residência no final do século XVIII.

(*À esq.*) "Ela parece ter sido criada nas melhores famílias alemãs", escreveu Jacob para a mãe a respeito da futura noiva, Therese Loeb, filha mais velha de Solomon Loeb, cofundador da Kuhn Loeb.

(*À esq.*) Solomon Loeb foi cofundador da Kuhn Loeb em 1867, após uma carreira bem-sucedida no ramo têxtil em Cincinnati.

(*Centro*) A segunda esposa de Solomon Loeb, Betty, era uma pianista clássica de formação e a força propulsora por trás das atividades filantrópicas da família.

(*À dir.*) Abraham Kuhn, cunhado de Loeb, regressou à Alemanha pouco depois de fundar a Kuhn Loeb. Em Frankfurt, ele recrutou Jacob Schiff como o mais novo sócio da firma.

Membros das famílias Schiff e Loeb em seu chalé Far View, em Bar Harbor, Maine, onde os Schiff passavam férias todo mês de agosto. Retratados na primeira fileira, da direita para a esquerda, estão James Loeb, Betty Loeb, Jacob Schiff, Mortimer Schiff, Therese Schiff e Solomon Loeb. E ainda: Isaac Newton e Guta Seligman (*segunda fileira, à dir.*); Felix e Frieda Warburg (*segunda fileira, centro*); e Otto e Addie Kahn (*na varanda, à dir.*).

Crianças no quintal do assentamento da Henry Street. A foto foi tirada pelo jornalista Jacob Riis, autor de *How the Other Half Lives* [Como vive a outra metade], que documentou o sofrimento das pessoas pobres nas cidades.

(*À esq.*) A iniciativa de Lillian Wald de criar um serviço de enfermagem domiciliar no Lower East Side frutificou no assentamento da Henry Street com o apoio de Jacob Schiff, que doou ao grupo de assistência social uma sede no número 265 da rua homônima.

(*À dir.*) Fundada em 1845, a Emanu-El foi a primeira congregação reformada de Nova York. Expandindo-se de uma sala alugada no Lower East Side para uma sinagoga majestosa na Quinta Avenida, a Emanu-El era o centro espiritual da elite judaico-alemã de Manhattan.

(*À esq.*) Walter, caçula dos três filhos de Samuel e Louisa Sachs, entrou para a Goldman Sachs em 1908 e continuou como sócio até morrer, em 1980.

(*À dir.*) Marcus Goldman começou sua carreira no ramo bancário fazendo pequenos empréstimos de curto prazo para empresas no distrito financeiro de Nova York. A agência de classificação de crédito R. G. Dun & Co. inicialmente o considerou "tímido demais para os negócios".

Marcus e Bertha Goldman comemoraram seu aniversário de cinquenta anos de casamento em Ellencourt, a propriedade à beira-mar de Samuel e Louisa Sachs em Nova Jersey. Henry Goldman aparece em pé na fileira de trás, o último à direita.

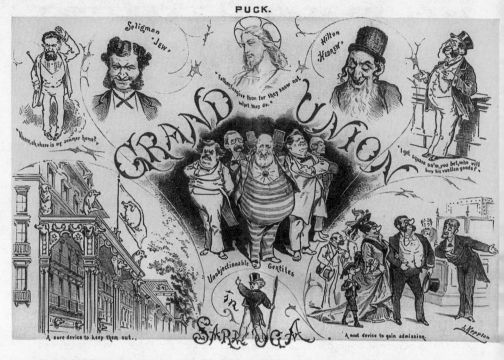

(*Acima*) Caricatura abordando as políticas antissemitas praticadas no Hotel Grand Union, em Saratoga, Nova York, publicada em 1877 na revista *Puck*.

(*À esq.*) O Grand Union, na época o maior hotel do mundo, servia a elite durante as férias de verão. Foi demolido em 1953.

(*À dir.*) A expulsão de Joseph Seligman do Grand Union dominou as manchetes por semanas, tornando-se um dos episódios de antissemitismo mais notórios da história norte-americana.

(*À esq.*) Jacob e Therese Schiff passeiam.

(*No centro*) Fachada da "mansão que marcou época", construída pelos Schiff em 1901 no número 965 da Quinta Avenida, após darem de presente de casamento para o filho sua antiga casa na mesma avenida.

(*À dir.*) Sala de visitas da mansão descrita pela revista *Architectural Record* como um "ambiente quase todo em estilo Luís XV, tanto nos motivos das paredes como na aparência da mobília".

(*À esq.*) Mortimer e Adele Schiff, cujo casamento infeliz os levou a viver quase totalmente separados após o nascimento dos filhos, Dorothy e John.

(*Abaixo, à esq.*) A propriedade da família de Walter Sachs que, segundo ele, evocava "Versalhes numa escala diminuta". Localizada no enclave à beira-mar de Elberon, em Nova Jersey, perto das casas de veraneio de Jacob Schiff, Philip Lehman e outros titãs judeus-alemães do setor bancário, a Ellencourt dos Sachs foi batizada em homenagem à filha de Samuel e Louisa, Ella.

(*À esq.*) Max Warburg (*à dir.*) e Carl Melchior, seu sócio na M. M. Warburg, retratados em 1919 em Versalhes, viraram alvo de ataques antissemitas na Alemanha devido aos punitivos termos de paz impostos a seu país.

(*À dir.*) Os irmãos Warburg em agosto de 1929 após a primeira reunião de diretoria da Biblioteca de Cultura e Ciência de Aby. No sentido horário, partindo do que está em pé à esquerda: Felix, Fritz, Aby, Max e Paul.

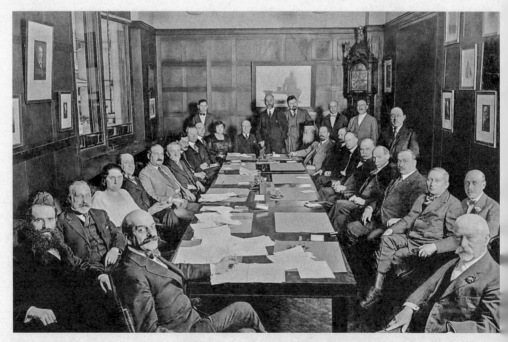

Representantes do Comitê de Distribuição Conjunta e do Comitê Judaico Americano reunidos no escritório da Kuhn Loeb em 10 de julho de 1918. Felix Warburg e Jacob Schiff estão sentados à cabeceira; Arthur Lehman e Cyrus Adler, logo atrás de Schiff.

A mansão de Felix e Frieda, projetada por C. P. H. Gilbert, construída no número 1109 da Quinta Avenida, foi finalizada em 1908 e hoje é a sede do Museu Judaico.

(*À esq.*) Frieda e Edward Warburg posam com Simon W. Rosendale, que atuou brevemente como procurador-geral de Nova York.

(*À dir.*) Warburg, a seu modo tipicamente efusivo, em Cortina, Itália, em agosto de 1922.

John Pierpont Morgan (*centro*), c. 1907. Sua batalha épica contra Harriman e Schiff pelo controle da Northern Pacific mergulhou Wall Street no caos.

(*À esq.*) James J. Hill, presidente da Great Northern Railway, c. 1913, escondeu do velho amigo Jacob Schiff suas intenções na Northern Pacific.

(*À dir.*) O magnata das ferrovias Edward H. Harriman se tornaria alvo da ira de Teddy Roosevelt contra os trustes.

(*Acima*) Inspiração para o personagem do jogo Monopoly, Otto Kahn era dono de residências palacianas na Quinta Avenida, no South Ocean Boulevard, em Palm Beach, e no litoral norte de Long Island, onde fica o castelo Oheka, com 127 quartos.

(*À esq.*) Patrono das artes e produtor teatral, Kahn ajudou a resgatar a Metropolitan Opera e foi um pioneiro no financiamento de Hollywood.

(*Abaixo*) Os sócios da Kuhn Loeb em 1932. No sentido horário a partir do centro: Otto Kahn, Jerome Hanauer, Lewis Strauss, John Schiff, Felix Warburg, Benjamin Buttenwieser, Frederick Warburg e William Wiseman. Na parede do fundo há um retrato de Mortimer Schiff, morto um ano antes.

(*Topo, à esq.*) Bobbie Lehman, que assumiu a condução da Lehman Brothers na década de 1920, estava "obviamente mais interessado em arte do que em bancos", segundo um de seus sócios. Sua coleção de arte ocupa uma ala no Metropolitan Museum.

(*Topo, à dir.*) Jeff Seligman (filho de James e Rosa) é fotografado entre os primeiros entusiastas dos automóveis na largada da Grande Corrida de 35 mil quilômetros, em 1908.

(*Abaixo, à dir.*) Morti Schiff deixando a Casa Branca em dezembro de 1923 após se reunir com o presidente Calvin Coolidge.

(*Abaixo, no centro*) Philip Lehman, segundo filho de Emanuel, levou a Lehman Brothers a firmar uma parceria de subscrição com a Goldman Sachs, o que moldou dramaticamente o futuro das duas firmas e de Wall Street.

(*Abaixo, à esq.*) Retrato de Samuel Sachs, cujas tensões com o cunhado Henry Goldman dividiriam a família e levariam Henry a sair da empresa fundada por seu pai, Marcus.

  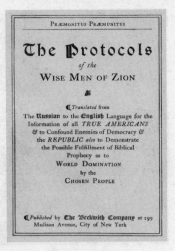

(*À esq.*) Henry Ford adquiriu o combalido jornal *Dearborn Independent* em 1919. Logo depois, o periódico daria início a uma campanha antissemita que duraria sete anos, espraiando-se por 92 edições cujo conteúdo alicerça o antissemitismo moderno.

(*Centro*) Os libelos antissemitas do *Independent* foram amplamente publicados na Alemanha, influenciando Adolf Hitler e outros líderes nazistas emergentes, que consideravam Henry Ford uma inspiração.

(*À dir.*) Os fraudulentos *Protocolos dos sábios de Sião*, publicados na Rússia no início do século XX, receberam pouca atenção até serem publicados nos Estados Unidos em 1920 pelo russo leal aos Romanov Boris Brasol.

(*Acima, à dir.*) Max Warburg (centro), aparece nesta foto usada como propaganda nazista e intitulada "Os judeus como soberanos dos mercados financeiros. Quatro judeus na diretoria da indústria bancária alemã".

(*Abaixo, à dir.*) Peça de propaganda nazista, c. 1936, intitulada "Os judeus evitam trabalhar, deixam que outros façam o trabalho por eles", com as fotos de Felix Warburg e Jacob Schiff no canto superior direito.

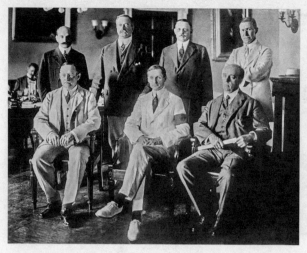 

(*À esq.*) A primeira diretoria do Fed, no sentido horário, da fileira de trás para a da frente: Paul Warburg, John Skelton Williams, William Harding, Adolph Miller, Charles Hamlin, William McAdoo Jr. e Frederic Delano II.

(*À dir.*) A avó do autor, Lena, imigrou para Nova York no início do século xx saída de uma pequena cidade do oeste da atual Ucrânia. Ela aparece com os filhos Raymond, Marvin e Bernard (no centro, o pai do autor).

(*Acima, à esq.*) Em 1º de julho de 1907, o primeiro grupo de imigrantes judeus chegou ao Texas por intermédio do movimento Galveston de Jacob Schiff.

(*Abaixo, à esq.*) Schiff ao lado de William Gaynor, prefeito de Nova York, em 3 de setembro de 1913, quando Gaynor é indicado à reeleição.

AGRADECIMENTOS

QUANDO COMECEI ESTE LIVRO, meu filho mais velho, Wes, era um bebê, e ainda consigo me lembrar vividamente de segurá-lo com um braço enquanto folheava com o outro a biografia em dois volumes de Jacob Schiff escrita por Cyrus Adler. Wes — que desde então ganhou um irmão, Reid — estará ingressando no terceiro ano quando *Os reis do dinheiro* for publicado. Ou seja, um longo trajeto foi percorrido, e tenho uma grande dívida para com as muitas pessoas que me ajudaram no caminho.

Meu fascínio por Schiff foi de certa forma um resultado indireto de minha curiosidade sobre a vida de meu pai. Como uma família de imigrantes pobres se estabeleceu tão rápido nos Estados Unidos? Como um menino saído de um cortiço na McKibbin Street terminou por exercer a advocacia na Quinta Avenida? Explorar essas questões acabou me levando aos mundos sobrepostos da elite judaico-alemã e dos refugiados da perseguição na Rússia e no Leste Europeu. Meu pai, que morreu no último outono, não teve a oportunidade de ver o produto final de minha pesquisa, mas em muitos aspectos este livro é um tributo a ele. Obrigado, pai, por me iniciar nessa jornada e por tanto mais.

Howard Yoon, meu agente e amigo de longa data, apoiou este projeto desde o início. Ele compreendeu o que eu estava tentando alcançar com uma clareza que nem eu mesmo tinha no começo, ajudando a nutrir o germe de uma ideia até que ela se tornasse uma narrativa totalmente formada. Howard é uma das pessoas mais equilibradas e generosas que conheço, e considero-me sortudo por tê-lo ao meu lado como apoiador e colaborador. Seus colegas na Ross Yoon Agency (agora parte da WME) são igualmente extraordinários. Gail Ross, Dara Kaye, Jennifer Manguera e Elizabeth DeNoma contam com minha profunda gratidão.

Nada mais apropriado (e gratificante) que este livro tenha encontrado um lar na Knopf, que foi fundada por um filho de imigrantes judeus que superou o antissemitismo para desempenhar um papel pioneiro no mundo editorial. Meus excelentes editores Andrew Miller e Todd Portnowitz deixaram o manuscrito incalculavelmente melhor com sua edição de texto, orientação geral e conhecimento histórico. Espero que estejam tão orgulhosos de *Os reis do dinheiro* quanto eu. Sou extremamente grato à editora Reagan Arthur e a seu predecessor, o falecido Sonny Mehta, por enxergarem o potencial do projeto e depositarem sua confiança em mim. À editora de produção Nicole Pedersen, à diagramadora Soonyoung Kwon, à designer de capa Jenny Carrow, às divulgadoras Jessica Purcell e Elka Roderick, à profissional de marketing Ellen Whitaker e à revisora Janet Biehl dirijo igualmente meu sincero reconhecimento.

Em minha experiência escrevendo sobre dinastias influentes, encontrei algumas famílias apreensivas com o que a investigação histórica poderia revelar. Esse não foi de forma alguma o caso da família Schiff. Desde o início, David, Drew e Scott Schiff mostraram-se tão intrigados por Jacob Schiff quanto eu. Apoiaram totalmente o projeto e me forneceram acesso irrestrito a documentos inestimáveis, incluindo os papéis privados de Jacob Schiff. Espero que este livro contribua significativamente para sua compreensão do legado de Jacob Schiff e do extraordinário clã do qual eles descendem. Também sou igualmente grato a outros familiares dos "reis do dinheiro", que com toda a generosidade me forneceram cartas, fotografias, filmes, memórias inéditas e outros registros: Ann Sachs e Samuel Sachs Morgan, Rusty Sachs, John Loeb Jr., Henry Goldman III, Peter Goldman, Tracy Breton, Katharine Weber, Marcus Moench, Ted Lehmann, Stephen Barrett, Wendy Gray e Dan Kramarsky.

AGRADECIMENTOS

Este livro se beneficiou imensamente de minhas conversas com uma variedade de estudiosos, historiadores e colegas autores, entre os quais Jehanne Wake (autora de uma história indispensável do banco de investimentos britânico Kleinwort Benson), Peter Der Manuelian (Harvard), Adam Gower (autor de *Jacob Schiff and the Art of Risk*), Rebecca Kobrin (Columbia), a falecida Mary Ann Neeley (autora de vários livros sobre a história de Montgomery, Alabama), Susie Pak (da Universidade St. John's e autora de *Gentlemen Bankers*), Jonathan Sarna (Brandeis) e Steven Weisman (autor de *The Chosen Wars: How Judaism Became an American Religion*). Agradeço também ao falecido Harvey Krueger e a Yves-Andre Istel pelas lembranças de seus anos na Kuhn Loeb. E a John Wiseman por compartilhar comigo os documentos de seu falecido pai, William Wiseman.

Minha pesquisa me conduziu de Berlim e Londres a Norman, Oklahoma (o improvável local onde foram parar os papéis da J. & W. Seligman & Co.), à procura de registros de arquivos, manuscritos inéditos e obras há muito esgotadas. Dezenas de arquivistas e bibliotecários me ajudaram ao longo do caminho, indicando-me documentos vitais, recomendando novas fontes de informação e auxiliando-me de outras formas em meu trabalho de detetive histórico. Sou particularmente grato aos Arquivos Judaicos Americanos (em especial a Gary Zola, Dana Herman e Joe Weber) por me concederem uma bolsa de pesquisa. Gostaria também de prestar meu reconhecimento aos fenomenais funcionários das seguintes instituições: Departamento de Arquivos e História do Alabama; Sociedade Histórica Judaica Americana; Biblioteca Britânica; Arquivos Nacionais Britânicos; Centro de Pesquisa Arquivística Howard Gotlieb, da Universidade de Boston; Biblioteca de Livros e Manuscritos Raros da Universidade Columbia; Arquivo Político do Ministério das Relações Exteriores Alemão; Biblioteca Schlesinger, do Instituto Radcliffe de Harvard; Biblioteca Baker, da Escola de Negócios de Harvard (Melissa Murphy); Instituto Leo Baeck; Biblioteca do Congresso; Arquivos Metropolitanos de Londres; Biblioteca Pública de Nova York (agradeço especialmente a Andrea Felder, Lyudmila Sholokhova e Amanda Seigel por desenterrarem uma foto perdida das famílias Schiff e Loeb); Biblioteca de Livros e Manuscritos Raros da Universidade de Princeton; Arquivo

Rothschild (Justin Cavernelis-Frost); Biblioteca da Universidade Yale e Biblioteca Beinecke de Livros e Manuscritos Raros da Universidade Yale; e Arquivo do Instituto Warburg (Claudia Wedepohl).

Na Alemanha, a jornalista Almut Schoenfeld me ajudou com a pesquisa vasculhando arquivos e encontrando um material espetacular, inclusive sobre as operações da inteligência alemã voltadas aos financistas judeus alemães durante a Primeira Guerra Mundial. Ela e sua família também demonstraram uma incrível hospitalidade durante minha visita a Berlim. Suas contribuições aprimoraram muito o livro. Parte da correspondência que obtive estava escrita em *Kurrentschrift*, uma forma arcaica de caligrafia alemã indecifrável para a maioria dos falantes do alemão moderno. Dianne Ritchey, arquivista do Instituto Leo Baeck e especialista em textos alemães antigos, traduziu essas cartas. Jörg e Martina Peters, meus maravilhosos parentes alemães (eles próprios escritores), também ajudaram com a tradução, assim como meu amigo e ex-colega Aaron Wiener. Hannah e Luba Levintova contribuíram com seu conhecimento da língua russa para a empreitada. Daniel Park, na época estudante da Universidade de Auburn, me ajudou com a pesquisa em Montgomery, Alabama.

Meus amigos (e colegas escritores) Bruce Falconer e Andy Kroll forneceram seu perspicaz feedback sobre o manuscrito. E meu velho amigo Matt Mahoney, que checou os fatos do livro, poupou-me de erros embaraçosos. Daniel King, com sua incomparável preparação de texto, revisou o manuscrito e também me salvou de equívocos que poderiam ter passado despercebidos.

Sou grato aos meus maravilhosos amigos e colegas na *Mother Jones* por fazerem do trabalho diário algo tão divertido e proveitoso. A organização inteira conta com minha gratidão, mas eu gostaria de destacar especialmente David Corn (que me apresentou a meu agente anos atrás e forneceu comentários úteis sobre uma versão inicial do manuscrito), Monika Bauerlein, Clara Jeffery e Marianne Szegedy-Maszak.

Trabalhei por tanto tempo neste livro que certamente meus amigos e familiares ficaram fartos de ouvir sobre ele. Alguns talvez até tenham começado a se perguntar se eu chegaria mesmo a terminá-lo. Seu amor, apoio e encorajamento sem dúvida me ajudaram a cruzar a linha de chegada. Obrigado a minha mãe, Linda Schulman; às famílias Cooke, Silverman e Schulman; às famílias Colburn, Pieczarka (sim, Ray, o livro está pronto) e Skouteris; a Andy Arch, Brett Warwick e Clayton Hainsworth; e às famílias Connelly, Gonçalves, Jaeger, Kass, Maguire, Reed, Ross e Toubman.

Ser casado com um escritor, ao que tudo indica, não é uma experiência das mais glamourosas. Para este projeto, ausentei-me frequentemente em viagens de pesquisa, às vezes por semanas a fio. Durante essas ausências, minha incrível esposa, Stacey — organizada e capacitada de maneiras que eu jamais poderia sonhar em ser —, cuidou dos nossos dois filhos pequenos e manteve a casa em perfeito funcionamento, ao mesmo tempo que tocava um emprego exigente, um programa de doutorado e uma montanha de outras responsabilidades. Mas não foram apenas as viagens. Um livro, por menor que seja, consome demasiado espaço emocional e intelectual. Você convive com ele, o que significa que seus entes queridos precisam fazer o mesmo. Imagino que, para eles, tenha sido como a visita inesperada de um parente que no início se mostrou divertida, mas se estendeu por tempo demais — neste caso, por oito anos! A Stacey, Wesley e Reid, agradeço pelo amor, pelos risos e pela paciência. Vocês são meu coração e meu norte, e eu não teria conseguido sem vocês.

NOTAS

INTRODUÇÃO: SALEM FIELDS [pp. 15-21]

1. "Jacob Schiff Is Buried", Associated Press, 28 set. 1920; "Schiff's Death Brings Gloom to East Side", *New-York Tribune*, 27 set. 1920.
2. "Jacob H. Schiff, a 'World-Representative of His Race'", *Literary Digest*, 16 out. 1920.
3. "Thousands Gather at Schiff Funeral", *New York Times*, 29 set. 1920.
4. Birmingham, *Our Crowd*, p. 8.
5. Geoffrey T. Hellman a Cass Canfield, 26 maio 1967, caixa 226, DS-NYPL.
6. Weiner, *What Goes Up*, p. 39.
7. SB a Geoffrey T. Hellman, 6 fev. 1967, caixa 33, SB-BU.

1. IRMÃOS & CIA. [pp. 25-33]

1. Hellman, "Story of Seligmans", p. 182; Hellman, "Joseph Seligman, American Jew", p. 28.
2. Wells, "House of Seligman", p. 6. Wells, jornalista da imprensa escrita e do rádio, trabalhou brevemente para a J. & W. Seligman & Co., onde, em 1931, preparou uma história confidencial da firma com 713 páginas, para os sócios.
3. Wells, "House of Seligman", p. 8.
4. Muir e White, *Over the Long Term*, p. 32.
5. Wells, "House of Seligman", p. 12.
6. "Marine List", *Evening Post* (NY), 25 set. 1837.
7. Editorial, *Evening Post* (NY), 25 set. 1837.
8. Wells, "House of Seligman", p. 16.
9. Diner, *Roads Taken*, pp. 128, 136.

10 Muir e White, *Over the Long Term*, p. 33.
11 "James Seligman, Aged Banker, Dies", *New York Times*, 21 ago. 1916; James Seligman, "Reminiscences on the Occasion of His 86th Birthday", 14 abr. 1910, AJA.
12 "James Seligman, Aged Banker, Dies", *New York Times*, 21 ago. 1916; Muir e White, *Over the Long Term*, p. 35.
13 Seligman, *In Memoriam: Jesse Seligman*, p. 124.
14 Muir e White, *Over the Long Term*, p. 35.
15 Seligman, *In Memoriam: Jesse Seligman*, p. 9.
16 Ibid.
17 Wells, "House of Seligman", pp. 22-4.
18 "New Goods", *Alabama Beacon*, 7 jun. 1845.
19 "New Fall Goods", *Alabama Beacon*, 25 out. 1845.
20 Muir e White, *Over the Long Term*, p. 36.
21 Hellman, "Story of Seligmans", p. 35.
22 Muir e White, *Over the Long Term*, p. 36.
23 "Last Call", *Alabama Beacon*, 6 maio 1848.

2. A MARCHA DOS MASCATES [pp. 34-44]

1 *Alabama*, 20:28, relatórios de crédito da R. G. Dun & Co., BL-HBS.
2 HL a Edgar B. Stern, 2 fev. 1948, caixa 162, HL-CURBML.
3 Flade, *Lehmans*, p. 44.
4 Edgar B. Stern a Frank Manheim, 23 jan. 1948, caixa 162, HL-CURBML.
5 John Langeloth Loeb Jr., entrevista ao autor.
6 Campbell, *Southern Business Directory*, p. 8.
7 Manheim, "Seed and Tree", p. 38.
8 Birmingham, *Our Crowd*, p. 54.
9 Young, "Sketch of the First Jewish Settlers of Montgomery", p. 1.
10 Olitzky e Raphael, *American Synagogue*, p. 33.
11 Moses, "The History of the Jews of Montgomery", p. 85; Young, "Sketch of the First Jewish Settlers of Montgomery", p. 3.
12 Manheim, "Seed and Tree", p. 23.
13 Ibid.
14 Landman, *Universal Jewish Encyclopedia*, p. 596.
15 Flade, *Lehmans*, p. 51.
16 Registro de embarcações estrangeiras chegando ao porto de Nova York, 1789-1919, NA.
17 "The Storm", *Brooklyn Daily Eagle*, 19 jul. 1850.
18 Campbell, *Southern Business Directory*, p. 10.
19 HL, "Reminiscences of Herbert Lehman", parte 1, 4:2.
20 Contrato de compra e venda, 16 mar. 1854, caixa 14, JK-CURBML.
21 Manheim, "Seed and Tree", p. 38.
22 Evans, *Judah P. Benjamin*, p. 97.
23 *Alabama*, 20:28, relatórios de crédito da R. G. Dun & Co., BL-HBS.
24 Moore, *Emergence of the Cotton Kingdom*, p. 233.
25 "Yellow Fever in Montgomery", *Tuskegee Republican*, 27 set. 1855.
26 Manheim, "Seed and Tree", p. 28.
27 HL, "Reminiscences of Herbert Lehman", parte 1, 4:3.

28 "In Memoriam: Mayer Lehman", p. 14.
29 "In Memoriam: Emanuel Lehman", p. 32.
30 HL, "Reminiscences of Herbert Lehman", parte 1, 4:73.
31 Ibid.
32 Seligman, "Reminiscences of Isaac Seligman", p. 13.

3. DESTINO MANIFESTO [pp. 45-56]

1   Grant, *Personal Memoirs*, p. 37.
2   Seligman, *Jesse Seligman: In Memoriam*, p. 10.
3   "The Watertown Fire", *Watertown Journal Extra*, 13 maio 1849.
4   Seligman, *Jesse Seligman: In Memoriam*, p. 11.
5   Ibid., p. 12.
6   Wells, "House of Seligman", p. 34.
7   Seligman, *Jesse Seligman: In Memoriam*, p. 12.
8   Muir e White, *Over the Long Term*, p. 41.
9   Wells, "House of Seligman", p. 35.
10 Voorsanger, *Chronicles of EmanuEl*, p. 36.
11 "Abraham Seligman Dead", *Daily Alta*, 22 jan. 1885.
12 Muir e White, *Over the Long Term*, p. 42.
13 Bancroft, *Popular Tribunals*, p. 211.
14 "The Vigilance Suit in San Francisco", *Sacramento Daily Union*, 20 jul. 1860.
15 Williams, *History of the Committee of Vigilance*, p. 210.
16 Wells, "House of Seligman", p. 38.
17 Muir e White, *Over the Long Term*, p. 42.
18 Ibid.; Seligman, *Jesse Seligman: In Memoriam*, p. 12.
19 Ethington, *Public City*, pp. 161-3.
20 Hellman, "Story of Seligmans", p. 51.
21 *New York*, 319:500A, relatórios de crédito da R. G. Dun & Co., BL-HBS.
22 HL a Irwin J. Miller, 30 dez. 1953, caixa 162, HL-CURBML.
23 HL, "Reminiscences of Herbert Lehman", parte 1, 4:17-8.
24 Herbert Lehman a James L. Loeb, 15 abr. 1947, caixa 162, HL-CURBML.
25 HL, "Reminiscences of Herbert Lehman", parte 1, 4:4.
26 *New York*, 319:500A, relatórios de crédito da R. G. Dun & Co., BL-HBS.
27 Douglas B. Ball a JK, 22 set. 1984, caixa 13, JK-CURBML.
28 *Alabama*, 20:28, relatórios de crédito da R. G. Dun & Co., BL-HBS.
29 Ibid.

4. VICISSITUDES DA GUERRA [pp. 57-80]

1   Libo, *Lots of Lehmans*, p. 8.
2   *New York*, 319:500A, relatórios de crédito da R. G. Dun & Co., BL-HBS.
3   Manheim, "Seed and Tree", p. 30.
4   *New York*, 319:500A, relatórios de crédito da R. G. Dun & Co., BL-HBS.
5   "Important from Montgomery; Speech of Hon. Jefferson Davis", *New York Times*, 18 fev. 1861.

6 Manheim, "Seed and Tree", p. 39.
7 Grant, *Papers of Grant*, v. 7, pp. 56-7.
8 Sarna, *When Grant Expelled Jews*, p. 32.
9 Ibid., p. 30.
10 Douglas B. Ball a JK, 22 set. 1984, caixa 13, JK-CURBML.
11 *New York*, 319:500A, relatórios de crédito da R. G. Dun & Co., BL-HBS.
12 "The Union Forever: Immense Demonstration in This City", *New York Times*, 21 abr. 1861.
13 Wells, "House of Seligman", p. 72.
14 Seligman, "Reminiscences of Isaac Seligman", p. 13
15 Wells, "House of Seligman", p. 55.
16 Seligman, "Reminiscences of Isaac Seligman", p. 11.
17 Wells, "House of Seligman", p. 56.
18 Muir e White, *Over the Long Term*, pp. 26-7.
19 Ibid., pp. 27-8.
20 Ibid., p. 29.
21 Ibid., p. 39; Markens, *Abraham Lincoln and Jews*, p. 31.
22 Hellman, "Joseph Seligman, American Jew", p. 35.
23 Joseph Seligman aos irmãos, 2 fev. 1863, Seligman Family Papers-NYHS.
24 Joseph Seligman aos irmãos, 20 fev. 1863, e Joseph a Isaac Seligman, 29 abr. 1863, Seligman Family Papers-NYHS.
25 "The Draft", *New York Times*, 4 set. 1864.
26 "A Letter from One of the Rioters", *New York Times*, 15 jul. 1863.
27 Hellman, "Story of Seligmans", pp. 80-1.
28 Ibid., p. 71.
29 Joseph Seligman aos irmãos, 20 fev. 1864, Seligman Family Papers-NYHS.
30 Hellman, "Story of Seligmans", p. 87.
31 Ibid., p. 53.
32 Joseph Seligman aos irmãos, 5 fev. 1863, Seligman Family Papers-NYHS.
33 Joseph Seligman aos irmãos, 29 jan. 1863, Seligman Family Papers-NYHS.
34 Ibid.
35 Joseph Seligman aos irmãos, 18 e 20 fev. 1864, Seligman Family Papers-NYHS.
36 Ibid.
37 Joseph Seligman aos irmãos, 30 abr. 1863, Seligman Family Papers-NYHS.
38 Joseph Seligman aos irmãos, 6 abr. 1863, Seligman Family Papers-NYHS.
39 Hellman, "House of Seligman", p. 72.
40 Seligman, "Reminiscences of Isaac Seligman", p. 14.
41 U.S. War Department, *War of the Rebellion*, p. 1223.
42 Flynt, *Alabama Baptists*, p. 116.
43 "Fresh in the River", *Richmond Dispatch*, 11 jan. 1865.
44 Krick, *Civil War Weather in Virginia*, pp. 147-9.
45 U.S. War Department, *War of the Rebellion*, pp. 1223-4.
46 Jones, *Rebel War Clerk's Diary*, v. 2, p. 382.
47 U.S. War Department, *War of the Rebellion*, p. 365.
48 Ibid., pp. 69-70.
49 Ibid., p. 166.
50 "Rev. Mr. Tichenor's Address", *Montgomery Advertiser*, 5 mar. 1865.
51 Douglas B. Ball a JK, 22 set. 1984, caixa 13, JK-CURBML.

52 Thian, *Correspondence of Treasury Department*, p. 823.
53 "Evacuation of Montgomery", *Montgomery Daily Mail*, 17 abr. 1865.
54 Rogers, *Confederate Home Front*, p. 144.
55 "Evacuation of Montgomery", *Montgomery Daily Mail*, 17 abr. 1865.
56 *Louisiana*, 12:180, relatórios de crédito da R. G. Dun & Co., BL-HBS.
57 Manheim, "Seed and Tree", p. 43.
58 Libo, *Lots of Lehmans*, p. 12.
59 "Evacuation of Montgomery", *Montgomery Daily Mail*, 17 abr. 1865.
60 "Application of Mayer Lehman for Amnesty & Pardon", 4 ago. 1865, e "Application of Emanuel Lehman for Amnesty & Pardon", 20 fev. 1866, Amnesty Papers, NA.
61 Edgar B. Stern a Frank Manheim, 23 jan. 1948, caixa 162, HL-CURBML.
62 *Louisiana*, 12:180, relatórios de crédito da R. G. Dun & Co., BL-HBS.
63 *Louisiana*, 20:28, relatórios de crédito da R. G. Dun & Co., BL-HBS.
64 Muir e White, *Over the Long Term*, p. 51.
65 *New York*, 417:148, relatórios de crédito da R. G. Dun & Co., BL-HBS.

5. CIDADE DE IMPÉRIOS [pp. 83-99]

1 Dietz, *Stammbuch der Frankfurter Juden*, p. 257.
2 Freimann e Kracauer, *Frankfort*, pp. 237-44; Adler, *Schiff: His Life and Letters*, v. 1, p. 2.
3 Adler, *Schiff: His Life and Letters*, v. 1, p. 3.
4 IFS; Dietz, *Stammbuch der Frankfurter Juden*, p. 205.
5 Adler e Singer, *Jewish Encyclopedia*, p. 96.
6 Deutsch, *Scrolls*, v. 2, p. 253.
7 Adler, *Schiff: His Life and Letters*, v. 1, p. 1.
8 Dr. Otto Driesen, diretor da Frankfurt Philanthropin, discurso, 1º abr. 1925.
9 Cohen, *Schiff: Study in Leadership*, p. 2.
10 Ibid., p. 1.
11 Warburg, *Reminiscences of Long Life*, p. 8.
12 Ibid., p. 4.
13 JHS, passaporte, 3 mar. 1965, IFS.
14 Adler, *Schiff: His Life and Letters*, v. 1, p. 5.
15 Cohen, *Schiff: Study in Leadership*, p. 3.
16 Adler, *Schiff: Biographical Sketch*, p. 23.
17 Adler, *Schiff: His Life and Letters*, v. 1, p. 6.
18 Louis Marshall, palavras dirigidas à congregação da sinagoga Emanu-El, 19 dez. 1920, caixa 244, DS-NYPL.
19 Max J. Bonn, memorando, 29 jun. 1926, rolo 684, JHS-AJA.
20 Adler, *Schiff: His Life and Letters*, v. 1, p. 7; Cohen, *Schiff: Study in Leadership*, p. 4.
21 "Review of the Month", *Commercial and Financial Chronicle*, 4 jan. 1868; Sobel, *Big Board*, pp. 71, 78, 82.
22 Wells, "House of Seligman", pp. 99-100; Gurock, *Central European Jews in America*, p. 139.
23 Hickling, *Men and Idioms of Wall Street*, p. 5.
24 Warburg, "Book for Jimmy, Jennifer", p. 49.
25 Warburg, *Reminiscences of Long Life*, p. 12.
26 Ibid., pp. 14-5.

27 *Ohio*, 78:262, relatórios de crédito da R. G. Dun & Co., BL-HBS.
28 Loeb, *Our Father*, p. 10.
29 Ibid., p. 7.
30 Ibid., pp. 9-10.
31 Wells, "House of Seligman", p. 102.
32 Warburg, "Book for Jimmy, Jennifer", p. 44; Loeb, *Our Father*, p. 11.
33 Sachs, *One Hundred Years at Rushing Brook*, p. 6.
34 Sachs, "Autobiography", pp. 2-3.
35 Ibid., p. 4.
36 Ibid.; Sachs, "Reminiscences of Walter Sachs", parte 2, p. 53.
37 *New York*, 417:200vv, relatórios de crédito da R. G. Dun & Co., BL-HBS.
38 Sachs, "Autobiography", p. 4.
39 *New York*, v. 417:200RR, relatórios de crédito da R. G. Dun & Co., BL-HBS.
40 Manheim, "Seed and Tree", p. 47; *New York*, 19:500G, relatórios de crédito da R. G. Dun & Co., BL-HBS.
41 HL, "Reminiscences of Herbert Lehman", parte 1, 4:4.
42 HL a Irwin J. Miller, 30 dez. 1953, caixa 162, HL-CURBML.
43 "Description of House — 5 East 62nd Street", caixa 163, HL-CURBML.
44 Manheim, "Seed and Tree", p. 50.
45 Ibid., p. 51.
46 U.S. House, *Reports of Committees for the Second Session of the Fortythird Congress, 1874-75*, p. 271.
47 "Commercial Report", *New York Herald*, 18 nov. 1888.
48 "In Memoriam: Mayer Lehman", p. 15.
49 "In Memoriam: Emanuel Lehman", p. 29.
50 Ibid., p. 7.
51 *New York*, 319:500 A/13 e 500U, relatórios de crédito da R. G. Dun & Co., BL-HBS.
52 *New York*, 418:235, relatórios de crédito da R. G. Dun & Co., BL-HBS.
53 Henry Budge, memorando, 10 out. 1925, rolo 684, JHS-AJA.

6. PÂNICO! [pp. 100-18]

1 "Securing 'Financial Opinions'", *Road*, 1º jul. 1875.
2 "A Western Jim Fisk", *New York Times*, 8 dez. 1872; "The Rockford Road", *Chicago Tribune*, 19 jun. 1875.
3 *New York*, 418:235, relatórios de crédito da R. G. Dun & Co., BL-HBS.
4 Arnsberg, *Henry Budge*, pp. 19-20.
5 *New York*, 420:477, relatórios de crédito da R. G. Dun & Co., BL-HBS.
6 Gabinete do prefeito, memorando ao Senado de Frankfurt, 22 dez. 1866, IFS.
7 Wells, "House of Seligman", pp. 102, 121.
8 White, *Money and Banking*, p. 176.
9 Geisst, *Wheels of Fortune*, p. 15.
10 Wells, "House of Seligman", p. 122.
11 U.S. House, *Reports of Committees for the Second Session, 1869-70*, n. 31, p. 235.
12 Muir e White, *Over the Long Term*, p. 57.
13 Ackerman, *Gold Ring*, p. 88.
14 Wells, "House of Seligman", pp. 123, 134.

15 Ibid., p. 123.
16 "The Gold Excitement", *New York Times*, 25 set. 1869.
17 Ibid.
18 U.S. House, *Reports of Committees for the Second Session of the Forty-first Congress*, n. 31, p. 240.
19 Ibid., p. 238.
20 Ibid., pp. 239-40.
21 Ibid., p. 241.
22 "Failure of Jay Cooke & Co.", *New-York Tribune*, 19 set. 1873; "The Panic", *New York Times*, 19 set. 1873.
23 *History of the Terrible Financial Panic of 1873*, p. 8.
24 Oberholtzer, *Jay Cooke*, v. 2, p. 308.
25 Ibid., v. 2, pp. 196, 215.
26 Ibid., v. 2, p. 424.
27 Ibid., v. 2, p. 428.
28 "The Germans", *New York Times*, 19 out. 1872.
29 Wells, "House of Seligman", p. 591.
30 Muir e White, *Over the Long Term*, p. 68.
31 Wells, "House of Seligman", p. 225.
32 Ibid., p. 218.
33 Ibid., p. 219.
34 Perkins, "Eye of the Storm", p. 1135.
35 Wells, "House of Seligman", p. 222.
36 Ibid., p. 213.
37 Ibid., pp. 224-5.
38 Ibid., p. 237.
39 Ibid., p. 239.
40 Muir e White, *Over the Long Term*, p. 75.
41 Seligman, "Reminiscences of Isaac Seligman", p. 7.
42 Seligman, "Some Recollections of Sir Charles Seligman", p. 2.
43 *New York*, 319:500 A/13, relatórios de crédito da R. G. Dun & Co., BL-HBS.
44 *New York*, 420:418, relatórios de crédito da R. G. Dun & Co., BL-HBS.

7. O PEQUENO GIGANTE [pp. 119-29]

1 Henry Budge, memorando, 10 out. 1925, rolo 684, JHS-AJA.
2 Adler, *Schiff: His Life and Letters*, v. 1, p. 9.
3 Warburg, *Reminiscences of Long Life*, p. 9.
4 Artigos de Co-Sociedade, 29 nov. 1874, pasta 3, caixa 517, LB-BLHBS.
5 Loeb, *Our Father*, pp. 14-5.
6 Warburg, *Reminiscences of Long Life*, pp. 14, 16.
7 Ibid., p. 9.
8 Ibid.
9 Sachs, "Reminiscences of Walter Sachs", parte 2, p. 53.
10 Cardápio do casamento e telegramas de congratulações, Felix and Frieda Warburg Family Collection-AJA.
11 Warburg, *Reminiscences of Long Life*, p. 44.

12 Ibid., p. 10.
13 David Schiff, entrevista ao autor.
14 Potter, *Men, Money and Magic*, p. 19.
15 Warburg, *Long Road Home*, p. 19.
16 Warburg, *Reminiscences of Long Life*, p. 52.
17 Louis Marshall, endereço, 20 dez. 1920, caixa 244, DS-NYPL.
18 Warburg, "Reminiscences of Schiff".
19 Warburg, *Reminiscences of Long Life*, p. 43.
20 Warburg, "Reminiscences of Schiff".
21 Loeb, *Our Father*, p. 12.
22 "Biographical data about the Kuhns and Loebs by James K. Senior, a grandson of Samuel Kuhn", caixa 243, DS-NYPL.
23 Versão preliminar do manuscrito de Adler, *Schiff: His Life and Letters*, p. 935, caixa 1861, JHS-AJA.
24 Ibid., pp. 927-8.
25 "Secretary Sherman's Visit", *New York Times*, 10 abr. 1878.
26 "The Great Syndicate Bid", *New York Times*, 19 abr. 1879.
27 "P.R.R. Files Tell of Banking Shift", *New York Times*, 23 dez. 1937.
28 Henry Tatnall a MLS, 14 nov. 1925, rolo 684, JHS-AJA.
29 "Jacob H. Schiff", caixa 244, DS-NYPL.
30 Warburg, *Reminiscences of Long Life*, p. 45.
31 Ibid., p. 74.
32 Ibid., p. 52.
33 Ibid., p. 57.
34 Warburg, *Reminiscences of Long Life*, p. 57; Loeb, *Our Father*, pp. 12-3.
35 Id.
36 Loeb, *Our Father*, p. 19.
37 Warburg, *Reminiscences of Long Life*, p. 19; Loeb, *Our Father*, p. 20.
38 Ibid., p. 13.
39 Ibid., p. 17.
40 Ibid., pp. 21-2.
41 Warburg, "Book for Jimmy, Jennifer", p. 46.

8. O GUETO DOURADO [pp. 130-52]

1 Muir e White, *Over the Long Term*, p. 66.
2 Wells, "House of Seligman", p. 358.
3 Hellman, "Joseph Seligman, American Jew", p. 33.
4 Wells, "House of Seligman", p. 308.
5 Hellman, "Story of Seligmans", p. 253.
6 Wells, "House of Seligman", p. 306.
7 Rock e Moore, *Haven of Liberty*, p. 164.
8 Dinnerstein, *Anti-Semitism in America*, p. 26.
9 Bogen, *Luckiest Orphans*, p. 6.
10 Ibid., p. 17.
11 Ibid., pp. 14-5.
12 Ibid., p. 12.

NOTAS

13 Seligman, *In Memoriam: Jesse Seligman*, p. 93.
14 Bogen, *Luckiest Orphans*, pp. 49-50.
15 "Report of the Committee: Instructed with the Investigation of the Charges Proffered Against the Management of the Hebrew Orphan Asylum of the City of New York", *American Israelite*, 15 jan. 1875.
16 "Persecution of the Roumania Jews", *New York Herald*, 2 jul. 1870.
17 "Persecutions of the Israelites in the Danubian Principalities", *Daily Phoenix* (Columbia, SC), 22 fev. 1870.
18 Sarna, *When Grant Expelled Jews*, p. 110.
19 Ibid., pp. 115-6.
20 "Historical Sketches of the Jewish Congregations of the United States", *New Era*, mar. 1874.
21 "Sunday Services for Hebrews", *New York Times*, 19 maio 1879.
22 Cowen, *Memories of American Jew*, p. 94.
23 Kittelstrom, *Religion of Democracy*, p. 270.
24 Wells, "House of Seligman", p. 309.
25 Denby, *Grand Hotels*, p. 42.
26 Wells, "House of Seligman", p. 309.
27 "A Sensation at Saratoga", *New York Times*, 19 jun. 1877.
28 "A Reply to Judge Hilton", *New York Times*, 20 jun. 1877.
29 Manheim, "Seed and Tree", p. 93.
30 "A Sensation at Saratoga", *New York Times*, 19 jun. 1877.
31 "Judge Hilton's Position", *New York Times*, 20 jun. 1877.
32 "Mr. Seligman's Friends", *New York Times*, 21 jun. 1877.
33 "Mr. Jesse Seligman's Opinion", *New York Times*, 20 jun. 1877.
34 "Among the Proscribed", *New York Times*, 20 jun. 1877.
35 "Judge Hilton's Position", *New York Times*, 20 jun. 1877.
36 "A Cry from Newport", *New York Times*, 20 jun. 1877.
37 "The Position of New-York Hotels", *New York Times*, 20 jun. 1877.
38 "The Long Branch Hotel Keepers", *New York Times*, 20 jun. 1877.
39 Eaton, *Hour with American Hebrew*, pp. 53, 66, 69.
40 Lynch, *"Boss" Tweed*, p. 407.
41 "A Sensation at Saratoga", *New York Times*, 19 jun. 1877.
42 Dinnerstein, *Anti-Semitism in America*, p. 5.
43 Ibid., p. 15.
44 Dobkowski, *Tarnished Dream*, p. 82.
45 *Alabama*, 20:28, relatórios de crédito da R. G. Dun & Co., BL-HBS.
46 Dinnerstein, *Anti-Semitism in America*, p. 36.
47 Diner, *Jews of the United States*, p. 170.
48 Klein, *Life and Legend of Gould*, p. 11.
49 "The Jewish Question", *New York Times*, 23 jun. 1877.
50 Muir e White, *Over the Long Term*, p. 76; Seligman, "Some Recollections of Sir Charles Seligman", p. 1.
51 Wells, "House of Seligman", p. 316.
52 Hellman, "Story of Seligmans", p. 165H.
53 "War on the Jews", *Times* (Filadélfia), 23 jul. 1879.
54 "Mr. Corbin and the Hebrews", *Baltimore Sun*, 24 jul. 1879.
55 Wells, "House of Seligman", p. 323.
56 Ibid., p. 303.

57 David Seligman a ERAS, 27 jan. 1880, Seligman Family Correspondence-AJA.
58 Hellman, "Story of Seligmans", p. 195.
59 Wells, "House of Seligman", p. 324.
60 Carta a ERAS, 30 abr. 1880, Seligman Family Correspondence-AJA; Muir e White, *Over the Long Term*, p. 78; INS a ERAS, 29 abr. 1880, caixa 62, ERAS-CURBML.
61 "Obituary: Joseph Seligman", *New York Times*, 27 abr. 1880.
62 ERAS, Memorando biográfico, 1928, caixa 40, GH-NYPL.
63 Alfred Seligman a ERAS, 28 abr. 1880, caixa 62, ERAS-CURBML.
64 INS a ERAS, 29 abr. 1880, caixa 62, ERAS-CURBML.
65 Ibid.
66 "Funeral Service of Mr. Seligman", *New York Times*, 3 maio 1880.
67 Felix Adler, "Memorial Words, Spoken over the Remains of Joseph Seligman", 3 maio 1880, NYHS.
68 Stern, *Rise and Progress of Reform Judaism*, p. 202.
69 "Obituary: Joseph Seligman", *New-York Tribune*, 27 abr. 1880.

9. MONTEFIORE AMERICANO [pp. 153-72]

1 Friedman, *What Went Wrong?*, p. 42.
2 "The Committee of Fifty", *New York Times*, 6 dez. 1882; "Determined for Reform", *New York Times*, 23 out. 1882.
3 Adler, *Schiff: His Life and Letters*, v. 1, p. 345.
4 Ibid., v. 1, p. 350.
5 Mount Sinai Hospital, relatório anual, 1921.
6 Sankovitch, *Signed, Sealed, Delivered*, p. 9.
7 HL, "Reminiscences of Herbert Lehman", parte 1, 4:20.
8 Irving Lehman a MLS, 25 nov. 1925, rolo 684, JHS-AJA.
9 "Mount Sinai Hospital", *American Hebrew*, 23 dez. 1881.
10 "Suicide of Moses G. Hanauer", *New York Times*, 8 jan. 1883.
11 "Jacob Schiff and Mount Sinai Hospital", 15 maio 1984, caixa 244, DS-NYPL.
12 Levenson, *Montefiore*, p. 15.
13 Ibid.
14 Manheim, "Seed and Tree", p. 80.
15 Ibid.
16 Adler, *Schiff: His Life and Letters*, v. 1, p. 370.
17 Cohen, *Schiff: Study in Leadership*, p. 68.
18 Ibid., p. 64.
19 JHS a Henry Solomon, "Memoranda in regard to Jacob H. Schiff from Montefiore Hospital Directors", 22 jan. 1899, rolo 684, JHS-AJA.
20 S. G. Rosenbaum, "Memoranda in regard to Jacob H. Schiff from Montefiore Hospital Directors", 29 out. 1925, rolo 684, JHS-AJA.
21 M. D. Goodman, "Memoranda in regard to Jacob H. Schiff from Montefiore Hospital Directors", 13 out. 1925, rolo 684, JHS-AJA.
22 "Diamonds and Vulgarity", *New York Times*, 31 jul. 1887.
23 Warburg, *Reminiscences of Long Life*, p. 57.
24 Ibid., p. 55.
25 Samuel Sachs a Cyrus Adler, 31 ago. 1925, rolo 684, JHS-AJA.

26 Sachs, "Reminiscences of Walter Sachs", parte 1, p. 1.
27 Fisher, *When Money Was in Fashion*, p. 12.
28 Sachs, *One Hundred Years at Rushing Brook*, p. 7.
29 "English, Hebrew, German and Mathematical Institute", *Baltimore Sun*, 26 ago. 1856.
30 Sachs, *One Hundred Years at Rushing Brook*, p. 12.
31 Ibid., p. 16.
32 Josef Kleinhenz, "Herr Sachs aus Rödelmaier", *Jüdische Allgemeine*, 19 fev. 2009.
33 Sachs, *One Hundred Years at Rushing Brook*, p. 16.
34 Warburg, *Reminiscences of Long Life*, p. 86.
35 HL, "Reminiscences of Herbert Lehman", parte 1, 4:26.
36 Sachs, *One Hundred Years at Rushing Brook*, p. 8.
37 Samuel Sachs a Cyrus Adler, 31 ago. 1925, rolo 684, JHS-AJA.
38 S. G. Rosenbaum, "Memoranda in regard to Jacob H. Schiff from Montefiore Hospital Directors", 29 out. 1925, rolo 684, JHS-AJA.
39 "Stewardship During One's Lifetime", *Jewish Messenger*, 29 set. 1893.
40 Waldman, *Nor by Power*, p. 328.
41 Warburg, *Reminiscences of Long Life*, p. 52.
42 "Memoranda in regard to Jacob H. Schiff from Montefiore Hospital Directors", Leopold Stern, 10 ago. 1925, rolo 684, JHS-AJA.
43 JHS a Ernest Cassel, 6 mar. 1888, rolo 676, JHS-AJA; Marcus, *United States Jewry*, p. 477.
44 "American Notes", *Jewish World*, 18 nov. 1898.
45 Joseph Buttenwieser a MLS, 1º ago. 1925, rolo 684, JHS-AJA.
46 Waldman, *Nor by Power*, p. 323.
47 Ibid., p. 328.
48 Warburg, "Book for Jimmy, Jennifer", pp. 49-50.
49 Feld, *Lillian Wald*, pp. 32-3.
50 Wald, *House on Henry Street*, pp. 4-8.
51 Daniels, *Always a Sister*, p. 35.
52 "Jacob H. Schiff", *Survey*, 2 out. 1920.
53 Ibid.; Adler, *Schiff: His Life and Letters*, v. 1, p. 292.
54 Adler, *Schiff: His Life and Letters*, v. 1, pp. 317-8.
55 "Jacob H. Schiff", *Survey*, October 2, 1920.
56 Cohen, *Schiff: Study in Leadership*, pp. 72, 74; Weschler, *Qualified Student*, p. 131.
57 McClellan, *Gentleman and Tiger*, pp. 276-7.
58 Meyer, *Barnard Beginnings*, pp. 102-3.
59 Annie Nathan Meyer, memorando, 1º maio 1926, rolo 684, JHS-AJA.

10. ÊXODO [pp. 173-93]

1 "The Exiles from Russia", *Jewish Messenger*, 19 ago. 1881.
2 "Hebrew Emigrant Aid Society of the U.S.", *American Hebrew*, 2 dez. 1881.
3 "Aid for Hebrew Immigrants", *New York Times*, 28 nov. 1881.
4 Osofsky, "Hebrew Emigrant Aid Society", p. 176.
5 Pomper, *Lenin's Brother*, p. 124.
6 Radzinsky, *Alexander II*, pp. 413-6.
7 Klier, *Pogroms*, pp. 39-40.
8 Dubnow, *History of Jews in Russia and Poland*, p. 18.

9   Montefiore, *Romanovs*, p. 463.
10   Reinharz e Mendes-Flohr, *Jew in Modern World*, p. 380.
11   Howe, *World of Our Fathers*, p. 24.
12   "Aid Needed for Hebrew Refugees", *New York Times*, 24 jun. 1882.
13   "Too Many Immigrants", *Chicago Tribune*, 26 jun. 1882.
14   Manners, *Poor Cousins*, p. 86.
15   "A Riot Among the Russian Jews", *New York Times*, 15 out. 1882.
16   Manners, *Poor Cousins*, p. 85.
17   Osofsky, "Hebrew Emigrant Aid Society", p. 183.
18   Ibid., p. 177.
19   Ibid., p. 181; Wischnitzer, *Visas to Freedom*, p. 31.
20   Eisenberg, *Jewish Agricultural Colonies*, p. 75.
21   Osofsky, "Hebrew Emigrant Aid Society", p. 179.
22   Sachar, *History of Jews in America*, p. 135.
23   Frankel, "Jewish Charities", p. 50.
24   Wischnitzer, *Visas to Freedom*, p. 32.
25   Ibid.
26   Joseph, *History of Baron de Hirsch Fund*, p. 25.
27   "Montefiore Home for Chronic Invalids", *American Hebrew*, 6 abr. 1888.
28   "For Work Among Hebrews", *New York Times*, 9 nov. 1891.
29   Cowen, *Memories of American Jew*, p. 92.
30   "Opening of the Harvard Semitic Museum", *American Hebrew*, 12 fev. 1892.
31   Marcus, *United States Jewry*, p. 55.
32   Joseph, *History of Baron de Hirsch Fund*, p. 11.
33   Adler, *Schiff: His Life and Letters*, v. 2, p. 83.
34   Ibid., v. 2, pp. 85, 87.
35   Joseph, *History of Baron de Hirsch Fund*, p. 35.
36   Ibid., p. 28.
37   Adler, *Schiff: His Life and Letters*, v. 2, p. 83.
38   Julius Goldman a MLS, 29 out. 1925, rolo 684, JHS-AJA.
39   "To Restrict Immigration", *New York Times*, 27 fev. 1892.
40   Cohen, *Schiff: Study in Leadership*, p. 154.
41   "The Russian Jew Problem", *New York Times*, 2 ago. 1891.
42   Max Kohler a MLS, 14 out. 1925, rolo 684, JHS-AJA.
43   "Mr. Nettleton Retires", *New York Times*, 8 abr. 1892.
44   Markel, *Quarantine!*, p. 23; Schulteis, *Report on European Immigration*, p. 12.
45   Best, *To Free a People*, pp. 24-5.
46   Ibid., p. 34; Travis, *Kennan and American-Russian Relationship*, p. 212.
47   Best, *To Free a People*, p. 24.
48   Straus, *Under Four Administrations*, pp. 106-7.
49   Best, *To Free a People*, p. 31.
50   U.S. Immigration Commission, *Report of the Commissioners of Immigration*, pp. 52, 80, 91, 100-101.
51   Best, *To Free a People*, p. 34.
52   Ibid., p. 32.
53   Benjamin Harrison, discurso do Estado da União, 1891.
54   Markel, *Quarantine!*, p. 27.
55   "Disease Was Her Cargo", *Middletown Times-Press* (NY), 16 fev. 1892.

56 Markel, *Quarantine!*, pp. 76-7.
57 Ibid., p. 79.
58 Adler, *Schiff: His Life and Letters*, v. 2, pp. 76-8.
59 American Public Health Association, *Public Health Papers and Reports*, v. 18, *Presented at the Twentieth Annual Meeting of the American Public Health Association, Mexico, Mex., Nov. 29, 30, Dec. 1, 2, 1892* (reimpressão: FB&C, 2017), p. 343.
60 Waldman, *Nor by Power*, p. 323.

11. FIM DE UMA ERA [pp. 194-217]

1   "Jesse Seligman Honored", *New York Times*, 2 out. 1891; "The Seligman Banquet", *Jewish Messenger*, 9 out. 1891.
2   "Jesse Seligman's Mission", *New York Times*, 31 out. 1891; "Mr. Seligman's Mission", *New York Times*, 24 nov. 1891.
3   "The Silver Question Again", *North American Review*, jan. 1891.
4   "The Seligman Banquet", *Jewish Messenger*, 9 out. 1891; "Jesse Seligman Honored", *New York Times*, 2 out. 1891.
5   Hellman, "Story of Seligmans", p. 291.
6   Seligman, *In Memoriam: Jesse Seligman*, pp. 40-1.
7   Walker, *Preliminary Report of the Isthmian Canal Commission*, p. 16.
8   McCullough, *Path Between Seas*, p. 127.
9   "The Panama Canal", *People's Press* (Winston-Salem, NC), 28 out. 1880.
10 "Big Pay from De Lesseps", *New York Times*, 16 fev. 1893.
11 McKinlay, *Panama Canal*, p. 123.
12 Parker, *Panama Fever*, p. 162.
13 Ibid., p. 155; Loizillon, *Bunau-Varilla Brothers and Panama Canal*, p. 119.
14 Brustein, *Roots of Hate*, p. 193.
15 Renehan, *Dark Genius of Wall Street*, p. 249.
16 Wells, "House of Seligman", p. 621.
17 Renehan, *Dark Genius of Wall Street*, pp. x, 4.
18 "Were Congressmen Bribed?", *Indianapolis Journal*, 30 dez. 1892.
19 "Big Pay from De Lesseps", *New York Times*, 16 fev. 1893; "Panama Investigation", *Times-Picayune* (New Orleans), 16 fev. 1893.
20 "Panama Investigation", *Times-Picayune* (New Orleans), 16 fev. 1893.
21 Wells, "House of Seligman", p. 352.
22 "Our New York Letter", *Albany Democrat* (Albany, Ore.), 5 maio 1893.
23 "Mr. Seligman Blackballed", *New York Times*, 15 abr. 1893.
24 "Because He Is a Hebrew", *Indianapolis Journal*, 16 abr. 1893.
25 "Censure for Union League", *New York Times*, 21 abr. 1893.
26 Seligman, *In Memoriam: Jesse Seligman*, pp. 22-3.
27 "Death of Jesse Seligman", *New York Times*, 24 abr. 1893.
28 Seligman, *In Memoriam: Jesse Seligman*, p. 227.
29 Ibid.
30 Hellman, "Story of Seligmans", p. 262.
31 "Alfred L. Seligman Dead in Auto Crash", *New York Times*, 25 jun. 1912.
32 Hellman, "Story of Seligmans", pp. 269-70.
33 "Sorting Out the Seligmans", *New Yorker*, 30 out. 1954.

34 Guggenheim, *Out of This Century*, p. 3.
35 "The Cat Out of the Bag", *Lincoln Evening Call* (Neb.), 28 mar. 1887; "Young Seligman's Deed", *Chicago Tribune*, 21 mar. 1887.
36 "Charged with Attempting Suicide", *Altoona Tribune* (Penn.), 21 maio 1903.
37 "Washington Seligman Suicide in a Hotel", *Brooklyn Daily Eagle*, 12 fev. 1912.
38 "Seligman Kills Wife and Himself", *New York Times*, 17 dez. 1915.
39 "Lt. Comdr. Seligman Ends Life in Florida", *New York Times*, 8 abr. 1944.
40 Wells, "House of Seligman", p. 390.
41 Ibid., pp. 395, 404, 416.
42 "In Memoriam: Mayer Lehman", p. 9; "Mayer Lehman Buried", *New York Times*, 25 jun. 1897.
43 Manheim, "Seed and Tree", p. 77.
44 Ibid., p. 103.
45 Ibid., pp. 85-8.
46 Ibid., pp. 102-3.
47 Ibid., p. 103.
48 HL, "Reminiscences of Herbert Lehman", parte 1, 4:13-4; Leopold Strauss a Emile Semple, 18 ago. 1932, caixa 164, HL-CURBML.
49 Bryan, *Speeches of Bryan*, p. 248-9; Bensel, *Passion and Preferences*, p. 233.
50 Manheim, "Seed and Tree", p. 72.
51 Nevins, *Lehman and His Era*, p. 17.
52 HL, "Reminiscences of Herbert Lehman", parte 1, 4:35.
53 Paul Sachs a Allan Nevins, 25 fev. 1960, caixa 163, HL-CURBML.
54 Herbert Lehman a Clifford W. Hall, 7 ago. 1847, caixa 162, HL-CURBML.
55 Nevins, *Lehman and His Era*, p. 36.
56 Mayer Lehman a HL, 27 set. 1895, caixa 163, HL-CURBML.
57 Nevins, *Lehman and His Era*, p. 39.
58 Emanuel Lehman aos executores, 3 fev. 1898, caixa 591, LB-BL-HBS.
59 Manheim, "Seed and Tree", p. 108.
60 Herman Kahn, notas de entrevista, 15 fev. 1984, caixa 15, JK-CURBML.
61 Manheim, "Seed and Tree", p. 117.
62 "Automobile Cabs Barred", *New York Times*, 16 dez. 1899; "Hurrying Bankers Stopped", *New York Times*, 28 abr. 1902.
63 "Auto Accident Stirs Crowd", *New York Sun*, 2 jan. 1906; "Orlando H. Peck Dead", *New York Sun*, 9 jan. 1906; "News Jottings", *Times Union* (Brooklyn, NY), 6 fev. 1906.

12. FUSÕES E AQUISIÇÕES [pp. 221-42]

1 Adler, *Schiff: His Life and Letters*, v. 1, p. 30; Rosenbaum e Sherman, *Warburg & Co.*, p. 36.
2 Warburg, "Book for Jimmy, Jennifer", pp. 27, 31.
3 Chernow, *Warburgs*, p. 10.
4 Farrer, *Warburgs*, pp. 19, 22.
5 Warburg, "Book for Jimmy, Jennifer", pp. 23, 25; Chernow, *Warburgs*, p. 7.
6 Chernow, *Warburgs*, p. 13.
7 Warburg, "Under Seven Stars", p. 1.
8 Farrer, *Warburgs*, p. 35.

9   Paul Warburg, cartão de visitas, 1892, AW-WIA.
10 Rosenbaum e Sherman, *Warburg & Co.*, p. 93.
11 Chernow, *Warburgs*, p. 38.
12 Warburg, *Reminiscences of Long Life*, p. 29.
13 PMW a AW, 14 jun. 1891, AW-WIA.
14 Warburg, "Book for Jimmy, Jennifer", p. 40.
15 Ibid., p. 66.
16 Edward M. M. Warburg, história oral, out. 1989, 1, AJCOHC-NYPL.
17 MLS, memorando, 1º dez. 1928, DTS.
18 Warburg, "Under Seven Stars", p. 10.
19 Edward M. M. Warburg, história oral, out. 1989, 1, AJCOHC-NYPL.
20 Warburg, *Reminiscences of Long Life*, pp. 82, 87, 90.
21 Ibid., pp. 87-8.
22 FMW a AW, 22 jul. 1894; FMW a Charlotte e Moritz Warburg, 30 jul. 1894; AW a Charlotte e Moritz Warburg, 1º ago. 1894, AW-WIA.
23 Warburg, *Reminiscences of Long Life*, p. 89.
24 Potter, *Men, Money, and Magic*, p. 20.
25 Warburg, *Reminiscences of Long Life*, pp. 61-2.
26 Ibid., p. 90.
27 Charlotte Warburg a AW e irmãos, 2 set. 1894, AW-WIA.
28 Warburg, *Reminiscences of Long Life*, p. 90.
29 Charlotte Warburg a AW e irmãos, 17 set. 1894; AW a Charlotte e Moritz Warburg, 1º ago. 1894, AW-WIA.
30 Charlotte Warburg a AW e irmãos, 17 set. 1894, AW-WIA; Warburg, *Reminiscences of Long Life*, p. 90.
31 Warburg, *Reminiscences of Long Life*, p. 91.
32 "For a Consumptives' Home", *Evening World* (NY), 25 fev. 1895.
33 Warburg, *Reminiscences of Long Life*, pp. 92, 97.
34 Ibid., p. 93.
35 Ibid., p. 24.
36 Mapa de assentos, FMW Miscellaneous File, AJA.
37 Warburg, *Reminiscences of Long Life*, p. 94.
38 Ibid., pp. 94-5.
39 Ibid.
40 Chernow, *Warburgs*, p. 53.
41 Warburg, "Book for Jimmy, Jennifer", p. 47.
42 Warburg, *Reminiscences of Long Life*, p. 95.
43 Ibid., p. 19.
44 Chernow, *Warburgs*, p. 79.
45 Ibid., p. 63.
46 Ibid., p. 65.
47 INS a AW, 16 mar. 1896, AW-WIA.
48 "Weddings Past and to Come", *New-York Tribune*, 2 out. 1892.
49 Warburg, "Under Seven Stars", p. 5.
50 Warburg, "Reminiscences of James Paul Warburg", pp. 15-6.
51 MLS a JHS e Therese Schiff, 25 out. 1896, DTS.
52 Warburg, *Reminiscences of Long Life*, p. 74.
53 Ibid., p. 75.

54 Cohen, *Schiff: Study in Leadership*, p. 4.
55 Warburg, *Reminiscences of Long Life*, p. 82.
56 MLS a JHS e Therese Schiff, 5 mar. 1893, DTS.
57 MLS a JHS e Therese Schiff, 5 mar. 1893, e 16 abr. 1893, DTS.
58 Nicolson, *Dwight Morrow*, p. 28.
59 "Plea for the Immigrant", s.d., DTS.
60 Stearns, *Amherst Boyhood*, pp. 123-4.
61 Warburg, *Reminiscences of Long Life*, p. 83.
62 MLS a JHS, 14 nov. 1895, DTS.
63 MLS a JHS, 1º dez. 1895, DTS.
64 MLS a JHS e Therese Schiff, 10 e 11 nov. e 1º dez. 1895, DTS; Potter, *Men, Money, and Magic*, p. 23.
65 J. J. Hill a JHS, 21 maio 1896, DTS.
66 MLS a JHS e Therese Schiff, 29 out. 1896, DTS.
67 MLS a JHS, 16 nov. 1896, DTS.
68 Chernow, *Warburgs*, p. 67.
69 MLS a JHS e Therese Schiff, 4 jul. 1897, DTS.
70 MLS a JHS e Therese Schiff, 8 jul. 1897, DTS; Chernow, *Warburgs*, p. 68.
71 MLS a JHS e Therese Schiff, 24 maio 1897, DTS.
72 MLS a JHS e Therese Schiff, 25 out. 1896, DTS.
73 MLS a JHS e Therese Schiff, 24 maio 1897, DTS.
74 MLS a JHS e Therese Schiff, 4 jul. 1897, DTS.
75 MLS a JHS e Therese Schiff, 26 jul. 1897, DTS.
76 MLS a Therese Schiff, 1º out. 1897, DTS.
77 MLS a JHS e Therese Schiff, 31 ago. 1897; MLS a JHS, 9 set. 1897, DTS.
78 Warburg, *Reminiscences of Long Life*, p. 84.
79 MLS a JHS e Therese Schiff, 21 jan. 1898, DTS.
80 MLS a JHS, 15 fev. 1898, DTS.
81 MLS a JHS, 24 maio 1898, DTS.

13. SÓCIOS E RIVAIS [pp. 243-56]

1   Fisher, *When Money Was in Fashion*, p. 33.
2   Sachs, "Autobiography", p. 43.
3   Ibid., p. 29.
4   Ibid., p. 33.
5   Ibid., p. 40.
6   Ibid., p. 34.
7   Fisher, *When Money Was in Fashion*, p. 52.
8   Wells, "House of Seligman", p. 82.
9   "Checks for Wedding Presents", *New York Times*, 4 jan. 1884.
10 Dinkelspiel, *Towers of Gold*, p. 57.
11 Ibid., pp. 152-3.
12 Sachs, "Reminiscences of Walter Sachs", parte 1, p. 41.
13 Fisher, *When Money Was in Fashion*, p. 53.
14 Sachs, "Autobiography", p. 45.
15 Ibid., p. 47.

16 Alef, *Henry Goldman*, p. 19.
17 Sachs, "Autobiography", p. 49.
18 Ibid., p. 51.
19 Kobler, *Otto the Magnificent*, p. 9.
20 Forbes, *Men Who Are Making America*, p. 216; Kobler, *Otto the Magnificent*, p. 12.
21 Collins, *Otto Kahn*, p. 37.
22 Phillips-Matz, *Many Lives of Kahn*, p. 12.
23 Liebmann, *Fall of House of Speyer*, p. 8.
24 Kobler, *Otto the Magnificent*, p. 21.
25 Adler, *Schiff: His Life and Letters*, v. 1, p. 17.
26 Buttenwieser, "Reminiscences of Benjamin Buttenwieser", p. 284.
27 Ibid., pp. 306-7.
28 Adler, *Schiff: His Life and Letters*, v. 1, p. 17.
29 Versão preliminar do manuscrito de Adler, *Schiff: His Life and Letters*, 1056, caixa 1861, JHS-AJA.
30 "A Silent Wall Street Man", *Star Tribune* (Minneapolis), 30 nov. 1900.

14. A SOMBRA DE JÚPITER [pp. 257-73]

1 Klein, *Union Pacific*, p. 27
2 Kennan, *E. H. Harriman*, v. 1, p. 119.
3 Haeg, *Harriman vs. Hill*, p. 47.
4 "Stories of the Late James J. Hill", *Michigan Manufacturer and Financial Record*, 24 jun. 1916.
5 Kennan, *E. H. Harriman*, v. 1, p. 119.
6 Chernow, *House of Morgan*, p. 104.
7 U.S. Industrial Commission on Transportation, *Report*, v. 9, p. 770.
8 Cohen, *Schiff: Study in Leadership*, p. 9.
9 Kobler, *Otto the Magnificent*, p. 23.
10 Adler, *Schiff: His Life and Letters*, v. 1, p. 92.
11 Kennan, *E. H. Harriman*, v. 1, p. 121.
12 Klein, *Union Pacific*, pp. 22-3.
13 "Pacific Railroads Funding Bill", *Los Angeles Herald*, 30 abr. 1896.
14 Kennan, *E. H. Harriman*, v. 1, p. 123.
15 Klein, *Life and Legend of Harriman*, p. 110.
16 Kennan, *E. H. Harriman*, v. 1, p. 90.
17 Casson, *History of Telephone*, p. 205.
18 Kennan, *E. H. Harriman*, v. 1, pp. 124-5.
19 "Proceedings of Congress", *New York Times*, 23 dez. 1896; "Morgan's New Bill", *Salt Lake Tribune*, 8 jan. 1897.
20 "Defeat for the Lobby", *Chicago Tribune*, 12 jan. 1897.
21 Adler, *Schiff: His Life and Letters*, v. 1, p. 94.
22 JHS a Robert Fleming, 29 abr. 1897, pasta 15, caixa 437, JHS-AJA.
23 Klein, *Life and Legend of Harriman*, p. 113; "Has a Ten Million Interest", *Argus Leader* (Sioux Falls, S.D.), 20 maio 1897.
24 "Morgan Makes an All Day Speech on Union Pacific Affairs", *Courier-Journal* (Louisville, Ky.), 13 jul., 1897.

25 JHS a Robert Fleming, 14 jul. 1897, pasta 15, caixa 437, JHS-AJA.
26 Kennan, *E. H. Harriman*, pp. 124-5.
27 Kahn, *Our Economic and Other Problems*, pp. 19-21.
28 "Sale of Union Pacific", *New York Times*, 2 set. 1897.
29 JHS a MLS, 23 set. 1897, DTS.
30 "Confirming the Steal", *World* (NY), 19 out. 1897.
31 Klein, *Life and Legend of Harriman*, p. 114.
32 "World's Biggest Auction", *Nebraska State Journal*, 2 nov. 1897.
33 Kennan, *E. H. Harriman*, v. 1, p. 138.
34 Klein, *Union Pacific*, p. 65.
35 Ibid., p. 51.
36 Kahn, *Our Economic and Other Problems*, p. 25.
37 OHK a Horace Burt, 18 fev. 1898, pasta 5, caixa 8, AH-LOC.
38 JHS a Horace Burt, 23 fev. 1898, pasta 5, caixa 8, AH-LOC.
39 JHS a Horace Burt, 30 mar. 1898, pasta 5, caixa 8, AH-LOC.
40 JHS a Robert Fleming, 2 maio 1898, pasta 6, caixa 437, JHS-AJA.
41 "Astor Battery Enroute", *Wichita Daily Eagle*, 16 jun. 1898.
42 OHK a Horace Burt, 17 jun. 1898, pasta 5, caixa 8, AH-LOC.
43 Horace Burt a OHK, 23 jun. 1898, pasta 5, caixa 8, AH-LOC.
44 Klein, *Union Pacific*, pp. 67-8.
45 Kennan, *E. H. Harriman*, v. 1, p. 134.
46 "Owners of America", *Cosmopolitan*, jun.-nov. 1909.
47 Klein, *Union Pacific*, p. 23.

15. UMA PAZ PERFEITA [pp. 274-305]

1 JHS a Horace Burt, 7 fev. 1898, pasta 5, caixa 8, AH-LOC.
2 Pyle, *Life of James Hill*, p. 45.
3 Klein, *Union Pacific*, p. 100.
4 MLS a JHS, 3 nov. 1895, DTS.
5 Pyle, *Life of James Hill*, p. 10.
6 James J. Hill a JHS, 11 out. 1895, JJH-MHS.
7 Haeg, *Harriman v. Hill*, p. 38.
8 Adler, *Schiff: His Life and Letters*, v. 1, p. 102.
9 "Proposed Extension of the C., B. & Q.", *Indianapolis Journal*, 20 nov. 1899.
10 "The Burlington Heading for the Coast", *Anaconda Standard* (Mont.), 17 abr. 1900.
11 Haeg, *Harriman vs. Hill*, p. 72.
12 Klein, *Life and Legend of Harriman*, p. 216.
13 Haeg, *Harriman vs. Hill*, p. 73.
14 Adler, *Schiff: His Life and Letters*, v. 1, pp. 102-3.
15 Ibid., v. 1, p. 91; Haeg, *Harriman vs. Hill*, p. 89.
16 Klein, *Life and Legend of Harriman*, p. 219.
17 Pyle, *Life of James Hill*, p. 104.
18 "Harriman Syndicate Gets Southern Pacific", *New York Times*, 1 fev. 1901.
19 "Leased to Great Northern", *New York Times*, 13 mar. 1901.
20 Haeg, *Harriman vs. Hill*, p. 94.
21 Adler, *Schiff: His Life and Letters*, v. 1, p. 103.

22 "That Rumored C. B. & Q.", *Des Moines Register*, 30 mar. 1901.
23 Adler, *Schiff: His Life and Letters*, v. 1, p. 105.
24 Ibid., v. 1, p. 104.
25 Kennan, *E. H. Harriman*, v. 1, pp. 296-7.
26 Paine, *George Fisher Baker*, p. 202.
27 Kennan, *E. H. Harriman*, v. 1, p. 296.
28 OHK, memorando, 24 nov. 1925, rolo 684, JHS-AJA.
29 Ibid.
30 Schiff permaneceu no conselho administrativo da Great Northern até dezembro de 1901. "American and Canadian", *Herapath's Railway Journal*, 6 dez. 1901.
31 Haeg, *Harriman vs. Hill*, pp. 108-9.
32 "Another Exciting Day on the Stock Exchange", *New York Times*, 30 abr. 1901.
33 Haeg, *Harriman vs. Hill*, p. 134.
34 Warburg, *Reminiscences of Long Life*, p. 75.
35 Otto Kahn, em um memorando redigido mais de vinte anos depois, apontou a data dessa reunião como sendo 2 de maio. Em uma carta a J. P. Morgan escrita duas semanas após o fato, Schiff disse que a reunião ocorreu em 3 de maio.
36 Haeg, *Harriman vs. Hill*, p. 135.
37 Ibid., p. 156; Klein, *Life and Legend of Harriman*, p. 239.
38 Adler, *Schiff: His Life and Letters*, v. 1, p. 106.
39 Kennan, *E. H. Harriman*, v. 1, p. 303.
40 Klein, *Life and Legend of Harriman*, p. 231.
41 Kennan, *E. H. Harriman*, v. 1, p. 305.
42 OHK, memorando, 24 nov. 1925, rolo 684, JHS-AJA.
43 *Brooklyn Daily Eagle*, 7 maio 1901.
44 Haeg, *Harriman vs. Hill*, p. 180.
45 Julius Goldman, memorando, 29 out. 1925, rolo 684, JHS-AJA.
46 Baruch, *Baruch: My Story*, v. 2, p. 144.
47 "Scenes of Disorder in Stock Exchange", *New York Times*, 10 maio 1901.
48 OHK, memorando, 24 nov. 1925, rolo 684, JHS-AJA.
49 "Northern Pacific Corner Exposed", *New York Times*, 10 maio 1910.
50 Allen, *Lords of Creation*, p. 89.
51 "The Northern Pacific Settlements Effected", *New York Times*, 11 maio 1901.
52 "Dies in Vat of Hot Beer", *New York Times*, 10 maio 1901.
53 "The Struggle for Control", *New York Times*, 10 maio 1901.
54 "Morgan Will Hurry to New York", *St. Louis Post-Dispatch*, 12 maio 1901.
55 "A Game of Wreckers Says James J. Hill", *St. Louis Post-Dispatch*, 12 maio 1901.
56 "Quick Recovery Follows Panic", *Chicago Tribune*, 11 maio 1901.
57 OHK, memorando, 24 nov. 1925, rolo 684, JHS-AJA.
58 Adler, *Schiff: His Life and Letters*, v. 1, p. 107.
59 Ibid.
60 William Ripley a George Kennan, 19 mar. 1916, pasta 3, caixa 140, OHKPU.
61 U.S. Industrial Commission on Transportation, *Report*, v. 9, p. 769.
62 Ibid., v. 9, p. 770.
63 Ibid., v. 9, p. 772.
64 Haeg, *Harriman vs. Hill*, pp. 166-7.
65 U.S. Industrial Commission on Transportation, *Report*, v. 9, p. 772.
66 Klein, *Union Pacific*, p. 107.

67 Josephson, *Robber Barons*, p. 443.
68 Strouse, *Morgan*, p. 431.
69 Adler, *Schiff: His Life and Letters*, v. 1, p. 110.
70 JHS a TR, telegrama, 10 set. 1901, TR-LOC.
71 TR, *Addresses and Messages of Roosevelt*, pp. 290, 296.
72 Goodwin, *Bully Pulpit*, p. 299.
73 JHS a Lucius Littauer, 24 mar. 1902, TR-LOC.
74 TR a JHS, 27 mar. 1902, TR-LOC.
75 Adler, *Schiff: His Life and Letters*, v. 1, p. 47.
76 Best, *To Free a People*, pp. 44-6.
77 "Mr. Schiff's Views", *Wall Street Journal*, 15 dez. 1904.
78 "Small Talk of the Week", *Sketch*, 19 dez. 1906.
79 "The New Money King", *Philadelphia Press*, 22 ago. 1903.
80 Cohen, *Schiff: Study in Leadership*, p. 11.
81 "'On Pleasure Bent Are We'", *Los Angeles Times*, 30 nov. 1904.
82 Nicholas Murray Butler a TR, 23 dez. 1903, TR-LOC.
83 JHS a TR, 31 jan. 1904, TR-LOC.
84 Morris, *Theodore Rex*, p. 309.
85 JHS a Louis Lipsky, 5 out. 1904, pasta 29, caixa 1, PC-AJHS.
86 "Safe and Sane", *Wall Street Journal*, 25 jun. 1904.
87 Zipperstein, *Pogrom*, p. 98.
88 Best, *To Free a People*, p. 82.
89 Muraoka, "Jews and Russo-Japanese War", p. 11.
90 Best, *To Free a People*, pp. 74-5.
91 TR a Oscar Straus, 19 jul. 1904, TR-LOC.
92 TR a Cornelius Bliss, 14 jul. 1904, TR-LOC.
93 Sachar, *History of Jews in America*, p. 226.

16. OS MÚSCULOS DA GUERRA [pp. 306-37]

1 Adler, *Schiff: Biographical Sketch*, p. 46.
2 Adler, *Selected Letters*, v. 2, p. 38.
3 "Jacob Schiff Talks", *Los Angeles Times*, 14 abr. 1904.
4 "An American 'Slave' Becomes Japan's Premier", *Literary Digest*, 18 fev. 1922.
5 Takahashi Korekiyo a MLS, 24 jul. 1925, rolo 684, JHS-AJA.
6 Smethurst, *Foot Soldier to Finance Minister*, p. 20.
7 Takahashi Korekiyo a MLS, 24 jul. 1925, rolo 684, JHS-AJA.
8 Best, "Schiff's Early Interest in Japan".
9 Smethurst, *Foot Soldier to Finance Minister*, p. 151.
10 Ibid., p. 155.
11 Ibid., p. 150.
12 Ibid., p. 151.
13 "Japanese War Loan", *Lewiston Evening Teller* (Idaho), 10 maio 1904.
14 Best, "Financing a Foreign War", p. 315.
15 PMW, memorando, 19 nov. 1925, rolo 684, JHS-AJA.
16 MLS a JHS, 27 maio 1901, DTS.
17 PMW a AW, 16 jul. 1901; PMW a AW, 15 dez. 1901, AW-WIA.

NOTAS

18 Katharine Weber, entrevista ao autor; Weber, *Memory of All That*, p. 163.
19 MMW a AW, 16 mar. 1901, AW-WIA.
20 MLS, memorando, 1º dez. 1928, DTS.
21 Warburg, *Reminiscences of Long Life*, p. 15.
22 Chernow, *Warburgs*, p. 88.
23 PMW, memorando, 20 nov. 1925, rolo 684, JHS-AJA.
24 Therese Schiff a MLS, 4 dez. 1895, DTS.
25 PMW, memorando, 19 nov. 1925, rolo 684, JHS-AJA; Warburg, *Long Road Home*, p. 18.
26 Muraoka, "Jews and Russo-Japanese War", p. 106.
27 Takahashi Korekiyo a MLS, 24 jul. 1925, rolo 684, JHS-AJA.
28 Sherman, "German-Jewish Bankers in World Politics", p. 73.
29 Adler, *Schiff: His Life and Letters*, v. 2, p. 121.
30 "Reminiscences from an Old Friend", *American Hebrew*, 8 out. 1920.
31 PC, *Memories of American Jew*, p. 285.
32 Adler, *Schiff: His Life and Letters*, v. 2, pp. 121-2.
33 PC, *Memories of American Jew*, p. 286.
34 "Finance", *Forum*, jul. 1904-jun. 1905.
35 Adler, *Schiff: His Life and Letters*, v. 2, pp. 125-6.
36 Best, *To Free a People*, p. 100.
37 Albert Strauss a Grigori Wilenkin, 20 mar. 1905, Albert Strauss, catálogo de cartas 2, SC-UO.
38 J. & W. Seligman & Co. a Grigori Wilenkin e barão Wrangel, 13 dez. 1904, Albert Strauss, catálogo de cartas 2, SC-UO.
39 Albert Strauss a Henry Grove, 10 dez. 1904, Albert Strauss, catálogo de cartas 2, SC-UO.
40 Albert Strauss a Henry Grove, 8 mar. 1905, Albert Strauss, catálogo de cartas 2, SC-UO.
41 "Kuhn Loeb & Co.'s New Quarters", *New York Times*, 12 maio 1903.
42 "New Japanese Loan Several Times Taken", *New York Times*, 30 mar. 1905.
43 Muraoka, "Jews and Russo-Japanese War", p. 107.
44 Takahashi Korekiyo a MLS, 24 jul. 1925, rolo 684, JHS-AJA.
45 Best, "Financing Foreign War", p. 313.
46 Herman Bernstein, "Personal Memories of Mr. Schiff", *American Hebrew*, 8 out. 1920.
47 Keene, *Emperor of Japan*, p. 612.
48 Matsumura, *Baron Kaneko and Russo-Japanese War*, p. 342.
49 Witte, *Memoirs of Count Witte*, p. 135.
50 Morris, *Theodore Rex*, p. 391.
51 INS a Seligman Frères et Cie., 19 jul. 1905, SC-UO.
52 Muraoka, "Jews and Russo-Japanese War", pp. 5, 17.
53 INS a Seligman Brothers, 8 ago. 1905, SC-UO.
54 Warburg, *As I Recall*, p. 21.
55 JHS a PC, 7 ago. 1905, pasta 29, caixa 1, PC-AJHS.
56 Witte, *Memoirs of Count Witte*, pp. 163-4.
57 Kraus, *Reminiscences and Comments*, pp. 156-7; "Witte Receives Jews in Appeal for Race", *New York Times*, 15 ago. 1905.
58 "Jewish Representatives and M. De Witte", *Menorah*, jan.-jul. 1905.
59 JHS a PC, 16 ago. 1905, pasta 29, caixa 1, PC-AJHS.
60 INS a TR, 17 ago. 1905, INS, catálogo de cartas, SC-UO.
61 Herman Bernstein, "Personal Memories of Mr. Schiff", *American Hebrew*, 8 out. 1920.
62 "To Blow Up Schiff", *Scranton Republican* (Penn.), 19 ago. 1905.

63 "Not Disturbed", *Boston Globe*, 19 ago. 1905; "Guarding Schiff's House", *New York Times*, 19 ago. 1905.
64 "Infernal Machine Incidents in New York", *American Israelite*, 24 ago. 1905; "An Infernal Machine for Jacob H. Schiff", *New York Times*, 25 set. 1906.
65 "How the World Learned the News", *Index*, 2 set. 1905.
66 Adler, *Schiff: His Life and Letters*, v. 1, pp. 231-2.
67 Ibid., v. 1, p. 227.
68 Best, *To Free a People*, p. 111.
69 Adler, *Schiff: His Life and Letters*, v. 2, p. 133.
70 "How Russian Soldiers Were Enlightened in Japan", *Outlook*, 17 mar. 1915.
71 Ibid.
72 "Russian Prisoners Cheer Revolution", *New York Times*, 12 nov. 1905.
73 George Kennan a JHS, 11 abr. 1917, pasta 5, caixa 2541, JHS-AJA.
74 "Russia Free! Russia Aflame! Woe to the Jew!", *Menorah*, nov. 1905.
75 "American Jews to Aid Sufferers in Russia", *New York Times*, 8 nov. 1905.
76 Schachner, *Price of Liberty*, p. 8.
77 Adler, *Schiff: His Life and Letters*, v. 2, pp. 137-8.
78 Best, *To Free a People*, p. 120; TR, *Letters of Theodore Roosevelt*, p. 112.
79 Schachner, *Price of Liberty*, p. 9.

17. A LIGA DO EXTERMÍNIO DE HARRIMAN [pp. 338-60]

1 "Talks with Big Ones", *Los Angeles Times*, 13 jan. 1907.
2 "Kuhn, Loeb & Co. Leave All Railroad Boards", *New York Times*, 27 fev. 1906.
3 Schiff, *Our Journey to Japan*, pp. 1, 8.
4 Klein, *Life and Legend of Harriman*, p. 330.
5 Ibid., p. 330.
6 Ibid., p. 329.
7 "Ryan Now Tells of Harriman Talk", *New York Times*, 13 dez. 1905.
8 "Equitable Hearing Waits on Mediation", *New York Times*, 29 mar. 1905.
9 JHS a TR, 26 jul. 1905, TR-LOC.
10 JHS a Charles R. Flint, 6 abr. 1896, caixa 36, AO-NYPL.
11 JHS a AO, 5 jan. 1898, caixa 36, AO-NYPL.
12 JHS a AO, 30 out. 1904; AO a JHS, 30 out. 1904, caixa 36, AO-NYPL.
13 JHS a AO, 26 fev. 1905, caixa 36, AO-NYPL.
14 JHS a AO, 31 mar. 1905, caixa 36, AO-NYPL.
15 "Too Fast and Too Far", *New York Times*, 1º abr. 1905.
16 New York State, *Testimony: Business and Affairs of Life Insurance Companies*, p. 1050.
17 Schiff, *Our Journey to Japan*, p. 1.
18 Smethurst, "Korekiyo, Rothschilds and War", p. 6.
19 Griscom, *Diplomatically Speaking*, p. 263.
20 Muraoka, "Jews and Russo-Japanese War", p. 110.
21 Schiff, *Our Journey to Japan*, p. 168.
22 Ibid., pp. 49, 167.
23 Harvey Krueger, entrevista ao autor.
24 Victor Solomon a DS, 7 jun. 1972, caixa 244, DS-NYPL.
25 Yashuda Kawamura a DTS, 28 fev. 2012, DTS.

26 "How Japan Saved Jews from Hitler", *Washington Post*, 14 nov. 1982.
27 Warburg, *Reminiscences of Long Life*, pp. 49-51.
28 "Editorial", *American Federationist*, ago. 1906.
29 Kahn, *Our Economic and Other Problems*, pp. 39-40.
30 Kennan, *E. H. Harriman*, v. 2, p. 182.
31 Ibid., v. 2, p. 201; Bishop, *Theodore Roosevelt and His Time*, v. 2, pp. 42, 61.
32 Klein, *Life and Legend of Harriman*, p. 401.
33 "Harriman Facing Federal Inquiry", *Chicago Tribune*, 9 nov. 1906.
34 Kennan, *E. H. Harriman*, v. 2, pp. 174-5.
35 "The Harriman Investigation", *Railroad Gazette*, 17 maio 1907.
36 "E. H. Harriman Stands by His Guns in Chicago & Alton", *Wall Street Journal*, 25 mar. 1907.
37 "Schiff Predicts Panic Unless Money Is Freed", *New York Times*, 4 jan. 1906.
38 Adler, *Schiff: His Life and Letters*, v. 1, p. 36.
39 Cohen, *Schiff: Study in Leadership*, p. 22.
40 Adler, *Schiff: His Life and Letters*, v. 1, pp. 44-5.
41 Ibid.
42 "Mellen Gloats over Harriman", *Eugene Guard* (Ore.), 16 jul. 1907.
43 U.S. Interstate Commerce Commission, *Reports*, p. 301.
44 Kennan, *Chicago & Alton Case*, pp. 13, 25.
45 TR, *Address on Laying the Corner Stone of Pilgrim Monument*.
46 Kahn, *Our Economic and Other Problems*, pp. 55-6.
47 Chernow, *House of Morgan*, pp. 122-3, 126-7.
48 "Schiff Declares Trouble Over", *Washington Evening Star*, 24 out. 1907.
49 "Jacob Schiff Sounds Warning", *American Israelite*, 7 nov. 1907.
50 "Zionism's Hope Here, Says Jacob H. Schiff", *New York Times*, 29 jul. 1907.
51 "Zionism and Patriotism", *Houston Press*, 22 set. 1907.
52 "Calls Schiff Traitor", *Washington Post*, 15 set. 1907; "Zionists Stirred by Schiff's Trip", *Morning News* (Wilmington, Del.), 25 mar. 1908.
53 Kennan, *E. H. Harriman*, v. 2, p. 327.
54 Klein, *Life and Legend of Harriman*, p. 437.
55 OHK a E. H. Harriman, 23 maio 1908, pasta 3, caixa 8, AH-LOC.
56 "An American in Asia", *Asia*, fev. 1921.
57 Adler, *Schiff: His Life and Letters*, v. 2, p. 253.
58 Klein, *Life and Legend of Harriman*, p. 439.
59 Ibid., p. 64.

18. GOLDMAN SACHS: OURO ATÉ NO NOME [pp. 361-77]

1 Sachs, "Autobiography", p. 25.
2 Sachs, "Reminiscences of Walter Sachs", parte 1, p. 11.
3 Ibid., p. 16.
4 Sachs, "Autobiography", p. 97.
5 Carr e Bruner, *Panic of 1907*, p. 30.
6 Sachs, "Autobiography", pp. 96-9.
7 Fisher, *When Money Was in Fashion*, p. 53.
8 Sachs, "Reminiscences of Walter Sachs", parte 1, p. 24.
9 Sachs, "Autobiography", pp. 59, 64-5.

10 Manheim, "Seed and Tree", p. 133.
11 Endlich, *Culture of Success*, p. 38.
12 Supple, "Business Elite", pp. 173-4; Manheim, "Seed and Tree", p. 142; Sachs, "Autobiography", pp. 132-3.
13 Ellis, *Partnership*, p. 12.
14 Ascoli, *Julius Rosenwald*, p. 24
15 Manheim, "Seed and Tree", p. 153.
16 "Farmers Betrayed to Wall Street", *Hanover Democrat and Enterprise* (Kan.), 29 jun. 1906.
17 Manheim, "Seed and Tree", p. 153.
18 Wake, *Kleinwort Benson*, p. 128.
19 Herman Andreae a Paul Sachs, 11 jul. 1912, KB-LMA.
20 Goldman Sachs a Kleinwort Sons, 6 dez. 1910, KB-LMA.
21 Goldman Sachs a Herman Andreae, 24 abr. 1912, KB-LMA.
22 Paul Sachs a Herman Andreae, 28 jun. 1912, KB-LMA.
23 Alexander, *Museum in America*, p. 208.
24 "Portrait of the Artist as a Director", *Harvard Magazine*, set.-out. 2002.
25 Ibid.
26 Duncan e McClellan, *Art of Curating*, p. 16.
27 "Portrait of the Artist as a Director", *Harvard Magazine*, set.-out. 2002.
28 Fisher, *When Money Was in Fashion*, p. 53.
29 Rusty Sachs, entrevista ao autor.
30 Weber, *Patron Saints*, pp. 26-7.
31 "Mentor for American Museum Men", *New York Times*, 28 nov. 1948; Kantor, *Barr and Museum of Modern Art*, p. 73.
32 Valentiner, *Henry Goldman Collection*, p. 8.
33 "Mr. F. W. Woolworth's Story", *World's Work*, nov. 1912-abr. 1913.
34 Manheim, "Seed and Tree", p. 155.
35 Winkler, *Five and Ten*, pp. 173, 182.
36 "55-Story Building Opens on a Flash", *New York Times*, 25 abr. 1913; "Wilson Lights Up Woolworth Tower", *Brooklyn Daily Eagle*, 25 abr. 1913; "Architect Given Signal Courtesy", *Marion Star* (Ohio), 25 abr. 1913.
37 Sachs, "Reminiscences of Walter Sachs", parte 2, p. 97.
38 Sachs, "Autobiography", p. 110.
39 Levy, *Yesterdays*, p. 246.

19. E ELES CONTINUAM VINDO [pp. 378-400]

1 Riis, *How the Other Half Lives*, pp. 105, 108.
2 "Bill Is Un-American", *South Bend Tribune*, 12 jun. 1906; "The Dillingham Immigration Bill", *Burlington Free Press*, 11 abr. 1906.
3 "Pass Immigration Bill, Cut by Cannon's Order", *New York Times*, 26 jun. 1906.
4 "Jacob H. Schiff's Chautauqua Address", *American Hebrew and Jewish Messenger*, 23 jul. 1909.
5 Adler, *Schiff: His Life and Letters*, v. 2, p. 97; Best, "Schiff's Galveston Movement", p. 45.
6 "Interview with Mr. Jacob Schiff", *American Hebrew and Jewish Messenger*, 25 jun. 1909.
7 Adler, *Schiff: His Life and Letters*, v. 2, pp. 87-8; Berman e Schloff, *Jews in Minnesota*, p. 25.
8 Richardson, *Compilation of Messages and Papers of Presidents*, p. 1131.

NOTAS

9   Cohen, *Schiff: Study in Leadership*, p. 160.
10 JHS a Solomon Schechter, 22 set. 1907, caixa 7, OS-LOC.
11 JHS a OS, 4 out. 1907, caixa 7, OS-LOC.
12 Adler, *Schiff: His Life and Letters*, v. 2, p. 97.
13 Marinbach, *Galveston*, pp. 11, 179.
14 Dr. Bernhard Kahn, tributo a Max M. Warburg (1947), LBI.
15 Marinbach, *Galveston*, p. 14.
16 Best, "Schiff's Galveston Movement", p. 52.
17 Marinbach, *Galveston*, pp. 23-4, 42.
18 "Foreign Criminals in New York", *North American Review*, set. 1908.
19 Silver, *Marshall and Jewish Ethnicity*, p. 146; Feldstein, *Land I Show You*, p. 215.
20 Goren, *New York Jews and Quest*, pp. 28, 30, 34; "Bingham Is Criticized", *Detroit Free Press*, 10 set. 1908.
21 "Wrong About Jews Bingham Admits", *New York Times*, 17 set. 1908.
22 Goren, *New York Jews and Quest*, p. 38.
23 Ibid., pp. 49, 51, 54.
24 Ibid., p. 68.
25 "Memorandum Containing Recollections of Felix Warburg by One of His Children", 12 abr. 1939, Felix and Frieda Warburg Family Collection-AJA.
26 Warburg, *As I Recall*, p. 20.
27 Gerald Warburg, "Life with Fizzie", s.d., Felix and Frieda Warburg Family Collection-AJA.
28 Ibid.
29 Chernow, *Warburgs*, p. 243.
30 "First Draft of Interview with Mr. Sol Stroock in Question of Materials for Biography", 12 dez. 1940, Felix and Frieda Warburg Family Collection-AJA.
31 Warburg, *As I Recall*, p. 20.
32 "Memorandum Containing Recollections of Felix Warburg by One of His Children", 12 abr. 1939, Felix and Frieda Warburg Family Collection-AJA.
33 "First Draft of Transcript of Interview with Mr. Newcomb Carlton in Quest of Materials for Biography of Felix M. Warburg", 19 dez. 1940, Felix and Frieda Warburg Family Collection-AJA.
34 Buttenwieser, "Reminiscences of Benjamin Buttenwieser", p. 285.
35 Warburg, *As I Recall*, p. 19.
36 Memorando, *c.* 1917, rolo 2434, JM-AJA.
37 Goren, *New York Jews and Quest*, p. 164.
38 Robert Adamson a MLS, 20 nov. 1925, rolo 684, JHS-AJA.
39 Best, *To Free a People*, p. 171.
40 Ibid., p. 175.
41 Marinbach, *Galveston*, p. 59.
42 Max Kohler a MLS, 6 jan. 1925, rolo 684, JHS-AJA.
43 "Puts Up Bars at Galveston", *Baltimore Sun*, 21 ago. 1910.
44 Adler, *Schiff: His Life and Letters*, v. 2, pp. 107-8.
45 Best, "Schiff's Galveston Movement", p. 64.
46 Marinbach, *Galveston*, pp. 107-8.
47 Best, "Schiff's Galveston Movement", p. 66.
48 JHS a FMW, 4 nov. 1914, pasta 16, caixa 166, FMW-AJA.

20. A QUESTÃO DO PASSAPORTE [pp. 401-17]

1 Adler, *Schiff: His Life and Letters*, v. 2, pp. 151-2; JHS a AO, 28 abr. 1911, caixa 35, AO--NYPL.
2 Cohen, *Schiff: Study in Leadership*, p. 147.
3 "The Passport Question", *American Jewish Year Book*, 23 set. 1911; Best, *To Free a People*, p. 183.
4 JHS a Simon Wolf, 24 maio 1918, pasta 20, caixa 457, JHS-AJA.
5 Wolf, *Presidents I Have Known*, pp. 294-310.
6 William H. Taft a Otto Bannard, 17 jun. 1911, rolo 684, JHS-AJA.
7 Cohen, *Encounter with Emancipation*, p. 238.
8 McAdoo, *Crowded Years*, p. 122.
9 Ibid.; "Break with Russia Demands Public Opinion", *American Israelite*, 14 dez. 1911.
10 McAdoo, *Crowded Years*, p. 122.
11 Cohen, *Not Free to Desist*, p. 79.
12 Best, *To Free a People*, pp. 196-7.
13 Cohen, *Encounter with Emancipation*, p. 98.
14 "Report of American Jewish Committee", *American Jewish Year Book*, 21 set. 1914-8 set. 1915.
15 "Schiff Bares Brandt Plot", *New York Times*, 27 fev. 1912.
16 "Evidence Which Indicted Brandt", *New York Times*, 15 fev. 1912.
17 "Thirty Years for Valet", *New-York Tribune*, 5 abr. 1907.
18 Folke Brandt a KN, 1º mar. 1909, caixa 76, KN-MHS.
19 "The Strange Case of Mr. Schiff's Valet", *St. Louis Post-Dispatch*, 26 jan. 1912.
20 MLS a KN, 1º jul. 1909, caixa 76, KN-MHS.
21 Howard Gans a MLS, 13 dez. 1911, caixa 220, DS-NYPL.
22 "Gerard Will See Dix About Brandt Tonight", *Brooklyn Daily Eagle*, 15 fev. 1912.
23 "Jacob Schiff Sails; Silent on the Brandt Case", *Philadelphia Inquirer*, 22 fev. 1912.
24 L. E. Miller a MLS, 19 out. 1922, caixa 220, DS-NYPL.
25 Booker T. Washington a MLS, 19 fev. 1912, caixa 220, DS-NYPL.
26 "Schiff Bares Brandt Plot", *New York Times*, 27 fev. 1912.
27 "Mrs. Schiff Before Grand Jury to Tell Her Story of Brandt", *Evening World* (NY), 26 mar. 1912.
28 "No Indictment in Brandt Case", *Boston Globe*, 29 mar. 1912.
29 "Thousands Mourn at Straus Memorial", *New York Times*, 13 maio 1912.
30 "Slur Against Woman Is Reason Dix Refuses Pardon", *Star-Gazette* (Elmira, NY), 1º mar. 1912.
31 Cohen, *Schiff: Study in Leadership*, p. 152.
32 "Press Assailed by Schiff", *Daily Herald* (Arlington Heights, Ill.), 22 mar. 1912.
33 "Brandt Retracts; Is Free; Justice, Not Mercy, Rules", *New-York Tribune*, 18 jan. 1913.
34 Samuel Diehl a MLS, 16 jun. e 10 out. 1913, caixa 220, DS-NYPL.
35 William Sulzer a MLS, 12 mar. 1913, caixa 220, DS-NYPL.
36 "Folke Brandt Reported Killed in the War", *Watertown Daily Times* (NY), 10 fev. 1917.
37 Folke Brandt a MLS e Adele Schiff, 8 ago. 1927, caixa 220, DS-NYPL.
38 M. M. Murphy a Folke Brandt, 7 nov. 1927, caixa 220, DS-NYPL.
39 Ernst Schiff a MLS, mar. 1928, caixa 220, DS-NYPL.
40 Potter, *Men, Money, and Magic*, p. 39.
41 Warburg, *Reminiscences of Long Life*, p. 85.

42 Wendy Gray, entrevista ao autor.
43 Potter, *Men, Money, and Magic*, p. 110.
44 Ibid., p. 43.
45 "Heavy Gambling on the Deutschland", *New York Times*, 30 ago. 1901.
46 MLS a JHS e Therese Schiff, 24 set. 1901, DTS.
47 Potter, *Men, Money, and Magic*, p. 74.
48 LS, "Reminiscences of Lewis L. Strauss", pp. 74-5.
49 "To Accuse Gov. Sulzer", *Buffalo Morning Express*, 1º ago. 1913.

21. A EXPEDIÇÃO DE CAÇA [pp. 418-45]

1 "To Investigate 'Money Trust'", *Courier-Journal* (Louisville, KY), 30 jul. 1911.
2 HL, "Reminiscences of Herbert Lehman", parte 1, 4:82.
3 "Morgan Testifies at Pujo Probe; He Denies There Is a Money Trust", *Times Union* (Brooklyn, NY), 19 dez. 1912.
4 U.S. House of Representatives, *Money Trust Investigation*, 1:1:1052.
5 "Morgan Reveals Business of Firm", *New York Times*, 19 dez. 1912.
6 U.S. House of Representatives, *Money Trust Investigation*, 3:23:1663, 1691-2.
7 U.S. House of Representatives, *Report of the Committee to Investigate the Concentration of Money*, pp. 56, 129, 131.
8 "Tributes to Morgan", *Buffalo Morning Express* (NY), 1º abr. 1913.
9 "Schiff's Tribute to Morgan", *New York Times*, 4 abr. 1913.
10 "Who Will Wear Morgan's Mantle", *Allentown Democrat* (Penn.), 4 abr. 1913.
11 "The Income Tax Amendment", *Political Science Quarterly*, jun. 1910.
12 Mehrotra, "Envisioning the Fiscal State", 1860.
13 "To Become British Because of Tax", *New York Times*, 7 mar. 1914; "British Citizenship Is Easy to Obtain", *New York Times*, 8 mar. 1914.
14 "Applauds the President", *Pittsburgh Press*, 6 maio 1906.
15 "A Tax on Business Incomes", *New York Times*, 19 fev. 1909.
16 Warburg, *Federal Reserve System*, v. 1, p. 19.
17 Ibid., v. 1, p. 12.
18 Ibid., v. 1, p. 14.
19 Ibid., v. 1, pp. 18-9.
20 Warburg, "Reminiscences of James Paul Warburg", p. 17.
21 "Warburg, the Revolutionist", *Century Magazine*, maio-out. 1915; "Attitude of the Public and of the Bankers Toward Monetary Reform Prior to the Panic of 1907", rolo 61, NWA-LOC.
22 "Defects and Needs of Our Banking System", *New York Times*, 6 jan. 1907.
23 AO a JHS, 10 jan. 1907, e JHS a AO, 14 jan. 1907, AO-NYPL.
24 "Aldrich Becomes Converted to Idea of a Central Bank, May-October 1908", rolo 61, NWA-LOC.
25 "Philadelphia Meeting", *New-York Tribune*, 3 dez. 1907.
26 Seligman, *Currency Problem and Present Financial Situation*, p. 149.
27 "Aldrich Becomes Converted to Idea of a Central Bank, May-October 1908", rolo 61, NWA-LOC.
28 PMW a NWA, 31 dez. 1907, rolo 61, NWA-LOC.
29 Lowenstein, *America's Bank*, p. 76.

30 Adler, *Schiff: His Life and Letters*, v. 1, p. 286; Lowenstein, *America's Bank*, p. 82.
31 Warburg, *Federal Reserve System*, v. 1, pp. 56-7.
32 Vanderlip, *Farm Boy to Financier*, p. 213.
33 Paul Warburg, narrativa da conferência de Jekyll Island, rolo 61, NWA-LOC.
34 Lowenstein, *America's Bank*, p. 110.
35 Vanderlip, *Farm Boy to Financier*, p. 216.
36 Ibid.
37 PMW a Samuel Sachs, 11 jan. 1911, pasta 1, caixa 1, PMW-YU.
38 PMW, pronunciamento, 17 jan. 1911, pasta 1, caixa 1, PMW-YU.
39 "Wants a Bank Inquiry", *New York Times*, 9 jul. 1911.
40 "Thin Ice", *New York Times*, 16 jun. 1911.
41 Lowenstein, *America's Bank*, pp. 148-9, 157.
42 Phillips-Matz, *Many Lives of Kahn*, 147-8.
43 Link, *Wilson*, v. 1, p. 485.
44 Adler, *Schiff: His Life and Letters*, v. 1, p. 312.
45 "12,000 Give to Campaign", *Sioux City Journal*, 9 set. 1912.
46 U.S. House, *Hearings on Banking and Currency Reform*, p. 73.
47 Lowenstein, *America's Bank*, pp. 182-3; Link, *Wilson*, v. 2, pp. 202, 204.
48 PMW a E. M. House, 22 abr. 1913, pasta 4, caixa 1, PMW-YU.
49 Lowenstein, *America's Bank*, p. 202; Warburg, *Federal Reserve System*, v. 1, p. 92.
50 PMW a E. M. House, 13 jul. 1913, pasta 5, caixa 1, PMW-YU.
51 PMW a E. M. House, 30 jul. 1913, pasta 5, caixa 1, PMW-YU.
52 Link, *Wilson*, v. 2, p. 239.
53 PMW a Gerard Vissering, 29 dez. 1913, pasta 12, caixa 1, PMW-YU.
54 Lowenstein, *America's Bank*, p. 268.
55 Warburg, *Long Road Home*, p. 29.
56 PMW a WW, 1º maio 1914, pasta 14, caixa 1, PMW-YU.
57 "Schiff to Head the Reserve Board", *Courier-Post* (Camden, NJ), 30 mar. 1914; Adler, *Schiff: His Life and Letters*, v. 1, p. 287.
58 William McAdoo, "Memorandum Concerning the Late Jacob H. Schiff", rolo 684, JHS-AJA.
59 ERAS a WW, 10 mar. 1914, pasta 19, caixa 2, PMW-YU.
60 E. M. House a WW, 1º maio 1914, em WW, *Papers of Wilson Digital Edition*.
61 JHS a Ernest Cassel, 14 maio 1914, caixa 1861, JHS-AJA.
62 William McAdoo a PMW, 17 jun. 1914, pasta 20, caixa 2, PMW-YU.
63 PMW a William McAdoo, 17 jun. 1914, pasta 20, caixa 2, PMW-YU.
64 Atlee Pomerene a PMW, 24 jun. 1914, pasta 20, caixa 2, PMW-YU.
65 PMW a Atlee Pomerene, 26 jun. 1914, pasta 20, caixa 2, PMW-YU; memorandos, s.d., pasta 21, caixa 2, PMW-YU.
66 PMW a WW, 3 jul. 1914, pasta 21, caixa 2, PMW-YU.
67 Carter Glass a PMW, 8 jul. 1914, pasta 21, caixa 2, PMW-YU.

22. MUROS ENTRE NÓS [pp. 449-74]

1 Sachs, "Reminiscences of Walter Sachs", parte 1, 35-38; Sachs, "Autobiography", pp. 123-5.
2 "Refugees in Boston", *Boston Globe*, 8 ago. 1914.
3 "Foreign Exchange", *Wall Street Journal*, 3 ago. 1914.

4. Sachs, "Autobiography", p. 128.
5. FMW a MMW, 29 jan. 1915, pasta 3, caixa 165, FMW-AJA.
6. FMW a John Henry Hammond, 21 jan. 1918; Hammond a FMW, 25 jan. 1918, pasta 29, caixa 179, FMW-AJA.
7. Chernow, *Warburgs*, p. 161.
8. Warburg, "Reminiscences of James Paul Warburg", p. 8.
9. JHS a James Wilson, 24 out. 1914, pasta 7, caixa 438, JHS-AJA.
10. "Mr. Schiff's Triple Patriotism", *Maccabean*, fev. 1913.
11. Weizmann, *Trial and Error*, p. 184.
12. Adler, *Schiff: His Life and Letters*, v. 2, p. 182.
13. MLS a JHS e Therese Schiff, 16 ago. 1914, DTS.
14. MLS a JHS e Therese Schiff, 6 ago. 1914, DTS.
15. MLS a JHS e Therese Schiff, 16 ago. 1914, DTS.
16. Roberts, "Conflict of Loyalties", p. 10.
17. Max Kohler a MLS, 14 out. 1925, rolo 684, JHS-AJA.
18. JHS a Takahashi Korekiyo, 23 ago. 1914, pasta 6, caixa 438, JHS-AJA.
19. "Jacob H. Schiff Has Quit Japan Society", *New York Times*, 2 dez. 1914.
20. "Jacob H. Schiff Points a Way to European Peace", *New York Times*, 22 nov. 1914.
21. "An Insidious Suggestion", *London Globe*, 23 nov. 1914; "German Press Campaign", *Times* (Londres), 23 nov. 1914.
22. "German Press and Peace", *Scotsman*, 28 nov. 1914.
23. JHS a MMW, 28 jan. 1915, pasta 16, caixa 444, JHS-AJA; Adler, *Schiff: His Life and Letters*, v. 2, pp. 187-8.
24. Rosenbaum e Sherman, *Warburg & Co.*, pp. 115, 117.
25. Ibid., p. 113.
26. Weizmann, *Trial and Error*, p. 184.
27. Rosenbaum e Sherman, *Warburg & Co.*, pp. 114-6.
28. Chernow, *Warburgs*, p. 156.
29. U.S. Senate, *Brewing and Liquor Interests and German Propaganda*, 1994.
30. Szajkowski, *Jews, Wars, and Communism*, p. 38.
31. "Bernhard Dernburg: The German Whose Presence Here Has Aroused British Apprehensions", *Current Opinion*, jan.-jun. 1915.
32. Feilitzsch, *Secret War on United States*, p. 125.
33. JHS a MMW, 28 jan. 1915, pasta 16, caixa 444, JHS-AJA.
34. FMW a MMW, 29 jan. 1915, pasta 3, caixa 165, FMW-AJA.
35. FMW a MMW, 24 dez. 1914, pasta 3, caixa 165, FMW-AJA.
36. U.S. Senate, *Brewing and Liquor Interests and German Propaganda*, 2006-7.
37. Memorando, 15 ago. 1914, rolo 20925, AA.
38. FMW a MMW, 17 fev. 1915, pasta 3, caixa 165, FMW-AJA.
39. David de Sola Pool a FMW, 30 dez. 1914, pasta 15, caixa 166, FMW-AJA.
40. Louis Marshall a JHS, 30 dez. 1914, pasta 1, caixa 439, JHS-AJA.
41. FMW a Bernhard Dernburg, 30 dez. 1914, pasta 3, caixa 165, FMW-AJA.
42. Gwynn, *Letters and Friendships of Spring Rice*, v. 2, pp. 242-3.
43. Max Bodenheimer a Carl Diego Ludwig von Bergen, 16 set. 1914, AA.
44. Szajkowski, *Jews, Wars, and Communism*, p. 38.
45. U.S. Senate, *Brewing and Liquor Interests and German Propaganda*, p. 1448.
46. Feilitzsch, *Secret War on United States*, p. 137.
47. Isaac Strauss, memorando, 26 abr. 1915, rolo 20945, AA.

48 Doerries, *Imperial Challenge*, pp. 64-6.
49 Ibid.
50 Isaac Strauss, memorando, 26 abr. 1915, rolo 20945, AA.
51 JHS a WW, 19 nov. 1914, em WW, *Papers of Wilson Digital Edition*.
52 WW a JHS, 8 dez. 1914, AJA.
53 Henry Morgenthau a JHS, 31 ago. 1914, JDC.
54 "Jewish War Relief Work", *American Jewish Year Book*, 17 set. 1917-6 set. 1918.
55 "Palestine and the War: Impressions on a Relief Trip to the Holy Land", *Survey*, 2 jan. 1915.
56 "Jewish War Relief Work", *American Jewish Year Book*, 17 set. 1917-6 set. 1918.
57 JHS a Louis Brandeis, 29 fev. 1916, pasta 8, caixa 446, JHS-AJA.
58 Cohen, *Not Free to Desist*, p. 93.
59 Ibid., p. 90.
60 "Schiff Urges Jews to Be Americans", *New York Times*, 22 maio 1916.
61 "Jacob Schiff Quits Jewish Movements", *New York Times*, 5 jun. 1916.
62 Editorial, *American Jewish Chronicle*, 19 maio 1916.
63 Szajkowski, *Jews, Wars, and Communism*, p. 40.
64 FMW a MMW, 19 jun. 1916, rolo 20947, AA.
65 MMW a Arthur Zimmermann, 19 jul. 1916, rolo 20947, AA.
66 "Toluol Leads Him to Ellis Island", *New York Herald*, 16 fev. 1918; "Berlin Agent Sought Secret of Gas Masks", *New-York Tribune*, 5 abr. 1918; "Straus Interned", *American Israelite*, 11 abr. 1918.
67 "To Intern Seven Germans", *Baltimore Sun*, 14 mar. 1919.
68 Bernstorff, *My Three Years in America*, pp. 139-41.
69 Chernow, *House of Morgan*, p. 165.
70 Ibid., p. 196.
71 Nicolson, *Dwight Morrow*, pp. 188-9.
72 Warburg, *Reminiscences of Long Life*, p. 76.
73 "Cornell Will Drop the Study of 'Kultur'", *New York Times*, 25 jun. 1918.
74 M. J. Stroock a MLS, 3 out. 1925, rolo 684, JHS-AJA.
75 Adler, *Schiff: His Life and Letters*, v. 2, p. 190.
76 L. M. Cangrell, relatório, 20 jul. 1915, Investigative Reports of the Bureau of Investigation 1908-1922, NA.
77 "Dernburg Off; Pleased with Work", *Central New Jersey Home News*, 12 jun. 1915.
78 Feilitzsch, *Secret War Council*, pp. xxi-xxii.
79 Von Rintelen, *Dark Invader*, p. xxxiii; Sachs, "Reminiscences of Walter Sachs", parte 1, p. 19.
80 Von Rintelen, *Dark Invader*, pp. 66, 74.
81 Sachs, "Reminiscences of Walter Sachs", parte 1, pp. 19-20.

23. ALIADOS [pp. 475-88]

1 "To Raise Loan of $500,000", *Boston Globe*, 10 set. 1915.
2 Reading, *Rufus Isaacs*, p. 51.
3 JHS a LR, 12 set. 1915, LR-BL.
4 "German-American Banks to Be Asked to Loan to Allies", *Philadelphia Inquirer*, 15 set. 1915.

5 OHK memorando, n.d., rolo 684, JHS-AJA.
6 Ibid.
7 Adler, *Schiff: His Life and Letters*, v. 2, p. 252.
8 "Kuhn Loeb & Co., Pro-German Bankers, May Not Aid in Loan", *Evening Public Ledger* (Filadélfia), 21 set. 1915.
9 Erich Hossenfelder a Theobald von Bethmann-Hollweg, 12 out. 1915, rolo 17358, AA.
10 Johann Heinrich von Bernstorff a Theobald von Bethmann-Hollweg, 17 nov. 1915, rolo 17359, AA; U.S. Senate, *Brewing and Liquor Interests and German Propaganda*, 2001.
11 Bernstorff a Bethmann-Hollweg, 17 nov. 1915.
12 Heinrich Albert, memorando sobre as perspectivas de um empréstimo alemão nos Estados Unidos, 8 nov. 1915, rolo 3101/672, AA.
13 OHK a Lord Beaverbrook, 26 jun. 1916, C/187A, Beaverbrook Papers-PA.
14 OHK a JHS, 21 set. 1916, pasta 4b, caixa 449, JHS-AJA.
15 JHS a OHK, 27 set. 1916, pasta 4b, caixa 449, JHS-AJA.
16 Link, *Wilson*, v. 5, p. 196.
17 Collins, *Otto Kahn*, p. 116.
18 JHS a Israel Zangwill, 15 mar. 1917, rolo 684, JHS-AJA.
19 "Jacob H. Schiff Rejoices", *New York Times*, 17 mar. 1917.
20 JHS a Pavel Miliukov, 19 mar. 1917, pasta 22, caixa 455, JHS-AJA.
21 JHS a Philipp Schiff, 6 abr. 1917, pasta 4, caixa 450, JHS-AJA.
22 "Pacifists Pester Till Mayor Calls Them Traitors", *New York Times*, 24 mar. 1917.
23 JHS a MLS, 20 mar. 1917, DTS.
24 Adler, *Schiff: His Life and Letters*, v. 2, p. 254.
25 JHS a MLS, 24 mar. 1917, DTS.
26 Sachs, "Reminiscences of Walter Sachs", parte 1, p. 39.
27 Herman Andreae a Arthur Sachs, 25 nov. 1915, CLC/B/140//KS04/02/08/018, KB-LMA.
28 Kleinwort Sons a Goldman Sachs, 18 out. 1915, CLC/B/140//KS04/02/08/021, KB-LMA; Wake, *Kleinwort Benson*, p. 142.
29 Kleinwort Sons a Goldman Sachs, 12 jul. 1916, CLC/B/140//KS04/02/08/021, KB-LMA.
30 Richard Timmerscheidt ao Chief Cabinet, 27 jan. 1917, M1085, Investigative Reports of the Bureau of Investigation 1908-1922, NA.
31 "German Ends Life After Questioning by U.S. Agents", *New York Tribune*, 6 jul. 1917.
32 "In re: Henry Goldman Sr.", 15 mar. 1918, M1085, Investigative Reports of the Bureau of Investigation 1908-1922, NA.
33 Gerhardt, *Recital*, p. 79.
34 Stephen Barrett ao autor, 17 jan. 2019.
35 Henry Goldman III, entrevista ao autor.
36 Fisher, *When Money Was in Fashion*, pp. 112-3.
37 Marcus Moench, entrevista ao autor.
38 Henry Goldman a Kleinwort Sons, 29 out. 1917, CLC/B/140//KS04/02/08/005, KB-LMA.

24. TERRA DE HERÓIS [pp. 489-521]

1 HL, "Reminiscences of Herbert Lehman", parte 2, 4:2:606.
2 Ibid., parte 2, 4:2:243.
3 HL, "Reminiscences of Herbert Lehman", parte 1, 4:151.

4   Warburg, "Reminiscences of James Paul Warburg", p. 44.
5   Ibid., p. 16.
6   Katharine Weber, entrevista ao autor.
7   Warburg, "Reminiscences of James Paul Warburg", p. 14.
8   Ibid., p. 10.
9   Warburg, *Long Road Home*, p. 31.
10 Warburg, "Reminiscences of James Paul Warburg", p. 7.
11 Warburg, *Long Road Home*, pp. 37-8.
12 Ibid., pp. 47-8.
13 FMW a John Warburg, 27 mar. 1918, pasta 33, caixa 179, FMW-AJA.
14 FMW a Josephus Daniels, 19 set. 1917, pasta 31, caixa 175, FMW-AJA.
15 Alice R. Emanuel, memorando, set. 1963, Felix and Frieda Warburg Family Collection-AJA.
16 Chernow, *Warburgs*, p. 186.
17 Weber, *Memory of All That*, p. 142.
18 Warburg, *Long Road Home*, p. 49.
19 Weber, *Memory of All That*, pp. 138-9.
20 Warburg, *Long Road Home*, p. 49.
21 Warburg, "Reminiscences of James Paul Warburg", p. 44.
22 CH, diário, apontamento de 9 ago. 1916, v. 3, CH-LOC.
23 CH, diário, apontamento de 29 nov. 1916, v. 4, CH-LOC.
24 CH, diário, apontamentos de 25 nov. e 9 ago. 1916, v. 4, CH-LOC.
25 CH, diário, apontamentos de 22 e 30 abr. 1917, v. 3, CH-LOC.
26 TR, *Works of Theodore Roosevelt*, p. 457.
27 PMW a WW, 27 maio 1918, em WW, *Papers of Wilson Digital Edition*.
28 JHS a PMW, 9 maio 1918, pasta 1, caixa 456, JHS-AJA.
29 WW a PMW, 9 ago. 1918, pasta 56, caixa 4, PMW-YU.
30 PMW a Benjamin Strong, 13 ago. 1918, Benjamin Strong Papers-FRBNY.
31 Chernow, *Warburgs*, p. 186.
32 PMW a Benjamin Strong, 14 ago. 1918, Benjamin Strong Papers-FRBNY.
33 PMW a E. M. House, 10 out. 1918, pasta 57, caixa 4, PMW-YU.
34 Warburg, "Reminiscences of James Paul Warburg", pp. 16-7.
35 OHK a PMW, 12 ago. 1918, pasta 8, caixa 276, OHK-PU.
36 Warburg, "Book for Jimmy, Jennifer", p. 52.
37 JHS a Takahashi Korekiyo, 15 jul. 1918, pasta 14, caixa 460, JHS-AJA.
38 JHS a Max Bonn, 22 jan. 1918, pasta 3, caixa 450, JHS-AJA.
39 "Against War Time Wealth", *American Israelite*, 29 nov. 1917.
40 Kobler, *Otto the Magnificent*, p. 104.
41 JHS a K. J. Imanishi, 26 out. 1917, pasta 2, caixa 451, JHS-AJA.
42 "Destroy Prussianism, Jacob Schiff Urges", *New York Times*, 12 abr. 1918.
43 Cohen, *Schiff: Study in Leadership*, p. 199.
44 C. W. Taintor a JHS, 10 jun. 1918, pasta 1, caixa 456, JHS-AJA.
45 Cohen, *Schiff: Study in Leadership*, pp. 204-5.
46 "Report of American Jewish Committee", *American Jewish Year Book*, 25 set. 1919-12 set. 1920.
47 "Untermyer Joins Protest on Root", *New York Times*, 4 maio 1917.
48 "New York Letter", *Reform Advocate*, 14 abr. 1917.
49 Philip Lehman a JHS, 13 jul. 1917, pasta 3, caixa 451, JHS-AJA.
50 Julius Goldman a JHS, 6 abr. 1917, pasta 18, caixa 452, JHS-AJA.

51 JHS a William McAdoo, 14 maio 1918, pasta 5, caixa 459, JHS-AJA.
52 William McAdoo a JHS, 11 maio 1918, pasta 5, caixa 459, JHS-AJA.
53 Certificado de comissão, 11 abr. 1929, DTS.
54 MLS, "The Jewish Welfare Board", discurso, 29 maio 1919, DTS.
55 MLS, discurso à YMHA da Filadélfia, 27 abr. 1919, DTS.
56 MLS a JHS, 6 jun. 1917, pasta 4, caixa 450, JHS-AJA.
57 "Fall from Horse Kills I. N. Seligman", *New York Times*, 1º out. 1917.
58 JHS a MLS, ago. 1917, pasta 4, caixa 450, JHS-AJA.
59 "Eulogies of Life of I. N. Seligman", *New York Times*, 3 out. 1917.
60 JHS a Philipp Schiff, 3 out. 1917, pasta 4, caixa 450, JHS-AJA.
61 "Presents Seligman Notes", *New York Times*, 5 mar. 1920.
62 FMW a James Loeb, 15 fev. 1916, pasta 31, caixa 170, FMW-AJA.
63 Wells, "House of Seligman", p. 503.
64 INS a Mr. Wyler, 31 jul. 1915, caixa 3, SC-UO.
65 Wells, "House of Seligman", p. 514.
66 Ibid., p. 516.
67 Central Union Trust Co. ao Office of the Alien Property Custodian, 7 set. 1918, caixa 6, Records of the Office of Alien Property, NA.
68 "U-Boat Street Parade", *New York Times*, 20 out. 1917.
69 Hero Land, anúncio, *New-York Tribune*, 28 nov. 1917.
70 "Jewish Relief Day Crowds Hero Land", *New York Times*, 29 nov. 1917.
71 AGS a Julius Goldman, 3 out., 1918, pasta 53, caixa 1, AGS-HU.
72 "Schiff Favors Home for Jewish Culture", *New York Times*, 23 abr. 1917; JHS a David Philipson, 11 maio 1917, caixa 453, JHS-AJA.
73 JHS a Julian Mack, 3 dez. 1917, pasta 22, caixa 460, JHS-AJA.
74 JHS a Julian Mack, 29 jan. 1918, e Julian Mack a JHS, 30 jan. 1918, pasta 22, caixa 460, JHS-AJA.
75 Kobler, *Otto the Magnificent*, p. 91.
76 Schmidt, "Zionist Conversion of Brandeis", pp. 21, 30.
77 Kobler, *Otto the Magnificent*, p. 91.
78 Ibid., 78, 123; Collins, *Otto Kahn*, p. 85.
79 Phillips-Matz, *Many Lives of Kahn*, pp. 107-8.
80 OHK a WW, 6 abr. 1917, pasta 11, caixa 284, OHK-PU.
81 Collins, *Otto Kahn*, p. 123.
82 OHK a Lord Beaverbrook, 2 jul. 1917, C/187A, Lord Beaverbrook Papers-PA.
83 "Otto Kahn Flays Prussianism", *Brooklyn Daily Eagle*, 26 set. 1917.
84 "Otto H. Kahn Says Pan-German Plots Threatened Safety of United States", *Brooklyn Daily Eagle*, 6 out. 1918.
85 Kobler, *Otto the Magnificent*, p. 100.
86 "In Re: Otto H. Kahn (German Activities)", 28 jul. 1918, M1085, Investigative Reports of the Bureau of Investigation 1908-1922, NA.
87 Thwaites, *Velvet and Vinegar*, pp. 154-5.
88 JW, entrevista ao autor.
89 "Sir William Wiseman, Friend of Wilson, Roney Plaza Guest", *Roney Plaza Daily*, 8 mar. 1936, JW.
90 Memorando, s.d., JW.
91 Thwaites, *Velvet and Vinegar*, p. 255.
92 Collins, *Otto Kahn*, p. 123.

93 Lord Beaverbrook, cabograma a OHK, s.d., C/187A, Beaverbrook Papers-PA.
94 "Otto Kahn on European Conditions", *Argonaut*, 10 ago. 1918.
95 Phillips-Matz, *Many Lives of Kahn*, p. 190.
96 MLS a Adele Schiff, 20 dez. 1918, pasta 17b, caixa 460, JHS-AJA.
97 "With the A.E.F.", discurso à YMHA da Filadélfia, 27 abr. 1919, DTS.
98 MLS a Adele Schiff, 9 jan. 1919, pasta 16b, caixa 461, JHS-AJA.
99 Ibid.
100 MLS a FMW, 19 jan. 1919, pasta 20, caixa 183, FMW-AJA.
101 FMW a MMW, 15 nov. 1918, pasta 27, caixa 10, LS-AJHS.
102 FMW a Gerald Warburg, 17 mar. 1919, pasta 5, caixa 184, FMW-AJA.

25. A PRIMEIRA PARTE DE UMA TRAGÉDIA [pp. 522-39]

1 JHS a MMW, 26 ago. 1919, pasta 16b, caixa 461, JHS-AJA.
2 Chernow, *Warburgs*, p. 214.
3 Ibid., p. 210
4 Schiff, *Germans at Versailles 1919*, p. 48.
5 Chernow, *Warburgs*, p. 214.
6 Barry, *Great Influenza*, p. 385.
7 Ferguson, *Paper and Iron*, p. 222.
8 Louis Marshall a JHS, 29 maio 1919, caixa 2364, JHS-AJA.
9 Louis Marshall e Cyrus Adler, cabograma, 12 maio 1919, caixa 461, JHS-AJA.
10 "Call on Nations to Protect Jews", *New York Times*, 22 maio 1919.
11 Louis Marshall a JHS, 29 maio 1919, caixa 2364, JHS-AJA; Adler, *Schiff: His Life and Letters*, v. 2, p. 306.
12 "Senators Call Six Financiers", *New York Times*, 10 jun. 1919.
13 "Willing to Tell What He Knows of Treaty Leak", Associated Press, 10 jun. 1919.
14 "President Exonerates Lamont in Peace Treaty Leak", *New York Times*, 17 jun. 1919.
15 William Borah a JHS, 17 jun. 1919, e JHS a William Borah, 19 jun. 1919, pasta 10, caixa 461, JHS-AJA.
16 JHS a Israel Zangwill, 14 ago. 1919, rolo 684, JHS-AJA.
17 "To Honor Louis Marshall", *New York Times*, 22 jul. 1919.
18 Fink, "Louis Marshall: An American Jewish Diplomat", p. 37.
19 Schiff, *Germans at Versailles 1919*, p. 109.
20 Chernow, *Warburgs*, p. 217.
21 Rosenbaum e Sherman, *Warburg & Co.*, p. 123.
22 "Warburg Studies Relief", *New York Times*, 18 out. 1919.
23 FMW, Relatório a JDC, 10 nov. 1919, pasta 13, caixa 182, FMW-AJA.
24 PMW, memorando, 5 dez. 1919, pasta 91, caixa 7, PMW-YU.
25 Carter, *Price of Peace*, p. 80.
26 Ibid., p. 86.
27 Keynes, *Economic Consequences of Peace*, p. 251.
28 Ibid., p. 38.
29 Keynes, *Two Memoirs*, p. 71.
30 Ibid.
31 Minutas da conferência sobre o problema do crédito e da organização internacional,

caixa 7, pasta 93, PMW-YU; "History of the European Memorandum", pasta 96, caixa 8, PMW-YU.
32. Rascunho do apelo, pasta 94, caixa 7, PMW-YU.
33. "Warburg Back from Europe", *Baltimore Sun*, 6 nov. 1919.
34. "History of the European Memorandum", pasta 96, caixa 8, PMW-YU.
35. Fisher, *When Money Was in Fashion*, p. 127; "Banker Sees Germany on the Verge of Collapse", *New York Times*, 5 ago. 1922.
36. "History of the European Memorandum", pasta 96, caixa 8, PMW-YU.
37. Ibid.

26. HENRY FORD [pp. 540-58]

1. "Berlin Hears Ford Is Backing Hitler", *New York Times*, 20 dez. 1922.
2. Ford, *International Jew: World's Foremost Problem*, v. 1, pp. 5, 6, 46.
3. Wallace, *American Axis*, p. 46.
4. Baldwin, *Ford and Jews*, p. 2.
5. Wallace, *American Axis*, p. 24.
6. "Commercialism Made This War", *New York Times*, 11 abr. 1915.
7. "Ford, as Oscar II Sailed, Got Blessing from Edison", *Brooklyn Daily Eagle*, 5 dez. 1915; "Dubbed 'Ship of Fools'", *New York Times*, 4 dez. 1915.
8. Watts, *People's Tycoon*, p. 234.
9. Wallace, *American Axis*, p. 19.
10. Baldwin, *Ford and Jews*, p. 59.
11. Kahn e Sayers, *Great Conspiracy*, p. 49; Singerman, "American Career of 'Protocols of Elders of Zion'", p. 55.
12. Szajkowski, *Jews, Wars, and Communism*, p. 162.
13. BB a Serge Karasseff, 13 jul. 1920, caixa 17, BB-LOC; BB a Mary Gagarine, 18 dez. 1920, caixa 22, BB-LOC.
14. Singerman, "American Career of 'Protocols of Elders of Zion'", p. 56.
15. Bendersky, *Jewish Threat*, pp. 55, 57.
16. Zipperstein, *Pogrom*, p. 170.
17. Singerman, "American Career of 'Protocols of Elders of Zion'", p. 49.
18. "The Inside Story of Henry Ford's Jew-Mania", parte 4, *Hearst's International*, set. 1922.
19. Singerman, "American Career of 'Protocols of Elders of Zion'", p. 70.
20. Fuller, *Foreign Relations of the United States, 1918, Russia*, v. 1, p. 215.
21. Kennan, *Russia Leaves the War*, p. 449.
22. Kahn e Sayers, *Great Conspiracy*, p. 144.
23. Graves, *Truth About "The Protocols"*.
24. "The Inside Story of Henry Ford's Jew-Mania", parte 1, *Hearst's International*, jun. 1922.
25. Singerman, "American Career of 'Protocols of Elders of Zion'", p. 72.
26. "An Ally to the Pogrom Makers", *American Hebrew*, 1º abr. 1921.
27. Pipp, *Real Henry Ford*, p. 21.
28. Ford, *International Jew: Jewish Activities in United States*, pp. 137-8.
29. *Jewish Influence in Federal Reserve System*, p. 46.
30. Ibid., p. 7.
31. Ibid., p. 42.

32 Ibid., p. 47.
33 Ibid., p. 48.
34 Ibid., pp. 43-4.
35 "Report of the American Jewish Committee", *American Jewish Year Book*, 3 out. 1921- -22 set. 1922.
36 Wallace, *American Axis*, p. 14.
37 Baldwin, *Ford and Jews*, p. 139.
38 Cohen, *Not Free to Desist*, pp. 130-1.
39 Dan Kramarsky, entrevista ao autor.
40 Warburg, descendente, entrevista ao autor.
41 Katharine Weber, entrevista ao autor.
42 "Coughlin in Error, Kerensky Asserts", *New York Times*, 29 nov. 1938.
43 "Church Paper Editor Charges Father Coughlin Uses False Statements", *Leader Telegram* (Eau Claire, Wis.), 23 dez. 1938.
44 Trotsky, *Writings of Trotsky*, p. 148.
45 JHS a Louis Marshall, 19 ago. 1918, pasta 3, caixa 459, JHS-AJA.
46 Ackerman, *Trotsky in New York*, p. 320.
47 "Cholly Knickerbocker", *New York Journal-American*, 3 fev. 1949.
48 John Schiff, pronunciamento, caixa 215, DS-NYPL.
49 "Calling All Crackpots", *Washington Post*, 16 out. 1994.
50 Adler, *Selected Letters*, v. 2, pp. 38-9.
51 "$200,000 Libel Suit Filed Against Ford", *New York Times*, 19 ago. 1923.
52 "Memorandum Re Anti-Semitic Articles in the 'Dearborn Independent'", 29 ago. 1921, caixa 32, LS-AJHS.
53 "Sapiro Sees 'Fake' in Suit", *New York Times*, 28 maio 1927.
54 "Statement by Henry Ford", American Jewish Committee, 1927.
55 Ribuffo, "Ford and 'International Jew'", p. 469.
56 Baldwin, *Ford and Jews*, p. 297.
57 Wallace, *American Axis*, pp. 133-4.
58 Watts, *People's Tycoon*, p. 397.
59 Wallace, *American Axis*, p. 359.

27. O MUNDO DO PORVIR [pp. 559-89]

1 "Lowell Tells Jews Limit at Colleges Might Help Them", *New York Times*, 22 jun. 1922.
2 JHS a A. J. Sack, 9 fev. 1920, pasta 7, caixa 463, JHS-AJA.
3 Adler, *Schiff: His Life and Letters*, v. 2, p. 359.
4 Ibid., pp. 357-8.
5 Ibid., p. 359.
6 "Jacob Schiff, Dead", *Reform Advocate*, 2 out. 1920.
7 Louis Marshall, pronunciamento, 19 dez. 1920, caixa 244, DS-NYPL.
8 "Weather Report", *New-York Tribune*, 25 set. 1930.
9 Buttenwieser, "Reminiscences of Benjamin Buttenwieser", pp. 280-1.
10 "Jacob H. Schiff Left $34,426,282 Subject to New York Taxes", *New York Times*, 3 mar. 1922.
11 JHS, testamento final, caixa 244, DS-NYPL; Berman, *American Jewish Philanthropic Complex*, p. 39.

12 MLS, memorando, 1º dez. 1928, DTS.
13 Kuhn, Loeb & Co., *Investment Banking Through Four Generations*, p. 24.
14 Chernow, *Warburgs*, p. 309; Collins, *Otto Kahn*, p. 190.
15 U.S. Senate, *Stock Exchange Practices*, p. 1007.
16 "Warburg Assails Federal Reserve", *New York Times*, 8 mar. 1929.
17 Galbraith, *Great Crash*, p. 99.
18 "Banker Seligman Sued for $100,000 Love Balm Claim", *Brooklyn Daily Eagle*, 3 jun. 1929; Muir e White, *Over the Long Term*, p. 133.
19 Muir e White, *Over the Long Term*, p. 137.
20 Ibid., pp. 137-8.
21 Herman Kahn, notas de entrevista, caixa 15, JK-CURBML.
22 David Sachs, notas de entrevista, caixa 15, JK-CURBML.
23 George Ball, notas de entrevista, caixa 15, JK-CURBML.
24 Sachs, "Reminiscences of Walter Sachs", parte 1, p. 44.
25 Galbraith, *Great Crash*, p. 62.
26 Sachs, "Reminiscences of Walter Sachs", parte 1, p. 48.
27 Ellis, *Partnership*, p. 28.
28 Sachs, "Reminiscences of Walter Sachs", parte 1, p. 47.
29 Ibid., parte 1, p. 52.
30 Ibid., parte 2, p. 22.
31 Fisher, *When Money Was in Fashion*, p. 194.
32 Ibid., p. 238.
33 "Goldman Joins Arthur Lipper & Co.", *New York Times*, 13 maio 1919.
34 Max Born, entrevista a Thomas S. Kuhn, 18 out. 1962, Niels Bohr Library & Archives, AIP.
35 "Banker Says 'All Europe Is Ablaze'", *Buffalo Courier*, 29 maio 1923.
36 Max Born, entrevista, Oral History Collection, Niels Bohr Library & Archives, AIP.
37 GW a Monroe Wheeler, 21 maio, 10 jun., 15 jun. e 2 jul. 1923, caixa 3, GW-YU.
38 GW a Monroe Wheeler, 26 e 30 maio 1923, caixa 3, GW-YU.
39 GW a Monroe Wheeler, 21 maio 1923, caixa 3, GW-YU.
40 "Mr. Auerbach in Paris", *Harper's*, abr. 1942.
41 Ibid.
42 "American Amazed at Hindenburg's Perception", Associated Press, 21 abr. 1932.
43 McDonald, *Advocate for Doomed*, p. 23.
44 Fisher, *When Money Was in Fashion*, p. 150.
45 Henry Goldman a Julius Goldman, 13 abr. 1933, pasta 28, caixa 1, AGS-HU.
46 McDonald, *Advocate for the Doomed*, p. 246.
47 Tracy Breton, entrevista ao autor.
48 Max Born, entrevista, Oral History Collection, Niels Bohr Library & Archives, AIP.
49 "Mortimer L. Schiff Dies Unexpectedly", *New York Times*, 5 jun. 1931.
50 Potter, *Men, Money, and Magic*, p. 75.
51 "Schiff Estate $28,718,213 Net", *Times Union* (Brooklyn, NY), 21 abr. 1933.
52 "Otto Kahn, 67, Dies of a Heart Attack in Bank's Offices", *New York Times*, 30 mar. 1934.
53 Warburg, *Reminiscences of Long Life*, p. 100.
54 Chernow, *Warburgs*, p. 455.
55 "F. M. Warburg Dies at 66 in Home Here", *New York Times*, 21 out. 1937.
56 "Paul M. Warburg Dies of Pneumonia", *New York Times*, 25 jan. 1932.
57 Chernow, *Warburgs*, p. 328.
58 Warburg, "Book for Jimmy, Jennifer", p. 56.

59 Katharine Weber, entrevista ao autor.
60 Warburg, "Reminiscences of James Paul Warburg", pp. 53-4.
61 Warburg, *Aus meinen Aufzeichnungen*, p. 140.
62 Rosenbaum e Sherman, *Warburg & Co.*, p. 160.
63 Marie Warburg, discurso na conferência de San Diego das filiais Eric M. Warburg do American Council na Alemanha, 25 jan. 2014.
64 Chernow, *Warburgs*, p. 441.
65 Ibid., 442; Smethurst, *Foot Soldier to Finance Minister*, p. 297.
66 Farrer, *Warburgs*, p. 115.
67 Chernow, *Warburgs*, p. 442.
68 McDonald, *Advocate for Doomed*, p. 98.
69 Rosenbaum e Sherman, *Warburg & Co.*, p. 167.
70 Ibid., p. 168.
71 "When Bankers Started Playing with Other People's Money", *Atlantic*, 28 fev. 2017.
72 DTS, entrevista ao autor.
73 "Schiff Mourned by Hosts He Aided", *New York Times*, 27 set. 1920.
74 "Schiff as a Jew Is Praised by Dr. Wise", *New-York Herald*, 4 out. 1920.
75 Waldman, *Nor by Power*, pp. 323, 327.
76 *Forward*, editorial, tradução, caixa 35, AO-NYPL.
77 Oscar Garrison Villard a Therese Schiff, 28 set. 1920, Felix e Frieda Warburg Family Collection-AJA.
78 Warburg, *As I Recall*, p. 23.
79 "Memorial for Jacob Schiff", *Yonkers Herald* (NY), 2 out. 1920.
80 "Thousands Pay Last Honors to Jacob H. Schiff", *New-York Tribune*, 29 set. 1920.
81 "Some Costly Tombs", *Phillipsburg Herald* (Kan.), 24 out. 1895.

EPÍLOGO: SALEM FIELDS REVISITADO [pp. 591-5]

1 "Baker Will Divides $75,000,000 Fortune", *New York Times*, 14 maio 1931.
2 Scott Schiff, entrevista ao autor.
3 DTS, entrevista ao autor.
4 Harvey Krueger, entrevista ao autor.
5 DTS, entrevista ao autor.
6 Scott Schiff ao autor, 15 jan. 2019.
7 Drew Schiff, entrevista ao autor.

LISTA DE ABREVIATURAS

ARQUIVOS

AA Auswärtiges Amt (Ministério das Relações Exteriores da Alemanha)
AIP American Institute of Physics
AJA American Jewish Archives
AJCOHC American Jewish Committee Oral History Collection
AJHS American Jewish Historical Society
BL-HBS Baker Library at Harvard Business School
BU Boston University
CURBML Columbia University Rare Book and Manuscript Library
FRBNY Federal Reserve Bank of New York
HU Harvard University
IFS Institut für Stadtgeschichte Frankfurt
JDC Joint Distribution Committee Archives
LBI Leo Baeck Institute
LMA London Metropolitan Archives
LOC Library of Congress
MHS Minnesota Historical Society
NA National Archives

NYHS New-York Historical Society
NYPL New York Public Library
PA Parliamentary Archives
PU Princeton University
UO University of Oklahoma
WIA Warburg Institute Archive
YU Yale University

PESSOAS E FIRMAS

AGS Agnes Goldman Sanborn; também Agnes Goldman Sanborn Papers
AH Averell Harriman; também Averell Harriman Papers
AO Adolph Ochs; também Adolph Ochs Papers
AW Aby Warburg; também Aby Warburg Papers
BB Boris Brasol; também Boris Brasol Papers
CH Charles Hamlin; também Charles Hamlin Papers
DS Dorothy Schiff; também Dorothy Schiff Papers
DTS David T. Schiff; também David T. Schiff Papers
ERAS Edwin R. A. Seligman; também Edwin R. A. Seligman Papers
FMW Felix M. Warburg; também Felix M. Warburg Papers
GH George Hellman; também George Hellman Papers
GW Glenway Wescott; também Glenway Wescott Papers
HL Herbert Lehman; também Herbert Lehman Papers
INS Isaac Newton Seligman
JHS Jacob Henry Schiff; também Jacob Henry Schiff Papers
JJH James J. Hill; também James J. Hill Papers
JK Joseph Kraft; também Joseph Kraft Papers
JM Judah Magnes; também Judah Magnes Papers
JW John Wiseman; também John Wiseman Papers
KB Kleinwort Benson; também Kleinwort Benson Papers
KN Knute Nelson; também Knute Nelson Papers
LB Lehman Brothers; também Lehman Brothers Collection
LR Lord Reading; também Lord Reading Papers
LS Lewis L. Strauss; também Lewis L. Strauss Papers

LISTA DE ABREVIATURAS

MLS Mortimer Leo Schiff; também Mortimer Leo Schiff Papers
MMW Max Moritz Warburg
NWA Nelson W. Aldrich; também Nelson W. Aldrich Papers
OHK Otto H. Kahn; também Otto H. Kahn Papers
OS Oscar Straus; também Oscar Straus Papers
PC Philip Cowen; também Philip Cowen Papers
PMW Paul M. Warburg; também Paul M. Warburg Papers
SB Stephen Birmingham; também Stephen Birmingham Papers
TR Theodore Roosevelt; também Theodore Roosevelt Papers
WW Woodrow Wilson; também Woodrow Wilson Papers

BIBLIOGRAFIA

ACKERMAN, Kenneth D. *The Gold Ring: Jim Fisk, Jay Gould, and Black Friday, 1869*. Nova York: Harper Business, 1990.
_____. *Trotsky in New York, 1917: A Radical on the Eve of Revolution*. Berkeley: Counterpoint, 2016.
ADLER, Cyrus. *Jacob H. Schiff: His Life and Letters*. Garden City, NY: Doubleday, Doran, 1928. 2 v.
_____. *Selected Letters*. Org. de Ira Robinson. Filadélfia: Jewish Publication Society of America, 1985. 2 v.
ADLER, Cyrus; SINGER, Isidore. *The Jewish Encyclopedia: A Descriptive Record of the History, Religion, Literature, and Customs of the Jewish People from the Earliest Times to the Present Day*. Nova York: Funk & Wagnalls, 1905.
ALEF, Daniel. *Henry Goldman: Goldman Sachs and the Beginning of Investment Banking*. Santa Barbara, Calif.: Titans of Fortune, 2010.
ALEXANDER, Edward Porter. *The Museum in America: Innovators and Pioneers*. Nova York: AltaMira Press, 1997.
ALLEN, Frederick Lewis. *The Lords of Creation*. Nova York: Harper & Brothers, 1935.
ARNSBERG, Paul. *Henry Budge: Der "geliebten Vaterstadt — Segen gestiftet"*. Frankfurt: Kramer, 1972.
ASCOLI, Peter M. *Julius Rosenwald: The Man Who Built Sears, Roebuck and Advanced the Cause of Black Education in the American South*. Bloomington: Indiana University Press, 2006.
BALDWIN, Neil. *Henry Ford and the Jews: The Mass Production of Hate*. Nova York: Public Affairs, 2003.
BANCROFT, Hubert Howe. *The Works of Hubert Howe Bancroft: Popular Tribunals*. San Francisco: History Company, 1887.
BARRY, John M. *The Great Influenza: The Story of the Deadliest Pandemic in History*. Nova York: Penguin Books, 2005.

BARUCH, Bernard Mannes. *Baruch: My Own Story*. Nova York: Holt, Rinehart & Winston, 1957. 2 v.
BENDERSKY, Joseph W. *The Jewish Threat: Anti-Semitic Politics of the American Army*. Nova York: Basic Books, 2000.
BENSEL, Richard Franklin. *Passion and Preferences: William Jennings Bryan and the 1896 Democratic Convention*. Nova York: Cambridge University Press, 2008.
BERMAN, Hyman; SCHLOFF, Linda Mack. *Jews in Minnesota*. St. Paul: Minnesota Historical Society Press, 2002.
BERMAN, Lila Corwin. *The American Jewish Philanthropic Complex: The History of a Multibillion-Dollar Institution*. Princeton, NJ: Princeton University Press, 2020.
BERNSTORFF, Johann Heinrich. *My Three Years in America*. Nova York: Charles Scribner's Sons, 1920.
BEST, Gary Dean. *To Free a People: American Jewish Leaders and the Jewish Problem in Eastern Europe, 1890-1914*. Westport, Conn.: Greenwood Press, 1982.
BIRMINGHAM, Stephen. *Our Crowd: The Great Jewish Families of New York*. Nova York: Harper & Row, 1977.
BISHOP, Joseph Bucklin (Org.). *Theodore Roosevelt and His Time Shown in His Own Letters*. Nova York: Charles Scribner's Sons, 1920. 2 v.
BOGEN, Hyman. *The Luckiest Orphans: A History of the Hebrew Orphan Asylum of New York*. Urbana: University of Illinois Press, 1992.
BRANDEIS, Louis Dembitz. *Letters of Louis D. Brandeis*. Org. de Melvin I. Urofsky. Albany: State University of New York Press, 1971.
BRUSTEIN, William I. *Roots of Hate: Anti-Semitism in Europe Before the Holocaust*. Cambridge: Cambridge University Press, 2003.
BRYAN, William Jennings. *Speeches of William Jennings Bryan*. Org. de Mary Baird Bryan. Nova York: Funk & Wagnalls, 1911.
CAMPBELL, John P. *The Southern Business Directory and General Commercial Advertiser*. Charleston, SC: Press of Walker & James, 1854.
CARR, Sean D.; BRUNER, Robert F. *The Panic of 1907: Lessons Learned from the Market's Perfect Storm*. Hoboken, NJ: Wiley, 2007.
CARTER, Zachary D. *The Price of Peace: Money, Democracy, and the Life of John Maynard Keynes*. Nova York: Random House, 2020.
CASSON, Herbert Newton. *The History of the Telephone*. Chicago: A. C. McClurg & Co., 1910.
CHERNOW, Ron. *The House of Morgan: An American Banking Dynasty and the Rise of Modern Finance*. Nova York: Grove Press, 1990.
_____. *The Warburgs: The Twentieth-Century Odyssey of a Remarkable Jewish Family*. Nova York: Vintage Books, 1994.
COHEN, Naomi W. *Encounter with Emancipation: The German Jews in the United States, 1830-1914*. Filadélfia: Jewish Publication Society of America, 1984.
_____. *Jacob H. Schiff: A Study in American Jewish Leadership*. Hanover, NH: Brandeis University Press, 1999.
_____. *Not Free to Desist: The American Jewish Committee, 1906-1966*. Filadélfia: Jewish Publication Society of America, 1972.
COLLINS, Theresa M. *Otto Kahn: Art, Money, and Modern Time*. Chapel Hill: University of North Carolina Press, 2014.
COWEN, Philip. *Memories of an American Jew*. Nova York: Arno Press, 1932.
DANIELS, Doris. *Always a Sister: The Feminism of Lillian D. Wald*. Nova York: Feminist Press at the City University of New York, 1989.
DEARBORN, Mary V. *Mistress of Modernism: The Life of Peggy Guggenheim*. Boston: Houghton Mifflin, 2004.

DENBY, Elaine. *Grand Hotels: Reality and Illusion.* Londres: Reaktion Books, 2002.
DEUTSCH, Gotthard. *Scrolls: Essays on Jewish History and Literature, and Kindred Subjects.* Cincinnati: Ark Publishing Co., 1917. 2 v.
DIETZ, Alexander. *Stammbuch der Frankfurter Juden: Geschichtliche Mitteilungen über die Frankfurter jüdischen Familien von 1349-1849.* Frankfurt: J. St. Goar, 1907.
DINER, Hasia R. *The Jews of the United States, 1654 to 2000.* Berkeley: University of California Press, 2006.
_____. *Roads Taken: The Great Jewish Migrations to the New World and the Peddlers Who Forged the Way.* New Haven, Conn.: Yale University Press, 2015.
DINKELSPIEL, Frances. *Towers of Gold: How One Jewish Immigrant Named Isaias Hellman Created California.* Nova York: St. Martin's Press, 2010.
DINNERSTEIN, Leonard. *Antisemitism in America.* Oxford: Oxford University Press, 1994.
DOBKOWSKI, Michael N. *The Tarnished Dream: The Basis of American Anti-Semitism.* Westport, Conn.: Greenwood Press, 1979.
DOERRIES, Reinhard R. *Imperial Challenge: Ambassador Count Bernstorff and German American Relations, 1908-1917.* Chapel Hill: University of North Carolina Press, 1989.
DUBNOW, Simon. *History of the Jews in Russia and Poland.* Filadélfia: Jewish Publication Society of America, 1916.
DUNCAN, Sally Anne; MCCLELLAN, Andrew. *The Art of Curating: Paul J. Sachs and the Museum Course at Harvard.* Los Angeles: Getty Research Institute, 2018.
EATON, Herbert N. *An Hour with the American Hebrew: Including Rev. Henry Ward Beecher's Sermon on "Jew and Gentile".* Nova York: J. Haney & Co., 1879.
EISENBERG, Ellen. *Jewish Agricultural Colonies in New Jersey, 1882-1920.* Syracuse, NY: Syracuse University Press, 1995.
ELLIS, Charles D. *The Partnership: The Making of Goldman Sachs.* Nova York: Penguin Press, 2008.
ENDLICH, Lisa. *Goldman Sachs: The Culture of Success.* Nova York: Knopf Doubleday, 2013.
ETHINGTON, Philip J. *The Public City: The Political Construction of Urban Life in San Francisco, 1850-1900.* Berkeley: University of California Press, 2001.
EVANS, Eli N. *Judah P. Benjamin: The Jewish Confederate.* Nova York: Free Press, 1989.
FARRER, David. *The Warburgs: The Story of a Family.* Nova York: Stein & Day, 1975.
FEILITZSCH, Heribert von. *The Secret War Council: The German Fight Against the Entente in America in 1914.* Amissville, Va.: Henselstone Verlag, 2015.
_____. *The Secret War on the United States in 1915: A Tale of Sabotage, Labor Unrest and Border Troubles.* Amissville, Va.: Henselstone Verlag, 2014.
FELD, Marjorie N. *Lillian Wald: A Biography.* Chapel Hill: University of North Carolina Press, 2012.
FELDSTEIN, Stanley. *The Land That I Show You: Three Centuries of Jewish Life in America.* Nova York: Anchor Press, 1979.
FERGUSON, Niall. *Paper and Iron: Hamburg Business and German Politics in the Era of Inflation, 1897-1927.* Cambridge: Cambridge University Press, 2002.
FISHER, June Breton. *When Money Was in Fashion: Henry Goldman, Goldman Sachs, and the Founding of Wall Street.* Nova York: Palgrave Macmillan, 2010.
FLADE, Roland. *The Lehmans: From Rimpar to the New World: A Family History.* Würzburg: Königshausen & Neumann, 1999.
FLYNT, Wayne. *Alabama Baptists: Southern Baptists in the Heart of Dixie.* Tuscaloosa: University of Alabama Press, 1998.
FORBES, Bertie Charles. *Men Who Are Making America.* Nova York: B. C. Forbes, 1921.
FORD, Henry (Org.). *The International Jew: Jewish Activities in the United States.* Dearborn, Mich.: Dearborn Publishing Co., 1921.

FORD, Henry. *The International Jew: The World's Foremost Problem, Being a Reprint of a Series of Articles Appearing in The Dearborn Independent*. Dearborn, Mich.: Dearborn Independent, 1920.

FREIMANN, Aron; KRACAUER, Isidor. *Frankfort*. Trad. de Bertha Szold Levin. Filadélfia: Jewish Publication Society of America, 1929.

FRIEDMAN, Murray. *What Went Wrong? The Creation and Collapse of the Black-Jewish Alliance*. Nova York: Free Press, 2007.

GALBRAITH, John Kenneth. *The Great Crash, 1929*. Boston: Houghton Mifflin, 1955.

GAYNOR, William Jay. *Some of Mayor Gaynor's Letters and Speeches*. Nova York: Greaves, 1913.

GEISST, Charles R. *Wheels of Fortune: The History of Speculation from Scandal to Respectability*. Hoboken, NJ: Wiley, 2003.

GERHARDT, Elena. *Recital*. Londres: Methuen, 1953.

GOODWIN, Doris Kearns. *The Bully Pulpit: Theodore Roosevelt, William Howard Taft, and the Golden Age of Journalism*. Nova York: Simon & Schuster, 2013.

GOREN, Arthur A. *New York Jews and the Quest for Community: The Kehillah Experiment, 1908-1922*. Nova York: Columbia University Press, 1970.

GRANT, Ulysses Simpson. *The Papers of Ulysses S. Grant*, v. 7, *December 9, 1862 to March 31, 1863*. Org. de John Y. Simon. Carbondale: Southern Illinois University Press, 1979.

_____. *The Papers of Ulysses S. Grant*, v. 24, *1873*. Org. de John Y. Simon. Carbondale: Southern Illinois University Press, 2000.

_____. *Personal Memoirs of U. S. Grant*. Nova York: C. L. Webster, 1894.

GRAVES, Philip Perceval. *The Truth About "The Protocols": A Literary Forgery*. Londres: Times Publishing Co., 1921.

GRISCOM, Lloyd Carpenter. *Diplomatically Speaking*. Boston: Little, Brown, 1940.

GUGGENHEIM, Peggy. *Out of This Century: The Informal Memoirs of Peggy Guggenheim*. Nova York: Dial Press, 1946.

GUROCK, Jeffrey S. (Org.). *Central European Jews in America, 1840-1880: Migration and Advancement*. Nova York: Routledge, 1998.

HAEG, Larry. *Harriman vs. Hill: Wall Street's Great Railroad War*. Minneapolis: University of Minnesota Press, 2013.

HICKLING, JOHN, & CO. *Men and Idioms of Wall Street: Explaining the Daily Operations in Stocks, Bonds and Gold*. Nova York: E. H. Jones, 1875.

History of the Terrible Financial Panic of 1873. Chicago: Western News, 1873.

HOWE, Irving. *World of Our Fathers*. Nova York: Simon & Schuster, 1976.

Jewish Influence in the Federal Reserve System: Six Articles Reprinted from the Dearborn Independent. Dearborn, Mich.: Dearborn Publishing Co., 1921.

JONES, John Beauchamp. *A Rebel War Clerk's Diary at the Confederate States Capital*. Filadélfia: J. B. Lippincott, 1866. 2 v.

JORDAN, David Starr. *Unseen Empire: A Study of the Plight of Nations That Do Not Pay Their Debts*. Boston: American Unitarian Association, 1912.

JOSEPH, Samuel. *History of the Baron de Hirsch Fund: The Americanization of the Jewish Immigrant*. Nova York: Baron de Hirsch Fund, 1935.

JOSEPHSON, Matthew. *The Robber Barons: The Great American Capitalists, 1861-1901*. Nova York: Harcourt, Brace & World, 1962.

KAHN, Albert E.; SAYERS, Michael. *The Great Conspiracy: The Secret War Against Soviet Russia*. Boston: Little, Brown, 1916.

KAHN, Otto Hermann. *Our Economic and Other Problems: A Financier's Point of View*. Nova York: George H. Doran, 1920.

KANTOR, Sybil Gordon. *Alfred H. Barr, Jr., and the Intellectual Origins of the Museum of Modern Art*. Cambridge, Mass.: MIT Press, 2002.

BIBLIOGRAFIA

KEENE, Donald. *Emperor of Japan: Meiji and His World, 1852-1912*. Nova York: Columbia University Press, 2005.

KENNAN, George. *The Chicago & Alton Case: A Misunderstood Transaction*. Garden City, NY: Country Life Press, 1916.

_____. *E. H. Harriman: A Biography*. Boston: Houghton Mifflin, 1922.

KENNAN, George Frost. *Russia Leaves the War*. Princeton, NJ: Princeton University Press, 1956. 2 v.

KEYNES, John Maynard. *The Economic Consequences of the Peace*. Londres: Macmillan, 1919.

_____. *Two Memoirs: Dr. Melchior, a Defeated Enemy, and My Early Beliefs*. Nova York: M. Kelley, 1949.

KITTELSTROM, Amy. *The Religion of Democracy: Seven Liberals and the American Moral Tradition*. Nova York: Penguin Press, 2016.

KLEIN, Maury. *The Life and Legend of E. H. Harriman*. Chapel Hill: University of North Carolina Press, 2000.

_____. *The Life and Legend of Jay Gould*. Baltimore: Johns Hopkins University Press, 1997.

_____. *Union Pacific: The Rebirth, 1894-1969*. Nova York: Doubleday, 1987.

KLIER, John Doyle. *Pogroms: Anti-Jewish Violence in Modern Russian History*. Cambridge: Cambridge University Press, 1992.

KOBLER, John. *Otto the Magnificent: The Life of Otto Kahn*. Nova York: Scribner, 1988.

KRAUS, Adolf. *Reminiscences and Comments: The Immigrant, the Citizen, a Public Office, the Jew*. Chicago: Toby Rubovits, 1925.

KRICK, Robert K. *Civil War Weather in Virginia*. Tuscaloosa: University of Alabama Press, 2007.

KUHN, LOEB & CO. *Investment Banking Through Four Generations*. Nova York: Kuhn, Loeb & Co., 1955.

LANDMAN, Isaac. *The Universal Jewish Encyclopedia: An Authoritative and Popular Presentation of Jews and Judaism Since the Earliest Times*. Nova York: Universal Jewish Encyclopedia, 1939.

LEVENSON, Dorothy. *Montefiore: The Hospital as Social Instrument, 1884-1984*. Nova York: Farrar, Straus & Giroux, 1984.

LEVY, Louis S. *Yesterdays*. Nova York: Library Publishers, 1954.

LIBO, Kenneth (Org.). *Lots of Lehmans: The Family of Mayer Lehman of Lehman Brothers: Remembered by His Descendants*. Nova York: Center for Jewish History, 2007.

LIEBMANN, George W. *The Fall of the House of Speyer: The Story of a Banking Dynasty*. Nova York: Bloomsbury, 2015.

LINK, Arthur S. *Wilson*. Princeton, NJ: Princeton University Press, 1947-65. 5 v.

LOIZILLON, Gabriel J. *The Bunau-Varilla Brothers and the Panama Canal*. Morrisville, NC: Lulu.com, 2012.

LOWENSTEIN, Roger. *America's Bank: The Epic Struggle to Create the Federal Reserve*. Nova York: Penguin Press, 2015.

LYNCH, Dennis Tilden. *"Boss" Tweed: The Story of a Grim Generation*. Nova York: Boni & Liveright, 1927.

MANNERS, Ande. *Poor Cousins*. Nova York: Coward, McCann & Geoghegan, 1972.

MARCUS, Jacob Rader. *United States Jewry, 1776-1985*. Detroit: Wayne State University Press, 1989.

MARINBACH, Bernard. *Galveston: Ellis Island of the West*. Albany: State University of New York Press, 2012.

MARKEL, Howard. *Quarantine! East European Jewish Immigrants and the New York City Epidemics of 1892*. Baltimore: Johns Hopkins University Press, 1999.

MARKENS, Isaac. *Abraham Lincoln and the Jews*. Nova York: edição do autor, 1909.

MATSUMURA, Masayoshi. *Baron Kaneko and the Russo-Japanese War (1904-05): A Study in the Public Diplomacy of Japan*. Trad. de Ian Ruxton. Morrisville, NC: Lulu.com, 2009.

MCADOO, William Gibbs. *Crowded Years: The Reminiscences of William G. McAdoo*. Boston: Houghton Mifflin, 1931.

MCCABE, James D. *Lights and Shadows of New York Life: Or, The Sights and Sensations of the Great City*. Filadélfia: National Publishing Co., 1872.

MCCLELLAN, George Brinton. *The Gentleman and the Tiger: The Autobiography of George McClellan, Jr.* Filadélfia: J. B. Lippincott, 1956.

MCCULLOUGH, David. *The Path Between the Seas: The Creation of the Panama Canal, 1870-1914*. Nova York: Simon & Schuster, 2001.

MCDONALD, James G. *Advocate for the Doomed: The Diaries and Papers of James G. McDonald, 1932-1935*. Org. de Richard Breitman, Barbara McDonald Stewart e Severin Hochberg. Bloomington: Indiana University Press, 2007.

MCKINLAY, Duncan E. *The Panama Canal*. San Francisco: Whitaker & Ray-Wiggin Co., 1912.

MEYER, Annie Nathan. *Beginnings of Barnard College*. Boston: Houghton Mifflin, 1935.

MONTEFIORE, Simon Sebag. *The Romanovs: 1613-1918*. Nova York: Knopf, 2017.

MOORE, John Hebron. *The Emergence of the Cotton Kingdom in the Old Southwest: Mississippi, 1770-1860*. Baton Rouge: Louisiana State University Press, 1988.

MORRIS, Edmund. *Theodore Rex*. Nova York: Random House, 2001.

MUIR, Ross L.; WHITE, Carl J. *Over the Long Term: The Story of J. & W. Seligman & Co*. Nova York: J. & W. Seligman, 1964.

NEVINS, Allan. *Herbert H. Lehman and His Era*. Nova York: Charles Scribner's Sons, 1963.

NICOLSON, Harold. *Dwight Morrow*. Nova York: Harcourt, Brace, 1935.

OBERHOLTZER, Ellis Paxson. *Jay Cooke: Financier of the Civil War*. Filadélfia: G. W. Jacobs & Co., 1907. 2 v.

OLITZKY, Kerry M.; RAPHAEL, Marc Lee. *The American Synagogue: A Historical Dictionary and Sourcebook*. Westport, Conn.: Greenwood Press, 1996.

PAINE, Albert Bigelow. *George Fisher Baker: A Biography*. Nova York: Knickerbocker Press, 1938.

PAK, Susie J. *Gentlemen Bankers: The World of J. P. Morgan*. Cambridge, Mass.: Harvard University Press, 2013.

PARKER, Matthew. *Panama Fever: The Battle to Build the Canal*. Londres: Hutchinson, 2007.

PHILLIPS-MATZ, Mary Jane. *The Many Lives of Otto Kahn*. Nova York: Pendragon Press, 1984.

PIPP, Edwin Gustav. *The Real Henry Ford*. Detroit: Pipp's Weekly, 1922.

POMPER, Philip. *Lenin's Brother: The Origins of the October Revolution*. Nova York: W. W. Norton, 2010.

POTTER, Jeffrey. *Men, Money, and Magic: The Story of Dorothy Schiff*. Nova York: Coward, McCann & Geoghegan, 1976.

PYLE, Joseph Gilpin. *The Life of James J. Hill*. Nova York: Doubleday, Page & Co., 1917.

QUINN, Tom. *Mrs. Keppel: Mistress to the King*. Londres: Biteback, 2016.

RADZINSKY, Edvard. *Alexander II: The Last Great Tsar*. Nova York: Free Press, 2005.

READING, Gerald. *Rufus Isaacs: First Marquess of Reading, by His Son the Marquess of Reading*. Londres: Hutchinson, 1939.

REINHARZ, Jehuda; MENDES-FLOHR, Paul R. (Orgs.). *The Jew in the Modern World: A Documentary History*. Oxford: Oxford University Press, 2011.

RENEHAN, Edward J., Jr. *Dark Genius of Wall Street: The Misunderstood Life of Jay Gould, King of the Robber Barons*. Nova York: Basic Books, 2006.

RICHARDSON, James Daniel (Org.). *A Compilation of the Messages and Papers of the Presidents, 1789-1907*. Washington, DC: Bureau of National Literature and Art, 1908.

RIIS, Jacob August. *How the Other Half Lives: Studies Among the Tenements of New York*. Nova York: Charles Scribner's Sons, 1890.

BIBLIOGRAFIA

RINTELEN, Franz von. *The Dark Invader: Wartime Reminiscences of a German Naval Intelligence Officer*. Nova York: Macmillan, 1933.
ROCK, Howard B.; MOORE, Deborah Dash. *Haven of Liberty: New York Jews in the New World, 1654-1865*. Nova York: New York University Press, 2012.
ROGERS, William Warren, Jr. *Confederate Home Front: Montgomery During the Civil War*. Tuscaloosa: University of Alabama Press, 2001.
ROOSEVELT, Theodore. *Address of President Roosevelt on the Occasion of the Laying of the Corner Stone of the Pilgrim Memorial Monument*. Washington, DC: Government Printing Office, 1907.
_____. *Addresses and Presidential Messages of Theodore Roosevelt, 1902-1904*. Nova York: G. P. Putman's Sons, 1904.
_____. *The Letters of Theodore Roosevelt*, v. 5, *The Big Stick, 1905-1907*. Org. de Elting E. Morison. Cambridge, Mass.: Harvard University Press, 1951.
_____. *The Works of Theodore Roosevelt*. Org. de Hermann Hagedorn. Nova York: Charles Scribner's Sons, 1923.
ROSENBAUM, Eduard; SHERMAN, Ari Joshua. *M. M. Warburg & Co., 1798-1938, Merchant Bankers of Hamburg*. Nova York: Holmes & Meier, 1979.
SACHAR, Howard Morley. *A History of the Jews in America*. Nova York: Knopf, 1998.
SACHS, Ann. *One Hundred Years at Rushing Brook: Seven Generations in Keene Valley: A Family Story*. Nova York: edição do autor, 2015.
SAMUELS, Ernest. *Bernard Berenson: The Making of a Legend*. Cambridge, Mass.: Belknap Press, 1987.
SANKOVITCH, Nina. *Signed, Sealed, Delivered: Celebrating the Joys of Letter Writing*. Nova York: Simon & Schuster, 2015.
SARNA, Jonathan D. *When General Grant Expelled the Jews*. Nova York: Schocken, 2012.
SCHACHNER, Nathan. *The Price of Liberty: A History of the American Jewish Committee*. Nova York: American Jewish Committee, 1948.
SCHARNHORST, Gary; BALES, Jack. *The Lost Life of Horatio Alger, Jr.* Bloomington: Indiana University Press, 1985.
SCHIFF, Jacob Henry. *Our Journey to Japan*. Nova York: New York Co-operative Society, 1907.
SCHIFF, Victor. *The Germans at Versailles, 1919*. Londres: Williams & Norgate, 1930.
SELIGMAN, Edwin R. A. (Org.). *The Currency Problem and the Present Financial Situation: A Series of Addresses Delivered at Columbia University, 1907-1908*. Nova York: Columbia University Press, 1908.
SILVER, Matthew. *Louis Marshall and the Rise of Jewish Ethnicity in America: A Biography*. Syracuse, NY: Syracuse University Press, 2013.
SMETHURST, Richard J. *From Foot Soldier to Finance Minister: Takahashi Korekiyo, Japan's Keynes*. Cambridge, Mass.: Harvard University Asia Center, 2007.
SOBEL, Robert. *The Big Board: A History of the New York Stock Market*. Nova York: Free Press, 1965.
SPRING RICE, Cecil. *The Letters and Friendships of Sir Cecil Spring Rice*. Org. de Stephen Gwynn. Londres: Constable, 1929. 2 v.
STEARNS, Alfred Ernest. *An Amherst Boyhood*. Amherst, Mass.: Amherst College Press, 1946.
STERN, Myer. *The Rise and Progress of Reform Judaism: Embracing a History Made from the Official Records of Temple Emanu-El of New York*. Nova York: M. Stern, 1895.
STRAUS, Oscar Solomon. *Under Four Administrations, from Cleveland to Taft: Recollections of Oscar S. Straus*. Boston: Houghton Mifflin, 1922.
STROUSE, Jean. *Morgan: American Financier*. Nova York: Random House, 2014.
SZAJKOWSKI, Zosa. *Jews, Wars, and Communism: The Attitude of American Jews to World War I, the Russian Revolutions of 1917, and Communism (1914-1945)*. Brooklyn, NY: KTAV, 1972.

THWAITES, Norman Graham. *Velvet and Vinegar*. Londres: Grayson & Grayson, 1932.
TRAVIS, Frederick F. *George Kennan and the American-Russian Relationship, 1865-1924*. Athens: Ohio University Press, 1990.
TROTSKY, Leon. *Writings of Leon Trotsky: 1938-1939*. Nova York: Pathfinder Press, 1969.
VALENTINER, Wilhelm Reinhold. *The Henry Goldman Collection*. Nova York: edição do autor, 1922.
VANDERLIP, Frank Arthur, and Boyden Sparkes. *From Farm Boy to Financier*. Nova York: D. Appleton-Century, 1935.
VOORSANGER, Jacob. *The Chronicles of Emanu-El: Being an Account of the Rise and Progress of the Congregation Emanu-El, Which Was Founded in July 1850*. San Francisco: Geo. Spaulding & Co., 1900.
WAKE, Jehanne. *Kleinwort Benson: The History of Two Families in Banking*. Oxford: Oxford University Press, 1997.
WALD, Lillian D. *The House on Henry Street*. Nova York: Henry Holt, 1915.
WALDMAN, Morris David. *Nor by Power*. Nova York: International Universities Press, 1953.
WALLACE, Max. *The American Axis: Henry Ford, Charles Lindbergh, and the Rise of the Third Reich*. Nova York: St. Martin's Press, 2004.
WARBURG, Edward M. *As I Recall: Some Memoirs*. Clifton, NJ: edição do autor, 1978.
WARBURG, Frieda Schiff. *Reminiscences of a Long Life*. Nova York: edição do autor, 1956.
WARBURG, James P. *The Long Road Home: The Autobiography of a Maverick*. Nova York: Doubleday, 1964.
WARBURG, Max M. *Aus meinen Aufzeichnungen*. Hamburg: E. M. Warburg, 1952.
WARBURG, Paul Moritz. *The Federal Reserve System, Its Origin and Growth: Reflections and Recollections*. Boston: Macmillan, 1930. 2 v.
WATTS, Steven. *The People's Tycoon: Henry Ford and the American Century*. Nova York: Vintage Books, 2006.
WEBER, Katharine. *The Memory of All That: George Gershwin, Kay Swift, and My Family's Legacy of Infidelities*. Nova York: Crown, 2011.
WEBER, Nicholas Fox. *Patron Saints: Five Rebels Who Opened America to a New Art, 1928--1943*. Nova York: Knopf, 2014.
WEINER, Eric J. *What Goes Up: The Uncensored History of Modern Wall Street as Told by the Bankers, Brokers, CEOs, and Scoundrels Who Made It Happen*. Boston: Little, Brown, 2007.
WEINTRAUB, Stanley. *Young Mr. Roosevelt: FDR's Introduction to War, Politics, and Life*. Nova York: Da Capo, 2013.
WEIZMANN, Chaim. *Trial and Error: The Autobiography of Chaim Weizmann*. Londres: H. Hamilton, 1949.
WESCHLER, Harold S. *The Qualified Student: A History of Selective College Admission in America, 1870-1970*. Nova York: John Wiley, 1977.
WHITE, Horace. *Money and Banking: Illustrated by American History*. Boston: Ginn & Co., 1895.
WILLIAMS, Mary Floyd. *History of the San Francisco Committee of Vigilance of 1851: A Study of Social Control on the California Frontier in the Days of the Gold Rush*. Berkeley: University of California Press, 1921.
WILLOUGHBY, Lynn. *Fair to Middlin': The Antebellum Cotton Trade of the Apalachicola/Chattahoochee River Valley*. Tuscaloosa: University of Alabama Press, 2009.
WILSON, Woodrow. *Papers of Woodrow Wilson Digital Edition*. Charlottesville: University of Virginia Press, 2017.
WINKLER, John Kennedy. *Five and Ten: The Fabulous Life of F. W. Woolworth*. Nova York: R. M. McBride, 1940.
WISCHNITZER, Mark. *Visas to Freedom: The History of HIAS*. Cleveland: World, 1956.

BIBLIOGRAFIA

WITTE, Sergei. *The Memoirs of Count Witte*. Garden City, NY: Doubleday Page, 1921.
WOLF, Simon. *The Presidents I Have Known from 1860-1918*. Washington, DC: B. S. Adams, 1918.
ZIPPERSTEIN, Steven J. *Pogrom: Kishinev and the Tilt of History*. Nova York: Liveright, 2018.

HISTÓRIAS ORAIS

BORN, Max S. "Interview of Max Born by Thomas S. Kuhn". Niels Bohr Library & Archives, American Institute of Physics, 1962.
BUTTENWIESER, Benjamin J. "Reminiscences of Benjamin J. Buttenwieser". Oral History Archives, Columbia University Rare Book and Manuscript Library, 1981.
LEHMAN, Herbert. "Reminiscences of Herbert Henry Lehman". Herbert Lehman Papers, Columbia University Rare Book and Manuscript Library, 1961, caixa 1308.
SACHS, Walter E. "Reminiscences of Walter Sachs", parte 1. Oral History Collection, Columbia University Rare Book and Manuscript Library, 1956.
_____. "Reminiscences of Walter Sachs", parte 2. Oral History Collection, Columbia University Rare Book and Manuscript Library, 1964.
STRAUSS, Lewis L. "Reminiscences of Lewis L. Strauss". Oral History Collection, Columbia University Rare Book and Manuscript Library, 1963.
WARBURG, James P. "Reminiscences of James Paul Warburg". Oral History Collection, Columbia University Rare Book and Manuscript Library, 1951 e 1952.

ORIGINAIS MANUSCRITOS E DATILOGRAFADOS INÉDITOS

HELLMAN, George S. "The Story of the Seligmans", 1945. MS-475, Seligman Family Collection, American Jewish Archives.
MANHEIM, Frank. "The Seed and the Tree: 100 Years of Lehman Brothers". Joseph Kraft Papers, Columbia University Rare Book and Manuscript Library, caixa 13.
SACHS, Walter E. "Autobiography". Stephen Birmingham Papers, Howard Gotlieb Archival Research Center, Universidade de Boston, caixa 35.
SELIGMAN, Charles. "Some Recollections of Sir Charles Seligman", 1951. George Hellman Papers, New York Public Library, caixa 40.
WARBURG, Edward. "Reminiscences of Jacob H. Schiff", 1977. SC-10961, American Jewish Archives.
WARBURG, Felix M. "Under the Seven Stars", 1926. SC-12702, American Jewish Archives.
WARBURG, James P. "A Book for Jimmy, Jennifer and Philip", 1955. Paul M. Warburg Papers, Sterling Library, Universidade Yale, pasta 128, caixa 10.
WELLS, Linton. "The House of Seligman", 1931. Seligman Family Papers, New-York Historical Society.
YOUNG, Leopold. "A Sketch of the First Jewish Settlers of Montgomery", 1901. Cortesia do templo Beth Or.

ARTIGOS, PANFLETOS E RELATÓRIOS SELECIONADOS

ADLER, Cyrus. *Jacob Henry Schiff: A Biographical Sketch*. American Jewish Committee, 1921.
BEST, Gary Dean. "Financing a Foreign War: Jacob H. Schiff and Japan, 1904-05". *American Jewish Historical Quarterly*, v. 61, n. 4, 1972, pp. 313-24.

BEST, Gary Dean. "Ideas Without Capital: James H. Wilson and East Asia, 1885-1910". *Pacific Historical Review*, v. 49, n. 3, ago. 1980, pp. 453-70.

_____. "Jacob Schiff's Early Interest in Japan." *American Jewish History*, v. 69, n. 3, 1980, pp. 355-9.

_____. "Jacob H. Schiff's Galveston Movement: An Experiment in Immigrant Deflection, 1907-1914". Abr. 1978. American Jewish Archives.

FINK, Carole. "Louis Marshall: An American Jewish Diplomat in Paris, 1919". *American Jewish History*, v. 94, n. 1-2, 2008, pp. 21-40.

FRANKEL, Lee K. "Jewish Charities". *Annals of the American Academy of Political and Social Science*, v. 21, maio 1903, pp. 47-64.

FULLER, Joseph V. (Org.). *Papers Relating to the Foreign Relations of the United States, 1918, Russia*. Washington, DC: Government Printing Office, 1931.

HELLMAN, George S. "Joseph Seligman, American Jew". *Publications of the American Jewish Historical Society*, v. 41, n. 1, 1951, pp. 27-40.

"In Memoriam: Emanuel Lehman". Edição do autor, 1907. Herbert Lehman Papers, Columbia University Rare Book and Manuscript Library, caixa 163.

"In Memoriam: Mayer Lehman". Edição do autor, 1897. Herbert Lehman Papers, Columbia University Rare Book and Manuscript Library, caixa 163.

In Memoriam: Jesse Seligman. Nova York: Press of P. Cowen, 1894.

LOEB, James. *Our Father: A Memorial*. Edição do autor, 1929. Cortesia de David T. Schiff e família.

MEHROTRA, Ajay. "Envisioning the Modern American Fiscal State: Progressive-Era Economists and the Intellectual Foundations of the U.S. Income Tax". *UCLA Law Review*, 2005, p. 1793.

MOSES, Rabbi Alfred G. "The History of the Jews of Montgomery". *Publications of the American Jewish Historical Society*, v. 13, 1905, pp. 83-8.

MURAOKA, Mina. "Jews and the Russo-Japanese War: The Triangular Relationship Between Jewish POWs, Japan, and Jacob H. Schiff". Universidade de Brandeis, 2014. Tese (Doutorado).

NEW YORK STATE. *Testimony: Taken Before the Joint Committee Senate and Assembly [...] to Investigate and Examine into the Business and Affairs of Life Insurance Companies Doing Business in the State of New York*. Nova York: J. B. Lyon Co., 1906.

OSOFSKY, Gilbert. "The Hebrew Emigrant Aid Society of the United States (1881-1883)". *American Jewish Historical Society*, v. 49, n. 3, mar. 1960, pp. 173-87.

PERKINS, Edwin J. "In the Eye of the Storm: Isaac Seligman and the Panic of 1873". *Business History*, v. 56, n. 7, 2014, pp. 1129-42.

RIBUFFO, Leo P. "Henry Ford and 'The International Jew'". *American Jewish History*, v. 69, n. 4, 1980, pp. 437-77.

ROBERTS, Priscilla. "A Conflict of Loyalties: Kuhn, Loeb & Company and the First World War, 1914-1917". In: PECK, Abraham J.; MARCUS, Jacob Rader (Orgs.). *Studies in the American Jewish Experience II: Contributions from the Fellowship Programs of the American Jewish Archives*. Londres: Rowman & Littlefield, 1984.

SCHMIDT, Sarah. "The Zionist Conversion of Louis D. Brandeis". *Jewish Social Studies*, v. 37, n. 1, 1975, pp. 18-34.

SCHULTEIS, Herman J. *Report on European Immigration to the United States of America*. Washington, DC: Government Printing Office, 1893.

SELIGMAN, Isaac. "Reminiscences of Isaac Seligman". Edição do autor, 1926. George Hellman Papers, New York Public Library, caixa 40.

SHERMAN, A. J. "German-Jewish Bankers in World Politics: The Financing of the Russo-Japanese War". *Leo Baeck Institute Year Book*, v. 28, n. 1, jan. 1983, pp. 59-73.

BIBLIOGRAFIA

SINGERMAN, Robert. "The American Career of the 'Protocols of the Elders of Zion'". *American Jewish History*, v. 71, n 1, 1981, pp. 48-78.

SISSON, Edgar Grant. *The German-Bolshevik Conspiracy*. Washington, DC: Committee on Public Information, 1918.

SMETHURST, Richard J. "Takahashi Korekiyo, the Rothschilds and the Russo-Japanese War, 1904-1907". *Rothschild Archive Annual Review*, 2005-6.

SUPPLE, Barry E. "A Business Elite: German-Jewish Financiers in Nineteenth-Century New York". *Business History Review*, v. 31, n. 2, 1957, pp. 143-78.

THIAN, Raphael P. *Correspondence with the Treasury Department of Confederate States of America 1861-1865*. Washington, DC: Government Printing Office, 1879.

U.S. HOUSE OF REPRESENTATIVES. *Hearings Before the Subcommittee of the Committee on Banking and Currency, Charged with Investigating Plans of Banking and Currency Reform and Reporting Constructive Legislation Thereon*. Washington, DC: Government Printing Office, 1913.

_____. *Money Trust Investigation: Investigation of Financial and Monetary Conditions in the United States Under House Resolutions Nos. 429 and 504, Before a Subcommittee of the Committee on Banking and Currency*. Washington, DC: Government Printing Office, 1912. 3 v.

_____. *Report of the Committee Appointed Pursuant to House Resolutions 429 and 504 to Investigate the Concentration of Control of Money and Credit*. Washington, DC: Government Printing Office, 1913.

_____. *Reports of Committees of the House of Representatives for the Second Session of the Fortyfirst Congress, 1869-70*. Washington, DC: Government Printing Office, 1870.

_____. *Reports of Committees of the House of Representatives for the Second Session of the Fortythird Congress*. Washington, DC: Government Printing Office, 1875.

U.S. IMMIGRATION COMMISSION. *Report of the Commissioners of Immigration Upon the Causes Which Incite Immigration to the United States*. Washington, DC: Government Printing Office, 1892.

U.S. INDUSTRIAL COMMISSION ON TRANSPORTATION. *Report of the Industrial Commission on Transportation*. Washington, DC: Government Printing Office, 1901.

U.S. INTERSTATE COMMERCE COMMISSION. *Reports and Decisions of the Interstate Commerce Commission of the United States*. Nova York: L. K. Strouse, 1906.

U.S. SENATE. *Brewing and Liquor Interests and German Propaganda: Hearings Before a Subcommittee of the Committee on the Judiciary [...] Relating to Charges Made Against the United States Brewers' Association and Allied Interests*. Washington, DC: Government Printing Office, 1919.

_____. *Stock Exchange Practices: Hearings Before the Committee on Banking and Currency [...] on S. Res. 84*. Washington, DC: Government Printing Office, 1932.

U.S. WAR DEPARTMENT. *The War of the Rebellion: A Compilation of the Official Records of the Union and Confederate Armies*. Washington, DC: Government Printing Office, 1880.

WALKER, John Grimes. *A Preliminary Report of the Isthmian Canal Commission*. Washington, DC: Government Printing Office, 1900.

FONTES DE ARQUIVOS E COLEÇÕES DE REGISTROS

Aby Warburg Papers, Warburg Institute Archive (Londres, Reino Unido)
Adolph Ochs Papers, New York Public Library (Nova York, NY)
Agnes Goldman Sanborn Papers, Schlesinger Library, Radcliffe Institute, Harvard University (Boston, Mass.)

American Jewish Committee Oral History Collection, New York Public Library (Nova York, NY)
Auswärtiges Amt (Berlim, Alemanha)
Averell Harriman Papers, Library of Congress (Washington, DC)
Benjamin Strong, Jr., Papers, Federal Reserve Bank of New York (Nova York, NY)
Boris Brasol Papers, Library of Congress (Washington, DC)
Charles Hamlin Papers, Library of Congress (Washington, DC)
David T. Schiff Papers (coleção particular)
Dorothy Schiff Papers, Archives and Manuscript Collection, New York Public Library (Nova York, NY)
Edwin Robert Anderson Seligman Papers, Columbia University Rare Book and Manuscript Library (Nova York, NY)
Felix and Frieda Warburg Family Collection, American Jewish Archives (Cincinnati, Ohio)
Felix M. Warburg Papers, American Jewish Archives (Cincinnati, Ohio)
George S. Hellman Papers, Archives and Manuscript Collection, New York Public Library (Nova York, NY)
Glenway Wescott Papers, Beinecke Rare Book and Manuscript Library, Yale University (New Haven, Conn.)
Herbert H. Lehman Papers, Columbia University Rare Book and Manuscript Library (Nova York, NY)
Jacob H. Schiff Papers, American Jewish Archives (Cincinnati, Ohio)
James J. Hill Papers, Minnesota Historical Society (St. Paul, Minn.)
John Wiseman Papers (coleção particular)
Joint Distribution Committee Archives (Nova York, NY)
Joseph Kraft Papers, Columbia University, Rare Book and Manuscript Library (Nova York, NY)
Judah Magnes Papers, American Jewish Archives (Cincinnati, Ohio)
Kleinwort Benson Papers, London Metropolitan Archives (Londres, Reino Unido)
Knute Nelson Papers, Minnesota Historical Society (St. Paul, Minn.)
Lehman Brothers Collection, Baker Library, Harvard Business School (Boston, Mass.)
Lewis L. Strauss Papers, American Jewish Historical Society (Nova York, NY)
Lord Beaverbrook Papers, UK Parliamentary Archives (Londres, Reino Unido)
Lord Reading Papers, British Library (Londres, Reino Unido)
Nelson W. Aldrich Papers, Library of Congress (Washington, DC)
Oral History Collection, Niels Bohr Library & Archives, American Institute of Physics (College Park, Md.)
Oscar Straus Papers, Library of Congress (Washington, DC)
Otto H. Kahn Papers, Princeton University Rare Books and Manuscripts Library (Princeton, NJ)
Paul M. Warburg Papers, Manuscripts and Archives, Yale University Library (New Haven, Conn.)
Philip Cowen Papers, American Jewish Historical Society (Nova York, NY)
Seligman Collection, University of Oklahoma (Norman, Okla.)
Seligman Family Correspondence, American Jewish Archives (Cincinnati, Ohio)
Seligman Family Papers, New-York Historical Society (Nova York, NY)
Stephen Birmingham Papers, Howard Gotlieb Archival Research Center, Boston University (Boston, Mass.)
Theodore Roosevelt Papers, Library of Congress (Washington, DC)

CRÉDITOS DAS IMAGENS

p. 1: (acima, à esq.) Joseph Seligman: Atlantic Publishing and Engraving Company of New York; (acima, à dir.) Jesse Seligman: *Harper's Weekly* (1894); (abaixo) Mascates: C. G. Bush, Library of Congress.

p. 2: (acima, à esq.) Mayer Lehman: Herbert Lehman Collection, Columbia University Rare Book and Manuscript Library; (acima, à dir.) Residência Lehman: Herbert Lehman Collection, Columbia University Rare Book and Manuscript Library; (abaixo) Court Square: Alabama Department of Archives and History.

p. 3: (acima) Mayer Lehman e família: Herbert Lehman Collection, Columbia University Rare Book and Manuscript Library; (abaixo, à esq.) Emanuel Lehman: Herbert Lehman Collection, Columbia University Rare Book and Manuscript Library; (à dir.) Herbert Lehman: Herbert Lehman Collection, Columbia University Rare Book and Manuscript Library.

p. 4: (acima, à esq.) Jacob Schiff: American Jewish Archives; (acima, à dir.) Lar dos Schiff/ Rothschild: Universitätsbibliothek Frankfurt am Main; (abaixo, à esq.) Therese Schiff: American Jewish Archives.

p. 5: (acima, à esq.) Solomon Loeb: American Jewish Archives; (acima, no centro) Betty Loeb: American Jewish Archives (acima, à dir.) Abraham Kuhn: American Jewish Archives; (abaixo) Família Schiff-Loeb: The Dorot Jewish Division, The New York Public Library.

p. 6: (acima) Assentamento da Henry Street: Jacob Riis/ Library of Congress; (abaixo, à esq.) Lillian Wald: Library of Congress; (abaixo, à dir.) Sinagoga Emanu-El: *Harper's Weekly*.

p. 7:   (acima, à esq.) Walter Sachs: cortesia da Família Sachs; (acima, à dir.) Marcus Goldman: Wikimedia Commons; (abaixo) Família Goldman-Sachs: Cortesia da Família Sachs.

p. 8:   (acima) Caricatura do Grand Union: Puck/ Library of Congress; (abaixo, à esq.) Grand Union Hotel: Library of Congress; (abaixo, à dir.) Grand Union: manchete do *The New York Times*.

p. 9:   (acima, à esq.) Jacob e Therese Schiff: Bain News Service/ Library of Congress; (acima, no centro) A casa dos Schiff, na Quinta Avenida, 965: *The Architectural Record*; (acima, à dir.) Sala de visitas da Quinta Avenida, 965: *The Architectural Record*; (no centro, à esq.) Morti e Adele Schiff: Bain News Service/ Library of Congress; (abaixo, à esq.) Casa de praia dos Sachs em New Jersey, Ellencourt: *Architecture*.

p. 10: (acima, à esq.) Max Warburg e Carl Melchior: National Archives; (acima, à dir.) Warburg Brothers: Warburg Institute Archive; (abaixo) Representantes do Comitê de Distribuição Conjunta e do Comitê Assistencial Judaico Americano: Joint Distribution Committee Archives.

p. 11: (acima) Mansão de Felix e Frieda Warburg projetada por C. P. H. Gilbert: William Roege; (abaixo, à esq.) Felix, Frieda e Edward Warburg: Bain News Service/ Library of Congress; (abaixo, à dir.) Felix Warburg dançando: Joint Distribution Committee Archives.

p. 12: (acima) John Pierpont Morgan: Library of Congress; (abaixo, à esq.) James J. Hill: Harris & Ewing/ Library of Congress; (abaixo, à dir.) Edward H. Harriman: Bain News Service/ Library of Congress.

p. 13: (acima) Otto Kahn em Palm Beach: Lehman Collection, Baker Library, Harvard Business School; (no centro) Otto Kahn com vedetes: Arnold Genthe/ Library of Congress; (abaixo) Sala de reuniões da Kuhn Loeb: Anja Elisabeth Witte/ Berlinische Galerie.

p. 14: (acima, à esq.) Robert Lehman: Lehman Collection, Baker Library, Harvard Business School; (acima, à dir.) Jefferson Seligman: Bain News Service/ Library of Congress; (abaixo à dir.) Mortimer Schiff: Harris & Ewing/ Library of Congress; (abaixo, no centro) Philip Lehman: Lehman Collection, Baker Library, Harvard Business School; (abaixo, à esq.) Samuel Sachs: Cortesia da Família Sachs.

p. 15: (acima, à esq.) *Dearborn Independent:* Wikimedia Commons; (acima, no centro) *Der Internationale Jude:* Wikimedia Commons; (acima, à dir.) *The Protocols of the Elders of Zion:* Wikimedia Commons; (no centro, à dir.) Slide de propaganda 1 (homens no púlpito): United States Holocaust Memorial Museum; (abaixo, à dir.) Slide de propaganda 2 (Schiff e Warburg): United States Holocaust Memorial Museum.

p. 16: (acima, à esq.) Primeiro conselho administrativo do Federal Reserve: Bain News Service/ Library of Congress; (acima, à dir.) A avó do autor: família Schulman; (no centro, à esq.) Imigrantes judeus em Galveston: University of Texas at San Antonio Special Collections; (abaixo, à esq.) Jacob Schiff e o prefeito William Gaynor: Bain News Service/ Library of Congress.

ÍNDICE REMISSIVO

16ª Emenda, 423-5

A.T. Stewart & Co., 143
abolição, 41
Ackerman, Kenneth, 554
Acordo de Alton ver Chicago & Alton Railroad
Adams, Daniel, 77
Adams, Henry, 145-6
Adams, John Quincy, 145
Adamson, Robert, 395
Adler, Cyrus, 306-7; *American Hebrew* e, 336; Comitê Judaico Americano, 526; Conferência de Paz de Paris, 526-7, 529; Schiff e, 86, 311, 551-2, 555
Adler, Felix, 137, 151-2, 505
Adler, Samuel, 133, 137-8, 151
Adler, Sarah ver Goldman, Sarah (esposa de Julius)
Aetna, 145
Afonso XIII, 517
agricultura de arrendamento, 96
Aisling Capital, 595
Alabama, 30-1, 56, 73-8, 95; *ver também* Montgomery, Alabama
Alabama Warehouse, 61-2, 77-8
Albert, Heinrich, 458, 460, 471-3, 479, 485, 557
Aldrich, Nelson, 429-33; projeto de lei de reforma monetária de, 429-31; saúde de, 436-7; tentativas de banco central de, 430-8
alemães-americanos: Guerra Civil e, 57; Primeira Guerra Mundial e, 450-2
Alemanha: antissemitismo na, 67, 541, 547, 575-7, 580-3; Bismarck e o nacionalismo na, 119; campanha de propaganda na América, 456-62, 467, 471, 478; Conferência de Paz de Paris e, 520, 523-7, 530-3; derrota, 517-8; economia após a Primeira Guerra Mundial, 531-3, 535-8; Guerra de 1870 e, 110; guerra submarina da, 468, 482; judaísmo reformista na, 38, 84-5, 132-3; nazista, 530, 538, 575-7, 580-3; Polônia e, 526, 530; pré-unificação, 26, 39, 84-5, 92; Primeira Guerra Mundial e, 449, 452-3, 471-2, 486; revolução da Liga Espartaquista na, 517-8, 520; Rússia e, 317
Alemanha nazista, 530, 538, 575-7, 580-3

Alexander, James, 340-1
Alexandre II, 174-7
Alexandre III, 177, 323
Alger, Horatio, 25, 131, 134
algodão: Bolsa do Algodão de Nova York, 17, 97; contratos futuros e, 95-8; família Lehman e, 40-2, 44, 53-4, 59, 61-2, 74-8, 96-8; Guerra Civil e, 58-62, 74-8, 96-7; letras de câmbio e, 79
Aliança Educacional, 181, 183, 389, 412
Allenby, Edmund, 508-9
"ameaça vermelha", primeira onda da, 544
American Cotton Oil Co., 211
American Hebrew, The, 336
American Hide & Leather Company, 366
American Jewish Chronicle, The, 461, 467
Ameriprise Financial, 585
Amigos da Democracia Alemã, 514
Anderson, Robert, 63
Andreae, Herman, 371, 484
Andrew, A. Piatt, 431, 433, 436
antissemitismo, 144-5; Alemanha e, 67, 541, 547, 575-7, 580-3; Beecher sobre, 143-4; Brasol e, 543-9; Caso Damasco e, 158; Conferência de Jekyll Island e, 433-4; Coughlin e, 553; *Dearborn Independent* e, 540-1, 547-53, 556-8, 560; documentos de Sisson e, 545-7; durante a era Trump, 20; durante a Primeira Guerra Mundial, 460, 502; Ford e, 539-43, 547-8, 552, 557-8; França e, 200; Grand Union Hotel e, 139-49, 205; Guerra Civil e, 59, 61, 146; Harvard e, 491, 561; hotéis e, 139-49, 160; Jacob Schiff sobre, 181; movimento bolchevique e, 554; pânico de 1873 e, 145; *Protocolos dos sábios de Sião* e ver *Protocolos dos sábios de Sião*; Rússia e ver Rússia: judeus na; Union League Club e, 205
Armstrong, comitê de, 341, 344
Armstrong, William W., 340
Arthur Lipper & Co., 572
Asilo de Órfãos Hebreus, 97, 134, 155, 173, 206, 213, 588
Assentamento da Henry Street, 168-9, 292, 381, 389, 588, 593
Associação de Cegos de Nova York, 389

Associação dos Banqueiros Americanos, 437
Associação Hebraica de Ensino Gratuito, 166, 181
Associação Hebraica de Moços (YMHA), 180-1, 389, 459, 504
Associação Nacional para o Progresso das Pessoas de Cor (NAACP), 169, 390
Astor, Caroline, 18
Astor, John Jacob, IV, 271-2, 412
Atlantic Telegraph Company, 87
automóveis, reações do público, 215-6

B. F. Goodrich, 17, 370-1
B'nai B'rith, 304, 336
Baar, Herman, 97, 206
Bacon, Robert, 282, 288
Baer, Sophia *ver* Sachs, Sophia (mãe de Samuel)
Baker, Edith, 591
Baker, George F., 282-4, 419, 501, 591
Balfour, Arthur, 507
Ballets Russes, 513
Ballin, Albert, 456, 460
Baltimore Sun, The, 161, 398
Banco da Inglaterra, 363, 427, 431, 485, 496
Banque de Paris, 124, 198
Banque Russe pour le Commerce Étranger, 225
Barnard College, 171-2
Barney, Charles T., 357
Barrett, Stephen, 486
Baruch, Bernard, 291, 524
Bateria de Astor, 271-2
Baviera, 26, 38-9, 57
BCS, 593
Beaverbrook, Max Aitken, Lord, 479, 514, 516
Beecher, Henry Ward, 131, 143-4
Bélgica, 449-50, 452, 537
Belmont, August, 126
Benjamin, Judah, 41
Berlin, Irving, 509
Bernanke, Ben, 357
Bernstein, Herman, 461, 556-7
Bernstorff, Johann Heinrich von, 457-8, 467-8, 471, 478-9, 495, 515

Bessarabets, 303
Beth-El, sinagoga, 127, 230
Biblioteca Pública de Nova York, 170-1
Bien, Julius, 174
bimetalismo, 195, 201
Bingham, Theodore, 386-8, 393-4
Binswanger, Otto, 312-3
Birmingham, Stephen, 18-9, 147
Bismarck, Otto von, 119
"Black Friday" (1869), 107-9
Blaine, James, 188-9
Bliss, Cornelius, 204, 305
Blue Ridge Company, 571
Blum, Robert, 84
Blumenthal, George, 171
Bodanzky, Artur, 486
bolcheviques, 546, 555; ascensão dos, 483, 554; bolchevismo, 555; Brasol sobre, 543-5, 547-8; *Dearborn Independent* sobre, 551; Ford sobre, 541; Max Warburg sobre, 524; Primeira Guerra Mundial e, 517; reação antissemita, 554; Revolução Russa de 1917 e, 508, 545, 554
Bolsa de Café de Nova York, 215
bolsa de ouro, 104-5
Bolsa de Valores de Hamburgo, 223, 239, 531
Bolsa de Valores de Nova York, 285, 584; formação da, 87; pânico de 1873 e, 109, 112; pânico de 1907 e, 357; pânico do ouro da "Black Friday" (1869) e, 107-8; quebra da bolsa de valores de 1929 e, 568-9
Bolsa do Algodão de Nova York, 17, 97-8, 210
Bonn, William, 86-7, 253
Boody, Henry, 101-4
Borah, William, 528-9, 536, 561
Born, Max, 573-4, 577
Botticelli, Sandro, 226
Boutwell, George, 106-7
Boy Scouts of America [Escoteiros dos Estados Unidos], 503, 578
Brackett, Edgar T., 342
Brady, Anthony N., 563
Brandeis, Louis, 464-5, 511-2
Brandt, Folke Engelbrecht, 408-14, 416, 418, 420
Brasol, Boris, 543-9, 552

Brenner, Alice, 211-2
Brewster, Mary, 168
Bridgeport Projectile Company, 473
Brinckmann, Rudolf, 582
Brinckmann, Wirtz & Co., 582
Bryan, William Jennings, 212-3, 262, 396, 437-9
Budge, Emma, 340
Budge, Henry, 87, 98-9, 101-2, 110-1, 121, 340
Budge, Moritz, 98, 101-2, 110-1
Budge, Schiff & Co., 87, 89, 98-9, 101-3, 110-1, 119, 163, 221, 279
Burke, Frank, 471
Burlington Railroad *ver* Chicago, Burlington & Quincy Railroad
Burt, Horace, 270-2, 274
Butler, Nicholas Murray, 302
Buttenwieser, Benjamin, 255, 392, 562
Buttenwieser, Joseph, 165
Butterfield, Daniel, 106, 108

Cable, Benjamin, 396-9
Calahan, Edward, 88
Campanha Unida do Trabalho de Guerra, 504, 518
campos de concentração: Dachau, 582; *Death Stations* sobre libertação de, 558
Carlton, Newcomb, 392, 588
Carnegie, Andrew, 563
Carnegie Hall, 304, 405-6, 412, 483
Carolina do Sul, 56
carvão, mineiros de, 559
Caso Damasco, 158
Cassel, Ernest, 124; amizade de Jacob Schiff com, 124-6, 182, 228-9, 256, 301, 354, 358; aprendizado de Morti Schiff com, 240-1; cartas de Jacob Schiff para, 187, 254, 297, 444; descrição física de, 240; emissão de títulos do Japão e, 310-1; Primeira Guerra Mundial e, 483; propriedades rurais de, 241
Cassel, Simon von, 222
Cassini, Igor, 554-5
Castle Garden, 173
Catarina, a Grande, 176
Catchings, Waddill, 570-2

Centenas Negras, 334, 543-4
Central Pacific, 100, 259, 280
Chandler, William Eaton, 192
Chandler & Co., 514
Chase, Salmon P., 66
Chernow, Ron, 233
Chevra Mevacher Cholim (Sociedade para Alívio dos Enfermos), 38
Chicago, Burlington & Quincy, ferrovia, 279-84, 286, 289, 297
Chicago & Alton Railroad, 355, 364, 444
China, 307
Churchill, Marlborough, 543
Cícero, 316
Cincinnati, 89-91
Clarke, Albert, 295
Clarke, Edward Young, 560
Clay, Henry, 32
Clemenceau, Georges, 524-5, 528, 532
Clemens, Samuel, 188
Cleveland, governo, 265
Cleveland, Grover, 212, 304
Clews, Henry, 112, 115-6
Clinton, DeWitt, 156
Colfax, Schuyler, 111
colheita, 96
Comissão de Valores Mobiliários, 368
Comissão Federal de Comércio, 425
Comissão Federal do Leite, 503
Comissão Industrial dos EUA, 294-6
Comissão Interestadual de Comércio (ICC), 345, 350, 352-5
Comissão Monetária Nacional, 431, 437
Comitê Americano de Assistência a Judeus, 465
Comitê Bancário e Monetário da Câmara, 108, 419
Comitê Bancário e Monetário do Senado, 568
Comitê Central de Ajuda aos Judeus em Sofrimento com a Guerra, 464
Comitê de Auxílio às Vítimas dos Massacres Russos, 334
Comitê de Auxílio Popular, 465
Comitê de Distribuição Conjunta, 465, 467, 490, 504, 509, 531-2, 544, 567
Comitê de Informação Pública, 514, 545-6
Comitê de Títulos da Liberdade, 501, 503
Comitê de Vigilância, 50-1
Comitê dos Cinquenta, 154
Comitê dos Onze, 518
Comitê dos Vinte e Um, 51
Comitê Executivo Provisório para Assuntos Sionistas Gerais, 464, 512
Comitê Judaico Americano, 465-6; alegações antissemitas sobre, 544, 548, 551-2; Conferência de Paz de Paris, 526; ensaio de Bingham e, 387; formação do, 336, 388; liderança de Nova York, 388; Primeira Guerra Mundial e, 461, 464-6, 502; questão do passaporte e, 396, 401-2; Tratado Russo-Americano de 1832 e, 396, 404-6
Comitê Nacional de Cidadãos, 405
Comitê Pujo, 419-21, 423, 438, 443, 469
Companhia do Canal do Panamá, 196-203
Companhia Holandesa das Índias Orientais, 145
Compra da Louisiana, 53
Compromisso do Missouri, 53
Comstock Lode, 195
comunismo, 39, 517, 543, 559
Confederação: deserção de soldados, 73-4; embargo às exportações de algodão para a Europa, 58-9; financiamento do esforço de guerra, 62, 65; irmãos Lehman e, 57-8; sanções econômicas da União sobre, 58-9; venda de títulos e, 87-8
Conferência de Amsterdã (1919), 533-4
Conferência de Paz de Paris, 519-20, 523-8, 530-1, 533-4
Conferência em Jekyll Island, 432-6
Conferência Financeira Internacional, 536
Congresso Judaico Americano, 466, 526
Conselho da Reserva Federal, 441-45, 495-6, 498
Conselho de Bem-Estar Social de Nova York, 389
Conselho de Comércio de Guerra, 543-4
Conselho Nacional de Paz dos Trabalhadores, 473
consequências econômicas da paz, As (Keynes), 534

ÍNDICE REMISSIVO

Constituição dos EUA, 423-4
Content, Rosa *ver* Seligman, Rosa (esposa de James)
contratos futuros, 95-8
Cooke, Jay, 66, 109-11, 116, 277
Coolidge, Calvin, 236
Corbin, Abel, 106-7
Corbin, Austin, 149, 165
corrida de ouro na Califórnia, 46
Cotton Duck Trust, 211
Cottonseed Oil Trust, 211
Coughlin, Charles, 553, 557
Cowen, Philip, 325, 327
Crédit Mobilier of America, 111
crise financeira de 2007-8, 357, 585
Cruz Vermelha, 502, 510, 588
Cruz Vermelha alemã, 457-8, 468
Culberson, Charles, 405
Czolgosz, Leon, 298

Dabney, Morgan & Co., 99
Dachau, 582
Daniels, Josephus, 493
Dark Invader [Invasor das trevas] (Rintelen), 472
Davis, Jefferson, 16, 41, 58, 75-6, 310
Davis, Noah, 151, 205
Davis, Norman, 536
Davison, Henry P., 432-5, 475, 481, 528-9
De Foulke, Lawrence *ver* Brandt, Folke Engelbrecht
de Lesseps, Charles, 200
de Lesseps, Ferdinand, 197-200
Dearborn Independent, 540-1, 547-53, 556-8, 560
Death Stations, 558
Debs, Eugene, 351
Declaração de Balfour, 507-8, 526
Delano, Frederic, 425
Delmonico's, 121, 147, 194, 367
Denver Pacific, 270
Departamento de Comércio, EUA, 397-400
Departamento de Estado dos EUA, 116, 187, 304, 359, 502, 546
Departamento de Guerra, 64, 75, 271, 518, 543

Departamento do Tesouro *ver* Tesouro dos EUA
Depew, Chauncey, 261, 351
Der Tog (O Dia), 461
Dernburg, Bernhard, 457-60, 471
Desperate Little Yudel, 394
destino manifesto: decisão *Dred Scott* e, 53; Guerra Mexicano-Americana e, 45-6
Deutsch, Gotthard, 84
Deutsche Bank, 277
Dia da Assistência Judaica, 509
Dickens, Charles, 97
Dillingham, William P., 380, 383, 407
Dinnerstein, Leonard, 145
direito de voto, 145, 507
Direktion der Disconto-Gesellschaft, 362
Dix, John, 63, 410, 412-3
Donaldson, Lufkin & Jenrette, 584
Dow Jones, índice, 353, 443, 568-9
Dred Scott, decisão, 53, 56
Drew, Daniel, 103-4, 283
Drexel, Anthony, 126, 151
Drexel Morgan, 142, 198-9, 261
Dreyfus, Alfred, 200
Dreyfus, Isaac, 227
Dreyfuss, Ludwig, 244-5
Dreyfuss, Rebecca, 244
Drumont, Édouard, 200
Du Bois, W. E. B., 390
Durr, John Wesley, 61-2, 78
Durr, Rebecca, 78
Durst, Joseph, 136
Durst, Robert, 136
Duveen, Joseph, 572

Eagle, Joe, 495
Eberstadt, Emma, 252
Eduardo VII, 240, 311, 328
Einstein, Albert, 573
Einstein, Edwin, 205
Electric Vehicle Company, 215-6
Elfelt, Augustus, 146
Eliot, Charles, 325
Ellis Island, 173, 185, 189
Emanu-El, sinagoga (Nova York), 38, 388; Asilo de Órfãos Hebreus e, 155; casamento

de Felix e Frieda e, 230; durante a Primeira Guerra Mundial, 465; fundação da, 136; funeral de Jesse Seligman na, 206; funeral de Mayer Lehman na, 210; Gustav Gottheil como rabino da, 151; Joseph Seligman e, 136-8; políticas e práticas reformistas da, 136-7; Samuel Adler como rabino da, 133, 137-8, 151; Schiff e, 16, 127, 334, 476, 587-8
Emanu-El, sinagoga (San Francisco), 50
Emerson, Ralph Waldo, 372
Engels, Friedrich, 39
Epoch, The, 156
Equitable Life Assurance Society, 340-4
Era Progressista, 417-8
Erie Railroad, 70, 107; Gould e, 103-4, 125-6; reorganização da, 155; Schiff e, 125-6; Vanderbilt e, 283
Errantes, 306-8, 335
Erwin, Frank, 214
Escoteiros dos Estados Unidos *ver* Boy Scouts of America
escravidão: abolição da, 41, 56; compromisso do Missouri sobre, 53; decisão Dred Scott e, 53; denúncia de Clay sobre o crescimento da, 32; família Lehman e, 41, 58, 95; judaísmo e, 41; judeus no Sul e, 41; oposição dos imigrantes europeus egressos das revoluções de 1848 a, 57; oposição dos irmãos Seligman a, 32, 41
Escritório de Investigações, 485, 514
Escritório de Tutela da Propriedade Estrangeira, 506
Espanha, 174, 241, 517
especulação: cenário financeiro pós-Guerra Civil, 103; durante a Guerra Civil, 87; entre 1904 e 1906, 353; bolsa de ouro, 104-5; quebra da bolsa de valores de 1929 e, 568-9
Estátua da Liberdade, 378
Evening Public Ledger, 478

F. W. Woolworth & Co., 375
Famous Players-Lasky Corporation, 565
Fargo, William G., 49
Farquhar, John, 296

Fatherland, The, 458, 471
febre amarela, 37, 43, 47, 53
Federação Americana do Trabalho, 186, 350
Federação de Apoio às Filantropias Judaicas, 563
Ferrovia da China Oriental, 307, 345-6, 359
Ferrovia do Sul da Manchúria, 345-7, 359
Ferrovia Transiberiana, 306-7, 317, 345
Ferst, Moses, 54-5, 62
Field, Cyrus, 87-8, 151
financeirização da vida americana, 87-8
Fine and Dandy, 494
Fink, Carole, 530
First Bank of the United States, 427
First National Bank, 419, 422
Fisher, June Breton, 244, 487, 572
Fisk, Jim, 103-5, 107
Fleming, Robert, 124, 266, 271, 301
Flórida, 56; pandemia de gripe na, em 1918, 524
Folsom, Joseph, 48
Food and Drug Administration, 350
Forbes, B. C., 433
Forbes, Edward Waldo, 372
Forças Expedicionárias Americanas, 508, 517, 570
Forças Expedicionárias Egípcias, 508
Ford, Edsel, 548
Ford, Henry: antissemitismo de, 539-43, 547-8, 552, 557-8; campanha de paz de, 542, 550; *Dearborn Independent* e, 540-1, 547-53, 556-8; Electric Vehicle Company e, 215-6; Hitler e, 540-1, 557-8; *judeu internacional, O*, 540-1, 556-7; morte de, 558
Ford Motor Company, 557
Fort Sumter, Batalha de, 58, 63
Foster, Charles, 186
Fowler, Charles, 429
França, 59, 537; antissemitismo na, 200; Companhia do Canal do Panamá e, 199-201; Conferência de Paz de Paris e, 519-20, 523-4; Grã-Bretanha e, 532; Guerra de 1870 e, 110, 119; negociações de empréstimo com J. P. Morgan, Jr., 475-6; Primeira Guerra Mundial e, 449, 452-3, 469, 517-9, 531; Rússia e, 317

ÍNDICE REMISSIVO

Francisco Ferdinando, arquiduque, 445, 525
Frank & Gans, 87, 99
Frankfurt, 83-6
Franklin, Aretha, 595
Free Russia, 187-8, 330
Frick, Henry Clay, 563
Fundo Barão de Hirsch, 182-7, 196, 290, 382, 588
Fundo Hirsch *ver* Fundo Barão de Hirsch

Galbraith, John Kenneth, 571
Galleani, Luigi, 544, 559-60
Gallenberg, Betty *ver* Loeb, Betty (segunda esposa de Solomon)
GameStop, 290
Gans, Adolf, 87
Gans, Howard, 409-11
Gardner, Augustus, 380
Garfield, James, 108, 111
Gatti-Casazza, Giulio, 255
Gaynor, William, 394-5
Geibel, Emanuel, 594
Geiger, Alfred, 85
General Motors, 17
George, David Lloyd, 516, 528, 534
Geórgia, 56
Gerhardt, Elena, 486, 573
Gernsheim, Michael, 120
Gershwin, George, 494
Gettysburg, Batalha de, 58, 71
Gilbert, C. P. H. "Cass", 372, 376, 578
Gimbels, 367
Gitterman, Henry, 64, 151
Glass, Carter, 439-43, 445, 499, 536
Globe, The, 454
Goethals, George, 490
Goldfogle, Henry Mayer, 402
Goldman, Agnes (filha de Julius) *ver* Sanborn, Agnes Goldman
Goldman, Babette (esposa de Henry), 486-7, 572-3, 575
Goldman, Bertha (esposa de Marcus), 92, 161, 163
Goldman, família, 162-3, 231; família Sachs e, 161-3, 486-7; filantropia e, 155; mausoléu em Salem Fields, 595; Primeira Guerra Mundial e, 486-7; *ver também* Goldman específicos
Goldman, Henry (filho de Marcus), 194, 421; amizade de Philip Lehman com, 366-8; após se aposentar da Goldman Sachs, 572-7; Arthur Lipper & Co. e, 572; casamento com Babette, 575; coleção de arte de, 374-5, 573-4; Kleinwort, Sons & Co. e, 371; morte de, 577; opinião de Paul Sachs, 373; Primeira Guerra Mundial e, 449-51, 484-7, 503; reação ao tratamento dado aos judeus na Alemanha nazista, 575-7; relacionamento com Louisa (irmã), 244, 487; Sam Sachs e, 244-5, 248-50, 365, 438, 450, 487; saúde de, 574; sobre a Alemanha do pós-guerra, 536-7; sociedade na Goldman Sachs, 245, 249-50, 361, 449, 487-8, 570; subscrição e, 364-71, 374-7
Goldman, Henry, III (neto de Henry), 487
Goldman, Henry, Jr. (filho de Henry), 486, 502
Goldman, Hetty (filha de Julius), 486
Goldman, Julius (filho de Marcus), 194, 576; carreira jurídica de, 244, 365; casa em Keene Valley, 487; casamento com Sarah, 138; Comitê de Distribuição Conjunta e, 532; *Dearborn Independent* e, 556; Fundo Barão de Hirsch e, 183-5, 290; Kehillah e, 389; Primeira Guerra Mundial e, 486, 502-3; Sociedade Beneficente Hebraica e Asilo de Órfãos Hebreus e, 134; Sociedade de Auxílio ao Emigrante Hebreu e, 179; Sociedade para a Cultura Ética e, 138
Goldman, Louisa (filha de Marcus) *ver* Sachs, Louisa (esposa de Samuel)
Goldman, Marcus, 17, 134, 153, 194, 571, 589; casamento com Bertha, 92; família Sachs e, 161; Goldman Sachs e, 92-4, 243-5, 250; Grand Union Hotel e, 143; Guerra Civil e, 92-3; histórico familiar de, 92-3; imigração para os Estados Unidos, 92; morte de, 245, 364; pânico de 1873 e, 118; parceria Putzel & Goldman de, 93-4; R. G. Dun & Co. sobre, 98
Goldman, McComas & Co., 93

Goldman, Rebecca (filha de Marcus), 244
Goldman, Robert (filho de Henry), 486
Goldman, Rosa (filha de Marcus) *ver* Sachs, Rosa (esposa de Julius)
Goldman, Sarah (esposa de Julius), 138
Goldman Sachs, 17, 339, 574, 585; alegações antissemitas sobre, 548-9; atrito dentro da firma, 248-9, 364, 438, 450; colapso financeiro de 2007-8, 118; Kleinwort, Sons & Co. e, 250, 363, 370-1, 450, 484-5, 487; origens da, 92; pânico de 1907 e, 363, 370; Primeira Guerra Mundial e, 449-50, 472-4, 484-5; *Protocolos dos sábios de Sião* sobre a, 538; quebra da bolsa de valores de 1929 e, 570-2; sociedade de Catchings na, 570-2; sociedade de Henry Goldman na, 245, 249-50, 361, 449, 487-8, 570; sociedade de Samuel Sachs em, 161, 243-5, 249-50, 363-4; sociedade de Walter Sachs na, 363-4, 449-50, 570-2; subscrição e, 364-71, 375-6, 484, 570; vendas de títulos comerciais da, 94, 243, 249-50, 363, 367-9; Weinberg como CEO da, 373
Goldman Sachs Trading Corporation, 571
Goldsmith, Ferdinand, 55
Goldsmith, Lewis, 36
Gomon, Josephine, 558
Gompers, Samuel, 350
Gordon, Waxey, 394
Gore, Al, 595
Gore, Karenna, 595
Göring, Hermann, 583
Gottheil, Gustav, 151
Gould, George, 257
Gould, Jay, 112, 145-6, 155; complô para encurralar o ouro, 103-8, 283; Erie Railroad e, 103, 126; Jesse Seligman e, 201-2; morte de, 201-2; Union Pacific Railroad e, 257
Grã-Bretanha, 383-4; Conferência de Paz de Paris e, 524, 533; França e, 532; Guerra Civil e, 59; Japão e, 309-11, 453-4; Primeira Guerra Mundial e, 445, 449-50, 458-9, 469, apoio a uma pátria judaica, 507-10, guerra submarina e, 468, negociações de empréstimo com J. P. Morgan, Jr., 475-7, 479, operação de espionagem durante a, 515-6; Rússia e, 317
Grace, William Russell, 154
Grand Union Hotel, 138-46, 148-9, 205
Grant, governo, 106, 109, 112
Grant, Jesse, 60
Grant, Ulysses S., 60; amizade dos Seligman com, 46, 61, 67, 106-7, 112-3, 115-6, 147, 149, 198-9, 202-3; cartas de Mayer Lehman para, 76-7; Companhia do Canal do Panamá e, 199, 202-3; eleição presidencial de 1872, 112-3; Gould e, 103-7, 112; Guerra Civil e, 59-60, 67, 71-2, 146; Guerra Mexicano-Americana e, 45-6; Lei da Cunhagem e, 195; morte de, 203; pânico de 1873 e, 112-3; Peixotto e, 135
Gray, Wendy, 415
Great Conspiracy, The (Sayers e Kahn), 546
Great Northern Railway, 382; estágio de Morti Schiff na, 238; Hill e, 238, 274-8, 280-2, 284, 286; Jacob Schiff e, 238; Northern Securities Company e, 296, 300; Union Pacific Railroad e, 274-5, 286, 352
Greeley, Horace, 112
Greenback Party, 148
greenbacks, 105-6, 148, 195, 426
Griscom, Lloyd, 345-6
Grove, Henry, 320-1
Grupo Americano, 359
Guerra Civil, 71-2; algodão e, 58-62, 74-8; judeus e, 59-61; mercado de ouro durante a, 104-5; negros americanos e, 69, 189; venda de títulos e, 87, 109-10; *ver também batalhas específicas*
Guerra de 1812, 45
Guerra de 1870, 110, 119
Guerra Hispano-Americana, 241, 271-2, 335
Guerra Mexicano-Americana, 45-6
Guerra Russo-Japonesa: Batalha de Mukden, 321-2; Batalha de Tsushima, 321-2; condição financeira da Rússia ao entrar na, 315-8; derrota das forças armadas russas em, 318, 321; prisioneiros de guerra russos, 330-2, 483, 555; Schiff e,

ÍNDICE REMISSIVO

307-8, 315-7, 348, 381; Tratado de Portsmouth e, 322-5, 329-30, 345-6
Guerras Sino-Japonesas, 306-8
Guggenheim, Benjamin, 412
Guggenheim, família, 155, 367
Guggenheim, Meyer, 412
Guggenheim, Peggy, 208
Guilherme I, 119
Guilherme II, 299, 449, 518, 520

H. Lehman & Brothers, 38, 40-2, 44, 62, 213
haavara (acordo de transferência), 581
Hale, Nathan, 386
Hamilton, Alexander, 427
Hamlin, Charles, 425, 496
Hammerslough, Samuel, 368
Hanauer, Jerome, 157, 453, 480, 564-5
Hanauer, Moses, 156-7
Hancock, John, 247
Hanna, Mark, 302
Hanover Democrat and Enterprise, 369
Harding, governo, 537
Harmonie Club, 147
Harriman, Edward H., 19, 339; Chicago & Alton Railroad e, 355-6, 364, 444; escândalo da Equitable Life Assurance Society e, 340-1; Ferrovia do Sul da Manchúria e, 345-7, 359; foco da ICC em, 345, 350, 352, 354-5; Jacob Schiff e, 263-70, 272-3, 345-7, 358-9; legado de, 355, 358-60, 364; morte de, 359-60; Northern Securities Company e, 296-7, 300, 350, 352; pânico de 1907 e, 357; Roosevelt e, 302, 339, 350-1, 355-6; saúde de, 358-60; Union Pacific Railroad e, 263-70, 272-3, 352, 354-5, Chicago, Burlington & Quincy e, 279-84, 286, Hill e, 275, 281-3, 286-7, 300
Harrison, Benjamin, 187-9, 191-2, 194
Harrison, governo, 187-9
Hartford National Bank, 363
Harvard Crimson, The, 361, 491
Hay, John, 300
Hayes, Rutherford B., 39, 147, 198-9, 212
Hays, Arthur, 336
Hearst, William Randolph, 410
Heinsheimer, Louis, 251, 288

Hellman, Esther, 247-8
Hellman, Frances, 150, 246
Hellman, Geoffrey, 18, 32
Hellman, George S., 32, 68, 207-8
Hellman, Isaias, 55, 247-8
Hellman, Max, 79, 88, 150
Hellman, Theodore, 113, 150, 246
Hellmann, Henriette *ver* Seligman, Henriette (esposa de Jesse)
Herbert, Hilary, 43, 212
Hero Land, 509
Hertz, Mary, 239
Herzl, Theodor, 383
Hewitt, Abram, 194
Hilfsverein der Deutschen Juden, 384-5
Hill, Arthur, 308, 310-1
Hill, James J., 275-6, 382; estágio de Morti Schiff com, 238, 258, 275-7; histórico de, 275-7; Jacob Schiff e, 238, 258, 275, 277, 280-7, 289, 293-4, 476; Northern Pacific e, 277-8, 280-93, 296; Northern Securities Company e, 296-7, 300; Union Pacific Railroad e, 274-5, 281
Hill, Louis, 238
Hilton, Henry, 139-44, 147, 149-50, 155
Hindenburg, Paul von, 575
Hirsch, Louis, 362
Hirsch, Lucien de, 182
Hirsch, Maurice de, 182
Hitler, Adolf, 233; ascensão de, 538-40, 547, 561; Ford e, 540-1, 557-8; genocídio de, 560-1; maus-tratos ao povo judeu, 558, 575-7, 581; *Minha luta*, 541, 547, 580; nomeação como chanceler da Alemanha, 575, 580; Polônia e, 530
Holman, E. B., 397
Hong Kong and Shanghai Bank Corporation (HSBC), 309
Hoover, Herbert, 503, 520, 525, 536
Hoover, J. Edgar, 559
Hospital Mount Sinai, 132, 155-7, 160, 588
Hossenfelder, Erich, 478
Houdini, Harry, 509
Houghton, Harris, 545
House, Edward ("Coronel"), 440-1, 444, 481, 499, 503, 516, 519

667

"House of Seligman, The" [A firma dos Seligman] (Wells), 104, 107, 201
How the Other Half Lives [Como vive a outra metade] (Riis), 378-9
Howe, Irving, 177
Huerta, Victoriano, 473
Hughes, Charles Evans, 344, 496, 527, 537
Hughitt, Marvin, 261
Huntington, Collis P., 206, 280-1
Hyde, Henry B., 340-1
Hyde, James Hazen, 340-1
Hylan, John, 588
Hymie Hundred, 394

Illinois Central Railroad, 263-5
imigração, 11-2, 28-9; entre 1880 e 1910, 378; governo Taft e, 396-7; Primeira Guerra Mundial e, 496-7; restrições sobre, 185-7, 192-3, 379-81, 383, 407, 507, 560
imigrantes judeus, 21, 28, 180-1, 378-86; alemães *ver* imigrantes judeus alemães; busca de noivas e, 52; egressos das revoluções de 1848, 39, 41, 57; fugindo do genocídio de Hitler, 560-1; Fundo Barão de Hirsch de assistência aos, 182-7, 196, 290, 382, 588; governo Taft e, 396-7; russos *ver* imigrantes judeus russos; *ver também* imigração
imigrantes judeus alemães, 20-1, 38; animosidade entre imigrantes russos e, 173-4; comércio ambulante como profissão inicial para, 36-7; durante a década de 1840, 52, 92; Primeira Guerra Mundial e, 445, 449-55, 462-6; rivalidade entre judeus ortodoxos e, 132-3
imigrantes judeus russos, 146, 174, 177-8, 182, 188-9, 378; epidemia de febre tifoide e, 191-2; esforços de socorro para, 173-4, 177-80, 182-3, 381-2; hostilidade entre judeus alemães estabelecidos e, 173-4, 179; relatório da comissão Weber, 189-90; restrições dos Estados Unidos sobre, 186-8; Revolução Russa de 1905, 320-3, 326, 330-5; Revolução Russa de 1917, 332, 482, 508, 543, 545, 553-4
imposto de renda, federal, 423-5, 430

indústria de seguros, 340-4
Industrial Removal Office, 383, 385
informações privilegiadas, 88
Ingersoll, Robert, 131
Inglaterra *ver* Grã-Bretanha
Instituto Tuskegee, 390, 411, 563
International Acceptance Bank, 565-7
International Steam Pump Company, 366
Isaacs, Rufus *ver* Reading, Rufus Isaacs, Lord
Itália, 524

J. & W. Seligman & Co., 17, 210, 217, 339, 569; alegações antissemitas sobre, 538, 548-9; Companhia do Canal do Panamá e, 197-200, 202; compra pela Ameriprise Financial, 585; fim das parcerias europeias, 210; fundação da, 33, 72; Guerra Civil e, 65-7, 319-20; história corporativa da, 67, 103-4, 107, 201; Isaac Newton como diretor da, 207, 209; Japão e, 320; Kuhn Loeb e, 148, 155, 207; N. M. Rothschild & Sons e, 116-7; pânico de 1873 e, 113-6; pânico de 1907 e, 505-6; Primeira Guerra Mundial e, 505-7; quebra da bolsa de valores de 1929 e, 569; Rússia e, 319-21, 323-4; Stettheimer e, 246; subscrição e, 366
J. P. Morgan & Co.: ações da Northern Pacific, 286, 288, 292, 319; bombardeio em frente à sede da, 560; capital da companhia de seguros e, 340; Comitê Pujo e, 420; Drexel Morgan como firma predecessora da, 142, 261; empréstimo anglo-francês e, 475-7, 483-4; Grupo Americano e, 359; Kuhn Loeb e, 260-1, 319, 420, 422, 469-70, 496; Primeira Guerra Mundial e, 469-70, 496; Rússia e, 319, 324, 330; sede da, 469; Speyer & Co. e, 253-4; subscrição e, 365, 375
Jackson, Andrew, 40, 427
James, Paul *ver* Warburg, James "Jimmy" (filho de Paul)
Japão: durante a Primeira Guerra Mundial, 453-4; empréstimos de guerra para, 308-15, 318, 321-2, 329-30, 581-2; Ferrovia do Sul da Manchúria e, 345-7, 359; Ferrovia

Transiberiana e, 306-7; Grã-Bretanha e, 309-11, 453-4; Guerra Russo-Japonesa e *ver* Guerra Russo-Japonesa; Guerras Sino-Japonesas e, 306-8; J. & W. Seligman & Co. e, 320; Jacob Schiff e, 307-8, 315-8, 321-2, 339-40, 345-9, 552-3, 555, 587; Kuhn Loeb e, 309-10, 312-4, 318, 321-2, 329-30, 347-8, 581; Primeira Guerra Mundial e, 453-4
Jay Cooke & Co., 109-12, 116
Jay Cooke, McCulloch & Co., 110
Jenkins, John, 51
Jerusalém, 509-10
Jewel Tea Company, 485
Jewish World, The, 165
Johnson, Andrew, 78
Jones, John Beauchamp, 75
Joyce, William, 560
judeu internacional, O (Ford), 540-1, 556-7
judeus sefarditas, 132-3
Juilliard School, 233
Jungle, The (Sinclair), 350

Kahl Montgomery, 38
Kahn, Addie (esposa de Otto), 231, 251, 254, 512
Kahn, Albert, 546
Kahn, Bernhard (pai de Otto), 251-2, 385
Kahn, Emma (mãe de Otto), 252
Kahn, Gilbert (filho de Otto), 578
Kahn, Herman, 570
Kahn, Otto Hermann, 16, 391, 423; alegações antissemitas sobre, 541, 544, 549, 556; Brandeis e, 511-2; casamento com Addie, 251, 253-4, 391; cidadania de, 453, 513-4; filantropia de, 513; histórico familiar de, 251-3; mansão projetada por C. P. H. Gilbert, 376; Metropolitan Opera e, 255, 513; morte de, 579; parceria com a Kuhn Loeb, 251, 253-6, 453, 500, 564-5, emissão de títulos do Japão e, 311, Primeira Guerra Mundial e, 476-81, 484, 516, quebra da bolsa de valores de 1929 e, 568, testemunho perante a ICC, 352, 354, Union Pacific Railroad e, 266-7, 269-72, 284, 287, 289, 292-4; patrocínio artístico de, 252-5, 513; Paul Warburg e, 253; Primeira Guerra Mundial e, 453, 476-9, 500, 512-8; "Quando a maré virou", panfleto, 517; religião e, 254, 512-3; *Right Above Race*, 511; Roosevelt e, 438; sobre bomba enviada a Schiff, 328; sobre Harriman, 341, 350-2, 354-6, 359-60; Speyer & Co. e, 231, 253-4
Kahn, Robert (irmão de Otto), 252
Kansas Pacific, 270
Kant, Immanuel, 137
Keefe, Daniel, 397
Kehillah, 388-9, 393-5, 466, 548
Kempster, Walter, 189-90
Kennan, George Frost, 188, 546
Kennan, George, 188, 330-2, 355, 483, 546
Kent, Fred, 533
Kentaro, Kaneko, 322
Keynes, John Maynard, 533-6
Kichinev, massacre de, 303-4, 311, 325, 544
Kirstein, Lincoln, 374
Kleinwort, Alexander, 250, 362, 370
Kleinwort, Herman, 250
Kleinwort, Sons & Co., 250, 362-3, 370-1, 450, 484-5, 487
Knickerbocker, Cholly, 554-5
Knickerbocker Ice Company, 370
Knickerbocker Trust Company, 356-7, 363, 429
Knox, Philander, 298-300, 401
Kodak, 17, 392
Kohler, Max, 186, 397, 399
Kohn-Speyer, Paul, 231, 233
Kokovtsov, Vladímir, 322
Komura, barão, 329, 346
Korekiyo, Takahashi *ver* Takahashi Korekiyo
Korekiyo Kramarsky, Dan, 552-3
Kraus, Adolf, 336
Kristallnacht, 583
Kruchevan, Pavel, 303, 544-5
Krueger, Harvey, 592
Ku Klux Klan, 560
Kuhn, Abraham, 89-91, 119-20, 124
Kuhn, Fritz, 557
Kuhn, Marx (irmão de Abraham), 89
Kuhn, Netter & Co., 89-90

Kuhn, Regina (esposa de Abraham), 89
Kuhn, Samuel (irmão de Abraham), 89, 91, 124
Kuhn Loeb, 17, 120, 207, 221; ação judicial contra a operação de New Orleans, 150; alegações antissemitas sobre a, 538, 549, 553; capital da companhia de seguros e, 340; Comitê Pujo e, 420-2; como parte do Grupo Americano, 359; eleições presidenciais de 1912 e, 438; família Seligman e, 207; formação da, 89, 91, 261; Harriman e, 354-5, 364-5, 444; homenagem a J. P. Morgan, 422; International Acceptance Bank e, 565-7; J. & W. Seligman & Co. e, 148, 155, 207; J. P. Morgan & Co. e, 260-1, 319, 420, 422, 469-70, 496; legado de, 592; Lehman Brothers e, 567, 585, 592; luta pelos negócios no final de 1977, 584-5; M. M. Warburg & Co. e, 226, 228, 312-3, 565-6, 581; Northern Pacific Railway e, 285-6, 291, 319; parceria de David Schiff, 592; parceria de Felix Warburg, 226, 228, 230, 251, 254, 312-3, 389, 391-2, 500, 564-7, 579; parceria de Gilbert Kahn na, 578; parceria de Otto Kahn na, 251, 253-6, 453, 500, 564-5, depoimento perante a ICC, 352, 354, emissão de títulos do Japão e, 311, Primeira Guerra Mundial e, 476-81, 484, 516, quebra da bolsa de valores de 1929 e, 568, Union Pacific Railroad e, 266-7, 269-72, 284, 287, 289, 292-4; parceria de Paul Warburg na, 312-5, 429, 444-5, 500; parceria de William Wiseman na, 516; Primeira Guerra Mundial e, 451, 453, 472, associação com a Alemanha como risco, 469-70, 476-80, 483-4, 495-6, Dernburg e, 458-60, empréstimos durante, 457, 476-81, 483-4, 500-1; quebra da bolsa de valores de 1929 e, 567-8; R. G. Dun & Co. e, 118; renúncia de suas diretorias de ferrovias em 1906, 339-40; Roosevelt e, 339; saída da administração da ferrovia em 1906, 339-42, 344; sobre a morte de Schiff, 562; Sociedade de Auxílio ao Emigrante Hebreu e, 177; sociedade de Jacob Schiff, 15-6, 119-21, 123-4, 128, 164-5, 392, Chicago, Burlington & Quincy e, 279-84, 286, escândalo da Equitable Life Assurance Society e, 340-4, International Acceptance Bank e, 565-7, Northern Pacific Railway, 283-97, 339, Pennsylvania Railroad e, 126-7, 164-5, 261, Southern Pacific Railroad e, 280-1, Union Pacific Railroad e, 256-73, 277, 281-4, 297; sociedade de James Loeb na, 91, 128, 233, 251, 371-2; sociedade de Jerome Hanauer na, 157, 564-5; sociedade de John Schiff na, 578; sociedade de Louis Heinsheimer na, 251; sociedade de Morti Schiff na, 129, 241, 251, 254, 312, 519, 578, negociações de empréstimos durante a Primeira Guerra Mundial, 477-81, 483-4, Otto Kahn e, 254, 564, quebra da bolsa de valores de 1929 e, 567-8; Speyer & Co. e, 253-4, 365; subscrição e, 376; supervisão de Solomon Loeb, 120, 127-9, 153, 256; títulos japoneses e, 308-11, 313-5, 318, 321-2, 329-30, 581-2; Union Pacific Railroad e, 256-73, 281
Kuhne, Frederick, 151

Lamont, Thomas, 416, 523-4, 528-9
Lane, Franklin, 352
Lar Montefiore para Inválidos Crônicos (mais tarde Hospital Montefiore), 162-3, 412; abertura, 158-9; Corbin e, 165; diretoria, 161; Schiff e, 157-61, 164-5, 180-1, 230, 563, 588; sede, 180-1
Lauterbach, Edward, 141
Lazarus, Emma, 378
Lee, Ivy, 255
Lehman, Arthur (filho de Mayer), 156, 213, 240, 367, 465, 490
Lehman, Babette (esposa de Mayer), 55, 136, 246-8
Lehman, Benjamin (filho de Mayer), 55
Lehman, Clara (filha de Mayer), 248
Lehman, David (filho de Henry), 38
Lehman, Durr & Co., 61-2, 77-9, 95-6
Lehman, Emanuel, 17, 247, 585; Asilo de Órfãos Hebreus e, 97-8, 134-5, 213; Bolsa do Algodão de Nova York e, 17; casamento

com Pauline, 55, 214; descrição física de, 43; esforços em prol dos judeus russos, 187; filantropia do Fundo Barão de Hirsch e, 183; fundo fiduciário para Milton, 214-5; Guerra Civil e, 57-63, 78-9; H. Lehman & Bros. e, 40-2; histórico familiar de, 35; investimentos de empresas de serviços públicos, 211; Jacob Schiff e, 194; Jesse Seligman e, 206; Kahl Montgomery e, 38; Lehman Brothers e, 44, 53-7, 62; Lehman, Durr & Co. e, 95-6; negócios com algodão e, 40-1, 54, 59, 62, 96-8; propriedade de automóvel, 215; sinagoga Emanu-El e, 137; temperamento de, 43-4; *ver também* Lehman Brothers

Lehman, família, 44, 339; bolsa de algodão e, 95-8; escravidão e, 41, 58, 95; evolução de comerciantes para banqueiros, 42; filantropia da, 153, 155; Guerra Civil e, 57-9, 153; histórico da, 35; negócio de algodão, 40-1, 44, 53-4, 59-61, 74-8, 96-8; pânico de 1873 e, 118; política e, 41, 212; refúgio de verão para, 160; Sachs Collegiate frequentado por descendentes da, 162; *ver também Lehman específicos*

Lehman, Frances (neta de Mayer), 18
Lehman, Harriet (filha de Emanuel), 247
Lehman, Henry, 213; avaliação da R. G. Dun & Co. de, 34; casamento com Rosa, 38; H. Lehman & Bros. e, 38-40, 42-3, 62; histórico familiar de, 35; imigração para os Estados Unidos, 35, 39-40; Montgomery, Alabama, 37-8, 55; morte de, 43, 53; negócios com algodão e, 40-1

Lehman, Herbert (filho de Mayer), 35, 40, 156; carreira de, 214; Comitê de Distribuição Conjunta e, 465, 489-90; educação de, 163, 214; Kehillah e, 389; política do Partido Democrata de, 490; sinagoga Emanu-El e, 136; sobre diferenças entre Mayer e Emanuel, 44; sobre o papel da mãe na família, 55; sobre o uso da escravidão pela família, 95; sobre Seligmann Lehmann, 35; sobre Untermyer, 419

Lehman, Irving (filho de Mayer), 156, 213-4, 489, 504

Lehman, Mayer, 17-8, 58, 136, 489, 585; comércio de algodão e, 95-8; Bolsa do Algodão de Nova York e, 17, 97; casamento de, 36, 55; descrição física de, 43; escravidão e, 95; filantropia de, 97, 156, 158; Guerra Civil e, 58-62, 74-9; H. Lehman & Bros. e, 40, 42, 55-6; histórico familiar de, 35; imigração para os Estados Unidos, 38-40, 92; Isaias Hellman e, 247-8; Lehman Brothers e, 44; Lehman, Durr & Co. e, 61-2, 95; morte de, 210, 240; negócios com algodão e, 40-1, 44, 59, 61-2, 74-7, 97-8; riqueza de, 55-6; temperamento de, 43-4; *ver também* Lehman Brothers

Lehman, Meyer H. (filho de Henry), 213
Lehman, Milton (filho de Emanuel), 62, 214-5
Lehman, Pauline (esposa de Emanuel), 55, 214, 217
Lehman, Pauline (filha de Philip), 217
Lehman, Philip (filho de Emanuel), 62, 377; amizade de Henry Goldman com, 366-8; casamento de, 217; coleção de arte de, 374, 570; Lehman Brothers e liderança de, após a morte de Mayer, 215, 217, 570; Primeira Guerra Mundial e, 502; prisão de, 216-7; subscrição e, 366-8, 372

Lehman, Robert "Bobbie" (filho de Philip), 217, 374, 502, 570
Lehman, Rosa (esposa de Henry), 38
Lehman, Sigmund (filho de Mayer), 159, 213, 215, 247
Lehman, Stern & Co., 95
Lehman Brothers, 44, 210-1; avaliação da R. G. Dun & Co. sobre, 34, 42, 56, 98, 118; colapso em 2008, 53, 118, 585; criação da Lehman Corporation, 571; crise financeira de 2007-8 e, 357, 585; Guerra Civil e, 57-8, 62-3, 77; história corporativa da, 41-2, 59, 78, 97, 210-1, 366; Isaias Hellman e, 247-8; Kleinwort, Sons & Co. e, 370-1; Kuhn Loeb e, 567, 585, 592; liderança de Philip, 215, 217, 570; liderança de Robert, 570; quebra da bolsa de valores de 1929 e, 570; sede da, 54; subscrição e, 366-71, 374, 484, 570

Lehman Brothers Kuhn Loeb, 585, 592
Lehman & Ferst, 54-5, 62
Lehman & Newgass, 79
Lehmann, Abraham, 35
Lehmann, Eva, 35
Lehmann, Leo, 87, 101, 121
Lehmann, Seligmann, 35
Lei Antitruste Clayton, 425
Lei Antitruste Sherman, 298, 425
Lei da Pureza de Alimentos e Medicamentos, 350
Lei da Reserva Federal, 441-3, 499
Lei de Conscrição, 68-9
Lei de Cunhagem de 1873, 148, 195
Lei de Exclusão dos Chineses, 185
Lei de Imigração de 1882, 185
Lei de Imigração de 1891, 185-6, 192
Lei de Imigração de 1924, 583
Lei do Padrão-Ouro, 213, 298
Lei dos Bancos Nacionais, 426
Lei Hepburn, 350-1, 354
Lei Tillman, 350
Leis de Maio, 177, 181, 187, 317
Lênin, Vladímir, 333, 507-8, 545, 552, 554-5
Leonhardt, Robert, 588
letras de câmbio, 79, 222, 565
Levin, Shmarya, 452
Lévy, Raphaël-Georges, 533
Lewis, Elizabeth, 253
Lewis, George, 253
Liebold, Ernest, 541, 547-8
Liga das Nações, 519, 526-30, 536, 559
Liga de Proteção Americana, 485-6
Liga de Restrição à Imigração, 379-80
Liga Espartaquista, 517-8, 520, 546
Liga Judaica de Patriotas Americanos, 502
Liga Nacional de Cidadãos para a Promoção de um Sistema Bancário Sólido, 437
Lilienthal, Isabella, 151
Lilienthal, Max, 151
Lincoln, Abraham, 78, 131; eleição presidencial de 1860, 56, 66; eleição presidencial de 1864, 73, 170; Guerra Civil e, 58, 64-5, 67, 71, 76; proclamação de emancipação de, 61, 68; sobre especuladores de ouro, 105; Union League Club e, 204

Lincoln, governo, 68, 73, 109, 195, 257
Lindbergh, Charles, Sr., 418, 436-7, 442, 557
Link, Arthur, 440
Littauer, Lucius, 299-300, 380
Lodge, Henry Cabot, 528, 536
Loeb, Betty (segunda esposa de Solomon), 121, 232, 234, 593; casamento com Solomon, 90-1, 313; filantropia de, 166, 168; histórico familiar de, 90; morte de, 313; religião e, 90, 122; saúde de, 313
Loeb, família, 197, 232-3; filantropia de, 155, 166; mausoléu em Salem Fields, 593-5; *ver também Loeb específicos*
Loeb, Fanny (primeira esposa de Solomon), 89, 121
Loeb, Guta (filha de Solomon) *ver* Seligman, Guta (esposa de Isaac Newton)
Loeb, James (filho de Solomon): Aby Warburg e, 234; colapsos mentais de, 129, 233, 313, 507; dívidas de Ike Seligman com, 505, 507; filantropia de, 233; James Warburg e, 235, 491; ligação de Nina com, 233, 235; Olga Warburg e, 233; quarteto com irmãos, 121; sobre Jacob Schiff, 123; sobre Solomon, 91, 128; sociedade na Kuhn Loeb de, 91, 128, 233, 251, 371-2
Loeb, John Langeloth, Jr. (bisneto de Mayer Lehman), 37
Loeb, Morris (filho de Solomon), 91, 121, 128-9, 181, 184, 306
Loeb, Nina (filha de Solomon) *ver* Warburg, Nina (esposa de Paul)
Loeb, Regina (irmã de Solomon) *ver* Kuhn, Regina (esposa de Abraham)
Loeb, Solomon, 122, 194, 234, 589, 593; aposentadoria de, 128-9, 153, 256; casamentos de, 89-91, 313; histórico de, 89; imigração para os Estados Unidos, 89, 92; Jacob Schiff e, 120, 127-8, 160; parceria na Kuhn, Netter & Co. de, 89; religião e, 122; sobre a avaliação da R. G. Dun & Co., 118; Sociedade Beneficente Hebraica e Asilo de Órfãos Hebreus e, 135; sociedade na Kuhn Loeb de, 89, 91, 120-1, 127-8

ÍNDICE REMISSIVO

Loeb, Therese (filha de Salomão) *ver* Schiff, Therese (esposa de Jacob)
London & Hanseatic Bank, 221
Los Angeles Times, 338
Louisiana, 56
Louis-San Francisco Railway, 201
Low, Seth, 194, 304
Lowell, A. Lawrence, 561
Lowell, James Russell, 188
Lowenstein, Beatrice, 388
Lusitania, 468, 471-2, 480, 482, 484, 489

M. E. Vaughn & Co., 61
M. Goldman & Sachs *ver* Goldman Sachs
M. M. Warburg & Co, 223-4, 584; alegações antissemitas sobre, 538, 546, 550; Alemanha nazista e, 580-2; estágio de Morti Schiff na, 236, 239-40; família Rothschild e a, 222, 226; fundação da, 222-3; International Acceptance Bank e, 565-6; Jacob Schiff e, 119, 221; Kuhn Loeb e, 226, 228, 246, 313, 565-6, 581; London & Hanseatic Bank e, 221; Primeira Guerra Mundial e, 455, 459; quebra da bolsa de valores em 1929 e a, 579-80; reforma da propriedade de Warburg, 584; revolução alemã e, 519; sociedade de Max Warburg em, 225, 313, 579-82; sociedade de Paul Warburg na, 224-5, 312-4, 444-5, 579-80
Mack, Julian, 336, 511
Macks (irmãos judeus de Cincinnati), 60
Macy's, 17, 161, 367, 412
Madison, James, 427
Magnes, Judah, 336, 388
Mainz, 67
Manhattan Beach Co., 149
Manheim, Frank, 41, 59, 78, 80, 96, 210, 215, 366
Manifesto Comunista (Marx e Engels), 39
Manifesto de Outubro, 333-4
Marinha, EUA, 116
Marshall, Louis, 166, 306, 419, 438; Conferência de Paz de Paris e, 525-30; Ford e, 551-2, 557; Magnes e, 388; Primeira Guerra Mundial e, 459; questão do passaporte e, 402, 405; Schiff e, 123, 127, 525-6, 553-4, 562
Martha (escrava), 41
Marx, Karl, 39, 582
Matewan, Batalha de, 560
Mauretania, 449, 468
May Department Stores, 370
McAdoo, William, 442, 444, 495; casamento de, 405; Comitê Nacional de Cidadãos e, 405-6; Lei da Reserva Federal e, 442-3, 495
McClellan, George B., Jr., 170-1, 388
McDonald, James G., 575, 577
McGuffey Readers, livros didáticos, 541
McKenna, Joseph, 267-8
McKim, Charles, 356
McKinlay, Duncan, 200
McKinley, governo, 267, 295
McKinley, William, 213, 241, 294, 297-8, 337
Meiji, imperador, 347
Melamed, Samuel, 460-1
Melchior, Carl, 456, 523, 530-1, 534
Mellon, Andrew, 536
Menuhin, Yehudi, 572
Metropolitan Museum of Art, 169-70, 374, 389, 563
Metropolitan Opera, 255, 391, 513
Meyer, Annie Nathan, 171
Meyerowitz, Arthur, 460-2, 467
Miliukov, Pavel, 483
Miller, Adolph, 425
Minha luta (Hitler), 541, 547, 580
Mississippi, 56
Missouri Pacific Railroad, 113
moeda: bimetalismo, 195, 201; epidemia de falsificação de, 40; *greenbacks*, 105-6, 148, 195, 426; Lei dos Bancos Nacionais e, 426; papel-moeda, 148; reforma nos Estados Unidos, 353, 428-32
Moench, Marcus, 487
Montefiore, Moses, 157-9, 165, 182, 390
Montgomery, Alabama: como importante centro comercial e de transporte, 37; durante a Guerra Civil, 58, 77-8; febre amarela em, 43; fundação de, 37; primeiros judeus a se estabelecerem, 37-8

673

Montgomery Advertiser, 76
Montgomery Daily Mail, 78
Monuments Men, 374
Moore, Charles Herbert, 372
Morgan, Jack, 422, 536, 560; Conferência de Paz de Paris e, 528; crenças antissemitas de, 469, 481; família Schiff e, 469-70, 483; Galleani e, 544; Primeira Guerra Mundial e, 469, 475-6, 478, 481, 483-4, 500-1; sobre Untermyer, 422
Morgan, John Pierpont, 11, 19, 278, 364, 563, 591; aliança de Hill com, 277-8, 280, 283-7, 289-90; apelidos de, 256, 259; Chicago, Burlington & Quincy e, 280-2, 286-7; coleção de arte de, 375; Comitê Pujo e, 420; como presidente do conselho do Metropolitan Museum, 170; conferência de Jekyll Island e, 432, 434; Dabney, Morgan & Co. e, 99; descrição física de, 259; Kuhn Loeb e, 260-1, 422; morte de, 422; Northern Pacific Railway e, 259, 261, 283-90, 293-4, 296-7; Northern Securities Company e, 296-7, 299-301; pânico de 1907 e, 356-7; Schiff e, 15-6, 259-61, 263, 273, 282-4, 294, 296-7, 301, 422-3; Union Pacific Railroad e, 259, 261, 263, 275; visão dos banqueiros judeus, 259-60, 294, 469
Morgan, John Tyler, 265
Morgan, Junius, 560
"morganização", 210
Morgenthau, Henry, Sr., 440, 464
Morris, William C., 585
Morrow, Dwight, 236-7, 470
Mortara, Edgardo, 133, 158
movimento de assentamento, 167
Movimento de Galveston, 384-6; Felix Warburg e, 399; fim do, 399; governo Taft e, 396-400; Max Warburg e, 385; pânico de 1907 e, 386, 395-6; Schiff e, 384-5, 396-400
movimento de sufrágio feminino, 507
"Mr. Auerbach em Paris" (Wescott), 575
muckraker, criação do termo, 337
Mukden, Batalha de, 321-2
Mullins, Eustace, 433

Museu Americano de História Natural, 169-71, 389-90
Museu de Arte Moderna (Nova York), 374

N. M. Rothschild & Sons, 130; James Warburg e, 566; Max Warburg e, 225; parceria dos Seligman com a, 116-7; sede da, 73
nacionalismo: Alemanha e, 119; China e, 307; judeu, 383-4, 466, 510-2, 526; Rússia e, 334
Nagel, Charles, 396, 399
Naródnaia Vólia (Vontade Popular), 175
nascimento de Vênus, O (Botticelli), 226
National City Bank, 419, 422, 428
National Enameling & Stamping Company, 370
nativismo, 379, 381, 496, 501-2
Nebraska State Journal, 268
negociações de empréstimos da Comissão Financeira Anglo-Francesa, 475-80
negros americanos: como alvo de turbas violentas em Nova York, 69; unidade de infantaria durante a Guerra Civil, 189
Nelson, Knute, 409-10, 413
Netter, Jacob, 89, 91, 124
Nettleton, Alvred Bayard, 186
Neustadt, Adele, *ver* Schiff, Adele (esposa de Morti)
Nevada National Bank, 247
New Hampshire, 145
New Orleans: como centro de transporte algodoeiro, 79; febre amarela em, 42-3
New York City Dry Goods Store, 45, 49
New York Evening Mail, 458
New York Evening Post, 27-8, 187
New York Evening Telegram, 472
New York Herald, 97, 135-6
New York Journal-American, 554
New York, Lake Erie, and Western Railway, 155
New York Life Insurance Company, 364
New York Post, 228
New York Sun, 111, 216, 458
New York Times, The, 16, 108, 336, 342-3; antissemitismo e, 160; condenação da briga Harriman-Hill, 293; Declaração

de Magnes a, 388; entrevista de Henry Goldman para, 369; Jacob Schiff e, 329, 454-5, 460, 483, 563, 585; obituário de Felix Warburg no, 579; P. Morgan, 422; Paul Warburg e, 428, 436; sobre a Aliança Educacional, 181; sobre a jogatina de Morti Schiff, 415; sobre a morte de J. P. Morgan, 422; sobre a recusa da Grand Union em admitir membros da família Seligman, 141-3, 150; sobre Carter Glass, 439; sobre Henry Ford, 540, 542; sobre o Comitê dos Cinquenta, 154; sobre o escândalo Brandt, 411; sobre o escândalo da Equitable Life Assurance Society, 342-4; sobre o mercado de ouro em 1869, 107-8; sobre prisioneiros de guerra russos, 332; sobre Southern Pacific, 281; sobre Union League Club, 205

New-York Tribune, 152

New York World, 202, 267, 472

Newgass, Babette, *ver* Lehman, Babette (esposa de Mayer)

Newgass, Benjamin, 79, 248

Nicholas Nickleby (Dickens), 97

Nicolau I, 175-6

Nicolau II, 321, 323, 332-3, 381, 482, 551

Nietzsche, Friedrich, 312

Nijinski, Vaslav, 513

Noetzlin, Édouard, 124

North American Review, The, 195, 386

Northern Pacific Railway, 109-10, 319, 339; ações da, 283-92, 295-6; briga Harriman-Hill sobre, 283-97; carta constitutiva da, 109-10; falência da, 277; Great Northern e, 274, 277-8, 282; Hill e, 277-8, 285-90; Northern Securities Company e, 296-7, 300; operação de venda de títulos na Europa, 110-1; revitalização da Morgan, 261; Union Pacific Railroad e, 259, 274, 284-6, 297

Northern Securities Company, 421; ação do Departamento de Justiça para desmantelar, 298-300, 303, 350, 352; disputa entre Harriman e Hill sobre a dissolução da, 300; formação da, 296

notas promissórias, 93-4

The New World Order [A nova ordem mundial] (Robertson), 555

Nova York: 16ª Emenda e, 423-4; como centro de transporte algodoeiro, 79; Lei de Conscrição e, 68-9; Lei dos Bancos Nacionais e, 426; negros americanos como alvos de turbas violentas em, 69

Nova York, cidade: esforços da Kehillah de combate ao crime em, 394-5; Guerra Civil e, 63; judeus sefarditas em, 132-3; metrô, 154; pânico de 1857 e, 52; pânico de 1907 e, 357; rede filantrópica judaica em, 132-4

Ochs, Adolph, 306-7, 336, 342-3, 401, 428

oferta de empréstimos, 568

Ohio Life Insurance and Trust Company, 53

onda de migrantes europeus egressos das revoluções de 1848, 39, 41, 57

Oppenheim, Nathan, 226

Ordem Geral n. 11, 59, 61, 146

Oregon Railway and Navigation Company, 270-1, 274, 276

Oregon Short Line, 270-1

Organização Sionista dos Estados Unidos, 511

Organização Territorial Judaica (ITO), 383-6

Orlando, Vittorio, 528

Ould, Robert, 75

Our Crowd [Nossa turma] (Birmingham), 18

ouro, 148; Lei da Cunhagem de 1873 e, 195; Lei do Padrão-Ouro e, 213, 298; loja dos Seligman em San Francisco e, 49, 52, 107-9; pânico de 1857 e, 53; pânico de 1869 e, 108-9; pânico de 1893 e, 203

Owen, Robert, 441-3, 499

Packer, Asa, 28

Palestina, 511; Declaração Balfour sobre, 507-8, 526; Primeira Guerra Mundial e, 464-5, 510; sionistas e, 383, 526, 581

Palmer, A. Mitchell, 506-7, 544, 559

pânico de 1837, 27, 427

pânico de 1857, 52-3, 133

pânico de 1873, 109-18, 145

pânico de 1893, 203-4, 212, 250, 258

pânico de 1907, 355-8, 361, 363, 369-70, 386, 418, 429-30
papéis comerciais, 93-4, 243, 249-50, 363, 367-9
Paramount, 565
Parr's Bank, 309
Parsons, Herbert, 402, 405
Partido Bolchevique, 507
Partido Comunista da Alemanha, 517
Partido Democrata: Lehman Brothers e, 41, 212; mudança dos eleitores judeus do Partido Republicano para o, 406; Plano Aldrich e, 438-40
Partido Nacional-Socialista dos Trabalhadores Alemães, 538, 580
Partido Nazista, 538, 557, 580
Partido Popular, 51
Partido Progressista, 407, 439
Partido Republicano: apoio dos Seligman, 32, 41, 64; eleições em 1910 e, 424; Harriman e, 351; perda do eleitorado judeu, 406; Plano Aldrich e, 439; Roosevelt e, 305, 350-1; Union League Club e, 204-5
Patti, Adelina, 197
Paulson, Henry, 357
Peck, Orlando, 216-7
Pegler, Westbrook, 414
Peixotto, Benjamin Franklin, 135
Pennsylvania Railroad, 16, 126-7, 165, 261, 301
"Pequeno Versalhes", tratado, 529-30
Perkins, Charles Elliott, 279-82
Pershing, John, 517, 519
Peter Luger, 9
Philadelphia Press, 301
Pierce, Winslow, 257, 259, 261, 264-5, 269
Pierson, Lewis, 375
Pipp, Edwin, 547-8
Plano Aldrich, 435-40, 443
Plehve, Viatcheslav von, 318-9
Plimpton, George Arthur, 172
Polaroid, 17
Political Science Quarterly, 423
Polônia, 526-7, 529-30, 532, 558
Pomerene, Atlee, 444
Pool, David de Sola, 459

povo judeu: como banqueiros reais no fim do século XVIII, 72; conversão forçada de, 134; durante a Idade Média, 67; escravidão e, 41; população nos Estados Unidos, 146; proibidos de assumir sobrenomes, 222; *ver também* antissemitismo *e países específicos*
Powers, H. Henry, 262
prata, 105, 148, 194-5, 201, 203, 212-3, 298
Primavera (Botticelli), 226
Primeira Guerra Mundial, 445, 450-3; Alemanha e, 449, 452-3, 471-2, 486, campanha de propaganda nos Estados Unidos, 456-62, 467, 471, 478, derrota, 517-8, guerra submarina da, 468, 482; antissemitismo durante, 460, 502; armistício, 518-9; Conferência de Paz de Paris e, 519-20, 523-8, 530-1, 533-4; embargos de correspondência durante, 496, 498, 502, 519-20, 522; entrada dos Estados Unidos na, 485-6, 507; nativismo e, 496-7, 501-2; negociações de empréstimo anglo-francesas durante, 475-80; operação de espionagem da Grã-Bretanha nos EUA durante, 515-6; propaganda do governo dos EUA durante, 514; Tratado de Versalhes e, 525-6, 528-31, 533, 536, 538, 550, 559, 573
prisioneiros de guerra: Guerra Civil, 74-6; russos, 330-2, 555
Proclamação de Emancipação, 61, 68
Progress Club, 147
projeto de lei de Powers, 262, 264-5
propaganda nazista, 547
Protocolos dos sábios de Sião, 348, 538, 582; *Dearborn Independent* e, 540-1, 549-50, 552, 556-7; divulgação de Brasol, 545-8, 552; governo Wilson e, 545; publicação na Rússia, 303-4, 333-4, 548; publicação nos Estados Unidos, 560
Prússia: esmagamento da revolta de 1848, 251-2; Guerra de 1870 e, 119
Pujo, Arsène, 419, 439
Pulitzer, Joseph, 202, 267, 432
Putzel, Mayer, 93-4
Putzel & Goldman, 92-3

"Quando a maré virou", panfleto (Kahn), 517
quebra da bolsa de valores de 1929, 567-72

R. G. Dun & Co.: sobre a Rockford Railroad, 102; sobre Jacob Schiff, 102; sobre Kuhn Loeb, 118; sobre Lehman & Ferst, 54; sobre Lehman Brothers, 34, 42, 56, 98, 118; sobre Marcus Goldman, 94-5
Rathenau, Walther, 537
Reading, Rufus Isaacs, Lord, 475-8, 484-5, 509;
Reading Railroad, 165
Red Damask (Sachs), 19
Refúgio Schiff, 178-9
"rei do dinheiro", como termo, 19-20
Rembrandt, 374-5
República da Polônia, 526-7, 529
Reserva Federal, 499, 549, 565, 568; criação da, 425, 433, 443; durante a Primeira Guerra Mundial, 481, 495-8
Retrato de um homem sentado em uma poltrona (Rembrandt), 374
Revolta dos Boxers, 307
revolução industrial, 100, 417
Richardson, William, 112
Right above Race [Direito acima da raça] (Kahn), 511
Riis, Jacob, 378-9
Rintelen, Franz von, 362, 472-4, 515
Robertson, Pat, 555
Rockefeller, John D., 19, 202, 217, 419
Rockefeller, John D., Jr., 588
Rockefeller, William, Jr., 419, 432
Rockford, Rock Island & St. Louis Railroad, 101-4, 279
Rockhill, William, 401
Roebuck, Alvah, 368
Romanov, 225, 308, 326, 482, 507, 543, 553
Romênia, 61, 135, 158, 300, 342, 527
Roosevelt, Archie, 492
Roosevelt, Eleanor, 495
Roosevelt, Franklin Delano, 361, 490-1, 495
Roosevelt, Theodore: conversações de paz russo-japonesas e, 322, 327; doutrina corporativa de, 298-300, 302-3, 337, 339, 350, 366, 438-9; eleição presidencial de 1912, 407, 437-9; Harriman e, 302, 339, 350-1, 355-6; imigração e, 383, 385; Interstate Commerce Commission e, 345; Jacob Schiff e, 298-305, 335, 342, 354, 395-6; Japão e, 311, 322; Lei da Pureza de Alimentos e Medicamentos e, 350; Lei Hepburn e, 350; prefácio para *Right Above Race*, 511; Primeira Guerra Mundial e, 491-2, 497, 501; sobre "americanismo hifenizado", 497, 501; Taft e, 359
Roosevelt (Franklin), governo, 490-1
Roosevelt (Theodore), governo, 300, 311, 337, 344-5, 350, 352, 354
Root, Elihu, 204, 536
Rosalsky, Otto, 410
Rosen, Roman, barão, 324-5, 329
Rosenbaum, S. G., 163
Rosenwald, Julius, 212, 368-9
Rothschild, Édouard de, 519
Rothschild, família, 72, 84, 142, 222, 225, 433
Rothschild, Lionel Nathan de, 117, 130
Rothschild, Lionel Walter, 507
Rothschild, Maurice de, 519
Rothschild, Mayer Amschel, 72, 84
Rothschild, Nathaniel, Lord, 117, 316-7, 334, 345
Rothstein, Adolph, 317
Rubber Tire Wheel Company, 215
Russel, Nicholas, 331-2
Rússia: Ferrovia do Sul da China e, 307, 345-6, 359; Ferrovia Transiberiana e, 306-7; Guerra Russo-Japonesa e *ver* Guerra Russo-Japonesa; J. & W. Seligman & Co. e, 319-21, 323-4; Jacob Schiff e: após o pogrom de Odessa, 334, 336, emissão de passaporte e, 304-5, 318, 396-403, esforços de Schiff em prol dos judeus russos, 173-4, 186-91, 311, 323-8, 334-6, 507, esforços de Schiff para bloquear o acesso ao capital americano, 315-9, 323-30, 465-6, 476-7, 480, esforços para apaziguar Schiff, 317-9, 325-7, financiamento de propaganda para semear o sentimento antitsarista, 330-3, 381, 482-3, 555, Revolução Russa de 1917 e, 332-4, 482-3,

507, 552-4, Tratado Russo-Americano de 1832 e, 396, 401-6, 466; judeus na, perseguição de, 175-7, 187-90, 323-6, 336, Centenas Negras, 334, 543, Grant sobre, 61, Leis de Maio e, 177, 181, 187, 317, massacre de Kichinev, 303-4, 311, 325, 544, Montefiore e, 158, objeções da comissão Harrison a, 188-91, zona de assentamento, 11, 146, 176-7, 182, 185, 334; Polônia e, 526; Primeira Guerra Mundial e, 449, 454, 482, 508, 517; Revolta dos Boxers e, 307; Revolução Russa de 1905, 320-3, 326, 330-5; Revolução Russa de 1917, 332, 482, 508, 543, 545, 553-4

Ryan, Thomas Fortune, 341

S. Japhet & Co., 362
Sacco, Nicola, 559
Sachs, Ann (bisneta de Joseph), 161
Sachs, Arthur (filho de Samuel), 363, 367, 484, 570
Sachs, Bernard "Barney" (irmão de Samuel), 162, 487, 505
Sachs, Dora (filha de Julius), 486
Sachs, Ella (filha de Samuel), 245, 449
Sachs, Emanie (esposa de Walter), 19
Sachs, Emelia (irmã de Samuel), 368
Sachs, Ernest Paul, 373
Sachs, família, 231; família Goldman e a, 161-3, 486-7; Primeira Guerra Mundial e a, 486-7; Sachs Collegiate Institute frequentado por descendentes da família, 162-3; Salem Fields e a, 595
Sachs, Harry (irmão de Samuel), 245, 450, 484
Sachs, Joseph (pai de Samuel), 161-2
Sachs, Julius (irmão de Samuel), 162-3, 236, 243, 487
Sachs, Louisa (esposa de Samuel), 121, 161, 163, 243-4
Sachs, Meta (esposa de Paul), 372
Sachs, Paul (filho de Samuel), 163, 214, 371-3, 486, 571
Sachs, Rosa (esposa de Julius), 163, 243, 486
Sachs, Samuel, 194, 361-2, 367; amizade de Jacob Schiff com, 161, 163; banco central e, 435; casa de veraneio de, 245; casamento com Louisa, 161, 163, 243-4; Henry Goldman e, 244-5, 248-50, 365, 438, 450, 487; histórico familiar de, 161-3, 368; Kleinwort, Sons & Co. e, 250, 362, 370; Lar Montefiore e, 161; morte de, 572; Primeira Guerra Mundial e, 449-50, 484; sociedade Goldman Sachs de, 161, 243-5, 249-50, 363-4
Sachs, Sophia (mãe de Samuel), 162-3
Sachs, Walter (filho de Samuel), 19, 244-5, 484; educação de, 163, 361; estágios bancários na Europa, 361-2; pânico de 1907 e, 363; parceria da Goldman Sachs, 363-4, 449-50, 570-2; Primeira Guerra Mundial e, 486-7, 504; Rintelen e, 473-4; sobre Henry Goldman, 249, 364-5, 486-7; sobre Marcus e Bertha Goldman, 92-3; sobre o negócio da Alton, 364; sobre o sucesso de subscrição da Goldman Sachs, 367-8; sobre Woolworth, 376-7
Sachs Collegiate Institute, 162, 214, 236
Sack, A. J., 561
Salem Fields, 17, 591, 593; estabelecimento de, 16; Mausoléu de Schiff-Loeb em, 588-9, 593, 595; Mausoléu de Seligman em, 152, 207, 595; Mayer Lehman em, 210
Samuel Montagu & Co., 225, 240, 253
San Francisco, 46-50, 52
Sanborn, Agnes Goldman, 486-7, 510
São Bartolomeu (Rembrandt), 374-5
Sapiro, Aaron, 556-7
Sargent, Frank, 383, 397
Sarna, Jonathan, 60
Saturday Evening Post, The, 355
Sayers, Michael, 546
Schepeler & Co., 99
Schiff, Adele (esposa de Morti), 518-9, 578; casamento com Morti, 285, 413-4; escândalo Brandt e, 407-14
Schiff, Clara (mãe de Jacob), 84, 119-23
Schiff, David (filho de John), 122, 348, 584, 591-5
Schiff, David "Scott" Baker (filho de David), 591-5
Schiff, Dorothy "Dolly" (filha de Morti), 348, 552, 578; caso com Beaverbrook,

479; como diretor do Mount Sinai, 157; reação de Jacob à maquiagem de, 228; sobre o casamento dos pais, 415; sobre o escândalo Brandt, 414
Schiff, Drew (filho de David), 591, 593-5
Schiff, Ernst (sobrinho de Jacob), 339, 414
Schiff, família, 196-7, 232, 512, 591-2; filantropia e, 164, 166, 592-4; mausoléu em Salem Fields, 593-5; Sachs Collegiate Institute frequentado por descendentes de, 162-3; Wakiko e, 349
Schiff, Frieda (filha de Jacob) *ver* Warburg, Frieda (esposa de Felix)
Schiff, Hermann (irmão de Jacob), 121, 504
Schiff, Jacob Heinrich, 11-2, 15-20, 88, 536; alegações antissemitas sobre, 541, 544-5, 549-55; Aliança Educacional e, 181, 387, 412; amizade de Cassel com, 124-6, 182, 228-9, 256, 301, 354, 358; amizade de Samuel Sachs com, 161, 163; bomba enviada para, 328-9; casamento com Therese, 121-2; casas geminadas de, 127, 285; Cassel e, cartas para, 187, 254, 297, 444; cidadania de, 103; Comitê Judaico Americano e, 336; Comitê Pujo e, 418-21; Conferência de Paz de Paris e, 527-9; conselho de educação e, 154, 389; descrição física do, 86; enterro de, 16-7, 563-4, 587-8; escândalo Brandt e, 409-13, 416; família Morgan e: Jack, 469-70, John Pierpont, 15-6, 259-61, 263, 273, 282-4, 294, 296-7, 301, 422-3; família Seligman e: Ike, 505, 507, Jesse, 194-7, 206-7, Joseph, 154-5; família Warburg e: Felix, 226, 228-31, 254, 372-3, Max, 455, 522-3, Moritz, 119, 221, 228-9, Paul, 313-5, 427-30, 438, 498; fé religiosa de, 84-6, 122-7, 164, 169, 193; férias de verão de, 160, 257, 324-5, 328, 387, 561-2; filantropia de, 11-2, 122, 163-6, 169-71, 193, 251, 390, 585, 594-5, Asilo de Órfãos Hebreus, 155, 588, Assentamento da Henry Street e, 168-9, 292, 381, 389, 588, 593, Cruz Vermelha e, 502, 588, doação de jornais e revistas para pacientes de hospitais, 127, durante o pânico de 1907, 357-8, esforços para judeus russos, 173-4, 186-91, 311, 323-8, 334-6, 507, evitando publicidade para, 102, Industrial Removal Office e, 383, Lar Montefiore e, 157-61, 164-5, 180-1, 230, 563, 588, Sociedade de Auxílio Agrícola Montefiore e, 179, Sociedade de Auxílio ao Emigrante Hebreu, 177, Universidade de Harvard, 181, 561, 563; Frieda e, 226-31; Fundo Barão de Hirsch e, 181-5, 290-1, 382, 588; Gaynor e, 395; Great Northern Railway e, 238; Guerra Russo-Japonesa e, 307-8, 315-7, 348, 381; Harriman e, 263-70, 272-3, 345-7, 358-9; Hill e, 238, 258, 275, 277, 280-7, 289, 293-4, 476; histórico familiar de, 83-5; Hospital Mount Sinai e, 155-7, 588; imigração para os Estados Unidos, 83-5; imposto de renda e, 425; Japão e, 307-11, 315-8, 321-2, 329-30, 339-40, 345-9, 552-3, 555, 587-8; Kehillah e, 388-9, 393-4, 466; legado de, 562-4, 585-8, 592-5; Marshall e, 123, 127, 525-6, 553-4, 562; Mayer Lehman e, 210; mobilização contra restrições à imigração, 186-7, 192, 380-3, 399-400; morte de, 15, 562-4, 586-7; movimento Galveston e, 384-6, 395-400; natureza controladora de, 102, 122, 159, 163-4, 228, 231, 236-8; Northern Securities Company e, 295-9, 302-3, 421; Otto Kahn e, 254-5; parceria com a Budge, Schiff & Co., 87, 98-9, 101-3, 279, 310; parceria com a Kuhn Loeb, 15-6, 119-21, 123-4, 128, 164-5, 392, Chicago, Burlington & Quincy e, 279-84, 286, escândalo da Equitable Life Assurance Society e, 340-4, International Acceptance Bank e, 565-7, Northern Pacific Railway, 283-97, 339, Pennsylvania Railroad e, 164-5, 261, Southern Pacific Railroad e, 280-1, Union Pacific Railroad e, 256-73, 277, 281-4, 297, Paul Warburg e, 313-5, 427-30, 438, 498; Primeira Guerra Mundial e, 454, 501-3, apoio da Alemanha, 451-5, 457-8, 462-3, 480-1, apoio dos Aliados, 468-70, 501-2, 514, Dernburg e, 459-60, 471, esforços de ajuda, 463-6, 504, negociações de empréstimos e, 476-8,

483, 500-1, Strauss e, 461-3; reação ao casamento inter-religioso, 494, 591-2; relacionamento com Morti, 236-42, 415-6, 564; Roosevelt e, 298-305, 335, 342, 354, 395-6; Rússia e: após o pogrom de Odessa, 334, 336, emissão de passaporte e, 304-5, 318, 396-403, esforços para bloquear o acesso da Rússia ao capital americano, 315-9, 323-30, 465-6, 476-7, 480, esforços para os judeus russos, 173-4, 186-91, 311, 323-8, 334-6, 507, esforços russos para apaziguar, 317-9, 325-7, financiamento de propaganda para semear o sentimento antitsarista, 330-3, 381, 482-3, 555, Revolução Russa e, 332-4, 482-3, 507, 552-4, Tratado Russo-Americano de 1832 e, 396, 401-6, 466; saúde de, 561-2; sinagoga Emanu-El e, 16, 127, 334, 476, 587-8; sionismo e, 358, 384, 465-8, 510-2; sobre a reforma bancária americana, 427-30; sobre o ensaio de Bingham, 387; Solomon Loeb e, 120, 127-8, 160; Sulzer e, 406, 410, 413, 416-7; Taft e, 396, 398-404, 407, 587; Takahashi Korekiyo e, 308-11, 315-6, 321, 330, 347, 349; Wilson e, 405-6, 438, 463, 481, 587; Wolff e, 253-4, 256

Schiff, John (filho de Morti), 415, 503, 555, 578, 591-3

Schiff, Mortimer (filho de Hermann), 504

Schiff, Mortimer "Morti" (filho de Jacob), 227, 267, 390, 422, 555, 591; casamento com Adele, 285, 413-4; casamento de Felix e Frieda Warburg e, 231; Cassel e, 240-1; como francófilo, 452-3; Conferência de Paz de Paris, 518-9; descrição física de, 236; educação de, 236-8; escândalo Brandt e, 407-14; Escoteiros dos Estados Unidos e, 503, 578; filantropia de, 578, 592-3; Hill e, 238, 258, 275-7; infância de, 236; jogos de azar e, 415; legado de, 578; M. M. Warburg & Co. e, 226, 236, 239-40, 313; morte de, 578, 594; parceria da Kuhn Loeb, 129, 241, 251, 254, 312, 519, 578, negociações de empréstimos durante a Primeira Guerra Mundial, 477-81, 483-4, Otto Kahn e, 254, 564, quebra da bolsa de valores de 1929 e, 567-8; Primeira Guerra Mundial e, 452-3, 477, 479-80, 503-4, 516, 518-9; quebra da bolsa de 1929 e, 578; relacionamento com o pai, 236-42, 415-6, 564; sobre Frederick Warburg, 567; sobre o International Acceptance Bank, 566

Schiff, Moses (pai de Jacob), 84-6, 98, 119, 132, 236, 251

Schiff, Otto, 241

Schiff, Philipp (irmão de Jacob), 84, 86, 227, 461, 483

Schiff, Therese (esposa de Jacob), 410-1, 561-2, 594; casamento com Jacob, 121-2; Frieda e, 228, 231; histórico de, 121; Primeira Guerra Mundial e, 509; viagem à Europa em 1894, 227; viagem ao Japão em 1906, 339, 344; Wakiko e, 349

Schiff, Victor, 530

Schulman, Daniel, 9-12

Schulman, Elias, 9, 11-3

Schulman, Lena, 9-13

Schurz, Carl, 39, 57, 134

Schwab, Charles, 320-1, 376

Schwimmer, Rosika, 542

Sears, Richard, 368-9

Sears Roebuck, 17, 368-70

Second Bank of United States, 40, 427

Secretaria de Informações para Imigrantes Judeus, 385-6, 397

Secretaria Judaico de Bem-Estar Social, 504, 519

"Seed and the Tree, The" [A semente e a árvore] (Manheim), 41, 59, 78, 80, 96, 215

Segunda Guerra Mundial, 374

Seligman, Abraham (irmão de Joseph), 31, 49-50, 52, 207

Seligman, Alfred Lincoln (filho de Joseph), 64, 131, 151, 207

Seligman, Alice (filha de Jesse), 194

Seligman, Babette (esposa de Joseph), 33, 67, 131

Seligman, Babette (irmã de Joseph) *ver* Stettheimer, Babette

Seligman, Charles (filho de Isaac), 117, 241, 506

ÍNDICE REMISSIVO

Seligman, David (filho de Joseph), 149, 207
Seligman, David (pai de Joseph), 26, 31, 33
Seligman, David Albert (filho de Abraham), 424
Seligman, David W. (filho de William), 506
Seligman, DeWitt (filho de James), 156, 173, 208, 210
Seligman, Edwin Robert Anderson (filho de Joseph): apoio ao banco central, 428-9; carreira acadêmica de, 150-1; filantropia de, 181, 184; imposto de renda e, 423-4; nascimento de, 63-4; Wilson e, 443
Seligman, Emma (filha de Jesse), 194, 206
Seligman, família, 45, 207-8, 246; amizade de Grant com, 46, 61, 67, 106-7, 112-3, 147; brigas entre, 69-72, 112-4; casamento de Felix e Frieda Warburg e, 231; doença mental e, 208-9; empréstimo ao Alabama, 31; filantropia de, 50, 155; Guerra Civil e, 63-7, 319-20; loja de Lancaster, 30; loja de San Francisco, 46-9, 52; lojas no Sul, 30-2; mausoléu em Salem Fields, 152, 207, 595; mudança do Sul para Nova York, 32-3; política abolicionista de, 32, 41; refúgio de verão, 160; segunda geração (filhos de irmãos), 207-9; união de recursos e conta compartilhada, 44; *ver também Seligman específicos*
Seligman, Fanny (mãe de Joseph), 26, 31
Seligman, Frances (filha de Joseph) *ver* Hellman, Frances
Seligman, George Washington (filho de Joseph), 63-4, 149, 208-9
Seligman, Guta (esposa de Isaac Newton), 91, 121, 207, 231-2
Seligman, Hellman & Co., 150
Seligman, Henriette (esposa de Jesse), 52, 206
Seligman, Henry (filho de Jesse), 208-9
Seligman, Henry (nascido Hermann; irmão de Joseph), 73; aposentadoria de, 506; Grant e, 147; imigração para os Estados Unidos, 31; New York City Dry Goods Store e, 45-7, 49; San Francisco e, 49-50, 52; sinagoga Emanu-El e, 50
Seligman, Isaac (irmão de Joseph), 64-5, 73, 209, 241; cidadania de, 424; família Rothschild e, 117; Grant e, 147; Guerra Civil e, 64-5, 68; imigração para os Estados Unidos, 31; morte de, 207; relacionamento com os irmãos, 44, 71, 113-5
Seligman, Isaac Newton "Ike" (filho de Joseph), 64, 107, 306, 313; Aby Warburg e, 235; apoio ao banco central, 429; casamento com Guta, 207; descrição física de, 207-8; dívidas financeiras de, 505-7; filantropia de, 208, 324, 507; fratura craniana de, 505-6; J. & W. Seligman & Co. e, 148, 208-10; morte de, 505-6; pânico de 1907 e, 357; sobre a morte do pai, 151; sobre o casamento de Felix e Frieda Warburg, 231; sobre o imposto de renda, 424; sobre riqueza, 338-9
Seligman, Isabella (filha de Joseph) *ver* Lilienthal, Isabella
Seligman, James (nascido Jacob; irmão de Joseph), 33, 45, 156; casa de veraneio em Long Branch, 143; casamento com Rosa, 70; Guerra Civil e, 68, 103; imigração para os Estados Unidos, 29-30; J. & W. Seligman & Co. *ver* J. & W. Seligman & Co.; relacionamento com os irmãos, 31, 69-70, 114, 197; sinagoga Emanu-El e, 136; sobre o antissemitismo do Union League Club, 205
Seligman, Jefferson (filho de James), 208, 216, 569
Seligman, Jesse (nascido Isaias), 17, 32, 45, 79, 149, 154, 246, 589; bimetalismo e, 194-5, 201; casa de veraneio em Long Branch, 143; casamento com Henriette, 52, 206; casamento de Felix e Frieda Warburg e, 231; Companhia do Canal do Panamá e, 196-203; descrição física de, 197; Emanuel Lehman e, 206; Fundo Barão de Hirsch e, 183; Gould e, 201-2; Grant e, 46, 112-3, 147, 199, 202-3; Guerra Civil e, 17, 68; histórico familiar de, 25-6; Jacob Schiff e, 194-7, 206-7; jantares de sexta à noite na casa de, 197; mercadorias de mascate, 30; morte de, 206-7; pânico de 1873 e, 112-3; Rússia e, 187-9; San Francisco e, 46-51; sinagoga

Emanu-El e, 136; sobre Hilton, 142-3; Sociedade Beneficente Hebraica e Asilo de Órfãos Hebreus e, 134; Sociedade de Auxílio Agrícola Montefiore e, 179; Sociedade de Auxílio ao Emigrante Hebreu e, 177-8; Sociedade Romena Americana e, 135; temperamento de, 197; Union League Club e, 130, 204-6

Seligman, Jesse L. (neto de Jesse), 209

Seligman, Joseph, 18, 29-30, 45, 133, 153-4, 589; Alger e, 25; assimilação de/e, 130-1; casa de veraneio em Long Branch, 143; casamento com Babette, 32-3; Comitê de Trânsito Rápido e, 154; conselho de educação e, 154; ferrovias e, 103; força-tarefa anticorrupção e, 144; Gould e, 103-9; Grand Union Hotel e, 138-46, 148-50, 205; Grant e, 106-7, 112-3, 116, 147, 149; Guerra Civil e, 17, 63-9; histórico de, 25-9, 149-50; Hospital Mount Sinai e, 155; J. & W. Seligman & Co. e, 33, 72-3, 113-4, 209, 246, *ver também* J. & W. Seligman & Co.; morte de, 150-2; N. M. Rothschild & Sons e, 116-7; nomeação dos filhos, 63-4; pânico de 1857 e, 52-3; pânico de 1873 e, 112, 114-6; posto de fronteira em San Francisco e, 47, 50; prisão como instigador de briga em Selma, 30-1; rancor de Hilton contra, 139-44; relacionamento com os irmãos, 69-72, 105, 113-5, 130-1; religião e, 131, 136-8; saúde de, 149-50; sinagoga Emanu-El e, 136-7; sobre a Seligman & Hellman, 79; Sociedade Beneficente Hebraica e Asilo de Órfãos Hebreus e, 134, 155; Sociedade Romena Americana e, 135; Tesouro dos EUA e, 126, 147-8; transações financeiras imprudentes de, 71; Union League Club e, 130, 144, 204; uso do telégrafo, 88

Seligman, Joseph L. (filho de Ike), 209

Seligman, Leopold (nascido Lippmann), 31, 47-9, 52

Seligman, Lewis (primo de Joseph), 27, 29

Seligman, Madeleine (filha de Jesse), 194

Seligman, Richard (filho de Isaac), 241

Seligman, Rosa (esposa de James), 70

Seligman, Rosalie (irmã de Joseph), 31

Seligman, Sarah (irmã de Joseph), 31

Seligman, Theodore (filho de Jesse), 204-5

Seligman, William (nascido Wolf; irmão de Joseph), 45, 150, 209; Guerra Civil e, 65, 68; Hospital Mount Sinai e, 155; imigração para os Estados Unidos, 29; J. & W. Seligman & Co. e, 72; Lesseps e, 198; morte de, 506; relacionamento com os irmãos, 69-71, 113-5, 131; Seligman Frères & Cie e, 113

Seligman & Hellman, 79

Seligman & Stettheimer, 505

Seligman Brothers, 72, 117

Seligman Frères & Cie., 113, 198-9, 506

Seminário Teológico Judaico, 389, 563

Serviço de Enfermagem Domiciliar de Nova York, 168, 593

Serviço Secreto dos EUA, 40

setor ferroviário, 211, 277-9, 283; escândalo do Crédit Mobilier e, 111; especulação e, 53, 98-103; expansão do, 100-1, 109-10, 117-8; financiamento da construção de ferrovias, 109-10; Goldman Sachs e, 250, 364-5; Kuhn Loeb e, 164-5, 256-60, 339-40, 342, 344, 365; regulamentação do, 294-5, 344-5, 350-1, 353-4; *ver também empresas ferroviárias específicas*

Shand, Alexander Allan, 309

Shearith Israel, 157-8

Shearson Lehman, 585

Shearson, 585, 592

Shelton, Arthur, 433

Shenandoah Corporation, 571

Shepard, Elliott, 196-7

Sherman, A. J., 316

Sherman, James, 351

Sherman, John, 126, 148

Sherman, William T., 73

Shiloh, Batalha de, 74

Shoenfeld, Abe, 393-5

short squeeze, 290

Sinclair, Upton, 349-50

Singerman, Robert, 545

sionismo: Brandeis e, 464-5, 511-2; Declaração de Balfour e, 508; Herzl e, 383; Jacob Schiff e, 358, 384, 465-8, 510-2; Palestina

e, 383-4, 526; Primeira Guerra Mundial e, 464-6
Sisson, documentos de, 546-7, 550
Sisson, Edgar, 545
sistema bancário central: apoio de Aldrich, 430-8; apoio de Paul Warburg, 425-43; experimentos iniciais com, 426-7; Lei da Reserva Federal e, 441-3; Owen e, 441-2; Wilson e, 437, 440-1
Smith, Alfred E., 588
Smith, Charles Emory, 188
Smith, F. Hopkinson, 376
Smith, Gerald L. K., 557
Sociedade Beneficente Hebraica, 132, 134
Sociedade Beneficente Hebraica Alemã, 132-4
Sociedade Beneficente Hebraica e Asilo de Órfãos Hebreus, 134
Sociedade Beneficente Hebraica Unida, 180, 183
Sociedade de Auxílio Agrícola Montefiore, 179
Sociedade de Auxílio ao Emigrante Hebreu, 177-80, 183
Sociedade dos Amigos da Liberdade Russa, 187-8, 330-1, 483, 507, 555
Sociedade para a Cultura Ética, 138
Sociedade Romena Americana, 135
Sondheim, Louis, 55
Sondheim, Pauline ver Lehman, Pauline (esposa de Emanuel)
Southern Pacific Railroad, 280-1, 302
Spanknöbel, Heinz, 557
Speyer, James, 253-4, 364-5
Speyer & Co., 231, 253-4, 365
Spring Rice, Cecil, 459-60, 496
St. Paul and Pacific Railroad, 276
Standard Oil, 217, 419, 427, 464
Stanford, Leland, 100
Steinhardt, Babette ver Seligman, Babette (esposa de Joseph)
Steinhardt, Esther ver Hellman, Esther
Steinmetz, Hermine, 231
Stern, Abraham, 55
Stern, Al, 291
Stern Brothers, 370-1
Stettheimer, Babette, 31, 45, 73, 246
Stettheimer, Jacob, 246

Stettheimer, Max, 45, 73, 246
Stewart, Alexander Turney, 139-41
Stewart, Cornelia, 139
Stiff Rifka, 394
Stillman, James, 256, 330, 419, 425-8
Straus, família, 367, 412
Straus, Ida, 412
Straus, Isidor, 161, 412
Straus, Nathan, 161
Straus, Oscar, 306, 396; campanha para governador, 412-3; esforços pelos judeus russos, 187-8, 323-4, 334; Fundo Barão de Hirsch e, 183; governo Harrison e, 187-9; movimento de Galveston e, 385-6; Roosevelt e, 300; Tratado Russo-Americano de 1832 e, 405-6
Strauss, Albert, 207, 319-20, 499
Strauss, Frederick, 207
Strauss, Isaac, 460-3, 467
Strauss, Levi, 49
Strauss, Lewis, 415-6, 520
Strauss, R. L., 85-6
Strong, Benjamin, 499
Strong, William, 204
Stroock, Sol, 391
Studebaker, 17, 370
Stuyvesant, Peter, 145
subscrição, 364-71, 374-6, 570
Sudzilovsky, Nikolai Konstantinovich ver Russel, Nicholas
Suez, canal de, 197, 199
Sulzberger, Cyrus, 334, 336
Sulzer, resolução de, 405-6, 410
Sulzer, William, 405, 413, 416-7
Suprema Corte, EUA: bloqueando a fusão entre a Northern Pacific e a Great Northern, 277-8; decisão de Dred Scott, 53, 56; nomeação de Brandeis para, 464-5; sobre a Northern Securities, 300, 352
Swift, Katharine "Kay", 494
Sydney Ducks, 51

Taft, governo, 396-401, 435
Taft, William Howard, 359, 399-400, 435, 438-9, 536; Plano Aldrich e, 437-9; Schiff e, 396, 398-404, 407, 587; Tratado Russo-Americano de 1832 e, 396, 401-7

Tageblatt, 387
Taintor, C. W., 502
Takahashi Korekiyo: carreira política de, 347; emissão de títulos do Japão e, 308-11, 315; histórico de, 308-10; Max Warburg e, 581-2; morte de, 582; Schiff e, 308-11, 315-6, 321, 330, 347, 349
Takahashi Wakiko, 349
Tay-Sachs, doença de, 162
Tchecoslováquia, 527
teletipo da bolsa, 88
territorialismo, 384
Tesouro dos EUA, 201, 536; "Black Friday" (1869) e, 107-9; *greenbacks* e, 105; Guerra Civil e, 65-6; pânico de 1873 e, 113; Seligman e, 147-8; Union Pacific e, 262
Texas, 56
Thomas, Lloyd, 520
Thompson, Richard Wigginton, 199
Thwaites, Norman, 515-6
Tichenor, Isaac, 74-6
Tiffany, Louis Comfort, 16
Tilden, Samuel, 212
Times, The (Londres), 454
Timmerscheidt, Richard A., 485
Titanic, 412
títulos do Tesouro, 65, 457
Torre Eiffel, 376
Tratado de Portsmouth, 322-5, 329-30, 345-6
Tratado de Versalhes, 525-6, 528-31, 533, 536, 538, 550, 559, 573
Tratado Russo-Americano de 1832, 396, 404-6
Trenholm, George, 77
tropas confederadas: Batalha de Fort Sumter, 58; em Montgomery, 77-8
Trótski, Liev, 333, 545-6, 552-4; Brasol sobre, 544, 547; *Dearborn Independent* sobre, 550; negociações de paz com as Potências Centrais, 508
truste do algodão, 430
truste do dinheiro, 418-23, 436, 438-9, 442
Tsushima, Batalha de, 321-2
Tweed, William "Boss", 144, 151, 154

U. S. Rubber, 17
Uchida, visconde, 587
Underwood Typewriter, 370
União: alemães-americanos como o maior grupo étnico lutando a favor, 57; família Seligman e, 63-5, 319-20; sanções econômicas contra a Confederação, 59, 73; venda de títulos da, 87-8
União das Congregações Hebraicas Americanas, 402
União de Oficiais Tsaristas do Exército e da Marinha, 543
União Soviética, 508
Union League Club, 130, 144, 204-6
Union Pacific Railroad, 301; ações despencando em 1907, 354; colapso em recuperação judicial, 272; escândalo do Crédit Mobilier e, 111; Great Northern e, 274-5, 281-4, 352; Guerra Hispano-Americana e, 271-2; Harriman e, 263-70, 272-3, 352, 354-5, Chicago, Burlington & Quincy e, 279-84, 286, Hill e, 275, 281-3, 286-7, 300; Jacob Schiff e, 256-73, 277, 281-4, 297; Kuhn Loeb e, 256-73, 281; Northern Pacific e, 359, 284-6, 297, 352; Northern Securities Company e, 297; Oregon Short Line e, 270-1; pânico de 1893 e, 203, 258; projeto de lei de Powers e, 262, 264-5; reestruturação da, 257; Southern Pacific Railroad e, 280-1; Tesouro dos EUA e, 262; venda de execução hipotecária, 265-8
United Cigar Manufacturers Company, 366-8
United Copper Company, 356
Universidade Columbia, 169-71
Universidade Cornell, 171, 452, 470
Universidade de Harvard: antissemitismo na, 491, 561; coleção Loeb Classical Library, 233; Museu Fogg, 372-3; Peabody Museum, 234; Schiff e, 181, 561, 563
Universidade de Nova York, 563
Universidade Lehigh, 28
University Club, 416
Untermyer, Samuel, 419-22, 443, 502

Valentiner, Wilhelm, 375
Vanderbilt, Cornelius, 104, 112, 202, 283
Vanderbilt, família, 261
Vanderlip, Frank, 419, 432, 435, 528

ÍNDICE REMISSIVO

Vanzetti, Bartolomeo, 559
Velvet and Vinegar [Veludo e vinagre] (Thwaites), 516
venda a descoberto, 104, 289-92
venda ambulante, 28-30, 36-7, 145
Verdun, Batalha de, 518
Vicksburg, captura de, 71
Viereck, George Sylvester, 458, 471
Villard, Oswald, 587
Vineland, Nova Jersey, 179
Virgínia Ocidental, mineiros de carvão em greve, 559
Vissering, Gerard, 533-4

Wald, Lillian, 167-9, 292, 381, 389, 593
Waldman, Morris, 164, 166, 586
Wall Street Journal, 301, 352
Wall Street, atentado a bomba em, 560
Warburg, Abraham S. "Aby" (marido de Sara), 223
Warburg, Aby (filho de Moritz), 229; carreira de, 223-6, 234; casamento com Mary, 239-40; casamento de Paul e Nina e, 234; doença mental e, 224, 312-3; James Loeb e, 234; morte de, 580-1; queixa de nativos americanos contra, 234-5; reação ao interesse de Felix por Frieda, 227
Warburg, Alice (esposa de Max), 235, 459, 520, 525, 537, 583
Warburg, Bettina (filha de Paul), 312-3, 579-80
Warburg, Carola (filha de Felix), 231, 483, 522
Warburg, Charlotte (esposa de Moritz), 221-2, 227, 230; casamento com Moritz, 224; planos para Felix, 226; reação ao casamento de Aby, 240; reação ao namoro de Felix e Frieda, 229; reação ao noivado de Paul, 232-3
Warburg, Edward (filho de Felix), 123, 226, 325, 374, 391-2, 579, 587
Warburg, Eric (filho de Max), 581, 583-4
Warburg, família, 235; alegações antissemitas sobre, 541, 544, 549-53; doença mental em, 312-3; oposição ao casamento entre James e Olga, 233; Primeira Guerra Mundial e, 451, 455-6, 458-60, 519; retiro de verão em Blankenese, 240

Warburg, Felix Moritz, 224, 389-92, 406, 483, 523, 535, 594; alegações antissemitas sobre, 551; aprendizado com Oppenheim, 226; casamento com Frieda, 221-2, 230-2, 235, 312, 391, 579; coleção de arte de, 372; Comitê de Distribuição Conjunta e, 465, 490, 531-2; filantropia de, 372, 389-90, 393, 399-400, 563, 581; infância de, 221; International Acceptance Bank e, 566-7; investigação de Houghton, 545; Kehillah e, 389, 393; legado de, 390; M. M. Warburg & Co. e, 519, 579; magnetismo pessoal de, 392; mansão projetada por C. P. H. Gilbert, 372, 376; morte de, 579; Museu Americano de História Natural e, 171; namoro de Frieda e, 226-30; Primeira Guerra Mundial e, 451, 458-9, 465, 467, 480-1, 490, 493, 519-20; propriedade rural Woodlands em Westchester, 392-3, 494; religião e, 390-1; sobre a Conferência de Paz de Paris, 520-1; sobre as dívidas de Ike Seligman, 505; sociedade da Kuhn Loeb, 226, 228, 230, 251, 254, 312-3, 389, 391-2, 500, 564-7, 579; Taft e, 438
Warburg, Frederick "Freddy" (filho de Felix), 493, 567, 578
Warburg, Frieda (esposa de Felix), 162, 241, 483, 520, 583, 594; casamento com Felix, 221-2, 230-2, 235, 312, 391, 579; mansão projetada por C. P. H. Gilbert, 372, 376; namoro de Felix e, 226-30; nascimento de, 122; Primeira Guerra Mundial e, 470, 483; propriedade rural Woodlands em Westchester, 392-3, 494; sobre a morte de Betty Loeb, 313; sobre Adele Schiff, 415; sobre James Loeb, 128, 233; sobre Morti e o pai, 236, 238
Warburg, Fritz (filho de Moritz), 224, 456, 580
Warburg, Gerald (filho de Felix), 390-2, 520
Warburg, Gerson, 222-3
Warburg, James "Jimmy" (filho de Paul), 491-5; arrogância de, 491; carreira bancária de, 491-2, 494; casamentos de, 494-5; FDR e, 491-2; International Acceptance Bank e, 566; judaísmo e, 491; lado artís-

685

tico de, 494; M. M. Warburg & Co. e, 579-80; Primeira Guerra Mundial e, 491-4; Schiff e, 122, 166; sobre Nina, 232, 235; sobre o pai, 225, 451, 491-4, 499-500; teorias de conspiração sobre, 553

Warburg, Louise (filha de Moritz), 224

Warburg, Marie (filha de Eric), 581

Warburg, Max (filho de Moritz), 593; 3º Regimento de Cavalaria Ligeira da Baviera e, 225; Aby e, 224-5; alegações antissemitas sobre, 530-1, 545-6, 550-1, 556; Alemanha nazista e, 580-4; casamento com Alice, 235; como alvo de terroristas em 1922, 537; Conferência de Paz de Paris e, 519-21, 523-5, 530, 550; filantropia de, 385; International Acceptance Bank e, 565-6; Jacob Schiff e, 455, 522-3; M. M. Warburg & Co. e, 224-5, 239, 313, 455-6, 579-82; morte de, 584; negociações com a China e o Japão sobre ferrovias, 359; Paul Warburg e, 313, 579-80, 583-4; Primeira Guerra Mundial e, 455-9, 467, 480; Takahashi Korekiyo e, 581-2; treinamento bancário de, 225

Warburg, Max (neto de Max), 584

Warburg, Moritz, 227; casamento com Charlotte, 224; Felix e, 226, 229-30; Hilfsverein der Deutschen Juden e, 384-5; Jacob Schiff e, 119, 221, 228-9, 443; M. M. Warburg & Co. e, 119, 221, 223-4; medo de navegar longas distâncias, 230; personalidade de, 221-3; perucas de, 222; reação ao casamento de Aby, 239-40; reação aos sonhos militares de Max, 225

Warburg, Moses (avô de Moritz), 222-3

Warburg, Nina (esposa de Paul), 91, 168, 240, 408; casamento com Paul, 234-6, 312; casamento de Felix e Frieda Warburg e, 231-2; família Roosevelt e, 495; ligação com o irmão James, 233, 235; noivado com Paul, 232-3; Primeira Guerra Mundial e, 458, 492, 494-5, 499; quarteto com os irmãos, 121; reação ao noivado de Jimmy, 494; retiro de Westchester (Fontenay) de, 494, 499; saúde de, 232

Warburg, Olga (filha de Moritz), 224, 230-3

Warburg, Paul (filho de Moritz), 224, 240, 408, 505; Aldrich e, 430, 432, 434-5; alegações antissemitas sobre, 549-51, 553; apoio à Alemanha, 451, 456, 458, 460, 492-3, 495-6; carreira na Reserva Federal de, 425, 442-5, 481, 495-9; casamento com Nina, 234-6, 312; cidadania de, 451; Conferência de Paz de Paris e, 528, 550; conferência de Vissering em Amsterdã e, 533-4; doença mental e, 312-3; esforços de banco central de, 425-43; esforços de reforma bancária de, 427-30; família Roosevelt e, 495; Felix e, 231-2; gonorreia e, 225; International Acceptance Bank e, 565-7; Jacob Schiff e, 313-5, 427-30, 438, 498; M. M. Warburg & Co. e, 224-5, 239, 312-3, 444-5, 519, 579-80; morte de, 579-80, 584; negociações de empréstimos anglo-franceses, 478; noivado com Nina, 232-3; Otto Kahn e, 253; parceria da Kuhn Loeb, 312-5, 429, 444-5, 500; Primeira Guerra Mundial e, 514; quebra da bolsa de valores de 1929 e, 567-8; reação ao ataque alemão ao *Lusitania*, 468; reação ao noivado de Jimmy, 494; reação ao serviço militar de Jimmy, 492-4; Reserva Federal e, 495-9; retiro de Westchester (Fontenay) de, 494; sobre as origens da Reserva Federal, 499; sobre os problemas financeiros após a Primeira Guerra Mundial, 532-7; treinamento bancário de, 225; Wilson e, 437-9, 442-5, 495-8, 534

Warburg, Paul Felix "Piggy" (filho de Felix), 594

Warburg, Sara (filha de Moses), 223

Warburg, Siegmund (irmão de Moritz), 223

Warburg Institute, 224

Ward, Ferdinand, 203

Washington, Booker T., 169, 390, 411, 563

Washington, George, 63, 80

Washington Post, The, 458

Watts, Thomas Hill, 43, 74-6

Weber, John B., 189-92

Weber, Katharine, 491, 494-5, 553, 580

Weinberg, Sidney, 373, 571

Weizmann, Chaim, 456
Wells Fargo, 247
Wells, Henry, 49
Wells, Linton, 104, 107, 201
Wertheim, Fred, 366
Wertheim, Maurice, 464
Wescott, Glenway, 574-5
Western Union, 17, 392
Westinghouse, 17
Wheeler, Monroe, 574
When General Grant Spelled the Jews [Quando o general Grant expulsou os judeus] (Sarna), 60
White, Horace, 104, 187
White, Trumbull, 146
Whitman, Charles, 410
Wickersham, George, 399
Wilde, Oscar, 253
Wildlife Conservation Society, 593
Wilenkin, Grigóri, 319-20, 324-6, 359
William Cramp & Sons, 319-20
Willis, H. Parker, 441
Wilson, Eleanor, 405
Wilson, governo, 528; documentos de Sisson e, 546; Kahn e, 516; oposição ao perdão da dívida após a Primeira Guerra Mundial, 533-4, 536; Paul Warburg e, 439-41, 443-5; Primeira Guerra Mundial e, 456-7, 468, 482, 489-90, 496-7, 508, declaração de guerra contra a Alemanha, 490, 513, documentos de Albert e, 472, operação de espionagem da Grã-Bretanha nos EUA e, 515, política de neutralidade da, 457, 463, 468, 475; *Protocolos dos sábios de Sião* e, 545
Wilson, James H., 310
Wilson, Woodrow: banco central e, 437, 440; casamento de, 405; Conferência de Paz de Paris e, 519, 524-5, 545; discurso dos "Catorze Pontos" ao Congresso, 524; documentos de Sisson e, 546; eleição presidencial de 1912, 405-7, 437-40; eleição presidencial de 1916, 489; Jacob Schiff e, 405-6, 438, 463, 481, 587; Kahn e, 517; legislação de restrição à imigração e, 407, 496-7; Liga das Nações e, 519, 528-9, 559; nomeação de Brandeis para a Suprema Corte, 465; oposição ao perdão da dívida após a Primeira Guerra Mundial, 533-4; Paul Warburg e, 437-9, 442-5, 495-8, 534; Primeira Guerra Mundial e, 463, 475, 482, 486, 489, 495-9, 501, 513; Reserva Federal e, 442, 495; saúde de, 524-5; sobre o Tratado Russo-Americano de 1832, 406; Wiseman e, 515-6, 519
Wirtz, Paul, 582
Wise, Stephen, 586
Wiseman, John, 515
Wiseman, William, 515-6, 519
Witte, Sergei: Guerra Russo-Japonesa e, 318, 323-4, 329-30; Jacob Schiff e, 317, 323-30, 334, 507; Wilenkin e, 319
Wolf, Rosa, 38
Wolf, Simon, 186, 403-4
Wolfe, Alexandra, 595
Wolfe, Tom, 595
Wolff, Abraham, 120, 231, 251, 254, 256, 312
Wolff, Addie, *ver* Kahn, Addie (esposa de Otto)
Wolffe, Frederick, 96
Woolworth Building, 376
Woolworth, Frank Winfield, 375-7
World of Our Fathers [O mundo dos nossos pais] (Howe), 177
Wrangel, Piotr, 320

Young Israel, 134

Zangwill, Israel, 383-5, 529
Zimmermann, Arthur, 462, 467, 482
Zipperstein, Steven, 544
zona de assentamento, 182, 189, 191; estabelecimento da, 176-7; êxodo da, 146, 185; violência contra o povo judeu na, 11, 176, 334

TIPOLOGIA Miller e Akzidenz
DIAGRAMAÇÃO Osmane Garcia Filho
PAPEL Pólen Natural, Suzano S.A.
IMPRESSÃO Lis Gráfica, janeiro de 2025

A marca FSC® é a garantia de que a madeira utilizada na fabricação do papel deste livro provém de florestas que foram gerenciadas de maneira ambientalmente correta, socialmente justa e economicamente viável, além de outras fontes de origem controlada.